TEORIA E PRÁTICA DAS PRESUNÇÕES NO DIREITO TRIBUTÁRIO

Florence Haret

TEORIA E PRÁTICA DAS PRESUNÇÕES NO DIREITO TRIBUTÁRIO

São Paulo

2010

Copyright © 2010 By Editora Noeses
Produção gráfica/arte: Denise Dearo
Capa: Flávia Yamamoto Boni

CIP - BRASIL. CATALOGAÇÃO-NA-FONTE
SINDICATO NACIONAL DOS EDITORES DE LIVROS, RJ.

H24t Haret, Florence.
Teoria e prática das presunções no direito tributário / Florence Haret. – São Paulo : Noeses, 2010.

Inclui bibliografia. 900 p.

ISBN 978-85-99349-42-7

1. Presunção. 2. Direito tributário. 3. Norma. 4. Semântica. 5. Sintaxe. 6. Pragmática. I. Título.

CDU - 336.2:347.946

Novembro de 2010

Todos os direitos reservados

Editora Noeses Ltda.
Tel/fax: 55 11 3666 6055
www.editoranoeses.com.br

*Este livro é dedicado aos meus pais,
Maria Ignez Cronemberger Haret e
Jean Claude Henri Haret.*

SUMÁRIO

PREFÁCIO XIX
INTRODUÇÃO XXV

PARTE I
SEMÂNTICA DA PRESUNÇÃO NO DIREITO TRIBUTÁRIO 1

CAPÍTULO 1
Os diversos conceitos de presunção nos diferentes ramos do conhecimento 3
1.1. A tarefa de definir: que é a própria definição? 5
1.2. A presunção na filosofia 11
1.3. A presunção na teoria da linguagem 15
    1.3.1. Semiótica das presunções 17
1.4. A presunção na Teoria Geral do Direito 21
1.5. Presunção nos diferentes ramos do direito 27
    1.5.1. Presunção no direito público 30
    1.5.2. Presunção no direito privado 44
    1.5.3. Presunção e direito civil 49
    1.5.4. Presunção e direito penal 56

1.5.5. Presunção e direito administrativo 63
1.5.6. Presunção e direito processual 67
1.5.7. A presunção no direito tributário 72

CAPÍTULO 2
Plurissignificação do termo "presunção" no direito tributário 83

2.1. Acepções da palavra "presunção" no direito tributário 87
    2.1.1. Presunção como previsão legal estendida 88
    2.1.2. Presunção como previsão legal que inadmite contestação 88
    2.1.3. Presunção como sanção 88
    2.1.4. Presunção como técnica de apuração de tributo . 89
    2.1.5. Presunção como forma de instituição de regime jurídico diferenciado 90
    2.1.6. Presunção como técnica de simplificação fiscal. 90
    2.1.7. Presunção como forma de exclusão de punibilidade pela prática reiterada 92
    2.1.8. Presunção como técnica processual de inversão do ônus da prova 95
    2.1.9. Presunção como meio de prova 96
    2.1.10. Presunção como relação meio-fim 101
    2.1.11. Presunção como processo lógico 109

CAPÍTULO 3
Por um conceito de presunção no direito tributário 113

3.1. Presunção de direito e presunção fora do direito: a distinção entre o enunciado presuntivo normativo e a figura da protopresunção 115
3.2. Presunção e teoria da linguagem: formas e funções de linguagem 117

3.2.1. As funções de linguagem exercidas pela presunção no direito 122

    3.2.1.1. Presunção como linguagem jurídica em função fabuladora 122

    3.2.1.2. Presunção como linguagem jurídica em função metalinguística 124

    3.2.1.3. Rememorando... 127

3.3. Ato, procedimento e norma: uma proposta de acepção da filosofia do direito 128

    3.3.1. Ato, procedimento e norma na formação do fato presuntivo 129

3.4. Processo enunciativo das presunções 133

    3.4.1. Presunção como enunciação 134

    3.4.2. Presunção como enunciação-enunciada 143

    3.4.3. Presunção como enunciado-enunciado 154

3.5. Conceito preliminar de presunção............................ 158

CAPÍTULO 4
Presunção: associações e dissociações com seu conceito ... 163

4.1. Presunção, pressuposto, suposto e subentendido.... 165

4.2. Presunção, dedução e indução 171

4.3. Presunção, conotação e denotação 181

4.4 Presunção, suporte físico, significado e significação .. 187

4.5. Presunção, símbolo, índice e ícone 187

4.6. Presunção e pauta fiscal 198

4.7. Presunção e arbitramento... 207

4.8. Presunção e preços sugeridos por fabricantes e/ou industriais 218

4.9. Presunção e estimativa 223

4.10. Presunção e substituição 227
4.11. Presunção, prova e indício 233
4.12. Presunção e probabilidade 241
4.13. Presunção e ficção 251
4.14. Presunção e equiparação 261
4.15. Presunção, analogia e interpretação extensiva 271
4.16. Presunção e costume 291
4.17. Presunção e atos de fala 300
4.18. Presunção e regimes jurídicos especiais 303

CAPÍTULO 5

Ontologia da presunção 309
    5.1. Conhecimento e objeto 310
    5.2. Presunção como objeto 315
    5.3. Objeto da presunção 316
    5.4. Presunção e verdade 318
    5.5. A construção da verdade fáctica pelo direito 320
        5.5.1. Verdade por correspondência (ou ontológica). 324
        5.5.2. Verdade por coerência 325
        5.5.3. Verdade pragmática 327
        5.5.4. Verdade consensual 328
        5.5.5. Verdade formal 329
        5.5.6. Verdade material 330
            5.5.6.1. Existiria a "verdade material" que preordena o processo administrativo tributário? 331
    5.6. A verdade jurídica dos fatos 335
        5.6.1. A verdade jurídica dos fatos tributários presumidos 339

CAPÍTULO 6

Presunção e valor 347

6.1. Direito e valor 348
6.2. Valências das presunções 352
    6.2.1. Valor lógico 353
    6.2.2. Valor semântico 357
    6.2.3. Valor pragmático 364
6.3. Função ou valor-meio das presunções 367
6.4. Finalidade ou valor-fim das presunções 373

CAPÍTULO 7

Classificação e espécies de presunção 381

7.1. Classificação e generalização 382
7.2. Sobre a diferença específica 385
7.3. Critérios adotados nas classificações tradicionais ... 386
    7.3.1. Classificação quanto à previsão legal expressa 387
        7.3.1.1. Presunção comum, hominis ou humana 389
        7.3.1.2. Presunção legal ou iuris 390
        7.3.1.3. Razão da inadmissibilidade do critério proposto 392
    7.3.2. Classificação quanto à força probatória 392
        7.3.2.1. Presunção absoluta ou jure et jure (iuris et de iure) 393
        7.3.2.2. Presunção relativa ou juris tantum (iuris tantum) 395
        7.3.2.3. Presunção mista ou qualificada 396
        7.3.2.4. Razão da inadmissibilidade do critério proposto 396

CAPÍTULO 8

Novos critérios classificatórios propostos 399

8.1. Classificação quanto à relação estrutural com o sistema 401
    8.1.1. Presunção jurídica de sistema ou presunção sistêmica 401
    8.1.2. Presunção não sistêmica 404
8.2. Classificação quanto aos níveis objetais de formação do enunciado presuntivo 404
    8.2.1. Presunção de primeiro nível 406
    8.2.2. Presunção de segundo nível 407
    8.2.3. Presunção de terceiro nível ou presunção emprestada 409
        8.2.3.1. Inadmissibilidade de presunção "emprestada" para fins tributários 411
8.3. Classificação quanto ao tipo de enunciado da presunção em seu ingresso no sistema jurídico 431
    8.3.1. Presunção hipotética ou de enunciado presuntivo abstrato 432
    8.3.2. Presunção factual ou de enunciado presuntivo concreto 434
8.4. Classificação quanto à revogabilidade do fato jurídico em sentido estrito 434
    8.4.1. Presunção irrevogável ou compositiva de regime jurídico especial 437
    8.4.2. Presunção revogável ou comum 439

PARTE II
SINTAXE DA PRESUNÇÃO NO DIREITO TRIBUTÁRIO 441

CAPÍTULO 1
Presunções e sistema jurídico positivo 445
    1.1. Existência no direito 446
    1.2. Validade, fontes do direito e revogação: Noções gerais 451

1.3. Presunção de validade, validade *stricto sensu* e validade *lato sensu* 456
1.4. Presunção de validade como axioma 458
1.5. Presunção de validade como necessidade ontológica 461
1.6. O axioma da hierarquia no direito 463
    1.6.1. Fundamento de validade das presunções 467

CAPÍTULO 2
Norma de presunção e tipos normativos 475
2.1. Normas jurídicas completas e incompletas 477
    2.1.1. Presunções como normas jurídicas incompletas 478
2.2. Normas primárias e secundárias 480
    2.2.1. Norma presuntiva primária 484
        2.2.1.1. Presunções hipotéticas como normas substantivas 484
        2.2.1.2. Presunção como norma sancionatória primária ou sanção administrativa 486
    2.2.2. Norma presuntiva secundária 489
        2.2.2.1. Presunção como norma técnica 490
        2.2.2.2. Presunção como norma sancionatória secundária 494
2.3. Normas de estrutura e de conduta 499
    2.3.1. Normas de estrutura presuntivas 503
    2.3.2. Normas de conduta presuntivas 505
2.4. Normas gerais 506
    2.4.1. Norma presuntiva geral e abstrata 507
    2.4.2. Norma presuntiva geral e concreta 508
2.5. Normas individuais 509
    2.5.1. Existiria norma presuntiva individual e concreta? 509

2.6. Natureza das presunções 511

CAPÍTULO 3
Enunciado factual das presunções 513
3.1. Fato presumido e fato presuntivo 515
3.2. Presunção como metafato 517
3.3. Fato jurídico em sentido amplo, fato jurídico em sentido estrito e presunções... 519
3.4. Presunção, fato jurídico tributário em sentido estrito e evento.. 522
3.5. Fatos presuntivos e fato jurídico em sentido estrito ... 524
3.6. Presunção de fatos ilícitos 529
    3.6.1. Presunção e infrações objetivas....................... 531
    3.6.2. Presunção e infrações subjetivas..................... 534
        3.6.2.1. Presunção e prova do fato doloso......... 543
        3.6.2.2. Presunção, prova e intenção simulatória 550
    3.6.3. Presunções no campo da ilicitude 556

CAPÍTULO 4
Processo de positivação das presunções........................... 557
4.1. Positivação da presunção hipotética ou do enunciado presuntivo abstrato... 558
4.2. Positivação da presunção factual ou do enunciado presuntivo concreto... 560

CAPÍTULO 5
Presunções e a Constituição da República de 1988 565
5.1. Os princípios no subsistema constitucional tributário 565
5.2. Presunções e o princípio da certeza do direito......... 569
5.3. Presunções e segurança jurídica................................ 575

5.4. Presunções e limites ao poder de tributar 580
5.5. Presunções e legalidade ou tipicidade estrita tributária 584
5.6. Presunções e igualdade 594
5.7. Presunções e capacidade contributiva 598
5.8. Presunções e o princípio da propriedade e da proibição de tributo com efeito de confisco 604
5.9. Presunções e proporcionalidade 609
5.10. Presunções e irretroatividade da lei tributária 614
5.11. Presunções e anterioridade da lei tributária 617
5.12. Presunções, devido processo legal, ampla defesa e contraditório 620
5.13. Presunções e o princípio da unicidade probatória 624
5.14. A relevância das limitações constitucionais na formação das presunções de direito tributário 629

CAPÍTULO 6
Presunção na regra-matriz de incidência 631
6.1. Presunção no critério material 634
    6.1.1. Lucro presumido 634
    6.1.2. Imóvel residencial ou imóvel comercial para fins de incidência do IPTU à alíquota de 1,0 % ou 1,5 %, respectivamente 639
6.2. Presunção no critério espacial 644
    6.2.1. Entrada simbólica de mercadoria no estabelecimento 645
    6.2.2. Presunção de operação interna no ICMS 649
6.3. Presunção no critério temporal 650
    6.3.1. ITCMD e o tempo da morte 651

6.3.2. Presunção do momento de disponibilização do lucro auferido no exterior 659

6.4. Presunção no critério subjetivo 674

6.4.1. Equiparação dos estabelecimentos comerciais atacadistas, ou adquirentes de produtos importados, a industrial pela legislação do IPI 674

6.4.2. Substituição tributária "para frente" 678

6.5. Presunção no critério quantitativo 682

6.5.1. Preço de transferência 683

6.5.2. Valor venal do imóvel na planta genérica 696

PARTE III
PRAGMÁTICA DA PRESUNÇÃO NO DIREITO TRIBUTÁRIO 699

CAPÍTULO 1
Elementos compositivos das presunções no domínio tributário 703

1.1. Nexo entre fatos baseado em características de semelhanças essenciais 703

1.1.1. Características secundárias e sua inaplicabilidade para fins presuntivos 707

1.2. Conceito relativo ao real 708

1.3. *Ratio legis* de direito tributário 709

CAPÍTULO 2
Limites ao emprego de presunções 713

2.1. Limites formais *versus* limites materiais 714

2.2. Limitações ao legislador para presumir 716

2.2.1. Limites materiais ao legislador para presumir 717

2.2.1.1. Genus comum aos fatos e ratio legis semelhantes em direito tributário......... 726
2.2.2. Limites formais ao legislador para presumir .. 728
2.2.2.1. Direito à restituição............................... 729
2.2.2.2. Direito de petição.................................. 738
2.3. Limitações ao aplicador para presumir.................... 739
2.3.1. Limites materiais ao aplicador para presumir 741
2.3.2. Limites formais ao aplicador para presumir.... 751
2.3.2.1. Necessária prova pelo Fisco dos requisitos expressos objetivamente na norma processualística fiscal............... 752

CAPÍTULO 3
Presunção inválida e ato presuntivo viciado.................... 755
3.1. Teoria dos atos jurídicos: elementos e pressupostos do ato normativo 757
3.2. Ato nulo e ato anulável: técnicas de invalidação das normas jurídicas.. 759
3.3. Erro de fato 761
3.3.1. Erro de fato na presunção................................ 762
3.4. Erro de direito 765
3.4.1. Erro de direito na presunção............................ 766

CAPÍTULO 4
Técnicas jurídicas de controle de atos normativos viciados 773
4.1. Revogação da norma presuntiva geral e abstrata.... 774
4.1.1. Haveria revogação tácita da norma presuntiva? 775
4.1.2. Necessidade de revogação expressa da norma presuntiva 777
4.1.3. Por um critério para a solução de antinomias reais da norma presuntiva................................. 778

4.2. Anulação do fato presumido: conceitos gerais.......... 783
    4.2.1. Desconstituição do fato presumido pelo Fisco 787
    4.2.2. Pedido de anulação do fato presumido pelo contribuinte... 795
4.3. Processo decisório do Poder Judiciário em face de conflito da norma presuntiva e outras regras do sistema.. 799

CONCLUSÕES 805
REFERÊNCIAS BIBLIOGRÁFICAS 847
RESUMO... 867
SUMMARY 869
RÉSUMÉ... 871

PREFÁCIO

Teoria e prática das presunções no direito tributário é o título que Florence Harret atribuiu a este volume, substancioso e denso, que tenho a satisfação de prefaciar. Faço-o com entusiasmo porque a Autora, deixando fluir o raciocínio e deslizar a pena, abriu espaço à intuição criativa, dando asas à conexão de conhecimentos que andam muito próximos do Direito, possibilitando, desse modo, um projeto crítico-descritivo que ultrapassa as expectativas meramente doutrinárias e ingressa na plataforma fecunda das efetivas construções da Ciência.

O saber tem muitos caminhos. Respeitemos, contudo, as opções: além do (a) conhecimento *leigo*, vulgar, feito pelo trato natural da criatura humana com os objetos da experiência, envolvendo-nos o tempo todo e desenhando as linhas demarcatórias de nossa circunstância existencial; há também a (b) apreensão *técnica* daquele que se apropria das relações de meio e fim, após superar as resistências e proceder à acomodação dos usos atinentes aos singelos vínculos de causa e efeito; o (c) saber *científico*, concebido na busca das causas primeiras, dos fundamentos últimos, com rigorosa devoção aos ideais de uma linguagem precisa, até ali aonde chegam as limitadas possibilidades da razão e, como domínio superior do espírito; a (d) visão *filosófica*, feita das manobras de nossa mente, na procura de modelos amplos de compreensão de todos os demais saberes. Há entre eles uma relação de complementaridade. São independentes enquanto meios de ocupar-se com os respectivos objetos de indagação, querendo-se apenas respeitados nas suas individualidades, nos correspondentes *status*, nas dinâmicas operacionais indispensáveis para a configuração das formas cognitivas. Distinguem-se nas suas posturas, no estilo retórico de que se servem e, sobretudo, no nível de aprofundamento de suas investigações. Entanto, do mais elementar ao mais sofisticado, é bom lembrar que o conhecimento é sempre redutor de complexidades, dada a condição infinita do real, irrepetível e uno.

Esses ângulos de análise, com seus esquemas próprios de aproximação, estruturam-se como propostas uniformes, mas, sabe-se, as inquietações do espírito reclamam, sem cessar, a presença da Filosofia, que atravessa, teimosamente, todos eles, de cima a baixo, de lado a lado, para controlar a legitimidade e a coesão do texto ao oferecer critérios epistemológicos e axiológicos que permitam sua progressão e contribuam para o avanço e conclusão da pesquisa.

Florence elegeu a estratégia do discurso científico para tratar o tema das presunções no Direito e, por extensão, no Direito Tributário. Tendo em vista potencializar seu trabalho, convocou uma série de expedientes que fortalecem o projeto, expandindo-o com os recursos da Linguística, da Semiótica, da Hermenêutica, todos eles perpassados pela reflexão filosófica. Estuda as presunções no direito positivo brasileiro, mas o faz pelo prisma da linguagem, precisamente ali onde mora a *escrita*, etimologicamente envolvida com o *cindir*, pois os enunciados presuntivos são excelentes instrumentos de corte, firmando os pontos e as linhas em que o legislador, assim como o poeta, surpreende o destinatário da mensagem com algo tão diferente, quão inusitado e, algumas vezes, até inimaginável. A iniciativa, porém, é eficaz e o Direito, com sua autoridade, empreende as incisões que irão demarcar seus domínios, dispensando os laços de causalidade natural ou social, ao cingir-se, unicamente, ao liame que ele mesmo cria, atrelando o *fato presuntivo* ao *fato presumido*. Eis o momento em que a regulação jurídica aparece na sua máxima expressão prescritiva, afirmando a vocação de supremacia em face do universo das condutas reguladas, atento apenas às limitações lógicas do discurso deôntico. É nesse intervalo que o legislador mexe com o tempo, com o espaço, com as pessoas, as situações e as coisas, construindo a disciplina dos comportamentos humanos nas relações de intersubjetividade, seu grande e inafastável objetivo. Ora, ao exprimir essa proposição, quero deixar consignado que considero a matéria das presunções como algo que se aloja em pleno campo da epistemologia jurídica. Cada texto deve começar de um ponto e terminar noutro. Pois bem, fazendo valer a força e o império de sua vontade, o legislador, aquele mesmo poeta que cria, recria e transforma os horizontes do jurídico, instaura ou corta, interrompe e retoma abruptamente seu discurso, na firme determinação de organizar aquilo que lhe parece ser o convívio social. Anuncia que, verificado o fato presuntivo (F^1), considera-se ocorrido o fato presumido (F^2), com uma naturalidade que impressiona. Nesse instante, pouco lhe importa o "mundo da vida". Não lhe interessa saber se no plano da realidade tangível isso é possível ou não: segue a marcha de sua obra completamente alheio a essas conjecturas. Por vezes, inaugura a mensagem com qualificações que discrepam flagrantemente do real, estipulando, por exemplo, que a ninguém seja lícito alegar a ignorância da lei, como se todos lessem os atos normativos, entre eles os analfabetos! São regras que firmam pressupostos, *regras ônticas* segundo as categorias de Gregório Robles. Caso se mantivesse envolvido com a concrescência da vida social, não poderia aspirar ao fim de ordená-la, disciplinando os comportamentos interpessoais. Daí porque as ficções e as presunções tenham o condão de exibir o Direito *assim como ele é*.

Entre as virtudes da obra está o tratamento semiótico das presunções, examinadas nas instâncias semântica, sintática e pragmática. Florence propõe classificações, ora levando em conta a relação estruturante que a figura mantém no sistema, ora para considerar os níveis objetais de formação do enunciado presuntivo, ora, ainda, para focalizar o tipo de suporte frásico da presunção ao ingressar na ordem jurídica.

É decisivo perceber que a Autora toma *presunção* como norma que põe em contacto dois enunciados em correlação lógica, firmando a causalidade prescritiva entre os fatos. Sendo, como é, unidade jurídica de significação pertinente ao sistema, exige que o sujeito enunciativo seja autoridade competente para positivar a medida. Reitera também, para a presunção, o traço de verdadeiro entinema ou silogismo truncado, mas que, ao ingressar no ordenamento adquire a força suficiente para qualificar as ocorrências factuais que o legislador entendeu por bem presumir. Releva, portanto, a condição de processo lógico para as presunções, de tal modo que a comprovação jurídica do fato presuntivo será o bastante para que se dê por ocorrido o fato presumido. As normas do processo probatório continuam a aplicar-se integralmente, voltadas tão só para a certificação do fato presuntivo. É nessa sequência que o expediente jurídico-positivo cumpre sua missão, atalhando situações embaraçosas que, certamente, gerariam perplexidades para o funcionamento do sistema.

Os méritos do livro, que são muitos, não se esgotam nessas breves referências. Florence ingressa na ontologia das presunções, isolando-as na dinâmica do processo empírico-dialético, que é o método por excelência de compreensão do Direito, como, aliás, de todo objeto cultural. E avança, com o lastro das convicções adquiridas, para observar o *modus operandi* do legislador ao estabelecê-las. Acompanha seus passos e lança um olhar crítico para os efeitos imediatos que as providências normativas vão provocando no território dos fatos e das condutas reguladas. É assim que abre a discussão sobre os *valores-meios* do instituto, contemplando-o no chamado *direito material*, bem como nos domínios amplos do *direito processual*, aquele direito mais rente à vida a que aludiu, em oportuna síntese, Pontes de Miranda. É precisamente aqui que a Autora transmite as funções atribuídas ao expediente presuntivo, arrolando-o como modo de (a) suprir deficiências probatórias; (b) evitar a investigação exaustiva de casos isolados; (c) dispensar a colheita de provas difíceis ou mesmo impossíveis, em cada situação concreta, ou mesmo nas hipóteses em que o recolhimento do material probatório represente ingerência indevida ou descabida na esfera privada do cidadão; (d) instrumentar ou dar início ao procedimento administrativo tendente à apuração de eventual ocorrência de fato imponível, para imputação dos efeitos que lhe são próprios; (e) reduzir o arbítrio do juiz quanto ao critério de apreciação das provas; (f) facilitando-lhe a decisão no que concerne às questões de fato; e (g) contornar, na medida do possível, as excessivas dificuldades inerentes à produção das provas. Em seguida, acrescenta o que chama de *valores-fins* das presunções, procurando, na amplitude do sistema, quais teriam sido os objetivos que inspiraram sua inserção. E chega a algumas conclusões: (i) simplificar a arrecadação; (ii) favorecer o esforço de implantação e de fiscalização dos tributos; (iii) operar como mecanismo que colabore na repressão à fraude da lei, desencorajando os comportamentos do particular em face da evasão fiscal; (iv) preservar o interesse público, tomada a expressão no seu sentido mais abrangente de primado fundamental do sistema; (v) imprimir, com seus expedientes, maior teor de segurança nas relações jurídico-tributárias; e (vi) atuar com firmeza e determinação nos casos em que seja de interesse do Estado a implantação de benefícios de caráter ordinatório, no plano político, social e econômico.

Quero fazer notar, entre outros marcadores deste texto, a desenvoltura de Florence ao transitar por departamentos tão difíceis do conhecimento jurídico, tecido, como salientei acima, com a cumplicidade de outros saberes que trazem uma contribuição decisiva para o discurso do Direito. O modo como lida com as categorias da Linguística em geral; a maneira como se locomove entre as dimensões semióticas; o estilo que pretende estabelecer para tratar com as proposições hermenêuticas; tudo isso impressiona o leitor, já instalado na proposta de sistematização que a Autora sugere. Surpreende mais, contudo, pensar que Florence, ainda jovem, tenha conseguido atingir esse nível superior de elaboração ao discorrer sobre o fenômeno do Direito. Não foi por outras razões que a Banca Examinadora de seu concurso para doutorado na Faculdade de Direito da Universidade de São Paulo lhe outorgou o conceito máximo, com a cláusula de *distinção*.

O presente volume, agradável na sua forma e consistente em seu conteúdo, corresponde a um trabalho sério, de quem se aprofundou na pesquisa e, sobretudo, de quem se demorou na reflexão, conjugando, associando, criando, fazendo com que a atividade do intelecto produzisse aquelas folhas, flores e frutos a que se refere Vilém Flusser ao descrever a produção do espírito humano.

O título, quando é próprio, bem escolhido, opera como excelente metatexto, instituindo os parâmetros no âmbito dos quais flui o conteúdo, conduzindo a mente de quem lê e alimentando a responsabilidade do autor que se mantém vigilante com relação à proposta de mensagem. Neste livro, além do título corresponder à substância transmitida, há algo mais: representa um apelo vigoroso para que o jurista acorde de sua aparente letargia e perceba a grandiosidade da experiência do Direito, apoderando-se de conhecimentos situados ao nosso alcance e inaugurando, por esse modo, conversação profícua com outros setores da cultura, ávidos para, com ele, estabelecer uma comunicação intensa. Aliás, durante o processo de orientação senti muito bem a firmeza de Florence na procura daqueles intertextos que pudessem fortalecer a pesquisa e outorgar à Dogmática jurídica dimensão diversa da convencional, não simplesmente com o fim de elaborar escrito com algum tom de originalidade, antes, porém, no sentido de expandir a dinâmica criativa, oferecendo novos instrumentos para lidar com o dado empírico e, dessa maneira, propor outros meios de expressão comunicativa.

Meus cumprimentos à tradicional Faculdade de Direito do Largo de São Francisco e à Editora Noeses pelo aparecimento de obra tão auspiciosa, que tive a enorme satisfação de apresentar.

São Paulo, 09 de novembro de 2.010

Paulo de Barros Carvalho
Emérito e Titular da PUC/SP e da USP
Membro da Academia Brasileira de Filosofia

INTRODUÇÃO

A matéria das presunções no direito relembra condições da própria gênese do sistema jurídico. Afinal, toda linguagem normativa comparece a princípio como raciocínio ou juízo presuntivo simples. No lidar com os casos concretos, primitivamente é o exegeta autêntico que faz introduzir no ordenamento fatos, presumindo ocorrências da realidade empírica. E o direito pode optar em regular conduta topologicamente por meio de presunções realizadas pelo aplicador da ordem posta – é o que se dá em formações como a *Common Law* – ou pelas Casas Legislativas – organização originária do direito romano.

Em Roma, tais soluções casuísticas foram substituídas por determinações precisas em lei. Construiu-se um novo padrão de prescrições do inter-relacionamento humano mediante a positivação de uma ordem organizada de regras jurídicas. O sistema passa ser tão só aquele positivado. Com o amadurecimento dessas ordens jurídicas, as estruturas presuntivas vão sendo depositadas, na forma de repertório normativo, num conjunto organizado de preceitos jurídicos, o que nada mais é que presunções dispostas em lei. Ingressam na forma de proposições auxiliares, que em muitos casos serão compreendidas como formulações de direito adjetivo ou acessório, ou ainda como regra procedimental probatória. Dispõem sobre a formação do fato jurídico, construindo o procedimento previsto em lei para fazer sua prova. Com o passar dos tempos, tais previsões vão sendo consolidadas até alcançar o estágio máximo de prescrição, sua forma de ser regra posta e direito substantivo. O que era matéria de prova passa a ser entendida como formulação constitutiva de um tipo factual, hipótese abstrata que enuncia critérios normativos para localizar ação juridicamente relevante num dado tempo e espaço. Servimo-nos aqui de um excelente pensamento de Alfredo Augusto Becker:

> Porque grande número de presunções costumam ser excluídas da categoria convencional de presunção e (embora a frase possa ter som contraditório) *são excluídas exatamente porque consistem em genuínas presunções "juris et de jure"*.[1]

Ao fio dessas reflexões e na sinfonia das meditações do escritor, se entendermos as presunções em seu sentido originário, tudo no direito é presumido. A própria condição linguística da ordem posta, inserida no cerco inapelável da linguagem, torna todo enunciado jurídico verdadeira estrutura presuntiva. Inexistindo correspondência entre realidade empírica e aqueloutra construída em termos enunciativos pelo sistema jurídico, tudo se presume, pois o evento é da ordem do inefável, inalcançável linguisticamente pelas descrições, por melhor que se apresentem.

Com tais modulações, desde já, é preciso restringir o sentido das presunções, pois não estudaremos o sistema jurídico como um todo nem mesmo faremos uma teoria da norma propriamente dita. Não temos a intenção de apresentar uma teoria geral do direito, neste trabalho, conquanto dela obtenhamos vários instrumentos para análise. Realizaremos, outrossim, estudo técnico das presunções, específico das ciências jurídicas em sentido estrito, próprio da epistemologia ou da dogmática do direito. O objeto em exame não será a norma como formulação

---

1. BECKER, Alfredo Augusto. *Teoria geral do direito tributário*. 4. ed. São Paulo: Noeses, 2007. p. 543.

originariamente presumida em face de seu caráter linguístico-constitutivo, mas, ao contrário, as presunções na forma de regras jurídicas, exteriorizadas como proposição normativa, estruturada por um antecedente seguido, mediante vínculo implicacional, de seu consequente.

Como norma, as presunções são signos linguísticos que, com o apoio dos recursos semióticos, podem ser analisados sob três enfoques: sintático, semântico e pragmático. Não obstante a mencionada subdivisão ser apenas em termos científicos, uma vez que o corte não se apresenta de forma categórica no lidar com tais instituições, o separar desses três campos cognoscitivos auxilia no alcance de uma profundidade no exame. Perde-se em amplitude para ganhar penetração na disciplina.

O ângulo sintático requer seja ressaltado o signo, segundo sua formação unitária, observando-se sua estrutura fundante e a forma com que se apresenta aos nossos olhos. Sem perdermos de vista seu caráter uno, examinamo-lo em face das relações mútuas que mantêm com outros signos, dentro e fora de seus sistemas de referência. No ponto de vista semântico, examina-se a relação do signo com o objeto que representa. Buscam-se as modulações do conteúdo, tendo em vista, de um lado, o objeto que quer ver representado em termos linguísticos e, de outro, o contexto no qual se insere. Indaga-se, portanto, sobre os conteúdos do significado do termo. Por fim, no campo pragmático, as conjecturas se voltam às relações do signo com os utentes daquela linguagem. Revela os usos da linguagem numa dada sociedade, sobressaltando as variações de sentido originárias da dinâmica do sistema. A pragmática do signo lida com o signo em movimento, examina colocando-o em ação, observando-o no decorrer do tempo, segundo as variações de seus usos.

Mesmo em apertada síntese, são esses os três campos de exame de todo signo linguístico, sendo estes os assuntos que subdividirão a presente tese em três partes. A referida repartição quer justamente demonstrar o caráter sígnico das presunções, como estruturas de linguagem em função prescritiva.

Para uma perfeita compreensão do tema, o exegeta há que percorrer esses três planos de investigação dos sistemas sígnicos, revelando nas presunções sua dimensão completa e complexa.

Buscando expor as minúcias das presunções subdividindo a análise nesses três campos do conhecimento, pretende-se com este trabalho de doutoramento, entre outras coisas, eliminar a confusão que envolve o tema, ressaltando o caráter jurídico das presunções e negando conjecturas de outras ordens para explicá-las, como as da política, da sociologia ou da psicologia do direito. Do mesmo modo, pretende-se com isso alcançar precisão do termo no sistema jurídico, mediante (i) exigente rigor terminológico; (ii) precisão conceptual; e (iii) uso de técnica de sistematização pautada em um estudo dogmático sobre o assunto. E se o faz revigorando o tema segundo as contribuições da análise filosófica de teoria de linguagem, da semiótica e da teoria geral do direito, com o fim específico de fundamentar uma teoria da ciência positiva das presunções no direito tributário. Ao fim e ao cabo, quer-se com tudo isso imprimir unidade ao instituto das presunções no âmbito fiscal. É o que procuraremos fazer ao longo de todo este trabalho.

PARTE I
SEMÂNTICA DA PRESUNÇÃO NO DIREITO TRIBUTÁRIO

O primeiro empreendimento que se quer desenvolver neste trabalho tem por objetivo demonstrar as relações existentes entre o signo da presunção, como suporte físico, e a realidade (social ou jurídica) para a qual aponta, ainda que se possa distanciá-la do conceito de real. Este vetor semântico – do signo para o objeto –, presente em todas as figuras semiológicas, pretende ser descritivo de algo, daquilo que está na ordem do inefável. Cabe ao intérprete, portanto, diante do caráter mutável do plano semântico, buscar a relação entre o signo e as coisas que ele pretende individualizar, identificando as diferentes acepções atribuídas a um vocábulo e as diversas realidades que ele está apto a construir.

Para o jurista, sua maior tarefa é desvendar justamente este plano semântico dos institutos do direito. A ele cabe o trabalho de, a partir da desformalização das normas prescritivas, experimentar e acomodar a movimentação do sentido trazida pela dinâmica da realidade social em torno do signo jurídico. Há quem diga, a propósito, que o sentido normativo é aquele que o legislador assentou nos textos da lei à época de sua edição, isto é, localizando o sentido num ponto estaticamente considerado. Entendemos que não é bem assim. Lembremos sempre que o direito é fechado sintaticamente, mas aberto em planos semânticos. Portanto, a atualização da ordem posta enquanto sistema prescritivo de conduta dá-se preponderantemente na via semântica, em que a agitação da dinâmica social ingressa na ordem posta por meio das estruturas formalizadas, movimentando o conjunto prescritivo na forma em que o próprio ordenamento o requer.

A opção pelo plano semântico como primeiro grande capítulo deste trabalho justifica-se na medida em que, para alcançar o domínio sintático e/ou pragmático, é preciso antes firmar o sentido proposto. Logo, somente após ter sido apresentado o conceito de presunção e definidas suas diferentes acepções é que se torna possível falar de coerência sistêmica (sintaxe) e das relações de uso (pragmática) da presunção no direito positivo brasileiro, e, mais especificamente, da aplicabilidade das técnicas presuntivas no direito tributário nacional. A metodologia assumida neste estudo requer, portanto, a referida demarcação terminológica como exigência preliminar para que se faça um trabalho sistematizado, isto é, mantendo-se este coerente do início ao fim. Rememoremos, neste ponto, as lições dos neopositivistas lógicos que puseram em evidência o plano semântico (e sintático) com o objetivo de refinar o discurso científico. Ou ainda, na figura de Alfredo Augusto Becker, em carta direcionada a Paulo de Barros Carvalho em 11 de maio de 1976: o jurista é *o semântico da linguagem do direito*.[1] Investido do fardo semanticista, este é o momento exegético para se alcançar tal análise.

---

1. Carta escrita por Alfredo Augusto Becker a Paulo de Barros Carvalho em 11 de maio de 1976. In HARET, Florence; CARNEIRO, Jerson. *Vilém Flusser e juristas*: comemoração dos 25 anos do grupo de estudos Paulo de Barros Carvalho. São Paulo: Noeses, 2009. p. XXVI.

Capítulo 1

OS DIVERSOS CONCEITOS DE PRESUNÇÃO NOS DIFERENTES RAMOS DO CONHECIMENTO

Ao realizarmos o estudo do direito, perceberemos que, exteriorizado na forma de norma, o ordenamento é fechado, em termos sintáticos, mas aberto nos planos semântico e pragmático. E é justamente no campo dos significados das palavras que se encontra o grande desafio de todos aqueles que pretendem uma análise séria e atinada das regras jurídicas. A maleabilidade dos sentidos dos vocábulos, ainda que pertencentes a uma mesma ordem linguística, e as imperfeições no plano comunicacional dificultam a inter-relação dos homens e a perfeita compreensão das mensagens expedidas. Eis a relevância do papel que cumpre a dogmática, estudo da ciência que se dirige ao direito em linguagem técnica com o fim de atribuir-lhe racionalidade ali onde não houver, organizando as mensagens legisladas no contexto em que se inserem.[1]

---

1. Vejamos Paulo de Barros Carvalho: "É neste ponto que a Dogmática (Ciência do Direito em sentido estrito) cumpre papel de extrema relevância, compondo os enunciados frequentemente dispersos em vários corpos legislativos, ajeitando-os na estrutura lógica compatível e apontando as correções semânticas que a leitura contextual venha a sugerir" (CARVALHO, Paulo de

A relevância da ciência do direito, em seu sentido estrito, encontra-se justamente neste objetivo, que é sistematizar o ordenamento, conferindo instrumental ao aplicador da ordem posta para que possa construir o sentido mais adequado àquela organização. Mas, afinal, como proceder ao exame dos sentidos das palavras no direito, levando em conta as imposições do próprio sistema? Onde se encontra o conteúdo jurídico das normas? Ora, muitos buscam as acepções dos vocábulos que o legislador depositou nos textos do direito positivo para descrever fatos e prescrever comportamentos; outros entendem mediante uma contextualização da norma em face do sistema como um todo; alguns ainda sugerem a subdivisão temática da matéria, percebendo as nuances de cada um dos subdomínios do sistema jurídico.

Adotando pressuposto de que o direito positivo é homogêneo sintaticamente, uno e indecomponível na forma de sistema, podemos dizer que toda figura jurídica deve submissão a este ditame. A empresa exegética no campo semântico se fará sempre observando-se esses cânones. Contudo, sem abandonar, por um instante sequer, essas imposições formais nesse precioso caminho especulativo pelo significado da norma, o intérprete poderá realizar cortes exegéticos para o fim de lhe ser facilitada a referida tarefa semântica em determinados contextos ou na solução concreta do caso. O corte é redutor de complexidade, permitindo, pela diminuição da amplitude do texto, maior profundidade de análise. É a expressão do infinito no finito. Desse modo, procedendo ao isolamento da norma no universo da temática analisada, impondo com maior força os princípios específicos que dirigem aquele determinado campo do direito, os sentidos das instituições normativas analisadas vão ganhando corpo, enriquecendo-se semanticamente em face do ordenamento como um todo.

Barros. IPI – Comentários sobre as regras gerais de interpretação da Tabela NBM/SH (TIPI/TAB). *Revista Dialética de Direito Tributário*, São Paulo: Escrituras, n. 12, p. 48, 1998).

Seguindo este propósito, nosso primeiro empreendimento demonstrará os diversos conceitos de presunção nos diferentes ramos do conhecimento. No intuito de demarcar o termo *presunção* para o direito, faremos breve incurso na própria tarefa de definir para, em seguida, percorrer diferentes ciências que possam contribuir para o entendimento da matéria. Assim, conheceremos a presunção na filosofia, na teoria da linguagem, na semiótica, na Teoria Geral do Direito e, ao final, nos ramos do direito: na esfera pública e na privada, nos subdomínios civil, penal, administrativo, processual, encerrando-se essa análise preliminar no universo do direito tributário, lugar por excelência de nosso estudo.

1.1. A tarefa de definir: que é a própria definição?

Definimos a todo instante palavras e expressões; recorremos a dicionários por diversas vezes no nosso dia a dia, de tal modo que, ao falarmos de qualquer coisa, pressupomos essa tarefa definitória de sentido. Sendo assim, em um trabalho com pretensões científicas, nada mais certo que este estudo seja considerado de antemão como a porta de entrada do conhecimento da temática das presunções. No entanto, antes de definir, é necessário conjecturar o que seria a própria *definição*. Neste ensaio, permanecemos perplexos diante da dificuldade que esta tarefa nos exige. Assim, ao propormos, neste estudo, definir o étimo *presunção*, será relevante entendermos, antes, o que significa a atividade de definir em si mesma, que, de tão usual, muitas vezes passa desapercebida, sem, contudo, perder sua essencialidade em todo trabalho que se pretende rigoroso.

A ação de definir associa-se a outros verbos como *circunscrever*, *determinar*, *precisar*, ou mesmo *pôr* ou *assinalar* limites a determinada coisa. De uma forma ou de outra, tem-se que definição é atitude em que se busca *demarcar* um objeto mediante inúmeras técnicas cognitivistas, mas que guardam uma mesma característica: o fato de serem sempre feitas mediante a enunciação de propriedades e características, capazes de diferenciar uma determinada coisa de outra(s). Portanto, é somente com a linguagem que a definição se mostra presente. E é *enunciando sobre* que se define o objeto mencionado.

Podemos explicar o significado de uma palavra fazendo referência ao seu histórico, empreendendo um exame etimológico do termo; ou simplesmente descrevendo o objeto, enunciando as características físicas, perceptíveis aos sentidos; ou também associando o vocábulo a outros que ora guardam um significado próximo, ora razoavelmente aproximado daquele que se quer definir. Eis as três espécies de definição, respectivamente, histórica, nominal e real.[2]

Para a lógica, definir é *determinar com rigor a compreensão exata de um conceito com o fim de situá-lo em relação a outros conceitos, classificando-o e distinguindo-o.* Estamos, aqui, na teoria das relações – uma vez que nada é observado sozinho, mas sempre em vista do outro – e na teoria das classes e dos conjuntos pelo simples fato de classificar (dispor em classes) para o fim de distinguir uma coisa de outra, observando-se sempre o grupo a que pertence. Enquanto na primeira o conceito surge pelo tão só aparecimento da relação, ela mesma atributiva de significado, nesta última, opta-se por tomar um caractere específico (diferença) como referência para, em seguida, estabelecer semelhanças e disparidades entre unidades de um domínio considerado. De uma ou outra forma, *enunciar sobre algo* já é defini-lo.

---

2. As duas últimas abaixo elucidadas por Irving Copi:
"A D. nominal vem a ser a determinação ou fixação exacta do significado de uma palavra nova ou desconhecida (D. puramente nominal) ou de sentido menos claro e preciso, por meio de qualquer sinônimo, da sua explicação etimológica ou da descrição de objeto por ela significado".
E continua: "Geralmente, a própria D. nominal, a etimológica sobretudo, é usada como introdução ao significado real, que todo o vocábulo tende naturalmente a evocar. A D. (explicativa) equivale à noção distinta e mais ou menos completa de um objecto" (*Logos* – Enciclopédia Luso-Brasileira de Filosofia. Lisboa/São Paulo: Verbo, 1989. v. 1, p. 1299-1300.)

A definição observada em seu aspecto formal, isto é, como algo pensado, não passa de um *conceito complexo que exprime a natureza ou essência de um objeto*. De fato, não há como falar em essência sem referirmos a Husserl, filósofo que atirou a atenção à chamada intuição eidética ou intuição das essências. Em suas inúmeras obras, procurou distinguir o fenômeno (fato) do nômeno (essência), sem contudo deixar de relacioná-los. Para ele, no fenômeno, isto é, o evento individualmente considerado, sempre se capta a essência de algo. Aliás, não há como a consciência compreender o individual sem recorrer ao universal, que se faz aparente no nômeno. Essência, nesta medida, é justamente *o modo típico do aparecer dos fenômenos*, ou melhor, aquilo que anuncia para a consciência as marcas do universal presentes em cada recorrência individual.

Segundo esta concepção, estamos diante de dois tipos de conhecimentos: aquele que tem por objeto o fenômeno; aquel'outro, o nômeno. Uma vez que os fatos particulares não são o *eidos*, mas tão somente casos de essências eidéticas, conhecer o fenômeno é algo diferente de conhecer o próprio nômeno. Exemplificando: ao se definir determinada coisa, tal como uma mesa, verifica-se que esta, essa ou aquela mesa são justamente reputadas *mesas* porque são casos particulares (fenômeno) da ideia (universal) que temos de *mesa*. Em cada recorrência a situações particulares, apreendemos uma essência universal, presente em todos os objetos *mesa*.

Vale a ressalva de que isso não quer dizer que o conhecimento das essências seja um conhecimento mediato, ou seja, aquele obtido mediante a abstração ou comparação de vários fatos. Em verdade, o conhecimento das essências é intuição e, para Husserl, é intuição eidética. Posto isto, definir um objeto pela sua essência é conhecê-lo mediante a intuição presente no intérprete, segunda a qual constitui ferramentas capazes de localizar aquilo que de universal existe em cada uma das recorrências fenomenológicas. Entre os tipos de definição que tem o *eidos* como referência, aponta-se aqui para aquela chamada *essencial*, uma vez que ela:

> [...] refere apenas os elementos essenciais, quer físicos (*essência física*, p. ex., homem = ser vivo composto de *corpo e alma*), quer metafísicos (*essência metafísica*, p. ex., homem = *animal racional*). A D. essencial metafísica constitui o tipo perfeito da D. Nela se realiza plenamente a dupla finalidade a que toda e qualquer D. é destinada: dar de um objecto uma noção tão clara e precisa que se saiba exatamente o que ele é e se distinga nitidamente do que ele não é. Isto nos garante precisamente a D. essencial com a indicação do gênero próximo (o que há de comum) e da diferença específica (o que há de próprio, exclusivo).[3]

Entretanto, sabemos que, na prática, nem sempre a definição essencial é passível de ser produzida. Contudo, isso não inviabiliza a confecção de outros procedimentos definitórios. Toda definição que não alcança o *eidos*, limitando-se a descrever características físicas do objeto, é considerada imperfeita. Vejamos o pensamento o logicista Irving Copi:

> Mas nem sempre é possível obter uma D. essencial. Em geral, temos de nos contentar com definições imperfeitas, com simples descrições, que se limitam a indicar uma ou mais propriedade consideradas suficientes para distinguir uma coisa de outra. Podem ser de várias espécies:
>
> a) descritiva propriamente dita, se as propriedades referidas decorrem necessariamente da essência (*proprium*), sendo com ela convertíveis (homem = animal que fala);
>
> b) descritiva acidental, resultante da enumeração de propriedades comuns ou acidentais que, embora separadamente, convenham a muitos outros objectos, colectivamente tomadas, só convém ao definido;
>
> c) descritiva causal, que explica uma coisa, não pelo que é em si mesma, mas pelas suas causas extrínsecas (eficiente = é um Stradivarius; final = é um cronômetro; exemplar = é um Moisés);

---

3. *Logos* – Enciclopédia Luso-Brasileira de Filosofia. Lisboa/São Paulo: Verbo, 1989. v. 1, p. 1300.

d) descritiva genética (constitutiva), se indica não só a causa, mas, sobretudo, o modo como uma coisa é produzida (o bronze é uma liga de diversos metais).[4]

Observe que as definições imperfeitas – aquelas que não alcançam a essência da coisa, limitando-se a descrever algumas características particulares do objeto em sua aparência – são as mais comuns e parecem levar com elas uma margem de erro justamente por tomar os sentidos dos homens como base operatória da definição. Não é de todo inoportuno mencionar a este respeito que as sensações que cada pessoa tem de um objeto são subjetivas, sendo difícil objetivar algo necessariamente originário "da alma" do ser interpretante. Toda definição, portanto, já nasce limitada e restritiva pelo homem e pela linguagem, de modo que este "erro" significativo é inerente a esta atitude exegética.

Por fim, sob outro ponto de vista, como formulação verbal, a definição também pode ser considerada sob juízo analítico, levando-se em conta, aqui, que o sujeito é representado pelo *conceito a definir* e o predicado por *aquela propriedade ou conjunto de propriedades que constituem sua estrutura íntima*.

De tudo o quanto foi exposto verificamos que a tarefa de definir é algo que não tem limites. Não há início nem fim. Sempre podemos redefinir aquilo que foi anteriormente definido. Cabe ao intérprete falar sobre o símbolo definido ou dizer aquilo a que se refere, e, assim o fazendo, já o define segundo seu ponto de vista. As definições, portanto, são sempre linguagem, simbólica por excelência, pois somente os símbolos são alcançáveis por elas, que, por sua vez, buscam explicar a realidade que representam. O objeto em si mesmo nunca será definido, mas o significado estará na representação simbólica que temos daquela mesma coisa. Em outros termos, explicar

---

4. *Logos* – Enciclopédia Luso-Brasileira de Filosofia. Lisboa/São Paulo: Verbo, 1989. v. 1, p. 1300.

o significado de algo nada mais é do que conferir uma definição a ele, constituindo-o em linguagem. A definição é, portanto, recurso pelo qual alcançamos o vazio dos objetos, preenchendo-os por intermédio da linguagem.

Assim, na medida em que fica mais aclarada a tarefa de definir, verificamos também seus propósitos, que não são poucos: (i) demonstrar os diversos sentidos da palavra em face do subdomínio do conhecimento envolvido; (ii) conhecer melhor o objeto a que a palavra se refere; (iii) aclarar o conceito em face das premissas adotadas pelo intérprete; (iv) eliminar as ambiguidades do termo; (v) apontar os limites semânticos do vocábulo; (vi) influenciar atitudes, entre outros.

No presente trabalho, optamos por dispor na primeira parte da semântica os itens tangentes à definição. Com o intuito de (i) demonstrar o vasto horizonte em que se encontra o vocábulo das presunções, percorremos diferentes ramos do conhecimento humano, mostrando a evolução histórica e a variedade de sentido que a palavra *presunção* vai assumindo no decorrer dos tempos. Com isso, (ii) ampliamos o vocabulário da pessoa para quem a definição é elaborada, no caso todos aqueles que leem este trabalho, no intuito de conhecer melhor as *presunções*.

Num segundo momento, assumindo e verificando a pluralidade de significados em que a palavra aparece no subdomínio do direito tributário, percebemos que o vocábulo requer esclarecimentos em vista de sua vagueza, sendo-lhe necessário (iii) aclarar seu conceito de acordo com as premissas metodológicas ora adotadas. Em decorrência disso, o intuito se presta também a (iv) eliminar a ambiguidade do termo, (v) apontando alguns limites de sua aplicabilidade. Com este empreendimento, a definição também nos permitirá (vi) decidir sobre a admissibilidade das *presunções* em cada caso no sistema jurídico apresentado. Por último, outra finalidade da definição preliminar, que neste momento é de suma relevância, é (vii) propor uma fórmula adequada ou epistemologicamente útil dos objetos a que deverá ser aplicado ao longo de todo o eixo cognoscente do estudo teórico.

Portanto, todos os que se debruçam sobre um tema acabam por defini-lo, e, com isso, pretendem (viii) influenciar as atitudes ou agitar as emoções de quem ouve ou de quem lê. Por isso todas as finalidades da definição se encontram presentes neste trabalho, e a enunciação delas demonstra a relevância que este recurso tem a todo estudo que se pretende sério e atinado.

Cravadas as premissas do que pode ser ou conter o ato de definir, levemos em conta que a presunção é um conceito objeto de diversas dúvidas entre autores, em diferentes subdomínios do conhecimento, servindo-se para representar inúmeras categorias que nada guardam de correlação entre si. Por que não aproveitarmos o ensejo para estabelecer os limites semânticos que estão faltando à matéria?

1.2. A presunção na filosofia

Durante a Antiguidade e a Idade Média, prevaleceu a concepção metafísica da filosofia, que tomava de Platão a ideia de que a filosofia seria o *uso do saber em proveito do homem*. Aristóteles, por seu turno, entendeu-a como "ciência da verdade", no sentido de que nela estão todas as ciências teóricas, atribuindo-lhe a função de unificar as ciências ou de reunir seus resultados numa "visão de mundo". Seria o que chamam de segunda concepção da filosofia. Mas o que se ressalva, no momento, é que, tanto como *ciência do saber* quanto como *ciência da verdade*, a filosofia é uma sobrelinguagem de todas as ciências, na medida em que reflete a respeito do próprio pensamento do homem, buscando as razões das coisas e das ideias. Em vista disso, ao realizar uma análise do vocábulo *presunção*, é na filosofia que tomaremos o ponto de partida deste difícil empreendimento conceptual.

Para a filosofia, presumir admite dois sentidos: vaidade ou conjectura.[5] O primeiro, sendo irrelevante para fins jurídicos,

---

5. Maria Rita Ferragut bem lembrou em seu *Presunções no direito tributário* (São Paulo: Dialética, 2001. p. 57) que, para a filosofia, o conceito de presunção

não será aqui estudado. Interessa-nos tão somente sua segunda significação. Como conjectura, presunção é assumida por atividade intelectiva de emitir um juízo sobre algo, considerando-o válido até que se prove o contrário. Provar, aqui, está em seu sentido argumentativo, remetendo-se à própria retórica do convencimento. Em nível sintático, será verbalizado em proposições, sendo, deste modo, *proposição que fala sobre algo sem certezas*. Neste primeiro passo, a presunção seria tida por algo antecipado e provisório: *antecipado*, uma vez que é emitido antes mesmo do consenso de seu sentido entre as partes comunicantes; *provisório*, pois sempre poderá ser modificado quando enfrentado por outra proposição mais forte em tom retórico. Em resumo, a primeira definição do que seja o ato de presumir, na filosofia, seria assim apresentada:

> 1. juízo antecipado e provisório, que se considera válido até prova em contrário. Por exemplo, "P. de culpa" é um juízo de culpabilidade que se mantém até que seja aduzida uma prova em contrário; têm significado análogo as expressões "P. de verdade" ou "P. favorável" ou "P. contrária" a uma proposição qualquer.[6]

Estamos diante de uma *definição descritiva*, imperfeita, segundo a qual, não sendo possível emitir uma noção clara e precisa pela própria complexidade do termo, limita-se a trazer elementos – juízo, proposição, provisoriedade, antecipação e validade até prova em contrário – considerados suficientes para distinguir a presunção de outros tipos de juízos.

Vale dizer que existem diversos tipos de presunções, sendo possível afirmar também que algumas têm maior adesão do que outras em razão do próprio sistema de *lugares-comuns* existentes em uma determinada cultura historicamente localizada.

---

está vinculado a "duas acepções fundamentais: de conjectura (suspeita) e de vaidade (pretensão)".

6. ABBAGNANO, Nicola. *Dicionário de filosofia*. Tradução de Alfredo Bosi. Revisão de Ivone Castilho Benedetti. São Paulo: Martins Fontes, 2007. p. 926.

Neste sentido, buscando complementar a definição acima e objetivando maior determinação do significado da palavra analisada, pela técnica da *definição puramente nominal*, iremos consolidar o termo *presunção* por meio de outras palavras que lhe são sinônimas ou que, no mínimo, nos remetem a conceito aproximado. Assim sendo, neste momento, propõe-se relembrar que, numa atitude definitória puramente nominal, a filosofia determinou o étimo *presunção* associando-o à ideia de *metáfora*.

Etimologicamente, o termo metáfora deriva da palavra grega *metaphorá*, que significa junção de dois elementos – *meta* ("sobre") e *pherein* ("transporte"). Trata-se de uma palavra tomada em outro sentido: configura o transporte de significados. Para Aristóteles, "A metáfora consiste em dar a uma coisa um nome que pertence a outra coisa; essa transferência pode realizar-se do gênero para a espécie, da espécie para o gênero, de uma espécie para outra ou com base numa analogia".[7] Cícero, por seu turno, considerava-a como "uma forma particular de comparação, ao passo que para Aristóteles ela é o tipo principal [...]".[8] O ponto em comum desses dois filósofos traduz em tomar a metáfora pela própria capacidade de perceber semelhanças. Para eles, o verossímil depende, em última instância, da *opinião comum*, isto é, do sentido admitido pelo público. Lançar mão de ideias consensuais para a coletividade e inseri-las na argumentação faz alcançar os efeitos de *espelhamento* e *identificação* desejados, acabando por sugerir uma ação.

Ora, na presunção, essas características se fazem igualmente presentes. Ao presumir, estamos emitindo um juízo sobre algo, sem que, contudo, se tenha certeza dele. Eis por que toda presunção é antecipada e provisória. Mas, em geral, a presunção nasce de algum consenso, de uma ideia da *opinião comum*. E, de forma a simplificar o próprio discurso, quando a

---

7. ABBAGNANO, Nicola. *Dicionário de filosofia*. Tradução de Alfredo Bosi. Revisão de Ivone Castilho Benedetti. São Paulo: Martins Fontes, 2007, p. 776.
8. Idem, ibidem, p. 776.

prova do *verdadeiro* se torna demasiadamente penosa e de difícil elaboração, admite-se este efeito de *espelhamento* e *identificação* desejado, isto é, em outras palavras, admite-se um juízo pelo outro, identificando aquilo que a princípio seria dissociado. É por assim dizer que a presunção, aproveitando-me do sentido atribuído às metáforas pela filosofia, "é o produto da interação específica de significados heterogêneos, mas comuns".[9] Vale a ressalva de que:

> a noção de interação [...] não se trata apenas de confrontar objetos diferentes para estabelecer se alguma característica de um pode ser atribuído ao outro, mas de fazer uso de todo o nosso sistema de lugares-comuns para filtrar ou dispor um outro sistema, gerando assim uma nova organização conceitual [...].[10]

Emprestada esta definição de metáfora, conferindo-a por completo às presunções, torna-se perfeitamente possível sustentar que ao presumir: (i) fazemos uso de todo o nosso sistema de lugares-comuns; de modo a (ii) construir um novo sistema de significação; que tem por resultado (iii) uma nova organização conceitual.

Tomamos aqui a visão clássica da metáfora, desenvolvida na Antiguidade, sendo, portanto, *noção substitutiva que objetiva compreender e experienciar uma coisa em termos de outra, levando-se em conta o sistema de lugares-comuns de uma determinada cultura.* Portanto, por meio da definição nominal, torna-se necessário complementar o conceito de presunção, atribuindo a ela as seguintes características:

(i) produto da intenção específica de significados heterogêneos, mas comuns;

---

9. ABBAGNANO, Nicola. *Dicionário de filosofia*. Tradução de Alfredo Bosi. Revisão de Ivone Castilho Benedetti. São Paulo: Martins Fontes, 2007. p. 777.
10. Idem, ibidem, p. 777.

(ii) que lhe é conferido pelo efeito de espelhamento e identificação entre uma coisa e outra, construído pelo discurso em função primordial retórica;

(iii) gerando assim uma nova organização conceitual.

Assim, é possível enumerar as seguintes características à presunção, atribuídas pela filosofia clássica:

(i) noção substitutiva;

(ii) originária de um juízo antecipado e provisório;

(iii) criado por meio de um efeito de espelhamento e identificação entre uma coisa e outra;

(iv) produto de uma interação específica de significados heterogêneos;

(v) garantindo assim uma nova organização conceitual.

Nestes termos, verificamos que, apoiando-nos na filosofia para associar a presunção à metáfora, a ideia daquela exige que o intérprete vá além do mero conhecimento linguístico, o que não implica que o resultado conceitual de presunção se torne falso ou transgressor.

1.3. A presunção na teoria da linguagem

Da filosofia à teoria da linguagem, sobrevoamos os horizontes da linguística, da semiótica, da teoria dos atos de fala, para pousarmos nas concepções da nova retórica. Apoiada na semântica estrutural de Greimas, a nova retórica redefiniu a noção de *signo* deslocando-o do domínio psicológico (imagem acústica, conteúdo mental) e sociológico (o tesouro social da língua inscrito na memória de cada indivíduo) para uma análise puramente linguística. Em outras palavras, o nível estratégico da semântica estrutural se transfere da palavra para o sema, isto é, do vocábulo para os traços semânticos das unidades lexicais manifestadas (morfemas). Passa-se da linguística, do plano da descrição e da classificação, para àqueloutro da explicação.

Chaïm Perelman foi o grande precursor da nova retórica, sendo ele, portanto, nossa fonte para redefinir a presunção na teoria da linguagem. Em seu *Tratado de argumentação*, já no capítulo I – *acordo* – inicia o estudo sobre as premissas da argumentação dizendo: "do princípio ao fim, a análise da argumentação versa sobre o que é presumidamente admitido pelos ouvintes".[11] Para ele, toda argumentação envolve um conceito de *auditório universal*, relativo ao real, e outro de *auditório individual*, relacionado ao preferível. No primeiro, incluem-se fatos, verdades e presunções; no segundo, valores, hierarquias e lugares do preferível. Em suas palavras, "na argumentação, tudo o que se presume versar sobre o real se caracteriza por uma pretensão de validade para o auditório universal".[12] A presunção, nesta medida, assim como os fatos e as verdades, é uma espécie de acordo, com sistema de alcance que pode se apresentar mais restritivo (fatos) ou mais geral (verdades) tendo em vista a adesão do auditório (*páthos*). Para ele:

> [...] as presunções estão vinculadas, em cada caso particular, ao normal e ao verossímil. [...] A própria existência desse vínculo entre as presunções e o normal constitui uma presunção geral admitida por todos os auditórios. Presume-se até prova em contrário, que o normal é o que ocorrerá, ou ocorreu, ou melhor, que o normal é uma base com a qual podemos contar em nossos raciocínios. Essa base corresponderá a uma representação definível em termos de distribuição estatística das frequências? Não, sem dúvida. E esta é uma das razões que nos obriga a falar de presunções e não de probabilidade calculada.[13]

---

11. PERELMAN, Chaïm. *Tratado da argumentação*: a nova retórica. Tradução de Maria Ermantina de Almeida Prado Galvão. 2. ed. São Paulo: Martins Fontes, 2005. p. 73.
12. Idem, ibidem, p. 74.
13. Idem, p. 80.

Parte constitutiva da ideia de realidade, a presunção goza do acordo universal, no entanto caracteriza-se, diferenciando-se dos outros procedimentos, por estar sujeita a um reforço argumentativo. Segundo o ponto de vista de Perelman, presunção é raciocínio que, tomando o *normal* e o *verossímil*, estabelece uma relação entre duas coisas diferentes. Para tanto, não leva em consideração os dados de fato, como o resultado de uma estatística de ocorrências no mundo fenomênico, mas, estabelecendo uma relação, deduz um acordo entre o discurso (*logos*) emitido pelo orador (*ethos*) com seu auditório (*pathos*). Estamos aqui no domínio da definição lógica, em que o presumir não é observado sozinho, mas sempre em vista do outro, ou melhor, dos demais procedimentos lógicos. Eis que "todas as presunções baseadas no normal implicam um acordo acerca desse grupo de referência".[14]

Resumidamente, a teoria da linguagem vai acrescentar os elementos caracterizadores da presunção atribuídos pela filosofia clássica, adicionando os seguintes critérios: é um conceito relativo à realidade, que se dá por uma espécie de acordo universal, com sistema de alcance que pode se apresentar mais restritivo (os fatos) ou mais geral (as verdades), uma vez que está sujeito a ser reforçada em termos argumentativos, tendo em vista a adesão do auditório (*páthos*).

1.3.1. Semiótica das presunções

As Ciências da Linguagem, com o apoio fundamental na filosofia da linguagem, sofreram uma série de avanços no último século, principalmente com as obras de Wittgenstein – *Tractatus logicophilosophicus* e *Investigações filosóficas* –, marco para a filosofia que define duas diferentes fases da relação que se mantinha entre o mundo, a linguagem e o homem.

---

14. PERELMAN, Chaïm. *Tratado da argumentação*: a nova retórica. Tradução de Maria Ermantina de Almeida Prado Galvão. 2. ed. São Paulo: Martins Fontes, 2005. p. 81.

"Do paradigma verificacional que vinha dominando a filosofia da linguagem desde Frege, passou-se para o paradigma comunicacional. Essa mudança de perspectiva no estudo da linguagem tornou-se conhecida como giro linguístico-pragmático."[15] Este movimento tem como ponto de referência as *Investigações filosóficas*, obra em que o autor, de maneira revolucionária, passa a observar a linguagem não mais como instrumento, como forma de representar o mundo, mas sim como meio constitutivo de realidade por intermédio da comunicação. O real, portanto, passa a ser uma construção de sentido, um efeito de conteúdo que se extrai do próprio texto por meio da interpretação. Entre as Ciências da Linguagem, destaca-se, neste estudo, a Semiótica em decorrência do alcance da análise que este instrumental epistemológico propicia.

O direito, em sua perspectiva semiótica, traz uma série de contribuições para a Ciência Jurídica, atribuindo coerência ao discurso, uniformidade ao objeto, fundamento ao sentido adotado, atingindo, por este enfoque, as profundezas do discurso normativo, que ainda se encontram em planos rasos pelo conhecimento da teoria tradicional do direito. E isto se aplica não somente ao sistema jurídico como um todo, mas também a todos os seus institutos, enquanto conjunto normativo imerso neste mundo, como a figura das *presunções*.

Temos que o direito é um grande processo comunicacional. Utiliza-se da linguagem para construir sua própria realidade, apresentando-se em diferentes tipos de discurso, dotando diversas funções discursivas para seus utentes, modalizando suas ações por infinitas combinações entre as categorias que fundamentam o contrato fiduciário e veridictório e traçando, ao mesmo tempo, o sistema de valor – cultural e ideológico – que sustenta a comunicação jurídica. Todos estes são traços semióticos que vão surgindo na medida em que o

---

[15]. MENDES, Sônia Maria Broglia. *A validade jurídica e o giro linguístico*. São Paulo, Noeses, 2007. p. 55.

exegeta depreende uma análise mais profunda do texto normativo, alcançando os próprios limiares deste discurso. O percurso gerativo de sentido, ao mesmo tempo em que revela o objeto cultural do direito, como sistema, instaura o sujeito, capturados, ambos, nas profundezas do plano do significado do texto.

Transportado o pensamento para as presunções no ordenamento, verificamos que elas, como categoria do direito, são também comunicação. Mediante linguagem prescritiva, criam uma realidade jurídica própria, segundo uma particular forma de tipificação, qual seja deduções silogísticas ou silogismo truncado. Nelas se encontram, num só tempo, processo de enunciação, enunciação-enunciada, enunciado-enunciado, sujeito enunciativo, efeitos de ação, de tempo, de espaço e, por que não, de *realidade*. A presunção, na forma de discurso, institui o universo jurídico e produz o efeito do *real*. O sujeito enunciativo, a propósito, vem dotado de diferentes funções discursivas no processo de positivação da norma presuntiva. Citemos, por exemplo, a figura do aplicador do direito que, ao enunciar a norma de presunção, cumpre, num só tempo, papel de destinatário da norma e destinador do discurso, prescrevendo conduta mediante enunciado presuntivo individual e concreto. Os traços semióticos estão presentes por todos os lados nas presunções, mostrando-se como poderosa ferramenta descritiva deste interessante processo intelectual no direito. E com o apoio no percurso gerativo de sentido da semiótica iremos surpreender o fenômeno jurídico presuntivo, capturando o discurso em sua imanência e revelando sua forma aparente no direito.

No corpo dessa temática, com efeito, a interpretação passa a ser observada como coenunciação, isto é, como tudo aquilo que diz respeito ao ato de enunciar o texto. É o que permite a (re)construção do sentido no ato da leitura, "recuperando", em forma de simulacro, uma instância de um agir passado, no tempo e no espaço, na mesma proporção em que instaura um sujeito da enunciação, que nada mais é que uma figura de sentido que se apresenta a cada novo olhar sobre aquele plano de expressão. O texto dá a imagem de um corpo, de uma voz, de um caráter do sujeito que enuncia, que não se confunde com o homem físico, produtor do discurso. Este se desgarra do discurso no momento mesmo em que o texto é dado como expressão. Eis a afirmação peremptória: Na teoria semiótica, não há agente físico, produtor de discurso, mas sempre efeitos de sentido recuperados a cada leitura como sujeito da enunciação.[16] Portanto, sob a óptica semioticista ora proposta, tudo nas presunções será observado enquanto efeito de sentido, a realidade e a verdade por ela construídas inclusive. Na leitura do texto normativo, é o próprio exegeta que, interpretando, fará irromper o conteúdo das presunções, numa atitude aparente, e tão só aparente, de recuperação do significado. Por meio de figuras de sentido que ele mesmo cria, produz significado, determinando as presunções segundo seu próprio sistema ideológico, lugar do sopro e floração dos espíritos do intérprete, sopesados pelos valores insertos no direito.

É a intercomposição existente entre as Ciências da Linguagem que proporciona uma visão mais ampla do discurso e da comunicação intersubjetiva, gerando uma difusão de efeitos epistemológicos em diferentes domínios do conhecimento. As Ciências da Língua, associadas, conferem substrato uma às outras, objetivando o estudo, delimitando seus campos de aprofundamento e permitindo que, uma vez observados em cada uma dessas dimensões, os planos descritivos de cada qual possam dialogar entre si. Eis por que semiótica, linguística e lógica formam todo um conhecimento sobre a linguagem, em diferentes enfoques, complementando-se mutuamente. E, com base nessas ponderações, podemos certificar que a linguística

---

16. Esse também é o pensamento de Gabriel Ivo: "a produção do enunciado decreta a morte do autor e dá nascimento aos intérpretes. Destarte, a interpretação pode tanto criar uma incompatibilidade quanto evitar uma incompatibilidade" (*Norma jurídica*: produção e controle. São Paulo: Noeses, 2006. p. 91).

ofereceu à semiótica as formulações sintáticas das modalidades e a lógica, sua determinação taxionômica, todas localizadas na profundidade do texto, nos diferentes níveis do discurso.

A proposta de uma análise semiótica das presunções, portanto, permite atingir um conhecimento mais intenso desta figura jurídica, buscando delimitar além de suas diferentes formas de expressão as verdadeiras entrelinhas que se circunscrevem, direta ou indiretamente, no enunciado normativo presuntivo. Possibilita, deste modo, resgatar a instância enunciativa do sujeito enunciador da regra prescritiva da presunção, irrepetível, mas plano fundamental para a construção do sentido do texto.

1.4. A presunção na Teoria Geral do Direito

Estreitando a análise da figura da presunção, buscamos guarida agora na teoria geral do direito. A propósito, a referida linguagem descritiva encontra-se no domínio da gnosiologia do direito que nada mais é que o conhecimento generalizado da ordem posta. Aliás, a teoria geral do direito é a ciência que estuda qualquer sistema prescritivo. Seu objeto é o *direito possível*, e sua finalidade é desvelar o elemento comum de todo ordenamento jurídico, seus critérios de caráter permanente, independentemente do tempo e do lugar em que se colocam. E o faz mediante processo metodológico de *generalização*. Parte do direito enquanto linguagem objeto; dele faz incursões para encontrar as categorias gerais de tudo o que de lá pertence. E assim procedendo descreve seu campo empírico em sucessivas passagens de níveis linguísticos – descritivo e prescritivo. A cada transposição ora generaliza, ora abstrai. Com isso, ressalta o campo da concreção material do sistema jurídico. Agora, se pensarmos na forma de generalização, em seu mais alto grau, estaremos não mais no campo da Teoria Geral do Direito propriamente dita, mas, sim, no da lógica, de onde, colocando entre parênteses o conteúdo material do direito, retemos tão só a relação jurídica, ou melhor, as estruturas lógicas. Com estas modulações, a lógica é sobrelinguagem da Teoria Geral do Direito, descreve em modo de variáveis e constantes o inter-relacionamento dessas categorias gerais.

Deixemos de lado, contudo, essas considerações para sustentar que é a partir da gnosiologia ou da teoria geral do conhecimento que encontramos nosso instrumental de partida, lugar de onde aquele que pretende interpretar o texto jurídico e conceituar a presunção em planos epistêmicos se habilita para empreender um estado próprio do conhecimento científico específico. Neste sentido, não queremos exaustivamente citar todos os teóricos gerais que falaram sobre o tema, mas apenas um que, apesar de ter se aprofundado no campo do direito civil, entendemos traduz bem a presunção na Teoria Geral do Direito. Ninguém melhor que Pontes de Miranda para iniciar essa análise.

Ao tratar sobre a difícil empreitada de definir as presunções, o mestre alagoano logo no início de seu *Tratado* bem alerta: "A sua definição também pertence mais à ciência que a conjunto de regras jurídicas".[17] De fato, no Sistema Jurídico Nacional, inexiste definição em lei do instituto. E, mesmo que houvesse, haveria de ser recebida pelo intérprete sem aquele tom de seriedade e de certeza que seria de esperar.[18] Relevemos

---

17. PONTES DE MIRANDA. *Tratado de direito privado*. 2. ed. Rio de Janeiro: Borsoi, 1954. Parte Geral, t. III, p. 446.

18. Há que comentar, por outro lado, que é muito comum encontrar em determinados ordenamentos definição do que seja o ato de presumir, tal como se observa no art. 2.727 do Código Civil italiano: "Le presunzioni sono le conseguenze che la legge o il giudice trae da um fatto noto per risalire a um fatto ignorato". O referido preceito releva o caráter prescritivo das presunções em face do consequente ou prescritor da norma, esta entendida aqui tanto em sentido de lei (na forma geral e abstrata) quanto como enunciado decisório do magistrado (em modo individual e concreto). Contudo, frisemos que as presunções não se encontram tão só nos efeitos jurídicos de um fato notório ao fato desconhecido. Como toda estrutura normativa, o sentido deôntico completo só é entendido quando levado em consideração também o antecedente ou descritor da norma, em que as presunções estejam, talvez,

que definir é atividade própria da ciência, e não do direito em si mesmo. Cabe à doutrina, descrevendo, apontar o conteúdo da disciplina e, ao fazê-lo, respeitando o princípio da unidade sistemática. Deve dar por pressuposto que somente considerando um número imenso de preceitos jurídicos, dos mais variados níveis e dos múltiplos setores, aglutinados para formar essa instituição normativa, se torna possível demarcar rigorosamente a matéria. Esta é muito mais abrangente. Na forma de norma, exigirá do intérprete uma incursão em vários artigos, considerando o instituto na amplitude de seu processo de positivação e na complexidade do universo material que constitui seu campo empírico. Eis por que reafirmamos não caber ao direito prescrever em um enunciado normativo o conceito de presunção.

Retornemos da digressão para sustentar que foi no plano da epistemologia, isto das Ciências do Direito, que Pontes de Miranda classificou, generalizando, três tipos de presunção:

(i) *Paesumptiones iuris et de iure* ou presunção necessária/legal;[19]

(ii) *Praesumptiones iuris tantum* ou presunção voluntária/relativa;[20]

(iii) *Praesumptiones facti* ou a presunção *probabilis*/mista.[21]

E explica:

---

em sua maior medida. Por isso, não cabe à lei definir as presunções, pois, procedendo desta forma, acaba por restringir e simplificar algo que é muito mais complexo que isso e, no direito, pede conceituação mais abrangente e que considere, portanto, o sistema como um todo, construindo o sentido tendo em vista não somente um preceito, mas todos os enunciados que instituem a norma no direito.

19. *Quaedam est talis, cui datar etiamsi contra quis probaret.*
20. *Alia, cui statur, donec contra probatur.*
21. *Alia, cui non datar aliquo modo, nisi adminicula habent.*

Na presunção legal absoluta, tem-se A, que pode não ser, como se fôsse, ou A, que pode ser, como se não fôsse. Na presunção legal relativa, tem-se A, que pode não ser, como se fôsse, ou A, que pode ser, como se não fôsse, admitindo-se prova em contrário. A presunção legal mista é a presunção legal relativa, se contra ela só se admite a prova contrária *a*, ou *a* ou *b*.²²

Elucidando em outras palavras, para o autor, a presunção legal orienta a formulação das normas de direito no sentido de permitir a construção de determinados fatos jurídicos, ou melhor, *fazer julgamento sobre fatos* que se mostrem de difícil prova e investigação. Logo, a presunção legal admite um fato por outro, *como se fossem* um só ou o mesmo. Nesta medida, o fato presumido A *pode não ser*, mas será tido, para o universo do direito, *como se fosse*; assim como da mesma forma *pode ser*, no mundo real, mas será observado *como se não fosse* no domínio das normas jurídicas. Nesse sentido, lembremos que o direito cria sua própria realidade. Não está restrito ao senso dos eventos reais, da causalidade física, mas ao *senso jurídico*, aquele instituído pelo vínculo implicacional. Assim o dizendo, a ordem posta pode tratar um fato tanto *como se fosse* quanto *como se não fosse*, estando nele, ordenamento, as fórmulas que guiam, no mundo jurídico, sua própria criação, alteração e extinção, dentro do que se chama *autopoiese do sistema jurídico*. Reafirmando o conceito de presunção admitido por Pontes de Miranda, a matéria é esclarecida ainda mais ao ser confrontada com a ficção:

> [...] as ficções são mais do que presunções legais, ainda absolutas. A ficção enche de artificial o suporte fáctico; a presunção legal apenas tem como acontecido, ou não acontecido, o que talvez não aconteceu, ou aconteceu. A ficção tem no suporte fáctico elemento de que não se poderia induzir a situação que ela prevê. Daí, nada se presumir, quando se elabora ficção.²³

---

22. PONTES DE MIRANDA. *Tratado de direito privado*. 2. ed. Rio de Janeiro: Borsoi, 1954. Parte Geral, t. III, p. 446.

23. Idem, ibidem, p. 447.

Ora, a partir das palavras do jurista alagoano, verificamos ser possível asseverar, socorrendo-nos das contribuições da Filosofia e da Teoria da Linguagem, que tanto ficção quanto presunção no direito, deste modo, se encontram como *noção substitutiva, originária de um juízo antecipado e provisório, criado por meio de um efeito de espelhamento e identificação entre uma coisa e outra, produto de uma interação específica de significados heterogêneos*. No entanto, enquanto a ficção é um juízo criado de forma artificial, a presunção é indutiva. Nesta medida, a ficção é um conceito logicamente independente da experiência, e por isso *tem no suporte fáctico elemento de que não se poderia induzir a situação que ela prevê*. Já a presunção fixa suas bases no real, nas experiências empiricamente verificáveis, admitindo um fato por outro, *como se fossem* um só ou o mesmo, para a eles dar o mesmo tratamento jurídico. Eis por que é um juízo que tem sempre um *quantum* de indutivo.[24]

Vale ressaltar também que a figura já era especificada por Perelman, tendo em vista que, para este pensador, a presunção é sempre um conceito relativo ao real, com sistema de alcance que pode se apresentar mais restritivo (os fatos) ou mais geral (as verdades). Logo, presumindo-se, constrói-se um efeito de identificação com o mundo social que é subsumido à própria lógica do ordenamento do direito.

Já na presunção relativa de Pontes de Miranda o elemento que a diferencia será a admissão de *prova em contrário*, isto

---

24. Digo um *quantum* pois, como veremos mais adiante, ao distinguir o enunciado presuntivo da dedução e da indução, o legislador, positivando a regra da presunção, institui no direito o pensamento indutivo, e pré-jurídico (de político do direito), que teve. Assim procedendo, em tese, a regra presuntiva posta pelo legislador deixa para fora do direito o caráter indutivo de seu raciocínio para se tornar norma geral e abstrata, positivando-se apenas em forma de inferência, ou seja, segundo modelo dedutível de pensamento. Agora, transportando essa situação para uma análise semiotizada, entendemos que, em certo grau e em alguma forma, o juízo indutivo das presunções legais é relevante na medida em que está no direito enquanto enunciação-enunciada. Ou seja, o *pré-jurídico* está de certo modo *no direito* servindo de critério distintivo das presunções de outras formas prescritivas, inclusive.

é, sendo a presunção um *julgamento sobre fatos* que se demonstram de difícil prova e investigação. O argumento presumido é válido até que se encontre um meio de prova apto a desqualificá-lo. Da mesma forma para o cientista alagoano, a presunção mista, que se diferencia da relativa apenas na forma, admite tão só determinadas e específicas provas contrárias previamente estabelecidas em lei.

A Teoria Geral do Direito, nesta medida, procurou dar à atividade de presumir uma definição segundo o papel que esta categoria de raciocínio tem no sistema do direito. De certa forma, por uma espécie de definição essencialista, enunciou elementos que deram ao aludido objeto uma noção clara e precisa para distingui-lo de outros – a ficção – que ele não é. Logo, a presunção é um julgamento sobre fatos, juízo em sua base indutivo, que se faz presente a todo momento no direito, e que se mostra de difícil prova ou investigação. Portanto, verifica-se que o próprio sistema prescritivo de conduta estabelece, por meio de normas, a orientação que elucida o procedimento e o resultado dele para a constituição de determinado fato jurídico, necessário como ativação do vínculo implicacional e o posterior nascimento da relação jurídica.

Ocorre aqui uma aproximação entre o sentido atribuído às presunções por Pontes de Miranda e aqueloutro, já mencionado, da filosofia, e que se nos afigura procedente. Em verdade, resumindo o sentido pontiano conferido ao instituto apreciado neste trabalho, vê-se o quanto ele guarda correspondência com a definição clássica de metáfora acima trazida. Ora, independentemente de ser possível ou não produzir prova em contrário, todo enunciado presuntivo no direito é uma *noção substitutiva criada por meio de um efeito de espelhamento e identificação entre uma coisa e outra, produto de uma interação específica de significados heterogêneos*. Com efeito, sendo toda palavra uma metáfora, por qual razão a figura estudada também não o seria? Deste modo, o sentido metafórico é próprio da linguagem, e nas presunções é muito presente.

Quando Pontes de Miranda atribui a característica de provisoriedade – *juízo antecipado e provisório* – às presunções, observado o universo jurídico, contamos tão só com os tipos de presunção relativa e mista, uma vez que, segundo o autor, a presunção absoluta é constitutiva do fato, para o direito, sem que se admita prova em contrário. É a lei mesma que confere o efeito de irrevogabilidade à presunção. Se nada o disser, esta é considerada relativa. A ausência de permissão de uma contraprova leva a presunção legal a um *status* de definitividade, que não se encontra presente nos outros tipos presuntivos, o que altera o próprio sentido que lhe foi dado pela filosofia clássica, como pudemos relevar.

Em resumo, da teoria de Pontes de Miranda é possível sistematizar as presunções, identificando nela os seguintes pensamentos: (i) tem sempre um *quantum* de indutivo; (ii) tendo em vista que é um juízo dependente da experiência, fixa suas bases no real; (iii) admite um fato por outro, *como se fossem* um só, ou o mesmo.

1.5. Presunção nos diferentes ramos do direito

Tomemos como ponto de partida a ideia de que o direito é uno e indecomponível. É conjunto tecido e ordenado por normas que falam do comportamento social, nos mais diferentes setores da atividade humana. E está nessa ideia de unidade aquilo que lhe dá o caráter de sistema ou ainda seu sentido de ordem ou organização, em linguagem, de outro universo que a ele lhe parece caótico (mundo social). E, para manter essa sua inteireza, pressupõe formação homogênea de suas unidades, valores lógicos que lhe são próprios e um recorte delimitado de sua realidade-objeto. Ao modo de Vilém Flusser,[25] o direito é ele mesmo uma *língua* que é, cria, forma e propaga sua própria realidade, retroalimentando-se a cada novo processo enunciativo.

---

25. FLUSSER, Vilém. *Língua e realidade*. 2. ed. São Paulo: Annablume, 2004.

No plano dos conteúdos, a condição sistematizada do direito impõe a todas as normas, portanto, convergência semântica para um centro fundante: a Carta Magna ou, melhor dizendo, os valores que lhe são caros. Ao mesmo tempo, os laços de coordenação e subordinação entre as estruturas normativas confirmam não haver norma sem sistema, isto é, proposição jurídica isolada no ordenamento, assertiva decorrente de que *não há texto sem contexto*, como sempre relembra Paulo de Barros Carvalho. A concepção sistematizada do direito não nos permite considerar a norma isolada ou a matéria de direito hermeticamente fechada. Em verdade, considerações deste tope só poderão ser produzidas em face de uma postura científica rigorosa, produzindo-se um corte da realidade jurídica, ainda que momentâneo, para fins de limitar a amplitude da matéria e ganhar em profundidade de análise. Desde que se faça a ressalva do corte proferido, é perfeitamente possível empreender subdivisões do domínio jurídico tais como as efetuadas adiante no âmbito do estudo das presunções.

Somente com estas modulações poderemos analisar separadamente o papel das normas presuntivas nos diferentes domínios do direito, cindidos aqui segundo sua temática principal. Com efeito, a ordem jurídica se pauta pela proposta de regulamentação da vida em sociedade, como já vimos, mas este *tema central*, presente em extensão no sistema normativo, apresenta-se desdobrado segundo as contingências enunciativas que passa a nomear, por exemplo:

(i) direito civil, para os temas que reúnem os interesses da vida privada, da vida do cidadão, da dimensão da convivência familiar, da vida e morte, da sucessão dos bens, das relações comerciais que organiza, os intercâmbios entre grupos sociais, etc.;

(ii) direito penal, para os assuntos que interpretam as relações sociais segundo princípios que norteiam o comportamento do indivíduo, na perspectiva de limites para a convivência proposta como ideal segundo as diferenças culturais;

(iii) direito administrativo, para os objetos que dizem sobre o Estado na sociedade, normando sua função, direitos e deveres, a forma como deve se dar o relacionamento entre ele e os indivíduos nele subordinados, sua atividade e a competência dos órgãos encarregados de executar as incumbências estatais, etc.;

(iv) direito processual, para os tópicos que tratam sobre a forma garantida para fazer assegurar os direitos e os deveres jurídicos positivados no plano material;

(v) direito tributário, para os conteúdos relativos à imposição, arrecadação e fiscalização dos tributos que sustentam o orçamento do Estado-nação, estabelecendo os padrões e os limites ao vínculo entre Fazenda Pública e o cidadão, ora investido do papel social de contribuinte;

(vi) entre outros itens como do direito do trabalho; direito do consumidor; direito do concorrencial, entre outros, e que aqui não serão abordados em face da extensão da matéria.

Observa-se que os subconjuntos do direito civil, penal, administrativo, processual e tributário, entre outros, são constitutivos de um só direito, que é a ordem positiva. São eles qualificados segundo seus conteúdos próprios apenas para fins de análise científica e com o propósito de localizar as diferentes formas de disciplinar a matéria das presunções em função da temática, ou melhor, dos valores que envolvem o tema. Mas, repisemos, no todo formam uma só realidade, somente um sistema. As considerações a seguir pretendem evidenciar algumas especificidades que as presunções vão recebendo em função da matéria por ela tratada. E focando-se nessas características peculiares, que surgem em face das imposições semânticas do assunto tratado, que buscamos ganhar profundidade no estudo das presunções.

1.5.1. Presunção no direito público

Para pensar nas presunções no âmbito do direito público, isto é, naquilo que diz sobre as ações do Estado em sociedade, é preciso, antes, conjecturar sobre a própria formação dos modelos estatais que temos hoje.

Pois bem. Nem é preciso dizer que a figura do Estado é uma criação do homem. Era uma imposição necessária para fins de organizar a vida em coletividade. Sua presença se dá nas mais variadas formas, razão pela qual, ao longo da história, o ser humano foi moldando o papel do Estado em sociedade. De início, existia o *estado de natureza* em que a esfera do lícito imperava: tudo é permitido para todos. Percebendo que a liberdade exacerbada de uns prejudicava os direitos de outros, entra em campo o *estado*, em seu sentido entitativo, passando a limitar a ação do homem em benefício do bem-estar social. Contrapondo-se o estado de natureza, no outro extremo encontrava-se o *estado totalitário* que tornava tudo obrigatório. Aqui, a imperatividade se estendia em detrimento da liceidade: tudo é obrigatório. A repressão ao extremo também não foi bem-sucedida, pois criava situações de desigualdade e insatisfação social. Foi assim que se alcançaram as formações intermediárias do *estado civil*: (i) o *estado liberal* em que *tudo é permitido, exceto o que é proibido* e de onde se tira o princípio ontológico do direito particular ou do domínio civil; e (ii) o *estado socialista*, no qual *tudo é proibido, exceto o que é permitido*, pensamento ou princípio ontológico do direito do estado ou público. Enquanto no primeiro a liberdade era em função da inexistência de norma (lícito natural), no segundo, estávamos no campo da licitude jurídica, isto é, de onde existia norma que disciplinava o campo do permitido.

Fato é que o Estado brasileiro tem formação *liberal*, isto é, estrutura onde se deixa a máxima extensão à esfera da liceidade em relação àquela da imperatividade no tocante às atividades do setor privado. Convivem no ordenamento jurídico os princípios ontológicos do direito, em que, para o Estado, *tudo é proibido, exceto o que é permitido em lei*; e, para os particulares, *tudo é permitido, exceto o que é proibido em lei*.[26] São regras que não se encontram expressamente veiculadas no Texto Maior, mas que traduzem uma experiência histórica na constituição do País. São pressupostos do próprio direito que sustentam o *estado liberal brasileiro*, e sendo tão somente preconcebidas, sem lei escrita que lhes dê lembrança, são consideradas proibições fracas para a ordem pública, ou permissões fracas para o privado.

Aliás, um passo que se nos apresenta importante nesse caminho é asseverar que esses princípios são eles mesmos definidores dos próprios regimes jurídicos público e privado: o primeiro, resguardando os interesses do Estado; o segundo, os direitos dos particulares. E, para explicar o que seriam estes, servimo-nos das lições de Tercio Sampaio Ferraz Jr.:

> [...] o que define se um interesse é público ou privado não é sua repercussão intensa ou secundária sobre a sociedade, mas o regime que o disciplina. Ou seja, da multiplicidade dos valores sociais em jogo, cabe ao legislador decidir, por meio de validação condicional, quais deles serão reputados como manifestando um interesse público.[27]

---

26. Vem a ponto a síntese de Norberto Bobbio: "Na esfera da regulamentação da autonomia privada vale o postulado de que tudo é permitido, exceto aquilo que é proibido, enquanto na esfera da regulamentação dos órgãos públicos, vale o postulado oposto de que tudo é proibido, exceto aquilo que é expressamente permitido.

[...]

Em caso de lacuna, **se um sistema de imperativos se rege pelo primeiro postulado, resulta que o comportamento não previsto deve ser considerado permitido**; se se rege pelo segundo, o comportamento não previsto deve ser considerado proibido" (BOBBIO, Norberto. *Teoria geral do direito*. São Paulo: Martins Fontes, 2008. p. 112. Grifos nossos).

27. FERRAZ JR., Tercio Sampaio. A relação meio/fim na teoria geral do direito administrativo. *Revista de Direito Público*, São Paulo: RT, ano XV, n. 61, p. 27-33, jan.-mar. 1982.

Ora, com estas modulações e transportando a ascética jurídica para o campo das presunções, tenho que estas só são admitidas no direito público quando expressamente permitidas em lei, ou melhor, são *proibidas, exceto aquelas legalmente permitidas*. Em outros termos, os princípios ontológicos do direito público impõem ao Estado nacional *vedação fraca* no uso das presunções. Não havendo previsão legal, descabe à autoridade administrativa presumir fatos como bem entender para fins de criar direitos e deveres. Tal situação conferiria ao Executivo poderes de cunho legislativo, habilitando-o a atuar em sociedade tal como legislador, instituindo novos preceitos e novas imposições. Assim sendo, o princípio ontológico do direito público da mesma forma que a divisão dos poderes numa república federada impede o uso das presunções pelo Poder Público para criar direitos e deveres novos quando estas não vierem expressamente em lei.

Indo além, outra importante reflexão das presunções em âmbito público diz respeito às suas funções sistêmicas. O próprio ordenamento cria determinadas presunções que cumprem relevante papel na manutenção do Estado e na estabilização das relações jurídicas. Maria Rita Ferragut já o mencionara anteriormente, dizendo:

> Finalmente, é possível encontrar um número reduzido de presunções criadas não para suprir deficiências probatórias, mas para **preservar o interesse público, a estabilidade do sistema e a segurança das relações sociais**, tais como as presunções de constitucionalidade das leis e certeza e liquidez da dívida inscrita, estas contidas no artigo 204 do Código Tributário Nacional[28] (grifos nossos).

De fato, o regime do direito público se apoia juridicamente em dois pilares: a) supremacia do interesse público sobre o privado e b) indisponibilidade dos interesses públicos. É a

---

28. FERRAGUT, Maria Rita. *Presunções no direito tributário*. São Paulo: Dialética, 2001. p. 81.

partir deles que se justificam determinadas presunções que cumprem o papel de *preservar o interesse público, a estabilidade do sistema* e a *segurança das relações sociais*. E elas são chamadas das mais variadas formas: presunção de constitucionalidade das leis; presunção de validade, de legalidade, de veracidade ou mesmo de legitimidade dos atos jurídicos; presunção de fé pública; presunção de certeza e liquidez da dívida inscrita; entre tantas outras que poderíamos enumerar a título elucidativo. Chamemo-las de presunções *sistêmicas* para simplificar a ideia de que todas funcionam como meio para assegurar um fim ou que exprimem seu valor: a segurança jurídica, o sistema do direito, o interesse público, etc. E é novamente em Tercio Sampaio Ferraz Jr. que buscamos guarida:

> **Estas consequências exprimem fins, como a proteção assegurada aos interesses públicos**, aos quais se ligam meios que lhes são pressupostos, como a presunção de veracidade e legitimidade dos atos administrativos, benefícios de prazos em dobro, prazos especiais para prescrição de ações, etc.[29] (grifos nossos).

Pois bem. Diante desse quadro, aliás corriqueiro nos ordenamentos jurídicos, há necessidade premente de ater-se o exegeta a que tais presunções assegurem a exigibilidade dos atos dos poderes executivos ou legislativos, dando a ele efetiva eficácia social. Cabe ao Judiciário, como guardião da justiça, ponderar num segundo momento, e se contestada por quem de direito, a validade desses tipos presuntivos. Portanto, são regras que funcionam para assegurar a certeza e a segurança jurídica do ato do executivo ou legislativo, até que, porventura, seja questionada sua validez e, em nome de um sobrevalor – *justiça* –, seja declarada pelo Judiciário sua expulsão do sistema.

---

29. FERRAZ JR., Tercio Sampaio. A relação meio/fim na teoria geral do direito administrativo. *Revista de Direito Público*, São Paulo: RT, ano XV, n. 61, p. 27-33, jan.-mar. 1982.

Entre outros pontos de relevo, convém destacar ainda que milita para o Judiciário a presunção de validade, de legalidade, de veracidade ou mesmo de legitimidade dos atos jurídicos. Agora, é ele, Poder Judiciário, ao seu modo, que fará a própria revisão de seus atos, ou melhor, de suas decisões, sopesando, em instâncias superiores, a validade das presunções em função de estabilizar o sistema e conferir segurança às relações sociais e jurídicas instituídas por ele mesmo. Em outras palavras, é a ordem posta que dirá a forma de contestar e expulsar ato do judiciário que tenha sido produzido, por exemplo, por juiz incompetente. E esse é o objetivo dos arts. 112 a 124 do CPC.

Retornemos da digressão para reafirmar a relevância do Poder Judiciário em decidir sobre a validade dessas presunções *sistêmicas*. Segundo Carlos Maximiliano em aprofundado estudo sobre o tema, o Judiciário só deve fazer uso dessa prerrogativa, invalidando a presunção, quando esta violar gravemente ou deixar de aplicar o estatuto básico, como depreendemos do trecho transcrito abaixo:

> 366 – III. Todas as presunções militam a favor da validade de um ato legislativo ou executivo; portanto, se a incompetência, a falta de jurisdição ou a inconstitucionalidade, em geral, não estão acima de toda dúvida razoável, interpreta-se e resolve-se pela manutenção do deliberado por qualquer dos três ramos em que se divide o Poder Público. Entre duas exegeses possíveis, prefere-se a que não infirma o ato de autoridade. *Oportet ut res plus valeat quam pereat.*
>
> Os tribunais só declaram a inconstitucionalidade de leis quando esta é evidente, não deixa margem a séria objeção em contrário. Portanto, se, entre duas interpretações mais ou menos defensáveis, entre duas correntes de ideias apoiadas por jurisconsultos de valor, o Congresso adotou uma, o seu ato prevalece. A bem da harmonia e do mútuo respeito que devem reinar entre os poderes federais (ou estaduais), o Judiciário só faz uso da sua prerrogativa quando o Congresso viola claramente ou deixa de aplicar o estatuto básico, e não quando opta apenas por determinada interpretação não de todo desarrazoada.

367 – IV. Sempre que for possível se fazer demasiada violência às palavras, interpreta-se a linguagem da lei com reservas tais que se torne constitucional a medida que ela institui, ou disciplina.

[...]

373 – X. [...] Cumpre ao legislador e ao juiz, ao invés da ânsia de revelar inconstitucionalidades, mostrar solicitude no sentido de enquadrar na letra do texto antigo o instituto moderno.[30]

A despeito de alguns exageros conclusivos do autor, vale ressaltar sua ideia central que nos parece útil para o momento do estudo. Para o civilista, a declaração de invalidade dessas presunções prejudica o papel relevante que elas têm no sistema. Levando às últimas consequências, se forem recorrentemente expulsas da ordem posta, a própria estabilidade do ordenamento e a segurança das relações deixam de ser alcançadas, pois sua validade ou licitude não mais é regra e passa a ser exceção. Logo, harmonizando essas ideias, vê-se imprescindível que a invalidação dos enunciados presuntivos, em função sistêmica, deve permanecer enquanto situações raras. Eis o motivo pelo qual o jurista citado insiste em que o Judiciário tenha ciência dessa problematização e pondere, caso a caso, todos os caminhos exegéticos possíveis para atribuir validez à situação jurídica antes de dar o último passo para garantir a inteireza da ordem posta, qual seja: revogação de lei que institui a presunção, no plano geral e abstrato, ou invalidade do ato público e, por consequência, da presunção que milita em seu favor. Assim, defende o autor: *entre duas exegeses possíveis, prefere-se a que não infirma o ato de autoridade*.

Cremos que a teoria de Carlos Maximiliano, que se reduz à regra acima apresentada, só é confirmada quando o valor da regra presuntiva ou os benefícios que ela traz ao sistema for

---

30. MAXIMILIANO, Carlos. *Hermenêutica e aplicação do direito*. 11. ed. Rio de Janeiro: Forense, 1991. p. 306-309 e 311.

maior que aquele que, para se fazer prevalecer, prescinde de expulsão de norma presuntiva do sistema. No direito, mais que conflitos de normas, haverá sempre embate de valores, razão pela qual a contranota do eminente professor, em certas situações, exija reparos, uma vez que torna o assunto simplificado demais em face de sua complexidade concreta.

No campo do direito tributário, Suzy Gomes Hoffmann redimensiona o que se deva entender por *presunção de legitimidade em favor do ato administrativo do lançamento*, descrevendo-a da seguinte forma:

> A presunção de legitimidade em favor do ato administrativo do lançamento quer significar que, por ter sido emitido por agente competente, **se presume válido, até que seja posto fora do sistema por outra norma**.
>
> Por conseguinte, não é porque o funcionamento do sistema do direito exige a presunção de que todas as normas são válidas até que sejam postas fora do sistema pelos meios competentes, que se pode concluir que o conteúdo dessas normas está em sintonia com as regras do sistema e com os enunciados fáticos a que deve corresponder.
>
> Além do mais, não pode ser invocado o princípio da supremacia do interesse público ao interesse particular para fortalecer o entendimento de que há a presunção de legitimidade do conteúdo do ato administrativo do lançamento tributário, pois, como visto, o interesse público é pelo cumprimento da lei.
>
> Portanto, se for verificado que no ato de lançamento tributário não se observou o necessário detalhamento do relato do fato, a necessária adequação do fato e da relação jurídica instaurada aos padrões definidos na norma geral e abstrata, não deve prevalecer tal ato, devendo ser expulso do sistema em detrimento do fato de que, da sua manutenção no sistema, poderia advir Receita ao Estado[31] (grifos nossos).

---

31. HOFFMANN, Suzy Gomes. *Prova no direito tributário*. Campinas: Copola, 1999. p. 179-180.

Bem se vê que, no campo dos tributos, a presunção de legitimidade (do lançamento) nada tem a ver com a desnecessidade de provar o fato jurídico tributário e fazer cumprir os termos da lei. Pelo contrário, à autoridade fiscal cabe motivar seus atos, apresentando todos os meios de provas aptos e necessários para a constituição do fato antecedente da norma exacional. Assim, a ela também incumbe demonstrar a necessária adequação do fato e da relação jurídica instaurada aos padrões definidos na norma geral e abstrata. São atitudes que, juntas, identificam os princípios da tipicidade e da legalidade tributária, ambos cumprindo com a função de fazer efetivar a segurança jurídica em âmbito das relações que envolvem tributos. Portanto, reafirmamos, como corolário inevitável da atividade pública e do princípio ontológico que institui seu regime jurídico, que a legalidade deve estar presente em todas as ações do Poder Público.

Postulados os conceitos da presunção no direito público de um modo geral, voltemos nossas atenções a um caso presuntivo específico: a *fé pública*. Na história, o conceito de *fé pública* vem acompanhando a formação da estrutura organizacional do Estado. Vê-se que, em todas as nações modernas, a relação administrativa – entre Estado e particular ou entre as entidades daquele entre si – não subsiste sem que se conceda aos entes públicos a vantagem deste instituto. Segundo Ney José de Freitas:

> Talvez, como pensam alguns, a nascente da presunção de validade sejam as ordenações do reino, quando surgiu a necessidade de implantar, em nosso país, a estrutura fundamental da Administração Pública. Nessa quadra, sem dúvida, havia a necessidade incontornável de dotar a Administração Pública de determinadas prerrogativas, sem as quais seria difícil, ou impossível, administrar o país. Os documentos públicos, dessa forma, deveriam ser aceitos, inexistindo possibilidade de recusa, notadamente no que se refere aos particulares.[32]

---

32. FREITAS, Ney José de. *Ato Administrativo*: presunção de validade e a questão do ônus da prova. Belo Horizonte: Fórum, 2007. p. 116-117.

Em verdade, o próprio STF já se manifestou no sentido de que a *fé pública* está na origem ou na nascente da presunção de validade,[33] a partir da qual se viabilizou a montagem da estrutura fundamental da Administração Pública. *Fé pública* nada mais significa que uma necessidade incontornável da Administração Pública (causa) ou determinada prerrogativa que sustenta o mecanismo do Poder do Estado. Enfim, é um dos atributos que viabiliza a comunicação jurídica do Estado com seus jurisdicionados garantindo a eficácia de suas prescrições. Ela cria os efeitos de estabilidade, de previsibilidade e, consequentemente, de segurança, pressupostos gnoseológicos do direito positivo. É uma recorrência no modo de reconstruir a "realidade" jurídica. Tomamo-la como modelo coerente de captar e constituir o direito ou como técnica que institui uma permanência dentro da própria ordem posta. Ao estabilizar este modo linguageiro de criar realidade, firmado num *crer* e num *fazer crer* do enunciador para o enunciatário, fica estabelecida a previsibilidade reconhecível da própria atuação estatal. Por meio da *fé pública*, toda atitude do Estado adquire *status* de verdade, um *parecer verdadeiro* a que, no caso da Administração Pública, é atribuído de tonicidade mais forte.

---

33. Veja-se voto do Min. Carlos Ayres Britto: "Parece-me evidente, como está no voto do douto Ministro Gilmar Mendes – e peço vênia à eminente Ministra-Relatora Ellen Gracie –, neste caso, o direito ao contraditório e à ampla defesa é direito que emerge, exsurge elementarmente e, aliás, é o objeto da segurança; o direito líquido e certo reclamado é o de ser ouvido nesse momento da desconstituição de um ato oficial, que vigorou por dezoito anos. **A própria Constituição assevera, no art. 19, inciso II, que não se pode 'recusar fé aos documentos públicos'. Essa é uma das matrizes do princípio da presunção de validade dos atos jurídicos.** Nesse caso, o Tribunal de Contas, para desfazer o seu próprio ato, poderia, sim, a qualquer momento, desfazer, mas desde que conferisse à parte privada o direito a contraditório e à ampla defesa.

Agora, que houve fraude, é evidente que sim. Porém, sobrepaira no Direito aquela ideia tão magnificamente exposta por Von Ihering, segundo a qual 'a forma é inimiga do capricho e irmã gêmea da liberdade'. Então, a forma recomendada pela Constituição há de ser observada" (STF, MS 24.268-0/MG, Rel. Gilmar Mendes, *DJU* 17.09.2004, voto do Min. Carlos Ayres Britto, p. 195. Grifos nossos).

Vem-nos a talho o exemplo dos registros públicos, demonstração eloquente desse conceito. Sobre o assunto, já na década de 40, San Tiago Dantas, um dos mais altos renomes do direito brasileiro, ponderava:

> Dois princípios regem a organização do registro civil: o princípio da fé pública dos assentos, do qual decorre a consequência acabados de enunciar e o princípio da continuidade dos assentos, o qual diz apenas respeito à técnica dos registros civis.[34]

E continuou:

> O efeito fundamental do registro civil é este: Ninguém pode fazer prova em juízo contra os assentos de registro civil; o que nele se diz não se pode atacar por outra prova. Se o registro civil diz que fulano tem 20 anos, não se pode provar, nem com documentos, nem com testemunhas, nem com perícias, nem com indícios, que esse alguém tem 15 ou 16 anos. Se o registro civil diz que fulano é casado, em vão se tentará provar com quaisquer recursos que não o é. Se o Registro Civil diz que alguém já morreu, nem mesmo exibindo a pessoa é possível provar que esse alguém está vivo. O registro cria, por conseguinte, uma presunção a respeito do estado civil das pessoas, não podendo ser atacada por nenhuma outra prova.[35]

O pensamento padece de exageros, razão pela qual, desde já, colocamos parênteses ao excesso do civilista em dizer que o registro não admite prova em contrário. Bem se vê que mesmo as presunções que militam em benefício do registro público podem ser ilididas apresentando-se documento que diga o contrário conforme preceito do art. 4º, II, do CPC. A fé pública apresenta-se sim como presunção relativa, admitindo

---

34. DANTAS, San Tiago. *Programa de direito civil*. Parte geral. 4.ª tiragem. Rio de Janeiro: Editora Rio, 1979. p. 184.
35. Idem, ibidem, p. 184.

prova que desconstitua o fato registrado mediante procedimento previsto em lei. Este é também o entendimento de Fabiana Del Padre Tomé:

> [...] o documento público faz prova não só de sua formação, mas também dos fatos que o escrivão, o tabelião, ou o funcionário declarar que ocorreram em sua presença (art. 364). Trata-se, todavia, de presunção relativa de veracidade, podendo ser ilidida por outras provas constantes dos autos, de modo que sua falsidade é susceptível de ser declarada judicialmente por meio de ação autônoma (art. 4º, II, do CPC) ou de forma incidental no processo em que o documento foi apresentado.[36]

Feita a ressalva, voltemos ao pensamento de San Tiago Dantas. Observa-se que o que se tem é o direito criando sua própria realidade por meio da linguagem que ele mesmo escolheu como competente para comunicar seus conteúdos normativos. Isto é, ao registro atribui-se fé pública e, sendo o meio próprio para regular a existência e a vida do cidadão em sociedade, é dotado de força constitutiva maior do que as outras formas probatórias, sendo muito mais trabalhoso – procedimento mais complexo e demorado – alterar a realidade jurídica que se constituiu por meio do registro público do que nas demais formas em direito admitidas. Deste modo, este institui a figura do cidadão em sociedade.[37]

Pondere-se que o cidadão nada mais é que um *ator* no universo jurídico, uma figura, ou melhor, um figurante instituído

---

36. TOMÉ, Fabiana Del Padre. *A prova no direito tributário*. São Paulo: Noeses, 2005. p. 112.

37. Sobre o assunto, eis a síntese de Roberto Dromi:

"Para exercer a cidadania é preciso existir o direito-dever à participação, e neste sentido, a participação cidadã dá forma ao direito dos cidadãos de serem atores nas propostas, no desenho, na implementação e avaliação das políticas públicas. Isto acarreta importantes consequências no plano cívico da ética social" (DROMI, Roberto. *Sistema jurídico e valores administrativos*. Porto Alegre: Fabris, 2007. p. 212).

na cena enunciativa de uma sociedade. Sua existência, sua função, seu fim ocorrem em face de uma presunção e de acordo com o que regula o direito, que, deste modo, é o enunciado por excelência criador dos sujeitos de direitos e de deveres e firmador dos valores culturais daquela realidade social. A presença da linguagem no direito e seu potencial criativo, portanto, ficam evidenciados neste exemplo. Surpreendemos, aqui, mais uma contribuição de Paulo de Barros Carvalho, que, pioneira e magistralmente, ressaltou a relação essencial entre direito e linguagem:

> É que, muitas vezes, o direito posto não se satisfaz com a linguagem ordinária que utilizamos em nossas comunicações corriqueiras: exige uma forma especial, fazendo adicionar declarações perante autoridades determinadas, requerendo a presença de testemunhas e outros requisitos mais. Justamente o que sucede no caso do nascimento. A linguagem do direito não aceita as comunicações que os pais fazem aos vizinhos, amigos e parentes. Impõe, para que o fato se dê por ocorrido juridicamente, um procedimento específico. Eis a *linguagem do direito positivo* (Ldp) incidindo sobre a *linguagem da realidade social* (Lrs) para produzir uma unidade na *linguagem da facticidade jurídica* (Lfj).[38]

A *fé pública* integra-se ao fato como fonte que atribui força veredictória ao enunciado factual. Instaura o crer do direito na facticidade jurídica, estabelecendo a previsibilidade reconhecível da própria atividade do Estado.[39] Com este

---

38. CARVALHO, Paulo de Barros. *Curso de direito tributário*. 22. ed. São Paulo: Saraiva, 2010. p. 426.

39. Neste sentido, um pensamento de Humberto Theodoro Jr. não pode deixar de ser mencionado: "[...] a presunção de veracidade acobertada pela fé pública do oficial só atinge os elementos de formação do ato e a autoria das declarações das partes, e não o conteúdo destas mesmas declarações" (*Curso de direito processual civil*. Rio de Janeiro: Forense, 1998. v. 1, p. 446). Observa-se que forma e conteúdo são indissociáveis. Mas o que pretende o autor é separar na *fé pública* o enunciado do veículo introdutor (enunciação-enunciada) e a norma

instrumento, a ação estatal se torna possível e exequível, e isso é bastante recorrente em toda a extensão do direito positivado em lei.

A propósito, citemos concisamente o art. 19 da CF/88 que diz sobre a *fé pública*:

> Art. 19. É vedado à União, aos Estados, ao Distrito Federal e aos Municípios:
>
> [...]
>
> II – recusar fé aos documentos públicos.

O estudo deste enunciado se inicia pela sua estrutura composicional, isto é, observa-se o texto dividido em título, capítulo, artigo e inciso. O Título "Organização do Estado" adquire especificidade no capítulo ("I"), que o especifica na seguinte forma: "Da organização político-administrativa". Ora, que tipo de organização do Estado? A "Organização político-administrativa". Repisemos que a subdivisão do texto constitucional é indício relevante para se caracterizar o grau de importância que se dá ao texto enunciado. Transportadas essas reflexões à expressão em enfoque – *fé pública* – verifica-se que pela sua própria localização estrutural, no terceiro título da Constituição denominado "Da Organização do Estado", é um conceito que sustenta ou dá embasamento à estrutura do conjunto das instituições que controlam e administram a nação

---

introduzida (mensagem ou enunciado-enunciado). Para ele, numa concepção mais restritiva de *fé pública*, a presunção se faz presente tão só na norma introdutora, autenticando os pressupostos ou a legalidade dita formal do ato: (a) autoridade ou agente competente; (b) objeto lícito; (c) procedimento previsto em lei; (d) publicidade; (e) motivo; e (f) finalidade ou objetivo. Temos que, sendo indissociáveis forma e conteúdo, admitindo-se estes somente em termos epistemológicos, a *fé pública*, a nosso ver, é conceito mais abrangente, abraçando tanto veículo introdutor quanto norma introduzida. Nesta temática, admitir a *fé pública* de forma restritiva é desconsiderar a razão pela qual foi colocada no sistema, retirando dela todo o seu conteúdo prático e seus objetivos primordiais no sistema.

brasileira. Sua relevância está, portanto, bem caracterizada pela simples leitura da composição física do enunciado no Texto Maior da CF/88.

Em outras palavras, o Estado, país soberano, com estruturas próprias e politicamente organizado, passou a uma redução de conteúdo, e tudo aquilo que vem abaixo do capítulo prescreve apenas o domínio das instituições estatais que se circunscrevem à política e à administração. No que concerne à teoria das classes e dos conjuntos, não se submetem ao conceito de *fé pública* constitucionalmente estabelecida, portanto, as instituições do Legislativo e do Judiciário, uma vez que não estão incluídas na noção de "político-administrativa" que exige a expressão do Capítulo I da Constituição. Isto explicaria, por exemplo, o motivo por que se habilita tanto aos magistrados, em suas sentenças ou acórdãos, quanto aos legisladores, na feição de uma nova lei, a possibilidade de mitigar o efeito e a força da *fé pública* nesses outros enunciados que elaboram.

Sendo assim, as considerações acima expostas armam-se ao propósito de elucidar que, no direito do Estado, as presunções têm um papel todo especial. Cumprem com funções sistêmicas, na medida em que garantem a eficácia dos atos jurídicos do Poder Público até que sejam expulsos pelo sistema pelo Poder Judiciário.

Finalmente, firmemos ainda que as presunções de direito público submetem-se ao regime de direito estatal, qual seja *tudo é proibido, exceto o que é permitido em lei*. Logo, no domínio do direito do Estado, salvo as do tipo sistêmicas que têm um papel próprio no direito, as presunções outras são permitidas apenas quando expressamente autorizadas por lei. Existe uma *vedação fraca* ao Poder Público que proíbe a autoridade administrativa de presumir nos casos não expressamente autorizados pela lei; imposição que se verifica ao analisar em conjunto o princípio ontológico do direito público, assim como os princípios da segurança jurídica, legalidade e tipicidade.

1.5.2. Presunção no direito privado

As presunções no direito privado, como veremos mais adiante, são muito frequentes. A todo momento é possível verificar um e outro enunciado admitindo as mais variadas formas presuntivas no setor privado. Buscam elas com isso, de maneira imediata, a facilitação da prova; e, de modo mediato, *solução equitativa de problemas ou a certeza de determinadas relações jurídicas*.[40] Ora, o direito privado tutela os valores privatísticos, que não lhe são tão caros quantos os de direito penal ou mesmo tributário, mas que merecem proteção jurídica em prol de uma sociedade igualitária e justa. Disciplina os interesses da vida privada, estejam eles na pessoa física do cidadão, nas instituições como a família, ou mesmo nas relações comerciais que organizam os intercâmbios entre grupos sociais. A dinâmica dessas relações no dia a dia do homem social pede do direito regulação mais imediatista e, por conta dessa mesma característica, seja ela também facilmente reformável.

Nessa esteira, ressurge a imposição da forma liberal do Estado brasileiro segundo a qual, para os particulares, *tudo é permitido, exceto o que é proibido em lei*. Enquanto permissão fraca, o princípio ontológico do direito privado admite, na falta de regulação expressa, que os agentes privados assumam juridicamente melhor posicionamento perante a situação, desde que, é claro, não caia na esfera da ilicitude. Tem-se, portanto, todo o campo dos comportamentos *possíveis* e *não ilícitos* para se colocar perante o caso.

Sendo assim, no plano das presunções, vale acrescentar que, no domínio do setor privado, inexistindo previsão legal expressa que regule o caso, é-lhe permitido presumir.

---

40. É o pensamento de Gilberto de Ulhôa Canto: "No direito privado as relações jurídicas comportam melhor as duas figuras, visando, como geralmente visam, à solução equitativa de problemas ou à certeza de determinadas relações jurídicas" (*Direito tributário aplicado*: pareceres. Rio de Janeiro: Forense, 1992. p. 216).

Até aí não há dificuldade nenhuma. O assunto se torna mais delicado quando, em face do inter-relacionamento dos domínios público e privado, surgem os enunciados presuntivos. É o que acontece no direito tributário. Repisemos que o ordenamento é uno e indecomponível, razão pela qual a divisão em matéria é um corte arbitrariamente estabelecido pelo cientista que, ao assim proceder, simplifica seu campo de estudo e ganha em profundidade de análise. Não há como considerar o direito tributário isolado do domínio público. De fato, surte efeitos no âmbito do Estado e no universo dos particulares. Contudo, é no campo privado, nas relações entre os homens em sociedade, que o ramo tributário busca seus fatos jurídicos, que compõem o antecedente da regra-matriz. Logo, o direito privado está na origem das relações tributárias, como causa que dá ensejo à obrigação exacional, razão pela qual é imprescindível que se verifique como ocorre essa transposição entre direito público e privado na ordem tributária. E este será o enfoque que destacaremos abaixo, exemplificando com a figura do planejamento tributário.

Consideremos que *planejamento fiscal* é expressão que está em voga e, por essas e outras razões, paulatinamente, está sendo impregnada de uma forte conotação negativa. O motivo disso decorre da introdução do parágrafo único ao art. 116 do CTN,[41] pela Lei Complementar 104/01, e das diferentes interpretações que vêm sendo dadas a este texto de direito posto. Em face do dispositivo que prevê a desconsideração dos *atos ou negócios jurídicos praticados com a finalidade da elisão*, muitos entendem que a referida norma "antielisiva" é preceito impeditivo genérico de todos os atos ou negócios particulares que, no campo tributário, deem ensejo a uma redução dos

---

41. Parágrafo único. A autoridade administrativa poderá desconsiderar atos ou negócios jurídicos praticados com a finalidade de dissimular a ocorrência do fato gerador do tributo ou a natureza dos elementos constitutivos da obrigação tributária, observados os procedimentos a serem estabelecidos em lei ordinária.

custos exacionais ao privado e, consequentemente, das receitas originárias do Poder Público. Pois bem. A nosso ver, a ordem positiva tributária jamais impediu, em termos legais, a figura do planejamento. Inclusive, recepciona seu resultado, sob todos os efeitos em lei admitidos, quando este estiver em perfeita sintonia com a ordem normativa. Esta, inclusive, é a interpretação que se deve ter a partir do princípio ontológico do direito privado acima referido, preceito determinante do próprio regime jurídico privado, como já ressaltamos.

A despeito de ser previsão implícita no ordenamento, esta regra rege as relações entre particulares, mesmo que elas porventura surtam efeitos no domínio público. É norma de "competência privada", que delimita por exclusão a capacidade negocial do particular. E, mesmo que assim não se entenda, tal exegese poderia ser obtida dos conceitos de liberdade do art. 5º da CF/88, em sentido amplo, ou também dos arts. 1º, IV, e 170, ambos da CF/88, que garantem a liberdade de iniciativa, a livre concorrência, o livre exercício da atividade econômica, e que resumem, todos, o conceito de *autonomia privada*. São previsões, que, colocadas nos altiplanos da Constituição, autorizam o setor privado a estruturar sua vida e seus negócios a seu modo, até os limites do modelo negocial que o direito positivo prescreve.[42]

---

42. Observe-se também o contraponto da ideia acima mencionada em Luciano Amaro: "O que se dá é que, no direito privado (ou, às vezes, em determinado setor do direito privado), atuam certos princípios, ora visando à proteção de uma das partes no negócio, ora fazendo atuar certa presunção, ora indicando critério de interpretação, ora cominando pena de nulidade, [...]. **Ora, no direito tributário, não são invocáveis tais princípios (cuja aplicação se exaure no plano privado) para o efeito de regular a relação jurídico-tributária entre o Fisco e o partícipe da relação privada que seja eleito como sujeito passivo pela lei tributária.**

Não obstante tais princípios comandem a definição dos efeitos jurídicos *privados,* as consequências *tributárias* (efeitos jurídicos tributários) são determinadas *sem submissão àqueles princípios.* [...] **A definição dos efeitos tributários oriundos daquelas situações faz-se com abstração de considerações privatísticas, cuja aplicação se esgota na definição da categoria**

Sob este enfoque e no esforço de conceituar *planejamento tributário*, verifica-se de suma importância analisar as palavras empregadas na expressão, partindo-se do plano da literalidade textual às construções de significado. *Planejar* é verbo que promove uma ação de arquitetar algo, de programar alguma coisa para frente; logo, enseja uma intenção de fazer ou realizar algo voltado para o futuro. Ao se transportar esta noção ao direito positivo, o planejamento tributário torna-se um dado pré-jurídico, que, em outras palavras, traduz a atividade psicofísica do exegeta do direito em projetar a estrutura da norma, sem que ainda a tenha efetivamente positivado. Está em planos hipotéticos, abstratos, e somente se atingir seu resultado, concretizando a vontade nos domínios jurídicos, poderá o direito compreender, à sua maneira, este agir cognitivo do particular. Sem isso, o planejamento é figura desconhecida do sistema normativo. Em outras palavras, ao planejar, inexiste substrato deôntico para permitir qualquer tipificação a uma dada hipótese. Não há norma. O fato, ainda não juridicizado, encontra-se fora do domínio do direito; inexistente, portanto, para o mundo do ordenamento justamente por não ter sido introduzido por uma estrutura normativa válida.

Posto isto, o contribuinte tem todo o direito de planejar e, no tema em comento, presumir atos ou fatos em seus negócios da forma que mais lhe aprouver; e, se deste projeto surtir enunciado de direito válido, seu único requisito é estar em planos de legalidade, ou seja, nos estritos termos da tipicidade – que requer subsunção do fato à norma – e nos moldes dos princípios constitucionais de direito privado e tributário que constituem esta específica ordem jurídica. A Constituição, por todos os preceitos já expostos, garante este direito ("pré-suposto") do contribuinte em organizar sua atividade negocial

---

jurídica de direito privado, não obstante ela seja 'importada' pelo direito tributário e venha a irradiar, neste setor, outros efeitos, além dos que possa ter produzido na sua província de origem" (*Direito tributário brasileiro*. 14. ed. São Paulo: Saraiva, 2008. p. 219-220. Grifos nossos).

na esfera privada, presumindo ou não, e mesmo que tenha por objetivo suportar menor ônus tributário. Não está neste critério a identificação da ilicitude. Entender o contrário é ignorar os direitos fundamentais que lhe são assegurados, bem como é fortalecer a estrutura estatal a ponto de suplantar a própria repartição competencial, tão bem delimitada no Texto Supremo, conferindo poderes excessivos à autoridade administrativa.

Importante ressaltar que o setor privado é fonte primordial da atualização do ordenamento, afinal, é dessas relações dos particulares que novas formas negociais vão surgindo, devendo a ordem posta buscar acompanhar essa dinâmica do social. Entretanto, mesmo sendo novidade para o próprio sistema, a verdade é que o direito deve regular tais práticas, e é aqui que ingressam as presunções como forma de adequação dos preceitos normativos à realidade. É o vínculo que a matéria *planejamento* mantém com as presunções. E fazemos alusão àquelas estruturas presuntivas construídas pelo aplicador do direito, que, no caso, é qualquer pessoa que se encontra no setor privado.

Numa estrutura liberal de Estado como a nossa, quando a situação concreta não se encontra expressamente regulada pelo direito, cumpre ao exegeta proceder à melhor interpretação da lei, abarcando a situação às normas lá vigentes, ainda que de modo analógico ou por interpretação extensiva. O aplicador, no caso, o agente particular, se guiará nos seus atos negociais por aquela imposição ontológica: tudo lhe é permitido, exceto aquilo que lhe for proibido em lei. Assim, na subsunção do fato – novo para o direito – à norma, o sujeito privado tem a permissão fraca de presumir para encontrar a melhor solução juridicamente estabelecida. Nesse sentido, o planejamento nos remete a ocorrências empíricas em que o agente se vê às voltas das presunções para fins de dar regulamentação jurídica ao caso. Eis que, ademais das imposições específicas quanto ao planejamento acima observadas, é imprescindível que as presunções aqui sejam aceitas na falta de regulamentação expressa e, no mais, sejam reputadas permitidas e válidas na esfera dos comportamentos possíveis e não ilícitos para o direito.

Na medida em que o planejamento é um dado pré-jurídico, tem o intérprete total direito de planejar seus negócios da forma que melhor lhe aprouver, e, bem assim, presumir facticidades quando inexistentes normas que regulem expressa e especificamente a matéria. Com base no regime jurídico de direito privado, existe uma permissão fraca aos particulares em presumir. Seus limites presuntivos são os mesmos do próprio ato jurídico resultado do planejamento, quais sejam os ditames constitucionais da segurança jurídica, da legalidade em matéria tributária, da tipicidade e do devido processo legal apenas e tão somente quando verter o resultado desta atividade em norma jurídica válida no sistema. Por via de consequência, quando a expressão estiver sendo usada como ato juridicamente posto, norma individual e concreta válida, estamos diante de elisão fiscal. Neste tocante, sim, o intérprete, atribuído de competência, deve aplicar a este conceito toda matéria aludida ao ato posto.

1.5.3. Presunção e direito civil

As presunções no direito civil se encontram permeadas no Código Civil, assim como em diversos outros instrumentos prescritivos que disciplinam a matéria. Exemplificando, citemos concisamente a presunção:

(i) da morte aos ausentes nos casos em que a lei autoriza a abertura de sucessão definitiva;[43]

---

43. Art. 6º do CC/02, antigo art. 10 do CC/16. A propósito, o Código de 2002 foi muito além da antiga Lei de 1916, autorizando a declaração de morte presumida em outras situações, em que não seja declarada a ausência. É o que se observa no dispositivo do art. 7º: "Pode ser declarada a morte presumida, sem decretação de ausência: I – se for extremamente provável a morte de

(ii) da concomitância da morte dos comorientes em caso de falecimento na mesma ocasião e não se podendo averiguar se algum dos comorientes precedeu aos outros;[44]

(iii) do prazo em favor do herdeiro no testamento e em proveito do devedor nos contratos;[45]

(iv) de garantia de dívidas fraudatórias dos direitos dos outros credores a que o devedor insolvente tiver dado a algum credor;[46]

(v) da boa-fé dos negócios ordinários indispensáveis à manutenção de estabelecimento mercantil, rural, ou industrial, ou à subsistência do devedor e de sua família;[47]

(vi) do fato jurídico, salvo o negócio a que se impõe forma especial;[48]

---

quem estava em perigo de vida; II – se alguém desaparecido em campanha ou feito prisioneiro, não for encontrado até dois anos após o término da guerra. Parágrafo único. A declaração da morte presumida nesses casos, somente poderá ser requerida depois de esgotadas as buscas e averiguações, devendo a sentença fixar a data provável do falecimento". Ora, as circunstâncias de situações extremas e a necessidade de ter o controle e a certeza de vida ou morte civil de quem quer que se submeta à ordem jurídica posta são as justificativas deste enunciado. Vale a pena ressaltar o subjetivismo que, mesmo em lei, é inerente à matéria das presunções, tal como a expressão *extremamente provável* posta a título de critério de admissibilidade do raciocínio presuntivo e seu consequente efeito jurídico: a morte declarada.

No mais, citamos também o art. 88 da Lei dos Registros Públicos (Lei 6.015/1973) que reafirma a possibilidade de presunção de morte "para assento de óbito de pessoas desaparecidas em naufrágio, inundação, incêndio, terremoto ou qualquer outra catástrofe, quando estiver provada a sua presença no local do desastre e não for possível encontrar-se o cadáver para exame".

44. Art. 8º do CC/02.
45. Art. 133 do CC/02.
46. Art. 163 do CC/02.
47. Art. 164 do CC/02.
48. Art. 212, IV, do CC/02, antigo art. 136, V, do CC/16.

(vii) da quitação do débito total com o pagamento da última cota do período,[49] até prova em contrário;

(viii) do pagamento com a entrega do título ao devedor,[50] admitindo-se prova em contrário no prazo de 60 dias contados da entrega;

(ix) da prorrogação da locação pelo mesmo aluguel se (i) findo o prazo, (ii) o locatário continuar na posse da coisa alugada e (iii) sem oposição do locador;[51]

(x) do prazo para o comodato,[52] no tempo necessário para o uso concedido no contrato, inexistindo estipulação em contrário;

(xi) da culpa do depositário;[53]

(xii) do mandato quando na forma tácita.[54]

Isso sem contar com as presunções do antigo Código, que não foram recepcionadas em 2002, mas vale a pena citá-las a título elucidativo. São elas:

(a) da boa-fé ao possuidor com justo título, salvo prova em contrário, ou quando a lei expressamente não admite esta presunção;[55]

(b) de renúncia do credor nas três hipóteses mencionadas expressamente no texto da lei;[56]

---

49. Art. 322 do CC/02, antigo art. 943 do CC/16.
50. Art. 324, parágrafo único, do CC/02, antigo art. 945 do CC/16.
51. Art. 574 do CC/02, antigo art. 1.195 do CC/16.
52. Art. 581 do CC/02, antigo art. 1.250 do CC/16.
53. Art. 630 do CC/02, antigo art. 1.267 do CC/16.
54. Art. 656 do CC/02, antigo art. 1.290 do CC/16.
55. Art. 490, parágrafo único, do CC/16.
56. São elas: (i) consentimento do penhor sem reserva de preço na venda particular; (ii) restituição de sua posse ao devedor; (iii) ou anuência à sua substituição por outra garantia (art. 803 do CC/16).

(c) de fraude nos recibos de pagamentos;[57]

(d) da aceitação do mandato entre ausentes;[58]

(e) de opção deixada ao herdeiro,[59] no legado alternativo.

Ainda quanto aos dispositivos do Código Civil, vale fazer a ressalva ao preceito do art. 265 do CC/02, antigo art. 896 do CC/16, em que há proibição expressa de presumir a solidariedade.[60] Enfim, vê-se que não são poucas as ocasiões em que o direito civil admite as presunções, possibilitando presumir a culpa do depositário, inclusive. Eis a razão dos civilistas terem desenvolvido muito sobre a matéria.

Silvio Rodrigues entende as presunções como ilação, isto é, processo mental-discursivo do qual se extrai uma síntese.[61] Ao professar tal entendimento, para o autor seria ela silogismo *da lei* ou *de circunstâncias da vida* que estabelece *relação entre fatos conhecidos* e *fatos contestados*. Por oportuno, a facticidade desconhecida para o direito é aquela contestada, isto é, a que ainda não atingiu o consenso sobre a "verdade" do fato pelos meios probatórios admitidos em lei.

Clóvis Beviláqua, também no sentido intelectivo e procedimental das presunções, admite-as por *ilação que faz prova*

---

57. Art. 1.202, § 1º, CC/16.
58. Art. 1.293 CC/16.
59. Art. 1.700 do CC/16.
60. "Art. 265. A solidariedade não se presume; resulta da lei ou da vontade das partes."
61. Não é demasia repetir seu pensamento: "É a ilação tirada de um fato conhecido para um desconhecido. [...] Trata-se, muitas vezes, de casos que o juiz não pode verificar diretamente, de modo que a prova se estabelece pelo raciocínio, criando-se uma relação entre fatos conhecidos e fatos contestados. [...] As presunções ou decorrem da lei e chamam-se legais, ou advêm de circunstâncias da vida, daquilo que habitualmente acontece, e então chamam-se presunções *hominis* ou presunções comuns" (RODRIGUES, Silvio. *Direito civil*. Parte geral. 28. ed. São Paulo: Saraiva, 1998. v. 1, p. 277-279).

de fato na ordem posta.[62] Ressalta pois o papel do aplicador do direito na colocação do fato presuntivo e assume as presunções, portanto, como meio de prova.

Já em J. M. Carvalho dos Santos as presunções são ora ilação, ora o resultado ou a síntese dela: "É a consequência ou ilação que a lei ou o juiz tira de fato conhecido para deduzir a existência de outro que se pretenda provar".[63] O autor reacende a dicotomia processo/produto do termo. Por consequência, frise-se que toda forma presuntiva poderá ser assumida tanto como efeitos jurídicos implicados, uma vez ocorrido o fato presuntivo no domínio do direito, numa relação intranormativa, quanto o próprio fato antecedente, pressupondo pois vínculo internormativo.

Ainda sobre a matéria, lançamos mão das lições de Arruda Alvim que, trazendo relevante contribuição ao tema, apresenta três critérios que as presunções devem ter para serem admitidas em direito: que sejam (i) graves, (ii) precisas e (iii) concordantes. Vejamos a síntese proposta pelo jurista:

> São graves, quando as relações do fato desconhecido com o fato conhecido são tais, que a existência de um estabelece, por indução necessária, a existência do outro. São precisas quando as induções, resultando do fato conhecido, tendem a estabelecer direta e particularmente o fato desconhecido e contestado. São concordantes, enfim, quando, tendo todas uma origem comum ou diferente, tendem, pelo conjunto e harmonia, a afirmar o fato que se quer provar (Laurent, Ob. Cit., n. 636; Labori, ob. Cit., verb. Preuve, n. 522).[64]

---

62. Em suas palavras: "Presumpção é a illação que se tira de um facto conhecido para provar a existência de um outro desconhecido" (BEVILÁQUA, Clóvis. *Código Civil dos Estados Unidos do Brasil comentado*. Rio de Janeiro: Editora Rio, 1940. p. 399-400).
63. CARVALHO SANTOS, J. M. *Código Civil brasileiro interpretado*. 12. ed. Rio de Janeiro: Freitas Bastos, 1984. v. 3, p. 181-182.
64. ARRUDA ALVIM, J. M. *Manual de direito processual civil*. 3. ed. São Paulo: RT, 1986. v. 2, p. 400.

Asseveramos anteriormente que as presunções sempre têm um *quantum* de raciocínio indutivo, e a gravidade acrescenta a este caráter "necessário" ao unir um fato a outro. Ora, é bem verdade que elas têm por pressuposto a igualdade essencial e a desigualdade secundária entre os enunciados factuais que põem em relação. O *genus* comum, e essencial, dos fatos traduz o que seja essa indução *necessária* e o que, por isso mesmo, as torna graves. A forma precisa do raciocínio indutivo aparece justamente no resultado, isto é, na constituição do fato presuntivo. A precisão é exigência de absoluto rigor na determinação do vínculo entre os enunciados factuais e o resultado alcançado nesta relação. Impõe-se pelo expediente *preciso* das presunções dever ao legislador, nas presunções legais, e o aplicador, nas presunções comuns, escolher exatamente as palavras e as construções que expressem com fidelidade o pensamento presuntivo. Eis a relevância da enunciação-enunciada na ponência das presunções, que pode surgir tanto na forma de exposição de motivos da lei ou na própria motivação do decisório ou do ato jurídico, como veremos mais adiante.

A concordância se revela na harmonia entre processo, atos que o compõem, e o produto (resultado ou ato final) dele. Ora, independentemente da multiplicidade com que se apresenta no universo social, o direito há de prescrever a forma e o *modus ponen* da norma presuntiva, obtendo com isso a homogeneidade de forma e uma certa constância de conteúdo. Isso nada mais é que imposições para instituir e aplicar a segurança jurídica nas presunções: estabilidade e previsibilidade da forma e do conteúdo presuntivo; e certeza em seus resultados.

Neste sentido, reveladas as características das presunções – graves, precisas e concordantes –, vê-se que todas elas podem apresentar-se em diferentes graus: de gravidade, precisão ou concordância, o que, para muitos, será sentido em seu peso probatório. E é novamente nos dizeres de Arruda Alvim que iremos nos apoiar:

> O número de presunções, doutrinam os doutores, necessárias para constituir uma prova convincente, fica entregue ao arbítrio do juiz, que pode, por conseguinte, fundar sua decisão numa só presunção, quando ela lhe parecer suficiente para firmar sua convicção. Com as presunções acontece o mesmo que com as testemunhas: pesam-se, mas não se contam; uma presunção pode, embora isolada, ser mais poderosa que várias presunções reunidas, ainda aqui se revelando a repulsa do Direito Moderno pelo antigo adágio: *testis unus testis nullus* (Laurent, ob. cit., n. 637; Aubrey et Rau, ob. cit., § 767; Baudry, ob. cit., n. 1293; Demolombe, ob. cit., n. 245; Labori, ob. cit., verb Preuve; Mortara, ob. cit., n. 243).[65]

Como providência epistemológica de bom alcance, podemos tomar as presunções como matéria da ordem probatória, reafirmando o pensamento acima. Acontece, porém, que a ideia supracitada pede postura exegética que assuma as presunções humanas, aquelas produzidas pelo aplicador, por provas indiretas ou fracas na constituição do fato jurídico. Ao entender Arruda Alvim que as presunções *se pesam, mas não se contam*, há verdadeira atecnia na descrição do instituto. Ora, evidentemente as presunções comuns são relevantes e têm peso para o direito. Uma vez inseridas no sistema, é norma válida, institui realidade jurídica que *deve ser contada*. Toda nova unidade jurídica no sistema altera o ordenamento como um todo. Logo, o texto introduzido é sempre juridicamente relevante.

Por fim, vale ainda citar Orlando Gomes, para quem as presunções são consequências ou efeitos jurídicos de um fato que só a lei estende a outros enunciados factuais àquele relacionado, como depreendemos do trecho transcrito: "uma consequência que a lei tira de um fato conhecido, para admitir um desconhecido, como *pater is est quem nuptiae demonstrant*".[66]

---

65. ARRUDA ALVIM, J. M. *Manual de direito processual civil*. 3. ed. São Paulo: RT, 1986. v. 2, p. 400.
66. GOMES, Orlando. *Introdução ao direito civil*. 12. ed. Rio de Janeiro: Forense, 1996. p. 10.

1.5.4. Presunção e direito penal

São várias as presunções existentes no direito penal. Uma delas é a *de inocência*, garantia constitucional do indivíduo em face do inciso LVII do art. 5º da CF/88: "ninguém será considerado culpado até o trânsito em julgado de sentença penal condenatória". Tal presunção, de caráter sistêmico, adquire *status* de princípio informador de todo o processo penal, garantia que preserva a dignidade da pessoa humana. Os efeitos dessa presunção serão sentidos também na ordem dos ilícitos tributários, razão pela qual deixaremos o seu desenvolvimento para capítulo oportuno.

Admitindo prova em contrário, outra presunção típica de direito penal é a *de violência*, em caso de estupro, quando a vítima for menor de 14 anos, conforme determina art. 224 do CP. Com tal preceito, diz-se que a circunstância elementar do crime (art. 213 do CP) não precisa ser real, pois é presumida pela Lei (art. 224 do CP). Sob um ponto de vista linguístico, dir-se-ia que não é necessária a constituição do fato jurídico *estupro*, mediante linguagem penal competente usualmente praticada para este fim. Basta a comprovação de que a vítima era menor e que sofreu alguma das formas tipificadas em lei de abuso sexual que se dará por construído o fato jurídico *estupro*. Contudo, esses tipos presuntivos, também importantes para fins penais, nada contribuindo para o estudo em comento, não serão objeto de nossas análises.

O direito penal toca o tema das presunções sob quatro aspectos: (i) tipologia do fato; (ii) problema da volição no tipo, o que enseja uma outra dificuldade, qual seja, (iii) a caracterização jurídica do dolo. E tudo isso se aproveita no campo dos tributos, atos e problematizações que se voltam no domínio tributário a (iv) evitar evasão fiscal.

A ordem penal interpreta as relações sociais segundo princípios que norteiam o comportamento do indivíduo, na perspectiva de limites para a convivência proposta como ideal segundo as diferenças culturais. Para fazer cumprir esse convívio harmônico entre os sujeitos sociais, as normas penais limitam as ações dos agentes em benefício de uma paz social. Afeta direitos fundamentais do homem, como a liberdade, de modo que suas determinações merecem, mais que as outras, demarcação cerrada, sistema que inadmite ampliações conceituais para fins de constituir crimes e penalizar os indivíduos. Tipificação cerrada no direito penal e interpretação restrita dos critérios lá prescritos ganham maior força nesse específico ramo do ordenamento. A primeira, tipificação cerrada, é imposição ao legislador, como exegese fruto da leitura associativa do inc. II do art. 5º e inc. II do art. 150 da CF/88. A segunda, interpretação restrita, é preceito impositivo ao aplicador, na forma como prescrito pelo inc. XXXIX, art. 5º, da CF/88 e do art. 142 do CTN.

O problema da volição no tipo encerra uma das grandes dificuldades para o direito. *Vontade, querer, intenção* são todos ideias destituídas de *senso jurídico*, em si mesmos considerados, para qualificar os atos de direito positivo. Para o direito ou os fatos são lícitos ou são ilícitos, ou se subsumem à hipotética ou não se subsumem e, neste último, nada criam na realidade jurídica. A lógica deôntica inadmite uma terceira opção. E a validade ou subsunção se faz presente nos negócios firmados entre entes privados, tendo em vista critérios objetivos que estão na lei. A determinabilidade desses elementos por meio da linguagem competente, das provas, exige notas formalmente indicadas ou indicáveis, requisito esse para a própria constituição do tipo jurídico. Nessa mesma linha, discorre Claus-Wilhelm Canaris ao afirmar ser *designadamente mais fácil demonstrar a mera adequação "formal" de um valor, do que comprovar a sua justiça e adstringibilidade "material" (de lege lata).*[67] Saber se a intenção do particular ao praticar o ato negocial é justa ou não, é verdadeira ou não, tem objetivos

---

67. CANARIS, Claus-Wilhelm. *Pensamento sistemático e conceito de sistema na ciência do direito*. Introdução e tradução de A. Menezes Cordeiro. 2. ed. São Paulo: Fundação Calouste Gulbenkian, 1996. p. 177.

estritamente fiscais ou não, é assunto que só pode ser resolvido quando existente lei que enumere, ponto a ponto, os elementos caracterizadores desse fato. Sem isso, só se pode tomar como vício do ato aqueles já conhecidos pelo direito civil, pelo direito comercial, e, mesmo assim, na condição de que estejam determinados na forma de tipo.

Conclui-se, portanto, que a *finalidade* do ato não poderá ser caracterizada por elementos extrajurídicos como a vontade, considerada em seu sentido psicológico. A *intenção*, para ser compreendida no ordenamento posto, deve se apropriar de conteúdos normativos, constitutivos do ato negocial. É nessa linha que ela se desgarra do subjetivismo que lhe é próprio para se corporificar como inter-relação, ou melhor, materializar-se em condutas intersubjetivas. Nesse momento, deixa de ser *intenção* para adquirir *status* de norma no direito posto.

Se o direito só conhece realidade por ele mesmo criada na forma de norma, a caracterização jurídica do dolo, em termos típicos normativos, é essencial. Daí que a inadmissibilidade da intenção, significando ato psicológico, nos remete ao problema de caracterização do dolo em termos jurídicos. O Código Penal brasileiro, em redação dada pela Lei 7.209, de 11.07.1984, dispõe em seu art. 18:

> Diz-se o crime:
>
> I – doloso, quando o agente quis o resultado ou assumiu o risco de produzi-lo;
>
> II – culposo, quando o agente deu causa ao resultado por imprudência, negligência ou imperícia.
>
> Parágrafo único. Salvo os casos expressos em lei, ninguém pode ser punido por fato previsto como crime, senão quando o pratica dolosamente.

O inciso I identifica em seu enunciado tanto a concepção de dolo direto ("quis o resultado") quanto aqueloutra de dolo indireto ("ou assumiu o risco de produzi-lo"). A abertura semântica desse enunciado prejudica o entendimento da matéria em termos criteriosos, como a disciplina penal-tributária pede. No plano da ilicitude, a tipicidade do dolo ganha maior força e impõe ao legislador o dever de estabelecer critérios aptos para identificar a conduta ilícita ou o fato típico da ilicitude. A lei pode instituir presunção de fato ilícito, mas desde que este esteja nela pormenorizado e objetivamente discriminado; e ainda seja resguardado o campo de significação e similitude entre os enunciados de fato associados entre si. Ilicitude pede sempre tipificação, ainda que em termos presuntivos.

Quanto à caracterização jurídica do dolo, um exemplo elucidativo se acha na responsabilidade por infração, preceituada nos arts. 135 a 138 do CTN. Segundo o dispositivo 135 citado, são pessoalmente responsáveis pelos créditos correspondentes a obrigações tributárias resultantes de atos praticados com excesso de poderes ou infração de lei, contrato social ou estatutos: a) as pessoas referidas no art. 134 do CTN; b) os mandatários, prepostos ou empregados; e c) os diretores, gerentes ou representantes de pessoas jurídicas de direito privado. Concretamente, é o que ocorre na desconstituição irregular da sociedade civil. De acordo com o art. 137, é responsável pessoalmente ao sujeito: a) quanto às *infrações conceituadas por lei como crimes ou contravenções*, salvo quando praticadas no exercício regular de administração, mandato, função, cargo ou emprego, ou no cumprimento de ordem expressa emitida por quem de direito; b) quanto às infrações em *cuja definição o dolo específico do agente seja elementar*; e c) quanto às infrações *que decorram direta e exclusivamente de dolo específico*: c.1) das pessoas referidas no art. 134 do CTN, contra aquelas por quem respondem; c.2) dos mandatários, prepostos ou empregados, contra seus mandantes, preponentes ou empregados; e c.3) dos diretores, gerentes ou representantes de pessoas jurídicas de direito privado, contra estas.

No direito tributário penal, as infrações são em regra de *responsabilidade objetiva*, ou seja, independem da intenção dos sujeitos para se configurar enquanto infração. Basta a prova da ocorrência dos fatos ilícitos previstos em lei para se conformar a conduta ilícita. No entanto, as alíneas "b" e "c" do art. 137 do CTN falam da figura do *dolo específico* ou eventual. Maria Rita Ferragut caracteriza-o como a "vontade do agente de praticar o ato e de produzir um determinado fim. Embora o resultado não seja necessário para o aperfeiçoamento do tipo, a intenção de atingi-lo é indispensável".[68] Não é demasia dizer que as palavras *intenção* e *vontade* se realizam no psicológico humano, devendo, no direito, comparecer na forma de tipo doloso e ser concretamente provado pelo aplicador do direito. Logo, os termos "intenção" e "vontade" devem ser interpretados no direito como sinônimos de "dolo", assumidos pelo sistema somente na forma de tipo normativo. Dolo específico, portanto, é a intenção ou vontade juridicizadas em termos típicos, com o objetivo de alcançar determinado resultado criminoso pela ação ou omissão patrocinada pelo agente.

A diferenciação entre dolo direto, de um lado, e dolo específico ou eventual, de outro, exige no campo dos tributos uma determinada atenção. Dolo direto caracteriza a conduta ilícita em que se sabe que a ação que se faz é ilícita e, consciente disso, continua a atividade. A consciência da ilicitude é o que justifica a atribuição de *responsabilidade subjetiva* a esse tipo. Dolo específico ou eventual, por sua vez, é aquele em que, independentemente da vontade, se o entende presente, configurando *responsabilidade* objetiva. Isso nos interessa em planos exacionais quando a tipificação de determinadas infrações tributárias exige conhecimentos técnicos ou de profissão. Caracterizam o dolo específico ou eventual:

> Da pessoa comum, do homem médio, se exige a demonstração do prévio **conhecimento da origem ilícita da coisa** ao passo que do comerciante, da pessoa habituada a manipulação de objetos, da pessoa com malícia para os negócios **a lei exige menos que o conhecimento prévio**, pois se contenta

---

68. FERRAGUT, Maria Rita. *Responsabilidade tributária e o Código Civil de 2002*. São Paulo: Noeses, 2005. p. 111.

com a presunção de que, com seus conhecimentos do comércio, "deve saber ser produto de crime". **Admite, pois, a figura do dolo eventual, ao passo que na primeira se exige o dolo direto.**

Ora, se a lei se contenta com o dolo eventual, no caso de comerciantes ou industriais, com muito mais razão acolher-se a imputação quando os fatos indicam o pleno conhecimento prévio da origem ilícita do bem recebido, que caracteriza o dolo direto.[69]

Relevemos que a presunção de dolo ou a figura do dolo eventual comparece no direito tributário não como a ausência dos recursos probatórios, mas, sim, a prova, por outros meios, de receptação qualificada. Eis a razão pela qual o juiz sentencia ao final, dizendo: "Ante a prova realizada, de rigor a condenação do recorrente pela receptação qualificada".[70]

Por fim, quanto ao evitar a evasão fiscal, ingressaremos na temática do valor pragmático das presunções, constatando o sentido determinante das finalidades prescritas em lei no campo presuntivo. Sabemos que o texto legal é linguagem em função prescritiva. Logo, tudo escrito lá pretende se fazer valer no plano eficacial e deve ser levado em conta por todos os aplicadores do direito no momento mesmo da positivação da regra. Ao determinar hipótese de presunção, ali estabelece, ainda que implicitamente, seu sentido extrafiscal ou teleológico. Tal finalidade, uma vez presente na lei, deve ser assumida como ordem de direito e justificativa, ela mesma, da própria presunção. As presunções são formas excepcionais de regulação. Seu aceite no ordenamento se dá somente tendo em vista as finalidades ou seu valor-fim prescritos na lei. É de conhecimento de todos que a previsão abstrata e a tipificação no domínio tributário submetem-se a valores e garantias deles decorrentes que não podem deixar de ser observados em nome

---

69. TJSP, 4.ª Câmara Criminal, Apelação Criminal com Revisão 990.08.055131-0, Voto 13.911, Rel. Salles Abreu, p. 6.
70. Idem, ibidem, p. 7.

de uma arrecadação eficaz por meio de presunções. Logo, a atividade administrativa está vinculada aos termos positivados, e a lei está submetida aos ditames constitucionais. A presunção tributária posta no texto legal para fins de criar infração ou sanção tangente a tributos só é admitida pelo sistema quando seu valor-fim ou sua finalidade for admitida pela ordem posta como um todo.

No campo dos tributos, de fato a atividade dolosa tem por objetivo excluir ou modificar as características essenciais compositivas da hipótese antecedente da regra-matriz para fins de economizar tributo. A economia do tributo, em si mesma considerada, jamais deve ser tomada como elemento caracterizador do dolo. O sistema tributário não veda ao contribuinte que ele se organize de forma a proceder a atos e negócios jurídicos lícitos que lhe forneçam, consequentemente, redução de sua carga tributária. Pelo contrário, é o Texto Constitucional que não só autoriza, mas garante aos particulares sua liberdade negocial e livre associação dentro do domínio da licitude admitida em lei.

Com o dolo, cria-se, juridicamente, outro fato, fazendo *parecer*, para não ser, outra ocorrência mais benéfica para o agente, porém com base em atitude ilícita. É nesse faz de conta que ingressam a presunção e o fato presumido. Assim, cabe à Administração provar a existência desse fato típico e, assim o fazendo, comprovar o dolo. Nesse sentido, este, muitas vezes, é alcançado logicamente pela caracterização do fato típico. Em outras palavras, ao comprovar a existência de fato negado pelo contribuinte, desde o início o Fisco não somente prova a ocorrência típica, como a existência da conduta dolosa ou omissiva do sujeito passivo. A divergência entre a vontade real e a declarada se acha juridicamente relevante quando infringir a lei, tal como preceitua o art. 166, VI, CC/02, ou quando houver abuso de direito, ao modo do art. 187 CC/02, ou ainda quando infringir a função social da empresa, conceito este doutrinário e, portanto, sem previsão legal específica.

Por assim dizer, o ente público, ao prescrever em norma a finalidade buscada por aquela técnica presuntiva, condiciona a validade dos atos dela decorrentes à efetiva realização daquele fim. A presunção, nestes casos, lembremos, justifica-se tendo em vista esta função extrafiscal de controle evasivo. Logo, se usada apenas para agilizar o procedimento fiscal, diminuir os custos da Administração, aumentar o volume arrecadatório, sem contudo observar aquela finalidade estabelecida pelo legislador-político, temos de convir que a aplicabilidade dessa regra perde seu propósito em face dos princípios constitucionais. Portanto, cumpre fixar que a regra presuntiva exige rígido controle do cumprimento de seu valor-fim, não apenas no ato ponente da norma, observando se o fim colimado na norma afina-se à perfeição com a própria finalidade do sistema como um todo, mas também em todos os atos que se sirvam daquela como seu fundamento de validade. As finalidades dessas normas devem guardar relação de identidade específica com o objetivo prefixado na regra presuntiva.

1.5.5. Presunção e direito administrativo

O direito administrativo é um subconjunto do direito público, traçando as funções da administração do Estado e seus limites; determinando os órgãos e os procedimentos competentes para a expedição de atos estatais; e resguardando sua atuação na forma da lei. Nas palavras de Celso Antônio Bandeira de Mello: "o Direito que surge exatamente para regular a conduta do Estado e mantê-la afivelada às disposições legais, dentro desse espírito protetor do cidadão contra descomedimentos dos detentores do exercício do Poder estatal".[71]

O direito administrativo tem seu nascedouro junto ao Estado de Direito. "Deveras, as bases ideológicas do Direito Administrativo são as que resultam das fontes inspiradoras do Estado de Direito."[72] Esse subdomínio do ordenamento se

---

71. BANDEIRA DE MELLO, Celso Antônio. *Curso de direito administrativo*. 25. ed. São Paulo: Malheiros, 2008. p. 47.

72. Idem, ibidem, p. 47.

volta a disciplinar o poder dos entes participantes do Poder Público e o faz mediante determinadas orientações. Cogentes no direito administrativo acham-se duas ideias que agulham o sentido que toda norma produzida pelo Estado deve trazer consigo: a) *supremacia do interesse público sobre o privado; e* b) *indisponibilidade, pela Administração, dos interesses públicos.*[73]

Atributos de uma disciplina normativa peculiar, a primeira conformação – supremacia do interesse público – é assumida como princípio que determina privilégios e superioridade ao interesse público sobre o particular, juridicizados nas mais diferentes formas e conteúdos de prescrição. A segunda – indisponibilidade do interesse público –, também ostentando caráter axiológico forte, é norma que veda ao administrador exercente da função pública dispor livremente do interesse público, devendo atuar sempre nos limites da (vontade) lei. Num sistema de freios e contrapesos, tais princípios se complementam e se ajustam de modo a arranjar o justo equilíbrio entre essas determinações: a indisponibilidade do interesse público limitando a supremacia; esta atribuindo maior força de atuação ao Estado por meio daquele princípio.

Entre outros tantos dogmas gerais, muito especialmente protegidos pelo direito administrativo, acham-se também o princípio da legalidade (arts. 5º, II, 37, *caput*, e 150 da CF/88); da impessoalidade (cujo exemplo se encontra na Resolução 07/05, que veda a contratação de parentes de magistrados no Poder Judiciário); da publicidade (resguardados alguns direitos de exceção, tais como aqueles dispostos no art. 5º, X, XXXIII e LX); do devido processo (art. 5º, LV); etc. Alguns outros são frequentemente enunciados como específicos a este sub-ramo, porém, em face de seu caráter valorativo demasiado abstrato, foram perdendo ao longo da história seu sentido normativo, como o princípio da moralidade pública; eficiência; razoabilidade;

---

73. BANDEIRA DE MELLO, Celso Antônio. *Curso de direito administrativo.* 25. ed. São Paulo: Malheiros, 2008, p. 55.

proporcionalidade; continuidade; autotutela (bem traduzidos pelas Súmulas 346 e 473 do STF); da especialidade; etc.

Ao empreender aproximação sobre as imposições do direito administrativo no tocante às presunções, iremos depurar como se configura esse sistema de freios e contrapesos no âmbito constitutivo de fatos jurídicos pelos entes públicos com apoio em tais técnicas especiais. E elucidaremos isso mediante "a questão sobre os limites do princípio da legalidade da administração e a questão da limitação da discricionariedade dos conceitos indeterminados".[74]

Na esfera administrativa, as presunções são muito utilizadas, e cada vez mais sentimos sua presença crescendo nesse meio.[75] Contudo, sabemos que seu uso, em regra beneficiando o Estado, não pode se dar de qualquer maneira. A supremacia do interesse público não é norma jurídica que tudo permite aos agentes estatais. Como já vimos linhas acima, sofre limitações das mais variadas, mas principalmente, de um lado, do dogma da *indisponibilidade dos interesses públicos*, entrave em prol do próprio Estado, e, de outro, da *legalidade, não confisco* e *isonomia*, obstáculos gerais que funcionam como garantias fortes em defesa do contribuinte. Portanto, os privilégios e a superioridade do interesse público sobre o particular não podem ser lidos como permissões, ao legislador, de instituir presunções abstratas em lei ou, ao aplicador, de constituir o fato jurídico presumido e, com ele, regular conduta. O Estado de Direito em que se insere o direito administrativo exige que toda atribuição de poder esteja acompanhada de limitações, e tal assertiva se assume por completo no campo das presunções.

---

74. FERRAZ JR., Tercio Sampaio. A relação meio/fim na teoria geral do direito administrativo. *Revista de Direito Público*, São Paulo: RT, ano XV, n. 61, p. 27-33, jan.-mar. 1982.

75. Nas palavras de Gilberto de Ulhôa Canto: "No direito constitucional e no administrativo há emprego de presunções e ficções, dados os âmbitos naturais do processo formativo das normas e de sua aplicação" (*Direito tributário aplicado*: pareceres. Rio de Janeiro: Forense, 1992. p. 217).

O legislador não pode criar presunções com base tão só na supremacia do interesse público sobre o privado. A lei deverá ter uma razão de ser, justificativa específica que, esta sim, se coadune com o Estado de Bem-Estar, garantidos aos particulares os direitos de propriedade, de liberdade de circulação e de expressão, livre associação, entre outros. A finalidade legal das presunções deve ser positivada, clara e levando em consideração os objetivos buscados pelo próprio Estado de Direito. A contenção do ato administrativo pela finalidade é a única via que conforma limites ao poder do Estado de criar por meio de lei deveres e obrigações por mecanismos presuntivos.

No âmbito da aplicação do direito, por sua vez, o Estado deverá manter suas condutas presuntivas afiveladas às disposições legais. Tributo nenhum pode ser cobrado sem que o seja por lei (arts. 5º, II, 37, *caput*, e 150 da CF/88). Afinal, o texto legal é constitutivo desse *espírito protetor do cidadão* a que alude Celso Antônio Bandeira de Mello. E o Judiciário é o tutor por excelência desses atos administrativos, apontando os descomedimentos dos detentores do exercício do poder estatal, corrigindo-os para fins de preservar o Estado de Providência. A presunção posta pelo aplicador, alargando conceitos sem critérios, atribuindo sentido de fato jurídico a uma dada realidade social inexistente no suporte físico da lei, estendendo a significação dos tipos postos em listas taxativas, é incapaz de criar tributo. Isto não quer dizer que no direito tributário é inadmitida analogia ou interpretação extensiva, mas quer significar, sim, que determinadas matérias expressamente não as admite, tal como prescreve o art. 111 do CTN, exigindo as demais subsunção do fato à norma pura e simples. Ao aplicador cabe verificar, mediante as provas admitidas em processo, se o caso particular encontra-se no âmbito dessas vedações, e, em caso negativo, e se a situação de fato subsume ou não a dada hipótese jurídica: ou a resposta é positiva e incide a norma, ou é negativa e não incide o dispositivo legal. Inexiste meio-termo. Por isso mesmo que as presunções utilizadas pelo Fisco não podem servir desse *meio-termo* e tornarem-se carta em branco ao intérprete autêntico em criar direitos e deveres. Poder estatal não significa competências ilimitadas, pelo contrário!

1.5.6. Presunção e direito processual

O direito processual é dito auxiliar do direito material. É por meio daquele que se faz realizar este. Atualmente, sua importância fundante e constitutiva vem crescendo cada dia mais, de modo que hoje, o processo nada tem de acessório. Enquanto conjunto normativo que envolve determinação de agentes competentes para expedir normas no caso em concreto e de procedimentos também competentes que, por sua vez, identificam o ínterim para constituir fatos, preservando-se o contraditório e a ampla defesa, o processo conforma uma realidade própria dentro do universo jurídico. Uma coisa é o ser do jogo que é o próprio processo; outra, bem diferente, é esse "mundo do jogo" que ele cria, que nada mais é que o processo no sistema jurídico. Esta é a contribuição ao tema do jurista e romancista Gregório Robles Morchon:

> Mientras que el "ser" del juego hace abstracción de las relaciones del juego con el médio circundante, que constituye un *prius* o un *posterius* fáctico, el "mundo del juego" da por supuesto el establecimiento de lo que el juego es, y se centra en sus relaciones con el médio exterior.[76]

O processo dessa forma, tal qual um jogo, cria previamente, ou melhor, constitui, o jogo e suas ações, montando, em âmbito estático, seu repertório e sua estrutura. Num momento subsequente, regulá-las para fins de dar-lhes dinamicidade prática, garantindo seu funcionamento em exercício. Eis a razão de o professor espanhol reforçar: "La acción de juego no preexiste a la regla, sino que es la regla que crea la acción".[77]

---

76. ROBLES, Gregório. *El derecho como texto* (Cuatros estudios de teoria comunicacional del derecho). Cizur Menor: Civitas, 2006. p. 90-91.
77. Idem, ibidem, p. 91.

A frase quer expressar que tanto as ações processuais quanto aqueloutras materiais, em direito, são configuradas pelo sistema. No campo das provas, isso é claramente perceptível, afinal o ordenamento prescreve não somente como se dá o procedimento constitutivo de fato no processo, mas também o sentido da ação do sujeito, conteúdo da prova, que tem relevância jurídica e dá ensejo a um vínculo normativo. Assim, ao dizer que o direito cria sua realidade, deve-se entender que ele o faz tanto em planos processuais quanto materiais.

Diante dessa importante observação, veremos que, no campo jurídico-processual, a matéria das presunções é desde logo vinculada à disciplina das provas, como técnica auxiliar de estruturação dos enunciados factuais no sistema. Para o processo, as presunções são da ordem concrecional. Fala-se em fato jurídico e não em hipótese normativa. O procedimento regulado pela lei tem por objetivo determinar o fato em sua concrescência jurídica. É inegável que as presunções, sendo juízos de fatos, estão diretamente ligadas à forma escolhida pelo direito para fazer constituir seus enunciados factuais. Essa é a linha de pensamento dos principais processualistas, como Arruda Alvim. Vejamos:

> A presunção, genericamente considerada, constitui-se num processo lógico-jurídico, **admitido pelo sistema para provar determinados fatos**, através de cujo processo, desde que conhecido um determinado fato, admite-se como verdadeiro um outro fato, que é desconhecido, e que é (este último) o inserido no objeto da prova.[78] (grifos nossos).

Também Cândido Rangel Dinamarco demarca esse objetivo comum e imediato de todas as presunções:

> **O objetivo comum e imediato de todas as presunções relevantes para o direito é a facilitação da prova.** Há situação

---

78. ARRUDA ALVIM, J. M. *Manual de direito processual civil*. 3. ed. São Paulo: RT, 1986. v. 2, p. 399.

em que sendo particularmente difícil a prova, a lei ou o juiz **facilita a demonstração do fato relevante**, satisfazendo-se com a prova daquele que é o mais fácil provar e assim dispensando a prova direta do fato que realmente interessa para o julgamento da causa[79] (grifos nossos).

Claro está, pois, que os grandes processualistas costumam associar a matéria das presunções à temática da prova. Contudo, como veremos pormenorizadamente mais adiante, por prova admite-se uma infinidade de situações jurídicas, cominando à disciplina uma multiplicidade de sentido. É nessa pluriacepção do vocábulo *prova* que muitos juristas, ainda que se refiram a acordo sobre o significado probatório das presunções, vão identificar diferentes preferências semânticas que giram em torno desse tópico, dissociando suas doutrinas em face dessas opções exegéticas. Portanto, justifica-se alguns processualistas falarem de presunção como norma que institui um procedimento probatório, ou como simples fato jurídico (presumido), como conteúdo de regra, ou ainda como meio de prova.[80]

É no domínio processual que se verá com maior rigor a rediscussão das premissas epistemológicas deste estudo, pois, sendo no plano das provas que a linguagem comparece como a única forma de construção de realidade, é nela que veremos a teoria da linguagem e da comunicação em toda a sua pujança.

---

79. DINAMARCO, Cândido Rangel. *Instituições de direito processual civil*. São Paulo: Malheiros, 2004. v. 1, p. 114.

80. Retrata bem esta nuance significativa das presunções no âmbito das provas o seguinte trecho do processualista Cândido Rangel Dinamarco: "Nenhuma presunção é meio de prova [...] Todas elas constituem processos de raciocínio dedutivo que levam a concluir que um fato aconteceu, quando se sabe que outro haja acontecido" (Idem, ibidem, p. 124.)

Esse entendimento não será a nossa opção epistemológica, uma vez que, como veremos, existem presunções que funcionam sim como meio de prova. Contudo, o que se quer reforçar por tais palavras é a pluralidade de significado que elas podem assumir, ainda que se restrinjam ao campo dos modos constitutivos de fato ou da temática das provas.

E o assunto vem à tona na memória das doutrinas tradicionais, assumindo as presunções como *provas indiretas*. Fazemos alusão à doutrina de Moacyr Amaral dos Santos para elucidar tal entendimento: "[...] nesse caso, o juiz conhecerá o fato probando indiretamente. Tendo como ponto de partida o fato conhecido, caminha o juiz, por via do raciocínio e guiado pela experiência, ao fato por provar".[81]

Associando-as aos indícios de prova, o autor identifica menor autoridade de força constitutiva de fato a esses meios por ele chamados de indiretos em face daquilo que querem significar por *prova*. E a matéria suscita controvérsia até hoje, como não poderia deixar de ser, pois, em verdade, tal discussão ultrapassa o debate do tema propriamente dito para alcançar disputa entre as próprias doutrinas. O que se rediscute, menos que prova ou presunção, é a presença, para uns, inafastável, para outros, irrelevante, da linguagem na constituição do universo jurídico.

Distinção entre indícios e presunções que foge daquela tradicionalmente elaborada, sem contudo deixar de ter em nota as concepções doutrinárias anteriores, é a de Roland Arazi, colocando aqueles como formas atenuadas de prova, menos rigorosas e fortes que os modos probatórios tradicionais, enquanto estas como juízo-síntese ou enunciado constitutivo do juiz de direito. O primeiro como causa ou meio; e o segundo como consequência ou fim. Vejamos em suas palavras:

> [...] quem tem que produzir convicção em razão de seu número, precisão, gravidade e concordância são os indícios; as presunções são a consequência do laboro intelectual do juiz para extrair conclusões dos indícios.[82]

Reavivando o sentido plural das presunções, o autor supracitado apreende-as como *consequência do laboro intelectual*

---

81. SANTOS, Moacyr Amaral. *Primeiras linhas de direito processual civil*. 18. ed. São Paulo: Saraiva, 1997. v. 2, p. 496.

82. ARAZI, Roland. *La prueba en el proceso civil*. Teoría e práctica. Buenos Aires: La Rocca, 2001. p. 127.

do juiz, mas não deixa claro se esse resultado se dá tão somente na mente do intérprete, e, sendo assim, se seria um *juízo*, ou estaria expresso verbalmente, em linguagem, figurando, no plano jurídico, como *proposição* ou *norma* de direito (material). Vê-se que, quanto mais se explicita a matéria, mais ela ganha em amplitude semântica, aumentando a complexidade da análise.

Regressemos, contudo, em âmbito mais geral da palavra. Toda presunção no processo encerra, mediata ou imediatamente, uma facilitação da prova pela proximidade existente entre fatos em face de juízos de verossimilhança: "o fato presumido é uma **consequência verossímil** do fato conhecido".[83] Devendo sempre decidir as causas que lhe são apresentadas, não encontrando lei específica, aplicável ao caso em concreto, deverá aproveitar as regras de experiência comum subministradas pela observação do que ordinariamente acontece e ainda as regras de experiência técnica, ressalvado, quanto a esta, o exame pericial, tal como exige o art. 335 do CPC.

O tema das presunções no direito processual encontra, na figura do juiz, o âmbito por excelência da criação dos enunciados presumidos. Cabe a ele construir o fato mediante as provas em processo apresentadas. É vedado ao juiz conjecturar presunções não recepcionadas pelo direito, devendo sempre partir de um fato certo e concreto diretamente conexo com o objeto da controvérsia para dele assumir por provado um fato, ainda que presumidamente. Em um Estado de Direito, a presunção, como regra, deve admitir prova em contrário. As imposições do devido processo, na ótica do contraditório e da ampla defesa, pede esse jogo de provas e contraprovas, todas no sentido de configurar convencimento suficiente e necessário para que o juiz anuncie o fato em linguagem competente. A retórica no processo é a ele inerente; e o convencimento do sujeito enunciante é sua finalidade e o seu resultado.

---

83. SANTOS, Moacyr Amaral. *Primeiras linhas de direito processual civil.* 18. ed. São Paulo: Saraiva, 1997. v. 2, p. 499.

Nesse ponto, recordamos as importantes lições de José Roberto dos Santos Bedaque afirmando que, mesmo em hipótese de revelia, o julgador não está vinculado de forma inexorável à versão dos fatos apresentada na petição inicial. O convencimento do juiz pede que ele saia em busca de uma verdade lógico-jurídica, na amplitude de um sistema que pretende ser nomoempírico. Logo, é imprescindível que os fatos afirmados pelo autor sejam reputados por verdadeiros somente quando mantenham entre si um mínimo de verossimilhança, similitude, que, como veremos, está na base das presunções. É o comentário do professor processualista da Universidade de São Paulo: "Tanto a presunção de veracidade (art. 319), a rigor dispensável, como a desnecessidade de produção de prova (art. 334, III), pressupõem, no mínimo, a verossimilhança da afirmação".[84]

1.5.7. A presunção no direito tributário

Até o momento, pudemos relevar a existência de uma pluralidade de sentido na palavra "presunção" nos diferentes ramos do direito. Agora, é preciso analisar essa variação semântica no domínio tributário, ressaltando os mais diversos posicionamentos perante a matéria. Com base nisso, tornar saliente a necessidade do exegeta, perante um problema da ordem presuntiva no campo dos tributos, saber examinar de forma crítica as hipóteses de emprego da presunção, perceber o verdadeiro significado do termo assumido no caso e ter consciência dos efeitos que essa assunção provoca. Fixemos, com precisão, alguns desses sentidos.

Rubens Gomes de Sousa, já em 1970, propôs interessante definição do instituto: "As presunções **resultam do raciocínio ou são estabelecidas por lei** que substitui a sua própria razão

---

84. BEDAQUE, José Roberto dos Santos. Código de Processo Civil interpretado. In: MARCATO, Antonio Carlos (Coord.). *Código de Processo Civil interpretado*. São Paulo: Atlas, 2004. p. 967.

à razão humana. Daí, classificarem-se em presunções *hominis* ou humanas, e presunções legais"[85] (grifos nossos).

O jurista, na dicotomia processo/produto da palavra, deixa a bom recado sua opção pelo caráter resultado (produto) do raciocínio (processo) presuntivo. Enquanto tal, e pertencente ao sistema do direito posto, reforça a natureza normativa do instituto, sendo este reputado norma incompleta na medida em que não encerra comando ou proibições diretamente voltados às condutas humanas, socialmente localizadas. É norma que se dirige ao aplicador do direito, conferindo a este competência para atribuir natureza ou efeito jurídico de determinado fato a outros, cuja natureza e efeitos normativos sejam diferentes dos declarados pela presunção. A regra se justifica em face da imprescindível aplicação da norma e da operosidade da proposição presuntiva.

Geraldo Ataliba, na linha do acima exposto, admite-as como *meio de prova*, isto é, forma específica de raciocínio, habilitado pelo direito para fazer ingressar no sistema enunciado factual: "a presunção é um meio especial de prova, consistente em um raciocínio que, do exame de um fato conhecido, conclui pela existência de um fato ignorado".[86] Na mesma linha, Aires F. Barreto e Cléber Giardino oferecem o seguinte entendimento quanto ao termo ora estudado:

> O ato ou processo presuntivo, intelectual que é, **ocorre e se esgota no plano do raciocínio**. Presta-se a **induzir convicção** quanto à existência de fato (por definição, desconhecido), dado o reconhecimento da ocorrência de outro, do qual geralmente depende. **Firma, assim, a aceitação da veracidade ou verossimilhança do chamado "fato suposto" (fato presumido)**.[87]

---

85. SOUSA, Rubens Gomes de. Um caso de ficção legal no direito tributário: a pauta de valores como base de cálculo do ICM. *Revisa de Direito Público*, São Paulo: RT, n. 11, p. 23, 1970.

86. ATALIBA, Geraldo. Lançamento – procedimento regrado. *Estudos e parecer de direito tributário*. São Paulo: RT, 1978. v. 2, p. 339.

87. BARRETO, Aires F. *Base de cálculo, alíquota e princípios constitucionais*. 2. ed. São Paulo: Max Limonad, 1998.

A partir desses enunciados elucidativos, vê-se que os autores reforçam a possibilidade de a presunção ser assumida como ato (produto) ou como processo, ambos pertencentes ao campo do inteligível, isto é, assumidos como linguagem, pensada e comunicada. Nada tem de real, no sentido vulgar (e superado) da palavra. Presta-se a induzir convicção e, com ela, aceite da veracidade ou verossimilhança do chamado "fato suposto" (ou presuntivo) para fins de incidência jurídica. Assim, para o direito, tanto o ato quanto o processo da presunção, tanto as formas presuntivas *juris et de jure* quanto as *juris tantum*, têm caráter normativo. A distinção procedida pelos autores entre as referidas regras dá-se mais quanto aos destinatários do que à sua própria natureza, que será sempre norma.[88]

Agora, há de frisar que a postura mais frequentemente evocada é o sentido estático da presunção, isto é, o de produto normativo. Nesta acepção, encontra-se Paulo Bonilha, definindo presunção como "o resultado do raciocínio do julgador, que se guia nos conhecimentos gerais universalmente aceitos e por aquilo que ordinariamente acontece para chegar ao conhecimento do fato probando".[89] Também José Eduardo Soares de Melo a sustenta como "resultado do processo lógico, mediante o qual, do fato conhecido, cuja existência é certa, infere-se o fato desconhecido ou duvidoso, cuja existência é provável".[90]

Imerso na teoria da linguagem, Paulo de Barros Carvalho, na demarcação do termo, entende-o por "processo lógico em que de um fato conhecido infere-se fato desconhecido e, portanto, incerto".[91] Não faz distinção tomando o destinatário por

---

88. Sobre o assunto, ver mais em: Idem, ibidem.
89. BONILHA, Paulo Celso B. *Da prova no processo administrativo tributário*. 2. ed. São Paulo: Dialética, 1997. p. 92.
90. MELO, José Eduardo Soares de. *ICMS Teoria e Prática*. São Paulo: Dialética, 1995. p. 99.
91. CARVALHO, Paulo de Barros. *Direito tributário, linguagem e método*. 3. ed. São Paulo: Noeses, 2009. p. 958.

critério. Assume o sentido dinâmico da disciplina, enquanto processo ou ação do homem na linguagem e, portanto, em comunicação. Fabiana Del Padre Tomé, seguidora do ilustre jurista paulistano, reforça este posicionamento enaltecendo o caráter procedimental e originário do intelecto, das presunções e sua relação com a teoria das provas: "Para nós, esta é a própria operação intelectual que estabelece relação de causalidade entre o fato indiciário e o fato probando".[92]

A relação de causalidade entre fato indiciário e probando já fora brilhantemente revelada por Alfredo Augusto Becker, que entendia ocorrido o processo lógico presuntivo "quando, baseando-se no fato conhecido cuja existência é certa, impõe a *certeza jurídica* da existência do fato desconhecido cuja existência é *provável* em virtude da correlação natural da existência entre êstes dois fatos".[93] O enunciado transcrito, num piscar de olhos, pode nos causar a impressão de que o *natural* da correlação seja perceptível pelos sentidos, e, logo, pertencente ao mundo real. Ocorre que, em verdade, somos nós homens que percebemos e estabelecemos relação entre uma coisa e outra, e não a natureza. E isso é observado principalmente quando insertos no campo do direito. Para o conhecimento jurídico, são irrelevantes os acontecimentos a realidade natural, enquanto dados brutos e perceptíveis somente pelos sentidos. A qualidade saliente é aquela que a própria ordem posta determina, e na forma por ela admitida em lei. Disso decorre a solução apresentada por Alfredo Augusto Becker:

> A correlação natural entre a existência de dois fatos é substituída pela correlação lógica. Basta o conhecimento da existência de um daqueles fatos para deduzir-se a

---

92. TOMÉ, Fabiana Del Padre. *A prova no direito tributário*. São Paulo: Noeses, 2005. p. 133.
93. BECKER, Alfredo Augusto. *Teoria geral do direito tributário*. 4. ed. São Paulo: Noeses, 2007. p. 539.

existência do outro fato cuja existência efetiva se desconhece, porém tem-se como provável em virtude daquela correlação natural.[94]

Portanto, só a regra jurídica é capaz de firmar a causalidade normativa, estabelecendo a correlação lógica própria do processo presuntivo. Tomando este pensamento como ponto de partida, e de acordo com as premissas adotadas neste trabalho, devemos nos posicionar, com certa ressalva, perante definições como a de Luciano Amaro: "As *presunções legais*, como as *humanas*, **extraem**, de um fato conhecido, fatos ou consequências *prováveis*, que se reputam verdadeiros, dada a *probabilidade* de que realmente sejam".[95] Ou também a de Gilberto Ulhôa Canto: "As presunções e as ficções fazem parte do **processo gnosiológico figurativo**. Por ambas chega-se a uma **realidade legal que não coincide com a realidade fenomenológica conhecida através dos meios de percepção direta**".[96]

Com tal preocupação, reforçamos a necessidade de estabelecer as linhas diretrizes do estudo e, a partir delas, manter a coerência dos posicionamentos adotados. Não queremos nem pretendemos dizer, neste empreendimento, o que é certo ou errado. Desejamos apenas sobressaltar que, segundo a teoria da linguagem, as definições dos ilustres juristas logo acima colacionadas tornam-se inadequadas. Na concepção linguística do direito jamais se pode dizer haver extração de um enunciado – fato desconhecido ou consequência provável – de outro – fato conhecido. É o exegeta que, em sua tarefa hermenêutica, construirá a proposição normativa, estabelecendo a causalidade

---

94. BECKER, Alfredo Augusto. *Teoria geral do direito tributário*. 4. ed. São Paulo: Noeses, 2007. p. 538.

95. AMARO, Luciano. *Direito tributário brasileiro*. 14. ed. São Paulo: Saraiva, 2008. p. 274. (Grifos nossos)

96. ULHÔA CANTO, Gilberto de. Presunções no direito tributário. *Cadernos de Pesquisas Tributárias*, São Paulo: Resenha Tributária, n. 9, p. 5, 1984. (Grifos nossos)

jurídica entre eles, nos limites de sua competência e na forma prescrita em lei. Assim, as presunções, legais ou humanas, são normas que põem em relação dois enunciados, firmando correlação lógica – e jurídica – entre eles, o que nada mais significa do que estabelecer a causalidade jurídica ela mesma.

Do mesmo modo, a despeito de ser bastante interessante a assunção das presunções como *processo gnosiológico figurativo*, não podemos baseados nisso, sustentar conclusão de que se chega a uma realidade legal que não coincide com a realidade fenomenológica conhecida pelos meios de percepção direta, como veremos mais detalhadamente no item *Presunção, prova e indício*. A incoerência ocorre quando todos os meios de cognição da realidade são indiretos. Prova, em sentido linguístico, é também *processo gnosiológico figurativo*, tal qual uma presunção, uma vez que uma e outra se constituem somente mediante linguagem. Esta, assumida tanto como instrumento ou meio para a construção do fato jurídico quanto como forma de conhecimento ele mesmo, intermedeia a relação entre o homem e a realidade física (sentida). O intelecto pensa em linguagem e dela depende, portanto, para conhecer e compreender o universo empírico circundante.

Na linha da teoria linguística, mas dela não declaradamente fazendo parte, podemos colacionar definições como a de Antonio da Silva Cabral:

> Presunção (de origem latina, *prae* mais *sumere*, que significa tomar, captar algum coisa, com antecedência) é um **ato da mente em razão do qual se tira, por antecipação, uma conclusão** que se supõe ou se toma como verdadeira, sem que se tenha certeza da existência dessa conclusão (ou, conforme o caso, de um efeito), partindo-se de um fato conhecido e provado.
>
> [...] É **atitude subjetiva, e não real, em sua essência**.[97]

---

97. CABRAL, Antonio da Silva. *Processo administrativo fiscal*. São Paulo: Saraiva, 1993. p. 211, 311-312. A despeito de no trecho citado no corpo do

Outro sentido bastante frequente no campo dos tributos reforça o caráter de suposição ou ilação das presunções, tal como aquele dado por Roque Antonio Carrazza: "presunção é a **suposição** de um fato desconhecido, por consequência indireta e provável de outro conhecido".[98] Por suposição deve-se entender a hipótese ou a teoria sem comprovação. Ao assumir a presunção como algo diferente da prova, isto é, sem o poder comprobatório que esta última possui no direito, podemos sim apresentá-la como suposição. Equivaleria dizer que é *conclusão sem prova* da existência de um fato desconhecido que é tido como verdadeiro e consequente de outro fato conhecido. Agora, na medida em que se a evoca como linguagem competente, tal qual a prova, rigorosamente presunção não é suposição, mas sim norma que estabelece como verdadeiro e consequência jurídica (causalidade normativa) de fato conhecido outro desconhecido.

Ilação, por seu turno, é ação de inferir, concluir, enquanto processo, ou a própria consequência, corolário ou resultado, como produto ou forma da ação. Conforme já observado acima, o sentido é perfeitamente admissível para fins de explicitar o instituto ora estudado. Mas gravemos que, a despeito de alguns autores darem por sinônimos *suposição* e *ilação*, os vocábulos trazem sentidos completamente diferentes e, em muitos casos, não convivem entre si na denominação de um mesmo objeto.

A título de remate, vale colacionar entendimento de Maria Rita Ferragut, em seu bastante festejado *Presunções no*

---

texto o autor demonstrar tendências linguísticas, cumpre mencionar que, em outro momento, o mesmo retorna ao pensamento da doutrina tradicional perante as presunções associando-as à prova indireta. Vejamos: "Em direito fiscal conta muito a chamada prova indireta [...]. A prova indireta é feita de indícios que se transformam em presunções. Constitui o resultado de um processo lógico, em cuja base está um fato conhecido (indício), prova que provoca atividade mental, em persecução do fato conhecido, o qual será causa ou efeito daquele. O resultado desse raciocínio, quando positivo, constitui a presunção" (p. 311-312).

98. CARRAZZA, Roque Antonio. *Curso de direito constitucional tributário*. 18. ed. São Paulo: Malheiros, 2002. p. 406-407.

direito tributário, ao considerar três acepções para o instituto sob enfoque: proposição prescritiva, relação e fato. Como proposição prescritiva, presunção é:

> [...] norma jurídica deonticamente incompleta (norma *lato sensu*), de natureza probatória que, a partir da comprovação do fato diretamente provado (fato indiciário, fato diretamente conhecido, fato implicante), implica juridicamente o fato indiretamente provado (fato indiciado, fato indiretamente conhecido, fato implicado).[99]

Enquanto relação define-se como "vínculo jurídico que se estabelece entre o fato indiciário e o aplicador da norma, conferindo-lhe o dever e o direito de construir indiretamente um fato".[100]

E, por fim, assumida como fato, é o:

> [...] consequente da proposição (conteúdo do consequente do enunciado prescritivo), que relata um evento de ocorrência fenomênica provável e passível de ser refutado mediante apresentação de provas contrárias. É prova indireta, detentora de referência objetiva, localizada em tempo e histórico e espaço social definidos.[101]

Diante do exposto, entendemos que a professora da PUC/SP notou bem não só a admissibilidade, como a possibilidade, no direito, de existir mais de um sentido para *presunção*, ao mesmo tempo válidos, desde que todos eles, contudo, tenham significação normativa. Assim, como *proposição prescritiva* – sentido deôntico completo ou norma – ou como *relação* – consequente normativo – ou como *fato* – antecedente ou consequente normativo –, estamos sempre em torno da forma unitária em

---

99. FERRAGUT, Maria Rita. *Presunções no direito tributário*. São Paulo: Quartier Latin do Brasil, 2001. p.62.

100. Idem, ibidem, p. 62.

101. Idem, p. 62.

que o direito se apresenta: a formulação normativa. Tudo no ordenamento é norma, logo, completo ou incompleto, o enunciado jurídico é sempre linguagem prescritiva de conduta e unidade constitutiva do sistema, ponto de partida seguro para qualquer empreendimento exegético.

Portanto, num primeiro momento, guardemos esta acepção geral para, no capítulo subsequente verificar, a partir dele, a plurissignificação específica que o vocábulo "presunção" sofre no campo dos tributos.

Agora, há quem diga que, no domínio tributário, o sistema constitucional não admite presunções, como consequência inarredável do enunciado do art. 5º e § 4º do art. 60 (cláusulas pétreas).[102] Considerando a frequência com que vem sendo assumida por este domínio do direito, cremos não ser mais possível falar em sua inadmissibilidade no campo dos tributos. Tanto na letra da lei tributária – Federal, Distritais, Estaduais e Municipais – quanto nos atos positivados pelas Fazendas Públicas, o uso das presunções está cada vez mais comum como método normativo que facilita a positivação, arrecadação e fiscalização dos tributos. Logo, não se pode mais negar sua presença no campo tributário. O que se deve observar, isto sim, são os mandamentos fundamentais estabelecidos na Constituição Federal, como garantia (e direito) do contribuinte contra abusos fiscais por essas regras presuntivas. Assim, ao estabelecer os limites ao uso das presunções e ficções em matéria exacional, Gilberto de Ulhôa Canto repisa: "No direito tributário, entretanto, a maior ou menor faixa de utilização das duas

---

102. Assim se posiciona Geraldo Ataliba afirmando: "Ora, se, de modo geral, as leis civis, comerciais, administrativas podem prudentemente estabelecer presunções e ficções, a Constituição *veda que isso seja feito em matéria penal e tributária (nullum crimen, nullum tributo sine lege)*. Isto integra o art. 5º e está protegido pelo § 4º do art. 60". Fato futuro e tributação, art. 150, § 7º, Constituição Federal 1988, Redação da Emenda Constitucional 3/1993. *Revista do Programa de Pós-graduação em Direito – PUC-SP*, São Paulo: Max Limonad, v. 1, p. 41, 1995.

figuras estará necessariamente na dependência do sistema de direito positivo que na sua disciplina prevalece".[103]

Permite-se, portanto, o uso de presunções no direito tributário, desde que atendidos os direitos fundamentais dos contribuintes e preservados os imperativos constitucionais voltados às relações desse domínio. No capítulo oportuno, voltaremos a este assunto, tratando-o pormenorizadamente.

---

103. ULHÔA CANTO, Gilberto de. *Direito tributário aplicado*: pareceres. Rio de Janeiro: Forense, 1992. p. 217.

Capítulo 2
PLURISSIGNIFICAÇÃO DO TERMO "PRESUNÇÃO" NO DIREITO TRIBUTÁRIO

Toda palavra encerra mais de um sentido. Podemos facilmente comprovar esta afirmação abrindo um dicionário, qualquer que seja. Lá encontram-se enunciados classificados segundo seu uso maior ou menor no idioma. É próprio desse catálogo de palavras compilar, organizando, diversos significados que um termo é capaz de evocar. Toda linguagem material, preenchida com significações concretas, porta em si natureza polissêmica. Somente a lógica, com todo o seu reducionismo constitutivo, confere sentido único e universal aos seus termos, o que é próprio das linguagens formais.[1]

O caráter semântico plural de toda palavra, nesta linha, é algo próprio da linguagem e, assim colocado, não gera complicações exegéticas. Na maioria das vezes, é perfeitamente

---

1. Como bem diz e rediz Paulo de Barros Carvalho: "A plurissignificação é algo que está constantemente presente no discurso jurídico, como, de resto, em todas as linguagens materiais, saturadas com significações concretas. Livram-se desse problema semântico apenas as linguagens formais, voltadas a discorrer sobre entidades elaboradas pela mente humana [...]" (CARVALHO, Paulo de Barros. *Direito tributário*: fundamentos jurídicos da incidência. 8. ed. São Paulo: Saraiva, 2010. p. 234).

possível comunicar-se e fazer-se compreendido, ainda que todos os vocábulos tenham mais de um sentido. O contexto e o próprio fato comunicacional colaboram na identificação do sentido do termo na dinâmica daquele discurso.

Ocorre que a plurissignificação do vocábulo em determinadas situações pode ensejar ruídos comunicacionais, ficando o exegeta perdido na pluralidade dos significados que a palavra pode ensejar na frase. Nestes casos, o contexto não fornece indícios suficientes para o ouvinte optar por este ou aquele sentido na manutenção da coerência proposicional. Não fica claro o conteúdo que se deve dar à palavra. Surge então a *ambiguidade*. Em outros momentos, por sua vez, não sabemos os exatos limites do campo de abrangência semântica de determinado termo. Desconhecemos ao certo se sua aplicabilidade é possível para este ou aquele caso, ainda que, em certa medida, sabemos seu significado. Eis a hipótese de *vagueza*. Em face da ambiguidade e vagueza, portanto, é que se mostram imprescindíveis a definição do termo e a verificação se as hipóteses que lhe são assimiladas são verdadeiramente casos que se encaixam no campo semântico da palavra.

Entre ambiguidade e vagueza, a multiplicidade de sentidos da palavra *presunção* assume proporções que encerram dificuldades interpretativas no direito tributário. Experimentemos enunciar algumas dessas acepções. Entre os sinônimos do termo, considera-se presunção: (1) juízo de semelhança do legislador; (2) juízo de semelhança do aplicador; (3) percepção de similitude; (4) conotação genérica; (5) interpretação extensiva; (6) analogia; (7) metáfora; (8) proto-presunção; (9) raciocínio indutivo; (10) raciocínio dedutivo; (11) operação intelectual que estabelece relação de causalidade; (12) convicção quanto à existência de fato; (13) correlação natural entre dois fatos; (14) processo gnosiológico figurativo; (15) probabilidade; (16) fator de semelhança ou similitude entre dois conceitos; (17) suposição ou suposto; (18) pressuposto; (19) subentendido; (20) lei; (21) critério de lei; (22) consequência ou ilação de lei; (23) fonte do direito; (24) ato de fala; (25) enunciação-enunciada;

(26) enunciação; (27) enunciado-enunciado; (28) pauta fiscal; (29) estimativa; (30) equiparação; (31) substituição; (32) arbitramento; (33) preço sugerido pelos fabricantes ou industriais; (34) previsão legal estendida; (35) previsão legal que inadmite contestação; (36) técnica de apuração de tributo; (37) instituição de regime jurídico diferenciado; (38) técnica de simplificação fiscal; (39) técnica antielisiva; (40) forma ou hipótese de exclusão de punibilidade pela prática reiterada; (41) técnica processual de inversão do ônus de prova; (42) meio de prova; (43) prova; (44) indício de prova; (45) prova indireta; (46) relação meio-fim; (47) processo lógico; (48) resultado do raciocínio lógico; (49) costume; (50) validade da norma; (51) direito *per se* ou gênese do direito; (52) realidade jurídica; (53) realidade social; (54) verdade jurídica; (55) legitimidade do ato normativo; (56) definitividade do fato jurídico; (57) preceito jurídico relativo; (58) preceito jurídico absoluto; (59) norma consuetudinária; (60) norma de competência; (61) norma técnica (processual); (62) norma secundária (sancionatória); (63) norma substantiva; (64) norma adjetiva; (65) norma de estrutura; (66) norma de conduta; (67) norma introduzida; (68) norma introdutora; (69) norma incompleta; (70) norma completa; (71) norma antielisiva; (72) ato jurídico; (73) hipótese jurídica; (74) antecedente da regra-matriz; (75) antecedente da norma específica institutiva de presunção; (76) fato jurídico em sentido lato; (77) fato jurídico em sentido estrito; (78) norma que relaciona fato jurídico em sentido estrito e fato jurídico em sentido amplo; (79) fato provável; (80) fato presumido; (81) fatos presuntivos; (82) fato indiciário; (83) fato probando; (84) consequente da regra-matriz; (85) consequente da regra presuntiva; (86) relação jurídica; (87) procedimento especial; (88) evento do fato presumido; (89) evento do fato jurídico em sentido estrito; entre outros que ainda poderiam ser aqui elencados.

Empreenderemos, na sequência, análise de cada um desses usos do vocábulo no domínio tributário, buscando identificá-los, e, a partir disso, demarcar o domínio de atuação da palavra no campo dos tributos. Nesta atividade exegética, o termo é lido na forma de demarcação restritiva das regras de uso do conceito. Assim o fazendo, iniciamos o esforço de conceituar o que seja (ou enseja) *presunção* no campo dos tributos.

A propósito, para além do rigor, cumpre proceder à distinção entre termo e conceito. E é em Tercio Sampaio, sempre rico e preciso em seus dizeres, que elucidaremos as palavras. Pondera o jurista que, enquanto *conceito* é a palavra, abstraída sua expressão fonética, isto é, permite ser substituída por outra sem contudo perder seu sentido de base, *termo* aparece quando suas regras de uso se tornem restritas à palavra.[2] Logo, no presente momento do estudo, o conceito revela-se como essência, isto é, ideia abstrata que os termos, que serão apresentados abaixo, guardam entre si. É nesta confluência ou correlação conceptual que firmaremos a base de sinonímia que tão logo se indicará em face das *presunções* no campo tributário.

Lembremos que, no capítulo 1, firmamos o sentido geral da palavra: presunção é norma jurídica, seja ela assumida em seu sentido deôntico completo, ou enquanto enunciado antecedente ou consequente. A verdade é que, em qualquer um dos casos, os enunciados normativos existirão como exteriorização daquelas ideias, noções ou conceitos. Em linguagem de proporção, inspirado em Ferdinand Saussure, enquanto conceito está para significação, enunciado está para suporte físico.

Há que ponderar, todavia, que, quanto mais específicas forem as ideias utilizadas para definir o objeto, maior será a necessidade de adicionar outros elementos para se reproduzir

---

2. Diz o autor com propriedade: "Um conceito, nesse sentido, nada mais é que uma palavra, abstraída sua expressão fonética. Essa abstração permite que seja possível substituir uma palavra por outra, mantendo-se suas regras de uso, base de sinonímia. A abstração permite também que as regras de uso tornem-se restritas a uma determinada palavra, quando, então, obtemos um *termo*. Por exemplo, quando afirmamos que 'o conceito de 'revolução' apenas se aplica a movimentos políticos da era moderna', conferimos a *revolução* o sentido de um *termo*, um significado que permanece invariável nos contextos em que é usado [...]" (FERRAZ JR., Tercio Sampaio. *Direito constitucional*: liberdade de fumar, privacidade, estado, direitos humanos e outros temas. Barueri: Manole, 2007. p. 19).

o consenso significativo.[3] Assim, o sentido geral se torna cada vez mais vazio perante os problemas tributários que a disciplina apresenta. A *presunção* exige aprofundamento, especificando-se nas pequenas diferenças entre os inúmeros enunciados normativos que compõem o direito, assimilando a qualidade prescritiva precisa que a particulariza.

2.1. Acepções da palavra "presunção" no direito tributário

Já vimos que muitos tributaristas utilizam o termo *presunção* indistintamente nas mais variadas ocasiões. A cada uso, considera-se e releva-se esta ou aquela característica, em um entrecruzamento de planos que a torna matéria bastante complexa e de certo modo inexplicada. Uns irão ressalvar a *qualidade normativa* da regra presuntiva (substantiva, processual probatória ou sancionatória); outros a *causa que motivou o legislador* a positivar tal regra (técnicas de apuração, de simplificação fiscal, etc); alguns, a forma em que se apresenta o processo intelectual, tanto do legislador na enunciação da regra quanto do aplicador na positivação da norma. Sob um ponto de vista, destacam-se os modos sintáticos e lógicos da matéria; num novo ângulo, enfatiza-se a irradiação semântica da palavra; numa terceira percepção, sua utilidade prática perante o sistema. Todos esses olhares explicitam as diferentes formas – sintática, semântica e pragmática, respectivamente – em que as presunções são percebidas e, desde que estejam vinculadas de alguma maneira ao campo nuclear do conceito, são perfeitamente admitidas.

Enfim, as acepções da palavra "presunção" no direito tributário são tantas quantas forem as premissas adotadas; são tantos quantos forem os pontos de vista assumidos, razão pela qual não se busca no momento dizer se esta ou aquela definição é correta,

---

3. PENTEADO, J. R. Whitaker. *A técnica da comunicação humana*. São Paulo: Pioneira, 2001. p. 106.

mas, sim, ao final, reforçar sua utilidade ou aplicabilidade ou não em um trabalho que toma por base a teoria da linguagem. Da mesma forma, não se quer aqui enunciar todos os sentidos possíveis da palavra em âmbito tributário, mas aqueles que se apresentam mais recorrentes ou mais úteis para fins de explicitar a matéria no âmbito tributário. Eis nossa próxima tarefa.

2.1.1. Presunção como previsão legal estendida

Um dos sentidos mais usuais conferidos à palavra é ser *previsão legal estendida*. O significado reforça o domínio sintático e lógico da presunção, enquanto norma posta em lei que tem por efeito jurídico a extensão da consequência normativa de um enunciado factual a outro. Ou seja, mediante regra de direito substantivo que assume um fato – conhecido e presuntivo – pelo outro – desconhecido e presumido, atribuem-se as consequências ou os efeitos jurídicos deste (segundo) àquele (primeiro), e estendendo (e ampliando) os casos aptos a subsumirem à previsão legal.

2.1.2. Presunção como previsão legal que inadmite contestação

Presunção como *previsão legal que inadmite contestação* nada mais é que o instituto assumido em sua forma absoluta. O sentido do termo, aqui, também avigora a ideia sintática das presunções, enquanto norma, sobrelevando a força constitutiva, e a natureza processual probatória daquelas ao inadmitir contestação.

2.1.3. Presunção como sanção

Muito recorrente é o sentido sancionatório atribuído por vários juristas e tribunais às presunções. Igualmente aos itens anteriores, esta acepção reitera a forma normativa daquelas, contudo admite-as enquanto consequência jurídica a determinada conduta ilícita. Volta-se, deste modo, ao plano de norma secundária, em que o Estado figura como mediador ou juiz.

Impõe-se comumente como exemplo aqui a hipótese de arbitramento, como instituto de caráter sancionatório. Contudo, conforme teremos oportunidade de ver mais adiante, arbitramento em si mesmo não é nem sanção, tampouco presunção. É forma de apuração do valor do tributo quando não houver outra maneira de averiguação da quantia devida para o ente estatal.

2.1.4. Presunção como técnica de apuração de tributo

Muitas hipóteses tributárias, em face de sua materialidade, são difíceis de apurar, criando, portanto, entraves na determinação do *quantum* do tributo. Algumas presunções atuam no direito tributário como *técnica de apuração*, que, por métodos aproximados, e levando-se em conta outros signos indicativos de riqueza, determinam o valor devido pelo contribuinte ao fisco. O sentido assumido no enunciado volta-se ao campo pragmático das presunções, relevando o motivo e a finalidade jurídica no uso de tais técnicas prescritivas. Exemplo de presunção como método para apurar tributo é a Planta Genérica de Valores (PGV) no IPTU.

Outro caso que podemos rapidamente cotejar como presunção assumida por técnica de arrecadação está na figura do "crédito presumido" na sistemática da não cumulatividade. Como decorrência deste princípio e como maneira de não violá-lo, em determinadas situações[4] na cadeia de incidência do tributo não cumulativo, o Fisco oferece ao contribuinte forma simplificada e alternativa de calcular o imposto a recolher, mediante estimativa dos créditos a que teria direito. Trata-se de técnica de apuração em que créditos são presumidos para equalizar valores incorridos em face da incidência de norma que isentou operação anterior. Para fins de preservar o

---

4. Citemos, por exemplo, as hipóteses de alíquota zero e/ou isenções, sem aqui ingressar na discussão da doutrina quanto à natureza destes institutos.

sistema não cumulativo e tributar apenas a margem de valor agregado do produto naquela operação, presume-se o crédito e apura-se apenas a diferença, tal qual ocorreria se não houvesse incidência da norma isentiva. A presunção, pois, fundamenta-se no que *poderia ter acontecido*. Em seu sentido de técnica de apuração, presume tão só para, em termos pragmáticos, fazer incidir a carga tributária correta na cadeia não cumulativa de determinado produto.

Sobre o assunto, um último aviso: crédito presumido nada tem a ver com base de cálculo reduzida. Enquanto aquele tem por alicerce presunção, como técnica de apuração do tributo devido, este é mero benefício fiscal que nada presume.

2.1.5. Presunção como forma de instituição de regime jurídico diferenciado

A instituição de regime jurídico diferenciado pode dar-se de diversas maneiras, mas deverá sempre ser feita mediante lei. Quando implementado com base em presunção, verificamos, do mesmo modo, que na hipótese anterior esta adquire sentido pragmático, ressaltando-se seu uso ou sua função no direito positivo tributário. Reforça-se aqui o *para que* da presunção, motivo jurídico pelo qual foi colocada, subentendendo o caráter sintático-normativo (na forma) em que ela se coloca no direito. São exemplos jurídicos desse uso o regime do lucro presumido, o regime por estimativa do ISS, entre tantos outros casos no direito.

2.1.6. Presunção como técnica de simplificação fiscal

Outro sentido pragmático do termo diz respeito ao efeito de simplificação na sistemática fiscal que algumas presunções são aptas a proporcionar. Todo regime jurídico especial tem por fim, em regra, facilitar a tributação. Assim está no regime do simples ou mais comumente conhecido como "Simples Nacional" (LC 123/06, amparada pelos arts. 146, 170 e 179 da CF/88).

Como o próprio nome o diz, o regime do simples nada mais é que um conjunto de normas gerais relativas ao *tratamento diferenciado e favorecido* a ser dispensado às microempresas e empresas de pequeno porte no âmbito dos Poderes da União, dos Estados, do Distrito Federal e dos Municípios. Institui regime único de arrecadação para os impostos e contribuições da União, dos Estados, do Distrito Federal e dos Municípios. Nesta forma unificada de apuração e recolhimento, incluem-se também facilitação no âmbito dos deveres instrumentais, além de conferir outros benefícios nos mais variados domínios (trabalhista, previdenciário, econômico, etc.).

É evidente que a implementação e consecução do Simples Nacional calcam-se num grande conjunto de presunções, basta observar, a título de exemplo, o enunciado do art. 34 da LC 123/06:

> Aplicam-se à microempresa e à empresa de pequeno porte optantes pelo Simples Nacional todas as presunções de omissão de receita existentes nas legislações de regência dos impostos e contribuições incluídos no Simples Nacional.

Outra forma aparente de simplificação fiscal é o método de "substituição para frente" no ICMS, introduzido em nosso sistema pela Emenda Constitucional 3/93, que acrescentou o § 7º ao art. 150 da Carta Magna, prescrevendo:

> A lei poderá atribuir a sujeito passivo de obrigação tributária a condição de responsável pelo pagamento de imposto ou contribuição, cujo fato gerador deva ocorrer posteriormente, assegurada a imediata e preferencial restituição da quantia paga, caso não se realize o fato gerador presumido.

Por muito tempo se discutiu a constitucionalidade de tal Emenda, decidindo o STF pela sua validação em face da Carta Maior no RE 213.396/SP em 1998. Com efeito, não há como negar existir na hipótese verdadeira antecipação exacional, tributando-se fato futuro e incerto. Em nome do princípio da praticabilidade da tributação, admitiu-se tal sistemática, simplificando, em beneficio do Fisco, a arrecadação e a fiscalização no final de determinadas cadeias do ICMS. É o que ocorre, por exemplo, entre montadoras e revendedoras de carro. A substituição para frente tem nítida função extrafiscal na medida em que a presunção de fato futuro, para fins de incidência do ICMS, só se legitima como técnica de simplificação. Voltaremos ao assunto mais adiante.

2.1.7. Presunção como forma de exclusão de punibilidade pela prática reiterada

Significado muito interessante dado às presunções é aquele que as toma como forma de exclusão de punibilidade pela prática reiterada da administração ou do contribuinte, duas situações sobre as quais, ainda neste item, iremos discorrer, especificando-as. Existem dois posicionamentos assumidos com base neste significado. Alguns podem entendê-la como o próprio costume, admitindo-a em sentido diverso do normativo, como direito consuetudinário. Aqui, parte-se do pressuposto de que não há fronteiras entre o direito e a realidade social. Assim, a prática reiterada excluiria por si só a punibilidade do contribuinte em não cumprir com sua obrigação principal ou acessória. Este é um dos modos em que determinados juristas assumem a presunção *hominis* ou humana, o que não coincide com o aqui admitido.

O segundo ponto de vista dirá que, mesmo como conjectura do juiz, a presunção *hominis* é norma, uma vez que, ao positivar, o juiz põe o raciocínio presuntivo em linguagem competente. Tem por fundamento, entre outros, os enunciados do art. 4º da LICC, art. 108 do CTN e art. 126 do CPC. Ao decidir segundo o que ordinariamente acontece, o juiz faz ingressar na hipótese do enunciado individual e concreto condutas reiteradamente observadas, presumindo. Constituído o fato mediante presunção, o aplicador faz incidir os efeitos jurídicos de norma geral e abstrata que tem, por antecedente, outro fato, jurídico em sentido estrito, mas que a este o fato presumido é aproximado. Em outras palavras, o fato jurídico em sentido amplo (presumido) assume as consequências jurídicas de outro enunciado factual, *como se* aquele fosse.

No domínio dos ilícitos fiscais, milita em favor do contribuinte o princípio da boa-fé. Di-lo o art. 112 do CTN: "A lei tributária que define infrações, ou lhe comina penalidades, interpreta-se de maneira mais favorável ao acusado". Confrontando-se o enunciado *supra* com o texto do art. 100 do CTN,[5] observa-se que a presunção nasce como forma de exclusão de punibilidade em favor do contribuinte. Com efeito, foi esta a posição do CTN, em parágrafo único do art. 100: "A observância das normas referidas neste artigo exclui a imposição de penalidades, a cobrança de juros de mora e a atualização do valor monetário da base de cálculo do tributo".

Entre outros pontos de relevo, convém destacar o subjetivismo para fins de demarcação do que seja *reiterado*. Na ausência de previsão legal expressa, cabe ao juiz, com supedâneo nos arts. 4º da LICC, 108 do CTN e 126 do CPC, determinar o exato momento em que se tem por *reiterada* uma conduta. No mais, pondere-se que o direito ao contraditório e à ampla defesa devem sempre ser garantidos. A presunção em tela é *juris tantum* ou comum, podendo ser desconsiderada com alicerce em prova contrária oportunamente apresentada.

A prática reiterada – fatos presuntivos – que fundamentará a presunção da boa-fé do contribuinte pelo aplicador pode se dar tanto em face da repetição de determinado ato ou fato pelo Fisco quanto, de mesmo modo, pelo contribuinte. São duas, portanto, as hipóteses. Na primeira, quando o sujeito passivo atende às exigências fiscais, na forma consubstanciada reiteradamente pela administração, qualquer mudança no posicionamento fiscal e consequente imputação de penalidade

---

5. "São normas [...] as práticas reiteradamente observadas pelas autoridades administrativas."

àquele, a autuação fiscal há de ser considerada inválida em face do disposto no parágrafo único do art. 100. Consultemos a síntese proposta por Humberto Ávila:

> [...] tendo as autoridades administrativas deixado de exigir o imposto supostamente devido por tão longo período, está consubstanciada a prática reiterada da administração. **E a observância das práticas reiteradamente observadas pelas autoridades administrativas**, conforme preceitua o parágrafo único do artigo 100 [...], **exclui a imposição de penalidades**. [...] Punir os contribuintes com a imposição de multa significa punir quem confia na própria Administração, em manifesta contrariedade ao princípio da boa-fé, que é um dos corolários do princípio da moralidade administrativa previsto no artigo 37 da CF/88.[6]

No segundo caso, *prática reiterada do contribuinte*, sem que a autoridade administrativa se manifeste contrariamente, é hipótese presuntiva de boa-fé daquele, sendo vedado imputar-lhe penalidades. Vejamos posicionamento do STJ sobre o assunto:

> I – Presume-se a boa-fé do contribuinte quando este reiteradamente recolhe o ISS sobre sua atividade, baseado na interpretação dada ao Decreto-Lei n. 406/68 pelo Município, passando a se caracterizar como costume, complementar à referida legislação. II – **A falta de pagamento do ICMS, pelo fato de se presumir ser contribuinte do ISS, não impõe a condenação em multa, devendo-se incidir os juros e a correção monetária a partir do momento em que a empresa foi notificada do tributo estadual**.[7]

---

6. ÁVILA, Humberto. Imposto sobre a Prestação de Serviços de Qualquer Natureza. ISS. Normas constitucionais aplicáveis. Precedentes do Supremo Tribunal Federal. Hipótese de incidência, base de cálculo e local da prestação. *Leasing* financeiro: análise da incidência. *Revista Dialética de Direito Tributário*, São Paulo: Dialética, n. 122, p. 120, 2005.

7. STJ, 1.ª T., un., REsp 215.655, Rel. Min. Francisco Falcão, set. 2003.

Vê-se, pois, que o sentido é perfeitamente aplicável ao instituto, enquanto definição normativa que tem, por efeito jurídico, a exclusão da punibilidade.

2.1.8. Presunção como técnica processual de inversão do ônus da prova

Presunção e prova são temas, em regra, assimilados, pois ambos dizem respeito à construção do fato jurídico. Em determinados casos, diz-se que a presunção, tendo em vista a matéria presumida, tem como efeito a inversão do ônus da prova. É o que se vê quando assumida como técnica processual de inversão do ônus da prova.

Na ordem tributária, a *presunção de legitimidade* dos atos administrativos, ostentada no art. 204 do CTN, é admitida por muitos autores com esse significado. Lembremos que determinadas presunções no direito assumem papel relevante na forma de pressuposto necessário do sistema. São aquelas que denominamos de *sistêmicas* ou presunção de sistema. No ato administrativo, o enunciado presuntivo confere garantia aos administrados e prerrogativas à Administração. Nada mais é que uma presunção *juris tantum* de validade da norma posta pelo fisco, considerada válida até que outra linguagem jurídico-prescritiva a expulse do ordenamento. Bem, nessa esteira, surge a indagação: Mas isso não se aplica a tudo no direito? Pois sim. É o trajeto de todo processo de inserção e exclusão de normas no sistema, motivo pelo qual não nos serve para fins distintivos.

De ver que a legitimidade presumida do ato administrativo não exime o Fisco do *dever* de comprovar a ocorrência do fato jurídico, na forma da lei. É pressuposto necessário no processo de positivação da norma tributária, em nada alterando o ônus da prova. Pelo contrário, em face do sistema superior nacional, cabe ao Ente Público lançar e aplicar as devidas penalidades de acordo com os princípios da legalidade estrita e da tipicidade. O lançamento é ato vinculado, no sentido de que tudo deve estar fundamentado na lei, a motivação e os meios de prova inclusive. É o texto legal que determinará os expedientes probatórios adequados para demonstrar, de forma cabal, a ocorrência dos motivos que ensejaram o ato. Corolário inevitável da aplicação desses princípios informadores é: a Administração não detém o *ônus* da prova, mas o *dever* de provar.

Por esse ângulo, conclui-se que a *presunção de legitimidade* em nenhum momento procede à *inversão do ônus da prova*, dispensando-se à autoridade administrativa a prova do fato e ficando ao contribuinte o ônus de descaracterizar o fato presumido. Assim pensando, ocorreria verdadeira injustiça fiscal na medida em que seria atribuído pesado fardo ao sujeito passivo em tudo provar, desequilibrando a relação Fisco/contribuinte. Na mesma linha, di-lo Maria Rita Ferragut:

> Assim, não há inversão do ônus da prova, devendo a Administração produzir acerca da ocorrência fática do evento descrito no fato jurídico, não só na esfera administrativa, mas também na judicial. As presunções de que tratamos limitam-se a possibilitar a exigibilidade do ato administrativo, devendo necessariamente ser interrompidas por impugnação do sujeito passivo (embargos à execução fiscal).[8]

Por tudo isso, entendemos que o sentido de presunção como técnica processual de inversão do ônus da prova, no campo dos tributos, não pode ser aceito, tendo em vista a base axiológica que sustenta o sistema tributário. A *presunção de legitimidade* não inverte o ônus da prova, competindo à autoridade administrativa, mesmo quando existam presunções legais, apresentar provas do fato.

2.1.9. Presunção como meio de prova

Para tratar sobre presunção e meios de prova é preciso, antes, dizer algumas palavras sobre o sentido desse último

---

8. FERRAGUT, Maria Rita. *Presunções no direito tributário*. São Paulo: Dialética, 2001. p. 116.

termo. São inúmeros os significados dados à expressão *meios de prova*. Podem ser considerados tanto (i) documento, suporte físico quanto (ii) enunciado que ele – meio – veicula, i. e., conteúdo do papel. Do mesmo modo, inclui-se no campo semântico do vocábulo a ideia de (iii) atividade dos sujeitos perante o julgador enquanto ação de enunciar; também (iv) o sujeito ou o objeto em relação ao qual essa atividade recai. Ainda, admite-se-a como (v) uma série ordenada de atos executados na forma da lei; ou (vi) como resultado de processo. Por fim, (vi) como atividade do intelecto realizada pelo julgador ao travar contato com os autos, ou até (vii) como o objeto de per si. Enfim, vê-se que as opções semânticas são inúmeras, razão pela qual, antes mesmo de estabelecer o vínculo entre presunção e meios de prova, é necessário delimitar o sentido empregado.

De acordo com o método linguístico, ponto de partida deste trabalho, havemos de entender o meio de prova por "instrumento utilizado para transportar os fatos ao processo, construindo fatos jurídicos em sentido amplo",[9] ou, em outras palavras, "resultado da atividade exercida em observância às regras de organização probatória vigentes, relatada pela linguagem prescrita pelo direito".[10] Em termos normativos, é pois a norma que funciona como veículo introdutor do processo enunciativo, inserindo, em seu consequente, novo enunciado jurídico.

Vale a lembrança de que todas as normas entram aos pares no direito. Haverá sempre proposição introdutora, de um lado, e aqueloutra introduzida, de outro. Em termos proposicionais, sistematizemos da seguinte forma:

---
9. TOMÉ, Fabiana Del Padre. *A prova no direito tributário*. São Paulo: Noeses, 2005. p. 87.
10. Idem, ibidem, p. 87-88.

Norma introdutora (meio de prova):

(A)[11] Dada a enunciação da regra jurídica pela autoridade competente, mediante procedimento previsto em lei;

(C)[12] Então deve ser o ingresso da "norma introduzida" no direito.

Norma introduzida (prova):

(A) Dada a *ocorrência* das condições ('X'), ('Y') e ('Z') enumeradas na hipótese (abstrata) antecedente da norma;

(C) Então deve-ser a constituição do fato jurídico ('F')

Meio de prova é assumido, portanto, como norma jurídica – geral e concreta – que cumpre a função de veículo introdutor, no direito, de enunciado constitutivo probatório.

Por outro lado, sabemos que a presunção, no sentido aqui admitido, é também norma que, por sua vez, institui, no ordenamento, a existência (validade) de um fato desconhecido mediante outro fato conhecido. Até aí, o sentido observado encaixa-se perfeitamente a todas as proposições jurídicas de sentido factual – provas e presunções –, pois nada diz quanto à especificidade das regras presuntivas.

Na construção do fato jurídico tributário, provas e presunções, em sua totalidade, funcionam no universo jurídico como formas ou técnicas de constituição do fato jurídico. Contudo, havemos de convir que algumas presunções assumem regimes jurídicos diferentes das provas, razão pela qual distinguem-se umas das outras. Todas são normas, reforcemos, mas com força ou função diversas no direito. Umas farão irromper tipo factual abstrato, prescrito em lei na forma de conteúdo hipotético geral. Outras atuarão como norma introduzida de

---

11. (A) = Antecedente normativo ou hipótese
12. (C) = Consequente normativo ou relação jurídica abstrata

sentido deôntico incompleto, constituindo o fato em seu consequente. Algumas ainda cumprirão o papel de norma introdutora – geral e concreta – inserindo a norma constitutiva do fato em seu consequente. Nas primeiras, teremos verdadeiras hipóteses, lá se encontrando as presunções ditas legais ou de conteúdo hipotético. Na segunda forma, obteremos proposições que funcionam como provas (ou conteúdo de provas), constituindo de per si o fato juridicamente relevante e que dá ensejo a um prescritor. Nas terceiras, é que se acham as presunções como meios de prova, de onde faremos a correlação necessária com as presunções exaradas pelos aplicadores do direito, também conhecidas como do tipo humana ou *hominis*. Portanto, pode-se concluir, de acordo com nossas premissas, que meios de prova são somente as presunções realizadas pelo aplicador do direito, inserindo, no procedimento ou processo administrativo e judiciário, as provas constitutivas do fato mediante linguagem competente. Consultemos a síntese proposta por Pontes de Miranda que compartilha, sob outros termos, a noção ora proposta:

> A [...] presunção legal (*presumptio iuris*) [...], em vez de meio de prova, é o conteúdo de regras jurídicas que estabelecem a existência de fato jurídico (e. g. direito), sem que se possa provar o contrário (*presumptiones iuris et de iure*, presunções legais absolutas), ou enquanto não se prova o contrário (presunções legais relativas). Tais presunções se distinguem, portanto, das presunções meios de prova, *presumptiones facti* ou *hominis*, e das normas legais sobre provas, que fixam a força probatória do meio de prova.[13]

Reforcemos que fazem prova, sem ser meio de prova, todas as presunções legais, e não somente as absolutas como afirmou Rubens Gomes de Sousa no seguinte trecho: "[...] a presunção absoluta não é meio de prova: é norma dispositiva

---

13. PONTES DE MIRANDA. *Tratado de direito privado*. São Paulo: RT, 1983. t. III, p. 420.

(ainda que apenas com o alcance atrás definido), de vez que determina que tal fato tem tal natureza ou tais efeitos e os tem por forca de lei".[14]

As presunções relativas são também provas na medida em que o direito de contestação do fato (no contraditório e na ampla defesa) nada modifica sua natureza de norma introduzida, conteúdo de direito substantivo, constitutiva de fato jurídico. O fato, impugnado ou não, antes mesmo de qualquer manifestação contrária, é norma introduzida, realidade válida até prova em contrário e sua consequente expulsão. Como toda unidade jurídica, a regra apenas sai do sistema mediante procedimento e linguagem competente. A invalidade deve sempre ser declarada. A expulsão da norma, conteúdo de fato presuntivo, só se dá mediante produção de outra regra jurídica que prevê em seu consequente a retirada da norma introduzida-presuntiva viciada, como teremos oportunidade de estudar na última parte deste trabalho. Portanto, não se pode afirmar haver poder probatório tão somente às presunções absolutas, pois outros tipos presuntivos, como já vimos, são constitutivos de enunciados factuais e de realidade jurídica. Nesse passo, tais características são também atribuídas às chamadas presunções *juris tantum* ou relativas.

Em resumo, somente as presunções humanas podem ser tomadas por meios de prova, isto é, normas legais que dispõem sobre a forma de ingresso da prova ou veículo introdutores da prova do fato juridicamente relevante. As presunções descritas hipoteticamente em lei, por seu turno, são da ordem substantiva, hipótese de prova *per se*, ou, em outros termos, conteúdo abstrato (constitutivo do fato) da prova. Na linguagem de proporção: os meios de prova – presunção expedida pelo aplicador – estão para a forma, ao passo que as provas – presunção prescrita pelo legislador – para o conteúdo de regras jurídicas.

---

14. SOUSA, Rubens Gomes de. Um caso de ficção legal no direito tributário: a pauta de valores como base de cálculo do ICM. *Revista de Direito Público*, São Paulo: Almedina, v. 11, p. 19.

2.1.10. Presunção como relação meio-fim

Causa distintiva do homem de outros animais é sua capacidade de relacionar coisas. O intelecto, tomando os dados da experiência, pode vinculá-los sob as formas de causa-efeito, meio-fim, suporte fático/consequência, etc. Alguns estabelecem afinidade entre os conjuntos causa-efeito e de meio-fim. Lembremos que, de fato, "a conexão de meios e fins é causal: sem causalidade, entre fim e meio, seria inexplicável como o meio M levaria ao fim F, e não a F', ou a F'', ou a F'''. O meio é um dos fatores causais, selecionados pela valiosidade do fim".[15] Com base nesses ensinamentos de Lourival Vilanova, claro está que a relação meio e fim é um tipo causalidade que, como forma axiologizada, move o homem a determinada ação, a uma específica atividade.

Incluem-se nos meios todos os esforços que levam para um objeto de valor, isto é, tudo aquilo que se faz para fins de dirigir-se em sentido daquele valor finalístico. Fim é valor de per si, objeto pelo qual aquela ação se justifica. Podem existir vários meios para se alcançar um mesmo fim (vínculo pluriunívoco ou posterior-unívoco), assim como um só meio para realizar determinado fim (conexo uni-plurívoca ou anterior-unívoca); ou até vários meios aptos a atingir vários fins (associação pluri-plurívoca). Eis a teoria das relações contribuindo com o conhecimento científico e sistematizado do direito.

Vale salientar, a propósito, que para o sistema jurídico "causas e efeitos, meios e fins, fatos jurídicos e consequências jurídicas, reduzidos todos a *estruturas formais*, revelam que são relações".[16] No ordenamento, portanto, tudo, enquanto norma, são associações que se unem mediante o functor *dever-ser*, que, por seu turno, estabelece em termos prescritivos os referidos pares, regulando a relação no plano deôntico.

---

15. VILANOVA, Lourival. *Causalidade e relação no direito*. 4. ed. São Paulo: RT, 2000. p. 101.
16. Idem, ibidem, p. 117.

Na forma *meio* e *fim*, as presunções adquirem sentido operativo na ordem prescrita. Dão eficácia procedimental para alcançar determinado fim. Podemos ainda admitir, na relação meio/fim, que as normas presuntivas podem vir sob três formas enunciativas: (i) como preceito que prescreve o meio; (ii) como regra que identifica o fim; ou ainda (iii) como lugar enunciativo em que se estabelece a associação jurídica entre meio e fim. O primeiro sentido veremos, de certo modo e em determinado grau, em definição de José Artur de Lima Gonçalves, que assim entende as presunções: "[...] não passam elas – as referências – de proposições descritivas sobre certo modo de proceder do legislador e sobre o respectivo conteúdo material de normas jurídicas assim postas".[17]

A *descrição do modo de proceder* é de fato aquilo que define o meio, isto é, a ação admitida dentro do âmbito ôntico-pragmático. O enunciado que estabelece os procedimentos em que consiste esta atividade é por si só meio ou forma pela qual o exegeta está obrigado a percorrer para fins de fazer-prescrever a norma. Em sentido proposicional, as presunções são tomadas aqui como regras técnicas ou enunciados jurídicos que estabelecem o procedimento (meio) que viabiliza o alcance dos fins perseguidos pelo direito: regular condutas, garantir eficácia à arrecadação, evitar evasão fiscal, entre outros.

Pelos meios presuntivos, reduzem-se alguns elementos de prova do fato presumido ou simplesmente identifica-se outro fato a ele relacionado para ser objeto de prova e assim, juridicamente, estes novos enunciados se tornam aptos a cumprir a função do fato presumido em direito e a conduta a ele predicada seja regulada. Pela técnica presuntiva, enquanto meio, suprem-se, portanto, deficiências probatórias, que, de certo modo, inviabilizavam a aplicabilidade dos preceitos jurídicos. O legislador estabelece várias presunções que facilitam

---

17. GONÇALVES, José Artur Lima. *Imposto sobre a renda.* Pressupostos constitucionais. São Paulo: Malheiros, 1997. p. 129.

TEORIA E PRÁTICA DAS PRESUNÇÕES NO DIREITO TRIBUTÁRIO

a prova da fiscalização. São exemplos, entre outros, a presunção no preço de transferência ou na equiparação do atacadista ao industrial, presunções-meios para atingir determinado fim: evitar a evasão fiscal. Também se dá como meio a presunção de omissão de receita nos casos de passivo fictício; suprimentos de numerários, depósitos bancários, cuja origem não é comprovada, mas tida como presumida para fins de arrecadar o tributo.

Agora, há que se ter bem claro: a validade do fim de resguardar o sistema tributário, mediante técnica presuntiva, não justifica as consequências arrecadatórias que os meios produzem.

Há também autores que estabelecem o enfoque da regra presuntiva no próprio fim. Neste segundo significado, como preceito que identifica o valor teleológico, citemos o sentido conferido às presunções por Fabiana Del Padre Tomé:

> Convém registrar que as presunções, no âmbito tributário, exercem importantes funções, servindo para (i) suprir deficiências probatórias, sendo empregadas nas hipóteses em que o Fisco se vê impossibilitado de provar certos fatos; (ii) garantir eficácia à arrecadação e (iii) preservar a estabilidade social.[18]

Tenhamos em mente que nenhuma presunção é criada pelo direito sem que se volte à realização de um fim. Enquanto objeto cultural, o direito e a norma presuntiva constituem-se na forma de valor na medida em que existe para perseguir determinado fim que a sociedade quer ver implantado ou perseguido. O valor nada mais é que o fim em seu mais alto grau de abstração.[19] Por esta razão, damos enorme peso à interpretação

---

18. TOMÉ, Fabiana Del Padre. *A prova no direito tributário*. São Paulo: Noeses, 2005. p. 140.
19. Ou, segundo Miguel Reale, invertendo-se o prisma da análise, o fim: "não é senão um valor enquanto racionalmente reconhecido como motivo de conduta" (*Introdução à filosofia*. 3. ed. São Paulo: Saraiva, 1994. p. 144). Sobre valores, ver também em: CARVALHO, Paulo de Barros. *Direito tributário, linguagem e método*. 3. ed. São Paulo: Noeses, 2009. p. 173-179.

teleológica que observa a presunção de acordo com o fim juridicamente perseguido. De fato, é preciso dizer que, quando o fim das presunções é estabelecido em lei, isto é, o legislador identifica o motivo pelo qual a presunção legal foi admitida pelo sistema jurídico, este fim há de ser observado em todos os atos que aplicam o preceito presuntivo.

O valor estabelecido enquanto fim na lei que institui a presunção passa a ser valor jurídico, critério compositivo da norma, esteja ele no corpo do texto legal ou até mesmo em sua enunciação-enunciada, como justificativa da lei (projeto de lei, preâmbulo, ementa...). É inadmissível ato presuntivo que deixou de perseguir o valor pelo qual a presunção foi assumida pelo sistema. Lembrando sempre que, em direito e principalmente no ordenamento tributário, as presunções são exceções, justificam-se apenas e tão somente em face dos fins juridicamente previstos e que autorizam o uso dessas técnicas excepcionais do direito. O ato presuntivo individual e concreto que deixar de olhar para este critério teleológico da presunção legal é enunciado eivado de ilegalidade, não podendo permanecer na ordem posta. Surpreendemos, aqui, mais uma contribuição de Tercio Sampaio Ferraz Jr., para quem:

> O fim é apresentado como fundamento para a justificação dos meios, mas circunscritos a casos excepcionais que exigem outras regras, como a de que meios não permitidos não podem ser empregados, porque fins que só podem ser alcançados por meios proibidos não podem ser juridicamente vinculantes.[20]

No ordenamento tributário, não podemos admitir técnicas presuntivas com o fito de apenas aumentar a arrecadação tributária da Administração Pública ou mesmo de favorecer, por outros modos, a tarefa de arrecadar e/ou fiscalizar. As

---

20. FERRAZ JR., Tercio Sampaio. A relação meio/fim na teoria geral do direito administrativo. *Revista de Direito Público*, São Paulo: RT, ano XV, n. 61, p. 27-33, jan.-mar. 1982.

presunções, relembremos, são mecanismos excepcionais em domínio tributário, e, ao serem assumidas pelo direito para fins fiscais, devem ser juridicamente justificadas por valores superiores. Neste sentido é que defendemos a necessidade de que, ao prescrever qualquer presunção em lei, sejam justificados seu uso e o valor por ela perseguido. Estes são condicionantes teleológicas que, em face do caráter excepcional das presunções tributárias, deve compor o próprio tipo presuntivo. Somente desta forma poderemos evitar abusos legais no campo exacional por meio do uso exacerbado e sem critério das presunções.

Por último, em acepção que estabelece, numa só proposição jurídica, o vínculo entre meio e fim, registremos o ponto de vista pontiano, ao dizer:

> [...] certas presunções, [...] são expressões technicas quantitativas para approximadamente "praticar" o direito, isto é, são expedientes technicos do methodo de subrogação approximativa pela quantificação dos elementos das regras [...].[21]

É acepção também defendida por Paulo de Barros Carvalho:

> Lembremo-nos de que o direito cria presunções fácticas, para sobre elas fazer incidir hipóteses normativas, **produzindo fatos jurídicos e relações jurídicas, o que consubstancia uma técnica**. Em direito tributário **as presunções se justificam pela relação meio-fim**: custo da fiscalização e despesas de arrecadação em confronto com os valores que ingressam nos cofres públicos. Tal justificativa, contudo, é **critério extrajurídico**, relevante no processo de elaboração da lei, mas que repercute no produto legislado, como técnica impositiva adotada pelo legislador[22] (grifos nossos).

---

21. PONTES DE MIRANDA. *Systema de sciencia positiva do direito*. Rio de Janeiro: Jacintho Ribeiro dos Santos Editor, 1922. v. 2, p. 247-249.
22. CARVALHO, Paulo de Barros. O ICMS e os "regimes especiais". *Revista Dialética de Direito Tributário*, Rio de Janeiro: Dialética, n. 8, p. 96.

Nesse significado, valor e fim andam juntos, no mesmo enunciado. Não há fim sem meio nem meio sem fim. Só é possível pensar nas presunções quando entendidas na dialética meio e fim, ou, ao estilo de Pontes de Miranda, como expressões técnicas quantitativas ou expedientes métodológicos de sub-rogação aproximativa pela quantificação dos elementos das regras (meio) que viabilizam a praticabilidade do direito (fim). Aqui, a relação entre fim e meio é estreita: um podendo ser tomado pelo outro; mas um não sendo sem o outro.

Em termos normativos, seria admitir a presunção enquanto norma jurídica completa, o que, em outras palavras, seria: norma primária (oriunda dos domínios civis, comerciais, administrativas e que estabelece o fim – material – perseguido) e norma secundária (originária de norma de direito processual objetivo e que identifica o meio para alcançar este fim). Presunção, em sentido de norma jurídica completa, seria esta composição de enunciados jurídicos que identificam meio e fim. Seria impossível pensá-las, segundo este ponto de vista, sem levar em nota a articulação entre regra primária e secundária. A proposição secundária, sem a primária, reduz-se a instrumento meio, sem fim material, a adjetivo sem o suporte do substantivo. A norma primária, sem a secundária, resultaria em regra sem força vinculativa, talvez, sem eficácia normativa, desjuridicizando-se. Eis o sentido de presunção como norma completa, como preceito que estabelece o vínculo entre o meio e fim.

Apesar de a argumentação ser consistente, em face de nossas premissas metodológicas, este, contudo, não será nosso posicionamento que, sem perder de vista tais ideias, tomará a presunção como norma jurídica incompleta, como teremos oportunidade de defender mais adiante.

É imprescindível mencionar ainda que, mesmo tomando-se presunção como meio, puro e simples, ou como fim, isoladamente considerado, não podemos desconsiderar a relação entre meio e fim que está sempre subentendida ou na implicitude do texto prescritivo. Assim, o meio sempre existirá tendo em vista um fim, e este, por sua vez, sempre prescindirá de um meio para se ver realizado. A opção pelo meio para se atingir um fim não é livre ao aplicador das normas. Não é que a escolha do meio é facultada na ordem jurídica. Escolhido o fim, é o ordenamento que prescreve a forma de alcançá-lo.[23]

Logo, para o sistema jurídico, o fim determina o meio. A frase que ressoa, sob certo ponto de vista, o pensamento de Maquiavel, em verdade, em direito, deve ser assim pensada: o ordenamento não admite qualquer fim. E fins válidos e lícitos pressupõem meios validos e lícitos. Uma vez escolhido o fim, haverá sempre como saber pelo texto legal o meio habilitado pelo ordenamento para alcançá-lo. O direito, ao prescrever a finalidade de acordo com os valores que a sociedade quer ver implementados, já introduz a validade desse fim. E, se o fim se subjaz a este conteúdo cultural, historicamente localizado, pode perfeitamente ser admitido na ordem jurídica. Quando assumido no plano deôntico, a própria ordem posta deverá prescrever o meio pelo qual o fim será realizado. No processo de positivação, ao objetivar alcançar aquele fim, o exegeta estará limitado por estes meios prescritos em lei. Esta é a razão pela qual Norberto Bobbio afirma: uma vez escolhido o fim, o meio deixa de ser livre.

Nas presunções, esta relação meio e fim pode ser observada, de um lado, em momento pré-jurídico, de outro, em termos jurídicos. Na primeira forma, podemos dizer que o meio presuntivo foi estabelecido para fins de diminuir os custos de fiscalização e despesas da arrecadação. O fim é ele de per si extrajurídico, fora do direito, motivo teleológico que sozinho

---

23. Vem a ponto interessante comentário de Norberto Bobbio, em aprofundado estudo sobre o tema, ao fazer crítica à teoria de Brunetti sobre as regras finais, ou normas técnicas, como dever livre, uma vez que *não limitam a liberdade de agir*: "Ora, a expressão *dever livre* é uma contradição em termos: na verdade, o que é livre nas regras finais, é o fim, mas o fim, justamente por ser livre, não é obrigatório; o que é obrigatório é o meio, mas justamente pelo fato de ser obrigatório, uma vez escolhido o fim, deixa de ser livre" (BOBBIO, Norberto. *Teoria geral do direito*. São Paulo: Martins Fontes, 2008. p. 115).

não justifica a admissão das presunções em direito tributário. No segundo modo, é norma de direito com finalidade jurídica. Esta, para ser válida, prescinde de adequação formal e material aos princípios ordenadores do sistema prescritivo.

Reforcemos ainda a necessidade de que, ao relacionar meio e fim em face das presunções, tanto os meios quanto os fins devem portar sentido deôntico, isto é, devem pertencer ao sistema jurídico enquanto meios admitidos pelo sistema normativo e fim que toca sobre direitos e deveres lícitos. Exemplificando, a juridicização dos fins, surpreendemos a Lei 6.374/89, do Estado de São Paulo, em seu art. 71, estabelecendo que:

> Em casos especiais e com o objetivo de facilitar ou de compelir a observância da legislação tributária, as autoridades que o regulamento designar podem determinar, a requerimento do interessado ou de ofício, a adoção de regime especial para o cumprimento das obrigações fiscais.

Tal preceito identifica não somente o caráter excepcional das presunções, como também as anuncia como meios para alcançar os fins de facilitar ou de compelir a observância da legislação tributária. As técnicas presuntivas nos regimes especiais têm função fundamental ou de base na construção desses institutos jurídicos. E sua presença se justifica em face desses valores-fins dispostos na lei que, uma vez positivados, devem ser evidentes em todos os atos dos aplicadores do direito.

O vínculo meio e fim em termos jurídicos é dado pela norma. Somente o direito faz a causalidade jurídica. É o próprio ordenamento, mediante norma, que estabelece as relações de causalidade jurídica. Se a relação meio e fim já existe em termos sociais, a norma recebe a causalidade teleológica, dá-lhe relevância jurídica, ligando à causa um modo (meio) para atingir determinados efeitos (fim) que só existem no mundo do direito. A ressalva neste ponto pede atenção para que causa e efeito sejam sempre tangentes ao domínio do direito e, num segundo tempo, ao subdomínio jurídico, em que a presunção se faz presente. Se os efeitos são da ordem tributária, a causa deve estar como relevância exacional.

2.1.11. Presunção como processo lógico

Em toda forma do pensar encontra-se a dialética processo e produto, o que nos permite ressaltar o sentido do termo ora como processo lógico, ora como produto linguístico resultante dessa atividade intelectiva. Evidenciando o caráter intelectivo-procedimental das presunções, servimo-nos de definição de Paulo de Barros Carvalho que as entende como "processo lógico em que de um fato conhecido infere-se fato desconhecido e, portanto, incerto".[24]

O jurista paulista propõe ao intérprete a observação do itinerário do pensamento presuntivo entendido aqui em sua proporção semântica mais larga possível. De fato, em toda presunção, na forma enunciativa, haverá sempre um processo lógico subjacente que lhe institui como realidade linguística. É o cerco inapelável da linguagem. Tal atividade do pensar presuntivo projeta uma estratégia de compreensão que lhe é peculiar: de um fato conhecido infere-se fato desconhecido e, portanto, incerto. *Inferir* é processo intelectivo que, na relação entre dois enunciados, do primeiro (antecedente) se segue o segundo (consequente). Há que ressaltar, contudo, que a *inferência*, com sua característica plasticidade semântica, amolda-se em outros tantos sentidos desde *ilação* ou *implicação* até o processo mental operativo mediante o qual, partindo-se de certos dados, chega-se por implicação, ou também por *indução*, a uma resultante conclusiva.

Na inferência em modo de implicação, o vínculo entre fato conhecido e fato desconhecido estabelecido pelas presunções, para alguns cientistas, as torna verdadeiras modalidades de

---

24. CARVALHO, Paulo de Barros. *Direito tributário, linguagem e método*. 3. ed. São Paulo: Noeses, 2009. p. 958.

prova indireta. Nesse sentido, a partir de um fato provado, chega-se, *dedutivamente*, ao fato principal, que se deseja demonstrar. A palavra aqui é assumida, por sua vez, como raciocínio dedutivo. Este é o motivo pelo qual a doutrina tradicional toma presunção e indícios por sinônimos, isto é, como meios de prova indiretamente relacionados ao fato, o que, veremos mais adiante, não é bem assim.

Alguns tipos de presunções são verdadeiros *silogismos fundados sobre premissas não seguras, mas somente prováveis*, o que contudo, em termos probatórios, não as tornam menos valiosas ou as reneguem a enunciados indiretamente relacionados ao fato que quer provar. Discordamos desde já do termo prova indireta e sua conotação negativa pelas razões que elucidamos, e ainda enunciaremos, ao longo deste trabalho.

Partimos do pressuposto de que toda proposição de linguagem, mesmo com pretensões descritivas, não tocam o objeto em si, apenas e sempre enunciam sobre ele, sem contudo esgotá-los em sua multiplicidade empírica. A realidade física, sentida, é da ordem do inefável: quando acontece no tempo e no espaço, é impossível ser resgatada em linguagem, por mais depurado e detalhado que o discurso seja. Na forma de linguagem, são limitados pela sua própria gênese.

Agora, as *premissas serem mais ou menos seguras, mais ou menos prováveis* ou até mesmo serem omitidas, ainda que *facilmente recuperáveis*, tudo isso pertence à ordem da retórica, à teoria da argumentação na qual vence aquele que souber melhor convencer o outro da veracidade de seu discurso, alcançando com isso seu objetivo: a constituição do fato jurídico.

Na forma de raciocínio jurídico dedutivo, as presunções são linguagem competente e constroem o fato (síntese) a despeito de serem fundadas em premissas pouco seguras (i) ou com base na mera probabilidade (ii). Nesta acepção, são verdadeiros *entimemas*, isto é, deduções silogísticas ou silogismo truncado, mas que, uma vez inseridos nos sistemas, são fortes o suficiente para objetivar uma dada ocorrência factual. São formas de processo intelectivo que convivem bem com a retórica, cabendo a quem tenha o ônus de constituir o fato jurídico argumentar seu direito até alcançar o convencimento do sujeito competente.

Por outro lado, ainda na qualidade de processo, inferir também pode ser considerado atividade intelectiva de indução, na qual dos fatos conhecidos se segue uma lei de causalidade ou regra geral de recorrências que institui *indutivamente* o fato desconhecido. Havemos de convir que este é o pensamento presuntivo por excelência, ou melhor dizendo, é sua construção de base, ainda que obtenha desenrolar dedutivo na sequência. Eis o porquê de dizermos: a presunção sempre tem um *quantum* de argumento indutivo. A implicação é produzida tendo em vista *aquilo que ordinariamente acontece*. O pensamento indutivo se serve de exemplos, de recorrências, aptas a instituírem regra geral, lei que autoriza entender, presumivelmente, a ocorrência de um fato relacionado a outros, atribuindo os mesmos efeitos de um a outro ou conferindo natureza jurídica deste àquele. Parte-se dos casos em concreto à lei ou princípio.

Independentemente de ser tido por inferência dedutiva ou por indução, todo raciocínio presuntivo no direito deve vir na forma de linguagem competente, isto é, ser enunciado segundo a teoria das provas admitidas no sistema. Permanecendo na forma de juízo individual, na cabeça do sujeito que o pensa, é intrassubjetivo, portanto, fora da ordem jurídica. Pertencem a outros domínios, como a moral, a psicologia; certo é que, não sendo comunicação, não se encontra no ordenamento jurídico.

Toda unidade jurídica de sentido deôntico pressupõe a intersubjetividade. A ordem normativa é feita para regular condutas entre os homens, e não interceder nos pensamentos ou juízos que se limitam à mente do intérprete. Logo, as presunções são processos lógicos, mas, para o ordenamento, apenas são assumidas quando discursivizadas em linguagem, quando emitido pela autoridade competente enunciado em que de um fato conhecido infere-se fato desconhecido. O texto enunciado é ele mesmo o produto do processo. Um não é sem o outro; este pressupõe aquele e vice-versa. Assim é que a dicotomia processo/produto nos repreende a não pensar um sem o outro. Não há processo sem produto nem produto sem processo. Assumindo o caráter procedimental, estamos apenas, em termos epistemológicos, separando o inseparável; colocando entre parênteses metodológicos o resultado para divagar sobre a atividade enunciativa de per si. Recortamos, mediante cortes e mais cortes, a realidade empírica para fins de fazer sobressaltar o aspecto da atividade, sob um ponto de vista dinâmico do fato presuntivo. O enfoque é apenas uma das perspectivas que nada prejudica as outras tantas que lhe complementam e que, juntas, redimensionam o objeto em toda a sua complexidade e completude.

Capítulo 3
POR UM CONCEITO DE PRESUNÇÃO NO DIREITO TRIBUTÁRIO

De alguns anos para cá, tem-se observado uma revolução no meio jurídico científico. Tal mudança se fortaleceu nesses últimos tempos, porém reveste-se do caráter metodológico preconizado pelo movimento do Círculo de Viena, em meados do século XX. A busca por uma ciência com bases racionais desperta a atenção de todos os sistemas científicos para a linguagem e, principalmente, para o papel do homem perante ela. Hoje, não há como escapar. As Ciências Jurídicas estão submersas no saber linguístico e por meio dele é que se aclaram os diferentes institutos que o direito positivo nos apresenta.

Animados por tais propósitos, o próximo empreendimento deste estudo utiliza-se de conhecimentos trazidos da teoria da linguagem e da filosofia para elucidar o conceito das presunções na ordem jurídica. É do bom estilo, em nome do rigor metodológico, a necessidade de, antes, elucidar, etapa por etapa, o processo gnosiológico a que nos propomos percorrer, o que justifica, neste instante, compreender o que seja o *conceito* ou a tarefa de conceituar para, em seguida, chegar ao nosso objetivo neste capítulo: entender o conceito das presunções no direito tributário.

É intuitivo crer que tudo é passível de ser conceituado. O conceito é fruto do espírito do homem que, mediante percepção física do objeto e em face do sentimento que isto lhe desperta, compara, analisa, estabelece relações de causa/efeito, de meio/fim, de simetria, alcançando assim ideia mais abrangente do objeto, noções da totalidade da coisa com suas partes, suas relações e proporções com o meio que lhe circunda.

Logo, o conceito tem origem em nosso intelecto. É a noção que temos de algo. E, não custa relembrar, "quanto mais específicas as ideias utilizadas para definir o objeto, maior será a necessidade de se adicionar outros elementos para se reproduzir seu significado".[1] A complexidade da coisa, portanto, é atribuída pelo homem, pela capacidade que este tem em conjecturar noções, critérios, elementos constitutivos do objeto, capazes todos de defini-lo, por abstração, enquanto conceito. Aliás, o material sobre o qual incide a definição é o próprio conceito, ente que não tem existência concreta, como bem adverte Paulo de Barros Carvalho.[2]

Com efeito, ao conceituar, o homem recorta a realidade, simplificando-a. Dessa forma, o conceito jamais duplica o real, mas funciona, sim, como verdadeiro princípio de simplificação do universo empírico.[3] Evidentemente, quanto maior o corte produzido pelo exegeta, tanto maior será a necessidade de enunciados descritivos, assim como a dificuldade em explicar o *ser* da coisa. Todavia, independentemente de ser maior ou menor o campo cognoscível do objeto, isto é, o recorte produzido pelo ser humano, o importante é repisar que todo conceito é seletor de propriedades. Verbalizados, são enunciados que exteriorizam

---

1. PENTEADO, J. R. Whitaker. *A técnica da comunicação humana*. São Paulo: Pioneira, 2001. p. 106.

2. CARVALHO, Paulo de Barros. O direito positivo como sistema homogêneo de enunciados deônticos. *RDT*, ano 12, n. 45, p. 34, jul.-set. 1988.

3. Segundo Geraldo Ataliba: "Por isso, o conceito funciona como um princípio de simplificação, constando-se, aqui, como o conhecimento não é, nem poderia ser, uma duplicação do real" (*Hipótese de incidência tributária*. São Paulo: Malheiros, 2004. p. 60).

aquelas noções, aquelas ideias presentes no espírito humano em face de determinado objeto. Reduzido à sua essência, o conceito nada mais é que a palavra, abstraída sua expressão fonética.[4] E é por esta abstração que se torna possível defini-lo mediante linguagem, isto é, utilizando-se de outros vocábulos que apontem para o sentido comum da ideia. Na qualidade de compilação completa das unidades léxicas de uma língua, eis a forma enunciativa dos dicionários substituindo um termo por outro para fins de definir o conceito. O importante é, ao definir um conceito, que todos os vocábulos apontem para a mesma noção, mantendo as regras de uso e a base de sinonímia daquele.

Com estas modulações e animados para este propósito, é chegado o momento de tratar sobre o conceito da presunção no direito tributário, identificando a presença de sua ideia mediante instrumentos da teoria da linguagem, explicitando as formas e funções dos enunciados presuntivos no ordenamento jurídico; segundo pensamentos filosóficos, assumindo a presunção ora como ato, ora como procedimento, ora como norma; e, por fim, de acordo com a teoria comunicacional, observando-a no processo de comunicação. Assim, ao mesmo tempo em que evitamos miscigenar conceitos de segmentos diferentes do saber jurídico – ciência do direito e direito positivo –, cumprimos com a função de *enunciar sobre* as presunções, conhecendo-as. Identificamos com apoio em diferentes campos do conhecimento as diversas formas em que elas aparecem ou podem mostrar-se para o intérprete do direito. Eis a pretensão exegética a ser empreendida.

3.1. Presunção de direito e presunção fora do direito: a distinção entre o enunciado presuntivo normativo e a figura da protopresunção

Sabemos que presumir, em seu sentido mais rudimentar, é enunciar proposição normativa que, mediante nexo de

---

4. FERRAZ JR., Tercio Sampaio. *Direito constitucional*: liberdade de fumar, privacidade, estado, direitos humanos e outros temas. Barueri: Manole, 2007. p. 19.

semelhança, substitua um fato por outro. Essa enunciação pode se dar entre vários sujeitos, com diferentes papéis actanciais no sistema normativo. Por exemplo, a presunção produzida pelo juiz claramente diverge daquela elaborada pelas partes no processo, razão pela qual assumem no direito relevância jurídica diferente. Em face disso, é preciso ponderar o instituto segundo dois momentos comunicacionais distintos: um que acontece em âmbito social (processo-enunciativo-factual), como ocorre entre as partes no processo judicial, e outro em âmbito jurídico (processo-enunciativo-normativo), quando ditado por autoridade competente, seja ela do Poder Executivo-administrativo, Judiciário, Legislativo ou, até mesmo, do campo privado, quando assim o disser a lei. Fato é que está no relacionamento entre estes dois universos que se constitui o amplo contexto das presunções. Por sua vez, só há sentido falar em dois momentos enunciativos, um de produção de uma espécie de "protopresunção", digamos assim, e outro de constituição da presunção propriamente dita, em termos lógicos e não cronológicos, pois muitas vezes tais fases enunciativas confundem-se num só instante na prática jurídica.

 A *protopresunção* é estrutura peculiar do mundo social, que ainda não integrou o sistema normativo como unidade jurídica de significação, mas que tem *pretensão* ou *potencial* de nele ingressar. Não lhe devemos outorgar foros de juridicidade. Faltam-lhe os requisitos de norma, que, apenas quando transpor os limites que separam esses mundos, do ser ao dever-ser, os adquirirá. Não são atos normativos, mas atos sociais de comunicação factual. A condição única destes, portanto, é tão só a inteligibilidade da mensagem. Na *protopresunção*, encontraremos tanto o sentido de *movimento para frente* – o mesmo que quer criar uma nova estrutura, qual seja a presunção ou mesmo a prova – quanto o de *anterioridade*, visto que ela, em termos lógicos, dá-se sempre e impreterivelmente em momento precedente à constituição do fato jurídico. No enunciado *protopresuntivo*, qualquer sujeito pode adquirir a posição de emissor enunciativo.

De outro lado, a *presunção stricto sensu* é uma categoria jurídica que prescreve as técnicas de direito para se associar, substituir e relatar em linguagem normativa um fato por outro, possibilitando a positivação da regra e a efetivação do direito. Ela é entendida aqui como unidade jurídica de significação, pertinente ao sistema normativo, sendo, portanto, norma de direito. Para tanto, exige que o sujeito enunciativo deva ser autoridade competente para positivar a proposição e com ele regular condutas.

É examinando as três dimensões semióticas do enunciado presuntivo – sintaxe, semântica e pragmática – que poderemos identificar se o vocábulo "presunção" é empregado como norma, unidade válida de direito, ou como uma não norma (protoenunciado), forma linguística fora do sistema jurídico.

Isso nos autoriza dizer que, em ambos os processos comunicacionais – enunciativo-factual e enunciativo-normativo –, muitos conceitos se intercomunicam, ficando a presunção ainda em campo estéreo em termos semânticos, podendo ora ser considerada como ato, ora como procedimento, ou mesmo como norma.

3.2. Presunção e teoria da linguagem: formas e funções de linguagem

Com as inovações introduzidas pelo neopositivismo lógico, a linguagem é assumida não mais como mero instrumental do homem para fins comunicacionais, mas como fórmula constitutiva da realidade, sem a qual o mundo é incompreensível. Tomamo-la aqui no sentido de Paulo de Barros Carvalho, "significando a capacidade do ser humano para comunicar-se por intermédio de signos cujo conjunto sistematizado é a língua".[5]

A língua, como código, é uma estrutura idiomática, sistema comunicacional observado de forma sincrônica. A linguagem,

---

5. CARVALHO, Paulo de Barros. *Direito tributário, linguagem e método*. 3. ed. São Paulo: Noeses, 2009. p. 32.

por sua vez, é o uso que se dá deste esquema, denotando as variações diacrônicas que a língua sofre no processo de troca de mensagens. Assim se mostra o processo dialético da comunicação que retroalimenta o sistema para o evoluir da sociedade enquanto realidade linguística. Em modo de proporção, a língua está para código, assim como a linguagem para os modos de uso deste.

Quando a atenção se volta às relações da língua ou de suas palavras com os homens, estamos no campo pragmático. Neste domínio, põe-se em evidência que a linguagem não tem por única e principal função o comunicar das ideias. Procura atingir uma série de outras finalidades, por exemplo, o de despertar paixões, de estimular ou dissuadir uma atividade ou até de preparar o espírito para uma determinada disposição. A linguagem, deste modo, vai além do sistema estaticamente considerado (a língua), para buscar os propósitos do emissor e, assim o fazendo, decodifica a mensagem. Eis a supremacia da interpretação no diálogo entre as pessoas, como bem asseverou Roman Jakobson.[6]

A decodificação da mensagem, ou melhor, a interpretação, encontra suas linhas iniciais na pragmática, lá deparando-se com o ferramental necessário para delimitar as condições subjetivas do uso da linguagem. O exegeta busca o *animus* do dito, critério este pragmático, e com isso descobre a finalidade ou a função na qual o emissor utiliza o código, aderindo ou não aos propósitos do próprio discurso.[7]

---

6. "Um processo de comunicação normal opera com um codificador e um decodificador. O decodificador recebe uma mensagem. Conhece o código. A mensagem é nova para ele e, por via do código, ele a interpreta" (JAKOBSON, Roman. *Linguística e comunicação*. Tradução de Izidoro Blikstein e José Paulo Paes. São Paulo: Cultrix, 1974. p. 23).

7. Pode-se dizer ainda que "a linguagem usada não só revela os propósitos dos que falam, mas também procura despertar idênticas normas em seus ouvintes" (COPI, Irving M. *Introdução à lógica*. Tradução de Álvaro Cabral. 2. ed. São Paulo: Mestre Jou, 1978. p. 49).

Na pragmática da comunicação humana, portanto, a forma linguística é a base sobre a qual o emissor institui os diferentes usos da linguagem em relação aos efeitos por ele pretendidos. Concedendo arras à clareza, toda frase encerra mais de uma função. Ao decodificador da mensagem cabe ultrapassar a análise sincrônica da língua e analisar a forma no contexto na qual ela se insere. Deste modo, são duas as referências para a compreensão da mensagem: código e contexto. Em ambos observa-se a relação do signo com outros signos linguísticos, porém, no primeiro, aponta-se para o significado construído pela alternação entre eles num composto frásico; enquanto, no segundo caso, de sua justaposição sistêmica em face das intenções de quem os dispôs desta maneira. A interpretação da mensagem pede para que o exegeta saia do significado de base para alcançar a significação contextual.[8] Vê-se, portanto, que "a palavra, fora de contexto, não tem significado".[9] Compõe o contexto, entre os mais variados elementos, o propósito do emissor da mensagem. É, portanto, neste domínio que se desvelam as variações no uso das palavras e das construções frásicas que constituem o sentido da mensagem.

Dito isso e por este ângulo, firmemos que, para fins de conhecer esta poderosa estrutura da linguagem, muitos enfoques podem ser tomados, sendo os dois principais: forma e função. Em um, *o modo como a proposição é expressa*; em outro, *o fim que aquele que pronuncia a proposição se propõe alcançar*.[10]

Na forma, atenta-se às estruturais gramaticais. Circunscrevendo a matéria no domínio da sintaxe, submetem-se às rígidas imposições da gramática do idioma para a mensagem se fazer compreendida. A morfologia do dizer se apresenta, em

---

8. CARVALHO, Paulo de Barros. *Direito tributário, linguagem e método*. 3. ed. São Paulo: Noeses, 2009. p. 186.
9. JAKOBSON, Roman. *Linguística e comunicação*. Tradução de Izidoro Blikstein e José Paulo Paes. São Paulo: Cultrix, 1974. p. 44.
10. BOBBIO, Norberto. *Teoria geral do direito*. Tradução de Denise Agostinetti. Revisão de Silvana Cobucci Leite. São Paulo: Martins Fontes, 2008. p. 55.

regra, em seis formas de linguagem:[11] a) as declarativas; b) as interrogativas; c) as exclamativas; d) as imperativas; e) as optativas; e f) as imprecativas.[12] Assentadas as premissas estruturais e sabendo que nelas obtemos tão só precários indícios a respeito do sentido pragmático do discurso, cumpre, por oportuno, centralizar a análise agora na função em que a linguagem é colocada pelo emissor.

Toda diferença no uso das categorias gramaticais conduz informação semântica. No transmitir da mensagem, as partes constituintes da linguagem não podem ser descritas sem se levarem em conta suas funções: "Avaliar, adequadamente, um trecho requer que se conheça a função que ele pretende desempenhar", como bem aponta Irving Copi.[13]

Paulo de Barros Carvalho[14] enuncia dez funções da linguagem no processo comunicacional: a) descritiva; b) expressiva de situações subjetivas ou poéticas; c) prescritiva de conduta; d) interrogativa ou linguagem das perguntas ou dos pedidos; e) operativa ou performativa; f) fáctica; g) propriamente persuasiva (retórica jurídica); h) afásica; i) fabuladora; j) linguagem em função metalinguística.

A divisão proposta pelo autor é demasiadamente elucidativa e valiosa, mas, lembremos, outrossim, não pode ser mecanicamente aplicada. Todo corte enseja redução de seu objeto

---

11. Irving Copi adota quatro formas, conforme se depreende do seguinte trecho: "oração como a unidade da linguagem que expressa um pensamento completo e dividem as orações em quatro categorias, usualmente denominadas declarativas (ou indicativas), interrogativas, imperativas e exclamativas" (*Introdução à lógica*. Tradução de Álvaro Cabral. 2. ed. São Paulo: Mestre Jou, 1978. p. 53).

12. Sobre o assunto, ver CARVALHO, Paulo de Barros. *Direito tributário, linguagem e método*. 3. ed. São Paulo: Noeses, 2009. p. 53-54.

13. COPI, Irving M. *Introdução à lógica*. Tradução de Álvaro Cabral. 2. ed. São Paulo: Mestre Jou, 1978. p. 54.

14. CARVALHO, Paulo de Barros. *Direito tributário, linguagem e método*. 3. ed. São Paulo: Noeses, 2009. p. 37-53.

e, na referida classificação, este cindir do conhecimento ocorre também tendo em vista as funções da linguagem. Irving Copi lembrou com sutileza de análise em que "a maioria dos usos ordinários da linguagem é mista".[15] Toda comunicação ordinária trará, em maior ou menor grau, múltiplas possibilidades de utilização da linguagem. Haverá sempre uma finalidade que se sobressairá de forma mais contundente e, ao cientista, cabe apontar esta prevalência, reduzindo seu objeto, como não poderia deixar de ser, para fins de conhecê-lo na completude do recorte por ele assumido. A ele incumbe organizar a hierarquia do feixe de funções do discurso, elucidando aquela que se apresenta por primária e aqueloutras em funções secundárias. Entretanto, em muitos casos, a determinação deste escalonamento funcional nem sempre é de fácil reconhecimento. "A razão dessa dificuldade reside no fato de o contexto ser extremamente importante para determinar uma resposta a tal questão,"[16] como bem apontamos acima. Em toda ação residem causas muito complexas, retrato esse da própria profundidade das relações humanas. Enfim, a afirmação de haver uma variedade de funções num mesmo discurso não quer dizer ser ele desorganizado. Certo é que a comunicação exige um *quantum* de unidade entre essas funções.

Agora, na decodificação da mensagem, lembremos que forma e função não acontecem como relação necessária,[17] mais um motivo pelo qual o significado contextual é de suma importância na construção do sentido dos termos, as presunções em direito tributário, inclusive.

Essas considerações capitulares, de todo oportunas para a análise que se segue, são ponto de partida para identificar as

---

15. COPI, Irving M. *Introdução à lógica*. Tradução de Álvaro Cabral. 2. ed. São Paulo: Mestre Jou, 1978. p. 51.
16. Idem, ibidem, p. 55.
17. Nas palavras de Irving M. Copi: "não existe qualquer correlação necessária entre a função e a forma gramatical" (Idem, ibidem, p. 55).

funções em que o enunciado presuntivo aparece no discurso do direito positivo.

3.2.1. As funções de linguagem exercidas pela presunção no direito

Inicialmente, cumpre fazer advertência importante, que atina ao momento da própria determinação das funções de linguagem exercidas pelas presunções no sistema normativo. Para entender o papel das presunções no direito, faz-se necessário observar exatamente em que momento do processo de positivação ela é produzida e quem elabora o raciocínio presuntivo. A função da linguagem que postula a presunção no direito será determinada justamente por estes dois fatores, entendendo ora como exercício de função fabuladora, quando exercida pelo legislador, ora como função metalinguística, quando praticada pelos aplicadores do direito. Bem, passemos a examinar os critérios e cada uma dessas situações.

3.2.1.1. *Presunção como linguagem jurídica em função fabuladora*

Diz-se que está em função fabuladora o discurso quando, para ter validade no sistema a que se refere, volta-se apenas ao significado de seu objeto, sem que para isso lhe seja demandada sua verdade ou falsidade no sentido de correspondência fática dele com aquilo a que se refere. São enunciados constitutivos de realidade, podendo se apresentar como *ficção*, como *presunção* ou como *hipótese normativa*. A linguagem utilizada em função fabuladora não se preocupa em descrever algo, mas em constituir signo apto a cumprir com funções comunicacionais específicas naquele determinado sistema.

No diálogo humano comum, a função fabuladora encontra-se muito presente, capaz de criar objetos jamais passíveis de serem observados no meio social, porém amplamente compreendidos pelos utentes daquela língua. Esses enunciados são determináveis no tempo e no espaço. Por outro lado, e é aqui que se diferenciam gravemente dos objetos naturais, estes não podem ser verificados na experiência, pois apenas são *reais* justamente porque sustentados por uma crença. Não se cogitam, portanto, de suas verdades empíricas, e sim de seus juízos axiológicos, que é o próprio conteúdo que lhe confere substrato.

Vale salientar, a propósito, que isso não significa que os discursos em função fabuladora não estão aptos a serem apreciados segundo os critérios de verdade/falsidade. A linguagem científica, por exemplo, que assume verdade e falsidade como seus critérios de avaliação discursiva, poderá perfeitamente descrever o enunciado fabulador como verdadeiro, sem que com isso contamine seu objeto, porém o fará como propósito descritivo, como metalinguagem de linguagem objeto. A ressalva alerta exatamente que esse juízo de valor epistêmico (verdadeiro ou falso) do discurso científico nada altera a crença que confere alicerce à mensagem, pois é fruto de uma opção de quem acredita naquela linguagem objeto em função fabuladora, tal qual se dá com os objetos metafísicos.

O direito frequentemente utilizará sua linguagem em função fabuladora, tendo por fundamento a *crença* que seus usuários atribuem ao sistema normativo, credo este que se constitui como alicerce de toda a sua prescritividade. O legislador é o agente competente para criar esses *objetos metafísicos* permeados entre os enunciados do direito em planos abstratos. Com o escopo de prescrever condutas, cria realidade jurídica e o faz por meio dos instrumentos juridicizados: ficção jurídica, presunção legal e hipótese normativa.

Levemos em conta essas reflexões para afirmar, em síntese, que o direito positivo se utiliza da linguagem em função fabuladora toda vez que o legislador, no momento em que elabora a lei, opera com signo apto a significar algo, sem que lhe seja demandada sua verdade ou a falsidade empírica para ser signo válido no sistema e constitutivo de realidade jurídica. As presunções assim entendidas, e com a condição de serem enunciadas na norma positivada pelo legislador, exercem a linguagem do direito em função fabuladora. Cumprem o mesmo papel que qualquer hipótese tem na ordem normativa.

3.2.1.2. Presunção como linguagem jurídica em função metalinguística

Firmemos que, na dificuldade de encontrar determinado fato para desencadear a regulação de conduta, o direito cria formulação de sobrenível que viabiliza a substituição de um fato por outro sem que se perca a prescritividade da norma. Associam-se dois signos que, em tese, não estariam em paralelismo semântico, justamente para poder veicular a norma e regular conduta. E isso se dá por intermédio do homem, articulador da linguagem e fonte da significação dos enunciados jurídicos no caso em concreto.

A linguagem que opera na função metalinguística não é metalinguagem, no sentido de uma linguagem que fala de outra linguagem, mas sim metalinguística, uma vez que é o código falando de si mesmo, em um verdadeiro diálogo interior ao sistema. Esse discurso quer elucidar aquele que articula a significação de determinado sistema linguístico segundo as direções semânticas que deve tomar na delimitação do sentido do vocábulo juridicizado. Em outras palavras, a linguagem, circunscrita ao código em que se situa, apresenta-se em dois níveis de diálogo no mesmo discurso.

Um só sujeito articula esses dois planos, prevendo as dúvidas do destinatário da mensagem e, ao mesmo tempo, elucidando a comunicação que se trava entre eles. É neste sentido que nos alerta Paulo de Barros Carvalho:

> Nela, antecipa-se o emissor as interrogações do destinatário, explicitando fragmentos do discurso que lhe pareceriam desconhecidos ou absurdos aos ouvidos ou aos

olhos do interlocutor. Antes que o receptor interrompa a locução para formular perguntas, aquele que fala ou escreve esclarece o trecho, oferecendo informações adicionais a respeito.[18]

Pressupondo que a função metalinguística acontece sempre no interior de um único código, promovida por um só emissor, atua na gramaticalidade própria do sistema. Em toda língua, é por intermédio da gramática que se confere inteligibilidade à mensagem, homogeneizando os padrões discursivos de dado sistema. Ela visa unicamente a formular regras para distinguir as formas corretas das incorretas; é uma disciplina normativa de sobrenível que, muito afastada da pura observação e descrição, atua como pressuposto cognoscitivo da realidade jurídica a que se atina.

Breves investigações sobre as presunções no direito revelarão que, em determinados momentos, elas serão o retrato da linguagem jurídica dirigida aos seus comunicadores como numa verdadeira atividade de certificação do código. São regras que fundamentam a estrutura do sistema normativo, prescrevendo as diferentes formas de combinação dos vocábulos para construir unidade plena de sentido jurídico. São proposições de sobrenível, porém não são regras sintáticas fora do sistema. Pelo contrário, traduz-se por ser enunciado prescritivo que fala de seu interior, como em um verdadeiro exercício da função metalinguística. À semelhança das regras gramaticais, as presunções se apresentam como normas de estrutura no ordenamento jurídico. Determinam não só os órgãos do sistema aptos a presumir e os expedientes formais necessários para que editem, alterem ou desconstituem normas jurídicas válidas no ordenamento, mas também dão competência ao aplicador para substituir fato conhecido por outro desconhecido.

---

18. CARVALHO, Paulo de Barros. *Apostila de Filosofia do Direito I (lógica jurídica)*. Programa de pós-graduação em direito na PUC, p. 27.

As presunções, portanto, fazem parte dessa *gramaticalidade jurídica*, ou seja, daquele subconjunto de normas que estabelecem como outras regras devem ser postas, modificadas ou extintas dentro de certo sistema, atribuindo competência a determinados agentes para substituir ou alargar os conceitos normativos para fins de prescrever conduta. Em outras palavras, fazem parte daquelas regras (proposições) de formação e de transformação das proposições, uma vez que estatuem como criar outras normas, tendo em vista que toda vez que se presume cria-se novo signo jurídico tanto pela operação lógica de substituição quanto pela aproximação, e alargamento, de conceitos. São regras de sobrenível, hierarquicamente superior às outras normas; ou seja, são normas-de-normas.

Exemplo contundente de tipo presuntivo em função metalinguística são as presunções comuns ou ditas humanas enunciadas pelo aplicador do direito e que introduzem novo fato jurídico no sistema pela interpretação analógica ou extensiva da hipótese prescrita em lei. Não havendo previsão hipotética aplicável de imediato ao fato do caso em concreto, e necessitando dar resposta jurídica ao problema, caberá ao aplicador do direito realizar exegese com base nos permissivos gerais dos arts. 4º da LICC, 108 do CTN e 126 do CPC, identificando conteúdo abstrato passível de ser assumido por presunção pelo enunciado factual construído.

Citemos, concisamente, algumas formas de exteriorização da linguagem em modo metalinguístico. Na língua portuguesa, iremos encontrar frases introduzidas por expressões como "isto é", "ou melhor", "ou seja", entre outros. Em linguagem jurídico-normativa, não veremos tais termos, mas algo similar. O direito prescreve na hipótese legal (norma 1) uma alternativa factual, autorizando (norma 2) que se possa produzir uma substituição ou alargamento do conceito prescrito. A norma 2 fala sobre o próprio processo de construção normativa, dirigida aos seus destinatários como uma verdadeira atividade de certificação do código. Traduziríamos este processo da seguinte forma:

Dado o fato de base ("Fb"), isto é, o fato base ("Fb") ou o fato presumido ("Fp"); deve-ser a conduta R.

Em linguagem formal, estaríamos com a seguinte fórmula:

Fb . Fp

Um ("Fb") e outro (Fp) ligados por um conector conjuntor ("."), tendo em vista que o fato jurídico só se constitui com a união conjuntiva dos dois enunciados "Fb" e "Fp", que somente juntos estão aptos a ter relevância jurídica.

3.2.1.3. Rememorando...

No intuito de explicar essas noções, temos insistido, reiteradamente, que a teoria da linguagem é campo fértil para instrumentalizar uma análise científica mais atilada. Resumindo, cremos que a linguagem prescritiva, ao se utilizar do método presuntivo para regular condutas, usa sua linguagem em duas funções: (i) fabuladora, quando exercida pelo legislador em momento enunciativo de criação normativa; e (ii) metalinguística, quando praticada pelo aplicador do direito no processo em momento de articulação dos enunciados prescritivos.

A linguagem do sistema jurídico aplicada em função fabuladora cria realidade jurídica, e o faz por meio da ficção legal, da presunção legal e da hipótese normativa. A função fabuladora aparece no momento em que se elabora a lei. Seu signo tem a característica de significar algo, sem que lhe seja demandada sua verdade ou a falsidade empírica. Em outras palavras, para o direito, nesses modos de prescrição, pouco importa a realidade empírica, basta que haja norma válida no sistema para se ter signo com sentido jurídico e constitutivo de realidade de direito.

Uma vez prescrita norma válida no sistema, entram em campo os articuladores dos enunciados normativos, prontos para criar significação jurídica nova na ordem posta. Neste momento, a presunção se revestirá de caráter de sobrenível no sistema, tal qual um mecanismo criado pelo próprio direito para preencher os conteúdos das normas jurídicas, permitindo-se substituir e alargar os termos do conceito do fato jurídico. São articulações que acontecem sempre no interior de um único código, promovida por um só emissor, em que atua no nível da gramaticalidade própria do sistema, pressuposto cognoscitivo da realidade jurídica. As presunções, assim entendidas, serão o retrato da linguagem jurídica dirigida aos seus comunicadores como numa verdadeira atividade de certificação do código. São regras que fundamentam a estrutura do sistema normativo, prescrevendo as diferentes formas de combinação dos vocábulos para construir unidade plena de sentido jurídico. Isto quer dizer que se apresentam como regras de estrutura do ordenamento jurídico, determinam os órgãos do sistema aptos a presumir e os expedientes formais necessários para que editem, alterem ou desconstituem normas jurídicas válidas no ordenamento, autorizativa da substituição de um fato conhecido por outro desconhecido.

Eis uma breve síntese do cenário linguístico das presunções no direito positivo. O estudo em planos abstratos deste instituto quer pôr em evidência a forte presença da linguagem como algo constitutivo da presunção e realidade jurídica, asserto que choca, à primeira vista, mas que vai mansamente convencendo, à medida que se percebe que o sistema posto nada mais é que um grande processo linguístico comunicacional, pedindo ao exegeta, a todo momento, interpretação que mantenha as proporções inteiras dessa ordem prescritiva de conduta.

3.3. Ato, procedimento e norma: uma proposta de acepção da filosofia do direito

Dito isto, ainda na tentativa de apresentar uma definição correta e abrangente do instituto presuntivo no direito, corre obrigação de, com apoio na filosofia, encontrar uma saída semântica para este termo que atenda, num só tempo, as imposições dinâmicas da ordem semântico-pragmática, assim como esteja adequada às exigências lógicas do sistema jurídico.

A dicotomia processo/produto existente em quase todos os conceitos traz a noção de que não se alcança resultado nenhum sem a consecução de determinados atos ainda que estes sejam considerados individualmente, como únicos. Bem se vê que a ideia de atividade voltada para o alcance de determinados resultados transpassa ou revela outra que é a observância de tudo sob um ponto de vista estático e/ou dinâmico. Cabe ao exegeta produzir o corte, reduzindo o campo de abrangência de sua ciência. No entanto, o estudo do objeto sempre poderá ser feito por um viés que prioriza as qualidades sintáticas do ser ou as propriedades da dinâmica da coisa num dado sistema de referência. Em linguagem de proporção: enquanto o processo está para o ponto de vista dinâmico, o produto encontra-se segundo o ângulo estático.

No domínio jurídico, surpreenderemos o objeto do direito em sua forma de norma. A existência na ordem posta se dá unicamente no modo normativo. Enquanto proposição de sentido jurídico, podemos ressaltar os predicados da unidade, como enunciado do deôntico, diferençando-a das demais regras de direito, ou destacar seu procedimento enunciativo no tempo, ou melhor, seu processo de positivação. Eis instaurada a dicotomia processo/produto, atividade/resultado ou ainda procedimento/ato de toda palavra. Nesta esteira, isso autoriza dizer que tudo no direito pode ser conjecturado segundo três entendimentos: norma, procedimento e ato. É o que faremos na sequência com o instituto das presunções.

3.3.1. Ato, procedimento e norma na formação do fato presuntivo

Certo é que todo ato de presumir, em sentido amplo, exige procedimento enunciativo, pois presunção, em sua forma mais reduzida, é texto, é ato de fala, é enunciado proposicional comunicado. Por sua vez, este procedimento se traduz por uma sequência de atos, passos necessários ao alcance de determinado fim, que tem por resultado um último ato, qualificado como *factual*, quando integrante do sistema comunicacional factual, ou como *normativo*, momento em que pertence a universo prescritivo. É neste ato-fim que iremos identificar a figura do procedimento em sua conjuntura, isto é, processo pronto e acabado. Tal assertiva tem como pressuposto raciocínio indutivo, porque, caso tenha ao último ato da sequência, a referida ordem foi seguida e cumprida por completo. O acontecimento final pressupõe, outrossim, todos os demais.

Como expressão linguística destes movimentos enunciativos, encontraremos a norma procedimental, aquela regra técnica que identifica os tópicos necessários à constituição do ato e, por consequência lógica, de seu procedimento produtor.

Por tais argumentos, chega-se a um tempo em que não há como definir presunção, sem interconectar esses três conceitos: ato, procedimento e norma. Inexiste ato presuntivo sem um procedimento específico que o estabeleça, assim como também não há nem ato e procedimento de presunção sem norma que os prescreva. De tal modo que um conceito pede a ideia do outro para se autoconstituir como signo com significação.

Em consonância com o acima introduzido, cumpre rememorar as sábias palavras de mestre Paulo de Barros Carvalho,[19] quando explicita sobre a constituição do fato jurídico tributário. Tomando as noções do jurista espanhol Gregório Robles, entendeu que os conceitos de "norma", "procedimento" e "acto" são indissociáveis no direito positivo na figura do lançamento tributário. Nesse sentido, traduzem *momentos significativos de uma e somente uma realidade*. Não pode haver o ato sem um procedimento, e não há procedimento sem norma que o estabeleça. Vejamos suas palavras:

---

19. CARVALHO, Paulo de Barros. Constituição do fato jurídico tributário. *Revista de Direito Tributário*, São Paulo, n. 92, 2005.

Neste ponto, estou bem afinado com Robles, para quem o procedimento não é outra coisa que a regra ou norma prescritora daquilo que o sujeito tem que fazer para realizar uma ação, ou praticar um acto (em seu sentido estático), o que implica reconhecer que todo procedimento se expressa verbalmente por meio de uma regra ou norma que institui os tópicos necessários à concretização do acto. Esse *ter que* exprime a presença da chamada regra técnica, tão utilizada na compostura do tecido linguístico do direito posto.[20]

Da mesma forma como no lançamento, a aludida teoria veio a calhar diante do problema semântico em que se viu o exegeta do direito com as presunções. Em verdade, poderemos, a partir deste entendimento, verificar que em toda *presunção*, em seu sentido amplo ou em cada um de seus tipos enunciativos, é procedimento de raciocínio (presuntivo), ato de presumir e norma (de estrutura) procedimental que institui o itinerário para se presumir: todos os indicativos de um resultado, ora (i) a protopresunção, no caso de enunciação-factual produzida por autoridade incompetente para constituir norma, como as partes no processo, ora (ii) a presunção propriamente dita ou em sentido estrito, quando se trata de enunciação-normativa expedida por enunciador competente, seja ele entendido como legislador (na previsão abstrata), seja como aplicador (no enunciado factual concreto). São acepções que retratam o contexto presuntivo em ambos os níveis comunicacionais da presunção. É cognoscitivamente correto considerar concomitantemente a *protopresunção* ou a *presunção em sentido estrito* como ato, procedimento e norma. São acepções semanticamente válidas, alternando-se apenas o momento do processo enunciativo que se quer destacar.

O *ato* é um conceito estático. Quer significar uma ação de um sujeito como pronta e acabada. De certa forma, todo ato representa, no fundo, uma ação (quando o ato pressupor

---

20. CARVALHO, Paulo de Barros. Prefácio de *A prova no direito tributário* de Fabiana Del Padre Tomé. São Paulo: Noeses, 2005. p. XII.

tão só uma atuação do sujeito para se realizar) ou a última atividade daquele conjunto de atuações que têm o mesmo fim. Neste segundo caso,[21] a figura estática do ato pressupõe, para completar seu sentido, a concepção dinâmica do processo composto por elementos dispostos em caráter sucessivo. Nestes termos, o ato, como unidade de significação, requer o procedimento para se autoexplicar como fenômeno comunicacional. Em outras palavras, é o substantivo chamando o verbo, ou melhor, o conceito estático requerendo seu sentido dinâmico para se colocar como estrutura completa de significação.

Nesta toada, o *procedimento* será este sentido dinâmico dos atos, no qual eles são observados em sua ordem cronológica enquanto atividade preordenada por uma sequência que tem por objetivo alcançar um resultado. Constitui-se por ser uma pluralidade de ações direcionadas a um determinado fim comum. O ato (ou ação) é unidade de sentido que por si só produz significação; por outro lado, o procedimento, contextualizando o signo num dado movimento semântico, constitui estrutura mais complexa de sentido, denotando a fase de formação do enunciado resultante e individualmente considerado.

Por fim, a *norma* é expressão jurídico-comunicacional do procedimento, na forma de texto que estabelece ou exterioriza os requisitos necessários a serem seguidos pelo sujeito na produção de determinada atividade. Se se quer produzir um ato, há de operá-lo mediante procedimento especificamente disposto em regra juridicizada. A norma, portanto, é condição fundamental de toda ação juridicamente relevante, o que significa indicar o procedimento próprio para atingir determinado fim ou efeito jurídico. Como ato comunicacional, ela é dirigida ao sujeito (um ou mais) que quer produzir o ato. Nesses termos, é expressão de uma regra técnica, pois todos que

---

21. Isso também ocorre na primeira hipótese, mas, na segunda, a explicação parece ser alcançada com mais clareza.

desejam atingir tal fim *têm que* constituir ato por ato, segundo os modelos do procedimento instituído pela norma.[22]

Por esse modo, é preciso dizer enfaticamente que *ato, procedimento e norma* são expressões de uma só realidade comunicacional presuntiva que se expressa em três vertentes semânticas. Traduzem momentos significativos distintos da positivação dos enunciados presuntivos no direito. As três acepções podem ser empregadas, sem incorrermos em nenhuma incoerência de sentido. Evidentemente que tais conceitos sofrerão variações de significação enormes, conforme o contexto comunicacional em que as presunções são expedidas. O sentido dessa feição poliédrica das presunções depende intrinsecamente do contexto comunicativo ao qual pertencem, devendo ser em quaisquer hipóteses expressas em linguagem competente para ter relevância jurídica. Sendo contextos diversos de linguagem, cumpre elucidá-las em suas diferenças específicas.

3.4. Processo enunciativo das presunções

Fazendo opção pelos estudos semióticos na análise do discurso jurídico, impõe-se considerar o sentido como uma construção que vai da imanência à aparência do texto, levando o sujeito da enunciação a um caminho exegético que forma o discurso. Em termos técnicos trazidos da semiótica greimasiana, é por este *percurso gerativo de sentido* que o intérprete se dirige do mais simples e abstrato ao mais complexo e concreto do texto, passando, em planos epistemológicos, do nível fundamental

---

22. Confira entendimento de Gregório Robles sobre o assunto: "El procedimiento, a mi modo de ver, no es otra cosa que una *regla o norma* que establece lo que un sujeto *tiene que* hacer para realizar una acción (en su sentido estático). Dicho de otra forma: todo procedimiento se expresa verbalmente (comunicativamente) por medio de una regla o norma que establece los requisitos necesarios del hacer en que consiste una determinada acción" (ROBLES MORCHON, Gregório. *Teoría del derecho* (fundamentos de teoría comunicacional del derecho). Madrid: Civitas, 1998. p. 234).

ao discursivo. No campo da discursividade, encontra-se o texto em seu mais alto grau de individualidade e enriquecimento semântico. Caminha do plano da enunciação, enquanto processo enunciativo, ao domínio do enunciado-enunciado, como resultado discursivo considerado tanto em sua forma – suporte físico – quanto em seu conteúdo – significado, percebendo o contorno dinâmico e comunicacional presente no direito.

Somente mediante esse exame aprofundado do processo enunciativo das presunções, com apoio na semiótica, poderemos distinguir os específicos modos de presença dos enunciados presuntivos no ordenamento jurídico e, assim o fazendo, colhendo critérios seguros para determinar, mais à frente, suas espécies. Com supedâneo na perspectiva semiótica e comunicacional do direito, perceberemos como ingressa, vive e é retirado cada um desses tipos presuntivos na ordem jurídica, conferindo diversas perspectivas do processo de positivação das diferentes presunções, numa visão que, levando em conta o processo jurídico-comunicacional como um todo, pretende ser sistemática e totalizante.

3.4.1. Presunção como enunciação

É na instância discursiva[23] da análise semiótica portanto que nos aproximamos da enunciação enquanto efeito de sentido criado pelo discurso. Vale a lembrança de que, em função de sua perenidade, ao longo do desenvolver da história da ciência semioticista, nem sempre este plano era tomado em consideração, estudado de forma pouco aprofundada ou simplesmente ignorado. Por isso, por muito tempo, a enunciação passou despercebida, irrelevante, pertencente ao domínio do esquecimento. Contudo, notando a centralidade dessa categoria na constituição e entendimento do discurso, a comunidade científica, encabeçada por Greimas, fez crescer sua importância, hoje sendo conceito fundante da própria teoria semiótica (da linha francesa).

---

23. Terceiro plano epistemológico do percurso gerador de sentido semiótico.

Desse modo, a enunciação, aplicada ao espaço e ao tempo, produz o esquema do processo discursivo como um todo.

Damos por assente que não é tarefa fácil explicar o que seja a enunciação. Havemos de convir que sua natureza inefável, na complexidade em que aparece aos nossos olhos – que disso pouco conseguem guardar –, a torna mais inexpressível, indizível e distante do conhecimento humano. Mas são inúmeras as perspectivas que buscam interceptá-la, admitindo-a como: modo próprio do dizer do discurso, instância linguística logicamente pressuposta, enunciado deduzido, discurso implícito, simulacro do real... Enfim, por meio dessas diferentes bases sinonímias, busca-se explicar e descrever, mediante linguagem, o irrepetível, aquela ação que ficou no tempo e no espaço, como ato de fala com todas as particularidades que um fenômeno comunicacional é capaz de suscitar. A linguagem, usada para descrever este fato – já realizado –, é limitada, captando sempre parte desse processo enunciativo e deixando todo o restante ao sabor do esquecimento. A ação enunciativa fica no passado, mas deixa marcas em seu resultado (o enunciado). Eis a relevância da enunciação-enunciada no enunciado para fins de alcance (da enunciação), mesmo que em termos fictícios.

Só podemos falar de enunciação na medida em que ela esteja enunciada. É no enunciado, portanto, que a "recuperamos". Somente por intermédio dele que tomamos conhecimento desta instância e reproduzimos, por meios imaginativos e mediante linguagem, o modo como ocorreu o processo enunciativo à época em que foi feito. Portanto, a enunciação é um enunciado também;[24] e como enunciado tem conteúdo[25] e sentido próprio.

---

24. Consultemos José Luiz Fiorin: "a enunciação é um enunciado cuja função predicativa é a intencionalidade e cujo objeto é o enunciado-discurso" (*As astúcias da enunciação*: as categorias de pessoa, espaço e tempo. 2. ed. 4ª impressão. São Paulo: Ática, 2005. p. 42).

25. José Luiz Fiorin firmou bem este alerta: "na medida em que a enunciação pode enunciar-se, deixando no enunciado suas marcas, torna-se impossível considerá-la como um ato vazio de conteúdo. Subjacente ao dito há o dizer que também se manifesta" (Ibidem, p. 39).

As marcas deixadas no texto – enunciação-enunciada – instituem um simulacro enunciativo. Tomando emprestadas as operações de embreagem,[26] *retornam-se* ou *recuperam-se*, em forma de simulacro, as instâncias produtoras do texto. Coloca-se entre parênteses metódicos o enunciado, quase em atitude de negação do plano da expressão, para, a partir daí, produzir o efeito de retomada da ação, do tempo e do espaço do pronunciamento do discurso. Entre enunciação e enunciado, portanto, há uma verdadeira dialética, segundo a qual: o enunciado não se constitui enquanto tal sem uma atividade antecedente ou suposta que lhe produza – a enunciação; por outro giro, a enunciação só se apresenta ou se realiza na forma de enunciado, recuperada pelos traços enunciativos deixados no texto como simulacro do processo enunciativo já acontecido.[27] Nestes termos, a enunciação, que se traduz como um modo próprio do dizer, ato único e singular, mostra-se por meio do dito.

No plano da discursividade semiótica, são dois os percursos de sentido adotados: um sintático, outro semântico. Pela semântica discursiva, analisamos os efeitos de ausência ou presença da enunciação no enunciado. Já na sintaxe do discurso desvelamos o simulacro da enunciação ele mesmo.

No corpo da temática ora estudada, a atividade humana de produção de enunciados presuntivos pode ser descrita sob diferentes maneiras, levando-se em consideração o modo

---

26. Operação semiótica que remete o exegeta diretamente ao plano da enunciação, obtendo pelos debreantes os indicativos de ação, tempo e espaço para a construção da situação enunciativa.

27. Em outras palavras: "a enunciação possui uma estrutura que é aquela do enunciado e que, conhecendo a estrutura do enunciado e conhecendo um dos elementos deste enunciado que foi manifestado, podemos, logicamente, pressupor a existência de outros elementos deste enunciado que se chama enunciação". E mais à frente: "Se a enunciação é a instância constitutiva do enunciado, ela é a 'instância linguística logicamente pressuposta pela própria existência do enunciado' (que comporta seus traços e suas marcas)". *As astúcias da enunciação*: as categorias de pessoa, espaço e tempo. 2. ed. 4ª impressão. São Paulo: Ática, 2005, p. 2 e 36.

próprio do dizer de cada norma. Nesse momento, empreenderemos estudo sobre as instâncias logicamente pressupostas nos diversos atos de positivação da regra presuntiva, anotando as recorrências da atividade enunciativa que acompanha a totalidade dos discursos de determinados tipos presuntivos.

Não é demasia repetir que o processo enunciativo, como ato social, está fora do direito. Só adquire relevância jurídica quando ingressar, por meio de norma, em linguagem competente. Antes disso, a enunciação é ato perene, que, uma vez ocorrida e não enunciada em texto, em linguagem em direito admitida, se esvai no tempo e no espaço: irresgatável. É o que acontece, da mesma forma, com as presunções.

Para ter sentido no direito, o raciocínio presuntivo deve ser relatado na forma legalmente prevista e pelo sujeito enunciativo indicado na lei. Uma vez descrita em linguagem prescritiva, a presunção torna-se norma e ingressa no ordenamento enquanto signo prescritivo de conduta. Se pensada, nada tem de jurídico. Com efeito, relembremos, o direito é sempre intersubjetivo, e esta intersubjetividade deve estar aparente em cada uma das unidades que o compõem, as presunções inclusive. Eis latente o sentido comunicacional da ordem positiva, e de atos comunicacionais das presunções na forma de unidade.

Como já anotado, é no enunciado normativo das presunções que iremos "resgatar" ou "recuperar" em forma de simulacro uma instância do passado. Há quem diga, por outra maneira, que esta se encontra na implicitude do texto. Tanto como forma implícita quanto como modo explicitado no texto jurídico, como enunciação-enunciada, o estudo da enunciação da regra presuntiva é de extremo interesse para o aprofundamento que se pretende neste trabalho. Exemplificando: é fundamental para a distinção entre ficção e presunção e seus efeitos jurídicos diversos no ordenamento; é crucial para saber qual procedimento a ser adotado em caso de revogação ou nulidade da norma presuntiva, etc.

No pensar da enunciação das presunções, tomamos como ponto de partida dois tipos presuntivos tradicionalmente identificados pela doutrina para explicitar as recorrências em seus processos enunciativos: presunção legal e presunção comum, humana ou *hominis*.

No quadro conceptual da enunciação (juridicamente relevante) das presunções ditas legais sobreleva observar a existência de dois sujeitos enunciativos articulando tais formas do direito: legislador e aplicador. No primeiro caso, vê-se o Poder Legislativo exercendo a função de sujeito da enunciação, pressuposto, tal qual a própria enunciação, no texto legislado. A partir da análise *do que ordinariamente acontece*, o legislador, em momento pré-jurídico, presume uma recorrência de estados em certa situação. A presunção aqui nada tem ainda de jurídico; é atitude política do sujeito enunciador: é conjectura do político do direito. A repetição dos casos, socialmente localizados, leva o legislador a estabelecer relação ordinária entre eles que ora pode se dar na forma de *causa e efeito*, ora como *meio e fim*. Tais leis causais são formuladas conceptualmente como enunciados, na forma em direito admitida, e assim, uma vez positivadas, passam a reger os fatos. O tipo de afinidade factual faz estabelecer a associação entre fato presuntivo e presumido e, na sequência, entre este e o fato jurídico em sentido estrito. A enunciação do emparelhamento desses fatos adquire relevância quando o enunciador se põe no papel de legislador que, investido de competência, decide e, mediante ato de fala, propõe projeto de lei, submetendo-o à aprovação pela Câmara e pelo Senado. Feito o trâmite competente – aprovada, sancionada, promulgada e publicada a lei –, a causalidade ordinária, instituída pelo sujeito político-social, transforma-se em jurídica, e a relação presumida passa a ser norma geral e abstrata. Lá positivam-se critérios presuntivos seguros na identificação, em termos individuais, dos fatos a ela subsumidos.

Na ponência do preceito geral e abstrato das presunções na lei, o legislador, autoridade competente, buscará a forma constitucionalmente prevista para veicular a regra. Daí podemos dizer que há inúmeros expedientes procedimentais colocados à disposição daquele para fins de positivar a norma presuntiva (lei complementar, lei ordinário, decreto-legislativo, etc.). Cada qual mais ou menos adequado ao tipo de conteúdo trazido pela presunção. Cabe, contudo, exigir deste a observância do procedimento competente para veicular o conteúdo presuntivo que quer ver prescritivo. Logo, o texto da presunção, expedido neste ou naquele enunciado normativo, irá determinar-se por competente ou não, de acordo com a forma enunciativa escolhida pelo legislador para prescrever a regra. Em outras palavras, a enunciação, como fonte do direito propriamente dita, só será considerada válida quando produzida por autoridade e procedimento competente em face das exigências do próprio sistema, em regra, trazidas no plano constitucional. Registra-se, contudo, que o controle da constitucionalidade ou legalidade do ato enunciativo pode ocorrer tanto durante apreciação do anteprojeto pelas casas legislativas e, em caso negativo, a enunciação nem vir a ser conhecida para o direito, quanto, uma vez aprovada a lei, em qualquer outro momento no decorrer da existência da norma no sistema, devendo-se aí produzir nova linguagem, novo processo enunciativo, para expulsar aquele enunciado jurídico presuntivo viciado do sistema.

No direito tributário, algumas regras vão exigir um único tipo normativo para fazê-las ingressar no ordenamento. Citemos, exemplificando, as hipóteses expressamente designadas pela Constituição a serem inseridas somente mediante lei complementar: conflitos de competência (art. 146, I e II, da CF/88), empréstimos compulsórios (art. 148 da CF/88); exercício de poder residual da União quanto a impostos e contribuições para a seguridade social (arts. 154, I, e 195, § 4º, da CF/88); impostos sobre grandes fortunas (art. 153, VII, da CF/88); requisitos para usufruto de imunidades sobre patrimônio, renda ou serviços dos partidos políticos, inclusive suas fundações, das entidades sindicais dos trabalhadores, das instituições de educação e de assistência social, sem fins lucrativos (art. 150, VI, "c", da CF/88), entre tantas outras matérias que poderíamos citar. Nestas situações, só o procedimento *lei complementar*, ou seja, aprovação nas duas casas, duas vezes, por maioria qualificada, que tem a presunção como válida.

O Texto Maior, ao dizer quais assuntos devem ser tratados por lei complementar, em verdade, pretende revelar o caráter delicado de tais disciplinas, que, por decisão política, entenderam por bem fazer seu processo enunciativo mais rigoroso e, por consequência, mais difícil e detido. Assim, a legalidade de tais presunções disciplinadoras desses assuntos, depende da forma enunciativa, isto é, de terem sido inseridas no sistema por veículo introdutor correto, qual seja lei complementar.

E a assertiva se aplica a tantos outros casos que requerem tipo normativo específico, preenchendo determinados requisitos formais. Matéria tributária que exija ou aumente tributo sem ser por lei, conforme o art. 150, I, da CF/88, é inconstitucional. E a regra consagra todos os institutos, também as presunções. Logo, norma presuntiva que exija ou aumente tributo sem ser por lei não deve prevalecer no sistema enquanto tal, merecendo ser expulsa do ordenamento por falta de observância ao princípio de legalidade consagrado no direito tributário.

A enunciação das presunções legais também pode ser entendida como enunciada pelo aplicador do direito no exato momento em que este positiva a norma em termos individuais e concretos. Enganam-se aqueles que pensam estarmos aqui diante de hipótese de presunção *hominis* ou humana. Não sobeja repisar que a presunção legal prevê, em enunciado geral e abstrato, os critérios que determinam o fato presuntivo e dá, por consequência, a formação do fato jurídico presumido. É norma substantiva que poderá vir, em termos constitutivos, com força absoluta ou relativa no sistema. É o ordenamento que irá determinar as condições hipotéticas da presunção legal. Diferentemente, é a presunção *hominis* que, enquanto veículo introdutor de norma, faz ingressar o fato presuntivo no consequente da norma individual e concreta, na forma atribuída pelo intérprete autêntico. Nela, presume-se não com base em critérios presuntivos previamente determinados pela lei, mas *pelo que ordinariamente acontece*, segundo as experiências vividas pelo próprio aplicador do direito.

Feita a distinção, cabe elucidar que, nas presunções legais, o aplicador, na qualidade de sujeito da enunciação, poderá cumprir diferentes papéis actanciais no sistema. Tratemos, concisamente, sobre três: os poderes executivo, judiciário e privado, dado que o legislativo, acabamos de observar, encontra-se representado na figura do legislador,[28] agente que inaugura por meio de lei o enunciado presuntivo no sistema jurídico. O executivo, na positivação da regra presuntiva, expede a presunção legal individual e concreta na forma de ato administrativo[29] ou sentença administrativa, quando ele cumprir função de julgador. O judiciário, por sua vez, verá sua enunciação na forma do procedimento judicial, obtendo como resultado a sentença de onde se extraem as marcas da enunciação deixadas no texto. Vale a lembrança de que isso se aplica a todos os diferentes modos de julgamento existentes e previstos no ordenamento. Por fim, o poder privado terá sua enunciação presuntiva exteriorizada na forma dos "auto"lançamentos.

Uma advertência, porém, se faz necessária. Nos três exemplos *supra*, o que ocorre, em verdade, não é a presunção em si mesma, como raciocínio que toma um fato pelo outro. Acontece, sim, subsunção do fato à norma. Isto é, uma vez instaurado o pensamento presuntivo no direito, na forma de regra substantiva, geral e abstrata, sua aplicação aos casos individuais e concretos acontece nos modos enunciativos ditados pelas regras de competência e procedimentais. Em

---

28. Podemos até dizer que o poder legislativo é também aplicador do direito, enquanto sujeito enunciativo atribuído de competência pelo sistema, devendo seguir, a cada enunciação, as normas procedimentais para inserir nova unidade de sentido deôntico. A rigor, porém, entendemos por bem separá-lo da função de *aplicador*, considerando-a numa acepção mais restritiva. Ademais, tendo em vista a existência de um nome próprio – legislador – para o papel enunciativo que cumpre a Poder legislativo no sistema, descabe associá-lo ao outro termo.

29. Incluindo-se neste termo auto de infração, termo de consulta, entre outros.

nada diferem dos modos de positivação das outras regras que nada presumem. A enunciação dessas normas presuntivas dá-se, portanto, da mesma forma como as demais, enunciadas, em linguagem competente, no antecedente do veículo introdutor.[30]

Agora, nas presunções humanas, verificamos que seu processo enunciativo também se dá com o aplicador, dissociando-se dessa atitude que acabamos de diferençar, tendo em vista que aqui só este é apto a produzir o tipo presuntivo *hominis* e é ele mesmo quem organiza a causalidade presuntiva. A enunciação, neste caso, é o próprio processo decisório que toma forma no ato que exterioriza a decisão: despacho, sentença, acórdão,...[31] Exemplificando: o juiz, ao tomar em mãos os autos do processo, primeiro lê, interpreta, compreende e, por fim, decide presumindo. Feita a decisão em sua mente,

---

30. Paulo de Barros Carvalho, em excelente trabalho sobre o papel prescritivo do Preâmbulo no sistema jurídico, afirma, com a precisão vernacular que lhe é característica, o acima defendido: "Com efeito, pensemos numa sentença: o suposto invoca a competência específica do magistrado e a situação do processo, recebe um número (que é o do processo) e é proferida em determinado ponto do tempo e em certo lugar do espaço (local e data da publicação). Reúne, portanto, tudo aquilo que se requer de um fato concreto: verbo no pretérito e coordenadas espaço-temporais definidas. E como a sentença, teremos todas as demais fontes formais, sejam aquelas emanadas do Judiciário (acórdãos e outros atos de cunho jurisdicional), do Legislativo (emendas à Constituição, leis, decretos legislativos, resoluções etc.), do Executivo (decretos, instruções ministeriais, portarias, ordens de serviço, lançamentos tributários, decisões administrativas e outros expedientes) ou, no caso, cumpre ressaltar, do constituinte originário (Constituição da República). Acrescentemos aqui a multiplicidade de atos que pertenceram também à província do ordenamento normativo e que advêm do setor privado (como os contratos, promessas unilaterais de recompensa e outras manifestações jurídicas individuais)" (CARVALHO, Paulo de Barros. O preâmbulo e a prescritividade constitutiva dos textos jurídicos. *Revista de Direito Tributário*, São Paulo: Malheiros, n. 103, p. 40, 2008.

31. Em outras palavras, di-lo José Luiz Fiorin: "[...] a enunciação é um enunciado cuja função predicativa é a intencionalidade e cujo objeto é o enunciado-discurso" (*As astúcias da enunciação*: as categorias de pessoa, espaço e tempo. 2. ed. 4ª impressão. São Paulo: Ática, 2005. p. 42).

exterioriza-a por meio de ato de fala, fazendo ingressar, nele, a presunção na qualidade jurídica.

Firmemos que, para o direito, a presunção não está na decisão do intérprete, e, sim, no ato de fala. Gravemos que uma coisa é o ato de fala, outra, é a decisão. Por essência, esta é intrassubjetiva. Aquele, por seu turno, é a decisão exteriorizada em linguagem, ou aquilo que a torna intersubjetiva. Em abono desse matiz, enquanto a decisão está no plano da imanência da regra presuntiva, o ato de fala da presunção está na aparência do texto da norma. A enunciação da presunção *hominis*, portanto, é tudo isso: leitura, interpretação, compreensão, decisão e ato de fala. E é neste último, como resultado na forma (textual) de linguagem competente, que iremos buscar as marcas da enunciação e captar, em forma de simulacro, a enunciação presuntiva do tipo comum feita pelos aplicadores do direito.

Bem, no subsolo desse processo linguístico-comunicacional das presunções, tratemos agora, com intimidade, sobre a enunciação-enunciada, tecendo este rico conceito no campo dos enunciados presuntivos.

3.4.2. Presunção como enunciação-enunciada

Oferecidas as considerações propedêuticas a respeito da enunciação, vê-se que é somente pelas marcas ou traços deixados no texto que seremos capazes de, recuperando-a em forma de simulacro, assegurarmo-nos sobre a adequação daquele processo enunciativo à ordem posta. Isso autoriza dizermos que:

> [...] o linguista não mais opõe "a enunciação ao enunciado como o ato do seu produto, um processo dinâmico a seu resultado estático", mas, impossibilitado de estudar diretamente o ato da enunciação, busca 'identificar e descrever os *traços* do ato *no produto*".[32]

---

32. FIORIN, José Luiz. *As astúcias da enunciação*: as categorias de pessoa, espaço e tempo. 2. ed. 4ª impressão. São Paulo: Ática, 2005. p. 14.

O ato *no produto* nada mais é que a enunciação *no enunciado* ou, em outras palavras, a enunciação-enunciada. Em termos jurídicos, é o processo produtivo de norma, como fonte do direito propriamente dita, no enunciado prescritivo, na forma de dêiticos ou dêixis[33] que localizam e identificam pessoas, objetos, processos, eventos e atividades da enunciação daquela norma enunciada. Recuperável o processo apenas pelo e no texto, somente nele, texto, que o sistema prescritivo vai se apresentar cognoscível para o homem, na forma de atividade enunciativa ou na de produto enunciado. Com isso, o exegeta perceberá as nuances estáticas e dinâmicas do fenômeno comunicacional que o direito é.[34]

Na teoria semiótica, a enunciação-enunciada, como tudo, é estudada segundo um ponto de vista sintático e outro semântico: neste, examinam-se os percursos temáticos (temas) e figurativos (figuras) do discurso; naquele, as projeções da enunciação no enunciado, as relações entre enunciador e enunciatário, e as distinções que podem dar-se no plano da expressão. Com efeito, a composição do enunciado já é um modo de dizer e de fazer, que topicaliza a enunciação. Segundo Norma Discini, já é um *estilo*.[35] Esta, por sua vez, é sintaticamente vazia.

---

33. Os dêiticos ou dêixis, em termos semióticos, nada mais são que *embreadores*, isto é, palavras permeadas na mensagem que fazem remissão sobre o lugar e o objeto de referência, no caso, da enunciação. Aparecem na forma de pronomes pessoais (*meu, teu, ...*) ou de pronomes demonstrativos (*este, isto, aquilo ...*), advérbios de lugar e de tempo (aqui, ali, ... amanhã, daqui a pouco, ...), entre tantas outras formas que podem assumir.

34. Ouçamos José Luiz Fiorin: "Fora do texto não há salvação. Isto quer dizer que tudo o que se pode extrapolar vem do texto. É por isso que insisto na enunciação enunciada, pois já é existente. Só se pode falar de coisas a partir do texto, do que se descobre no texto. [...] A competência não está no texto. Por isso é preciso encontrar no texto os elementos suficientes para construir por pressuposição lógica o conceito de competência" (*As astúcias da enunciação*: as categorias de pessoa, espaço e tempo. 2. ed. 4ª impressão. São Paulo: Ática, 2005. p. 31).

35. DISCINI, Norma. *O estilo nos textos*: história em quadrinhos, mídia, literatura. São Paulo: Contexto Acadêmica, 2004.

À sintaxe discursiva só lhe interessam diretamente as marcas deixadas pela enunciação no enunciado, estando em relação com esta apenas por via indireta. Somente na semântica do discurso que a enunciação preencherá sua função por completo, uma vez que é lá onde está o depósito de sentido último, ponto de chegada de todo o percurso gerador de conteúdo. Assim:

> [...] os esquemas narrativos são assumidos pelo sujeito da enunciação, que os converte em discurso e nele deixa "marcas". Dessa forma, o exame da sintaxe e da semântica do discurso permite reconstruir e recuperar a instância da enunciação, sempre pressuposta.[36]

Entretanto, é no plano da sintaxe do discurso que está o interesse do nosso enfoque nesse momento. Lá encontraremos as marcas da enunciação: efeitos da enunciação no enunciado. O reconstruir da ilusão do processo enunciativo é feito pela capturação das figuras topológicas – dêiticos ou dêixis – do actante (eu/tu e ele), do tempo (agora/então) e do espaço (aqui/alhures), inseridas numa figura mais ampla que é o texto em si mesmo.

No discurso jurídico, as *marcas da enunciação* estão bem caracterizadas nas figuras topológicas que se permeiam no enunciado da lei, em sentido amplo, do acórdão, da sentença, do auto de infração, ou seja, em toda forma discursiva do sistema do direito. Exemplificando. Ao escrever "São Paulo" no bojo de um texto de Lei, figurativiza-se um "aqui" do enunciador-legislador, espaço tópico que, por coerção genérica, é um espaço enunciativo sempre presente. "São Paulo", portanto, é expressão que forma a composição do lugar do enunciado do gênero discursivo do tipo "Lei" produzida na ilusão figurativizada da cidade de São Paulo. Concedendo arras à clareza, as

---

36. BARROS, Diana Luz Pessoa de. *Teoria do discurso*: fundamentos semióticos. 3. ed. São Paulo: Humanitas, 2002. p. 72.

figuras topológicas são variantes que se constituem e modificam de acordo com o gênero do discurso e o contexto enunciativo em que se apresentam:

> [...] sua referência muda em função da situação de enunciação em que aparece [...]. São interpretáveis somente quando se sabe a quem, onde e quando o enunciado foi dito. Na verdade, até os enunciados desprovidos desse tipo de marcas remetem ao seu contexto. [...] É uma ilusão acreditar que esses enunciados se interpretam sem contexto.[37]

O contexto é interpretado, neste momento de análise, como uma totalidade de significação, ou seja, é aquilo que localiza o discurso num texto cultural maior e pressuposto ao discurso enunciado, sem o qual não se alcança o sentido em sua completude. Todo texto materializado é um *interdiscurso*, pois mantém relações dialógicas entre seus enunciados, e um *intertexto*, uma vez que as relações dialógicas estão materializadas em texto. "A intertextualidade é a maneira real de construção do texto",[38] pois está nela a suposição do panorama cultural subjacente a todo suporte textual.

Nesta linha de raciocínio, ainda no plano da sintaxe do discurso, elucidemos as formas em que a enunciação-enunciada aparece nos diferentes tipos presuntivos. Iniciemos mantendo a ordem anterior, dizendo sobre as formas entendidas legais pela doutrina tradicional das presunções. Como já afirmado em diversos momentos deste trabalho, a presunção legal veicula norma substantiva, qualificando e relacionando fatos, assim como atribuindo em termos hipotéticos e gerais diferentes efeitos jurídicos a eles. Em modo proposicional, aparece enunciada da seguinte forma:

---

37. MAINGUENEAU, Dominique. *Análise de textos de comunicação*. Tradução de Cecília P. de Souza e Silva e Décio Rocha. São Paulo: Corteza, 2001. p. 25.
38. FIORIN, José Luiz. Interdisciplinaridade e intertextualidade. In BRAIT, Beth (Org.). *Bakhtin:* outros conceitos-chave. São Paulo: Contexto, 2006. p. 164.

Dada a *ocorrência* das condições ('X'), ('Y') e ('Z') do fato presumido (Fp); deve-ser a constituição do fato jurídico tributário (Ft).

Vê-se que é norma geral e abstrata. Nela, a enunciação-enunciada não se encontra. Disso decorre a conclusão de que a enunciação-enunciada da presunção legal não compõe a norma presuntiva propriamente dita, mas está em outra a ela relacionada. Logo, sendo a presunção legal regra introduzida ou conteúdo de norma introdutora, é consequente ou consequência do veículo introdutor. Sua enunciação-enunciada cumprirá papel de antecedente na norma geral e concreta, podendo, em termos proposicionais, ser representada pelo seguinte enunciado:

> Dado que o sujeito competente, legislador, enunciou mediante procedimento legislativo competente a norma presuntiva; deve-ser a introdução no sistema da regra que institui presunção legal (absoluta ou relativa, dependendo do caso).

O veículo introdutor acima descrito é, pois, norma geral e concreta: concreta, pois o antecedente ou suposto descreve, em termos prescritivos, a enunciação da regra presuntiva, localizando-a, mediante dêiticos de conteúdo permeados no texto da norma, no tempo e no espaço; geral, tendo em vista que, em seu consequente, dita enunciado normativo que vincula a todos. Posto isto, entre a norma que institui as presunções legais e sua enunciação-enunciada dá-se relação internormativa: a primeira, norma substantiva e introduzida; a segunda, procedimental e introdutora. A enunciação-enunciada surge sempre no antecedente da norma geral e concreta, tendo por consequência a própria introdução do tipo presuntivo legal.[39]

---

39. Sistematizando, estaria apresentada da seguinte forma:
Norma introdutora (Veículo introdutor da presunção legal):
(A) Dada a enunciação da regra jurídica pela autoridade competente, mediante procedimento previsto em lei;

No mesmo sentido, veja-se também o papel enunciativo das exposições de motivos da lei que instituem as presunções. Lá estão os arcabouços históricos, racionais, finalísticos, sociopolíticos buscados pelo legislador com a ponência da norma presuntiva. De lá retiramos as dêixis de conteúdo que se referem à própria decisão em presumir, descrevendo as razões e as motivações psicológicas que levaram à positivação do enunciado presuntivo. Identificando aspectos relevantes da substância discursiva, as exposições de motivos permitem ao receptor o alcance do verdadeiro teor da mensagem segundo os padrões pelos quais nela foram transmitidos. Assim, mediante este texto introdutório da norma presuntiva, explicam-se os motivos axiológicos, topicamente localizados naquele exato momento enunciativo da regra. Tais objetivos deverão ser observados nos atos jurídicos decorrentes daquela presunção. Lembremos que a técnica presuntiva em planos tributários é mecanismo excepcional, não sendo permitido para fins meramente arrecadatórios. Preâmbulo, Ementa, Exposição de Motivos, Projeto de Lei, todos têm *status* de enunciação-enunciada, razão pela qual neles é que encontraremos os motivos ou os fins buscados com a prescrição. Vem a ponto o pensamento de Paulo de Barros Carvalho, em riquíssimo trabalho sobre o papel presuntivo do Preâmbulo no ordenamento:

> Preâmbulo, ementa e exposição de motivos cumprem, de certo modo, o mesmo objetivo: fixam dêiticos de conteúdo

---

(C) Deve ser o ingresso da "norma introduzida" no direito

Norma introduzida (Presunção legal – absoluta ou relativa):

(A) Comprovada em linguagem competente a existência jurídica do fato presumido X;

(C) Então deve ser o fato jurídico tributário Y;

ou

(A) Dada a ocorrência das condições Y, Y e Z caracterizadoras do fato presumido;

(C) Então deve ser o fato jurídico tributário W.

> que identificam aspectos relevantes da substância discursiva. Assumem o papel de *enunciação enunciada* e permitem o ingresso do receptor da mensagem no teor do que nela foi transmitido.
>
> [...]
>
> A diferença fica por conta do critério mais acentuadamente axiológico do preâmbulo, em face do caráter sumular, compendial da ementa e da inclinação preponderantemente histórica e explicativa da exposição de motivos.[40]

A exposição de motivos, portanto, é a parte da lei que remete à própria instância da enunciação do texto presuntivo. Anuncia valores, topicaliza o tempo e o espaço, determina objetivos extrafiscais específicos e que deverão estar presentes no ato de positivação de norma, funcionando, portanto, como verdadeiro espaço dêitico para localizar o momento e o lugar cultural em que se implantou a lei:

> [...] a exposição de motivos costuma dar ênfase ao clima histórico-institucional em que o diploma foi produzido, discutindo, muitas vezes, as teses em confronto na circunstância da elaboração, para justificar (dar os motivos) a eleição de determinada tendência dogmática. Sua extensão é maior do que as das duas primeiras categorias, funcionando também como introdução no espírito do tema sobre o qual dispõe o estatuto. A exposição de motivos, constando da enunciação-enunciada, manifesta-se mais próxima ao processo de enunciação do "ato de fala" jurídico, enquanto o preâmbulo e a ementa nos remetem à enunciação-enunciada, porém mais inclinadas ao enunciado do que, propriamente, ao processo de enunciação.[41]

---

40. CARVALHO, Paulo de Barros. O preâmbulo e a prescritividade constitutiva dos textos jurídicos. *Revista de Direito Tributário*, São Paulo: Malheiros, n. 103, p. 36, 2008.

41. Idem, ibidem, p. 40.

A enunciação-enunciada das regras presuntivas gerais e abstratas se apresenta numa constante expressional que surge segundo formas do tipo:

- "Presume-se [...]"
- "São considerados [...]", como modo de qualificação descritiva do fato, expressamente declarado por presuntivo;
- "Para os efeitos deste imposto, entende-se como [...]", como maneira de atribuição de efeitos jurídicos de um fato a outro;
- "A lei pode considerar por [...]", como forma de atribuição de competência para presumir;
- "Quando o volume ou a modalidade [...] aconselhar, a critério do Fisco, [...] tratamento fiscal mais adequado [...]", explicitando as ocasiões em que a presunção poderá vir a ser necessária para fins de dar aplicabilidade ao direito.

Muitos outros exemplos de dêixis na estrutura composicional das presunções postas em lei poderiam ser enumerados aqui, porém o importante é entender que:

> Em toda escolha lexical, em toda combinação frásica, há um pouco de quem os executa – o ser humano – sendo depositado no corpo do material com que trabalha, as marcas de suas crenças e ideologias, suas esperanças e frustrações. E, ao ser retomado pelo exegeta, o homem volta a expandir-se livremente, eternizando-se. Nasce e renasce em todo ato de enunciação, fazendo-se presente e onipresente.[42]

Na literalidade dos fatos gramaticais que se apresentam no enunciado, é possível retomar a enunciação, reconstruindo

---

42. CARVALHO, Paulo de Barros. O preâmbulo e a prescritividade constitutiva dos textos jurídicos. *Revista de Direito Tributário,* São Paulo: Malheiros, n. 103, p. 39-40.

o plano do conteúdo, tomando um e outro em relação recíproca: enunciação/enunciado e conteúdo/expressão. Os fatos da gramática correspondem, no nível da expressão, a um modo de ser e de dizer do sujeito da enunciação do direito. Essas recorrências linguísticas são o ponto de partida para que o exegeta possa instituir: o texto, o *ethos*, a voz, o caráter, a ideologia, a cultura e, bem assim, as finalidades, os motivos da regra colocada.

Na presunção *hominis*, a enunciação-enunciada aparece como antecedente constituinte do próprio enunciado presuntivo. Sua análise é intranormativa, ou seja, mantém correlação imediata com o enunciado-enunciado, i. e., com o fato jurídico propriamente dito. Em termos proposicionais, a norma da presunção humana poderia ser assim representada:

> Dada ausência de regra jurídica expressa aplicável ao caso em concreto; deve ser a competência do aplicador, autoridade competente, na forma da lei, decidir *segundo o que ordinariamente acontece*.

Ou, ainda, de acordo com os termos que se seguem:

> Dada ausência de regra jurídica expressa aplicável ao caso em concreto e havendo o poder-dever de decidir a lide, conforme previsão dos arts. 4º da LICC, 108 do CTN e 126 do CPC, a autoridade competente, na forma da lei, deverá (dever-ser), verificados os fatos 'F1', 'F2', 'F3', 'F4', inferir a ocorrência do fato 'F5'.

Na primeira sentença deôntica, observa-se a presunção comum como regra de competência que atribui poderes ao aplicador do direito em decidir *segundo o que ordinariamente acontece*. O poder competencial é consequência da ausência de regra jurídica expressa aplicável ao caso em conjunto com os enunciados dos arts. 4º da LICC, 108 do CTN e 126 do CPC. Por oportuno, entendemos que esta formulação normativa não deve prevalecer, tendo em vista que, em face dos artigos acima mencionados, a competência já lhe é dada na forma de norma geral inclusiva, posição portanto que não adotamos neste trabalho.[43]

Na segunda, com o mesmo suposto, temos outro ponto de vista que assume por consequente a inferência, de um fato provado 'A', do fato não provado 'B', que se reputa verdadeiro. No modo adotado pela proposição *supra*, admite argumento indutivo que, de fatos provados 'F1', 'F2', 'F3', 'F4', dá por provado, e constituído, fato 'F5'. Por isso a presunção entendida por *comum* é tida por *de fato*, e, na mesma medida, como meio de prova. Tendo o aplicador poder de livre apreciação probatória para constituir o fato não provado ('F5'), por intermédio de raciocínio fundante indutivo, e vínculo deôntico dedutivo, institui a ocorrência do fato 'F5'. Eis que a conjectura e as relações entre as ocorrências fáticas produzidas pelo aplicador fazem parte da linguagem competente em direito admitida, estando nelas o próprio modo de constituição do fato. Portanto, o direito exige do aplicador, principalmente pela natureza indutiva destes casos presuntivos, os motivos que lhe formaram o convencimento (art. 131 do CPC), devendo as decisões estar fundamentadas, ainda que de modo conciso (art. 164 do CPC).

Tomemos o exemplo do juiz como aplicador do direito, lembrando que o que se lhe aproveita admite-se aos demais que avocam a função de exegeta competente do direito. São requisitos essenciais da sentença: (i) o relatório, que conterá os nomes das partes, a suma do pedido e da resposta do réu, bem como o registro das principais ocorrências havidas no andamento do processo; (ii) os fundamentos, em que o juiz analisará as questões de fato e de direito; (iii) o dispositivo, em que o juiz resolverá as questões, que as partes lhe submeterem, tal como dispõe o art. 458 do CPC. Logo, toda decisão judiciária deve constar os fundamentos de fato e de direito que motivaram o juiz a concluir neste ou naquele sentido.

---

43. Vide item sobre *presunção, analogia* e *interpretação extensiva*.

A motivação dos atos que instituem as presunções do tipo comum encontra-se como *fundamentos de fato*. Firmemos que são elas presunções de fato, meio de prova, linguagem competente para inserir em seu consequente nova unidade deôntica de sentido factual no sistema. É o juiz que veicula a norma, que é sujeito enunciativo e que produz, ele mesmo, raciocínio indutivo para fazer ingressar na ordem, ou seja, em termos prescritivos, *aquilo que ordinariamente acontece*. É na figura do aplicador do direito, na forma das presunções humanas, que as regras sociais deixam de ser costume fora do direito para constarem como normas consuetudinárias de conteúdo jurídico, estruturante da realidade prescritiva.

A exigência de motivação impõe ao juiz uma série de incumbências enunciativas e um dever de concentrar esforços em procurar soluções que mais se adequem ao escopo e à função que o sistema jurídico-normativo impõe e demanda à regra. Tanto é assim que, em determinados casos, o direito admite a presunção *hominis* para constituir determinados fatos e dar solução jurídica à lide. É o reflexo do princípio da persuasão racional do juiz confirmado pelos arts. 131, 165 e 458, II, do CPC.

A motivação na norma presuntiva, na medida em que elucida o raciocínio indutivo, é também enunciação-enunciada. Lá estão as marcas e traços que a enunciação propriamente dita deixou no enunciado. Por estes embreadores, isto é, por aquilo que se refere à instância da enunciação, conseguimos recuperar, ficticiamente, o lugar da enunciação. Ao motivar, o juiz, na função de enunciatário da norma, impõe um ponto de vista sobre os acontecimentos narrados, regula, em forma de presunção humana, o que entende por *aquilo que ordinariamente acontece*. O costume que descreve em termos prescritivos tem origem naquilo que ele mesmo, enquanto sujeito social, experimentou, sofreu, sentiu, assimilou. A regra social consuetudinária admitida é resultado, portanto, de uma ideologia, de uma cultural localizada em sujeito, tempo e espaço precisos. A motivação do ato, portanto, é o próprio raciocínio presuntivo. Constitui ela mesma a inferência indutiva das presunções humanas.

A presunção feita pelo juiz, em função de seu *status* de representante do Estado, será respeitada com força normativa, pois é produzida com o peso da autoridade e, desse modo, gerará efeitos jurídicos entre as partes litigantes do processo jurisdicional. O raciocínio indutivo – enunciação –, quando discursivizado na forma de norma decisória – enunciado –, prescreve e vincula as partes do processo. Observados tais efeitos, e no intuito de controlar a legalidade de seus atos competenciais, percebemos que o código determina que toda sentença deve ser objetiva e a falta dos requisitos legais a ela imputada será combatida pelo sistema com base: (i) na imposição ao juiz de necessária fundamentação de sua sentença – arts. 131, 165, 458 do CPC; (ii) na possibilidade de revisão de sua decisão por instâncias superiores – arts. 464, 496, 503, 505, 512, 515, 517, 522, 530, 532, 535, 541 do CPC; e (iii) na garantia dada às partes de discutir e/ou discordar sobre tal decisão – art. 5º, LIII, LIV e LV, da CF/88.

Sendo o aplicador o exegeta da ordem jurídica de modo geral, cumpre-lhe decidir em atenção à lei posta e aos princípios gerais do direito. Observar a lei é cumprir e fazer desempenhar as normas nela contidas, o que será revelado mediante o trabalho de interpretação, partindo sempre do entendimento gramatical das palavras do texto, para, depois, inseri-las no contexto dos objetivos jurídicos a serem atingidos. Somente assim o fazendo que obterá resultado deôntico, respeitando a forma procedimental legalmente prevista, bem como os valores preceituados pelo ordenamento jurídico.

3.4.3. Presunção como enunciado-enunciado

Enunciado-enunciado é a parte da estrutura enunciada que é desprovida das marcas da enunciação. Retirado do texto tudo aquilo que se remete à enunciação, alcançamos a estrutura do enunciado-enunciado. Em termos jurídicos, é a própria mensagem expedida, isto é, o conteúdo da norma ou a composição frásica que diz quanto ao objetivo primordial do direito:

a prescrição da conduta propriamente dita. O enunciado-enunciado nas presunções apresentar-se-á sob diversas formas, conforme o tipo de enunciação produzida.

Nas presunções ditas legais, já vimos, existem duas espécies normativas que a relatam: uma, geral e abstrata, imposta pelo legislador; outra, individual e concreta, na positivação pelo aplicador daquela ao caso em concreto, que não é forma própria de presunção, mas que, neste momento, para fins de simplificar a matéria, a tomaremos desse modo. Voltaremos ao assunto no capítulo sobre as normas individuais.[44] Tanto em uma quanto em outra o enunciado-enunciado é a própria norma constitutiva do enunciado jurídico factual, proposição normativa de sentido deôntico incompleto, na medida em que depende de outras normas para regular conduta. Numa acepção mais abrangente de norma presuntiva, tanto assumindo-as em termos gerais e abstrato quanto individuais e concretos, ambas constituem o enunciado de fato, entendido este em termos amplos.[45]

---

44. Que não é forma própria de presunção, mas que, a título de simplificação da matéria, será considerada neste momento como modo presuntivo. Contudo, em momento oportuno (parte 2, Capítulo 2.5, Normas individuais), asseveraremos que nenhuma presunção, em seu sentido estrito, pode se apresentar na forma de norma individual e concreta.

45. O sentido amplo do fato quer expressar sua natureza hipotética também em termos individuais e concretos. Fato é relato em linguagem, é conceito descritivo de um dado do mundo. Logo, sua natureza conceptual lhe confere sentido abstrato mesmo considerando-o em termos individuais e concretos ou até nas suas formas relacionais, enquanto consequente normativo. Vêm à luz, por oportuno, as explicações de Karl Engisch que bem elucidou o caráter abrangente e abstrato-hipotético das situações de fato: "Mas há algo que precisamos pôr em destaque antes de prosseguirmos na nossa indagação: é que tanto a hipótese legal como a estatuição (consequência jurídica) são, enquanto elementos da regra jurídica, representadas por conceitos abstratos. Assim como os juízos hipotéticos no sentido lógico são constituídos por conceitos, de igual modo o são a prótase e a apódose de um imperativo jurídico condicional. Por isso a 'hipótese legal' e a 'consequência jurídica' (estatuição), como elementos constitutivos da regra jurídica, não devem ser confundidos com a concreta situação da vida e com a consequência jurídica

Relembremos que a presunção legal é norma introduzida e não introdutora. Logo, sua enunciação-enunciada está fora da própria estrutura normativa, isto é, encontra-se na norma que a inseriu no sistema. O que sobra é a norma introduzida, geral e abstrata ou individual e concreta, que, dado a *ocorrência* das condições ('X'), ('Y') e ('Z'), suposto da norma presuntiva, deve ser a constituição do fato jurídico ('F') como consequência a ela imputada por lei. Eis por que presunção legal é prova de fato e não meio de prova. Vejamos em termos proposicionais a forma dispositiva do processo de positivação desta regra:

Norma introdutora (meio de prova):

(A) Dada a enunciação da regra jurídica pela autoridade competente, mediante procedimento previsto em lei;

(C) Deve ser o ingresso da "norma introduzida" no direito

Norma introduzida geral e abstrata (Hipótese de prova):

(A) Dada a *ocorrência* das condições ('X'), ('Y') e ('Z') ou a *ocorrência* da hipótese factual ('A');

(B) Deve ser a constituição do Fato jurídico ('F')

Ou

Norma introduzida individual e concreta (prova)

(A) Ocorridas as condições ('X'), ('Y') e ('Z') ou acontecido o fato ('A');

(B) Dá-se por ocorrido o fato jurídico ('F')

---

concreta, tal como está a proferida ou ditada com base naquela regra. Para maior clareza chamamos por isso 'situação de fato' ou 'concreta situação da vida' à hipótese legal concretizada. Infelizmente, porém, não existe qualquer designação para a consequência jurídica concreta" (*Introdução ao pensamento jurídico*. Tradução de João Baptista Machado. 2. ed. Lisboa: Fundação Calouste Gulbenkian, 1964. p. 44-45).

A presunção legal é a norma que institui no ordenamento a existência (validade) de um fato desconhecido ('F') mediante outro fato conhecido ('A') ou ocorrências outras – condições ('X'), ('Y') e ('Z') – que levam a crer no acontecimento no tempo e no espaço do fato ('F'). Para o direito, o fato ('F') resultante do raciocínio presuntivo antes de ser deonticamente posto na forma de regra é tão só provável, possível, admissível. Quando assumido pelo ordenamento e posto em relação com outros fatos provados, de algum modo vinculado a ele, a ordem jurídica dá por provado, admitido e constituído o fato presumido. Eis a razão de as presunções legais funcionarem no universo jurídico como formas ou técnicas hipotéticas de constituição do fato jurídico. O enunciado-enunciado é, portanto, a própria norma introduzida, antecedente e consequente.

Na presunção humana, por sua vez, o enunciado-enunciado está em relação intranormativa com a enunciação-enunciada, afirmativa que se tem em face da condição de veículo introdutor desse tipo presuntivo. Já vimos que cabe ao aplicador, na ausência de lei, decidir *de acordo com aquilo que ordinariamente acontece* em função do dispositivo que não exclui a este o dever de decidir, mesmo na ausência de lei. Ao adquirir competência para constituir o fato mediante raciocínio presuntivo, o juiz decide de acordo com suas convicções, estabelecendo o próprio modo e os critérios que acomodam sua convicção de ocorrência do fato. No quadro das formulações normativas, encontraremos o enunciado da presunção humana da seguinte forma:

> Dada ausência de regra jurídica expressa aplicável ao caso em concreto e o poder-dever de decidir a lide, a autoridade competente, na forma da lei, deverá (dever-ser), verificados os fatos 'F1', 'F2', 'F3', 'F4', inferir a ocorrência do fato 'F5'.

A norma é do tipo concreta e geral: concreta, pois localiza uma situação jurídica: (ausência de regra expressa aplicável ao caso em concreto e o poder-dever de decidir a lide); geral, pois estabelece nova unidade de sentido deôntico aplicável em termos genéricos ou gerais às situações (a inferência da ocorrência do fato 'F5', verificados os fatos 'F1', 'F2', 'F3', 'F4'). No antecedente, *ausência de regra* e *poder-dever de decidir* são os motivos que ensejam o raciocínio indutivo do consequente. No suposto, é que se relatam o procedimento e a competência enunciativa do aplicador do direito, obtendo, na consequência, a mensagem prescritiva propriamente dita, isto é, a presunção comum constitutiva do fato presumido.

Diante do exposto, vê-se bem que a abordagem semiótica nas presunções elucida sobremaneira o papel e o modo enunciativo dessas figuras no direito. É o método que se desloca, a todo momento, da imanência à aparência do texto, corta e recorta o processo enunciativo, ressaltando todas as particularidades que se encontram na comunicação jurídica das diversas espécies normativas, firmando as diferenças estruturais e do procedimento existentes em cada uma delas. Nesse sentido, temos por certo que a semiótica é o modo por excelência para se aproximar da figura das presunções no direito, razão pela qual adotamo-la em toda a sua extensão e profundidade nas categorias ora estudadas.

3.5. Conceito preliminar de presunção

Supomos ter demonstrado, há muito tempo, que presunção é juízo relativo ao real. Com o enunciado presuntivo, produz-se efeito de identificação entre o fato linguístico descritivo e a realidade social ou empírica. Admite-se um pelo outro como se fossem uma só coisa. Fixando sua base no real, toda presunção é originariamente indutiva, ainda que, num momento posterior, no ordenamento, seja objeto de associações lógicas, dedutivas em sua essência.

Sendo julgamento sobre fatos, toda presunção, em direito, é matéria de ordem probatória, que se apresenta ora como os critérios jurídicos determinados em lei para construir o fato em linguagem competente, presunção hipotética do tipo posta pelo legislador, ora como os enunciados fácticos introduzidos pelo aplicador mediante provas em direito admitidas. Na forma de prova, proposição abstrata ou concreta, as presunções são assumidas tanto como instrumento ou meio para a construção do fato jurídico quanto como forma de conhecimento ele mesmo, tipo jurídico, construção na forma de hipótese que, ao estabelecer os critérios juridicamente relevantes do fato, orienta o homem na *tradução* das sensações físicas ou do enunciado de fato da linguagem social para o plano da ordem posta.

No domínio jurídico, surpreenderemos as presunções ora em sentido estático, na forma de norma, ora em termos semântico-pragmáticos, enquanto juízo de similitude ou semelhança entre objetos diferentes. A acepção estática da presunção requer seja sobressaltado o produto normativo, sua forma de regra do direito. Deste modo, presunção é norma jurídica, seja ela assumida em seu sentido deôntico completo, ou como enunciado antecedente ou consequente. São estruturas normativas que põem em relação dois enunciados – fato desconhecido ou consequência provável e fato conhecido – firmando correlação lógica entre eles, o que nada mais significa do que instituir a causalidade jurídica. Isto quer dizer, em outras palavras, que, na concepção linguística do direito, jamais pode-se dizer haver extração de um enunciado e colocação de outro em seu lugar pela técnica presuntiva. É o legislador ou o exegeta que, em sua tarefa hermenêutica, construirá a regra jurídica estabelecendo a causalidade normativa entre eles, nos limites de sua competência e na forma prescrita em lei.

Numa primeira tentativa de conceituar a presunção, firmemos que todas são normas, mas com força ou função diversas no sistema jurídico. Umas farão irromper tipo factual abstrato, prescrita em lei na forma de conteúdo hipotético geral; outras atuarão como norma introduzida, constituindo o fato em seu consequente. Algumas ainda cumpriram o papel de norma introdutora – geral e concreta – inserindo a norma constitutiva do fato em seu consequente. Nas duas primeiras, teremos verdadeiras hipóteses, lá se encontrando as presunções ditas legais ou de conteúdo hipotético. Nas terceiras é que se acham as presunções como meios de prova, de onde faremos a correlação necessária com as presunções exaradas pelo aplicador do direito, também conhecidas como do tipo humana ou *hominis*. Agora, estando no campo das provas, as presunções, em sua totalidade, funcionam no universo jurídico como formas ou técnicas de constituição do fato jurídico.

No plano semântico, a presunção é originária de um raciocínio que, ainda que fundado em premissas pouco seguras (i) ou com base na mera probabilidade (ii), são linguagem competente e constroem o fato-síntese. Nesta acepção, são verdadeiros *entimemas*, deduções silogísticas ou silogismo truncado, que, fundado originariamente numa indução, uma vez inseridos nos sistemas, são fortes o suficiente para objetivar uma dada ocorrência factual. Tem por pressuposto a igualdade essencial e a desigualdade secundária entre os enunciados factuais que põe em relação. O *genus* comum dos fatos traduz o que seja essa indução necessária.

Independentemente de ser tida por inferência dedutiva ou por indução, todo raciocínio presuntivo no direito deve vir na forma de linguagem competente, isto é, ser enunciado segundo a teoria das provas admitidas no sistema. Permanecendo na forma de juízo individual, na cabeça do sujeito que o pensa, é intrassubjetivo, portanto fora da ordem jurídica. Pertencem a outros domínios, como a moral ou a psicologia; certo é que não se encontra no ordenamento jurídico.

No campo pragmático, e da retórica do direito, presunção é aquilo que se presta a introduzir ou induzir convicção de fato ou da ocorrência do fato ali onde não houver. Pelo meio presuntivo, acolhe-se a veracidade ou verossimilhança do chamado "fato suposto" (ou presuntivo) pelo direito, para, ao final, fazer incidir a norma jurídica. É, pois, norma que institui, no ordenamento, a existência (validade) de um fato desconhecido mediante outro fato conhecido, com o objetivo de, com isso, regular condutas. Nessa dinâmica das presunções no direito, veremos que só é possível pensá-las quando entendidas na dialética meio e fim: é um específico *modus ponen* do direito que, em lugar de difícil ou impossível prova pela forma tradicionalmente prevista em lei, admite-se técnica presuntiva que faz as vezes de prova, constituindo o fato em linguagem competente, dando concrescência à proposição jurídica.

Capítulo 4

PRESUNÇÃO: ASSOCIAÇÕES E DISSOCIAÇÕES COM SEU CONCEITO

O próximo passo neste estudo é verificar a correlação que a presunção mantém com outros termos, da mesma forma como faz um dicionário, seja quando lista sinônimos ou palavras que lhe são aproximadas, seja quando enumera seus antônimos: tudo com o fim de definir o signo. Lembremos bem que cada conceito jurídico ou cada enunciado normativo tem um *campo de irradiação semântica*. Nunca uma palavra se encontra isolada em seu universo linguístico. Sua significação está sempre em correlação com outras ideias que demarcam num só tempo aquilo que está em seu conteúdo e o que lá não se encontra. Aliás, "o sentido de um signo é outro signo pelo qual ele pode ser traduzido",[1] como acentuava Roman Jakobson. O domínio semântico de um termo, portanto, existe e vai sendo identificado com maior precisão em face de uma série de outras significações, entre as quais se firmam vínculos de compatibilidade ou de incompatibilidade entre os conceitos postos em comparação.

---

1. JAKOBSON, Roman. *Linguística e comunicação*. 24. ed. Tradução de Izidoro Blikstein e José Paulo Paes. São Paulo: Cultrix, 2007. p. 23.

Tendo em vista que o demarcar do conceito se estabelece em regra colocando-o em relação com outros signos, temos que o simples fato de associar um termo a outro e estes aos seus contrários e contraditórios já constitui conteúdo, significado, podendo o exegeta inferir uma série de conclusões pela mera operação lógica que se subjaz desse liame.

Pondere-se, contudo, que a base de sinonímia não pode ser apontada sem método. Pinharanda Gomes, em belíssimo ensaio filosófico – *Pensamento e movimento* –, já dissera: "a identificação de falsos sinónimos corresponde à falsa identificação das ideias".[2] Logo, para um trabalho que se pretende guardar traço de cientificidade, é inadmissível misturar conceitos, admitindo-os como sinônimos. E a vedação se dá em dois sentidos: tanto quando se estabelece relação entre o jurídico e não jurídico quanto entre dois ou mais segmentos diversos de um só universo prescritivo. Salientamos, sempre, que, num posicionamento positivista, o universo do direito só enxerga a si mesmo, não dialogando com outras formas de existência, como as do campo do social ou mesmo as da ciência. A cada língua ou disciplina haverá métodos próprios e distintos esquemas de pesquisa e compreensão. A ordem posta, portanto, é restrita à linguagem prescritiva, na forma como estabelecida em lei. Conclusão inarredável para a análise jurídica ora empreendida: os sinônimos só poderão dar-se entre iguais, isto é, entre normas.

De mesmo modo, a falsa identificação entre institutos jurídicos, por qualquer razão, corresponde à incorreta assimilação de ideias, distintas e, por decorrência, atributivas de consequências normativas e de regimes jurídicos iguais entre eles. Assim sendo, como norma, é preciso especificar os tipos normativos presuntivos e atribuir critérios precisos para acusar quando se está diante de uma *presunção* ou não e, tendo em vista a resposta dada, conferir os efeitos jurídicos corretos a cada qual.

---

2. GOMES, Pinharanda. *Pensamento e movimento*. Porto: Lello e Irmão, 1974. p. 12.

O apontamento dos sinônimos e antônimos das presunções nos leva ao princípio de seu processo de conceituação, qualificando e classificando-a segundo diferentes elementos adotados na premissa desse raciocínio. Portanto, ao longo deste capítulo, discorreremos sobre os mais variados vocábulos que geralmente são postos em relação com as presunções, tudo com o objetivo de buscar maior precisão do termo objeto deste trabalho.

No entanto, um aviso último se faz importante. Sabendo que qualquer palavra possui, via de regra, um significado em que coexistem duas partes distintas – uma, geralmente estável, que decorre do uso, de cunho cultural; outra, geralmente instável, fruto da história individual, de caráter ideológico –, temos que, em consequência, a precisão se mostra um ideal. Dito de outro modo, nem sempre ajeita bem a linguagem à nitidez do pensamento. Mas é norteado por essa ideia utópica, de todo inalcançável, de que empreenderemos mesmo assim os mais variados esforços para fixar critérios seguros e determinar o campo semântico das presunções em direito tributário.

4.1. Presunção, pressuposto, suposto e subentendido

Presunção ou presumir, do latim, diz-se *praesumptio*, *preaesumo* ou *praesumere*. Em seu significado de base, significa pressupor, supor, prever, imaginar, conjeturar, basear-se em probabilidade. Foquemos, nesse momento, nos dois primeiros conceitos a ela relacionados.

A figura da presunção no direito é bastante presente tanto no conceito de pressuposto quanto no de suposto ou mesmo no de subentendido. Tais termos – *pressuposto, suposto* e *subentendido* – encontram-se como fundamento das relações entre enunciador (autoridade jurídica competente) e enunciatário (jurisdicionado). Para tanto, partimos da premissa de que todo discurso, e em especial o jurídico, tem por objetivo o convencimento, ou seja, o enunciador é motivado a criar uma adesão do enunciatário à verdade de seu discurso. Utiliza-se da argumentação e da retórica como estratégia para induzir a aceitação do sistema de valores que quer ver colocado.

Ao tratar a ideia de presunção como *pressuposto*, estamos circunscritos em planos sistêmicos, nos limites do direito positivo e tudo aquilo que lhe confere sentido e conteúdo, mesmo que esteja presente fora dele, mas por ele admitido, e internalizado, em face das regras postas. A presunção aqui é tratada como componente que, como a própria palavra diz, é pré-suposta do sistema, isto é, junto ao que é posto, forma a completude do que se entende por ordenamento jurídico. O legislador, ao instituir regra prescritiva, assumindo-a por válida e legítima desde pronto, com base em presunção de validade e de legitimidade do ato, situa-a no sistema jurídico como algo já conhecido, como crença e conhecimento comum da comunidade linguística. A presunção nesse sentido é *ato ilocucional*,[3] ordem prescritiva de conduta.

A ordem posta, ao atribuir competência ao legislador para escolher e apontar os fatos sociais e respectivas notas, formulando com isso a hipótese geral e abstrata da norma jurídica, impõe a todos os utentes daquele subsistema social a impossibilidade de discussão direta[4] da condição de validez daquela previsão legal. Essa interdição, em verdade, é causa que mantém o diálogo jurídico e atribui coerência à função prescritiva do direito positivo. Dá-se do mesmo modo como se o próprio ordenamento previsse uma cumplicidade fundamental entre legislador e jurisdicionado, na medida em que ambos admitem que, de um lado, o legislador institua lei que garanta direitos

---

3. Ato ilocucional (ilocucionário ou ilocutório) é o fazer algo ao se dizer este algo. Trabalha no campo da ordem, do conselho, da instigação. Segundo Austin: é "a realização de um ato ao dizer algo, em oposição à realização de um ato *de* dizer algo" (AUSTIN, J. L. *Quando dizer é fazer*: palavras e ação. Tradução de Danilo Marcondes de Souza. Porto Alegre: Artes Médicas, 1992. p. 89).

4. Pois prevê a possível discussão sobre a constitucionalidade e legalidade dos termos da lei em sentido amplo pela jurisdição, de acordo com um procedimento previamente indicado pelo ordenamento.

e deveres, sob um pano de fundo do valor *Justiça*, conceito de senso jurídico comum entre eles, e, de outro, o jurisdicionado aceite o que lhe foi imposto pelo legislador como forma de garantir seus próprios direitos. Presunção e pressuposto, portanto, estão na base, na fórmula da construção do direito positivo, do ato que confere existência ao sistema jurídico. Sobre o assunto, di-lo Diana Luz de Barros, professora de semiótica da Faculdade de Letras da USP:

> Todo ato de pressupor implica presumir e, de alguma forma, impor a adesão do enunciatário. Na definição de Ducrot, o ato de pressupor mostra-se, claramente, como uma tática argumentativa. O enunciador obriga o enunciatário a admitir o conteúdo pressuposto, sem o que o discurso não prossegue, e não lhe dá o direito de discutir, de argumentar, enfim, a partir de tal conteúdo.[5]

A partir desses pensamentos, verifica-se que a presunção de todas as leis, de validade, de legitimidade, é dado pressuposto do sistema do direito positivo, e é por isso que se descaracteriza como presunção, propriamente dita, para adquirir sentido de norma posta no sistema, verdade intrassistêmica.

E isso se dá inclusive com as presunções de ordem hipotética. Tais normas são conteúdos positivados no sistema de forma que o argumento de semelhança, que faz um fato ser substituído por outro que lhe é verossímil para adquirir os mesmos efeitos jurídicos daquele, o situa como algo já conhecido e aceito por todos os que se colocam perante aquela ordem normativa. A proposição presuntiva é considerada como fundo comum, ou seja, como algo no interior do qual o discurso deve prosseguir, pressuposto que confere garantia de prescritividade e condição de coerência do discurso jurídico.

Na raiz do pressuposto encontra-se o *suposto*, que nada mais é do que a admissão por hipótese de algo. Numa acepção

---

[5]. BARROS, Diana Luz Pessoa de. *Teoria do discurso*: fundamentos semióticos. 3. ed. São Paulo: Humanitas, 2002. p. 112.

filosófica, é aquilo que subsiste por si ou que está na substância. Etimologicamente, é palavra que vem do latim e tem como conteúdo *algo posto debaixo* ou *posto no lugar do outro*. Verificamos que, em quaisquer de seus sentidos, o suposto também está na base das presunções, mas presunções estas que cumprem outra função no ordenamento que a anteriormente citada.

Segundo o *Dicionário Houaiss*, um dos sentidos atribuídos ao presumir diz-se a "*suposição* que se tem por verdadeira".[6] Diferentemente de pressuposto, que é fundante do próprio sistema, o suposto não é o sobreposto nem o posto, mas aquilo que está debaixo do posto, ou melhor, *posto no lugar do outro*. É suposição *de fato* que se tem por verdadeira. O suposto é a própria ideia de presunção no direito. É aquilo que a identifica como matéria de fato orientada para o plano individual e concreto da norma. É, pois, algo que se volta ao conceito de presunção posta pelos aplicadores do direito. É por meio dela que o juiz ou a autoridade competente *substitui* um fato por outro, como se, na hipótese subsumida, o próprio legislador tivesse posto *algo debaixo* de outro ou, em outras palavras, houvesse prescrito outra coisa diferente daquela expressamente prevista. Tais expressões procuram figurativizar um processo lógico que, mais do que substituição propriamente dita, é modo implicacional de relação.

Por exemplo, coloca-se na presunção dita relativa *algo no lugar de outro*, tudo isso na conformidade com as regras jurídicas postas. Aqui, portanto, continuamos no domínio dos atos ilocucionais, isto é, prescrevendo ou ordenando algo ao se dizê-lo em linguagem, pela autoridade competente. No entanto, quando feita prova em contrário, o ato ilocucional transmuta-se a ato perlocucional,[7] buscando, mediante provas em direito admitidas,

---

6. HOUAISS, Antônio; VILLAR, Mauro de Salles. *Dicionário Houaiss da língua portuguesa*. Rio de Janeiro: Objetiva, 2001. p. 2644.

7. Ato perlocucional é aquele cuja finalidade é produzir determinadas consequências no interlocutor, estimulando-o a agir mediante técnicas de linguagem específicas (que produzem efeitos como ameaça, susto, agrado,

o convencimento motivado da validade da presunção. E é justamente por meio deste último que nos encaminharemos à associação: *presunção* e *subentendido*. Na medida em que ingressamos no processo, tocamos no domínio da retórica, da argumentação, e logo no campo da persuasão própria dos atos ilocucionários.

O *subentendido* se circunscreve em um novo momento funcional da presunção na ordem posta. Admite-se-o por aquilo "que se entende, mas que não foi expresso"[8] ou "aquilo que se pensa ou se deduz, mas que não foi dito ou escrito".[9] É também apresentado como *implicitude do texto*. A partir dessa definição, podemos relevar que o subentendido é atributo da retórica, encontrando-se, portanto, nas intenções do dito, como medida de efeito de sentido que surge na ou da interpretação do enunciado jurídico. Reproduz-se, nele, o simulacro da enunciação, trazendo na figura do subentendido o reconhecimento da presença do sujeito da enunciação na forma em que ele se apresenta à ordem jurídica. Liga-se, assim, ao contexto, ao modo persuasivo de que se utiliza o enunciador para fazer cumprir a prescrição legal. É *ato perlocucionário* em sua base. Portanto, está muito mais ligado à figura do aplicador do direito, seja ele juiz, autoridade fiscal autuadora ou qualquer outra pessoa por lei admitida, que, em suas razões, *deve* justificar (retórica) a opção por esta ou aquela decisão adotada, sob pena de ela não ser considerada válida – existente/aceita – no direito. Eis por que o sistema jurídico pede como requisito essencial de toda sentença "os fundamentos, em que o juiz resolverá as questões, que as partes lhe submeterem",[10] da mesma forma

---

etc.). Ato perlocucionário (perlocucional ou perlocutório) significa o efeito ou resultado no destinatário da ação de dizer alguma coisa. Está no domínio da persuasão. Sobre o assunto ver em: MOUSSALLEM, Tárek. *Revogação em matéria tributária*. São Paulo: Noeses, 2005. p. 36.

8. HOUAISS, Antônio; VILLAR, Mauro de Salles. *Dicionário Houaiss da língua portuguesa*. Rio de Janeiro: Objetiva, 2001. p. 2623.

9. Idem, ibidem, p. 2623.

10. Art. 458, incisos II e III, do CPC (Lei 5.869, de 11 de janeiro de 1973) e art. 165 do CPC.

como acontece no procedimento administrativo federal, em que os autos de infração ou notificação de lançamento "deverão estar instruídos com todos os termos, ou depoimentos, laudos e demais elementos de prova indispensáveis à comprovação do ilícito".[11]

Na presunção expedida pelo aplicador, para que ela seja aceita como suposição que se tem por verdadeira, deve passar pelo contraditório e ampla defesa e somente após este procedimento/processo ser confirmada e aceita como realidade jurídica. Sua condição de admissibilidade não se dá de imediato, portanto. Com fundamento em regra posta pela ordem normativa, o juiz ou a autoridade fiscal, diante de condições de difícil prova e como autoridade atribuída de competência para presumir segundo o senso comum das coisas, de acordo com aquilo que geralmente acontece, deve decidir julgando pautado nos indícios apresentados nos autos, com fundamento na aparência da verdade do fato, e a partir deles fazer seu juízo, seu convencimento, justificando-o nos termos da lei. Uma vez enunciada a presunção em linguagem competente, o fato dá-se por verdadeiro. A norma transforma o subentendido da lei, a implicitude do texto, em certeza jurídica no decisório, dando condição ilocucional àquele juízo.

Importante asseverar que *o que está implícito ou subentendido na lei* não confere ao aplicador poderes plenos para entender qualquer coisa que queira. Este, como veremos, está limitado ao produto legislativo e, quando em situações de implicitude, à exegese imposta pelo sistema. Deve ir além do direito sem sair dele. É o que leciona Lourival Vilanova:

> A função jurisdicional ou encontra o direito explícito, ou o desenvolve, quando implícito. O que está implícito já existe, não está por criar. Assim, a função jurisdicional nunca se

---

11. Art. 9º do Decreto 70.235, de 6 de março de 1972. (Redação dada pela Lei 8.748, de 1993.)

equipara à função legislativa ou ao poder de editar normas gerais (que também o tem o Poder Executivo, no exercício de seu *ordinance power*).[12]

Dito isso, ainda que a título introdutório, temos que as variações funcionais e cognoscitivas de cada forma presuntiva nos conferem instrumental suficiente para dissociá-las em três categorias distintas no direito: *presunção* de sistema como pressuposto (i); *presunção* posta pelo legislador no domínio do suposto (ii); presunção factual constituída pelo aplicador no campo do subentendido (iii).

4.2. Presunção, dedução e indução

Neste tópico, abordaremos interessante distinção entre os raciocínios ditos presuntivos no processo de positivação da norma jurídica, que reconhece um fato conhecido por outro desconhecido. A relevância do tema se faz presente na medida em que encontramos autores que ora qualificam a conjectura presuntiva como modo de argumento dedutivo,[13] ora na forma de raciocínio indutivo.[14] Afinal, a presunção é dedutiva ou indutiva?

---

12. VILANOVA, Lourival. Proteção jurisdicional dos direitos numa sociedade em desenvolvimento. *Escritos jurídicos e filosóficos*. São Paulo: Noeses, 2005. v. 2, p. 482.

13. Veja conceito proposto por José Artur Lima Gonçalves: "estrutura do **procedimento intelectual dedutivo**, que parte de fato conhecido para alcançar um fato desconhecido" (*Imposto sobre a renda*. Pressupostos constitucionais. São Paulo: Malheiros, 1997. p. 127 – grifos nossos).

14. Tal qual José Manoel de Arruda Alvim: "O que se exige sempre é que as presunções sejam graves, precisas e concordantes. São graves, quando as relações do fato desconhecido com o fato conhecido são tais, que a existência de um estabelece, por **indução necessária**, a existência do outro. São precisas quando as **induções**, resultando do fato conhecido, **tendem a estabelecer direta e particularmente o fato desconhecido e contestado**. São concordantes, enfim, quando, tendo todas uma origem comum ou diferente, tendem, pelo conjunto e harmonia, a afirmar o fato que se quer provar (Laurent, ob. cit., n. 636; Labori, ob. cit., verb. Preuve, n. 522)" (*Manual de direito processual civil*. 3. ed. São Paulo: RT, 1986. v. 2, p. 400 – grifos nossos).

Qual o critério que distingue juízo dedutivo de indutivo? Que é dedução? E indução? Eis o momento de avaliar em termos precisos tais conceitos e localizá-los no processo presuntivo.

Em sentido filosófico, diz-se dedutivo ou dedução o "processo de raciocínio através do qual é possível, partindo de uma ou mais premissas aceitas como verdadeiras a obtenção de uma conclusão necessária e evidente";[15] e indutivo ou indução "raciocínio que parte de dados particulares (fatos, experienciais, enunciados empíricos) e, por meio de uma sequência de operações cognitivas, chega a leis ou conceitos mais gerais, indo dos efeitos à causa, das consequências ao princípio, da experiência à teoria".[16] Tais palavras são qualidades da forma de pensar, do método, ou, também, do resultado. Dizem com premissas e lógicas diferentes, razão pela qual, a despeito de serem colocadas em termos paritários, dedução e indução são modos distintos do raciocinar, como veremos abaixo mais detalhadamente.

O método indutivo ou indução, como se viu, parte de dados particulares. Seu campo cognitivo se encontra nos enunciados empíricos, na experiência vivida que, sentida e interpretada pelo homem, organiza relações, associa dados de fato, constrói vínculos identificando uma sequência de operações cognitivas que podem ser de diversas ordens: causa e efeito, meio e fim, etc. Tal raciocínio, quando enunciado, institui leis ou conceitos mais gerais, indo dos efeitos à causa, das consequências ao princípio, da experiência à teoria.

Investigações semânticas revelam que o raciocínio indutivo se inicia de premissas empiricamente verificáveis, percebidas segundo uma constância ou repetição. Estas, por sua vez, geram o sentimento de previsibilidade, de probabilidade, de conhecimento prévio e até, por que não, de certeza daquilo que

---

15. HOUAISS, Antônio; VILLAR, Mauro de Salles. *Dicionário Houaiss da língua portuguesa*. Rio de Janeiro: Objetiva, 2001. p. 924.
16. Idem, ibidem, p. 1608.

venha a ocorrer. Esses juízos factuais – de fato previsível, provável, conhecido e/ou certo – são a própria conclusão do pensamento indutivo que tomam aquelas recorrências no papel lógico de premissas que levam a crer sobre a veracidade da ilação, enquanto resultado, ou do raciocínio como um todo. Nessa toada, as premissas do pensamento indutivo não são provas concludentes da ocorrência de um determinado evento; fornecem-nos algumas provas ou alguns indicativos que *nos levam a crer* no sucesso do evento, segundo o grau de verossimilhança ou probabilidade.[17]

Com pretensões de formular enunciados existenciais, o juízo indutivo nunca será universal. Em termos lógicos, a abrangência desses enunciados não esgota o universo de seus objetos a que se refere em número indeterminado ou infinito. Generalidade, base sobre a qual se fixam as premissas da indução, é resultado de produto lógico incompleto e só se pode entendê-la *geral* em termos gramaticais, e não lógicos. Nem mesmo se admite pensá-la em sentido empírico, pois a *constância das relações* não é verificável experiencialmente, como bem apontou Lourival Vilanova:

> A hipótese da indução generalizadora é a da *constância das relações*. É a lei universal de causalidade, que, com o estatuto de hipótese universal, é inverificável, experiencialmente. Ela é uma condição, digamos em léxico kantiano, é uma condição transcendental da experiência.[18]

Nesse passo, a hipótese generalizadora da indução é raciocínio que se serve de experiências individuais e particulares,

---

17. Na mesma linha, rememoremos o sentido indutivo nos dizeres de Irving M. Copi: "Um raciocínio indutivo, por outro lado, envolve a pretensão, não de que suas premissas proporcionem provas convincentes da verdade de sua conclusão, mas de que somente forneçam *algumas* provas disso" (*Introdução à lógica*. Tradução de Álvaro Cabral. 2. ed. São Paulo: Mestre Jou, 1978. p. 35).
18. VILANOVA, Lourival. *Causalidade e relação no direito*. 4. ed. São Paulo: RT, 2000. p. 80.

partindo de uma sequência de vínculos associativos cognitivos ou simplesmente retóricos, para chegar a uma lei, norma, princípio ou mesmo conceito mais geral. Segundo Othon Garcia, "pela indução, parte-se da observação e análise dos fatos concretos, específicos para se chegar à conclusão, à norma, à regra, à lei, aos princípios, quer dizer, à generalização".[19]

A lei, frise-se, não é universal, uma vez que, na forma indutiva, jamais se alcança ou se limita ao campo da experiência normada. Sempre são possíveis outros casos, novas hipóteses. A aspiração universalizante dessa estrutura é apenas de ordem gramatical: "todos" os casos. Pretende, por generalização, assumir *todas* as formas que se enquadram em seus critérios. O problema é que nem sempre seus elementos são aptos a abraçar a variedade dos objetos cognoscíveis.

O pensamento acima efunde sua influência por todas as províncias do raciocínio indutivo. Em valores lógicos, dele decorre a conclusão de que, partindo de dados particulares (fatos, experienciais, enunciados empíricos) para deles retirar, por meio de operações cognitivas generalizadoras, leis ou conceitos mais gerais, as proposições indutivas nunca serão válidas ou inválidas, mas sim melhores ou piores, tendo em vista os critérios adotados.[20]

Feitas as explanações iniciais, bem se vê que, nas presunções, o raciocínio indutivo se revela tanto no plano do tipo legal, na figura do legislador ao positivar a regra presuntiva geral e abstrata, quanto no domínio da forma comum ou humana, no

---

19. GARCIA, Othon. *Comunicação em prosa moderna*: aprenda a escrever, aprendendo a pensar. São Paulo: Ed. FGV, 2003. p. 306.
20. Vejamos novamente Irving Copi: "Os argumentos indutivos não são 'válidos' nem 'inválidos' no sentido em que estes termos se aplicam aos argumentos dedutivos. Os argumentos indutivos podem, é claro, ser avaliados como melhores ou piores, segundo o grau de verossimilhança ou probabilidade que as premissas confiram às respectivas conclusões" (*Introdução à lógica*. Tradução de Álvaro Cabral. 2. ed. São Paulo: Mestre Jou, 1978. p. 35).

papel do aplicador ao prescrever segundo *o que ordinariamente acontece* contudo comparece no enunciado da norma apenas como enunciação-enunciada. Em ambos os casos, tanto legislador quanto aplicador aparecem como fonte do direito, isto é, sujeito enunciativo apto a introduzir nova unidade de sentido deôntico no sistema, inovando a ordem posta, partindo-se de casos particulares para deles retirar regra generalizante. Vejamos como isso se ocorre.

Na primeira ocasião, o legislador parte da observação e análise da recorrência dos fatos concretos para chegar à conclusão generalizadora: a norma presuntiva. O enunciado jurídico que institui a presunção hipotética tem por premissa a generalidade empírica, isto é, um 'Fa', alguns 'Fa', a relação de causalidade empírica entre um 'Fa' e um 'Fb' ou qualquer outra associação que se faça em termos extrajurídicos. Logo, as premissas se encontram fora do direito. A conclusão, por sua vez, é juízo que poderá vir a ser jurídica ou não, dependendo de ser enunciada em linguagem competente, ou seja, pela autoridade e procedimento prescrito em lei. O direito, tenhamos sempre em mente, só conhece o que lhe pertence, aquilo que está *no* ordenamento. Fora dele, juridicamente nada se sabe sobre os objetos. Assim, o raciocínio indutivo da presunção legal, da mesma forma como toda indução, inicia-se de premissas empiricamente verificáveis pelo legislador, enquanto político do direito. É ele, de acordo com suas experiências, que perceberá uma constância ou repetição de fato. E, quando estas forem suficientemente fortes para despertar o sentimento de previsibilidade, de probabilidade, de conhecimento prévio e de certeza daquilo que venha a ocorrer, o legislador fará irromper a conclusão, a norma, a regra, a lei, os princípios, quer dizer, a generalização indutora própria das presunções em lei.

Estabelecido o vínculo associativo na mente do intérprete, quando investido na qualidade de legislador do direito e cumpridos os requisitos procedimentais, esses juízos indutivos ingressam no sistema veiculando norma jurídica indutora ou, como é mais conhecida, *presunção legal*.[21] A generalidade empírica que toma aquelas recorrências no papel lógico de premissas do argumento indutivo se torna generalidade formalizada, isto é, na forma do direito porque pertencente ao universo da ordem posta. A conclusão ou síntese do pensar indutivo, ao ingressar como ordem posta, constitui os enunciados factuais na qualidade de fato jurídico previsível, provável, conhecido e/ou certo. Eis o argumento indutivo estabelecendo a ponte entre os domínios do não-direito e do direito, fazendo ingressar, como fonte do ordenamento propriamente dito, novas estruturas de sentido deôntico, no caso, do tipo geral e abstrata.

Porém, nem sempre o pensamento indutivo é produzido pelo legislador, podendo, em algumas hipóteses, ser enunciado pelo aplicador do direito, seja ele entendido aqui como juiz de direito, conselheiro administrativo, autoridade fiscal, particulares, entre outros. O que importa é que, na figura do aplicador do direito, o intérprete faça ingressar no ordenamento, por meio indutivo, a generalidade empiricamente verificável, positivando-a em enunciado geral e concreto. Em outros termos, para fins de resolver o problema jurídico que se apresenta, o aplicador, segundo um grau de verossimilhança ou probabilidade, formula enunciados de fato. O fato presumido é a própria conclusão do raciocínio indutivo produzido pelo exegeta, produto este que se constrói embasado em premissas que proporcionam provas convincentes da verdade de sua existência, mas de que somente forneçam *algumas provas* ou *alguns indicativos* de que existe realmente.

A pretensão indutiva é generalizar em face de uma constância do que ocorre. Generalizando, o exegeta não fecha a possibilidade de exceção. O *geral* nunca é exaustivo de um universo de objetos, razão pela qual, em sentido lógico, é

---

21. E a expressão abarca tanto os casos absolutos quanto os relativos, uma vez que o pensamento indutivo não se encontra na força constitutiva ou probatória da estrutura no sistema.

incompleto. Logo, a indução não tem validade universal. Eis a condição de transcendência da realidade bruta que ultrapassa os limites do conhecimento humano e que transforma a linguagem em mecanismo, logicamente, impotente para traduzir a multiplicidade das qualidades dos enunciados empíricos.

Partindo da constância das relações, nas presunções humanas ou comuns, o aplicador do direito irá presumir segundo *o que ordinariamente acontece,* como bem aponta art. 335 do CPC. A observância de uma generalidade empírica, indutivamente obtida, é a premissa do raciocínio presuntivo do tipo *hominis* (antecedente) e a conclusão nada mais é que a própria constituição do enunciado factual generalizante (consequente).

Veja-se que a *recorrência das relações*, premissa do raciocínio indutivo do aplicador do direito, não é prova concludente da ocorrência de um determinado evento. Fornece algumas provas ou alguns indícios que têm pretensão de provar o sucesso de um fato em face da verossimilhança ou probabilidade que têm com outros que lhe são associados pelo exegeta. A repetição das relações não é verificável na experiência, mas revela expectativa de previsibilidade, de probabilidade, de conhecimento prévio ou de certeza de que o evento ocorra ou tenha ocorrido naquele formato.

Ao presumir, na forma indutiva, o intérprete autêntico, dada a ausência de regra jurídica expressa aplicável ao caso em concreto e o poder-dever de decidir a lide, assume o fato como previsível, provado, previamente conhecido ou mesmo certo. O enunciado factual, uma vez inserido no sistema mediante enunciação competente feita pelo aplicador do direito, é dado por certo até prova em contrário. Lembremos que o fato presumido não é verificável na experiência, mas é resultado de um raciocínio do aplicador que, segundo o que ordinariamente acontece de acordo com suas próprias vivências, generaliza e conclui, positivando a certeza da ocorrência do fato até que se prove a negativa. Eis a presunção comum enquanto enunciado factual na base indutivamente construído.

Disso decorre a conclusão de que "tanto na presunção legal quanto na presunção simples liga-se um fato desconhecido a um fato conhecido, só que essa relação entre os fatos tem origem diversa":[22] enquanto na primeira o raciocínio indutivo tem como sujeito da enunciação o legislador e o procedimento é a própria forma de positivação da norma geral e abstrata na lei, na segunda, a indução é resultado do pensamento do aplicador do direito, que, na ausência de regra jurídica expressa aplicável ao caso em concreto e havendo o poder-dever de decidir o problema jurídico, forma da lei, o exegeta deverá, verificados os fatos 'F1', 'F2', 'F3', 'F4' ou *o que ordinariamente acontece*, pela verossimilhança ou probabilidade, inferir a ocorrência do fato 'F5'." Num caso ou no outro, o pensamento indutivo está sempre na formação do raciocínio de quaisquer desses tipos.

Também nas presunções é possível encontrar a forma dedutiva de raciocínio. É o que podemos observar no tipo presuntivo legal positivado pelo aplicador do direito. Prescrita a regra presuntiva geral e abstrata, o aplicador positiva a norma da presunção legal ao caso em concreto tomando-a como premissa dedutiva: constrói o enunciado factual, subsume o fato à norma e positiva a regra em termos individuais e concretos.

Lembremos que todo processo de positivação é inferência dedutiva, ou seja, "processo pelo qual se chega a uma

---

22. GONÇALVES, José Artur Lima. *Imposto sobre a renda*. Pressupostos constitucionais. São Paulo: Malheiros, 1997. p. 128. E continua o autor: "na primeira, a legal, a causa da vinculação fatos conhecido/desconhecido está na lei, ao passo que, na segunda, a simples, a vinculação é deferida ao prudente critério do juiz". Apesar de discordar da segunda parte da assertiva do autor, consideramos oportuno enunciá-la para fins de repisar o posicionamento deste trabalho. Entendemos, como afirmado ao longo do texto *supra*, que a diferença não está em que um tem origem na lei e outro na mente do juiz. Não. Como já bem apontado, a diferença está no processo enunciativo de introdução da norma e na própria qualidade da norma introduzida. Para o direito, tudo deve estar na lei, até mesmo o raciocínio do juiz. Enquanto pensamento do intérprete do direito, a presunção nada tem de jurídica. Somente quando posta em linguagem competente é que adquirirá sentido constitutivo de *fato jurídico*, será meio de prova.

proposição, afirmada na base de uma ou outras mais proposições aceitas como ponto de partida do processo".[23] A regra na lei ou, no caso, a presunção positivada pelo legislador mediante raciocínio indutivo é o próprio enunciado aceito como ponto de partida para se produzir o argumento dedutivo e prescrever, em termos individuais, a norma presuntiva, construindo o fato presumido. Somente mediante pensamento dedutivo é que se pode fornecer, em termos jurídicos, prova conclusiva da ocorrência do fato para aquele universo.

No raciocínio dedutivo, sendo verdadeiras as premissas, verdadeira deve ser sua conclusão. Portanto, diz-se válido o argumento que tem premissas e conclusão verdadeiras.[24] A verdade no domínio jurídico, já vimos, não é a verdade empiricamente verificável. A cada língua uma realidade; a cada disciplina, um universo. Não há dialética entre ser e dever-ser, emprestando-se valores de existência de um domínio ao outro. A *verdade empírica* (ser) não é condicionante do que se entende por *verdade jurídica* (dever-ser). Ser juridicamente verdadeiro nada mais é que ser válido no sistema. Validade, por seu turno, não é qualidade da norma, mas condição de sua existência na ordem posta. Sendo válida, a norma existe. É enunciado com sentido deôntico e regula condutas.

Um raciocínio dedutivo é considerado por *válido* quando suas premissas, se verdadeiras, fornecem *provas convincentes* para sua conclusão.[25] Em outras palavras, admite-se por válida

---

23. COPI, Irving M. *Introdução à lógica*. Tradução de Álvaro Cabral. 2. ed. São Paulo: Mestre Jou, 1978. p. 21.
24. No dizer de Irving Copi: "Um raciocínio dedutivo é *válido* quando suas premissas, se verdadeiras, fornecem provas convincentes para sua conclusão, isto é, quando as premissas e a conclusão estão de tal modo relacionadas que é absolutamente impossível as premissas serem verdadeiras se a conclusão tampouco for verdadeira" (Idem, ibidem, p. 35).
25. Ainda em Irving Copi: "[...] somente um argumento *dedutivo* envolve a pretensão de que suas premissas fornecem uma prova *conclusiva*. No caso dos argumentos dedutivos, os termos técnicos 'válido' e 'inválido' são usados no lugar de 'correto' e 'incorreto'" (*Introdução à lógica*. Idem, p. 35).

a dedução quando suas premissas e sua conclusão estão de tal modo relacionadas que é absolutamente impossível as premissas serem verdadeiras sem que a conclusão também o seja. O mencionado vínculo é o que se vê entre norma geral e abstrata – premissa – e individual e concreta – conclusão – no processo (dedutivo) de positivação. O raciocínio indutivo, positivado pelo legislador, uma vez construído na forma de norma jurídica, é fundamento aceito como ponto de partida para o pensar dedutivo do processo de positivação. Enquanto aquele, indução, é fonte do direito, isto é, estabelecendo diálogo entre o não jurídico e o jurídico; este, dedução, é fruto da própria autopoiese do ordenamento, mantendo-se estritamente nos domínios jurídicos, isto é, articulando-se somente mediante estruturas de seu universo.

Entre a norma geral e abstrata e a individual e concreta dá-se o processo de positivação da regra presuntiva na forma de dedução. Será válido o processo e, por consequência, seu resultado – a proposição individual e concreta –, se válida a norma geral e abstrata. Caso contrário, a presunção legal posta pelo aplicador do direito, assim como a do legislador, é inválida, desqualificando a cadeia de positivação como um todo.

Pelo exposto, asseveramos que qualquer tipo presuntivo é constituído por uma indução da base, que dá início ao raciocínio da presunção, seguido de uma associação dedutiva entre a regra e o fato presumido ou hipótese presumida, bem como de um vínculo de implicação entre o enunciado presuntivo síntese e o fato jurídico em sentido estrito. Em termos gráficos, representamos tais sucessões lógicas da seguinte forma:

A reprodução esquemática acima quer demonstrar efetivamente que é impróprio caracterizar o raciocínio da presunção tão só como indutivo ou dedutivo. Há um tanto dos dois para se constituir na forma como se apresenta. É improcedente ou no mínimo reducionista toda definição das presunções que a assuma somente como indução ou como dedução.

4.3. Presunção, conotação e denotação

Toda palavra exibe dois modos de sentido: conotativo e denotativo, conforme Stuart Mill;[26] ou, na forma leibniziana,[27] intensão e extensão. No primeiro caso, o significado é "algo que uma palavra ou a coisa sugere"[28] ou "propriedade por meio da qual um nome designa uma série de atributos implícitos em

---

26. MILL, Stuart. *Sistema de lógica dedutiva e indutiva*. São Paulo: Abril Cultural. 1989.

27. LEIBNIZ, Gottfried Wilhelm von. *Discurso de metafísica*. Tradução de Marilena Chauí. São Paulo: Abril Cultural, 1979. (Coleção Os pensadores.) Do mesmo autor, ver também: *Da origem primeira das coisas*. Tradução de Carlos Lopes de Mattos. São Paulo: Abril Cultural. 1979. (Coleção Os pensadores.)

28. HOUAISS, Antônio; VILLAR, Mauro de Salles. *Dicionário Houaiss da língua portuguesa*. Rio de Janeiro: Objetiva, 2001. p. 805.

seu significado, para além do vínculo direto e imediato que se mantém com os objetos da realidade".[29] Ou seja, o conteúdo conotativo quer significar todo conjunto de alterações ou ampliações que, por associação linguística ou identificação com o próprio objeto empírico, se voltam semanticamente a um mesmo signo. É sentido estendido ou extensão, pois um só significante de uma palavra é apto a referir genericamente a vários membros de um conjunto, indicando apenas as propriedades necessárias ao objeto para pertencer àquele grupo. A classe é a própria extensão do conceito que constitui ela própria o significado do vocábulo.

Já na denotação ou intensão da palavra existe verdadeiro "vínculo direto de significação (sem sentidos derivativos ou figurados) que um nome estabelece com um objeto da realidade".[30] Há verdadeira "relação significativa objetiva entre marca, ícone, sinal, símbolo etc., e o conceito que eles representam".[31] Isto é, o conceito denotativo é enunciado protocolar que determina os atributos do termo, apontando para o objeto. É intenso, pois enuncia com profundidade as propriedades que se predicam a um mesmo vocábulo. A relação entre significante e significado é direta estabelecendo vínculo estrito e preciso entre a palavra escrita e o conceito que eles representam, sem sentidos derivativos ou figurados. Não fala da classe, em termos gerais, mas do objeto pertencente a ela, especificamente, restringindo o ponto de vista num enfoque objetivo.[32]

---

29. HOUAISS, Antônio; VILLAR, Mauro de Salles. *Dicionário Houaiss da língua portuguesa*. Rio de Janeiro: Objetiva, 2001. p. 805.

30. Idem, ibidem, p. 939.

31. Idem, p. 939.

32. Não incorrendo no mau vezo de repetir exaustivamente os conceitos, consultemos a síntese proposta por Tercio Sampaio Ferraz Jr.: "[...] o sentido do vocábulo a ser definido é alcançado de dois modos. Quando se diz que uma palavra significa algo, isso tem a ver com *denotação* (relação a um conjunto de objetos que constitui a sua *extensão* – por exemplo, a palavra *planeta* denota os nove astros que giram em torno do sol) e com *conotação*

Diante desse quadro, fica claro ser possível definir o sentido de qualquer palavra sob esses dois aspectos, nas duas formas propostas. Lembrando sempre que o próprio significado, em plano estrito, não reside naquilo que os conceitos denotam, mas na ideia que eles conotam. Esta é a razão para alguns predicarem ao sentido conotativo o próprio ato de compreensão, entendendo a acepção conotativa como compreensão-extensão, isto é, como aquilo que está subjacente ao definir convencional de um termo. No direito encontraremos do mesmo modo estes dois tipos significativos nos enunciados das normas, algumas de cunho conotativo ou extenso, outras de caráter denotativo ou intenso.

Cumprem a função conotativa na ordem posta os enunciados que compõem as normas gerais e abstratas, tanto o antecedente quanto o consequente. Quer dizer, aqueles fraseados de sentido deôntico que enumeram as classes com as notas que um objeto deve ter para ser considerado como fato ou relação jurídica. Significam, de modo primário, a classe à qual pertencem esses enunciados factuais, designando uma série de atributos implícitos em seu significado e, de forma secundária, ao plano denotativo dos termos, isto é, à significação individual dos elementos que compõem a classe. Sublinhando o papel conotativo das normas gerais e abstratas, este é o depoimento de Paulo de Barros Carvalho:

> [...] no plano das normas gerais, teremos apenas a indicação de classes com as notas que um acontecimento precisa ter para ser considerado fato jurídico (no antecedente),

---

(relação a um conjunto de propriedades que predicamos ao vocábulo e que constitui a sua *intensão* – grafado, na terminologia linguística, com **s** – por exemplo, a palavra *humano* conota ser pensante, masculino ou feminino). Assim, denotativamente, definir é apontar qual o conjunto dos objetos e, conotativamente, é determinar os atributos do termo. Definida uma palavra por sua denotação, não se pode incluir objetos que estão fora do conjunto e, por sua conotação, propriedades que não lhe pertencem" (FERRAZ JR., Tercio Sampaio. *Direito constitucional*: liberdade de fumar, privacidade, estado, direitos humanos e outros temas. Barueri: Manole, 2007. p. 20).

implicando a indicação de classes com as notas que uma relação tem de ter para ser considerada como relação jurídica (no consequente). Um enunciado conotativo implicando outro enunciado conotativo.[33]

Nas presunções veremos normas conotativas ou extensivas apenas no modo presuntivo posto em lei. Somente na presunção prescritiva legal é que se têm caracterizado os elementos pelos quais o fato presuntivo ou a coisa presumida sugerem.

Diferentemente das legais, não há nas presunções ditas humanas ou comuns indicação de classes ou as notas que um acontecimento precisa ter para ser considerado como fato jurídico presuntivo. O aplicador do direito o faz por aquilo que entende ser *o que ordinariamente acontece*. Logo, nesse caso, não há evocação de propriedade implícita, mas sempre caracterização do fato individualmente localizado do objeto em si mesmo considerado. Nesses termos, vê-se que nas presunções comuns o significado aparece somente na forma denotativa ou intensiva. Quando o legislador prescreve o tipo presuntivo em lei, o faz, necessariamente, mediante enunciados extensivos, não designando vínculo direto e imediato com o fato, mas, diametralmente oposto, por proposições que se referem indireta e de forma mediata ao fato. São classes, em sentido factual hipotético, e não o fato em si. Desse modo, tanto como hipótese quanto como relação jurídica abstrata, o enunciado da presunção legal aparece na forma conotativa ou extensiva, permitindo a compreensão geral do universo dos fatos a ela submetidos.

É no sentido denotativo que presunções legais e humanas positivam o direito e regulam condutas num dado tempo e espaço. Naquelas, ocorre verdadeira subsunção do fato à norma, isto é, das significações objetivas às propriedades relacionadas

---

33. CARVALHO, Paulo Barros. *Direito tributário*: fundamentos jurídicos da incidência. 8. ed. São Paulo: Saraiva, 2010. p. 199.

na classe geral e abstrata. Dá-se da mesma forma como qualquer outro processo subsuntivo na ordem posta: construído o fato presuntivo em linguagem competente, verificam-se quais as propriedades juridicamente relevante que predicamos a ele e sob qual hipótese é possível enquadrá-lo. Feita a subsunção do fato presuntivo à norma geral e abstrata da presunção em lei admitida, por meio do vínculo implicacional, deve-ser o consequente (ou prescritor) da regra.

Nas presunções humanas, já nos antecipamos em dizer que estas só aparecem no direito na forma denotativa ou intensiva. O significado objetivo do fato presuntivo é dado e construído pelo aplicador do direito. É ele quem vai estabelecer a relação significativa objetiva entre marca, ícone, sinal, símbolo etc., e o conceito que eles representam, presumindo em enunciado prescritivo individual e concreto, subsumindo-o em seguida a uma hipótese já posta em lei. A presunção humana só aparece no sistema jurídico como verdadeiro vínculo direto de um conjunto de propriedades individuais que o exegeta predica ao vocábulo presuntivo com o objeto[34] da realidade jurídica.

A partir da enunciação do fato concreto é que tanto na presunção entendida por legal quanto na *hominis* se predicam direitos e deveres aos sujeitos indicados pela norma presuntiva. A propósito, vejamos o que diz Paulo de Barros Carvalho: "Eis que o nascimento dos direitos e deveres subjetivos no contexto da relação jurídica também se manifesta por um fato, instaurando-se mediante a formação de um **enunciado linguístico, protocolar e denotativo**".[35]

Em apertada síntese, no direito, a articulação entre enunciados conotativo e denotativo faz parte do processo de

---

34. Ressaltando sempre que todo objeto é construção linguística e, no direito, só se realiza mediante linguagem competente.
35. CARVALHO, Paulo de Barros. *Direito tributário*: fundamentos jurídicos da incidência. 8. ed. São Paulo: Saraiva, 2010. p. 199.

positivação das normas. Pelo simples fato de as presunções legais prescreverem expressamente as propriedades genéricas pelas quais o fato presuntivo legal precisa ter para se realizar em termos individuais e concretos na forma de presunção é que ela pode apresentar-se tanto na forma de enunciado conotativo ou extensivo, norma geral e abstrata presuntiva, quanto em modo denotativo ou intensivo, norma individual e concreta presuntiva. Nas presunções humanas, a regra não diz, em forma literal, quais as características gerais e abstratas do fato presuntivo. Admite-se ao aplicador do direito que ele presuma, na forma comum, segundo aquilo que ele entenda seja passível se presumir pela sua percepção individual. De início, não há previsão expressa em lei das notas necessárias do fato. O enunciado presuntivo surge apenas topicamente, quando diante de um acontecimento, individual e concreto, que pede presunção casuística. Feito o enunciado de fato, cabe ao legislador, com base no princípio da legalidade, encontrar uma hipótese a ele aplicável, subsumindo-o a um tipo normativo e dando-lhe consequência jurídica. Vejamos representação abaixo:

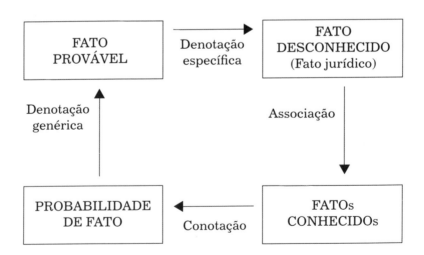

4.4. Presunção, suporte físico, significado e significação

O triângulo semiótico identifica o signo sob três aspectos constitutivos: suporte físico, significado e significação, todos funcionando para dizer do sentido mínimo existente no signo, como bem o descreve Fabiana Del Padre Tomé no trecho abaixo:

> O suporte físico é o elemento material que funciona como estímulo à mente do sujeito que com ele entra em contato (plano da expressão), referindo-se a certo objeto, entendido como a ideia individualizada daquilo que se pretende representar (significado) e dando ensejo à produção mental (significação).[36]

Aplicado à figura das presunções, o triângulo semiótico verá no suporte físico a estrutura frásica e material do texto presuntivo. São, portanto, desde as marcas de tintas no papel quanto o impresso propriamente dito que dão suporte físico à linguagem presuntiva. O significado da presunção diz respeito à ideia que tem o fato presuntivo em sociedade; e a significação, o juízo que dela tem o intérprete do direito. Assim, na qualidade de signo que é, a presunção apresenta essas três características: representando um fato (fato jurídico em sentido amplo como significado), faz surgir na mente do intérprete a noção daquele fato (significação), externando-se mediante um documento escrito (suporte físico).

4.5. Presunção, símbolo, índice e ícone

Toda presunção enseja enunciado de fato, seja ele do tipo legal, humano ou qualquer outra espécie que se pretender entendê-la. Não se confunde, no entanto, o enunciado da facticidade presuntiva com o próprio fato jurídico tributário em

---

[36]. TOMÉ, Fabiana Del Padre. *A prova no direito tributário*. São Paulo: Noeses, 2005. p. 74.

sentido estrito, isto é, aquele que compõe o antecedente da regra-matriz de incidência ou mesmo que forma tão só parte deste fato, seja representando somente um critério da norma nuclear ou mais de um deles. Muito menos há de pensar ambos como o próprio evento ou a realidade empírica que buscam descrever em linguagem. Em verdade, sobre o assunto reforcemos que: "[...] não se pode fazer coincidir uma ordem pluridimensional (o real) com uma ordem unidimensional (a linguagem)".[37] Em outras palavras: em face das experiências sensíveis, nenhum signo é capaz de reproduzir as exatas dimensões do fenômeno, este apresentando-se linguisticamente sempre recortado e parcial. Todo signo é incompleto por natureza. Desse modo, uma coisa é o enunciado factual da presunção; outra, o fato jurídico tributário; e, outra ainda, o evento. Não aponta para um mesmo objeto, sendo distintos entre si. De ver está que entre eles existe um vínculo que o direito ele mesmo estabelece. Contudo, são signos diferentes que têm por objeto coisas diversas.

    Signo é *status* lógico de relação da linguagem que significa algo. Um signo, ao remeter-se a outro signo, faz surgir um vínculo entre eles compondo esse significado. Ora, mas esta associação inocorre sozinha, automática e por intermédio da linguagem pura e simplesmente; acontece sim em face da atuação do interpretante, o homem. Mediante a língua, é ele quem cria esta união sígnica e, com isso, institui o significado das coisas. Nessa esteira, nenhum signo se constitui sozinho; apresenta-se sempre em relação com outro de mesma espécie – linguístico – e juntos constroem o objeto que significam. Esta conexão chama-se *interpretante*, que nada mais é que o próprio ser humano. A relação em linguagem é impreterivelmente estabelecida pelo homem. Tudo isso nos permite afirmar, nessa medida, que todo signo é linguagem, e, sendo objeto linguisticamente edificado, é produto do homem; e, assim sendo, é

---

[37]. TOMÉ, Fabiana Del Padre. *A prova no direito tributário*. São Paulo: Noeses, 2005. p. 75.

bem cultural. Não está na natureza, multiforme; mas é algo organizado e apreensível mediante linguagem.

No corpo dessa temática, é preciso enfatizar que o signo é tomado aqui sob três aspectos: suporte físico, significado e significação como acabamos de observar. Somente considerado em conjunto é que o signo se faz signo para o homem interpretante. Em linha de princípio, tudo aquilo que tiver caráter sígnico poderá ser vertido nestas três perspectivas. Tomemos as presunções.

Na forma de enunciado factual, ostentar-se-ão: no plano expressivo, mediante o documento escrito que a relata em linguagem de direito competente (suporte físico); e, no plano do conteúdo, ao referir-se a determinado fato cultural (significado), que enseja na mente do exegeta, de acordo com suas experiências e ordem ideológica, a ideia daquele fato (significação). Com estas modulações, pretendemos deixar claro que todo signo presuntivo se apresenta invariavelmente num suporte físico (plano da literalidade ou expressão) que, no plano do conteúdo, se vê bipartido em significado (geral) e significação (individual), ambos compondo o sentido da presunção, identificando o objeto presuntivo, qual seja o fato juridicamente relevante.

No quadro objetal da relação sígnica, sobreleva observar que o objeto do signo, em verdade, apresenta-se sob duas formas: objeto imediato e objeto dinâmico. Este é o objeto real; aquele é o objeto representado no signo. Como construção em linguagem, o objeto mediato nunca estará habilitado a descrever o objeto dinâmico em sua multiplicidade; o faz, porém de forma parcial, de acordo com o corte produzido pelo interpretante.[38]

---

38. Vejamos novamente Fabiana Del Padre Tomé: [objeto imediato e objeto dinâmico] "o primeiro é o objeto tal como representado no signo; o segundo, o objeto que está fora do signo, determinando-o. Tendo em vista que o objeto dinâmico é infinito e irrepetível, cada objeto imediato representa apenas alguns de seus caracteres, [...]" (*A prova no direito tributário*. São Paulo: Noeses, 2005. p. 75).

É o que se dá no direito entre evento e fato; ou, em outros termos, entre realidade empírica e universo jurídico. Os fatos enunciativos serão sempre objetos imediatos, enquanto os eventos, objetos dinâmicos. Vale repisar que um fato linguisticamente construído também pode ser objeto dinâmico de outro fato, bastando que pertença a sistemas diferentes. Por assim dizer, fato econômico poderá perfeitamente cumprir com o papel de objeto dinâmico para o direito quando em relação com o fato jurídico, que, aqui também, estará como objeto imediato. Com base nisso, parece-nos perfeitamente justificada e coerente a adoção de objeto imediato como aquele pertinente ao sistema da linguagem a que pertence o interpretante, resultando para o objeto dinâmico a posição de coisa fora do sistema.

Em sendo única a realidade de cada língua, ao modo de Vilém Flusser,[39] tudo que àquele sistema linguístico não pertença é dado bruto ou objeto caótico, desorganizado. É a própria ordem que organiza seu universo. Aquilo que nele não estiver, na forma como prevista pelo conjunto posto, para ele não existe ou se mostra nele enquanto *imagem acústica* de outro mundo. Há um verdadeiro abismo entre línguas, assim como o há entre objeto imediato e objeto dinâmico.

Feito este intróito, imprescindível para a análise que se segue ingressarmos agora no tema proposto neste subitem, identificando o que seja símbolo, índice e ícone para, em seguida, localizá-los na dinâmica das presunções. Todo signo, já vimos, é relação entre dois objetos concebida pelo interpretante. Esta identificação entre esses polos sígnicos poderá dar-se em três modos: simbólica, indiciária ou icônica. Na primeira, entre objeto dinâmico e imediato, o vínculo é estabelecido por convenção. Este representa uma realidade complexa (objeto dinâmico) na forma como previamente convencionada. Diz-se comumente que todo signo simbólico é construído de forma

---

39. FLUSSER, Vilém. *Língua e realidade*. 2. ed. São Paulo: Annablume, 2004.

arbitrada ou arbitrária. Pondere-se, contudo, que, a despeito de ser convencionalmente estabelecido, nunca é totalmente arbitrário, mantendo sempre, e ainda que tênue, uma relação com a realidade significada. Ou seja, na relação simbólica, haverá sempre um *quantum* de referibilidade a algum vínculo natural entre objeto imediato e dinâmico. Sobre o assunto, consultemos Ferdinand Saussure:

> O símbolo, tido como variante da metonímia e, ocasionalmente, de metáfora, é uma figura de significação que consiste em atribuir a uma coisa (ser objeto) concreta em sentido abstrato. O signo linguístico, essa entidade de dois focos (imagem acústica = significante, e conceito = significando) é arbitrário, ao passo que o símbolo – notação de uma relação (constante numa determinada cultura) entre 2 elementos – é convencional mas nunca totalmente arbitrário: "o símbolo tem como característica o fato de não ser jamais inteiramente arbitrário; ele não é vazio: há sempre um rudimento de liame natural entre o significante e o significado".[40]

No modo indiciário, o signo se mostra estabelecendo relação de contiguidade entre objeto dinâmico e imediato, isto é, havendo entre eles correspondência de fato ou conexão dinâmica (física, inclusive). Antes mesmo de qualquer aproximação interpretante entre eles, existe desde já conexão objetal genuína. Um não é o outro, mas um está no outro. Fabiana Del Padre Tomé bem o explica dizendo que é

> [...] espécie em que o signo mantém conexão existencial com o objeto a que se refere, podemos identificá-lo com toda e qualquer forma de prova. O relacionamento entre a prova e o fato que se quer provar é sempre indiciário: [...].[41]

---

40. SAUSSURE, Ferdinand. *Curso de linguística geral*. 30. ed. São Paulo: Cultrix, 2008. p. 118

41. TOMÉ, Fabiana Del Padre. *A prova no direito tributário*. São Paulo: Noeses, 2005. p. 76.

Por fim, quanto à forma icônica do signo, os objetos se relacionam entre si em função de uma semelhança. A similitude não acontece em termos físicos, mas se dá em face de uma percepção do interpretante que entende haver similaridade entre objeto dinâmico e imediato. As aparências, desse modo, se ligam umas às outras por vinculação associativa externa, mediante justaposição, semelhança e contraste assumidos pelo exegeta. E, assim o fazendo, passa a ter relação com a própria realidade. Peirce, a propósito, repisa que é o exegeta que sente existir tal associação, mesmo sem que ela exista enquanto semelhança natural:

> O ícone não tem conexão dinâmica alguma com o objeto que representa: simplesmente acontece que suas qualidades se assemelham às do objeto e excitam sensações análogas na mente para a qual é uma semelhança. Mas, na verdade, não matem conexão com eles.[42]

Desse modo, o signo se refere ao seu objeto, que, por sua vez, se compõe de duas faces – dinâmico e imediato. A relação que o interpretante estabelece entre eles é que vai identificar a espécie do signo, isto é, se ícone, símbolo ou índice. Em breve resumo, é este também o pensamento de Clarice Von Oertzen de Araújo:

> Se a relação verificada entre ele e o objeto dinâmico representado for de similitude, o signo será um ícone; se entre ambos verificar-se uma contiguidade, teremos um índice; finalmente, se a relação for uma associação arbitrária, tratar-se-á de um símbolo.[43]

Pela complexidade do tema, como se pode observar, vimo-nos na necessidade de elucidar o assunto, identificando os

---

42. PIERCE, Charles Sanders. *Semiótica*. Tradução de José Teixeira Coelho Neto. São Paulo: Perspectiva, 1999. p. 73.
43. ARAÚJO, Clarice von Oertzen de. *Semiótica do direito*. São Paulo: Quartier Latin, 2005. p. 60.

critérios e as formas com que aparece para fins de localizá-los na sistemática das presunções. É chegado o momento.

Firmemos que, no direito, todo fato jurídico é signo. A facticidade da ordem positiva, como toda facticidade em si, é arranjo de linguagem, o que nos permite dizer que tanto presunção quanto fato jurídico em sentido estrito são signos jurídicos. Em sua composição sígnica, contudo, referem-se a objetos diferentes, motivo pelo qual não podem ser postos como sinônimos, a despeito de no processo de positivação se encontrarem em relação. O fato jurídico em sentido estrito é objeto imediato que tem o evento como seu objeto dinâmico. Já na presunção, o fato presumido é objeto imediato, ao passo que o fato presuntivo figura como seu objeto dinâmico. Fato presumido e fato presuntivo compõem juntos aquilo que se entende por fato jurídico em sentido amplo ou enunciado factual da presunção. Nessa esteira, entre este e o fato jurídico em sentido estrito há também relação sígnica, comparecendo enunciado factual da presunção como objeto imediato e fato jurídico em sentido estrito como objeto dinâmico.

Na linha desse raciocínio, a presunção se apresenta como meta-fato ou enunciado factual com dois níveis objetais: o primeiro que se dá entre fato presumido e fato presuntivo; e o segundo entre enunciado factual da presunção (ou fato jurídico em sentido amplo) e fato jurídico em sentido estrito. Eis um dos motivos para a doutrina tradicional atribuir à presunção o caráter de *prova indireta*. Temos que, a despeito da impropriedade conceptual que a expressão traz consigo, motivo pelo qual não a adotamos, ela traduz bem a percepção de sobrenível presente nas presunções na constituição do plano da facticidade jurídica. Não que elas sejam indiretas, mas compõem o fato jurídico tributário em sentido estrito em duplo grau ou mediante duplas instâncias objetais.

Há que ponderar, todavia, que a cada nível de associação objetal das presunções comparece uma diferente relação entre o objeto dinâmico e imediato, identificando a partir disso o caráter simbólico, indiciário ou icônico do enunciado factual produzido. Desse modo, no primeiro e no segundo nível – entre fato presumido e fato presuntivo em um, e entre fato jurídico em sentido amplo e fato jurídico em sentido estrito, em outro, respectivamente –, podemos exemplificar as três situações associativas. Citemos concisamente como se interpreta cada uma dessas relações nas hipóteses presuntivas, para, em seguida, elucidar cada uma delas minuciosamente, apontando as implicações jurídicas que lhes dão contornos precisos.

Quando ocorrer relação entre dois objetos em que (i) entre ambos não haja associação física e (ii) o vínculo seja convencionalmente instituindo, dá-se o signo na espécie simbólica. É o que sucede, por exemplo, nos casos de pautas fiscais, forma preceituada pelo art. 8º, § 2º, da LC 87/96. Relevemos que, mesmo sendo arbitrária a previsão em lei do modo como se fixa a base de cálculo nas pautas, entre os objetos em relação deverá haver sempre um rudimentar liame natural que justifique essa aproximação. Ao fixar pautas de preços, o legislador estabelece relação pela semelhança ou similaridade entre as bases, ainda que esta seja mentada, e não real. E a assertiva toma por base pensamento de Othon Garcia, que bem lembrou:

> Mas os símbolos formam-se também pelo processo metafórico, quando entre a coisa e aquilo que ela significa existe qualquer relação de semelhança ou similaridade, mas relação mentada, e não real, como é o caso da balança, por ex.[44]

Nos modelos indiciários, a relação objetal deve levar em conta a conexão dinâmica entre os objetos, isto é, proximidade natural entre as ideias sem que o homem interpretante precise atuar diretamente para estabelecer a união entre eles. Esta ligação tem caráter de contiguidade, o que não significa que um deva ser parte de outro, mas que entre eles haja causalidade da natureza, sem que seja necessário fixar correlação de

---

44. GARCIA, Othon. *Comunicação em prosa moderna*: aprenda a escrever, aprendendo a pensar. São Paulo: Ed. FGV, 2003. p. 120.

ordem lógica. Há verdadeira correspondência existencial de fatos. Neste caso, todas as presunções que tiverem relação entre dois objetos e que um já tenha acontecido em determinada forma e o outro ocorrerá com base nos mesmos fundamentos, estaremos diante de um tipo relacional indiciário. É o que acontece, a título elucidativo, na recomendação de preço por fabricante ou importador de mercadoria para fins de individualizar a base de cálculo, tal como dispõe o art. 8º, § 3º, da LC 87/96.[45]

Por fim, a forma icônica se apresenta como reprodução do objeto ou, em termos mais precisos, enquanto *denotação genérica*. O objeto imediato representa as características físicas, uma vez que, ao observar os signos entre si, o interpretante vê despertado nele sentimento de similitude ou semelhança. Fisicamente, não há conexão: o vínculo se dá em termos abstratos por ato valorativo do exegeta. Logo, não há aqui associação da natureza, mas une-se-os mediante ligadura instituída por raciocínio dedutivo que instaura a semelhança entre os objetos. Neste caso, traduzem bem a ideia as hipóteses estimativas de fixação de valores de base de cálculo do ICMS, tal como preceitua o art. 35, § 1º, do RICMS.[46]

---

45. Art. 8º A base de cálculo, para fins de substituição tributária, será:

[...]

§ 3º Existindo preço final a consumidor sugerido pelo fabricante ou importador, poderá a lei estabelecer como base de cálculo este preço.

46. Art. 35. A margem a que se refere o art. 34, I, "c", 3, será estabelecida em regulamento, com base em preços usualmente praticados no mercado considerado, obtidos por levantamento efetuado pela Fiscalização de Tributos Estaduais em estabelecimentos situados, no mínimo, nos 10 (dez) municípios do Estado que tenham maior índice de participação na receita do imposto.

§ 1º Para os efeitos do disposto no "caput" deste artigo:

a) deverão ser pesquisados, em cada município, no mínimo, 10% (dez por cento) dos estabelecimentos do setor, desde que para obter esse percentual não tenha que ser pesquisado mais do que 10 (dez) estabelecimentos;

b) será adotada a média ponderada dos preços coletados;

c) no levantamento de preço praticado pelo substituto ou substituído intermediário, serão consideradas as parcelas de que trata o art. 34, I, "c", 1 e 2.

Ora, diante desse quadro conceptual, bem se vê que, se pensarmos em pauta fiscal, base estimada, preço sugerido, parte-se de fatos conhecidos, de onde se tira por indução uma classe. A generalidade torna-se regra abstrata em que, por dedução, é possível obter outra unidade genérica ou enunciado denotativo genérico. Cumprindo com a função de fato em sentido amplo, mediante vínculo lógico, este implica a unidade individual ou, em face do sistema normativo, o fato jurídico em sentido estrito. Vejamos em representação gráfica a operação lógica acima descrita:

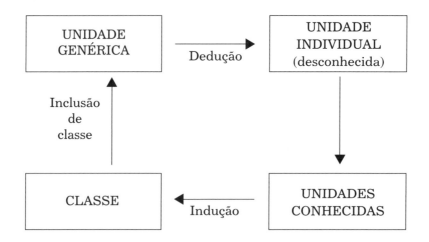

A partir do exemplo dos modos de fixação da base de cálculo do ICMS na substituição tributária para frente, estabelecidos pelo art. 8º da LC 87/96 e pelos arts. 34 e 35 do RICMS,

---

§ 2º Em substituição ao disposto no "caput", a critério da Fiscalização de Tributos Estaduais, a margem poderá ser estabelecida com base em:

a) levantamento de preços efetuado por órgão oficial de pesquisa de preços, mesmo que não específico para os fins previstos neste artigo;

b) informações e outros elementos fornecidos por entidades representativas dos respectivos setores, quando de acordo com os preços efetivamente praticados.

poderemos relevar algumas nuances sígnicas nestas operações de acordo coma teoria apresentada, subdividindo em novos tópicos as formas apurativas desses diplomas. Pretende-se individualizá-las sobressaltando o momento em que são aplicáveis e quais os limites para seu uso. Partiremos desses exemplos, tendo em vista que, estando todos em conexão como formas de fixação de base de cálculo do ICMS, presente em um mesmo regime jurídico – substituição tributária para frente –, torna-se mais didática e mais explícita a comparação dos tipos sígnicos que se quer relevar nesse momento. Façamos breve prólogo sobre o tema competencial da matéria para em seguida falar sobre cada qual.

A Constituição Federal, no art. 155, inciso II, primeira parte, arroga competência aos Estados e ao Distrito Federal para instituir imposto sobre operações relativas à circulação de mercadorias. Com base nesse preceito, criou-se o ICMS – Imposto sobre Circulação de Mercadoria (e Serviços) – que, de acordo com seu critério material, no caráter estrito *sobre circulação de mercadoria*, tem por base de cálculo o *preço da venda da mercadoria*. Esse valor, em consonância com a exegese literal da norma, deveria ser firmado segundo o *quantum* estipulado no próprio contrato de compra e venda. Contudo, em função de outras imposições, como o regime de substituição, esta soma é atingida por diferentes vias, como já foi introduzido, e segundo as formas dispostas no RICMS e na LC 87/96, diplomas normativos que retratam bem o que queremos explicar nesse instante. Em resumo, trazem a seguinte ordem prescritiva da base de cálculo do ICMS-mercadoria na substituição para frente:

1. preço fixado por órgão competente (art. 8º, § 2º, da LC 87/96[47] e art. 34, I, "c", do RICMS);

---

47. Art. 8º A base de cálculo, para fins de substituição tributária, será:
[...]
§ 2º Tratando-se de mercadoria ou serviço cujo preço final a consumidor, único ou máximo, seja fixado por órgão público competente, a base de cálculo do imposto, para fins de substituição tributária, é o referido preço por ele estabelecido.

2. preço recomendado pelo fabricante do produto (art. 8º, § 3º, da LC 87/96);

3. preço por estimativa, de acordo com os preços usualmente praticados no mercado (art. 35, § 1º, do RICMS).

Posto isto, e de acordo com tais normas, existindo preço fixado por órgão competente, o valor em pauta fiscal será tomado como base de cálculo; havendo preço fixado pelos entes governamentais, mas sugerido preço do produto pelo fabricante ou importador, este poderá ser aplicado; inexistindo valor fixado por órgãos governamentais e média recomendada pelo fabricante ou importador, a base de cálculo será feita por estimativa, apoiando-se nos preços usualmente praticados no mercado. Sem nos atermos à sistemática da substituição tributária propriamente dita, mas apenas ao modo com que a lei prescreve a definição do preço a ser usado como base de cálculo do fato jurídico, relacionando-as com a presunção, em momento oportuno, façamos breves ponderações sobre cada critério.

4.6. Presunção e pauta fiscal

Não há como falar em presunções sem tecer algum comentário a respeito de seu vínculo com a expressão *pauta fiscal*, sistemática muito usada no meio tributário para fins de fixar, por órgão competente, a base de cálculo de vários tributos, entre os quais IR, ICMS, IPI, etc. É definida como uma forma de

> [...] fixação, pelo sujeito ativo da obrigação tributária, de um valor pré-fixado da operação, tomado como teto, independentemente do efetivo valor da operação, divergindo, de um para o outro desses sujeitos, o rol das mercadorias às quais este valor é atribuído.[48]

---

48. Por oportuno, cite-se: "A substituição tributária para frente modifica o momento e o montante da operação normal: o momento porque substitui uma base conhecida (valor de venda real) por uma desconhecida, mas presumida (valor de venda futura); o montante porque substitui uma pluralidade

Na tributação do ICMS, a apuração da base de cálculo vem prescrita no art. 8º, § 2º, da LC 87/96,[49] como modo necessário para dar efetividade à tributação e fazer funcionar a cadeia não cumulativa do tributo. Isto não quer dizer, por outro lado, que tais valores se sobrepõem a outros, tais como a segurança jurídica, legalidade, não confisco, igualdade... É em nome desses fins axiologizados que a pauta é tida por procedimento excepcional, e não regra, admitida somente na impossibilidade de produção de prova do fato jurídico (em sentido estrito).[50] Feitas as ponderações iniciais, sua apuração pode ser graficamente representada da seguinte forma:

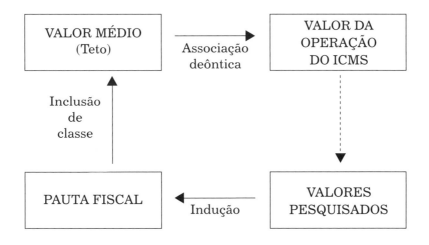

---

de valores (cada valor concreto de venda) por uma unidade de valor (o valor de pauta). A pauta nada mais é, portanto, do que uma prévia unidade de valor das operações futuras. Como unidade na diversidade real de valores, necessariamente abrangerá casos em que o valor real é maior do que o da média" (ROCHA, Valdir de Oliveira (Coord.). *Grandes questões atuais do direito tributário*. São Paulo: Dialética, 2005. v. 9, p. 106).

49. Art. 8º A base de cálculo, para fins de substituição tributária, será:
[...]
§ 2º Tratando-se de mercadoria ou serviço cujo preço final a consumidor, único ou máximo, seja fixado por órgão público competente, a base de

Desde já firmemos que *pauta* significa a lista que comporta vários preços. Logo, a rigor, uma coisa é a enumeração de diversos preços em um mesmo documento, performando o que se entende por pauta fiscal; outra, o valor específico que de lá se obtém. Tal distinção nem sempre será observada com rigor pela doutrina que acriteriosamente assume por pauta fiscal esse sentido unitário do preço médio. A discussão aqui empreendida é terminológica, de modo que, consciente dessa diferença e do sentido que está sendo atribuído à palavra em um dado contexto, o intérprete pode perfeitamente aceitar esse uso atécnico desses vocábulos e utilizá-lo inclusive do modo agora criticado. Entretanto, rigorosamente a ressalva se faz necessária.

Quando o preço é fixado pela autoridade competente, sem que tenha caráter sancionatório, temos o que se entende por *pauta fiscal*. É o próprio texto de lei que estipula uma prévia unidade de valor das operações. Procede-se à verdadeira padronização de preços, estando arbitrariamente estabelecidos em lei. Buscam, todavia, reproduzir os valores médios de mercado pesquisados.

A expressão *valor médio* não significa o preço da venda efetiva, mesmo que coincidentes em termos numéricos. Uma coisa é o preço praticado na operação; outra coisa é a média de valor que se estipula em face de equações matemáticas que demonstrem uma quantia estatística. Entre si, contudo, deverá haver relação essencial e necessária, de modo que, para fins fiscais, há de se ter valor médio que reflita *de fato* o valor praticado ou alcance *quantum* aproximado – igual ou menor, nunca maior – ao preço efetivo da operação.

---

cálculo do imposto, para fins de substituição tributária, é o referido preço por ele estabelecido.

50. "A utilização das pautas, portanto, só pode ocorrer se a prova direta não puder ser produzida, quando então transformar-se-á em **regra que contempla valores para o arbitramento da base de cálculo**" (FERRAGUT, Maria Rita. *Presunções no direito tributário*. São Paulo: Dialética, 2001. p. 135).

Por oportuno, lembremos que é vedado à lei estipular técnica que supere o valor efetivo da operação do ICMS ou de mercado em situação semelhante, como imposição dos princípios do não confisco, da legalidade e do enriquecimento sem causa. Assim também ao aplicador, ao apurar o *quantum*, determinar cumprimento de obrigação excedente aos valores realizados na situação fáctica. Sendo assim, ao sujeito passivo cabe impugnar o lançamento da autoridade por inconstitucionalidade toda vez que este levar em conta base de cálculo que ultrapasse valor efetivo do negócio ou preço de mercado. Ouçamos Humberto Ávila:

> Não é por outro motivo que a doutrina aponta como requisito indispensável da padronização tributária, de que é exemplo a substituição tributária com base na pauta fiscal, **o uso de pautas verdadeiramente médias:**
>
> [...]
>
> Essas considerações significam, para o caso em pauta, que **a padronização só é justificada quando mantém relação de razoabilidade com a média dos casos alcançados pela tributação.** Não o fazendo, a padronização perde sua justificação constitucional, que é **servir de instrumento para a realização da igualdade geral por meio da correspondência com os elementos concretos manifestados pela média das operações efetivamente praticadas**[51] (grifos nossos).

Os valores tomados na pesquisa estatística para se alcançar o preço médio ou em proporção devem refletir os valores de mercado, isto é, aquilo normalmente usado, nunca indo além deste ou assumindo por base situações atípicas. Para tanto, a lei imputa à autoridade administrativa a obrigação de averiguar

---

51. ÁVILA, Humberto. Imposto sobre a Circulação de Mercadorias – ICMS. Substituição tributária. Base de cálculo. Pauta fiscal. Preço máximo ao consumidor. Diferença constante entre o preço usualmente praticado e o preço constante da pauta ou o preço máximo ao consumidor sugerido pelo fabricante. Exame de constitucionalidade. *Revista Dialética do Direito Tributário*, São Paulo: Dialética, n. 123, p. 125, 2005.

o preço usualmente praticado no mercado, ou melhor, a média ponderada dos preços geralmente assumidos em mercado, estando nestes o limite ou o teto da própria pauta fiscal. O resultado dessa pesquisa deve, de forma necessária, refletir o valor de mercado, em situações típicas, similitude que legitima a própria média de preços identificada pela Fazenda. Assim sendo, volta-se para a autoridade administrativa:

> [...] o ônus de comprovar a compatibilidade dos valores de pauta com média ponderada dos preços usualmente praticados no mercado. Em outras palavras, isso significa que não é o contribuinte que deve provar que os valores de pauta não correspondem à média dos preços usualmente praticados no mercado; é a autoridade fiscal que deve fazê-lo, inclusive colocando à disposição do contribuinte e do Poder Judiciário todos os elementos que comprovem o levantamento de preços e a obtenção da média ponderada, conforme critérios estabelecidos em lei.[52]

Por tudo o exposto, repisemos: ultrapassando o limite do preço de mercado, a imposição tributária é ilegítima e deve ser revogada como norma inconstitucional por violar os princípios da legalidade, não confisco e segurança jurídica. É constitucionalmente vedado à autoridade administrativa cobrar, a título de tributo, valor aquém do *quantum* devido, limitando-se à real proporção do fato. Afinal de contas, está na base de cálculo a função de medir o fato; confirmar, afirmar ou infirmá-lo; e determinar o valor devido do tributo. Se esta deixa de refletir a devida proporcionalidade da situação fáctica tributada, aumentando-a para fins fiscais, cobra-se no excedente algo indevido e tributo inexistente.

---

52. ÁVILA, Humberto. Imposto sobre a Circulação de Mercadorias – ICMS. Substituição tributária. Base de cálculo. Pauta fiscal. Preço máximo ao consumidor. Diferença constante entre o preço usualmente praticado e o preço constante da pauta ou o preço máximo ao consumidor sugerido pelo fabricante. Exame de constitucionalidade. *Revista Dialética do Direito Tributário*, São Paulo: Dialética, n. 123, p. 132, 2005.

Além disso, repise-se, na modalidade *pauta fiscal*, a incumbência de "levantar esses valores por amostragem ou através de informações e outros elementos fornecidos por entidades representativas dos respectivos setores"[53] é do ente fiscal que deverá revelar não somente os modos, como também os critérios utilizados na apuração, publicando-os previamente para conhecimento e controle do contribuinte. Inocorrendo tal atividade averiguativa na forma da lei ou não sendo publicada em tempo oportuno, a referida tabela valorativa também deve ser considerada válida, mas juridicamente viciada, e, portanto, inapta a fornecer a correta base de cálculo para se cobrar ICMS.

Feitas as colocações necessárias sobre o tema, voltemos às relações sígnicas que se estabelecem em pauta fiscal. Separemos nessa operação os dois níveis objetais das presunções, aplicando-os ao regime de fixação da base de cálculo ora estudado:

Nível 2:

Objeto imediato	Objeto dinâmico
Valor médio da operação Y,[54] espécie que compõe a classe X indicada em Pauta Fiscal (Fato jurídico tributário em sentido amplo)	Preço da mercadoria na operação Y (Fato jurídico tributário em sentido estrito)

---

53. ÁVILA, Humberto. Imposto sobre a Circulação de Mercadorias – ICMS. Substituição tributária. Base de cálculo. Pauta fiscal. Preço máximo ao consumidor. Diferença constante entre o preço usualmente praticado e o preço constante da pauta ou o preço máximo ao consumidor sugerido pelo fabricante. Exame de constitucionalidade. *Revista Dialética do Direito Tributário*, São Paulo: Dialética, n. 123, p. 132, 2005.

54. A especificação em X ou Y dos valores de pauta e do preço médio da operação ressalta o vínculo gênero/espécie existente entre tais objetos. No entanto, não quer significar que são fatos conceitualmente distintos como ocorre na presunção emprestada.

Nível 1:

Objeto imediato	Objeto dinâmico
Valor médio do preço de mercado da classe de operações X (Fato presumido)	Valores de operações X tomados na pesquisa estatística para se alcançar o preço médio ou em proporção (Fato(s) presuntivo(s))

De fato, no nível 1, a pluralidade de valores, isto é, o conjunto ou o somatório de cada valor concreto de venda tomado em consideração na estatística, cumpre com a função de objeto dinâmico ou de fatos presuntivos, enquanto o valor médio da operação é ele mesmo objeto imediato ou fato presumido. Já no nível 2 da relação objetal das presunções o valor médio da operação, agora estabelecido em texto positivo de lei – *Pauta Fiscal* – é ele mesmo o valor que figurará como objeto imediato ou fato jurídico em sentido amplo ou ainda enunciado factual da presunção, ao passo que a base de cálculo concreta, ou melhor, o preço atribuído à mercadoria na operação é fato jurídico em sentido estrito e objeto dinâmico de segundo nível.

No primeiro nível, a associação entre preço médio de mercado da classe de operações X (fato presumido) e valores tomados na pesquisa estatística para se alcançar o preço médio ou em proporção (fatos presuntivos) está em relação simbólica entre si, pois foi convencionada pela média. Ainda que mantenham entre si liame natural e não são inteiramente arbitrários, tais objetos se compõem em representação simbólica. Aliás, por oportuno dizer: toda vez que a lei fixar a base de cálculo ou os critérios para se atingi-la empiricamente haverá relação sígnica de caráter simbólico.

No segundo nível, entre o valor médio da operação Y que compõe a classe X indicada na pauta da lei (fato jurídico em sentido amplo) e o preço atribuído à mercadoria na operação (fato jurídico em sentido estrito) dá-se relação icônica, uma vez que entre valores médios e fatos haverá sempre um abismo de conexão dinâmica ou física, a despeito de manterem entre si relação de contiguidade. As qualidades da média são assemelhadas às do preço "efetivo", admitindo-se, em termos de associação, vínculo de similitude ou semelhança entre eles. O valor médio em Pauta Fiscal nada mais é que um enunciado com objetivo de reproduzir seu objeto dinâmico: o preço da mercadoria praticado na operação. Como objeto imediato, o valor de pauta é pois denotação genérica que busca representar, ainda que genericamente, as características quantitativas do mercado em mesma situação fáctica. Eis o motivo do segundo nível de presunção na Pauta Fiscal exteriorizar verdadeiro ícone.

Agora, nessa relação icônica, haverá de manter liame essencial ou necessário, caso contrário, não poderá prevalecer o preço médio em detrimento do valor efetivo comprovado pelo contribuinte. De fato, a pauta fiscal é procedimento de exceção. Não se lhe aplica o art. 148 do CTN. Inadmite, pois, seja equiparada ao arbitramento. Enquanto este pressupõe conduta ilícita, na pauta fiscal há sim instituição de regime jurídico especial. Na fixação dessa sistemática especial não é dada ao contribuinte opção de ingresso, o que, por outro lado, permite àquele levantar divergência à presunção assumida pelo Fisco. É, pois, forma de apuração que se submete aos ditames do devido processo legal, contraditório e ampla defesa. Assim sendo, comprovada pelo contribuinte a diferença efetiva entre valor real e valor presumido, a pauta não poderá prevalecer em detrimento da realidade dos acontecimentos. Os aspectos essenciais e necessários estão justamente na semelhança obrigatória que deverá manter o *preço* da mercadoria na operação Y (espécie) e valores de ocorrências X tomados na pesquisa estatística do Fisco para se alcançar o preço médio.

Isso reforça a ideia de que não é sanção, e muito menos imputação apta a refutar juridicamente o valor real da operação, como já positivou o STF no RExt 78.577/SP:

> Não se contesta a sinceridade da recorrente quanto ao valor dos bens dados à tributação, **o que se pretende é fazer prevalecer o valor presumido de pauta fiscal, sobre o valor real dos bens consumidos pelos empregados da empresa, isto é, sobre o valor real da venda tributada.**
>
> Tal entendimento conflita com o art. 148 do Código Tributário Nacional, que só admite a impugnação mediante processo regular.
>
> **Demonstrada a realidade do preço de venda, não pode ele prevalecer a presunção de pauta fiscal, que será, no entanto, legítima, quando, de algum modo, resultar não comprovado o preço real da operação de venda o que inocorre na espécie**[55] (grifos nossos).

De ver que pauta fiscal não é sanção, é sim mecanismo excepcional de apuração da base de cálculo do ICMS. Não pressupõe conduta ilícita ou omissiva do contribuinte, motivo pelo qual também não se lhe aplica o art. 148 do CTN, exegese também já consolidada pelo STF em mesma decisão supracitada:

> Não se justifica o art. 148 do CTN. É inaplicável essa disposição, que pressupõe necessariamente omissões ou informações inverídicas nas declarações, esclarecimentos ou documentos expedidos pelo sujeito passivo, para que a autoridade lançadora, em cada caso, mediante processo regular, possa arbitrar o valor ou preço.
>
> O Egrégio Supremo Tribunal Federal já decidiu que, para autoridade administrativa arbitrar o valor ou preço do produto, é exigível o exame de cada caso específico, não podendo resultar de portaria de efeito normativo.[56]

Em síntese, a pauta fiscal não está no sistema para fins de subverter os valores reais da operação. A relação íntima

---

55. STF, RExt 78.577/SP, 6ª Seção, *DOU* 02.04.1975, Rel. Min. Cordeiro Guerra, p. 144.
56. Idem, citando o Parecer da Procuradoria-Geral da República, de autoria do Procurador Moacir Antônio Machado da Silva, que, na opinião do Ministro, resume a controvérsia.

entre fato jurídico em sentido estrito e fatos presuntivos é o que comprova a essencialidade ou necessariedade do vínculo da presunção instituída. Dito de outro modo, ao se entender imprescindível o liame estreito entre tais enunciados factuais, queremos asseverar que ambos devem pertencer à mesma classe ou, ainda, o fato jurídico em sentido estrito deve ser indutivamente obtido dos fatos presuntivos. Funciona como mecanismo que se propõe a facilitar a atividade de arrecadação e fiscalização tributária. Contudo, possui limites quantitativos claramente impostos tanto pela Constituição, de modo genérico, quanto pela Lei específica, que institui a regulação do regime – LC 87/96 - de modo que a base de cálculo da pauta fiscal jamais pode ultrapassar valor do mercado, tampouco ignorar o valor real da operação quando este lhe for apresentado.

4.7. Presunção e arbitramento

Bem, se pauta fiscal não é arbitramento, faz-se relevante agora demonstrar o que seja este para fins de caracterizá-lo em suas diferenças. Arbitrar, no sentido jurídico comum, é prescrever, decidir ou julgar na qualidade de árbitro. No direito, a todo momento se arbitra. A regra-matriz de incidência tributária é um belo exemplo da forma arbitrária de positivar a norma. Toda hipótese de fato busca localizar num tempo e espaço uma ação humana. Em algumas situações, pela própria natureza do fazer do homem, vê-se a dificuldade em determinar um ponto de fácil cognição no tempo. Em nome de dar eficácia aos seus comandos, o direito modifica as imposições da realidade, de maneira a arbitrariamente fixar outros marcos, espaciais e/ou temporais, que nem sempre correspondem ao mundo percebido pelos nossos sentidos. Quando assim o proceder, a ordem normativa prescreve verdadeiras ficções jurídicas. Desse modo ocorre ao se determinarem as datas da incidência do IPTU e IPVA. Havendo *fato gerador* – propriedade de bem imóvel ou de veículo automotor, respectivamente – que se prolonga no tempo, o direito arbitra uma data qualquer, apontando que nesse marco sucede a incidência dos referidos tributos.

O arbitramento se dá em função da necessidade de ter um ponto fixo no ano e possibilitar a positivação da regra tributária. Em outros casos, o critério temporal leva em consideração o tempo da realidade fáctica tributária, tal como no ISS (momento da conclusão do serviço) ou mesmo no ITBI (instante da transmissão do bem imóvel, mesmo em face do pagamento antecipado ao ato de formalização da transferência). Essa, contudo, é a noção de siso comum e evidência vulgar de *arbitramento*, muito diferente do significado específico que assume em certos domínios do direito tributário, como o aqui estudado. Deixando de lado essa acepção abrangente da palavra, voltemos nossas atenções ao seu significado restritivo.

Em sentido estrito e em oposição à pauta fiscal depurada acima, o arbitramento surge no enunciado do art. 148 do CTN.[57] Sempre que sejam omissos ou não mereçam fé as declarações, os esclarecimentos prestados ou os documentos expedidos pelo sujeito passivo, ou pelo terceiro legalmente obrigado, a autoridade fiscal poderá arbitrar, mediante processo regular, valor ou preço de bens, direitos, serviços ou atos jurídicos. Ora, omissão ou não merecimento de fé são causas juridicizadas que dão ensejo ao arbitramento. Logo, o fato antecedente que faz admitir a técnica do arbitramento é da ordem da ilicitude. Ausentes as condutas ilícitas, é vedado arbitrar.

Arbitrando-se a base de cálculo de um imposto, quando o contribuinte, mediante ato ilícito, deixa de fornecer dados corretos ou simplesmente nada apresenta, seria ele sanção, ou melhor, uma norma presuntiva de cunho sancionatório? Bem se vê que, inexistindo informações precisas para fins de determinação da base de cálculo, a autoridade fiscal está autorizada

---

57. "Art. 148, CTN. Quando o cálculo do tributo tenha por base, ou tome em consideração, o valor ou preço de bens, direitos, serviços ou atos jurídicos, a autoridade lançadora, **mediante processo regular**, arbitrará aquele valor ou preço, **sempre que sejam omissos ou não mereçam fé as declarações ou os esclarecimentos prestados, ou os documentos expedidos pelo sujeito passivo ou pelo terceiro legalmente obrigado**, ressalvada em caso de contestação, avaliação contraditória, administrativa ou judicial."

a arbitrar um valor com fundamento em documentos aptos a fornecerem dados os mais aproximados possíveis do real. Em outras palavras, mediantes fatos conhecidos,[58] presume fato desconhecido – antecedente da regra-matriz de incidência – e faz incidir a regra tributária. Exemplificando: presumida a ocorrência do lucro, arbitra-se a base de cálculo que determinará o valor do lucro. Em regra, a própria lei colaciona os diferentes modos de apuração para fins de arbitramento, devendo o fiscal seguir passo a passo a forma legalmente prescrita. É o caso do arbitramento do lucro para fins de incidência do IRPJ na ausência de documentação idônea.

Sobre o assunto importante fazer uma ressalva. O sentido presuntivo aqui não está no arbitramento, como regime de tributação, posto ordinariamente à disposição da fiscalização se e quando procedido ilícito pelo contribuinte. O arbitramento, em verdade, é consequência de uma presunção anterior: a da ocorrência do fato antecedente da regra-matriz. Mediante procedimento fiscalizatório, descoberta a ausência de declaração ou a menor, em primeiro, o Fisco presume ocorrência em face das documentações encontradas; para depois, diante do caráter pecuniário de toda a prestação tributária, proceder à quantificação do valor do tributo, mediante técnica de apuração chamada *arbitramento*. Logo, o arbitramento em si mesmo não é presunção, nem sanção: é forma de apuração do valor a título de tributo que tem por causa conduta ilícita. Nesta linha, interessante é a abordagem de Maria Rita Ferragut:

> Apenas a base de cálculo (valoração quantitativa) pode ser arbitrada, já que a ocorrência do evento descrito no fato jurídico (valoração qualitativa) é passível, ao máximo, de ser presumida, tendo em vista que o evento deve ser provado direta e indiretamente; esta última hipótese apenas

---

58. Importante ressaltar que, quando a lei determinar um por um os critérios para fins de determinação da base de cálculo, o Fisco deve se ater aos estritos termos legais e utilizar somente aqueles modos indicados em lei. Entender ou proceder contrariamente é extrapolar os limites da lei.

diante da impossibilidade de produção de provas diretas e da constatação de graves e concordantes indícios, assegurando-se sempre o direito do contribuinte de se defender da imputação que lhe está sendo feita.[59]

Enquanto a regra presuntiva permite ao Fisco supor ocorrência do evento descrito no fato jurídico, provado direta e indiretamente (quando da impossibilidade de produção de provas diretas e da constatação de graves e concordantes indícios), o arbitramento atua diretamente na base de cálculo, fornecendo dados e indicativos precisos e concordantes para fins de alcançar valor aproximado do real e prefixar o débito tributário.

No corpo dessa temática, vale ainda sobrelevar alguns outros aspectos jurídicos do termo. De acordo com o referido dispositivo 148 do CTN, uma das decorrências da substituição de um fato pelo outro, em face do uso de técnica presuntiva, dá-se no critério quantitativo, i. e., no valor ou preço de bens, direitos, serviços ou atos jurídicos para fins de determinação do *quantum* a título de tributo. Sendo assim, efeito jurídico da presunção do fato jurídico tributário é a fixação da base de cálculo do tributo em termos presuntivos, que se dá de forma arbitrada. Logo, em seu sentido estrito, o arbitramento não é do fato (que é presumido), mas, sempre e tão somente, da base de cálculo.[60]

Não é demasia repetir: o arbitramento da base de cálculo é consequência de presunção anterior ao arbitrar-se da ocorrência

---

59. FERRAGUT, Maria Rita. *Presunções no direito tributário*. São Paulo: Dialética, 2001. p. 137.

60. Sobre o assunto, di-lo Maria Rita Ferragut: "Apenas a base de cálculo (valoração quantitativa) pode ser arbitrada, já que a ocorrência do evento descrito no fato jurídico (valoração qualitativa) é passível, ao máximo, de ser presumida, tendo em vista que o evento deve ser provado direta e indiretamente; esta última hipótese apenas diante da impossibilidade de produção de provas diretas e da constatação de graves e concordantes indícios, assegurando-se sempre o direito do contribuinte de se defender da imputação que lhe está sendo feita" (Idem, ibidem, p. 137).

do fato antecedente da regra-matriz. Mediante procedimento fiscalizatório, descoberta a ausência de declaração ou a menor, o Fisco, em primeiro, presume o acontecimento em face das documentações apresentadas, para depois, diante do caráter pecuniário de toda a prestação tributária, proceder à quantificação do valor do tributo, mediante técnica de apuração chamada arbitramento. Logo, o arbitramento é forma de apuração do valor a título de tributo que tem por causa conduta ilícita.

Exemplos de causas que dão ensejo ao arbitramento citemos: (i) não exibição, ao fisco, dos elementos necessários à comprovação do valor da operação, inclusive nos casos de perda ou extravio dos livros ou documentos fiscais ou de embaraço à fiscalização; (ii) fundada suspeita de que os documentos fiscais não refletem o valor real da operação; (iii) declaração, nos documentos fiscais, de valores notoriamente inferiores ao preço corrente das mercadorias; (iv) entrega, remessa, recebimento, estocagem, depósito, transporte, posse ou propriedade de mercadorias desacompanhadas de documentos fiscais; (v) utilização irregular de Máquina Registradora, Terminal Ponto de Venda ou Equipamento Emissor de Cupom Fiscal (ECF) ou de qualquer outro equipamento cujo uso esteja previsto na legislação, para controle de operações de saída ou de prestações de serviço; (vi) falta de utilização ou utilização irregular de Equipamento Emissor de Cupom Fiscal (ECF) ou de qualquer outro equipamento cujo uso esteja previsto na legislação, para controle de operações de saída ou de prestações de serviço; (vii) manutenção, no recinto de atendimento ao público, sem autorização do Fisco, de equipamentos para controle de operações mercantis ou prestações de serviço ou que emitam cupom ou documento que possam se confundir com cupom fiscal.[61] Todos de algum modo resumem as causas do art. 148 do CTN: omissão ou ausência de fé nas declarações prestadas ou nos documentos conferidos pelo contribuinte à Administração Pública.

---

61. Exemplos obtidos do Texto da Lei 1.810/97 do Estado de Mato Grosso do Sul.

Pondere-se, por oportuno, que o fato de o arbitramento ter como causa atitude ilícita não quer dizer que seja ele mesmo sanção. A norma que autoriza esta técnica de determinação da base de cálculo, fundamento legal do próprio arbitramento, compõe-se, em seu antecedente, por conduta omissiva ou que não mereça fé, e, em seu consequente, pela própria competência atribuída à Autoridade Administrativa a, nestes casos especificados pelo art. 148 do CTN, proceder à apuração de forma arbitrada. Uma vez competente para tanto (suposto), o ente fiscal deve arbitrar o *quantum* na forma da lei, ou melhor, deve-ser a base de cálculo arbitrada (consequência). Nessa linha, a norma do arbitramento tem por enunciado antecedente a competência e, no prescritor, o próprio arbitramento. Em nenhum lugar está a sanção, que dele não faz parte, portanto. Este é também o entendimento da 7ª Câmara do Primeiro Conselho de Contribuintes:

> [...] a base de cálculo do lucro arbitrado que, como é cediço, não constitui penalidade, sendo mero regime de tributação, posto ordinariamente à disposição da fiscalização se e quando a escrita e/ou os livros do contribuinte se mostrarem imprestáveis para a verificação do regime de tributação a que havia se submetido.[62]

O arbitramento, em outras palavras, é a forma que resta à Fazenda Pública em averiguar a dimensão do fato imponível. Sem essa técnica alternativa no direito tributário, seria impossível obter o *quantum* fiscal. Tendo em vista que, se os documentos apresentados pelo contribuinte não mereciam fé anteriormente, muito menos depois de percebê-lo como inidôneo obteriam fé por si sós ou inverteriam a situação de desconfiança do Fisco já instaurada. Da mesma maneira, com aqueles omitidos à autoridade. Revelada a omissão, como poderia o

---

62. Ministério da Fazenda, 1º Conselho de Contribuintes, 7ª Câmara, Processo 10925.002203/2002-32, Acórdão 107-07.607, sessão 15.04.2004, Rel. Natanael Martins, p. 10.

TEORIA E PRÁTICA DAS PRESUNÇÕES NO DIREITO TRIBUTÁRIO

Ente Fiscal apurar o *quantum* uma vez que não tem nenhum outro documento como base empírica? Ora, por conta da própria imposição das ocorrências fácticas, resta à autoridade fiscal tão só arbitrar o valor devido. Por estes e outros motivos é que não é sanção, e sim técnica alternativa de apuração de tributo, tendo em vista as situações predeterminadas pelo art. 148 do CTN.

No corpo dessa temática, Maria Rita Ferragut já se pronunciara a respeito, dizendo sobre a variedade de sentido da palavra:

> A legislação fiscal emprega o vocábulo arbitramento em basicamente três acepções: ato administrativo de apuração de base de cálculo concretizado **por meio de métodos indiciários**; definição legal de **base de cálculo substitutiva**; e ato administrativo decorrente da **impossibilidade de adoção da base de cálculo substitutiva**. Em todas elas, a presença do ilícito é fundamental para a investigação ora proposta, o que afasta os demais "arbitramentos" de base de cálculo, relativos às presunções criadas com fundamentos no princípio da praticabilidade (lucro presumido, plantas fiscais de valores etc.).[63]

As três acepções acima aludidas vêm a calhar para fins de explicar a sistemática do arbitramento na forma como proposta neste trabalho. No primeiro sentido, como técnica de apuração de base de cálculo concretizado por meio de métodos indiciários, tomemos em nota as imposições do art. 34, I, "c", Lei 10.908, de 30 de dezembro de 1996, do Estado do Rio Grande do Sul (RICMS/RS):

> **Art. 34.** O débito da responsabilidade por substituição tributária prevista nesta Seção será calculado:
>
> I – nas saídas das mercadorias referidas nos itens II a IV e VI da Seção II do Apêndice II, pela aplicação da alíquota

---

63. FERRAGUT, Maria Rita. *Presunções no direito tributário*. São Paulo: Dialética, 2001. p. 137.

interna respectiva sobre a base de cálculo a seguir indicada, deduzindo-se, do valor resultante, o débito fiscal próprio:

[...]

c) não havendo os preços referidos nas alíneas anteriores, a base de cálculo será o valor obtido pelo somatório das parcelas a seguir indicadas:

1 – o valor da operação própria realizada pelo substituto tributário ou, se assim dispuser o regulamento, pelo substituído intermediário;

2 – o montante dos valores de seguro, frete e de outros encargos cobrados ou transferíveis aos adquirentes;

3 – a margem de valor agregado, inclusive lucro, relativo às operações subsequentes.

Aqui, como todo arbitramento, não havendo os preços prescritos em lei, este será fixado pelos órgãos competentes, mas é o texto legal que dirá como será calculada a base de cálculo. No exemplo: valor obtido pelo somatório das parcelas da margem de valor agregado, inclusive lucro, relativo às operações subsequentes. Dispõe o art. 3º citado forma indiciária de averiguação do valor da operação. Levando em conta a própria contabilidade das empresas envolvidas, indica os valores relevantes a serem usados no cálculo da base do ICMS. É método indiciário, pois, como todo índice, os valores utilizados no arbitramento estão diretamente vinculados ao *quantum* da operação, ou melhor, o preço da mercadoria está contido na contabilidade das empresas envolvidas, razão pela qual entre o todo – contabilidade juridicizada – e a parte – preço da mercadoria – há relação de contiguidade, próprio das espécies sígnicas indiciárias, como vimos acima. Há, pois, uma conexão dinâmica ou existencial entre os critérios da lei (signo presuntivo indiciário) e o valor arbitrado ou da operação (objeto a que o índice se refere), de tal arte que, por associação lógica, este pode ser deduzido daquele. Pensemos esquematicamente no arbitramento por meio de métodos indiciários da seguinte forma:

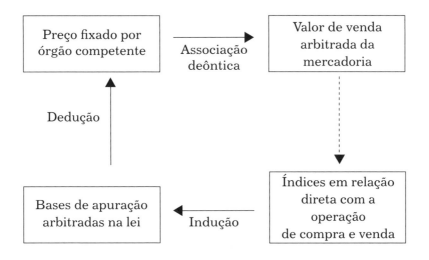

O legislador, ao positivar na forma indiciária de se arbitrar, verifica antes, como político do direito, tudo aquilo que se mostra em conexão dinâmica ou existencial com aquele tipo de operação de compra e venda. Feita essa consideração, por meio indutivo, cria a regra geral para a apuração arbitrada das bases de cálculo quando não for possível obtê-la pelos meios próprios ou convencionais. Estipulados os critérios pelo método indiciário, o aplicador, quando diante de ocorrência fáctica permissiva de arbitramento na forma indiciária, apurará de acordo com as bases fixadas em lei o preço a ser arbitrado na situação concreta, procedendo à quantificação com alicerce na documentação contábil da sociedade. Assim procedendo, chega por dedução a um *quantum* que, mediante vínculo implicacional, dará ensejo ao valor de venda arbitrada da mercadoria. Enquanto aquela figura como fato jurídico em sentido amplo, este último será o próprio fato jurídico tributário em sentido estrito, um dos critérios compositivos do consequente da norma exacional do ICMS-mercadoria.

Não incorrendo no mau vezo de cair em repetição, queremos, contudo, demonstrar, sob outra forma gráfica, a situação que se nos apresenta, realçando a perspectiva objetal de cada uma dessas figuras quantitativas e os níveis presuntivos presentes no arbitramento na forma indiciária:

Nível 2:

Objeto imediato	Objeto dinâmico
Preço fixado por órgão competente (Fato jurídico tributário em sentido amplo)	Valor de venda arbitrada da mercadoria (Fato jurídico tributário em sentido estrito)

Nível 1:

Objeto imediato	Objeto dinâmico
Bases de apuração arbitradas na lei (Fato presumido)	Índices em relação direta com a operação de compra e venda (Fato(s) presuntivo(s))

Nesse caso, a presunção de primeiro grau é o legislador que procede. É ele que, como político do direito, buscará os índices que se encontram em vínculo direto com a operação de compra e venda. Por indução, a partir desses indícios concretos, fará irromper uma regra geral, mas que, quando ainda não positivada, é um nada jurídico. No momento em que se colocar no papel de legislador, positivando a norma, introduzirá no direito as bases de apuração arbitradas do ICMS-mercadoria na lei, instituindo o arbitramento da base de cálculo do ICMS segundo método indiciário. A formação indiciária da técnica está, pois, em momento pré-jurídico, mas que se apresenta no direito em face dos próprios elementos escolhidos pelo legislador na regra. Relevemos que em toda presunção jurídica haverá sempre um *quantum* de pensamento indutivo, pois, mesmo que fora do direito, a indução se faz presente no universo da ordem posta pelas marcas da enunciação-enunciada que o legislador vai depositando na lei.

A passagem do primeiro para o segundo nível presuntivo é feita pelo aplicador que age subsumindo nos critérios prescritos em lei as imposições da situação fáctica. Faz incidir a norma geral e abstrata positivada pelo legislador mediante processo de positivação da norma. Aqui, a inferência normativa se dá como em qualquer outro caso, obtendo necessariamente caráter dedutivo.

A forma de arbitramento como base de cálculo substitutiva pode ser observada no exemplo da Lei 3.470, de 28 de novembro de 1958, que altera a legislação do Imposto sobre a Renda. De acordo com o art. 6º desta Lei:

> É facultado ao fisco **arbitrar o valor de venda do imóvel**, para o efeito da taxação prevista no artigo 92, do regulamento aprovado pelo Decreto n. 40.702, de 31 de dezembro de 1956, **quando o preço da operação constante do respectivo instrumento fôr notóriamente inferior ao real.**
>
> § 1º Para os efeitos dêste artigo o arbitramento será baseado no valor definitivo de incidência do impôsto de transmissão de propriedade nos casos de pagamento à vista, ou valor equivalente na data da cessão ou promessa de venda.
>
> § 2º O arbitramento de que trata o parágrafo anterior não poderá, salvo prova em contrário, exceder a 80% (oitenta por cento) do valor sôbre o qual incidir o impôsto de transmissão de propriedade.

Esse sentido de "substituição" ocorre tendo em vista que o fato presumido não mais é uma média, e sim um valor determinado e fixo que corresponderá ele mesmo ao objeto imediato ou fato jurídico em sentido amplo do segundo nível presuntivo. Este, estando em relação direta com o objeto dinâmico ou fato jurídico em sentido estrito, coloca-se no lugar da base de cálculo concretamente estipulada, figurando como valor (arbitrado) de venda do imóvel, proporção que se pretende dimensível do fato jurídico da exação. Em outros termos, o valor definitivo de incidência do imposto de transmissão de propriedade nos casos de pagamento à vista, ou o preço equivalente na data da cessão ou promessa de venda, "até 80% (oitenta por cento) do valor sôbre o qual incide o impôsto de transmissão de propriedade", fazem correspondência em termos prescritivos ao valor de venda do bem imóvel, substituindo-o para fins de tributação. Portanto, a Lei 3.470/58 é um verdadeiro caso de arbitramento por *definição legal de base de cálculo substitutiva*, na forma empregada por Maria Rita Ferragut.

Por fim, o arbitramento como ato administrativo decorrente da impossibilidade de adoção da base de cálculo substitutiva estaria como forma "alternativa da alternativa". Isto é, a lei aponta critérios de apuração do valor para arbitramento com base em alguns documentos da empresa, por exemplo, Balanço Patrimonial ou Livro-Caixa: se a Autoridade Administrativa não tiver como obter tais documentos, cabe a ela arbitrar sob outra técnica que não depende destes, e o fará por métodos outros, também dispostos em lei, mas que não guardam vínculo direto com fato em si mesmo considerado.

4.8. Presunção e preços sugeridos por fabricantes e/ou industriais

Feitas as considerações necessárias sobre o arbitramento, distinguindo-o da pauta fiscal, voltemos agora à Lei Complementar 87/96, observando a segunda hipótese de fixação da base de cálculo em substituição tributária para frente no ICMS, prescrita pelo enunciado do § 3º do art. 8º da aludida Lei. De acordo com o referido preceito, o Diploma Complementar pretende formular presunção do *quantum* com base em preço indicado pelo fabricante ou industrial, ou melhor, "preço final a consumidor sugerido pelo fabricante ou importador", desde que ele seja "compatível com o mercado". Em verdade, a Lei requer que seja cumprido acima de tudo o *preço usualmente praticado no mercado*, e, sendo assim, admite a indicação de valor pelo fabricante e/ou industrial justamente para se aproximar *do que realmente acontece* nas diferentes situações mercadológicas. Inalcançado esse *preço efetivo*, dá-se por inconstitucional a aplicação desta técnica.

Quando o § 3º do art. 8º da Lei 87/96 admite que, "existindo preço final a consumidor sugerido pelo fabricante ou importador, poderá a lei estabelecer como base de cálculo este preço", quer dizer, em outras palavras, que o sistema prescritivo faz ingressar, em planos prescritivos, contornos jurídico-quantitativos mais próximos de como a operação aparece na realidade comercial (social). Tanto é assim que, se de um lado permite o uso de preço sugerido para refletir melhor a situação real, de outro impede a má utilização dessa sistemática, invalidando atitude do sujeito passivo que vise alterar falsamente tais preços, subvertendo, pois, a regra e, por meio disso, ganhando vantagens fiscais. O propósito evasivo é revidado em lei pela imposição de que, quando assim ocorrer, retornar à regra geral: valores médios indicados em pauta. Sobre o assunto Humberto Ávila é incisivo: "demonstrada a incompatibilidade do preço sugerido pelo fabricante com a regra geral – preço usualmente praticado considerado – a regra aplicável, segundo a lei, só pode ser a geral".[64]

Expliquemos a situação presuntiva, recorrendo-nos ao nosso esquema mimético padrão:

Nível 2:

Objeto imediato	Objeto dinâmico
Valor médio X da operação Y, sugerido na tabela pelo fabricante ou importador (Fato jurídico tributário em sentido amplo)	Preço atribuído à mercadoria na operação (Fato jurídico tributário em sentido estrito)

---

64. ÁVILA, Humberto. Imposto sobre a Circulação de Mercadorias – ICMS. Substituição tributária. Base de cálculo. Pauta fiscal. Preço máximo ao consumidor. Diferença constante entre o preço usualmente praticado e o preço constante da pauta ou o preço máximo ao consumidor sugerido pelo fabricante. Exame de constitucionalidade. *Revista Dialética do Direito Tributário*, São Paulo: Dialética, n. 123, p. 133, 2005.

Nível 1:

Objeto imediato	Objeto dinâmico
Valor médio X sugerido na tabela do fabricante ou importador (Fato presumido)	Preços já usados em momentos anteriores ou comparativos de mercado pesquisados pelo fabricante ou importador para se obter a referida tabela (Fato(s) presuntivo(s))

Ora, em termos ontológicos, diremos que, no nível presuntivo de primeiro grau, os preços já usados em momentos anteriores pelo fabricante ou importador ou valores de mercado, utilizados em termos comparativos por eles, ambos compondo critério para organizar a referida tabela indicativa, funcionam na operação como objeto dinâmico perante o valor médio sugerido em cada hipótese indicada na tabela, este objeto imediato daquele. Os valores médios com base no mercado são de caráter icônico, pois é ele, legislador, que, percebendo a relação de semelhança ou de similitude entre ambos, por meio indutivo, presume o valor médio aplicável à situação fáctica que lhe é aproximada. Os fatos presuntivos funcionam como verdadeiros ícones para o fato presumido, uma vez que procuram reproduzir o preço da operação daquele objeto, oferecendo traços assemelhados ou mesmo refletindo os atributos mais aproximados do valor efetivo da compra e venda ocorrida: preços de produtos semelhantes no mercado, valores da matéria-prima adicionada à estimativa de custo, etc.

Por seu turno, aqueles com referente em suas próprias operações, ou seja, em ocorrências negociais já realizadas pela mesma empresa, nos mesmos moldes, estarão em caráter indiciário com a base de cálculo, pois estão em relação de contiguidade ou de existencialidade com o valor sugerido. Aqui, alguns elementos reforçam a relação de contiguidade entre o valor médio fixado em tabela pelo fabricante e aqueloutro aplicado à operação: ser (i) mesmo produto; (ii) mesmas empresas; (iii) mesmo tributo. Vejamos a abordagem do Min. Ilmar Galvão em RExt 213.396-5, julgado em 29.04.1998:

> Com efeito, trata-se de fato econômico que constitui verdadeira **etapa preliminar do fato tributável (a venda de veículo ao consumidor), que o tem por pressuposto necessário**; o qual, por sua vez, **é possível prever, com quase absoluta margem de segurança**, uma vez que nenhum outro destino, a rigor, pode estar reservado aos veículos que saem dos pátios das montadoras, senão a revenda aos adquirentes finais; **sendo, por fim, perfeitamente previsível, porque objeto de tabela fornecida pelo fabricante, o preço a ser exigido na operação final, circunstância que praticamente elimina a hipótese de excessos tributários.**
>
> [...]
>
> Não é difícil perceber que a substituição tributária, em operações subsequentes, como é o caso dos autos, convém às partes envolvidas na operação tributada: ao Fisco, por simplificar o trabalho de fiscalização, reduzido que fica ao pequeno número de empresas montadoras de veículos existentes no país; à montadora, por **permitir um controle de preço final pelo qual os seus produtos são entregues ao consumidor final, preço esse de ordinário sugerido ao revendedor pelo fabricante**; ao concessionário revendedor, por exonerá-lo de toda preocupação de ordem tributária, desobrigado que fica do recolhimento do ICMS sobre os veículos comercializados; e, por fim, ao consumidor, por **dar-lhe a certeza de que o preço pago corresponde ao recomendado pelo fabricante.**
>
> **Trata-se de regime a que, na prática, somente são submetidos produtos com preço de revenda final previamente fixado pelo fabricante ou importador**, como é o caso dos veículos, cigarros; ou tabelados pelo Governo, como acontecia até recentemente com os combustíveis; e como acontece com a energia elétrica etc., razão pela qual só eventualmente poderão ocorrer excessos de tributação (grifos nossos).

Como forma indiciária, entre o valor sugerido pelo fabricante ou importador e aqueloutro atribuído à operação futura há de se ter relação de existencialidade necessária, isto é, condição que *leva a crer* de forma precisa, e *quase* certa, sobre a existência do fato futuro do modo como preceituado. Tal qual de nuvem escura tira-se índice de chuva; ou de fumaça, índice de fogo; entre fato presuntivo, indicado em tabela pelo fabricante ou importador, e fato jurídico em sentido estrito haverá de ter correlação natural e não figurativa.

No nível presuntivo de segundo grau, associa-se o valor médio da operação, indicado em tabela pelo fabricante ou importador, ao preço atribuído à mercadoria pelo negócio para fins tributários: aquele enquanto objeto imediato deste; este, seu objeto dinâmico. Nesta esteira, da mesma forma que no nível anterior, se o valor médio for preço já praticado em relação jurídica essencialmente igual pela mesma empresa e nas mesmas condições, entre estes objetos dá-se vínculo indiciário; havendo, contudo, denotação genérica que desperta concepções ao intérprete de similaridade ou semelhança, ocorre então união icônica. Tudo isso, em resumo, representado na seguinte esquematização:

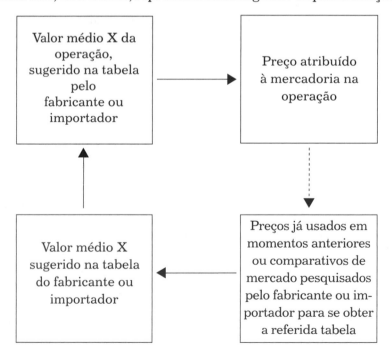

4.9. Presunção e estimativa

Por fim, nas hipóteses de apuração por estimativa, incumbe ao Poder Público realizar uma série de averiguações quanto ao valor praticado. Aqui, a Administração Fazendária também procede à espécie de *pauta fiscal*, mas o faz "com base em preços usualmente praticados no mercado" necessariamente, e considerando a forma prevista em lei para a determinação destes valores médios estimados. Na estimativa, é a própria lei que estabelece a forma de investigação valorativa. Os preceitos jurídicos instituem um *modus ponen*, fundando por consequência o próprio *valor de mercado* segundo a percepção jurídica, ou melhor, de acordo com o corte dado pela realidade normatizada. Os critérios legais admitidos para alcançar a média ponderada são por si sós prescritivos, não podendo a autoridade fiscal proceder de outra forma. O preço estimado é construído segundo procedimento legal expressamente determinado. É o cálculo posto em lei que tenta reproduzir a forma de determinação do *quantum* pelo mercado. É isso que diferencia o método estimativo da pauta fiscal.

Entre outras hipóteses, tomemos, a título exemplificativo, a forma de estimativa fixada pelo RICMS em seu art 35, § 1º, para individualização dos critérios quantitativos pelo Estado: (i) levantamento de preços em estabelecimentos situados, no mínimo, nos dez municípios do Estado que apresentem maior índice de participação na receita do imposto; (ii) pesquisados, em cada município, no mínimo, 10% dos estabelecimentos do setor, desde que para obter esse percentual não tenha que ser pesquisado mais do que dez estabelecimentos. Nesse caso, é imprescindível ao Estado determinar a média ponderada dos valores coletados de acordo com a maneira posta pelo § 1º do referido artigo. Assim não fazendo, trará figura normativa ilegítima para o direito, inapta juridicamente para prescrever a base de cálculo em função da falta de observância pelo Fisco Estadual de método indicado pelo RICMS. Desse modo, pela estimativa, a lei

> [...] atribui à autoridade fiscal a incumbência de levantar esses valores por amostragem ou através de informações e outros elementos fornecidos por entidades representativas dos respectivos setores [...] colocando à disposição do

contribuinte e do Poder Judiciário todos os elementos que comprovem o levantamento de preços e a obtenção da média ponderada, conforme critérios estabelecidos em lei.[65]

Vale repisar que aqui também não há sanção. Há sim forma de apurar a base de cálculo, segundo uma técnica instituída em lei para construção de determinado regime jurídico de exceção. E é excepcional, tendo em vista que todo regime de estimativa requer motivação fáctica que faça exigência dessa forma de apuração. Só é admitido quando, por decorrência da hipótese jurídica escolhida pelo legislador e por conta de imposições pragmáticas, não seja viável fazer apuração das informações necessárias para a determinação da base de cálculo do tributo. É a lei, e somente ela, que autoriza e determina a forma de apuração da base de cálculo por estimativa. E tal exigência decorrente do princípio da legalidade requer seja respeitado o tipo legal específico exigido pela matéria tributária tratada. Consultemos o posicionamento jurisprudencial sobre o tema em decisão que diz sobre o regime de estimativa do ISS:

> O regime de estimativa é **regime de exceção e para adotá-lo há necessidade de justificação**, devendo ser fixado após regular procedimento administrativo que possibilite, inclusive, que em determinado período **seja avaliado o valor pago com o serviço executado, constituindo-se em crédito para o contribuinte se recolhido em importância superior ou pagando-se a diferença se recolhido em valor menor.**[66]

Vale ainda um último comentário: aqui também não pode a base de cálculo estimada ultrapassar o valor real da operação

---

65. ÁVILA, Humberto. Imposto sobre a Circulação de Mercadorias – ICMS. Substituição tributária. Base de cálculo. Pauta fiscal. Preço máximo ao consumidor. Diferença constante entre o preço usualmente praticado e o preço constante da pauta ou o preço máximo ao consumidor sugerido pelo fabricante. Exame de constitucionalidade. *Revista Dialética do Direito Tributário*, São Paulo: Dialética, n. 123, p. 132, 2005.

66. Tribunal de Justiça do Estado de São Paulo; 15ª Câmara de Direito Público; AC n. 9 518.894-5/9-00; Dec.: 1.000.714; Des. Pres.: Arthur Del Guercio; DJ 14.02.2008.

ou mesmo o preço de mercado, *quantum* que funciona como teto máximo à média estimada. Não sendo sanção e admitindo-se os princípios constitucionais do direito tributário, a base estimada há de preservar este limite como expressão das garantias constitucionalmente atribuídas ao contribuinte. Ademais, havendo valores pagos a maior, ao Fisco cabe restituir o contribuinte pela diferença entre o valor estimado e o preço efetivo, como bem o afirmou a jurisprudência em decisão supracitada. A base de cálculo estimada deverá ser sempre igual ou inferior àquele, nunca o contrário. E, quando o Fisco, mesmo assim, cobrar a maior, deverá restituir a diferença, como abaixo transcrito:

> "O regime de estimativa de receita, para os fins de que seja calculado o ISSQN por determinados prestadores de serviços, difere do arbitramento do preço dos serviços, este instituto regulado pelo artigo 148 do Código Tributário Nacional com requisitos legais diversos daquele.
> [...]
> **Ao garantir ao contribuinte a possibilidade de se ressarcir dos valores recolhidos em montantes superiores aos devidos pelo movimento real, a legislação municipal criou mecanismo a ser obrigatoriamente atendido, o qual é condição *sine qua non* para que seja compensada ou repetida a importância eventualmente favorável àquele.**[67]

Na linha como vimos explicitando a matéria, perceberemos, nos dois graus dos níveis presuntivos, a seguinte relação objetal:

Nível 2:

Objeto imediato	Objeto dinâmico
Valor médio da operação indicado por estimativa (Fato jurídico tributário em sentido amplo)	Preço atribuído à mercadoria na operação (Fato jurídico tributário em sentido estrito)

---

67. Prefeitura do Município de São Paulo; Secretaria Municipal de Finanças; Conselho Municipal de Tributos; 3ª Câmara Julgadora; Cons. Rel. Fernando Dias Fleury Curado; Decisão Paradigmática n. 1.000.460, sem data no documento.

Nível 1:

Objeto imediato	Objeto dinâmico
Valores médios estimados ou Médias ponderadas (Fato presumido)	Preços alcançados pela autoridade fiscal por amostragem ou por informações de entidades representativas dos setores (Fato(s) presuntivo(s))

Os preços alcançados pela autoridade fiscal por amostragem ou por informações de entidades representativas dos setores são objeto dinâmico do objeto imediato, médias ponderadas dos preços estimados. Aqui também de caráter icônico. No segundo grau, o preço atribuído à mercadoria na operação e o valor médio da operação indicado por estimativa funcionam entre si, respectivamente, na forma de objeto dinâmico e objeto imediato, em relação ora icônica, ora simbólica, dependendo do grau de arbitrariedade ou convencionalidade dos preços.

Por último, vale ainda lembrar que não é dada ao contribuinte a faculdade de enquadrar-se ou não no regime de estimativa. É ato do Fisco que deverá fazê-lo na forma como prevista legalmente. Exemplo disso está nos arts. 55, 74 e 75 da Lei 6.989/66, com alterações da Lei 9.804/84.[68] Com isso, quedam

---

68. Seguem os textos dos artigos mencionados da Lei 6.989/66 com alterações da Lei 9.804/84:

"Art. 55. Quando o volume ou a modalidade da prestação de serviços aconselhar, a critério da Prefeitura, tratamento fiscal mais adequado, o imposto poderá ser calculado por estimativa, observadas as seguintes condições:

I – com base em dados declarados pelo contribuinte ou em outros elementos informativos, parcelando-se mensalmente o respectivo montante, para recolhimento no prazo e forma previstos em regulamento;

II – findo o exercício civil ou o período para o qual se fez a estimativa ou, ainda, suspensa, por qualquer motivo, a aplicação do sistema de que trata este artigo, serão apurados o preço efetivo dos serviços e o montante do tributo efetivamente devido pelo contribuinte.

explanadas de forma detida e com apoio no instrumental que nos dá a teoria da linguagem as principais formas presuntivas da base de cálculo do ICMS, levando em conta o regime de substituição tributária para frente desse tributo estadual.

4.10. Presunção e substituição

No campo das presunções, muitos as entendem como técnicas normativas substitutivas de um fato pelo outro. Essa *substituição* é assumida sob três sentidos, ou melhor, três momentos enunciativos diferentes.

---

§ 1º Findos os períodos aludidos no inciso II deste artigo, o imposto devido sobre a diferença, acaso verificada entre a receita efetiva dos serviços e a estimada, deverá ser recolhido pelo contribuinte, podendo o Fisco proceder ao seu lançamento de ofício, tudo na forma e prazo regulamentares.

§ 2º Quando a diferença mencionada no § 1º for favorável ao contribuinte, a Administração Tributária poderá efetuar sua restituição, conforme dispuser o regulamento.

Art. 74. O sujeito passivo deverá recolher, por guia, nos prazos regulamentares, o imposto correspondente aos serviços prestados em cada mês.

§ 1º O recolhimento só se fará à vista do cartão a que se refere o artigo 65.

§ 2º A repartição arrecadadora declarará, na guia, a importância recolhida, fará a necessária autenticação e devolverá uma das vias ao sujeito passivo, para que a conserve em seu estabelecimento, pelo prazo regulamentar.

§ 3º A guia obedecerá a modelo aprovado pela Prefeitura.

§ 4º Os recolhimentos serão escriturados pelo sujeito passivo, na forma e condições regulamentares.

Art. 75. É facultado ao Executivo, tendo em vista as peculiaridades de cada atividade, adotar outra forma de recolhimento, determinando que este se faça antecipadamente, operação por operação, ou por estimativa em relação aos serviços de cada mês.

Nova redação dada ao art. 75 pela Lei n. 9.804/84.

§ 1º No regime de recolhimento por antecipação, nenhuma nota, fatura ou documento poderá ser emitido sem que haja suficiente provisão de verba.

§ 2º A norma estatuída no parágrafo anterior aplica-se à emissão de bilhetes de ingresso para diversões públicas.

Art. 76. Os profissionais e as sociedades referidos, respectivamente, nos artigos 56 e 57 deverão recolher o imposto, anualmente, em prestações, na forma, local e prazos regulamentares."

Numa primeira acepção, o processo intelectivo de presumir ostenta substituição de um fato conhecido por outro desconhecido. O substituir é retratado como um assentimento de um fato por outro, como o faz Cândido Rangel Dinamarco ao definir a presunção no processo civil: "[...] é a aceitação de um outro fato, sem dele ter um conhecimento direto".[69]

Outro é o sentido de presumir como forma de substituir correlação natural entre dois objetos com aqueloutra da ordem lógica. É o que faz Alfredo Augusto Becker:

> A observação do acontecer dos fatos segundo a ordem natural das coisas permite que se estabeleça uma correlação natural entre a existência do fato conhecido e a probabilidade de existência do fato desconhecido. **A correlação natural entre a existência de dois fatos é substituída pela correlação lógica.** Basta o conhecimento da existência de um daqueles fatos para deduzir-se a existência do outro fato cuja existência efetiva se desconhece, porém tem-se como provável em virtude daquela correlação natural[70] (grifos nossos).

Por fim, em terceira forma, a presunção, do tipo legal, é caracterizada como a substituição do raciocínio presuntivo do legislador, enquanto ser social ou político, pela lei ou pela *razão* do ordenamento jurídico, como o faz Rubens Gomes de Souza: "As presunções resultam do raciocínio ou são estabelecidas por lei **que substitui a sua própria razão à razão humana.** Daí, classificarem-se em presunções *hominis* ou humanas, e presunções legais[71] (grifos nossos).

---

69. DINAMARCO, Cândido Rangel. *Instituições de direito processual civil*. São Paulo: Malheiros, 2004. v. 1, p. 111.

70. BECKER, Alfredo Augusto. *Teoria geral do direito tributário*. 4. ed. São Paulo: Noeses, 2007. p. 538.

71. SOUSA, Rubens Gomes de. Um caso de ficção legal no direito tributário: a pauta de valores como base de cálculo do ICM. *Revisa de direito Público*, São Paulo: RT, n. 11, p. 23, 1970.

É bastante corriqueira a ideia de presunção como um mecanismo especial de substituição. E o asserto se confirma quando pensamos na dinâmica desse raciocinar presuntivo que, mediante um emaranhado de associações, procede a um movimento que pode nos remeter à ideia de substituição. Contudo, este pensamento deve ser sopesado em face da amplitude semântica dos termos envolvidos. Ao acordarmos para a importância da teoria da linguagem no estudo do direito, verificamos que, observados certos requisitos, a referida associação substitutiva se dá em todos os campos do ordenamento posto, uma vez que, sendo linguagem, construímos e reformulamos conceitos mediante substituições e mais substituições de ideias, de signos, de palavras, entre outras coisas. Assim, tudo pode ser entendido como forma de substituir no direito, de maneira que, com base nestes pensamentos, não poderíamos assumir a substituição como critério distintivo da presunção em face de outros tipos de procedimentos normativos.

Recordemos que no raciocínio presuntivo, seja o do legislador, seja o do aplicador do direito, o ponto de partida são os fatos conhecidos, tomados como signos presuntivos que dão a base para, mediante indução, formular regra geral de probabilidade de ocorrência do fato nos moldes em que sucedeu naqueloutros primeiros. Esta formulará a ideia de fato presumido ou provável. A referida indução é geralmente percebida como uma *correlação natural* entre os fatos – presuntivos e presumidos – que dará ensejo a outra correlação, agora de ordem lógica, entre fato provável e fato desconhecido, mas juridicamente relevante para a regulação da conduta, conforme se observa do gráfico a seguir:

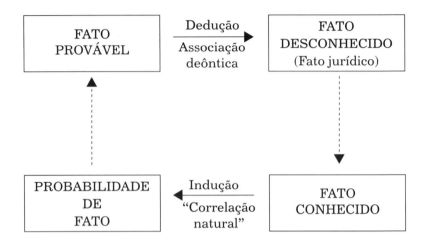

A advertência das aspas no termo *correlação natural* chama a atenção à impropriedade desses vocábulos para identificar a associação feita pelo ser humano entre fato conhecido e probabilidade do fato. Alfredo Augusto Becker identifica como correlação natural aquilo que provém da *observação do acontecer dos fatos segundo a ordem natural das coisas*. No dizer do jurista, o vínculo entre existência do fato conhecido e probabilidade de existência do fato desconhecido se dá, portanto, *segundo a ordem natural das coisas*, insistimos. Todavia, sabemos que, no campo da linguagem, nada provém da natureza. Tudo é construído pelo homem mediante articulações linguísticas que, na busca de representarem sensações e sentimentos, constroem o próprio objeto mediante a língua. Ao falar em associação de enunciados linguísticos, estamos necessariamente no universo da linguagem, lugar que prescinde da presença do homem articulando os enunciados entre si. Correlação em linguagem nenhuma é de ordem do natural ou da natureza, mas é inexoravelmente constituída pelo pensar associativo do ser humano.

Com supedâneo em tais ponderações, asseveramos que o raciocínio indutivo não identifica correlação natural, porém institui também associação lógica entre a existência do fato conhecido e a probabilidade de existência do fato desconhecido.

Isso nos autoriza dizer que não há o substituir da correlação natural à lógica, mas, sim, uma sucessividade de vínculos lógicos que, ao final, comportam a ideia de substituição ou aceitação de um fato conhecido por outro desconhecido, como bem apontou de forma sintética Cândido Dinamarco. A correlação lógica se dá em verdade no vínculo presuntivo como um todo, que pode ser considerado unitariamente como uma associação ou implicação lógica ou ser desmembrado em termos epistemológicos para fins de melhor conhecer o objeto.

Uma crítica final se faz necessária ainda nesta temática. Rubens Gomes de Souza, na dissociação tradicional das presunções humanas em face das legais, admite as últimas como noção posta em lei que substitui a razão humana do legislador como ser político. Também aqui cabe ponderar que não há substituição nenhuma da razão humana na ponência da norma. O processo de positivação do direito requer sempre uma contínua construção em linguagem a cada novo ato normativo, como se partíssemos sempre da estaca zero. Cada ato interpretativo (re)constrói um universo diferente, com base nas ideologias do intérprete, i. e., segundo os horizontes de sua cultura. É como se o interpretar fosse uma constante dimensão do mundo do exegeta que, a cada ato enunciativo, funciona como coenunciador da norma. Portanto, a lei é inapta a *congelar* a razão do legislador político, tampouco substituí-la por outras razões de direito. O que há, com efeito, é uma ininterrupta reformulação do mundo jurídico a cada enunciação.

Em compêndio, reiteramos que a presunção somente pode ser assumida como substituição no sentido de que é operação lógica de implicação entre um fato jurídico em sentido amplo, fruto de outro vínculo conjuntivo entre fato provável (ou probabilidade do fato) e fatos conhecidos, e o fato jurídico em sentido estrito. Em termos elucidativos, imaginemos fórmula que sobressalta essa ideia de substituição:

(fato provável . fatos conhecidos) → Fato jurídico em sentido estrito

ou também:

Fato jurídico em sentido amplo → Fato jurídico em sentido estrito

Para melhor explicitar a noção substitutiva nas presunções, saquemos o rico exemplo do mecanismo da substituição tributária *para frente*. Na forma de regime jurídico especial, entende-se ocorrer a substituição em quatro critérios da regra-matriz de incidência: *material* e *temporal*, presumindo a ocorrência do fato; *quantitativo*, admitindo-se uma base conhecida (valor de venda real) por uma desconhecida, mas presumida (valor de venda futura);[72] e *subjetivo*, fazendo incidir a norma em face de sujeito diverso daquele diretamente vinculado ao fato.

Quanto ao critério subjetivo na substituição tributária, há que ponderar interessante discussão sobre haver ou não tal atitude de se colocar um sujeito em lugar de outro. Assumindo que só nos interessam as formulações ditadas pelo legislador, "o dado relevante é apenas o sujeito previsto em lei como obrigado ao pagamento do tributo (ou seja, aquele integrante do vínculo obrigacional)", como pondera Maria Rita Ferragut. Se no regime da substituição tributária para frente o legislador prescreve obrigação para terceiro, indiretamente ligado ao fato, o contribuinte, entendido como aquele diretamente vinculado ao fato, nem se instaura juridicamente, razão pela qual a autora assevera não haver verdadeira substituição, como se depreende do

---

72. A noção substitutiva da base de cálculo neste mecanismo especial é bem retrata por Humberto Ávila: "A substituição tributária para frente modifica o momento e o montante da operação normal: o momento porque substitui uma base conhecida (valor de venda real) por uma desconhecida, mas presumida (valor de venda futura); o montante porque substitui uma pluralidade de valores (cada valor concreto de venda) por uma unidade de valor (o valor de pauta). A pauta nada mais é, portanto, do que uma prévia unidade de valor das operações futuras. Como unidade na diversidade real de valores, necessariamente abrangerá casos em que o valor real é maior do que o da média" (ÁVILA, Humberto. Imposto sobre a Circulação de Mercadorias – ICMS. Substituição tributária. Base de cálculo. Pauta fiscal. Preço máximo ao consumidor. Diferença constante entre o preço usualmente praticado e o preço constante da pauta ou o preço máximo ao consumidor sugerido pelo fabricante. Exame de constitucionalidade. *Revista Dialética do Direito Tributário*, São Paulo: Dialética, n. 123, p. 125, 2005).

seguinte trecho: "nas normas de substituição tributária, o legislador, contrariamente ao afirmado pelo autor, não 'substitui' o contribuinte por terceiro, já que o contribuinte não chegou a existir".[73]

Desse modo, é forçosa a ilação de que o substituir juridicamente relevante pede a existência de, pelo menos, dois objetos do mesmo universo para que ocorra. Ainda, cumpre ressaltar que não há substituição de fatos de universos diversos, por exemplo entre fato do mundo do ser e fato do domínio do dever-ser. A substituição, se dada por existente, pede seja feita entre iguais, entre unidades de um mesmo campo, razão pela qual assumimo-la na ordem das presunções apenas como ocorrência, ou melhor, vínculo deôntico que se dá entre fato jurídico em sentido estrito e aqueloutro em sentido amplo.

4.11. Presunção, prova e indício

Presunção, prova e indício são conceitos que estão intrinsecamente ligados à constituição do fato jurídico. São matéria de ordem probatória, ideias relativas ao real que se apresentam mais restritivas (fatos) ou mais gerais (verdades). São assumidas enquanto instrumentos ou meios para a construção do fato jurídico, como também na qualidade de forma de conhecimento *per se*, intermediando a relação entre o homem e a realidade física ou social em que se insere.

A plurissignificação da palavra "fato" é sentida nos três termos acima referidos e, se se pretende compreender o vínculo entre seus significados, é preciso antes firmar alguns dos pressupostos do estudo ora empreendido. "Fato" é termo que pode cumprir diversos significados ao longo do processo de positivação: a) acontecimento social ou evento; b) descrição legislativa hipotético-legal; c) processo enunciativo descritivo do fato que faz nascer a relação jurídica tributária (enunciação);

---

[73]. FERRAGUT, Maria Rita. *Responsabilidade tributária e o Código Civil de 2002*. São Paulo: Noeses, 2005. p. 56.

d) resultado do relato do acontecimento no antecedente da norma individual e concreta do ato de aplicação (enunciado); entre tantos outros que poderíamos apontar. Tomamos o direito aqui com forma enunciativa, como linguagem. Desse modo, não toca diretamente o objeto do mundo existencial, mas fala sobre ele. Por esta razão, dissociam-se o ser das coisas (i), aquilo que sentimos, do dizer delas (ii), e o que enunciamos sobre elas (iii). São universos diferentes, que compõem ontologias diversas. De um lado, encontra-se o evento ou, na forma de Peirce, o objeto dinâmico do signo do direito; do outro, o fato jurídico ou objeto imediato da norma.

O ordenamento positivo é uma organização linguística e, por este motivo, o objeto em sua concretude empírica se torna intangível para ele. Todo fato é construção da língua. Fato jurídico tributário é o relato de um evento que tem relevância no direito positivo quando proferido por autoridade juridicamente preenchida de poder e mediante procedimento competente. O que se entende por *objeto* no direito é fruto do discurso jurídico, ou, em outras palavras, são os próprios enunciados normativos. Não ingressa no sistema jurídico *fato puro* (o evento), mas sempre fato linguisticamente construído pelo exegeta do direito. Os objetos jurídicos (os fatos), portanto, nascem somente e no mesmo instante em que há o relato em linguagem competente (das provas em direito admitidas). O discurso, neste sentido, é o que dá significação à coisa na ordem positiva. Sem linguagem, não há direito, não há fato jurídico.

A teoria das provas, como forma competente para relatar juridicamente um evento, é o lugar em que encontraremos os diferentes modos de dizer sobre determinado evento dentro do direito, atribuindo-o certeza e veracidade (validade) jurídica. É ela mesma enunciado factual, signo do fato em sentido estrito; ou, segundo Fabiana Del Padre Tomé, "o fato é signo do evento; a prova é signo do fato".[74] A função da prova é

---

74. TOMÉ, Fabiana Del Padre. *A prova no direito tributário*. São Paulo: Noeses, 2005. p. 74.

constituir o fato, na forma de enunciado antecedente da norma individual e concreta.[75] E, neste sentido, continua a autora:

> [...] a prova é fato: fato jurídico em sentido amplo que colabora na composição do fato jurídico em sentido estrito. Não é a prova, portanto, mera forma de averiguação da verdade dos fatos. Apresenta-se, ela própria, como um fato, cuja existência é imprescindível à constituição do fato jurídico que fundamenta a pretensão de um sujeito.[76]

Nesses termos, a prova não é o fato jurídico em sentido estrito, antecedente da norma individual e concreta em si mesmo considerado, mas sim representação desse fato em sentido amplo. É bem verdade que, sem prova, fato nenhum é construído. No entanto, a prova não coincide com o próprio fato antecedente: "Por isso, a prova, considerada isoladamente, não se confunde com o fato jurídico tributário".[77] De tal modo que podemos concluir que: "Prova é um fato que aponta para outro fato, cuja veracidade se pretende certificar".[78]

Posto isto, de um lado temos o fato provado (fato jurídico em sentido estrito) de outro o fato da prova (fato jurídico probatório ou fato jurídico em sentido amplo). Assim sendo, "[...] para a constituição do fato jurídico em sentido estrito, há de ser verificada, preliminarmente, a existência de prova de sua ocorrência",[79] ou melhor, o fato probatório que comprova o fato jurídico. Dois fatos que aparecem no direito juntos, como duas faces de uma mesma moeda, mas constituindo juridicamente objetos diferentes, porém complementares.

Igualmente como exposto acima, as presunções apresentam-se no direito como modo competente para relatar em

---

75. "[...] a função de constituir o fato, caracterizando a prova jurídica". (TOMÉ, Fabiana Del Padre. *A prova no direito tributário*. São Paulo: Noeses, 2005, p. 84).
76. Idem, ibidem, p. 79.
77. Idem, p. 79.
78. Idem, p. 82.
79. Idem, p. 85.

planos jurídicos determinados eventos, admitindo-os na ordem por certos, verdadeiros e válidos como enunciados de fato. A norma presuntiva é constitutiva do fato jurídico, mas é ela fato em sentido amplo. É enunciado factual representativo de outro, este compondo o antecedente da norma individual e concreta. A presunção, portanto, tal qual as provas, é signo do fato que, por sua vez, é signo do evento. Eis uma das razões pelas quais são muitas vezes entendidas, injustamente, como provas indiretas. São elas representativas do fato jurídico em sentido amplo. Não dispensam a prova, mas deslocam o objeto da prova para a comprovação de seus próprios critérios compositivos. Nessa toada, no campo dos tributos, o Fisco não pode presumir sem fazer prova do próprio fato presumido. A presunção não dispensa a prova. Enquanto linguagem competente, a prova é sempre imprescindível no âmbito factual, o que abrange os fatos presumidos. Confirmando a tese, o trecho do Acórdão 107-07517 abaixo do antigo Conselho de Contribuintes é autoexplicativo:

> [...] No caso em exame, de fato, em muitos dos contratos impugnados pelo fisco, o arrendatário desistente indicou terceiros para a aquisição do bem.
>
> Mas este fato, por si só, não autoriza o fisco a considerar que o arrendatário, ele mesmo, adquiriu o bem antes do término do contrato.
>
> Assim agindo, o fisco está lançando mão de uma presunção que, por não estar prevista em lei, exigiria do agente público a prova, ainda que indiciária, mas necessariamente robusta, de que este fato ocorreu.[80]

---

80. Ministério da Fazenda, Conselho Administrativo de Recursos Fiscais, 7ª Câmara, Processo 10880.035259/89-26, Acórdão 107-07517, Rel. Luiz Martins Valero, Sessão 18.02.2004. Abaixo, segue ementa do referido julgado:

"Ementa. *IRPJ. Arrendamento mercantil. Desistência por parte do arrendatário e indicação de terceiros para adquirir o bem.* O fato de o arrendatário desistente indicar terceiro para a aquisição do bem, não autoriza o fisco a presumir que houve uma operação de compra e venda quando da celebração do contrato original, exceto se provada a ocorrência de dissimulação na operação".

Dito isso, voltemos ao cerne da questão deste item. Bem se vê que as presunções, como as provas, buscam representar em termos enunciativos aqueles critérios estabelecidos na hipótese normativa que identificam os elementos relevantes no fato para o direito. Enquanto a prova o faz com o fato jurídico em sentido estrito, a presunção fá-lo com o fato jurídico em sentido amplo, comprovando não somente o fato auxiliar ou base, dependendo da previsão legal, mas o vínculo normativo existente entre eles. Estabelecendo categorias, a ordem prescritiva seleciona específicas características indicativas (índices) daquilo que acredita ter relevo para a determinação do fato jurídico e enuncia-as no antecedente da norma geral e abstrata como modelo referencial para o intérprete na produção da norma individual e concreta.[81]

Nesse sentido, toda *prova* e *presunção* são constitutivas de fatos jurídicos, reduzindo o evento em proposição normativa. Ambas serão índice ou indício, entendendo nisso que assumirão a todo instante o caráter de signo indicativo do objeto dinâmico. Obtêm sentido indiciário, portanto, porque limitam ontologicamente a complexidade do evento na qualidade de descrição linguística. Mediante cortes, enunciam na norma individual e concreta apenas as características prescritas na hipótese de suas normas gerais e abstratas.

Vale acentuar ainda que, em outras ocasiões, o indício surge no direito com sentido diverso do acima assumido, tomando-se-o de acordo com a gradação de seu poder de convencimento, de sua força probatória. Ingressamos, assim, no

---

81. "O fato se torna fato jurídico porque ingressa no universo do direito através da porta aberta que é a hipótese. E o que determina quais propriedades entram, quais não entram, é o ato-de-valoração que preside à feitura da hipótese da norma. Sociologicamente, não há fatos puros: todo fato social é relacional e toda relação social, além de causal, é normativa" (VILANOVA, Lourival. *Estruturas lógicas e o sistema do direito positivo*. São Paulo: Noeses, 2005. p. 85).

campo da retórica.[82] Diz-se prova aquilo que por si só é capaz de constituir o fato. Entendem-se por indício os meios indiretos e, portanto, menos poderosos, utilizados na formação do enunciado factual. Seriam necessários, pela rota batida da doutrina e jurisprudência, diversos indícios de prova para a construção da norma probatória, mas, nessa ótica, nem toda norma probatória seria constituída por indícios.

Nesse tocante, ressalve-se ser frequente a classificação das provas em direta e indireta, segundo o critério de proximidade, que o enunciado mantém com a realidade fáctica que quer provar. Na prova direta, admite-se como provado o fato principal, objeto da prova; na modalidade indireta, por sua vez, entende-se provado por meio de uma operação mental dedutiva o fato que se quer provar.[83] Em seus sentidos vulgares, *indícios* e *presunções* são considerados modalidades de prova indireta. Sob esse ponto de vista, em ambos, alcança-se, dedutivamente, o fato principal que se almeja demonstrar por meio de outro fato provado. Tomando dois enunciados factuais diversos e, por juízo lógico associativo, equiparando-os para fins jurídicos, admite-se um fato pelo outro, atribuindo-se os mesmos efeitos do fato principal – signo que se pretende provar – ao fato presumido ou indiciário – signo empregado para demonstrar a veracidade do fato principal. No tocante à relação entre tais estruturas, tomemos novamente os valiosos ensinamentos de Fabiana Del Padre Tomé:

---

82. É o sentido atribuído pelo Conselho de Contribuintes, conforme podemos observar da decisão citada: *"PAF. Prova indiciária.* A prova indiciária é meio idôneo para referendar uma autuação, quando a sua formação está apoiada num encadeamento lógico de fatos e indícios **convergentes que levam ao convencimento do julgador"** (grifos nossos) (Ministério da Fazenda, 1º Conselho de Contribuintes, 7ª Câmara, Processo 13808.000058/97-33, Acórdão 107-08326, Rel. Luiz Martins Valero, Sessão 09.11.2005).
83. Nas palavras de Fabiana Del Padre Tomé: "Enquanto a prova direta seria aquela que se refere ao fato que se pretende provar, a chamada prova indireta seria indicativa de fato diverso, mas que, por meio de uma operação mental, permitiria chegar ao objeto da prova" (*A prova no direito tributário.* São Paulo: Noeses, 2005. p. 103).

> Toda relação probatória exige a presença de dois fatos: (i) o fato que se pretende provar; (ii) o fato empregado para demonstrar a veracidade do fato probando. Ambos estão ligados por um vínculo implicacional, de modo que toda decisão fundada em provas decorre de uma presunção, em que o fato provado implica logicamente o fato probando (fato presuntivo → fato presumido).[84]

Tanto na prova, em seu sentido estrito, quanto na presunção há sempre dois fatos associados segundo o vínculo implicacional, como já observamos. Nunca se alcança o objeto em si em sua natureza física. Por conseguinte, toda prova é sempre *indireta*, esteja ela em seu sentido de base ou enquanto presunção. Apresentado um documento probatório, cabe ao intérprete realizar operação de inferência lógica para, dedutivamente, chegar ao fato principal. É a assertiva: Toda prova encerra numa presunção de veracidade de outro fato, sendo sempre indireta e indiciária.

Nesse momento, apresenta-se-nos o ensejo para um último comentário. Cravemos a premissa de que, na base, presunção e prova conduzem para a mesma técnica associativa em termos lógicos. Outra coisa, contudo, é seu plexo eficacial no sistema jurídico, no campo da pragmática. Sabemos que o direito cria sua própria realidade e, sendo assim, configura livremente o plano da eficácia de suas normas. Dentro de certos limites, pode relacionar os efeitos probatórios de determinado signo desde logo, na pujança de sua força constitutiva, ou pode subordiná-la a outras condições para fins de dar-se ou não se dar sozinho como *fato jurídico*. No primeiro caso, temos a prova, tomada em seu sentido vulgar, e as presunções ditas absolutas; no segundo, encontramos as figuras das presunções relativas e humanas, visto que, nestas, só se lhes admite quando não produzidas prova em contrário.

---

84. TOMÉ, Fabiana Del Padre. *A prova no direito tributário*. São Paulo: Noeses, 2005. p. 104.

A eficacidade é traçada pelo próprio sistema jurídico, de tal arte que, no determinar a eficácia do signo, a causalidade normativa revela sua especificidade em face da causalidade natural. Com isso, ressalta os objetivos que pretende na imposição do preceito jurídico. A lei, ao autorizar presunções, tem por finalidade imediata *facilitar a produção de prova* para fins de fazer prevalecer a ordem jurídica, prova esta tomada aqui em seu sentido eficacial pleno. Nesses termos, nas situações em que, sendo particularmente difícil a prova, "a lei ou o juiz facilita a demonstração do fato relevante, satisfazendo-se com a prova daquele que é o mais fácil provar e assim dispensando a prova direta do fato que realmente interessa para o julgamento da causa".[85] De tal sorte que, por meio das presunções, a dificuldade da prova, que foi sem dúvida a causa originária da mutação da regra eficacial, encontra-se agora excluída pela supressão mesma do objeto principal da prova e a assunção em termos probatórios do fato presumido. Eis a razão de Cândido Rangel Dinamarco entender que as presunções não constituem meio de prova[86] e de Paulo de Barros Carvalho negar sua admissibilidade no que tange às infrações subjetivas.[87]

---

85. DINAMARCO, Cândido Rangel. *Instituições de direito processual civil*. São Paulo: Malheiros, 2004. v. 1, p. 114.

86. Nas palavras do autor: "Nenhuma presunção é meio de prova [...] Todas elas constituem processos de raciocínio dedutivo que levam a concluir que um fato aconteceu, quando se sabe que outro haja acontecido" (Idem, ibidem, p. 124).

87. Conforme podemos empreender da seguinte passagem: "É justamente por tais argumentos que as presunções não devem ter admissibilidade no que tange às infrações subjetivas. O dolo e a culpa não se presumem, provam-se" (CARVALHO, Paulo de Barros. *Curso de direito tributário*. 22. ed. São Paulo: Saraiva, 2010. p. 591). Importante observar, a propósito, que a jurisprudência do Conselho de Contribuintes busca dar solução ao caso, reforçando a necessidade de as provas nos autos apresentadas serem capazes de demonstrar a ocorrência da infração, contudo traz critérios demasiadamente subjetivos na sua solução: "*PIS. Presunção. Prova indiciária.* A 'presunção' consiste nas consequências que a lei tira de um fato conhecido para provar um fato oculto. A prova indiciária, admitida pelo Direito, apóia-se em um conjunto de **indícios veementes, graves, precisos e convergentes, capazes de demonstrar a**

Por tudo o que foi até agora falado, podemos concluir que *presunção* é procedimento lógico-dedutivo pelo qual o direito autoriza a formação, em linguagem competente, de fato jurídico, fazendo-o mediante associação deste a outro fato, este sim objeto da prova nos autos. O conceito de indício e o de presunção estão relacionados na medida em que, sendo linguagem, a presunção não toca o objeto, apresentando-o sempre na forma indiciária, em seu sentido semiótico de signo, índice de um conceito maior que é o próprio fato social.

4.12. Presunção e probabilidade

Temos insistido, reiteradamente, que a realidade é algo inacessível ao direito. A verdade dos fatos é por ele construída e não coincide com a realidade física, sentida. O difícil, ou mesmo impossível, acesso a determinados fatos pela linguagem leva o sistema prescritivo a se contentar com certa probabilidade de ocorrência factual. O provável, trabalhando no campo do possível, encampa o lugar da certeza no ordenamento jurídico, e o *fato certo* passa a ser da ordem lógica, não se identificando, portanto, com o domínio do real.

Nas presunções, a *probabilidade* é seu fundamento racional. Em quaisquer tipos presuntivos, o juízo absoluto de certeza é algo construído a partir da confiança razoável na probabilidade de ocorrência de determinado fato. O caráter provável das presunções é o critério informador que justifica a adoção pelo direito de tais técnicas prescritivas.

---

a ocorrência da infração e fundamentar o convencimento do julgador" (grifos nossos – Ministério da Fazenda, Primeiro Conselho de Contribuintes, 3ª Câmara, Processo 11007.001178/00-06, Acórdão 203-09180, Rel. Luciana Pato Peçanha Martins, Sessão 11.09.2003). De fato, a solução não é fácil, principalmente no campo das infrações, porém a Ordem Constitucional é clara: não há crime sem lei anterior que o defina, nem pena sem prévia cominação legal (art. 5º, XXXIX, da CF/88). Logo, estão na lei os critérios objetivos para se caracterizar uma infração, nunca fora dela e, muito menos, por meio de presunção.

Com tais premissas, firmemos que a presunção comporta dois campos: (i) uma decisão da ordem emocional e (ii) um julgamento de probabilidade do domínio da lógica.[88] Sob o ângulo da psicologia, ao presumir um fato, o enunciador profere decisão que antecipa sobre a verdade de uma ocorrência. Advém daí que o direito, não podendo reter tudo, constrói seus signos mediantes cortes por ele mesmo escolhidos. A cada corte, uma opção axiológica cultural, quando concernente à sociedade como um todo, ou ideológica, quando originário do modo de pensar do indivíduo. A ordem posta e o enunciador da prescrição estruturam, portanto, a realidade do direito, a própria verdade jurídica, e, por que não, a probabilidade normativa. E por esta razão, Lourival Vilanova assevera categoricamente: "O problema do jurista não é a existência do fato. Ou a probabilidade empírica do fato, no sistema das leis naturais. Para o ângulo jurídico-dogmático o problema é outro: se o dado-de-fato está normativamente regulado".[89]

Sob o ponto de vista racional, "presunção é o resultado do processo lógico mediante o qual o fato conhecido cuja existência é certa se infere o fato desconhecido cuja existência é provável".[90] Coloquemos entre parênteses a dicotomia processo/produto para afirmar que as presunções se apoiam na lógica para se colocarem como fatos verdadeiros. Inspirando-se da ideia de probabilidade, ao se presumir, profere-se uma aproximação relativa entre algo que se tem por ocorrido, certo, e outra coisa que lhe é verossímil ou provável. Probabilidade é, portanto, o "quase certo" ou aquilo "com grande chance de ocorrer",[91]

---

88. Sobre o assunto, ver também: DECOTTIGNIES, Roger. *Les presomptions en Droit Prive*. Paris, 1950, n. 9, p. 24-26.

89. VILANOVA, Lourival. Proteção jurisdicional dos direitos numa sociedade em desenvolvimento. *Escritos jurídicos e filosóficos*. São Paulo: Noeses, 2005. v. 2, p. 464.

90. BECKER, Alfredo Augusto. *Teoria geral do direito tributário*. 4. ed. São Paulo: Noeses, 2007. p. 538.

91. Definição do vocábulo *provável* in HOUAISS, Antônio; VILLAR, Mauro de Salles. *Dicionário Houaiss da língua portuguesa*. Rio de Janeiro: Objetiva, 2001. p. 2321.

critério este aceito pela ordem posta como suficiente quando a certeza jurídica ou a "verdade dos fatos", segundo as provas em direito admitidas, são de difícil acesso.

No quadro das relações lógicas, para se considerar algo por provável, partimos da ordem natural das coisas estabelecendo um vínculo entre fato(s) conhecido(s) e a probabilidade de ocorrência de um fato desconhecido. De ocorrências factuais concretas outras, por indução, atinge-se a regra geral da probabilidade. Feita a correlação natural,[92] o direito, representado pela autoridade competente, a internaliza substituindo-a por uma correlação jurídica, da ordem lógica.[93] Quando inserida no sistema pelo legislador, a probabilidade deixa de ser mera observação para adquirir caráter prescritivo: torna-se norma jurídica. É o que acontece nas presunções postas hipoteticamente na lei.

Por outro lado, quando diante de presunção instituída pelo aplicador no caso em concreto, a inserção da probabilidade se dá apenas como enunciação-enunciada ou marcas deixadas no discurso que permitem reproduzir, em termos intelectivos, o processo enunciativo e as motivações que o levaram à presunção do fato. Logo, a probabilidade para o aplicador não se torna regra geral e abstrata, tal como acontece nas legais, e sim como critério associativo que põe em paralelo o fato jurídico em sentido amplo e o fato jurídico em sentido estrito,

---

92. A ideia de "correlação natural" em nosso sistema aqui proposto não é de todo correta. Não há o *natural* nesta relação. O que há, com efeito, é a linguagem do social que estabelece este vínculo.

93. Eis trecho de pensamento inaugural de Alfredo Augusto Becker: "A observação do acontecer dos fatos segundo a ordem natural das coisas permite que se estabeleça uma correlação natural entre a existência do fato conhecido e a probabilidade de existência do fato desconhecido. A correlação natural entre a existência de dois fatos é substituída pela correlação lógica. Basta o conhecimento da existência de um daqueles fatos para deduzir-se a existência do outro fato cuja existência efetiva se desconhece, porém tem-se como provável em virtude daquela correlação natural" (*Teoria geral do direito tributário*. 4. ed. São Paulo: Noeses, 2007. p. 538).

admitindo-se a atribuição dos efeitos normativos deste àquele. A probabilidade comparece como fator de semelhança factual, apresentando-se tão só como enunciação-enunciada, ou melhor, na motivação do ato.

A despeito de tais diferenças, de um modo ou de outro, a probabilidade do fato é o que nos permite deduzir o fato provável e, num momento subsequente, por associação lógica, fazer ligação entre o fato provável e fato desconhecido, admitindo um pelo outro. Assim, o fato jurídico, apesar de ontologicamente ainda permanecer desconhecido, por meio desse vínculo associativo, adquire *status* de probabilidade próprio daqueloutro fato provável das presunções e, com isso, fazendo-se, em planos jurídicos, fato certo.

Como providência epistemológica de bom alcance, podemos apresentar esquematicamente o acima dito na seguinte forma:

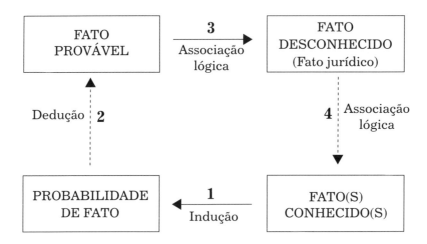

Observe-se que estamos diante de quatro associações, representadas por três etapas na construção do fato, sem contar que na quarta confirmaríamos a admissibilidade das três primeiras. Ora, com alicerce na representação gráfica, repetimos: A partir do(s) fato(s) conhecido(s), considerados isoladamente, por indução (1) se chega à regra ou lei fáctica do que *geralmente acontece*, o que nada mais é que a *probabilidade factual*. Construída a norma genérica, por meio dela deduzimos (2) o fato provável para, em seguida, associá-lo (3) ao fato desconhecido que se pretende fazer jurídico. Tal vínculo lógico pode muito bem ser considerado verdadeira substituição do fato desconhecido pelo provável ou, num segundo sentido, enunciado associativo-conjuntivo (isto é, nada substitui, mas constrói cumulativamente). Ainda que entenda a segunda acepção como empreendimento exegético de melhor alcance, temos que a assunção de um ou outro sentido não altera em nada o resultado, tendo em vista que a conjunção sempre estará presente nas presunções, sejam as legalmente tipificadas ou aqueloutras postas pelo aplicador. Ademais, cumulam-se não somente fato provável e fato desconhecido, mas os quatro enunciados factuais acima representados. Pensando dessa forma, mesmo que se diga haver substituição e, de certo modo, pretenda-se com isso isolar o resultado do processo presuntivo – fato jurídico – de todo o resto, não há como desconsiderar o raciocínio intelectivo gerador das presunções. Este, por oportuno, poderá comparecer como proposição jurídica geral e abstrata, positivada a probabilidade no plano do direito como hipótese antecedente da norma (é o que ocorre nas presunções ditas legais); ou também se mostrará como marcas da enunciação, ao se reconstruir a partir do fato jurídico, ou melhor, a partir da enunciação-enunciada deixada no enunciado-enunciado factual, o próprio processo enunciativo. Em outras palavras, na motivação do ato ponente da norma individual e concreta, é possível resgatar, em forma de simulacro, o processo enunciativo e, portanto, a própria probabilidade que levou o aplicador do direito a instituir o fato provável em fato jurídico certo.

Entre outros pontos de relevo, convém destacar ainda as associações lógicas em 3 (fato provável e fato jurídico) e 4 (fato jurídico e fato(s) conhecido(s)), de onde de um enunciado factual se deduz outro mediante *inferência lógica*. Lembremos que inferir é alcançar determinada proposição mediante processo lógico dedutivo que parte de uma ou outras mais proposições aceitas como verdadeiras sem que se as tomem como antecedentes causais daquela. A inferência da probabilidade de um fato desconhecido, por intermédio de fato provável, é a operação intelectual pela qual se constrói a verdade de uma proposição jurídica em decorrência de seu vínculo ordinário com outros enunciados normativos, já reconhecidos como verdadeiros, a despeito de meramente prováveis.

Do mesmo modo, fato jurídico *stricto sensu* e fato(s) conhecido(s) também estão em relação de inferência, porém é um vínculo lógico, que não tem por base correlação existencial dos fatos entre si. Por isso é associação lógica do tipo inferência. Daí advém que: "A relação presente nas inferências indiciárias é ordinária. Pois, por mais provável que a conclusão seja, considerando-se as regras de experiência e a indução lógica, pode ocorrer do evento descrito no fato indiciado não ser verdadeiro".[94]

Destacadas as ressalvas necessárias quanto à temática, damos por assente que a probabilidade vem a aparecer, de modo efetivo, naquele reduto rudimentar das inferências indiciárias em que as regras da experiência e a indução lógica podem vir a desconfirmar a verdade da proposição factual construída por meio desse processo lógico. Eis a relevância de admitir em presunção o direito de prova em contrário, sendo o tipo comumente entendido por relativo o que melhor se adapta à nossa ordem de garantias e direitos estabelecidos na Carta Maior.

Feitas essas primeiras observações, debrucemo-nos sobre a dissociação entre probabilidade e verossimilhança. Em linha de princípio, diz-se verossímil aquilo que parece verdadeiro ou que é possível por não contrariar a verdade. A verossimilhança, por sua vez, é frequentemente associada à probabilidade em

---

94. FERRAGUT, Maria Rita. *Presunções no direito tributário*. São Paulo: Dialética, 2001. p. 51.

vista de ambas as palavras se encontrarem no domínio do *provável*. Contudo, em estudo sobre a *presunção*, a despeito de esses conceitos em certa medida se tocarem, Chaïm Perelman ressaltou seus pontos divergentes afirmando:

> [...] a verossimilhança ("likéood") se aplica a proposições, notadamente às conclusões indutivas e, por isso, não é uma quantidade mensurável, ao passo que a probabilidade é uma **relação numérica entre duas proposições que se aplicam a dados empíricos específicos, bem definidos, simples.** O domínio das probabilidades é, portanto, vinculado ao dos fatos e verdades e se caracteriza, para cada auditório, em função destes.[95]

Justamente por referir-se a dados empíricos específicos, bem definidos, para deles *extrair* a regra lógica do sucesso provável, a probabilidade é indutiva e não dedutiva. Seu sentido numérico é por muitos explorados. Na matemática, por exemplo, a probabilidade é tomada como "número positivo entre zero e um, associado a um evento aleatório, que se mede pela frequência relativa de sua ocorrência numa longa sucessão de eventos".[96] No domínio do direito, Maria Rita Ferragut utilizou-se desse significado estatístico, atribuindo às presunções certa gradação que poderá variar entre zero e o infinito:

> [...] todo evento descrito no fato envolve uma probabilidade de existência que oscila entre zero e o infinito. Assumem valor zero os fatos cuja existência seja de impossibilidade metafísica, enquanto certo são aqueles cuja existência seja necessária.[97]

---

95. PERELMAN, Chaïm. *Tratado da argumentação*: a nova retórica. Tradução de Maria Ermantina de Almeida Prado Galvão. 2. ed. São Paulo: Martins Fontes, 2005. p. 78.
96. HOUAISS, Antônio; VILLAR, Mauro de Salles. *Dicionário Houaiss da língua portuguesa*. Rio de Janeiro: Objetiva, 2001. p. 2301.
97. FERRAGUT, Maria Rita. *Presunções no direito tributário*. São Paulo: Dialética, 2001. p. 52.

Entendemos que gradação é um bom artifício da retórica para visualizar a probabilidade em termos racionais. Contudo, para o direito, observando que cabe a ele prescrever fato de *possível ocorrência* e, uma vez enunciado em linguagem competente, o fato social se torna jurídico e, portanto, certo e verdadeiro para fins prescritivos, a gradação em senso estatístico só é perceptível em termos pré-jurídicos nas presunções.

Notemos que, na relação entre fatos presuntivos (conhecidos) e fato provável, é o legislador, como político do direito, ou o aplicador, na forma de sujeito social, que estabelece o vínculo independentemente do número de ocorrências. Basta apenas que existam tantas situações quantas forem necessárias para produzir o convencimento de quem quer ver positivada hipótese ou fato provável. Tanto em um quanto em outro caso, a indução dá-se ainda fora do direito, a despeito de se apresentar juridicamente em momento posterior como marcas da enunciação ou como o próprio enunciado geral. Eis o motivo pelo qual Chaïm Perelmann entende que o pensamento presuntivo se caracteriza para cada auditório e em função destes.

Desse modo, a probabilidade é criação do exegeta, que ocorre na forma como *ele* a percebe. O vínculo não é natural, é construído por aquele que o entende assim, ou melhor, o percebe na forma de probabilidade: eis o subjetivismo inerente à ideia de probabilidade não embasada em termos estatísticos.

Não deixa, porém, de ser recurso adequado ao conhecimento do direito enquanto processo de formação da facticidade jurídica desconhecida em conhecida, do fato provável em fato certo. De tal modo que a probabilidade, uma vez construída e positivada, transforma-se em certeza. E justamente para atender às estipulações dessa índole, em regra, é imprescindível ao ordenamento admitir prova em contrário para a estabilização do enunciado factual. Se há como provar em linguagem competente a certeza dos fatos, sem que se tenha que recorrer ao instituto da presunção, este deve prevalecer em detrimento daquela.

Ainda quanto à semântica da palavra *probabilidade* no domínio das presunções, em função de sua plasticidade conceptual, o sentido de *dado provável* amolda-se aqui como critério distintivo do tipo presuntivo assumido por absoluto e do relativo. No primeiro caso, sabe-se bem que o fato que se tem por conhecido é, a bem dizer, provável, porém a lei assume a probabilidade como certeza desde já, i. e., desde seu ingresso no sistema, e recusa produção de prova em contrário. Na segunda hipótese, a admissão de um período probatório para fins de confirmar ou infirmar o fato presumido compõe o próprio *modus ponen* da norma presumida. Enquanto perdure o direito de se fazer prova, permanecerá a ideia de probabilidade no enunciado para os fins prescritivos. Decorrido o tempo probatório admitido em direito, a regra de decadência ou prescrição faz do fato jurídico inferido coisa julgada, verdade jurídica, e o ordenamento, desse modo, cumpre com sua função de estabilizar a conduta humana.

Vale acentuar ainda que a *probabilidade* nas presunções com direito à prova em contrário tem também relevância jurídica: produz efeitos normativos processuais no plano probatório. Nas ditas absolutas, o provável, observado em direito como certo desde já, tem efeitos jurídicos constitutivos de fato de maior peso estruturante, inadmitindo no plano do processo prova em contrário. A ampla força compositiva do fato, nesse caso, tem objetivo jurídico específico: implementar regime especial. Vê-se que a diferença está nos efeitos normativos atribuídos pelo sistema ao enunciado presuntivo, no consequente da norma jurídica, razão pela qual não pode ser considerado como um dado pré-normativo, de cunho político, fora do sistema, e sim como algo dentro dele e com tonacidade constitutiva mais forte.

No primeiro caso, fato presumido é fato jurídico processual, posto até que se prove em contrário, e, por assim dizer, é expressão do provável ou da probabilidade juridicizada. No segundo, a presunção é fato jurídico material, assumido como verdade desde seu ingresso no sistema, tornando fato provável em fato certo.

Finalmente, colhemos o ensejo para reiterar que a noção de probabilidade depende sempre do conjunto de referência.

O sentido a ela atribuído tem em vista o que normalmente se entende por frequente ou por normalidade. Assim recomenda Chaïm Perelman:

> Conquanto a presunção baseada no normal raramente possa ser reduzida a uma avaliação de frequências e à utilização de características determinadas de distribuição estatística, ainda assim é útil esclarecer a noção usual do normal mostrando que **ele depende sempre do grupo de referência, ou seja, da categoria total em consideração à qual ele se estabelece**[98] (grifos nossos).

O sistema de referência é ponto de partida para qualquer forma cognoscitiva que seja, de sorte que inexiste conhecimento sem sistema de referência. Di-lo Fabiana Del Padre Tomé: "Não havendo sistema de referência, o conhecimento é desconhecimento, pois, sem a indicação do modelo dentro do qual determinada proposição se aloja, não há como examinar sua veracidade".[99]

Não bastasse isso, o sistema de referência é também o próprio limite do campo cognoscível. Para fins jurídicos, inadmite-se-o por universo empírico, mas mundo linguisticamente construído. Em forma de proporção, imaginemos que do mesmo modo que a língua está para realidade, o sistema de referência está para o conhecimento. Tudo isso para dizer que, para o direito – nosso *sistema de referência* –, o *normal* será tomado como *normalidade jurídica*. Portanto, a probabilidade só é admitida pela ordem posta quando por ela prevista e na medida em que funcione em benefício do ordenamento. Lembremos que o direito não se apoia em juízo absoluto de certeza, de maneira que é possível afirmar que enunciado factual

---

98. PERELMAN, Chaïm. *Tratado da argumentação*: a nova retórica. Tradução de Maria Ermantina de Almeida Prado Galvão. 2. ed. São Paulo: Martins Fontes, 2005. p. 81.
99. TOMÉ, Fabiana Del Padre. *A prova no direito tributário*. São Paulo: Noeses, 2005. p. 9.

nenhum, neles incluídos os presuntivos, exige essa certeza empírica. Nas presunções, a probabilidade juridicizada trabalha como fundamento suficiente para neutralizar a linguagem e fazer o sistema jurídico cumprir com sua função: prescrever conduta. Di-lo também do mesmo modo Cândido Dinamarco:

> Presumir significa apenas confiar razoavelmente na probabilidade de que se mantenha constante a relação entre o fato-base e o presumido, sendo essa probabilidade havida por suficiente para neutralizar maiores temores de erro.[100]

São muitos os exemplos que o autor traz de probabilidade admissível no processo. Citemos, de forma concisa, previsão do *fumus boni juris* disposta no art. 273 do CPC.[101] Segundo este dispositivo, "a lei não exige que o juiz se paute por critérios de certeza, mas pela probabilidade razoável que ordinariamente vem definida como *fumus boni juris*".[102] Todas as medidas cautelares ou antecipatórias em direito processual se pautam no critério da probabilidade em nome de resguardar valores maiores como o devido processo e a ampla defesa.

4.13. Presunção e ficção

Outra relevante dissociação necessária neste estudo se dá entre presunção e ficção. Surgindo muitas vezes juntas, nem

---

100. DINAMARCO, Cândido Rangel. *Instituições de direito processual civil*. São Paulo: Malheiros, 2004. v. 1, p. 115.
101. "Art. 273, CPC. O juiz poderá, a requerimento da parte, antecipar, total ou parcialmente, os efeitos da tutela pretendida no pedido inicial, desde que, existindo prova inequívoca, se convença da verossimilhança da alegação que: (Redação dada pela Lei n. 8.952, de 13.12.1994.)
I – haja fundado receio de dano irreparável ou de difícil reparação; ou (Incluído pela Lei n. 8.952, de 13.12.1994.)
II – fique caracterizado o abuso de direito de defesa ou o manifesto propósito protelatório do réu. (Incluído pela Lei n. 8.952, de 13.12.1994.)"
102. Idem, ibidem, p. 162.

sempre é claro dizer quando se está no campo de uma ou de outra. A diferença é tênue, mas relevante para fins jurídicos, uma vez que a elas são dados regimes normativos diversos.

A ficção é algo que ultrapassa as fronteiras dos universos. Constrói o efeito de meta-realidade, de liberação das rígidas convenções miméticas, produzindo a ilusão de se ter outra realidade, tão real quanto aquela que recebe essa denominação. O ficcional é o fingimento, é o resultado do poder criador do homem, que se torna Deus e dá vida a novas coisas. Com ela, modifica-se o imutável; relaciona-se o desvinculado; dá-se vida ao inexistente. O poder criador na ficção, atribuído pelo mito da divindade ao homem, é ilimitado. Com a palavra, criam-se outras realidades, tão empíricas quanto aquela que sentimos, *como se fossem* as que percebemos pelos sentidos.

No direito, o poder inovador do fictício também se faz presente. Mediante linguagem, o sistema jurídico cria sua própria realidade, que pode muito bem não ser a mesma do social. Aliás, Lourival Vilanova[103] lembrou com sua usual profundidade de análise que o direito não foi feito para coincidir com a realidade, mas nela incidir.

Por outro lado, havemos de convir que as ficções se diferem das outras técnicas prescritivas, utilizando-se de um critério associativo que foge daquilo que ordinariamente acontece. É *modus poniendi* que altera a relação da causalidade natural ou da causalidade jurídica normal para fins prescritivos. Sobre o assunto, citemos, concisamente, algumas das principais doutrinas.

No domínio da Teoria Geral do Direito, ficção, assim como presunção, é considerada como uma importante técnica usada pelo ordenamento jurídico para se assimilar uma coisa à outra, atribuindo novos efeitos jurídicos a elas. Adotemos as ricas lições de Tercio Sampaio para quem a ficção:

---

103. VILANOVA, Lourival. Analítica do dever-ser. *Escritos jurídicos e filosóficos*. São Paulo: Noeses, 2005. v. 2, p. 69.

TEORIA E PRÁTICA DAS PRESUNÇÕES NO DIREITO TRIBUTÁRIO

> [...] é sempre uma "**desnaturação**" **do real**. Ela intervém após uma primeira qualificação de uma situação de fato dada e percebida como essencialmente diferente. Determina-se, então, que, voluntária e conscientemente, **certas consequências sejam deduzidas de uma situação da qual, de princípio, não seriam dedutíveis**. Seu fundamento, portanto, é uma **dessemelhança e um juízo prévio de diferença, a partir do que se procede a uma igualação**. [...] mas um tratamento impositivo de uma desigualdade como se igual fosse[104] (grifos nossos).

No magistério do jurista, a norma pode empregar conceitos que se definem pelo real ou pode prescrever mediante ficções jurídicas. No segundo caso, a lei ou o juiz atribui determinadas consequências a alguns eventos nela previstos, ainda que contrário à realidade. O fato de a ficção ser diferente ao que normalmente acontece nos leva a que, antes mesmo da letra da lei, em momento pré-jurídico, haja juízo de realidade em que dada ocorrência factual é percebida como essencialmente diversa de outra, mas, a despeito da diferença primária, é assimilada a esta última, tendo em vista semelhanças secundárias.[105]

No campo do direito tributário, diversos doutrinadores buscaram definir o que seja *ficção jurídica*. Cristiano Carvalho, em seu belo ensaio sobre a matéria, enverada sua definição no campo da teoria dos atos de fala, dizendo:

> [...] a ficção jurídica é um **ato de fala**, que propositadamente não vincula algum aspecto da regra à realidade jurídica, à realidade institucional ou à realidade objetiva, de modo a assim poder **gerar efeitos que não seriam possíveis de outra forma**.

---

104. FERRAZ JR., Tercio Sampaio. Equiparação – CTN, Art. 51. *Cadernos de Direito Tributário e Finanças Públicas*, São Paulo: RT, ano 7, n. 28, p. 109-114, jul.-set. 1999.

105. Sobre o assunto, ver também: FERRAZ JR., Tercio Sampaio. *Direito constitucional*: liberdade de fumar, privacidade, estado, direitos humanos e outros temas. Barueri: Manole, 2007. p. 21.

A ficção jurídica é, portanto, uma **desvinculação normativa entre o real e o Direito**[106] (grifos nossos).

Luciano Amaro define-as utilizando-se de dois critérios: (i) aquele que enuncia e (ii) a correspondência entre o dito e a realidade:

> [...] a ficção jurídica (ou melhor, a ficção no plano jurídico) é de utilização privativa pelo legislador. Por meio dessa técnica, a lei atribui a certo fato características que, sabidamente, *não são reais*. Por isso, generalizou-se a afirmativa de ser a ficção uma *mentira legal*, ou uma *verdade apenas legal*, sem correspondência com a realidade.[107]

Ângela Pacheco, por sua vez, estabelecendo diferença entre presunção e ficção no plano do conteúdo das normas, afirma que "a ficção é norma jurídica geral e abstrata, material; a presunção insere-se no âmbito processual das provas, refere-se a norma individual e concreta, na fase de aplicação".[108] E continua definindo: "As ficções são normas jurídicas substantivas gerais e abstratas, qualificadoras de suportes fáticos, que, sabe o legislador, diferem de outros suportes fáticos integrantes de hipóteses normativas válidas no sistema".[109]

Entendendo-as de uso exclusivo do legislador, cremos não atribuírem às ficções características que, sabidamente, não são reais a certo fato. O que fazem, com efeito, é desvincular dois fatos de modo implicacional para, em seguida, fazer subsumir o prescritor desta relação à sua hipótese normativa. Exemplificando:

---

106. CARVALHO, Cristiano Rosa. *Ficções jurídicas no direito tributário*. São Paulo: Noeses, 2008. p. 222-223.
107. AMARO, Luciano. *Direito tributário brasileiro*. 14. ed. São Paulo: Saraiva, 2008. p. 274.
108. PACHECO, Ângela Maria da Motta. *Ficções tributárias*: identificação e controle. São Paulo: Noeses, 2009. p. 259.
109. Idem, ibidem, p. 273.

TEORIA E PRÁTICA DAS PRESUNÇÕES NO DIREITO TRIBUTÁRIO

1) Para fins fiscais, considera-se navio bem imóvel;
2) Havendo propriedade de bem imóvel, deve-ser a incidência do IPTU;

ou

1) Para fins fiscais, se houver veículo aquático automotivo acima de tantos pés, então deve-se tê-lo por bem imóvel;
2) Se propriedade de bem imóvel, então deve-ser a incidência do IPTU.

Acentuemos: a ficção é sempre posta em lei, veículo apto por excelência para estabelecer tal preceito. Ao Poder Legislativo cabe criar a regra geral e abstrata fictícia e, ao Judiciário e Executivo, aplicá-la nos casos em concreto, subsumindo o fato à hipótese ficcional. Ao legislador cumpre a decisão política de constituir o efeito de irrealidade. Consciente da diferença existente entre os fatos, procede à igualação jurídica entre duas coisas por meio da regra ficcional, restringindo os efeitos à parte do ordenamento que quer ver postas as consequências da lei.

Nas ficções, os fins mais do que nunca compõem e justificam a norma. Ela é introduzida no sistema, tendo em vista os efeitos jurídicos que com ela se pretende criar; por isso mesmo, é proposital, é orientada segundo uma finalidade axiológica. Há que ponderar, contudo, que o fundamento da ficção deve estar albergado pelo sistema constitucional. Mais uma vez, estão no plano do Texto Supremo os limites da atividade legislativa.[110] As vedações no direito posto, portanto, não estão nelas ficções, como linguagem com poder criativo ilimitado, mas fora

---

110. Sobre assunto, assevera Maria Rita Ferragut: "O limite à criação de ficções jurídicas encontra-se na Constituição, que por dentre outros direitos assegurar o contraditório e a ampla defesa, afasta sua aplicação sempre que imputar ao sujeito a prática de um fato, como ocorre no nascimento das obrigações tributárias" (FERRAGUT, Maria Rita. *Presunções no direito tributário*. São Paulo: Dialética, 2001. p. 157-158).

delas, no sistema, isto é, na finalidade que se almeja com o preceito fictício. E o reforço desta assertiva se encontra em Tercio Sampaio:

> O limite de possibilidade da ficção, assim, não é interno (semelhança), mas externo (puramente a finalidade a que se almeja). Entre um navio e um território não há qualquer semelhança, mas, por ficção, ambos são igualados para que certos fins sejam atendidos e este é o seu fundamento.[111]

Exemplo clássico de regra ficcional é a desconsideração da personalidade jurídica também denominada *disregard*, prevista nas Leis 8.078/90, 8.884/94, 9.605/98 e 10.406/02. Com ela, não há anulação da personalidade jurídica em toda a sua extensão, mas declara-se apenas parcialmente sua ineficácia para fins de alcançar determinados efeitos, em virtude de uso ilegítimo da personalidade jurídica pelos sócios ou administradores.[112] A ficção se volta contra o princípio da autonomia patrimonial, que protege o valor da autonomia privada e do livre exercício da atividade econômica, para resguardar a legalidade, a função social da empresa na sociedade e na economia, e o direito de propriedade dos credores em face do abuso de direito e da fraude contra a lei ou contra os credores dos atos ilegítimos dos sócios e/ou administradores.

De fato, a ficção, assim como toda forma associativa que ultrapassa a realidade, encerra o perigo de ver ignorada a

---

111. FERRAZ JR., Tercio Sampaio. Equiparação – CTN, Art. 51. *Cadernos de Direito Tributário e Finanças Públicas*, São Paulo: RT, ano 7, n. 28, p. 109-114, jul.-set. 1999.

112. Interessante também é a abordagem de Cristiano Carvalho sobre o assunto: "A desconsideração é uma ficção porque não tem o efeito de desconstituir ou anular a personalidade jurídica da empresa, mas, sim, colocá-la entre parênteses, *como se* não existisse naquele caso concreto, naquela relação jurídica específica. O pressuposto da regra de desconsideração é que os sujeitos referidos no dispositivo tenham agido com dolo, isto é, o elemento subjetivo de intenção do agente em cometer um ilícito" (*Ficções jurídicas no direito tributário*. São Paulo: Noeses, 2008. p. 292).

diferença efetiva que, por certo, existe entre duas coisas no mundo, e, assim o fazendo, ignora também as garantias jurídicas, ultrapassando os limites do substancialmente defensável pelo direito. É de extrema relevância que os valores garantidos pelo uso das ficções estejam de acordo com a ordem jurídica constitucional vigente para se tê-las como válidas. Os valores defendidos pela finalidade almejada pela norma ficcional devem ser suficientemente poderosos para a ordem posta a fim de que suplantem garantias constitucionais ofertadas ao contribuinte, como tipicidade, capacidade contributiva, não confisco, etc.

Todas essas palavras têm o propósito de deixar claro que ficção é um instituto com características próprias, muito diferentes das presunções. Nada se presume na ficção e vice-versa. O que há de comum entre presunção e ficção é tão só que uma e outra são técnicas prescritivas que têm por objetivo modificar a realidade diretamente conhecida.[113] Agora, muitos são os critérios distintivos desses dois mecanismos jurídicos. E, para explicá-lo, servimo-nos de interessante analogia emprestada do linguista e romancista espanhol Gregório Robles.[114]

Pensemos em dois tipos de história: uma novela e um conto. A novela busca reproduzir o real, construindo situações que lhe são verossimilhantes: verossímil quer dizer aquilo que pode ter se passado, que já ocorreu ou ainda pode vir a suceder-se. É também o que nunca acontecerá, mas que poderia ter se apresentado enquanto tal. Na novela, a narração conta uma história similar ou parecida ao verdadeiro, ao que se passa ou que pode se passar. Diferentemente, no conto, seres inanimados ou mesmo inexistentes ganham vida como fadas, unicórnio, gnomos. As árvores falam, os animais discutem, as montanhas andam. Certo é que o conto trabalha no campo do imaginário, do inverossímil, sem nenhuma relação com o que realmente acontece.

---

113. FERRAGUT, Maria Rita. *Presunções no direito tributário*. São Paulo: Dialética, 2001. p. 157-158.

114. ROBLES, Gregório. *El derecho como texto* (Cuatros estudios de teoria comunicacional del derecho). Cizur Menor: Civitas, 2006. p. 61.

Portanto, entre ato presuntivo e ato ficcional se dá a mesma relação existente entre novela e conto. Enquanto no primeiro a verossimilhança é o fundamento para que se admita a regra jurídica da presunção; no segundo, formula-se a norma associando algo *como se fosse* outro, sem nenhuma vinculação com o real, seja ele jurídico ou social. O fundamento passa a ser a própria finalidade. A presunção, assim como as novelas, têm a ver com aquilo que normalmente acontece. No plano abstrato, se relaciona com a realidade de forma indireta, visto que, para ser regra válida, não prescinde de ocorrências reais, mas apenas de sua possibilidade, por mais improvável que seja. A regra jurídica presuntiva pode ser invalidada, por inconstitucionalidade, caso se comprove a impossibilidade da ocorrência prescrita. É essa condição de tanger o campo do possível que a converte em norma apta a criar direitos e obrigações no domínio dos tributos. No nível da facticidade jurídica, a presunção comparece como meio de prova, o que significa que a regra presuntiva introduzida pelo aplicador não deixa de fazer prova do fato, ainda que este seja fato jurídico em sentido amplo relacionado com aqueloutro em sentido estrito, antecedente da norma, de modo implicacional. A prova da presunção se dá em ambiente que preserva o devido processo, o que inclui a segurança da ampla defesa e do contraditório.

Por seu turno, a ficção, da mesma forma como os contos, em nada tem a ver com o real, nem direta nem indiretamente. Independe da possibilidade da situação, pois é originário do próprio sistema de linguagem, e sua utilidade se volta unicamente aos propósitos de sua criação naquele dado conjunto. Por esse modo é que são inadmitidas no ordenamento para fins de criar obrigações tributárias. A simples comprovação no âmbito de controle de constitucionalidade de que a regra trazida pelo legislador institui como antecedente fato irreal, i. e., inocorríveis no plano da facticidade, já é causa para a expulsão desse Diploma no sistema. Pensar o contrário é violar direitos subjetivos do contribuinte, tais como não confisco, capacidade contributiva, tipicidade tributária, entre outros, e, por que não, a rígida discriminação das competências tributárias pela

Carta Maior. Ademais, é formulação que dá ensejo a um enriquecimento sem causa à Fazenda, pois, não havendo fato jurídico tributário, e sim uma "desnaturação" do tipo que não condiz com a realidade fáctica, não há causa antecedente da norma para ensejar uma relação jurídica tributária. A ausência do fato implica inexistência de relação jurídica. A ordem posta não pode utilizar-se de mecanismos como a ficção para desvirtuar o enunciado antecedente da norma tributária, atribuindo a este nova configuração factual e, com isso, consequências jurídicas deduzidas de uma situação da qual, a princípio, não seriam dedutíveis.

Eis que a presunção, privilegiando a probabilidade do sucesso do fato, e a ficção, negando a realidade fáctica,[115] são mecanismos que se diferem não somente pela forma de construção do enunciado de fato[116] – a primeira pela similitude essencial; a segunda, semelhanças secundárias –, mas também

---

115. Com base nos argumentos acima enunciados, cumpre colacionar trecho da obra de Hugo de Brito Machado, que define ficção jurídica da seguinte forma: "As ficções jurídicas – é bom ressaltar este aspecto – impõem a certeza jurídica da existência de um fato cuja ocorrência, no mundo fenomênico, não é certa. Uma vez criada a regra jurídica, porém, a ficção penetra na ordem jurídica *como verdade*" (Local da ocorrência do fato gerador do ISS. *Revista Dialética de Direito Tributário*, n. 58, p. 48, jul. 2000). Segundo as concepções acima apresentadas, vale a ressalva de que não podemos entender as ficções como tendo fundamento na *existência que não é certa de um fato*. O enunciado sugere haver uma possibilidade de sua ocorrência, o que, como já firmamos, descaracteriza a ficção enquanto tal, tornando-a hipótese de presunção jurídica. Eis a justificativa pela qual não acolhemos a referida definição. Mas o alerta é necessário e justifica a citação.

116. No mesmo sentido está Alfredo Augusto Becker: "Existe uma diferença radical entre a presunção legal e a ficção legal: 'A presunção tem por ponto de partida a verdade de um fato: de um fato conhecido se infere outro desconhecido. A ficção, todavia, nasce de uma falsidade. Na ficção, a lei estabelece como verdadeiro um fato que é provavelmente (ou com toda a certeza) falso. Na presunção, a lei estabelece como verdadeiro um fato que é provavelmente verdadeiro. A verdade jurídica imposta pela lei, quando se baseia numa provável (ou certa) falsidade é ficção legal, quando se fundamenta numa provável veracidade é presunção legal" (*Teoria geral do direito tributário*. 4. ed. São Paulo: Noeses, 2007. p. 539).

pelo regime jurídico conformado em cada qual. E no âmbito dessas diferenças as presunções são admissíveis no campo dos tributos, e as ficções, não.

Verificamos que, na presunção, dá-se consequência jurídica de fato conhecido a fato desconhecido, mas que, embora não observado empiricamente e passível de dúvidas, é provável. A probabilidade é valorizada pela lei, que, em certos casos, admite prova em contrário e em outro, não. Na ficção, contudo, inexiste dúvida sobre o campo empírico. Sabe-se desde já que a realidade fáctica é de impossível sucesso. A lei, propositalmente, nega o real, podendo inclusive afastar-se das concepções comuns do sensível e com ela construir *realidade jurídica* outra, diversa daquilo que geralmente acontece. Por isso mesmo são inadmitidas no campo dos tributos para gerar obrigações e direitos.

É frequente a doutrina tradicional dizer que a possibilidade de efetiva ocorrência da realidade normada como critério distintivo entre presunção absoluta e ficção encontra justificativa apenas em termos pré-jurídicos, e, uma vez positivada a norma, torna-se inapta para distinguir um instituto de outro. Dito de outro modo, posta a norma, presuntiva absoluta ou ficcional, desaparece a razão de ser da distinção, uma vez que ambas entram no universo do direito como verdades (realidades jurídicas).[117] Entendemos contudo haver diferenças substanciais entre os dois institutos *dentro* do direito.

Nas presunções positivadas pelo aplicador, é permitida a utilização de analogia e interpretação extensiva, dependendo de o tipo ser estrutural ou taxativo, respectivamente. Já nas ficções, justamente por serem inadmissíveis, não se lhes aplica tal alargamento conceptual. O aplicador é inapto a criá-las ou fazer ingressar fato ficcional subsumindo-o a outra hipótese já prescrita em lei por meio de interpretação analógica ou extensiva.

---

117. BECKER, Alfredo Augusto. *Teoria geral do direito tributário.* 4. ed. São Paulo: Noeses, 2007. p. 540.

Isto não quer dizer que inexista fato fictício. Existe, sim; só é vedado ao aplicador emitir juízo autônomo que, por semelhanças secundárias, faz constituir fato ficcional. Relevemos que a competência introdutória de ficções no direito é tão somente dada ao legislador em matérias que não criem direitos e obrigações tributárias principais.

Ademais, no plano da formulação do enunciado hipotético fictício, o legislador há que justificar a atribuição dos efeitos do fato jurídico em sentido estrito ao fato fictício, determinando a finalidade legal da norma. Este fim, exteriorizando um valor jurídico, deve justificar-se em face dos outros valores supremos estabelecidos pela Carta Maior. Por outro lado, o juízo de verossimilhança nas presunções compõe e é critério que valida a norma no sistema jurídico tributário. Ora, entre fatos presuntivos e fato jurídico em sentido estrito é fundamental que se mantenha esse vínculo de similitude essencial, de tal modo que seja possível extrair, por conotação, o conceito de fato jurídico em sentido estrito dos fatos presuntivos. Em outras palavras, é imprescindível que se possam deduzir os fatos presuntivos do fato jurídico em sentido estrito. Assim não ocorrendo, a presunção deve ser considerada inválida, justamente porque se aproxima de modo ficcional de positivação, seja no plano abstrato, seja no caso em concreto. A similitude essencial é parte compositiva do raciocínio presuntivo, devendo estar presente em todos os casos. Sua inexistência é motivo que enseja invalidade e, consequentemente, expulsão da norma presuntiva. Nas ficções, por sua vez, isto não ocorre porque a semelhança é de ordem secundária, afastando-se das características nucleares do objeto. A regra já pressupõe a diferença, de modo que o inverossímil é fundamento da construção do fato, mas critério inapto para validar a prescrição na ordem tributária.

4.14. Presunção e equiparação

Equiparação é termo frequente em todos os subdomínios do direito. No Código Civil de 2002, por exemplo, aparece em diversos dispositivos, tais como art. 64, art. 899, art. 971, art. 984, parágrafo único do art. 1.155, § 2º do art. 1.334, parágrafo único do art. 1.515, entre outros. Em regra, ao equiparar, o legislador tem por objetivo solucionar questões práticas em situações que se demonstrem ameaçadoras à eficácia normativa. Assim, com base em semelhanças entre ocorrências, subsume-se um fato em hipótese normativa de outro, atribuindo-se efeito deste àquele. É o que Maria Helena Diniz quer dizer ao definir o *equiparado* como "o que possui as mesmas prerrogativas, direitos ou vantagens de outro".[118] Ao equiparar, fatos ou sujeitos ganham idêntico valor jurídico de outros fatos ou outros sujeitos, fazendo-se, com isso, enquadrar em hipótese a que normalmente não pertenceria.

No direito tributário, a expressão é corrente. No plano da literalidade textual, o CTN diz haver equiparação: no imposto sobre importação, entre importador e quem a lei a ele equiparar (art. 22, I, CTN); no imposto sobre exportação, entre exportador ou quem a lei a ele equiparar (art. 27, CTN); no imposto sobre produtos industrializados, entre o importador ou quem a lei a ele equiparar (art. 51, CTN); e, até, por fim, no § 1º do art. 97, CTN, entre majoração e modificação da base de cálculo do tributo, que importe em torná-lo mais oneroso; no § 5º do art. 162 CTN, nas formas extintivas do crédito tributário, entre o pagamento em estampilha e aqueloutro em papel selado ou por processo mecânico; no art. 151, CTN, nas hipóteses de suspensão de exigibilidade do crédito, entre penhora do bem e depósito em dinheiro, a despeito da Súmula 112 do STJ, entre outros preceitos.

Explicitemos o que seja equiparação, e em que medida está relacionada com os enunciados presuntivos, para em seguida analisar algumas das hipóteses equiparativas introduzidas pelo CTN e acima mencionadas.

---

118. DINIZ, Maria Helena. *Dicionário jurídico*. São Paulo: Saraiva, 1998. v. 2, p. 355.

Tenhamos em mente que toda hipótese, em sua generalidade constitutiva, representa uma classe, um gênero e, sendo assim, tem um *valor de aproximação*. Ou seja, na forma de previsão fáctica generalizante, o antecedente normativo indica critérios e/ou características segundo os quais se torna possível abarcar uma série de ocorrências do mundo, desde que em todas estejam presentes esses valores aproximados. Na equiparação, resta saber se não são elas meras hipóteses de incidência como todas as outras, visto que aqui também há um caráter de generalidade, ou se possuem identidade própria. Ao equiparar, estende-se a norma a outras ocasiões que não possuem os elementos distintivos indicados no descritor; contudo, apresentam-se assemelhados ou semelhantes a eles, motivo pelo qual se admite um fato pelo outro como se fossem iguais para fins de atribuir os efeitos deste àquele. Dessa forma, equiparação é norma de direito material que atua no enunciado antecedente, permitindo ao exegeta associar fatos distintos, mas que, a despeito de diferenças, guardam entre si similaridades. É regra que existe para fins de dar efetividade ao direito, regulando situações que a princípio ficariam sem solução prática por falta de regulamento expresso em lei.

A princípio, com base em definição abrangente acima proposta, podemos entender a equiparação tanto como ficção jurídica quanto por forma presuntiva de norma. Tercio Sampaio assume o termo de modo mais restritivo, associando-o somente como forma de presunção: "a equiparação afirma uma igualdade, desprezando desigualdades secundárias, enquanto a ficção afirma uma desigualdade essencial, procedendo, não obstante, a uma igualação".[119]

É de notar que, ao equiparar, as situações podem ser entre si *semelhantes* ou *assemelhadas*. Quando efetivamente *semelhantes*, dizemos que entre os enunciados factuais há

---

119. FERRAZ JR., Tercio Sampaio. Equiparação – CTN, Art. 51. *Cadernos de Direito Tributário e Finanças Públicas*, São Paulo: RT, ano 7, n. 28, p. 109-114, jul.-set. 1999.

igualdades de ordem primária ou essencial e desigualdades no plano secundário. Isto é, sempre que entre duas ocorrências houver similaridades naquilo que as fazem ser o que são, há similitude primária. Portanto, a regra da equiparação "não procede a uma igualação artificial entre dados essencialmente desiguais, mas afirma a existência de uma igualdade por semelhança, à qual se subsumem situações, apesar da existência de dessemelhanças secundárias".[120]

Por outro lado, muitas vezes e por motivos diversos, o homem estabelece conexão entre duas coisas que entre si não há similitudes essenciais, mas secundárias, e, com base nestas, ele institui relação de semelhança. São objetos que particularmente não se confundem, mas por outras características, que não aquelas que o localizam no mundo a que pertencem, são assemelhados pelo homem. Aqui, são os propósitos do ser humano que estabelecem o vínculo de similitude entre uma coisa e outra, sem que, contudo, sejam elas efetivamente similares.

No plano jurídico, como já aludido, as duas hipóteses se encontram previstas: a primeira, como forma presuntiva ou presunção; a segunda, como modo prescritivo ficcional ou ficção. Ou seja, situações *semelhantes* são presumidas, ao passo que enunciados factuais *assemelhados* são ficticiamente prescritos em lei. Num caso ou noutro, a regra de equiparação enumera suas hipóteses de forma que, para se fazer equiparar, é imprescindível subsunção do fato à norma, tal como o afirmou Tercio Sampaio Ferraz Jr.:

> Como consequência, a equiparação autoriza uma subsunção (de uma espécie a uma categoria), subsunção restrita aos casos que elenca, mas, de qualquer modo, uma subsunção (enquadramento de uma espécie a um gênero).[121]

---

120. FERRAZ JR., Tercio Sampaio. Equiparação – CTN, Art. 51. *Cadernos de Direito Tributário e Finanças Públicas*, São Paulo: RT, ano 7, n. 28, p. 109-114, jul.-set. 1999.

121. Idem, ibidem, p. 109-114.

Neste sentido, toda equiparação em lei é também um reconhecimento da diferença. Ora, para que serviria uma regra que associa uma coisa à outra se ambas fossem iguais? Bem se vê que o legislador é consciente disso e procede, normando, sempre com o objetivo de fazer valerem os conteúdos axiológicos por ele positivados.

Estabelecidos os conceitos iniciais sobre o tema, focalizemos nossa análise nas hipóteses de equiparação do CTN, ressaltando como aparecem e os limites em que podem vir estipuladas no direito tributário.

Como firmado anteriormente, toda equiparação-presunção deve ter como fundamento semelhança essencial que, além de ser a causa que permite o vínculo, é também seu limite: o ponto de partida é, pois, uma semelhança e não uma diferença essencial (esta, própria da ficção). Logo, o exegeta há de observar em toda hipótese equiparativa se esse sucesso foi levado em consideração.

Para conjecturar a teoria na prática, pensemos na hipótese do inciso II do art. 51 do CTN.[122] A CF/88 conferiu à União competência para instituir impostos sobre produtos industrializados (art. 153, IV). Com base nesta materialidade é que se tributa o processo de industrialização das mercadorias. Para determinar o sujeito passivo desse vínculo obrigacional deve-se buscar, portanto, pessoa industrializadora que esteja ligada à atividade produtiva do bem. O inciso II do art. 51 do CTN, por seu turno, procedeu à equiparação entre importador e industrial, identificando-os para fins de fazer aquele figurar no polo passivo da relação exacional do IPI. Num segundo momento, com fundamento de validade neste inciso, algumas leis ordinárias dispuseram sobre a incidência do IPI, equiparando importador a outros sujeitos a ele semelhantes. Ora, vejamos se esses dois níveis equiparativos têm caráter de

---

122. "Art. 51. Contribuinte do imposto é: I – o importador ou quem a lei a ele equiparar."

presunção e se na forma como se dá pode ser admitida no sistema tributário vigente.

Bem se vê que "Industrializar significa praticar operação da qual resulte alteração de natureza, funcionamento, utilização, acabamento ou apresentação de matéria (que pode ser outro produto)", para fins de revenda do objeto no mercado, conforme exegese do art. 3º, parágrafo único, da Lei 4.502/64. O verbo do critério material do IPI implica dessa maneira dois núcleos semânticos essências:[123]

(i) alteração do produto;

(ii) tendo em vista um fim.

Tercio Sampaio Ferraz Jr.[124] analisa cada qual especificando que:

(a) em (i), deve-se entender que a atividade busca produzir coisa nova, "o produto, algo que se destaca do produtor e passa a ter permanência própria no mundo"; e

(b) em (ii), que a relação meio/fim é inerente ao processo de industrialização, motivo pelo qual "o industrial põe o produto, ao cabo do processo, à disposição. Daí a noção de saída do estabelecimento industrial". Mas, reforça o autor, a característica essencial não é a saída da mercadoria, e, sim, o produto em si, finalidade ela mesma do processo de industrialização.

Do exposto há de se ter claramente que o "IPI é imposto sobre circulação de mercadorias *em fase de industrialização*",

---

123. Tomamos por base o excelente estudo de Tercio Sampaio Ferraz Jr. sobre o instituto da equiparação no art. 51 do CTN, motivo pelo qual reproduziremos suas principais assertivas ao falar sobre o inciso II do referido preceito (ver Equiparação – CTN, Art. 51. *Cadernos de Direito Tributário e Finanças Públicas*, São Paulo: RT, ano 7, n. 28, p. 109-114, jul.-set. 1999).

124. Idem, ibidem, p. 109-114.

conceito que o identifica como processo que altera uma coisa em outra (exemplo clássico, matéria-prima em mercadoria), para revendê-la no mercado.

Fundamentados nessas ideias, havemos de convir que industrializador e importador não guardam a mesma correlação semântica com o processo de industrialização. De fato, o importador também lida com a mercadoria industrializada, mas não o faz *em fase de industrialização*. *Importar* não tem por objetivo alterar o produto importado em outro, mas simplesmente obter o produto, sem modificá-lo substancialmente. Na fase de importação, nada se altera; há tão só transferência de propriedade mediante negócio jurídico de compra e venda. Sendo assim, o Código Tributário, ao equiparar industrial a importador, estabelece relação entre esses sujeitos com base em critérios de semelhança secundária, ignorando as diferenças primárias. Procede à verdadeira equiparação-ficção, portanto.

Num segundo instante, com fundamento de validade no disposto pelo inciso II do art. 51 do CTN, Lei Ordinária preceitua incidência do IPI na importação, equiparando ao sujeito importador outros agentes a ele semelhantes, pensemos, por exemplo, no particular que compra a mercadoria importada para uso próprio. Bem, entre importador e particular que importa há verdadeira correlação semântica essencial: ambos realizam ou realizaram a mesma atividade de importar produto do exterior. Ora, na importação, a característica essencial é o negócio de compra e venda, que implica, de um lado, transferência da propriedade e, de outro, pagamento da mercadoria. Pensar o importador como pessoa jurídica ou física, industrial, comerciante ou consumidor final, em nada alterará o conceito, pois tais diferenças são secundárias à ideia principal de importação. Logo, aqui, procede-se à verdadeira equiparação-presunção. Equipara-se com base em similitude essencial ou necessária, ainda que existentes diferenças secundárias.

Vale dizer, por oportuno, na linha como vínhamos afirmando nos itens antecedentes, é vedado ao legislador infraconstitucional equiparar de forma ficcional, como o fez no inciso II do art. 51 do CTN, ainda que o preceito tenha caráter de norma geral de direito tributário (art. 146 da CF/88). De fato, o CTN, ao legislar equiparando duas figuras diferentes, mesmo com base em semelhanças secundárias, fez alterar o campo competencial constitucionalmente estabelecido. Não se podem modificar conceitos para, com isso, abarcar mais hipóteses exacionais. Se o constituinte prescreveu que incide IPI no processo de industrialização, é vedado incluir no verbo atividades outras que nada têm a ver com aquela constitucionalmente estabelecida na materialidade, tal como se dá com o importador na industrialização. Entender de outra forma é admitir que ao importador cabe não somente pagar imposto sobre a importação (II), como também *adicional de importação* ou melhor imposto sobre produto industrializado, mesmo sem que haja efetiva atividade de industrialização. Fora do processo industrial, descabe fazer incidir o IPI, motivo pelo qual tudo o que foi acima mencionado vale também para as extensões que a lei admite instituindo como sujeito passivo do IPI o comerciante do produto que forneça ao industrial (art. 51, III), ao arrematante (art. 51, IV), entre outras hipóteses. É descabido, num sistema constitucional tão detalhado e rígido como o brasileiro, ver disposições como estas que fazem das competências constitucionais letras mortas.

Por extensão, Lei Ordinária que equiparou, por analogia, ou melhor, presumidamente, o importador ao sujeito particular que comprou produto estrangeiro para uso próprio é também inconstitucional, tendo em vista que a presunção tomou por base equiparação-ficcional ilegítima. Em outras palavras, sendo inconstitucional a equiparação por ficção produzida pelo art. 51, II, do CTN, o é da mesma forma aqueloutra de caráter presuntivo, que se fundamentou no dispositivo viciado citado. Logo, a lei ordinária deverá ser declarada também contrária ao ordenamento.

É por todo o exposto que as hipóteses de equiparação, que resultantes no modificar das materialidades competenciais na CF/88 por desnaturação de seus conceitos, devem ser rechaçadas

TEORIA E PRÁTICA DAS PRESUNÇÕES NO DIREITO TRIBUTÁRIO

do sistema pela via própria. É vedada no sistema vigente a equiparação do tipo ficcional, pois enseja necessariamente ampliação ou alteração no domínio das competências legislativas tributárias. Há de manter viva a exegese segundo a qual não se pode alterar o campo competencial utilizando-se de subterfúgios como os preceitos equiparativos, principalmente em modo ficcional. Nessa linha, mesmo positivada lei inconstitucional, há de se preservar essa vedação de modo que:

> **Não pode o legislador redefinir os conceitos utilizados nas normas de competência,** determinando que se considere como produto estrangeiro o produto nacional que retorne ao país (art. 153, I, da CF), folha de salários, qualquer pagamento a pessoa física (redação original do art. 195, I, da CF) ou faturamento qualquer receita (redação original do art. 195, I, da CF). **Tais extensões dos conceitos ou equiparações, feitas pelo legislador ordinário, acabam por implicar instituição do tributo com extrapolação da norma de competência**[125] (grifos nossos).

Mesmo que em apertada síntese e tratando de assunto diverso, cremos de todo conveniente citar os argumentos do Des. Rel. Milton Luiz Pereira, do Superior Tribunal de Justiça, em decisão no REsp 118.973/RS que, fazendo distinguir a atividade de representação comercial com aqueloutra da corretagem, faz realçar sob outras formas expositivas as semelhanças primárias e secundárias existentes nas formas equiparativas:

> Tributário. Imposto de Renda. Isenção. Microempresa. Corretagem e representação comercial. Leis n. 7.256/84 e 7.713/88. Ato Declaratório CST n. 24/89. Súmula 184/STJ. 1. **Representação comercial não se "assemelha" às atividades da corretagem, não sendo de feliz inspiração a interpretação da autoridade fiscal,** sob a réstia do art. 51, Lei

---
125. PAULSEN, Leandro. *Direito tributário.* Constituição e Código Tributário à luz da doutrina e da jurisprudência. 10. ed. rev. e atual. 3ª tiragem. Porto Alegre: Livraria do Advogado, 2008. p. 873.

7.713/88, com elastério, **sob o argumento da similitude, equiparar atividades de características profissionais diferentes**. Ilegalidade na restrição das microempresas beneficiárias da isenção do Imposto de Renda (Lei 7.256/84, art. 11, I). Aplicação da Súmula 184/STJ.[126]

Em resumo, equiparação pode ser tanto do tipo ficcional quanto presuntiva. A primeira, no domínio das competências tributárias, será sempre inadmitida. Da mesma forma, equiparação-presuntiva com base em equiparação-ficcional que altere competência tributária é tão inconstitucional quanto seu fundamento de validade. Nesta toada, equiparação presuntiva que tem por base semelhança essencial pode ser aceita no sistema, desde que não altere o domínio das competências.

O direito tributário brasileiro impõe ao legislador não somente a legalidade geral (art. 5º, II, da CF/88), mas a legalidade estrita e a tipicidade tributária (art. 145 da CF/88). Logo, para se admitir no âmbito tributário equiparação com efeitos exacionais, há que entender que todas as características essenciais e necessárias do tipo tributário, e não somente uma ou duas, todas, reforçamos, devem estar presentes. Faltando uma delas, a equiparação já não poderá ser admitida.

Na determinação das características essenciais e necessárias há que tomar em nota que a lei tributária não poderá alterar a definição, o conteúdo e o alcance de institutos, conceitos e formas de direito privado, utilizados, expressa ou implicitamente, pela Constituição Federal, pelas Constituições dos Estados, ou pelas Leis Orgânicas do Distrito Federal ou dos Municípios, para definir ou limitar competências tributárias, tal como prescreve o art. 110 do CTN. Logo, os elementos essenciais do tipo, aquilo que o particulariza, não poderão ser criados aleatoriamente pelo aplicador do direito tributário, para fins de atingir suas finalidades exacionais. A essencialidade será aquela mesma dos conceitos normalmente aceitos pelo direito.

---

126. STJ, 1ª T., REsp 118.973/RS, Rel. Milton Luiz Pereira, dez. 1999, *DJ* 28.02.2000, p. 41-E.

Além disso, frisemos que o CTN, ao prescrever interpretação restritiva para determinadas matérias, pede que sejam elas semelhantes em toda a sua amplitude. É vedada a equiparação, ainda que sob a forma presuntiva, em matéria sobre: suspensão ou exclusão do crédito tributário; outorga de isenção; e dispensa do cumprimento de obrigações tributárias acessórias.

4.15. Presunção, analogia e interpretação extensiva

De início, é preciso justificar a relação proposta neste item. Em breve comentário, entendemos que, nesses três aspectos, encontramos meios de realização do direito, atributivos de eficácia normativa às regras prescritivas postas. Nos três, existirá, de modos distintos, elemento de conexão entre um fato e outro que toma por alicerce um fator de semelhança. A similitude é ela mesma fundamento e limitação de tais técnicas interpretativas. As associações entre signos jurígenos feitas a partir desse critério de paridade têm como fonte o próprio direito, sendo o sistema prescritivo o lugar identificador e atributivo de competência para se interpretar analógica ou extensivamente. É, portanto, a partir da ordem positivada que fundamentaremos nossa base cognoscitiva.

Ao fazermos a associação entre *presunção*, *analogia* e *interpretação extensiva* ingressamos na contenda da completude do sistema jurídico brasileiro. Questionamos, em um primeiro instante, se o ordenamento posto é realmente completo e, nesses termos, se existem lacunas no sistema e, em caso positivo, como lidamos com elas.

Das três categorias ora estudadas, verificamos que, por diferentes métodos, elas buscam criar sentido de unidade, dar coesão, atribuir fechamento ao direito positivo de modo a afirmar que todos, absolutamente todos os casos, encontram solução dentro da ordem posta. E,

> Quando isso se dá, o ordenamento fica íntegro, completo, exaustivo, tudo prevendo, e o poder jurisdicional nele encontrando o critério certo de suas decisões. Não completo

no sentido lógico dos sistemas formais, em que as proposições se interligam, já existentes, por desenvolvimento dedutivo. Não. Há sempre uma função *completante*, [...].[127]

Na mesma linha, interessante é a afirmação de Savigny: "De fato, o que procuramos estabelecer é sempre a unidade: a unidade negativa com a eliminação das contradições; a unidade positiva com o preenchimento das lacunas".[128]

Assim sendo, a presença no direito brasileiro da *presunção*, da *analogia* e da *interpretação extensiva*, inclusive de forma expressa em artigos de diferentes diplomas legais, demonstra que a ordem brasileira requer uma completude, isto é, pede um ordenamento completo e, para realizar tal inteireza e autossuficiência, recorre a mecanismos como os três acima indicados. A completude no direito brasileiro se apresenta, pois, como dogma, pressuposto, condição necessária para o próprio direito se tornar possível e aplicável em sua inteireza. É a qualidade que afirma sua condição de prescritividade. Tal assertiva pode ser também confirmada pelo pensamento do ilustre jurista italiano Norberto Bobbio que, em seu *Teoria do ordenamento*, bem aponta a que tipo de direito a completude é admitida:

> Em conclusão, a completude é uma condição necessária para aqueles ordenamentos em que valem estas duas regras: 1) o juiz é obrigado a julgar todas as controvérsias que se apresentam ao seu exame; 2) é obrigado a julgá-las com base em uma norma pertencente ao sistema.[129]

Na ordem jurídica brasileira, podemos facilmente enunciar aquela primeira regra a que alude o autor, e que, no

---

127. VILANOVA, Lourival. Proteção jurisdicional dos direitos numa sociedade em desenvolvimento. *Escritos jurídicos e filosóficos*. São Paulo: Noeses, 2005. v. 2, p. 491-492.

128. SAVIGNY, F. C. *Sistema del diritto romano attuale*. Tradução italiana. v. 1, seção 42, p. 267.

129. BOBBIO, Norberto. *Teoria geral do direito*. São Paulo: Martins Fontes, 2008. p. 262.

momento da análise, faz-se de extrema importância tê-las *ipsis litteris*. São várias as ocasiões em que o direito nacional obriga não só o juiz, mas todos os aplicadores do direito, a julgar as controvérsias que se lhes apresentam. Destacaremos aqui aquelas que mais nos interessam para o estudo proposto.

Iniciemos enunciando a Lei de Introdução ao Código Civil (também chamada de "LICC", Decreto-lei 4.657/42) que prescreve em seu art. 4º: "Quando a lei for omissa, o juiz decidirá o caso de acordo com a analogia, os costumes e os princípios gerais de direito".

Nem bem se passaram vinte e quatro anos e o Código Tributário Nacional ("CTN", Lei 5.172/66) trouxe em seu art. 108 novo dispositivo sobre o assunto:

> Na ausência de disposição expressa, a autoridade competente para aplicar a legislação tributária utilizará sucessivamente, na ordem indicada:
>
> I – a analogia;
>
> [...]

Por seu turno, o Código de Processo Civil ("CPC", Lei 5.869/73), em 1973, revigorou a regra enunciando em seu art. 126:

> O juiz não se exime de sentenciar ou despachar alegando lacuna ou obscuridade da lei. No julgamento da lide caber-lhe-á aplicar as normas legais; não as havendo, recorrerá à analogia, aos costumes e aos princípios gerais de direito (Redação dada pela Lei n. 5.925, de 1º.10.1973).

Por tais dispositivos, podemos asseverar, com certa segurança, que o direito positivo brasileiro admite a completude de seu sistema, exigindo que *o juiz julgue todas as controvérsias que se apresentam ao seu exame* (regra 1 de Norberto Bobbio). Da mesma forma, quanto ao preceito 2 do jurista italiano, o sistema é enfático ao dizer que o juiz *é obrigado a julgar com base em uma norma pertencente ao sistema*, e para tanto basta justificar sua presença tomando emprestados os enunciados que instituem o princípio da legalidade na Constituição Federal (arts. 5º, II, e 150, I), entre tantos outros dispositivos infraconstitucionais que poderiam ser elencados e que exigem sempre a lei como veículo próprio para regular condutas. A propósito, vale a lembrança de que esta é a ideia que fundamenta o princípio ontológico de direito público: "Tudo é proibido, exceto aquilo que é permitido" ou pela negativa "aquilo que não estiver permitido estará proibido".

Com base na premissa da completude sistêmica, portanto, o direito positivo brasileiro de certa forma nega a existência de *espaços vazios* na ordem posta, "preenchendo-os" com normas. Sobre o assunto, importante fazer breve incursão à teoria das *normas gerais exclusiva* e/ou *inclusiva* que, para o tema escolhido, é de suma importância tê-las em vista.

Façamos alusão à rica doutrina de Ernst Zitelmann[130] e de Donato Donati,[131] em que se inaugurou o pensamento de que, em oposição aos espaços vazios, existiriam no direito *espaços cheios* nos quais determinadas regras de solução de controvérsias atuariam no sentido de dar significação deôntica ao caso a ser regulado. O preenchimento desses *topos* seria feito, justamente, pelas *normas gerais exclusiva* e/ou *inclusiva*. A primeira, exclusiva, seria aquela regra que prescreve *de modo oposto* os casos não compreendidos no enunciado deôntico particular. A segunda, inclusiva, é o preceito que determina *de forma idêntica* os casos não compreendidos na norma específica. Naquele, o direito utiliza-se de um argumento pela oposição, em contrário *(argumentum a contrario)*; neste, de similitude ou *argumentum a simili*. A ressalva quanto a essa teoria fica por conta do critério decisório da aplicabilidade de uma

---

130. ZITELMANN, Ernst. *Lucken im Recht*. Leipzig: Duncker & Humblot, 1903.

131. DONATI, Donato. *Il Problema Delle Lacune Dell Ordinamento Giuridico*. Livraria Società, 1910.

ou outra regra (inclusiva ou exclusiva): semelhança entre fato "não regulado" e aqueloutro regulado. A aplicação da norma dependerá do resultado do juízo dessa pergunta, abrindo, por esta fresta, toda a insegurança que porta em si critério com tal teor subjetivo:

> A decisão sobre a semelhança dos casos cabe ao intérprete. E, sendo assim, cabe ao intérprete decidir se, em caso de lacuna, ele deve aplicar a norma geral exclusiva, e, portanto, excluir o caso não previsto pela disciplina do caso previsto, ou aplicar a norma geral inclusiva, e, portanto, incluir o caso não previsto na disciplina do caso previsto. Na primeira hipótese diz-se que usa o *argumentum a contrário*; na segunda, o *argumentum a simili*.[132]

Entendemos que, na ordem jurídico-brasileira, as normas gerais exclusivas e as inclusivas existem e convivem entre si. Para tanto, pensemos no subdomínio do direito tributário e suas diferentes técnicas de tipificação da conduta. As normas gerais que instituem tributo conformam o tipo mediante preceito conotativo que, por um lado, pode vir a trazer uma classe, identificando as características gerais e necessárias para a identificação dos indivíduos que a compõem (forma-de-construção); ou, por outro lado, uma enumeração taxativa das pessoas que fazem parte dela (forma tabular).[133] Consideramos que, pela lógica, as *normas gerais inclusivas*, no direito tributário, atuam nos preceitos que instituem tipo pelo método de forma-de-construção; já as *normas gerais exclusivas* são aplicáveis às regras que constroem o tipo mediante forma tabular. Na primeira, a própria noção de classe admite inclusão; na segunda, a taxatividade é condição autoexclusivista, acolhendo somente aqueles específicos preceitos que lá se encontram

---

132. BOBBIO, Norberto. *Teoria geral do direito*. São Paulo: Martins Fontes, 2008. p. 278.
133. Sobre o assunto, ver in CARVALHO, Paulo de Barros. *Direito tributário, linguagem e método*. 3. ed. São Paulo: Noeses, 2009. p. 141.

discriminados individualmente. A solução parece até hialina se não fosse pelo termo geralmente presente nas listas taxativas "e congêneres", objeto de muitas controvérsias e que mais adiante trataremos com mais detalhes.

A título ainda introdutório, fiquemos tão só com a presença da ideia de que, para o direito brasileiro, inexiste caso não regulado pelo direito; não há insuficiência de previsão normativa; mas, sim, exuberância de soluções jurídicas. Nessa medida, qual regra deverá ser aplicada pelo intérprete em caso de lacuna ou não regulação expressa da matéria: exclusiva ou inclusiva? Quais os limites da *norma geral inclusiva* e, por consequência, da aplicabilidade dos institutos da *analogia* e da *interpretação extensiva*? São essas e outras indagações que buscaremos responder ao longo desse item.

Em nome de percorrer o direito como um todo, cumpre não só enunciar a teoria, mas encontrar sua aplicabilidade na ordem jurídica brasileira. É nessa medida que, antes mesmo de explanar sobre *presunção, analogia* e *interpretação extensiva* e o vínculo existente entre elas, será necessário tecer algumas críticas aos posicionamentos atuais da jurisprudência e da doutrina quanto a estes institutos. Iniciemos a análise destacando a diferença entre analogia e interpretação extensiva.

Em recurso especial julgado pelo Desembargador Castro Meira, o Superior Tribunal de Justiça já se pronunciara no intuito de distinguir a analogia da interpretação extensiva:

> 3. Não se pode confundir analogia com interpretação analógica ou extensiva. A analogia é técnica de integração, vale dizer, recurso de que se vale o operador do direito diante de uma lacuna no ordenamento jurídico. Já a interpretação, seja ela extensiva ou analógica, objetiva desvendar o sentido e o alcance da norma, para então defini-lhe, com certeza, a sua extensão. A norma existe, sendo o método interpretativo necessário, apenas, para precisar-lhe os contornos.[134]

---

134. STJ, 2ª T., REsp 121.428/RJ, Rel. Min. Castro Meira, jun. 2004.

Tenhamos em vista que tal pensamento é recorrente na disciplina, podendo ser encontrado sob os mesmos formatos na doutrina brasileira, como se depreende dos enunciados abaixo transcritos de Luciano Amaro:

> A diferença estaria em que, na analogia, a lei não terá levado em consideração a hipótese, mas, se o tivesse feito, supõe-se que lhe teria dado idêntica disciplina; já na interpretação extensiva, a lei teria querido abranger a hipótese, mas, em razão de má formulação do texto, deixou a situação fora do alcance expresso da norma, tornando com isso necessário que o aplicador da lei reconstitua o seu alcance.[135]

E continua:

> [...] a distinção depende de uma incursão pela mente do legislador, pois se baseia, em última análise em perquirir se o legislador "pensou" ou não na hipótese, para, no primeiro caso, aplicar-se a interpretação extensiva e, no segundo, a interação analógica.[136]

As citações apresentam duas hipóteses que distinguem um instituto do outro: quando a lei se omite e, sendo assim, momento em que atua a analogia e a integração; ou quando a lei for mal escrita, instante em que se interpreta extensivamente. Com todo o respeito a ambos os pensadores, que em muito contribuem à prática tributária brasileira, pedimos vênia para tecer algumas críticas às duas fontes acima enunciadas em face das premissas adotadas neste trabalho.

De pronto, entendemos que *integrar* em nada difere de interpretar. Assim, sendo direito linguagem, não há como atribuir *integração* a uns e não a outros institutos normativos. Ao se integrar, dá-se a interpretação do enunciado prescritivo,

---

135. AMARO, Luciano. *Direito tributário brasileiro*. 14. ed. São Paulo: Saraiva, 2008. p. 212.

136. Idem, ibidem, p. 212.

como condição necessária para o constituir da regra de direito. *Integrar* é interpretar sempre. Não vemos como isso pode ser aplicável como elemento distintivo no caso em tela. Outro aspecto, que, da mesma forma, em nada corrobora para fins cognoscitivos é a dissociação baseada no momento em que a lei se omite, causa permissiva para analogia, ou quando a lei for mal escrita, motivo permissivo para interpretação extensiva. Primeiro, porque nem sempre é de fácil assunção o preciso lugar em que *a lei se omite*. Por vários instrumentos interpretativos que o próprio diploma normativo abre espaço como via alternativa (como *analogia* e *interpretação extensiva*), a omissão é só aparente, podendo, dependendo do caso, ser afastada mediante aplicação dessas regras de sobrenível. Lembremos, por oportuno, a premissa a que alude Norberto Bobbio no início deste tópico: o juiz é obrigado a julgar as controvérsias com base em norma pertencente ao sistema. Logo, ao juiz cabe construir proposição normativa com alicerce nos mecanismos que a própria ordem jurídica oferece. Igualmente, dizer que a *lei foi mal escrita* é expressão rudimentar que pressupõe juízo pessoal do intérprete. Na maioria das vezes serão os interesses pessoais, inclusive, que irão dizer o que "está mal escrito". Nesta linha, não há como também sustentar este argumento.

Por fim, reforcemos o fato de que tampouco poderíamos assumir como critério distintivo entre analogia e interpretação extensiva a *incursão pela mente do legislador*, como afirma Luciano Amaro, tendo em vista que as imagens acústicas do intelecto humano se encontram no domínio do inefável: o que o legislador pensou é irrecuperável no tempo e no espaço, não servindo, pois, como elemento apropriado para diferençar as categorias analisadas. Nesse passo, supor que o legislador teria dado idêntica disciplina de um fato regulado a outro não positivado (ao menos expressamente) na analogia ou afirmar ser esta ou aquela a vontade da lei ("a lei teria *querido* abranger a hipótese") na interpretação extensiva é instaurar a discricionariedade ao aplicador e sua consequente insegurança jurídica, razão pela qual discordaremos também desse posicionamento.

Para além do rigor, vê-se que a dissociação feita entre analogia e interpretação extensiva parte de dois pressupostos diferentes: analogia tendo em vista espaços vazios no direito positivo (lacuna); e interpretação extensiva em face de espaços cheios no ordenamento ("desvendar o sentido e alcance da norma"). Sendo assim, importante repisar a necessidade, ao se comparar um instituto a outro, de se partir de premissas idênticas a fim de que, nelas fundamentado, o exegeta possa alcançar conclusões coerentes e dentro do sistema.

A nosso ver, toda solução jurídica está *no* direito, ou seja, encontra suas regras no interior da linguagem prescritiva de conduta. Tanto extensão analógica (analogia) quanto interpretação extensiva buscam seus fundamentos em normas superiores – normas gerais inclusivas e/ou exclusivas – que lhe dão competência para, mediante *argumentum a simili* ou *a contrario*, construir a regra que dá resposta jurídica ao caso em concreto.

Norberto Bobbio procede à distinção entre estes institutos apontando os diferentes efeitos que cada qual produz:

> [...] compreender a diferença em relação aos diversos efeitos, respectivamente, da extensão analógica e da interpretação extensiva: o efeito da primeira é a criação de uma nova norma jurídica; o efeito da segunda é a extensão de uma norma a casos não previstos por ela.[137]

Para ele, portanto, extensão analógica cria nova norma jurídica; interpretação extensiva amplia a norma a casos não previstos por ela. E, com base nesta distinção, afirma não ser admitida, no direito penal, a extensão analógica.[138]

Sabemos que os subdomínios do direito penal e tributário são semelhantes na medida em que trabalham essencialmente

---

137. BOBBIO, Norberto. *Teoria geral do direito*. São Paulo: Martins Fontes, 2008. p. 294.
138. Idem, ibidem, p. 279.

com a noção de tipo. Tendem para maior rigidez, requerendo uma série de formalidades, todas prescritas em lei, para a perfeita subsunção do tipo ao caso concreto. É nessa linha que salientamos estarem os modos de identificação do tipo – forma-de-construção ou tabular – diretamente relacionados às maneiras interpretativas de aplicação do direito: analógicas ou extensivas. Está nesse âmbito de análise a resposta para se afirmar (ou infirmar) a admissibilidade ao aplicador em usar de tais processos integrativos para fins de prescrever conduta em domínios fiscais.

Assim sendo, não acreditamos que haja, como sustenta o jurista italiano, efeito de criação de nova norma jurídica na analogia, e, sim, processo interpretativo de inclusão de classe. Autorizado por norma geral inclusiva, o aplicador do direito tem competência para proceder à extensão analógica de regra que prevê solução jurídica de um caso a outro que lhe é similar – incluindo este na classe dos objetos daquele. A analogia é procedimento intelectivo próprio dos tipos com base em forma-de-construção. Lembrando sempre que partimos do pressuposto de uma suposta completude do sistema – *espaços cheios* –, razão pela qual é possível dizer ser o próprio direito positivo que autoriza este processo interpretativo.

Por outro lado, ao referirmos à interpretação extensiva, entendemos, conforme citação *supra*, ocorrer, sim, a *extensão de uma norma*, porém não *a casos não previstos por ela*, pois, se assim o fosse, simplesmente o aplicador seria incompetente para proceder desta forma. A premissa aqui também são os espaços cheios no direito. A extensão pode se dar de duas maneiras, de acordo com o modo de tipificação. Sendo forma-de-construção, analogia e interpretação extensiva se emparelham, significando o mesmo processo interpretativo: inclusão de classe. Contudo, a diferença se apresenta efetivamente, na forma tabular, em que, aí sim, a interpretação extensiva impera como único meio apto para se estender o conceito do tipo àquele caso em concreto: dentre as diversas pessoas, coisas, lugares, entre outros, enumerados que fazem parte do conjunto, toma-se um e estende-se o conceito deste àquele que se quer abarcar, *como se* ele lá estivesse desde o princípio, desde o momento em que se procedeu à enunciação da norma.

Não sobeja lembrar que uma coisa é o raciocínio acima explicado, outra é o que ocorre, também na forma tabular, com a expressão "e congênere". No modo estritamente tabular, o direito parte de norma geral exclusiva; quando a lista taxativa colaciona o termo "e congênere" em seu tipo, a situação se modifica.

Ao mencionar "e congênere", a taxatividade, da maneira como ela deve ser lida, cai por terra. Deixa de ser tabular para tornar-se forma-de-construção. Diz-se *congênere* aquilo "que é do mesmo gênero, espécie, tipo, classe, modelo, função etc.",[139] também aquilo "que tem natureza, finalidade ou caráter semelhante (aos de outro)"[140] ou, por fim, "que tem a mesma origem".[141] Em outras palavras, o *congenérico* é algo que está na mesma classe daquilo que lhe é comparado, isto é, nela está incluído. Logo, com tal expressão, retornamos ao procedimento de inclusão de classe próprio das formas-de-construção. Dito de outro modo, a forma tabular ou taxativa admite interpretação extensiva, desde que, e na medida em que, a lei não abra fissura com expressões de teor inclusivo, aplicando-se-lhe, pois, a regra geral exclusiva.

Firmemos que analogia é meio de interpretação do direito, trabalhando com base em *argumentum a simili*. Em verdade, é ela mesma um dos principais instrumento ou ferramenta básica para que se possa presumir. Ferdinand Saussure já destacara que a analogia, "considerada em si mesma, não passa de um aspecto do fenômeno de interpretação, uma manifestação da atividade geral que distingue as unidades para utilizá-las em seguida. Eis porque dizemos que é inteiramente gramatical

---

139. HOUAISS, Antônio; VILLAR, Mauro de Salles. *Dicionário Houaiss da língua portuguesa*. Rio de Janeiro: Objetiva, 2001. p. 800.
140. Idem, ibidem, p. 800.
141. Idem, p. 800.

e sincrônica".[142] Façamos alusão também à definição de Norberto Bobbio ao delinear o sentido que emprega ao termo:

> Entende-se por "analogia" aquele procedimento pelo qual se atribui a um caso não-regulado a mesma disciplina de um caso regulado de maneira semelhante. [...] A analogia é certamente o mais típico e o mais importante dos procedimentos interpretativos de um determinado sistema normativo: é aquele procedimento mediante o qual se manifesta a chamada tendência de todo sistema jurídico a expandir-se para além dos casos expressamente regulados.[143]

Por meio da assunção de critério de *semelhança relevante*, a analogia aparece no direito como técnica prescrita em lei com a finalidade de levar o intérprete a deduzir norma aplicável a determinado caso. Ora, não é demasia repisar que é bem isso o que acontece com as presunções. Enquanto regras que fundamentam a estrutura do sistema normativo, prescrevendo as diferentes formas de combinação dos signos jurídicos para construir unidade plena de sentido deôntico, as presunções determinaram os órgãos do sistema aptos a presumir (enunciador competente) e os expedientes formais necessários para que editem, alterem ou desconstituem normas jurídicas válidas no ordenamento (procedimento competente). É norma que autoriza substituição de um fato conhecido por outro desconhecido, fazendo-o mediante critério *similitude, juridicamente escolhido* e que funcionará como razão suficiente para estabelecer a semelhança e paridade (de causa e de efeitos) entre dois fatos. A analogia é, pois, meio interpretativo próprio das presunções, uma vez que tem por fundamento *argumentum a simili* juridicamente posto.

---

142. SAUSSURE, Ferdinand. *Curso de linguística geral*. 30. ed. São Paulo: Cultrix, 2008. p. 193

143. "[...] no direito penal, em que a extensão analógica não é admitida, poderíamos também dizer que não existem lacunas: todos os comportamentos que não são expressamente proibidos pelas leis penais são lícitos" (BOBBIO, Norberto. *Teoria geral do direito*. São Paulo: Martins Fontes, 2008. p. 291).

Que fique claro, diante do acima exposto, que a semelhança *relevante* deverá ser razão suficiente "de uma lei",[144] isto é, critério que permite a extensão analógica de um caso a outro, atribuindo a fato dito "não regulado" a mesma disciplina de fato regulado *de maneira semelhante*. Assim é que o direito dispõe ser necessário que os dois casos, aquele regulado e o "não regulado", tenham em comum a mesma *ratio legis*.[145] Em outras palavras, entre um fato e outro há de ter um *genus* legal comum. É neste que iremos encontrar o nexo jurídico de relação de uma coisa com a outra. Estabelecido o vínculo, a consequência é a admissão normativa de que ambos possam ocupar a mesma posição ontológico-formal em termos regulatórios de conduta.

Existem diferentes níveis relacionais que o direito pode atribuir a duas coisas, a dois objetos, a dois fatos: um, mais estreito, toma por base comparativa elemento essencial; outro, menos intenso, assume por critério características secundárias. Na analogia, lembremos, "acrescentou-se a uma norma específica uma outra norma específica, remontando a um *genus* comum".[146] Tal elemento conectivo de similitude deve ser, em termos de interpretação analógica, essencial, próprio da razão do ser – juridicamente considerado – do objeto, isto é, próprio da existência no direito da coisa. Di-lo da mesma forma Tercio Sampaio: "[...] a analogia pressupõe

---

144. Colocamos entre aspas "de uma lei" pela distinção que se utiliza corriqueiramente entre analogia *legis* e analogia *iuris*. Na primeira (*legis*), interpretando analogicamente um fato por meio da utilização de certa *norma* posta no sistema; na segunda (*iuris*), justificando o emprego da analogia por meio dos *princípios* integrantes do ordenamento positivo, e não de uma *norma* específica. Em outras palavras, por meio da interpretação sistemática, cria-se nova norma para disciplinar extensivamente fato, que antes não existia para o universo jurídico.

145. BOBBIO, Norberto. *Teoria geral do direito*. São Paulo: Martins Fontes, 2008. p. 293.

146. BOBBIO, Norberto. *Teoria geral do direito*. São Paulo: Martins Fontes, 2008. p. 295.

a igualdade essencial (e a desigualdade secundária) em relação a uma categoria".[147]

Portanto, como ferramenta de interpretação do direito, a analogia é o processo de positivação de uma norma que, para fins de subsunção de um fato, sem regra expressa que lhe dê tratamento, toma por pressuposto semelhança essencial entre dois suportes fáticos. O *genus* comum, e essencial, deste modo, justifica a própria assunção de uma *ratio legis* única para ambos os casos, razão suficiente para se proceder à, e conferir competência ao aplicador do direito para, interpretação analógica. Em outras palavras, em toda analogia, o importante é que se visualize uma semelhança essencial, e necessária, entre um fato e outro, independentemente de que ocorram diferenças secundárias, que em nada impediram sua aplicabilidade.

Cravada a premissa quanto à analogia, verificamos que, uma vez que esta é um dos meios de raciocínio das presunções, tudo que se aplica àquela, será aposto também a algumas das hipóteses das presunções, isto é, nas circunstâncias em que as presunções atuam de forma analógica. E quando isso ocorre? Quando, ao presumir, o legislador utiliza-se, assim como na analogia de *argumentum a simili*, buscando identificar fator de semelhança essencial capaz de estabelecer o vínculo entre o fato presumido ou fato presuntivo ou fato de base ("Fb") e o fato presumido ("Fp"), ou seja, em todos os casos de presunção válida.

Supomos ter demonstrado que a interpretação extensiva é admitida corriqueiramente em duas acepções: como sinônimo de analogia, trabalhando, portanto, com argumento *a simili*; e como interpretação extensiva propriamente dita, desenvolvendo-se com base em argumento *a contrario*. No primeiro caso, o que se aplica à analogia é aproveitado à interpretação extensiva, uma vez que diz respeito ao mesmo fenômeno interpretativo que alcança determinado objeto em vista de nexo

---

147. Equiparação – CTN, Art. 51. *Cadernos de Direito Tributário e Finanças Públicas*, São Paulo: RT, ano 7, n. 28, p. 109-114, jul.-set. 1999.

de semelhança. Assim, por exemplo, ocorre nas listas taxativas especificamente nos itens que trazem a expressão "e congenêres" ou outros termos com esse sentido e que, por conta dessa abertura, modificam o caráter tabular do inventário para uma forma-de-construção. Outro é o momento, no segundo caso, da interpretação extensiva propriamente dita em que aí, sim, com base em argumento em contrário, veda-se a inclusão de classe.

Retornemos da digressão para considerar algumas peculiaridades próprias da interpretação extensiva em sentido estrito acima mencionada e como se dá sua relação com as presunções. Diferentemente da extensão analógica, na interpretação extensiva, o alargamento acontece com base no próprio termo, a partir de redefinição daquilo que é indicado em lei. A modificação (extensiva) ocorre nos próprios critérios que definem a coisa. Logo, é ela mais restritiva em face da analogia, pois o *gênero*, aqui, se assim se pode afirmar, não é uma classe, mas o objeto em si, ou melhor, a descrição ou demarcação da coisa individualmente considerada. Aquilo que se quer abraçar no conceito regulado deve estar dentro dele – conceito da unidade –, sendo necessário, portanto, que todos os critérios essenciais que definam a coisa sejam aplicáveis àqueloutra. A semelhança deve se dar na ordem essencial, principalmente, mas também em nível secundário, pois o objeto que se quer ver regulado deve estar *dentro* e *no* conceito daqueloutro indicado em lei. Esta é a grande diferença entre analogia e interpretação extensiva em sentido estrito. Ou seja, os fatores comparativos entre um elemento e outro não são os da classe em que ele se insere, mas os do próprio objeto individualmente considerado. Fora dessas ocasiões, encontrando-se diferenças da ordem essencial e/ou secundária, deve-se excluí-los do conceito regulado com base em argumento *a contrario*. Logo, a diferença – essencial e/ou secundária – é fator, e justificativa, de exclusão de um objeto ao conceito do outro, vedado juridicizar aquele com base neste.

Isto posto, vê-se que a interpretação extensiva, em seu sentido estrito, não é aplicável às presunções para fins de produzir seus efeitos próprios, quais sejam tomar um fato pelo outro em vista de critério de semelhança. Se assim não fosse, o simples admitir da interpretação extensiva seria uma autolimitação ao próprio presumir. Em outras palavras, a presunção é norma jurídica que requer argumento *a simili* que se constrói por meio de inclusão de classe. Em termos de tipificação, requer a forma-de-construção necessariamente, modos tipológicos que permitem esse mecanismo de substituição de um fato (F") pelo outro (F'") mediante critério de semelhança. Logo, ao presumir, estamos no domínio da regra geral inclusiva, sempre, não se lhe aplicando a exclusiva ou os métodos da interpretação extensiva em sentido estrito.

Consideremos que, na interpretação extensiva, existe uma norma precisa que dá tratamento ao objeto regulado, e, em vista da extensão do conceito deste ao outro, é que se faz a abrangência. Dessa forma, pode-se afirmar não criar a interpretação extensiva uma regra nova, mas simplesmente proceder à ampliação do alcance da norma posta. Portanto, com ela, "nos limitamos à redefinição de um termo, mas a norma aplicada é sempre a mesma".[148] Pondere-se, por fim, tão somente que, na tarefa de *redefinição* acima referida, a lei tributária não pode alterar o conteúdo e o alcance de institutos, conceitos e formas de direito privado, utilizados, expressa ou implicitamente, pela Constituição Federal, pelas Constituições dos Estados, ou pelas Leis Orgânicas do Distrito Federal ou dos Municípios, para definir ou limitar competências tributárias, tal como dispõe o art. 110 do CTN. O que não significa que, na interpretação extensiva, impossibilita-se atualizar a significação contida no termo. Lembremos nesse ponto que, "[...] o que caracteriza o Direito Positivo, no mundo contemporâneo, é sua contínua mudança",[149] que

---

148. BOBBIO, Norberto. *Teoria geral do direito*. São Paulo: Martins Fontes, 2008. p. 295.

149. LAFER, Celso. *A ruptura totalitária e a reconstrução dos direitos humanos*: um diálogo com Hannah Arendt. 1988. Tese (Professor titular do Departamento de Filosofia e Teoria Geral do Direito) – Faculdade de Direito da USP, São Paulo, p. 53.

se faz presente na complexidade das relações humanas, mas também na linguagem e, principalmente, nos termos nela definidos, descritores de tais eventos sociais. A interpretação extensiva, nessa medida, não deve trazer nada de novo, mas sim o "novo" se apresenta, e se limita, na própria atualização semântica do conceito ao contexto histórico aplicado.

Com bases nesses torneios, podemos relevar, outrossim, que analogia e interpretação extensiva são conceitos aproximados, e, dependendo do caso, até sinônimos. Entretanto, em dado momento, adquirem sentidos metodológicos que se opõem pelo vértice, gerando, assim, diferentes consequências em suas técnicas interpretativas. Na parte em que são iguais, isto é, quando ambos trabalharem com argumento *a simili*, o que se aplica a uma dá-se com a outra, não sendo, por isso, necessário relacionar novamente o que foi dito àquela. O que vai nos interessar será a parte em que a interpretação extensiva não coincide com a analogia, e é a partir desta dissociação que iremos demonstrar a aplicabilidade da analogia ou interpretação extensiva no ramo dos tributos.

Como regra geral, o CTN dispõe que, na ausência de disposição expressa, a autoridade competente para aplicar a lei tributária utilizará a analogia (art. 108, I). Como já demonstrado acima, a norma é claramente inclusiva, admitindo ao aplicador a utilização de construções interpretativas com base na semelhança entre os termos comparados. Nesses casos, o emprego da analogia nos leva ao reconhecimento de interpretação mais abrangente. Sabemos, contudo, que, no domínio tributário, determinadas matérias voltadas à instituição, fiscalização e arrecadação de tributos adquirem maior peso e, por consequência, rigidez em sua disciplina. Em várias ocasiões, o Código enumera tais casos, vedando, pois, o uso da analogia nessas específicas situações. Assim se apresentam, por exemplo, as hipóteses de:

(i) instituição ou aumento de tributo (art. 108, § 1º);

(ii) reconhecimento de isenção (art. 111, I e II);

(iii) concessão de anistia (art. 111, I);

(iv) dispensa de obrigações acessórias (art. 111, III).

Reforcemos a ideia de que a vedação à analogia ou extensão analógica deve ser expressa na lei, tal como ocorre nos dispositivos acima indicados. Agora, com fulcro em tais vedações, o preceito nos impõe, por oposição, a aplicabilidade da interpretação extensiva. Em abono deste matiz, sendo desautorizado o uso de analogia por lei, deve-se aplicar a interpretação extensiva: a proibição do argumento *a simili* nos remete ao uso do argumento em contrário necessariamente. Nesse sentido, onde se fizer presente a interpretação extensiva em sentido estrito, é vedada a analogia; por oposição, autorizada a analogia, a interpretação extensiva não é aplicável. Em outros termos, onde é desautorizado o uso de analogia, vê-se que não estamos mais no campo do tipo forma-de-construção, mas no domínio do modo prescritivo tabular, em que se concentra a aplicabilidade da interpretação extensiva e, por consequência, da regra geral exclusiva. Assim, "considera-se em geral que, quando a extensão analógica é proibida, como, por exemplo, [...] nas leis penais e nas leis excepcionais, a interpretação extensiva é lícita".[150]

Advém dessas conclusões o asserto de que, onde a lei identifica como cabível a analogia, admite-se a presunção; onde o direito inadmite analogia, dá-se a interpretação extensiva e, por consequência, é vedado o uso de presunções. Por estas discussões e tendo em vista a complexidade do tema tratado, vem ao caso aqui reforçar a ideia pelo método gráfico, apresentando o esquema a seguir que, resumidamente, elucida o tema ora tratado:

---

150. BOBBIO, Norberto. *Teoria geral do direito*. São Paulo: Martins Fontes, 2008. p. 294.

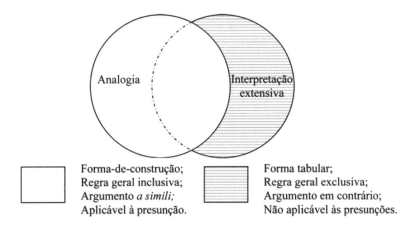

No tocante à aplicabilidade desses pensamentos ao subdomínio do direito tributário, verificamos que determinados princípios informadores deste subsistema tangenciam a matéria em enfoque neste trabalho, apontando limitações tanto para o Poder Legislativo, na expedição das leis sobre o assunto, quanto para os Poderes Executivos e Judiciários, na aplicação destas. Nessa linha é que se coloca o princípio da tipicidade tributária, como expressão da legalidade, vedação que se volta tanto para o legislador quanto para o aplicador.

Ao legislador o direito estabelece imposição de descrever na lei todos os critérios que compõem o enunciado deôntico completo da regra-matriz de incidência. Em outras palavras, é orientação para aquele que põe a lei tributária em definir de modo taxativo (*numerus clausus*) as condutas reguladas, tanto no fato-antecedente, enunciado que deve ser suficiente para desencadear o prescritor, quanto no fato-consequente da norma tributária, relação jurídica necessária, uma vez ocorrido (relatado em linguagem competente) o descritor.

Ao aplicador, por sua vez, pela via da tipicidade informadora do ordenamento tributário, o sistema prescreve ao sujeito competente o comando de encontrar e constituir em linguagem competente – provas em direito admitidas – todos os critérios que necessariamente compõem o enunciado deôntico completo da regra-matriz de incidência para fins de regular a conduta. Nesse sentido, nas matérias em que o ordenamento tributário expressamente requer forma tabular de regulação, veda-se analogia, incompatível com a taxatividade e determinação dos tipos tributários, admitindo-se, todavia, interpretação extensiva. E as palavras acima se anelam à preferência dos Conselheiros do Conselho de Contribuintes:

> IRPJ – A tipicidade cerrada do fato gerador e a estrita legalidade são impeditivas a interpretações da legislação para a efetivação ou sustentação de lançamento tributário em condições ou circunstâncias legais e expressamente não autorizadas, sendo, neste contexto, incabível o emprego de analogia (CTN, artigo 108, § 1º). Recurso provido.[151]

No direito tributário, portanto, instituição e/ou aumento de tributo, como na decisão supra, inadmite extensão analógica. O que, no máximo, podemos defender é, sim, ser possível aplicar interpretação extensiva nestas matérias em que a tipicidade é o princípio informador, mas não no sentido de que a extensão autoriza criar novo sentido ao termo. Firmemos que o "novo", no caso, é a própria atualização do termo ou, na melhor das hipóteses, a paridade de um conceito a outro em vista de semelhança de elementos essenciais e secundários entre eles. É o que se dá, por exemplo, em alguns casos da lista de serviços anexa à Lei Complementar 116, de 31 de julho de 2003.

> *ISSQN... Lista de serviços. Interpretação extensiva...* A interpretação extensiva, para fazer incidir ISSQN sobre atividades semelhantes àquelas previstas na lista de serviços, constitui mecanismo distinto da analogia (vedada no art. 108, I, do CTN) e não acarreta irregularidades ou invalidade. [...][152]

---

151. Conselho de Contribuintes, Processo 10980.007402/96-17, 4ª Câmara, Rel. Roberto William Gonçalves, Sessão: 09.12.1997.
152. TJRS, 22ª Câm. Cível, Rel. Desa. Mara Larsen Chechi, out. 2004.

Damos por assente que, nos inventários taxativos da legislação tributária (forma tabular), como é o caso da lista anexa acima indicada, a extensão é perfeitamente aplicável, fazendo-se presente aqui o método interpretativo restritivo dos termos. A reserva se faz em face da própria condição do procedimento extensivo, uma vez que seu fundamento pede haver entre as duas coisas – a juridicamente regulada e a estendida a esta – as mesmas características essências e secundárias. Na falta desses dados semelhantes entre elas, não se pode aplicar a interpretação extensiva, caindo na regra do argumento em contrário e, por consequência, não se lhe aplicando aquele preceito legal. Ou se está no conceito e, por conta disso, segue a regra prescrita em lei; ou não se está e, desse modo, não se lhe aplica a norma jurídica, sendo de tal modo realidade irrelevante para o universo jurídico.

Encerrando o tema, de ver está que a assimilação tanto na analogia (e nas presunções) quanto na interpretação extensiva insere exceções, devendo, pois, e principalmente no campo dos tributos, ser tratada com prudência e vigilância, sob pena de provocar disfunções ou efeitos indesejáveis na aplicação do sistema normativo. Eis que a interpretação, em ambos os casos, deve preponderar, em regra, na forma restritiva e sob o manto das garantias constitucionais ao contribuinte.

4.16. Presunção e costume

Muito comum ouvir dizer que determinadas presunções se fundamentam *naquilo que ordinariamente acontece*, como bem o afirmou Clóvis Beviláqua.[153] É a expressão pela qual o direito tributário identifica em regra a presunção do tipo comum, humana ou também chamadas *hominis*, em que ao aplicador, inexistindo linguagem competente para formular o fato jurídico 'Fx', cabe constituí-lo mediante juízos de valor

---

153. BEVILÁQUA, Clóvis. *Código Civil dos Estados Unidos do Brasil comentado*. Rio de Janeiro: Editora Rio, 1940. p. 399-400.

associativo sobre elementos de prova. Com tal preceito, verificados os fatos 'Fa', 'Fb' e 'Fc', o direito se dá por satisfeito e faz ingressar no ordenamento o fato 'Fx' presumidamente.

Segundo a concepção consuetudinária da presunção comum, que não é a nossa, frisemos, os fatos 'Fa', 'Fb' e 'Fc' são práticas recorrentes – costume – que servem, no mesmo raciocínio acima exposto, como fundamento para instituir o fato 'Fx'. Nessa óptica, o costume é ele mesmo prescritivo e sua internalização se faz de forma automática, ou melhor, desde já no direito. Pois bem, feita a apresentação, cumpre agora elucidar o motivo pelo qual não seguimos o referido entendimento.

Admite-se por *costume* o hábito, a prática frequente, a regular ocorrência de determinada situação em um meio. Abarca também a palavra, o modo de pensar e agir característico de pessoa, grupo social, povo, nação numa determinada época. No direito, o termo é assumido nos mais variados significados, como bem alertou Tárek Moussallem:

> A palavra "costume" é empregada no meio jurídico nas seguintes acepções: (1) fato social; (2) regra estrutural (3) veículo introdutor de regras; (4) norma introduzida pelo veículo introdutor; (5) fato jurídico; (6) procedimento produtor de normas.[154]

De fato, o costume está naquele limiar entre moral e direito ou realidade social e direito e, dependendo da concepção dogmática que se tem de um sistema ou de outro, podemos compreender tantas posições perante o costume quantas forem as teorias adotadas.

A dissociação entre direito e moral é antiga. Immanuel Kant,[155] a propósito, ensaiou distingui-los mediante a relação

---

154. MOUSSALLEM, Tárek Moysés. *Fontes do direito tributário*. 2. ed. São Paulo: Noeses, 2006. p. 168.
155. KANT, Immanuel. *Fundamentação da metafísica dos costumes*. São Paulo: Abril, 1973. (Coleção Os Pensadores.)

entre sujeito passivo e ativo da ordem, apresentando o que entendeu por imperativos autônomos (quem emite e recebe a ordem é a mesma pessoa) e heterônomos (quem emite e recebe a ordem são pessoas diferentes). Bastou-se trazer o exemplo dos Dez Mandamentos, sistema moral heterônomo, para demonstrar que a divisão *supra* não resiste a uma análise mais séria. No entanto, o referido pensamento suscita algumas ideias elucidativas.

Pensemos que o direito é um sistema normativo fechado. A realidade juridicamente relevante é a interna, pouco importando o que se dá fora do ordenamento para fins prescritivos. Ocorre que, em muitos casos, a própria ordem prevê, segundo sua formulação, a heterointegração entre ele e outra ordem que lhe cerca. O recurso ao costume pela lei é o resultado dessa inter-relação sistêmica, que pode se apresentar em diferentes gradações: (i) como fonte consuetudinária à lei, como ocorre no direito anglo-saxão; (ii) como aplicação ampla, quando na ordem se tem uma norma do tipo: "O costume vige em todas as matérias não reguladas pela lei"; e ainda (iii) como aplicação restrita, na medida em que o direito posto prescreve regra segundo a qual: "O costume vige somente nos casos em que é expressamente referido pela lei".[156]

No direito brasileiro, são diversas as regras que buscam essa heterointegração. No domínio civil, citemos exemplificando os arts. 13, 122, 187, 432, 569, 596, 597, 599, 1.297, 1.336, 1.638, 1.735 do CC/02. Agora, quando pensamos em uma regra geral que diga se esta heterointegração se dá de forma ampla ou restrita, deparamo-nos com dois enunciados de dois Diplomas diferentes:

> Art. 4º da LICC. **Quando a lei for omissa**, o juiz decidirá o caso de acordo com a analogia, **os costumes** e os princípios gerais de direito.

---

156. É o que ocorre no direito italiano, com o enunciado do art. 8º das Disposições Preliminares italiana: "Nas matérias reguladas pelas leis e pelos regulamentos, os usos têm eficácia somente enquanto são por eles referidos".

Art. 126 do CPC. O juiz não se exime de sentenciar ou despachar alegando **lacuna ou obscuridade da lei**. No julgamento da lide caber-lhe-á aplicar as normas legais; não as havendo, recorrerá à analogia, **aos costumes** e aos princípios gerais de direito.

Por força dos dispositivos *supra*, o direito nacional assumiria, portanto, postura de heterointegração ampla? Bem, a resposta não é tão fácil, principalmente considerando-o em face do direito tributário. Eis por que se faz necessário abrir um parêntese aqui e estabelecer os limites que faltam à matéria.

Sabemos que "a *consuetudo* (uso) e a *opinio júris et necessitatis* (convicção de que a norma é necessária) são elementos integrantes do processo de formação do costume".[157] Mas o costume, como norma de direito social, para o direito nada tem de relevante. Ao legislador cumprirá elaborar juízo axiológico do existencial, do fato consuetudinário, imputando-lhe critério-de-valor que lhe dê relevância jurídica, ingressando no direito como componente de juízo normativo. Afinal, "O costume vale se norma escrita a ele envia. As regras jurídicas (com exceção do caso inglês) são *escritas*".[158] E essa estrutura de norma não é de ordem do sensível, aos usos e costumes observados e aceitos numa dada sociedade, e muito menos do sistema moral ou religioso. É necessariamente norma jurídica com relevância para o direito.

A realidade do direito não é uma ordem natural. É convencionalmente estabelecida mediante decisões políticas que, uma vez enunciadas em linguagem jurídica competente, se tornam jurídicas. Com os costumes, tudo acontece da mesma forma. Enquanto repetição de atos orientados numa mesma direção, os costumes se apoiam no sentimento coletivo e social

---

157. DINIZ, Maria Helena. *Compêndio de introdução à ciência do direito*. 8. ed. São Paulo: Saraiva, 1995. p. 277.
158. VILANOVA, Lourival. Proteção jurisdicional dos direitos numa sociedade em desenvolvimento. *Escritos jurídicos e filosóficos*. São Paulo: Noeses, 2005. v. 2, p. 482.

de que são obrigatórios. A própria recorrência da ação implica em si esse sentido normativo dos costumes em planos sociais, normatividade que, enquanto tal, ainda não alcança o plano jurídico. A regularidade, na pragmática das relações humanas, vai dando forma à regra social consuetudinária. Quando incorporada ao texto jurídico como norma, a estrutura do social se transforma em prescrição jurídica. O enunciado é o mesmo, mas sua função pragmática se altera: gera não só efeitos no campo do social, como também no domínio jurídico. A elucidação acima busca representar um processo, mas, vale a lembrança, "não há realidade social para, depois, virem as normas. A realidade social é, constitutivamente, realidade normada".[159] Eis que "todo fato social é estruturado normativamente, seja norma do uso, do costume, da moral, etc., antes de o ser por norma jurídica".[160] Somente após o reconhecimento, na forma prescrita pelo direito, que a regra se torna válida para o universo jurídico. A validade, portanto, depende menos da eficácia social da norma, que, como bem vimos, uma regra social consuetudinária teria desde já, mas mais da forma em que o sistema normativo atribui existência e relevância jurídico-prescritiva à regra, como aponta, na mesma linha, Norberto Bobbio:

> [...] nenhum costume torna-se jurídico apenas através do uso, pois o que o torna jurídico, ou seja, o que o insere num sistema, é o fato de ser acolhido e reconhecido pelos órgãos competentes, naquele sistema, para produzir normas jurídicas, como o legislador ou o juiz. Enquanto é apenas eficaz, uma norma consuetudinária não se torna norma jurídica. Torna-se jurídica quando os órgãos do poder lhe atribuem validade. O que confirma que a eficácia não se transforma diretamente em validade, e, portanto, uma norma pode continuar a ser eficaz sem por isso se tornar jurídica.[161]

---

159. VILANOVA, Lourival. *Estruturas lógicas e o sistema do direito positivo.* São Paulo: Noeses, 2005. p. 85.

160. Idem, ibidem, p. 174.

161. BOBBIO, Norberto. *Teoria geral do direito.* São Paulo: Martins Fontes, 2008. p. 30.

A questão da heterointegração dos costumes pelo direito encontra suas respostas na teoria das fontes, em que se inserem os conceitos de "órgãos e procedimento competentes". Na dogmática do direito, fonte será o modo de produção de norma que o ordenamento estabelece como tal. Dizendo-o serem os costumes (socialmente aceitos), o exegeta poderá aplicá-los ao caso em concreto, como no direito anglo-saxão; dizendo-o ser a lei, estará nela a fonte de ingresso daqueles no ordenamento.

Para o estudo proposto, entenderemos fonte como veículos introdutores de normas, na concepção formal ou técnica do termo. É aquela de onde dimanam normas com força vinculante. Não são fontes, portanto, os costumes, a doutrina, porque estão fora do ordenamento, nem a jurisprudência, a súmula, a ementa, pois já estão dentro do direito. As fontes se encontram no limiar entre jurídico e não jurídico, entendendo-se-a como processo enunciativo que, enquanto enunciação, está fora do sistema, mas uma vez enunciada no antecedente do veículo introdutor, norma jurídica, tem relevância para o direito e, portanto, é fonte.[162] Com tal concepção, abandonamos o pluralismo das *fontes materiais*, para confluir o pensamento na unicidade da *fonte formal*, isto é, da concepção normativista, e estatal, do direito, como salientou Lourival Vilanova:

> [...] qualquer que seja a fonte da norma bilateral de conduta – a normalidade habitual do comportamento coletivo, o costume, as formações espontâneas de associação, o juiz *ad hoc* que decide o caso concreto, a vontade normativa das microssociedades, ou da macrossociedade (sociedade global) – qualquer que seja a origem efetiva das normas, todas elas giram circunvergindo para um centro – o Estado, do qual recebem convalidamento e exigibilidade coercitiva [...].[163]

---

162. Sobre o assunto, ver excelente trabalho *Fontes do direito tributário* (2. ed. São Paulo: Noeses, 2006) de Tárek Moysés Moussallem, que brilhante e pacientemente anunciou a teoria das fontes na concepção linguística por nós adotada neste trabalho.

163. VILANOVA, Lourival. *Estruturas lógicas e o sistema do direito positivo*. São Paulo: Noeses, 2005. p. 207.

O sistema do direito indica, pois, o preciso instante em que o costume se torna relevante para ele, mediante norma de estrutura que prevê a forma de sua internalização segundo processo enunciativo prescrito em lei.[164] Inserido no sistema, não se pode distinguir o que de constitutivo ou regulativo tem o costume, uma vez que, em direito, o costume é tudo isso num só tempo.

Sobre esses fundamentos salienta-se que o costume não entra no direito brasileiro desordenadamente. Ingressa mediante regra que o prevê na qualidade de parte integrante da ordem. No sistema nacional, a nosso ver, há formulação mista de heterointegração. Os enunciados dos arts. 4º do LICC e 126 do CPC estabelecem dispositivo geral de internalização das práticas consuetudinárias tal qual o preceito: "O costume vige em todas as matérias não reguladas pela lei", contudo determinados domínios comportam exceções.

No campo do direito tributário, o inciso III do art. 100 do CTN prescreve: "são normas complementares das leis, dos tratados e das convenções internacionais e dos decretos as práticas reiteradamente observadas pelas autoridades administrativas". A contranota dos doutrinadores é no sentido de que, com tal preceito, no universo das exações, o recurso ao costume é aplicado de forma ampla. Contudo, há que se ter em vista que, a despeito da regra acima, não se admite cobrança de tributo com base nos costumes. Como ordem geral, "o costume, de natureza eminentemente factual, [...] só gera efeitos jurídicos quando integrante de hipóteses normativas",[165] e, para

---

164. "O sistema do direito positivo, por meio de seus enunciados, indica o momento preciso em que o costume passa a ser relevante para ele (no caso de matérias que a lei desconhece ou no caso de remissão legal expressa). Eis aqui o costume como regra estrutural a que chamaremos *regra estrutural de costume*.

Essa *regra estrutural de costume* é o fundamento de validade da norma jurídica consuetudinária" (MOUSSALLEM, Tárek Moysés. *Fontes do direito tributário*. 2. ed. São Paulo: Noeses, 2006. p. 160).

165. CARVALHO, Paulo de Barros. *Curso de direito tributário*. 22. ed. São Paulo: Saraiva, 2010. p. 84.

fins fiscais de imposição, fiscalização e arrecadação de tributos, o recurso ao que *ordinariamente acontece* não se admite. A vedação de cobrança de tributo sem lei que o respalde, informando expressamente todos os critérios que compõem o fato jurídico e a relação entre Fisco e contribuinte, é princípio informador do ordenamento fiscal. A Administração não pode cobrar tributo mediante *prática reiterada*. Lançamento tributário é ato vinculado e deve ter embasamento, em toda a sua extensão em lei, descrevendo não somente o procedimento de cobrança administrativa, mas também, e principalmente, todos os critérios da regra-matriz de incidência da exação.

O que o sistema tributário permite é, sim, que os costumes sejam usados como hipótese de exclusão de punibilidade, em face da regra *in dubio pro reo*, trazida no Texto Supremo. O entendimento *supra* alinha-se à jurisprudência do Superior Tribunal de Justiça:

> *Recolhimento reiterado do ISS. Costume. Artigo 100, III e parágrafo único, do CTN. Auto de infração. ICMS. Boa-fé. Contribuinte... Multa. Exclusão. Juros moratórios. Correção monetária. Dies a quo. Notificação.*
>
> I – Presume-se a boa-fé do contribuinte quando este reiteradamente recolhe o ISS sobre sua atividade, baseado na interpretação dada ao Decreto-lei n. 406/68 pelo Município, passando a se caracterizar como costume, complementar à referida legislação.
>
> II – A falta de pagamento do ICMS, pelo fato de se presumir ser contribuinte do ISS, não impõe a condenação em multa, devendo-se incidir os juros e a correção monetária a partir do momento em que a empresa foi notificada do tributo estadual.[166]

Por todo o exposto, verificamos que, nas presunções *hominis*, da mesma forma, o costume só ingressa quando autorizado

---

166. STJ, 1ª Turma, Decisão Unânime, REsp 215.655, Rel. Min. Francisco Falcão, set. 2003.

por lei. O aplicador da regra presuntiva deve ter competência expressa para regular conduta segundo seu senso consuetudinário. Portanto, "não se reconhece, ao menos oficialmente, o poder criativo do juiz, salvo em casos expressamente indicados em que se atribui ao juiz a função de emitir *juízos de equidade*".[167] E Lourival Vilanova complementa: "[...] a conduta uniforme e reiterada não se converte em jurídica sem passar pela mão do juiz".[168] E essas situações só se permitem para fins de criar direito e deveres na ausência de lei expressa.

Os valores isonomia e equidade devem, portanto, orientar o aplicador no momento mesmo em que presume segundo os costumes. Logo, não basta competência para se presumir, mas também, ao procedê-lo, o aplicador deve fazer prevalecerem os valores que justificam a regra da presunção: "É o princípio não só da *existência de leis*, mas da *constância das leis mesmas*: há um cosmos, não um caos, e este cosmos permanece articulado com leis constantes".[169] A orientação teleológica e axiológica da regra presuntiva deve ser sempre tomada como ponto de partida do intérprete. Sem o suporte dos valores constitucionalmente aceitos e a ele fazendo-se prevalecer, a presunção comum, perde sua razão de ser para o sistema prescritivo. Lembremos que o artifício da presunção humana é excepcional e, enquanto regra associativa orientada pelos juízos subjetivos de quem aplica, pode trazer perigosa subversão do direito. Portanto, quando expedida norma fundamentada *naquilo que ordinariamente acontece*, há de assegurar de forma plena o direito de prova em contrário, como imposição constitucional garantidora dos valores da Carta Magna.

---

167. BOBBIO, Norberto. *Teoria geral do direito*. São Paulo: Martins Fontes, 2008. p. 289.

168. VILANOVA, Lourival. Proteção jurisdicional dos direitos numa sociedade em desenvolvimento. *Escritos jurídicos e filosóficos*. São Paulo: Noeses, 2005. v. 2, p. 483.

169. Idem. *Causalidade e relação no direito*. 4. ed. São Paulo: RT, 2000. p. 31-32.

Ao fim e ao cabo, vale ainda ressalvar que, nas presunções humanas, *aquilo que ordinariamente acontece* deve ser de fácil cognição ao sujeito competente, aplicando-se-lhe as regras de experiência comum. A norma presuntiva requer que o conhecimento e a competência para este fim não ultrapassem o domínio do comum, conforme ressalva o art. 335 do CPC.[170] Nesse diapasão, quando a prova do fato depender de conhecimento técnico ou científico, não se admite a aplicabilidade da presunção humana, como bem ordena o art. 145 do CPC.[171]

4.17. Presunção e atos de fala

No inter-relacionar das presunções com os atos de fala, voltaremos nosso enfoque ao plano pragmático do processo de positivação das normas, observando não mais o resultado da presunção, mas, sim, a forma com que ela é produzida no intelecto humano e é exteriorizada no direito. Percorreremos, ainda que a breve trecho, a teoria da decisão, para, ao final, dizer sobre o campo dos atos de fala. Nesse tópico, buscaremos demonstrar o processo intelectivo de formação do enunciado presuntivo e sua forma exterior de se apresentar linguisticamente no direito.

Expressão de um dos diversos modos empregados para definir as presunções é sua tomada na forma de raciocínio lógico, ora tida na forma indutiva, ora como itinerário dedutivo. É bem verdade que as presunções são juízos relativos ao real, são julgamentos sobre fatos. Contudo, isso não quer dizer que, em âmbito jurídico, mantenham-se enquanto tal. Revelemos que tudo no direito é da ordem da intersubjetividade. Os

---

170. Art. 335. Em falta de normas jurídicas particulares, o juiz aplicará as regras de experiência comum subministradas pela observação do que ordinariamente acontece e ainda as regras da experiência técnica, ressalvado, quanto a esta, o exame pericial.

171. Art. 145. Quando a prova do fato depender de conhecimento técnico ou científico, o juiz será assistido por perito, segundo o disposto no art. 421.

atos normativos são sempre comunicados ou comunicáveis para obterem relevância no direito. Quando se mantêm na ordem intrassubjetiva, são pertencentes aos demais campos cognitivos, exceto o do direito. São do domínio da moral, da psicologia, mas não do jurídico. Assim, toda decisão jurídica é exteriorizada mediante um ato, que aqui chamaremos de *ato de fala*. O termo pode dar a entender que são somente considerados aqueles atos exteriorizados por meio de estímulos das cordas vocais. Não é o caso. *Fala*, aqui, é tomado em seu sentido mais amplo, como todo ato que enseja comunicação, o que implica considerar a linguagem escrita, falada, gestual, entre outras.

A todo momento praticamos decisões e a todo processo psíquico correspondem determinados estados nervosos. O simples optar por fazer alguma coisa ou mesmo em ficar calado já é decidir. Sem dúvida, o ser humano é movido por decisões. Nada faz sem que antes não tenha deliberado sobre esta ou aquela via. Opta, decidindo. As decisões são procedimentos intelectivos bastante analisados pela psicologia, pela moral, pelas ciências que buscam estudar o funcionamento do intelecto humano individualmente considerado. Para o direito, revela-se importante apenas a análise da decisão que é exteriorizada na forma juridicamente prevista. A maneira de externar-se das decisões é mediante ato de fala em seu sentido largo. Corolário inevitável dessa assertiva é que o *ato de fala* em si mesmo considerado não é decisão, mas consequência dela.

Na dicotomia imanência e aparência, o ato de fala, em seu sentido estrito, é a forma exterior da decisão, esta última ora considerada como conteúdo da forma deste ato. Imanente, esta; aparente, aquele. Em acepção larga, o ato de fala é composto, por um lado, pela(s) decisão(ões) – intrassubjetivas – que se apresentam como elemento dinâmico do ato de fala e, por outro, pelo próprio ato de fala, em seu sentido estrito, i. e., forma aparente e exterior que o constitui na intersubjetividade das relações humanas. Este último conformando o fator estático do ato de fala.

Para serem percebidas por outros, as decisões prescindem de um ato exterior que lhe deem expressão e intersubjetividade. Di-lo também Gregório Robles: "El conjunto de estas decisiones configura los 'actos de habla' que expresan la comunicación intrasistémica".[172]

Sem perder isso de vista, pensemos no sentido intelectivo das presunções, ao modo de escritores havidos na melhor conta, entre os quais citamos Cândido Rangel Dinamarco: "Todas elas constituem processos de raciocínio dedutivo que levam a concluir que um fato aconteceu, quando se sabe que outro haja acontecido".[173] Sob este enfoque, a presunção nada mais é, em outras palavras, que um processo decisório do qual o hermeneuta instituíra a existência (validade) de um fato desconhecido mediante outro fato conhecido, estabelecendo causalidade jurídica entre eles. O processo decisório se acha nesse entrementes, intermediando as sensações e os sentimentos do homem em face da realidade empírica e sua exteriorização mediante ato de fala, comunicando-se.

Ainda no campo da psicologia, cabe proceder a breves conjecturas sobre este processo decisório. Segundo o jurista Francês Roger Decottignies: "A presunção comporta dois elementos: uma decisão (sob o ângulo da psicologia) e um julgamento de probabilidade (sob o ponto de vista da lógica)".[174]

Ora, numa concepção linguística do direito, tudo é passível de ser observado enquanto decisão ou julgamento de probabilidade. Logo, tal pensamento nada nos esclarece sobre as presunções em seu modo peculiar de ser no direito, ainda que tais estruturas sobressaltem com maior força esses dois lados do processo.

---

172. ROBLES, Gregório. *El derecho como texto* (Cuatros estudios de teoria comunicacional del derecho). Cizur Menor: Civitas, 2006. p. 28.
173. DINAMARCO, Cândido Rangel. *Instituições de direito processual civil.* São Paulo: Malheiros, 2004. v. 1, p. 124.
174. DECOTTIGNIES, Roger. *Les presomptions en Droit Prive.* Paris, 1950, n. 9, p. 24-26.

É bem verdade que as presunções, como todo enunciado de linguagem, pedem uma decisão e um julgamento de probabilidade, contudo, na ordem posta, mais do que isso, requerem atos de fala especiais, também conhecidos no campo jurídico como estrutura de norma.[175] Somente quando enunciadas na forma normativa, i. e., com aparência de regra de direito, é que aquele raciocínio dedutivo que leva a concluir que um fato aconteceu no ordenamento passa a ter validade jurídica. O resultado do juízo presuntivo, a decisão final daquele pensamento dedutivo que conduz o homem a presumir, é a decisão, imanência da forma ou conteúdo dinâmico do ato de fala da presunção. Apenas enunciando no modo de norma é que a função pragmática do ato de fala presuntivo adquire caráter prescritivo e obtém por conseguinte sentido e relevância no direito.

4.18. Presunção e regimes jurídicos especiais

São vários os regimes jurídicos diferenciados que se utilizam das presunções. É o caso da hipótese de lucro presumido, por exemplo. Firmemos que o sentido da presunção como forma de instituição de regime jurídico diferenciado é perfeitamente aplicável toda vez que existir presunção fundante que dê alicerce à consecução de específicos conjuntos de princípios, normas, categorias, voltados exclusivamente a regular o funcionamento de determinado instituto jurídico. A sistemática do lucro presumido nada mais é que essa forma (provisória ou não) de apuração de base de cálculo para fins de incidência do Imposto sobre a Renda com base em presunção fundante do conceito de lucro. Dito de outro modo, é regime de estimativa

---

175. Sobre o assunto, citemos Gregório Robles: "El texto jurídico puede ser visto como un conjunto de elementos textuales parciales, a los que lamamos 'normas', pero eso no puede hacer perder de vista que esos elementos textuales tienen su origen em 'actos de habla' especiales, que son las decisiones" (*El derecho como texto* (Cuatros estudios de teoria comunicacional del derecho). Cizur Menor: Civitas, 2006. p. 75).

que tem por base uma série de presunções postas na lei e, por isso mesmo entendidas do tipo legal. A mudança do regime é faculdade do contribuinte, razão pela qual muitos as assumem como provisória. Há que levar em nota, contudo, que a provisoriedade ocorre até o momento da opção pelo contribuinte daquele regime jurídico naquele ano-exercício. No entanto, uma vez feita a escolha, o contribuinte deve se submeter à forma presuntiva de apuração imposta pela lei que se torna agora uma só: a escolhida pelo sujeito. Por isso, a presunção é entendida aqui como fundante e, portanto, torna-se incontestável e absoluta enquanto durar o período do regime optado.

Outra hipótese de uso das presunções no sentido agora proposto está na instituição do regime de estimativa no ISS. Tomemos como exemplo a legislação paulista. No Município de São Paulo, o aludido tributo é disciplinado pela Lei 6.989, de 29 de dezembro de 1966, que dispõe sobre o sistema tributário do Município, em conjunto com o Regulamento do Imposto Sobre Serviços de Qualquer Natureza – ISS (Decreto Municipal 22.470/86). Segundo o *caput* do enunciado do art. 55 da Lei Municipal de 66: "**Quando o volume ou a modalidade da prestação de serviços aconselhar**, a critério da Prefeitura, **tratamento fiscal mais adequado**, o imposto ser calculado por estimativa" (grifos nossos).

A motivação pragmática é transparente no dispositivo. O regime de estimativa se acha em face de juízo positivo da praticabilidade e conveniência de um tratamento fiscal mais adequado para fins de arrecadar e fiscalizar. O mesmo dispositivo estabelece, nos incisos I e II, as condições de usufruto do benefício:

> I – com base em dados declarados pelo contribuinte ou em outros elementos informativos, **parcelando-se mensalmente o respectivo montante**, para recolhimento no prazo e forma previstos em regulamento;
>
> II – findo o exercício civil ou o período para o qual se fez a estimativa ou, ainda, suspensa, por qualquer motivo, a aplicação do sistema de que trata este artigo, **serão apurados o preço efetivo dos serviços e o montante do tributo efetivamente devido pelo contribuinte.**

Assim sendo, no regime de estimativa do ISS, o Fisco lança com base em dados declarados pelo contribuinte ou em outros elementos informativos, conferindo a este benefício de parcelar mensalmente o montante apurado. A presunção surge de forma latente no inciso II quando, ao final do regime, a lei requer avaliação da diferença entre valor estimado dos serviços (fato presuntivo) e seu preço efetivo (fato presumido). Ou seja, no regime de estimativa do ISS, a Fazenda Pública presume ocorrência de fato jurídico incerto e futuro, predeterminando o valor a ser recolhido por estimativa. Efetivado o fato, o contribuinte deverá, ao final do período em lei estabelecido, apurar os valores efetivos pagos nas operações que realizou. Declarado, ao Fisco, valor real constatado, deve recolher a diferença em favor do Poder Público ou, se tiver pago valor superior ao devido, compensar com recolhimentos futuros de novas parcelas de estimativas. Cabe repisar, nessa oportunidade, a necessidade de afiançar nesse tipo de procedimento jurídico o direito ao contraditório e ampla defesa por lei. É o que o Município de São Paulo faz através do art. 20 do Decreto Municipal 22.470/86,[176] segundo o qual admite ao contribuinte o direito de impugnar os valores estimados, assegurado o devido processo legal.

Portanto, a presunção, aqui, é contestável, no sentido de que admite prova em contrário e na medida em que sempre

---

176. "O contribuinte poderá impugnar os valores estimados, na forma estabelecida pela Secretaria das Finanças, mediante reclamação e recurso dirigido à autoridade administrativa competente, nos termos dos arts. 133 a 135, 138, 141 e 142.

§ 1º A reclamação e o recurso não suspendem a obrigatoriedade de recolhimento do imposto na forma e no prazo estabelecidos na notificação.

§ 2º Julgada procedente a impugnação, a diferença a maior recolhida na pendência da decisão será compensada nos recolhimentos futuros relativos ao período ou, se for o caso, restituída ao contribuinte, mediante requerimento.

§ 3º Se a decisão proferida agravar o valor da estimativa, deve o contribuinte promover o recolhimento da diferença correspondente a cada mês, nas condições estabelecidas pela Secretaria das Finanças."

será feita apuração do preço efetivamente recebido para fins de ressarcir, quando houver, a diferença entre o preço efetivo e o valor recolhido por estimativa.

O ponto agora é discutir se o Fisco, perante os princípios e garantias constitucionais, tem a possibilidade, e competência, de prever fato jurídico futuro e incerto, que venha a ser confirmado ou infirmado ao final de um período. De pronto, entendemos que sim. Com base em valores que suplantam a tipicidade fiscal, e autoriza mediante lei, a administração pública pode presumir a ocorrência do fato desde que seja garantido efetivo e integral ressarcimento dos valores pagos indevidamente ou a maior. Os atributos "efetivo e integral" reforçam a ideia de que o ressarcimento deve ser feito de forma dinâmica, diligente, eficaz e equânime. É vedado ao Fisco proceder à devolução: que, pelo destempo, onere o contribuinte; que, pela complexidade da sistemática, iniba o sujeito passivo de solicitar o *quantum* indevidamente pago; que, pelas exigências procedimentais, torne-se inviável ao particular a devolução; ou que, pelos critérios utilizados, possam diferençar discricionariamente os contribuintes no caso em concreto. Bem se vê que o direito ao ressarcimento deve ser efetivo e integral, isto é, fácil, em tempo, prático, incondicionado, absoluto e equânime. Tornar-se-á inconstitucional qualquer disposição que coloque entrave ao ressarcimento desses valores, e, por decorrência, inconstitucional também cobrança presumida com base em fato jurídico inocorrido, na parte ou no todo.

Seguindo tais manifestações, é inerente à constitucionalidade da presunção o cumprimento concreto e seguro da restituição dos valores pagos a maior pelo contribuinte, assegurados contraditório e ampla defesa, como disposto no art. 20 do Decreto Municipal 22.470/86. Assim não ocorrendo, infringe-se, entre outros, a rígida discriminação de competência; o princípio do não confisco, da tipicidade cerrada e da segurança jurídica, acarretando enriquecimento sem causa do Fisco. E a assertiva acima vem ao encontro do texto do § 2º do art. 55 da Lei 6.989/66: "§ 2º Quando a diferença mencionada no § 1º for favorável ao contribuinte, a Administração Tributária **poderá efetuar sua restituição**, conforme dispuser o regulamento" (grifos nossos).

Firmemos que a administração tributária não *poderá* efetuar sua restituição, mas, sim, *deverá* devolver os valores pagos indevidamente a maior, sob pena de inconstitucionalidade da cobrança da exação. O direito à restituição é garantia magna do contribuinte, é aquilo que autoriza o uso das presunções para a instituição de regime jurídico diferenciado com base nela. É vedado ao Fisco presumir sem a manutenção de tais resguardos constitucionais.

Capítulo 5
ONTOLOGIA DA PRESUNÇÃO

Ontologia é o estudo filosófico do objeto. O termo provém da palavra grega *onto*, significando indivíduo ou ser, associada ao vocábulo *logia*, que quer dizer toda forma de estudo. É, pois, a ciência que examina o ser do objeto em sua forma de existência. O estudo ontológico é o lugar em que o exegeta realiza inferências sobre os objetos de um dado domínio. Investiga-o em termos comparativos com os demais *seres* à sua volta, buscando o conhecimento profundo acerca de sua natureza em face dos demais, seja daqueles pertencentes ao mesmo universo, seja daqueloutros fora dele.

A ontologia da presunção a toma como seu objeto. Procura localizar nos tipos presuntivos aquilo que é essencial a toda forma de presunção, determinando um modelo de dados que representa esse conjunto de conceitos dentro do direito, e nas especificidades de seus subdomínios, caracterizando-as como objeto e relacionando-as entre si e aos outros modos normativos no campo da ordem jurídica. E o faz percorrendo o objeto de sua forma mais peculiar de existência, às suas relações mais amplas com o sistema: parte da descrição das presunções enquanto unidade objetal para, em seguida, alcançar suas classes, determinar seus atributos e, ao final, identificar seus relacionamentos com os outros objetos daquele domínio. Inicia em planos teóricos, anunciando o objeto em seu modo abstrato, para, em seguida, considerá-lo na prática, segundo as imposições pragmáticas e topológicas que o lidar com as presunções no direito estabelece.

5.1. Conhecimento e objeto

Segundo os padrões linguísticos que vimos defendendo nesse trabalho, *conhecer é saber emitir proposições sobre*. Quanto mais enunciados se expede sobre determinado objeto do conhecimento, mais se o conhece. E o asserto se confirma quando pensamos que o conhecimento sempre se opera mediante construções linguísticas. É o ser humano, ou melhor, o intelecto que produz os objetos que conhecemos. E o faz mediante linguagem. O pensar e, nessa linha, o conhecer exigem a presença inexorável da linguagem, sem a qual nada distinguimos, vivendo num caos de sensações desorganizadamente apreendidas pela nossa inteligência.

Dizer sobre o *conhecimento pleno* é perceber, antes, que ele não se dá na relação entre o objeto físico e o sujeito, mas, sim, enquanto proposição que fala sobre o objeto, que identifica em linguagem suas impressões a respeito dele, moldando-o segundo as perspectivas ideológicas do sujeito. Assim, rompemos com a ideia de que o conhecimento deve abarcar a plenitude do objeto físico – o que seria impossível conceber – e a curva assintótica nos permite asseverar: a palavra não tangencia a multiplicidade de caracteres que a realidade empírica possui. Assim, a linguagem é ela mesma a constituição do conhecimento, o que por outro lado quer dizer que é também os próprios limites do intelecto do homem. Logo, conhecemos na medida e na fronteira da linguagem e do mundo que nos circunda. O conhecimento se dá, portanto, não com os objetos em si mesmos considerados, mas com as proposições que lhes dão significado.[1]

---

1. Vejamos Fabiana Del Padre Tomé: "Nessa concepção, o conhecimento não aparece como relação entre sujeito e objeto, mas como relação entre linguagens, entre significações" (*A prova no direito tributário*. São Paulo: Noeses, 2005. p. 1).

Para falar em *conhecimento pleno*, temos de tomar em nota as três espécies de *saber* que juntos formam o conhecimento em sua mais larga acepção: i) saber de; (ii) saber como; e (iii) saber que. É o que nos ensina Leônidas Hegenberg.[2] Para conhecer plenamente o objeto é necessário compreendê-lo em sua forma rudimentar, dessa ideia estabelecer relações primárias com o *mundo* que lhe cerca (de causa e efeito; de meio e fim, etc.) e, ao final, instituindo vínculos mais complexos, diferençando e assimilando-o em face de outras coisas. Leônidas Hegenberg chama isso de *saber de, saber como* e *saber que*, respectivamente. Vejamos com maiores detalhes.

Saber de é aquele conhecimento individual, isto é, as percepções particulares e específicas que o homem tem de determinada coisa. Saber disto ou daquilo em função das experiências de vida que tem, dos conhecimentos gerados pela vivência e em função de seu sistema de referência. Leônidas Hedenberg explica: "cada pessoa dispõe de seu muito particular e específico *saber de*, fortemente dependente do meio em que se criou, das trocas efetuadas com outras pessoas, dos objetos que encontrou, do tipo de atrito resultante das ações executadas nesse meio".[3] E complementa Fabiana Del Padre Tomé: "O saber de, primeira dessas fases, consiste na compreensão rudimentar do mundo, necessária à sobrevivência do sujeito cognoscente".[4]

No *saber como*, o conhecimento se torna mais geral, mas ainda em face das concepções ideológicas é o sujeito que estabelece as relações entre o objeto proposicional que descreve e outras coisas, identificando as condições de tempo e espaço de

---

2. *Saber de e saber que*: alicerces da racionalidade. Petrópolis: Vozes, 2001. p. 19 e ss. Ver também excelente estudo sobre o tema em Fabiana Del Padre Tomé, Ibidem, p. 7.
3. HEGENBERG, Leônidas. *Saber de e saber que*: alicerces da racionalidade. Petrópolis: Vozes, 2001. p. 27.
4. TOMÉ, Fabiana Del Padre. *A prova no direito tributário*. São Paulo: Noeses, 2005. p. 7.

relação nas quais se apresenta. Segundo o professor do ITA e da PUC/SP, no *saber como* "tem início, desse modo, o uso da razão, em suas primeiras manifestações".[5] E, com acerto, leciona a jurista mato-grossense:

> Efetuados os primeiros contatos com o mundo, desenvolve-se um saber mais complexo, abrangendo relações de causa e efeito (se... então...), permitindo atribuir significados mais claros às coisas. É o saber como. Nesse momento, o sujeito cognoscente encontra-se apto a executar atos de crescente complexidade, mediante sua atuação sobre o mundo.[6]

Finalmente, no *saber que* depreendemos os raciocínios e inferências humanas. Ao modo de Leônidas Hedenberg: "[...] alcançamos o conhecimento em função de *inferências*. Estas defluem do uso da razão acoplada às ações".[7] Toma como ponto de partida o sistema de referência e dele estabelece vínculos mais gerais com outras coisas, identificando em relação às diferenças e às similaridades entre as coisas. Utiliza-se a expressão "como resultado dessa vivência, aliada a inferências intelectivas, o homem atinge o saber que. Este equivale ao conhecimento, no sentido corriqueiramente empregado".[8]

Ora, tudo isso, para ter sentido, deverá ter em comum um mesmo sistema de referência, princípio unificador que confere coerência ao estudo empreendido e ao próprio objeto. Não existe conhecimento sem um sistema de referência, o que nos permite afirmar que: "Não havendo sistema de referência, o conhecimento é desconhecimento, pois, sem a indicação do

---

5. HEGENBERG, Leônidas. *Saber de e saber que*: alicerces da racionalidade. Petrópolis: Vozes, 2001. p. 27.
6. TOMÉ, Fabiana Del Padre. *A prova no direito tributário*. São Paulo: Noeses, 2005. p. 7.
7. HEGENBERG, Leônidas. *Saber de e saber que*: alicerces da racionalidade. Petrópolis: Vozes, 2001. p. 29.
8. TOMÉ, Fabiana Del Padre. *A prova no direito tributário*. São Paulo: Noeses, 2005. p. 7.

modelo dentro do qual determinada proposição se aloja, não há como examinar sua veracidade".[9]

Ainda, ao relacionar conhecimento e objeto, não basta saber como se dá o conhecimento de forma geral, mas também como ele ocorre em face do tipo de objeto a ser conhecido. Em comentário ligeiro, as coisas se dividem em quatro regiões ônticas, apresentando em cada uma delas caracteres específicos que os distinguem entre si. Tendo em vista o modo com que são e se apresentam aos nossos olhos, o ato de conhecimento (gnosiológico) é diverso para cada um deles, diferindo, por tal razão, os respectivos métodos cognoscitivos. Paulo de Barros Carvalho, ao apresentar o quadro a seguir, subdividindo as imposições de conhecimento exatas das quatro regiões ônticas,[10] excele na precisão e no teor científico que imprime ao estudo da Teoria Geral do Direito:

---

9. TOMÉ, Fabiana Del Padre. *A prova no direito tributário*. São Paulo: Noeses, 2005. p. 9.

10. CARVALHO, Paulo de Barros. *Direito tributário, linguagem e método*. 3. ed. São Paulo: Noeses, 2008. p. 16.

REGIÃO ÔNTICA	CARACTERES	ATO GNOSIOLÓGICO	MÉTODO
1. Naturais	a) reais (têm existência no tempo e no espaço); b) estão na experiência; c) são neutros de valor.	Explicação	Empírico-dedutivo
2. Ideais	a) são irreais; b) não estão na experiência; c) são neutros de valor.	Intelecção	Racional-dedutivo
3. Culturais	a) são reais; b) estão na experiência; c) são valorados positiva ou negativamente.	Compreensão	Empírico-dialético
4. Metafísicos	a) são reais; b) não estão na experiência; c) são valorados positiva ou negativamente.		

A reprodução demonstra bem que o método para conhecer o objeto varia segundo o próprio objeto a ser conhecido, de tal modo que é preciso saber em que região ôntica ele se encontra para identificar a amplitude e as limitações do ato gnosiológico. O conhecimento depende do tipo objetal, assim como este requer método específico para se fazer conhecido para o ser humano.

5.2. Presunção como objeto

Por oportuno é a assertiva: não há como conceber a teoria das presunções sem a prática; nem esta sem aquela. O conhecimento do objeto das presunções, qualquer que seja, depende desses dois ângulos científicos para considerá-los em sua inteireza, i. e., segundo as imposições estáticas e dinâmicas.

Conhecimento sem teoria é conhecimento sem método, sem ordenação. É mediante abstrações e generalizações que visualizamos o que há de comum entre os objetos – sua essência – e o que os distingue – suas diferenças. Com a lógica, podemos abstrair o conteúdo para ressaltar a forma relacional dos objetos entre si. Por outro lado, *conhecimento sem prática* é algo inviável, pois a prática é a própria objetivação da teoria. Além disso, há que considerar também o contexto pelo qual a teoria se faz valer enquanto teoria, pois, assim não o fazendo, para que servirá a teoria? O estudo pragmático das presunções é o que dá sentido de utilidade à teoria desse tema. A experiência prática dessas categorias é imprescindível ao ato de conhecimento teórico delas. Eis a razão pela qual, em resumo, temos entre teoria e prática das presunções o paralelo que se dá entre texto e contexto presuntivo, formando, ambos, a amplitude do texto ou do conhecimento do objeto em seu sentido mais amplo:

> Em consequência, sendo produzido pelo homem, o conhecimento apresenta-se condicionado ao contexto em que se opera, dependendo do meio social, do tempo histórico e até mesmo da vivência do sujeito cognoscente. No dizer de Nicola Abbagnano, esse contexto é composto pelo conjunto de elementos que, de algum modo, condicionam a significação de um enunciado.[11]

Dito isso, o conhecimento das presunções, na forma de objeto, se dará com a observância destas imposições gnosiológicas.

---

11. TOMÉ, Fabiana Del Padre. *A prova no direito tributário*. São Paulo: Noeses, 2005. p. 2.

A teorização dessas técnicas normativas especiais não será feita com o simples propósito de teorizar, mas, sim, de identificá-las em sua forma unitária de objeto no direito e, procedendo a relações com outras categorias jurídicas e não jurídicas, conferir serventia a este conhecimento específico no lidar com o sistema posto. Portanto, procederemos a uma ontologia das presunções, considerando seus aspectos estáticos e dinâmicos, a teoria e a prática respectivamente, proferindo assim uma teorização das presunções com sentido útil.

Nosso objeto de análise neste estudo é a *presunção*. Esta é observada segundo o sistema de referência do direito. Numa visão positivista da ordem jurídica, como a aqui empreendida, é ela norma, unidade de sentido deôntico incompleto que compõe o ordenamento. Sendo direito uma construção do homem em sociedade, é ela mesmo objeto cultural, observado pelo sistema jurídico mediante ato de compreensão,[12] e segundo o método empírico-dialético.

5.3. Objeto da presunção

Uma coisa é observar as presunções como objeto de pesquisa; outra bem diferente é verificar qual o próprio objeto dessas estruturas normativas, i. e., em que consiste aquilo que se pretende presumir.

Ao falarmos em objeto da presunção, estamos no momento exegético em que estudamos a direção constitutiva desses tipos normativos. Busca-se entender *o que* se quer presumir ou *que precisa ser presumido* para o direito. A resposta a estas indagações revelam justamente o que significa o objeto das presunções. No corpo dessa temática, iremos nos deparar com a velha conhecida distinção entre evento e fato. Afinal, presume-se o evento ou o fato? E, sendo este último, que fato é esse?

---

12. A compreensão no direito é passível de ser organizada segundo a seguinte ordem de atos gnosiológicos: leitura – entendimento – compreensão – comunicação.

Atento à sintaxe e ao senso jurídico, tudo no direito é linguagem que se apresenta na forma de norma. Os fatos são sempre linguisticamente construídos ao modo admitido pelo ordenamento, não se confundindo com aquilo que se referem ou com o objetivo a que se destinam. Distinguem-se, portanto, evento, fato jurídico em sentido amplo (fatos presumidos) e fato jurídico em sentido estrito.

Velha conhecida de nossa doutrina é a impossibilidade de alcançar o evento em sua multiplicidade de aspectos sensíveis. A realidade empírica para o homem é um caos de sensações, inalcançável em termos descritivos. Posto isto, o evento, como forma exterior ou aparente das ações humanas ou da natureza, ultrapassa os limites da linguagem jurídica. A ordem normativa, por sua vez, buscando incidir nesse universo ontológico, o reduz à sua proporção mais simples, recortando-o axiologicamente, enunciando na hipótese apenas algumas características que considera juridicamente relevantes. Assim o fazendo, capta, ainda que parcialmente, a realidade social, trazendo-a para o direito na forma juridicizada. Ao assim afirmar, uma conclusão é certa: o evento jamais pode ser o objeto da presunção. A norma prescritiva, enquanto enunciado em linguagem, terá sempre como referente outro enunciado, ou seja, outro fato. Mas a pergunta subsequente é: qual deles, dado que as presunções se formam em uma cadeia relacional de enunciados factuais? Vejamos então pormenorizadamente o problema.

Tomemos a indagação inicialmente formulada: o que se pretende presumir? O que é presumido na presunção? A resposta é uma só e de uma simplicidade cristalina: o fato presumido. Este, em outros termos, é aquilo que se entende por fato jurídico em sentido amplo. Logo, o raciocínio presuntivo se dirige a constituir o fato jurídico em sentido amplo para, em seguida, estabelecer associação entre este e o enunciado factual antecedente da norma prescritiva, imputando àquele os efeitos jurídicos deste. O desencadeamento explanado, a despeito de sua aparente sucessividade, acontece no plano lógico e não cronológico. No direito, tudo se dá de uma só forma. No entanto, como providência epistemológica de bom alcance, cumpre proceder a cortes epistemológicos, para reduzir nosso objeto de estudo. Segundo esta subdivisão elucidativa, verificaremos que não se trata de presumir o fato jurídico em sentido estrito. Este comparece na presunção tão somente depois de constituído o fato jurídico em sentido amplo e estabelecido o vínculo entre esses enunciados factuais. O liame e seu consequente dependem da formulação em linguagem de fato presumido, o próprio objeto da presunção. Portanto, resta claro que o objeto das presunções não é o fato jurídico em sentido estrito ele mesmo, mas, antes, aquele enunciado de fato que lhe antecede em termos lógicos, motivo que dá ensejo à relação (logicamente) posterior que ocorre entre este e o fato jurídico em sentido estrito.

5.4. Presunção e verdade

Partimos do pressuposto de que a verdade se dá entre as palavras, entre as significações construídas pelo intérprete. É pois a relação que o próprio exegeta estabelece entre os enunciados que produz. Não se impõe, portanto, entre os termos e a coisa, objeto físico, mas entre significações construídas pelo intérprete. Logo: "a verdade não é simplesmente descoberta, mas criada pelo ser humano no interior de determinado sistema".[13] A assertiva nos leva a afirmar que é ela mesma, desse modo, uma construção do exegeta, proposição sintética segundo a qual se afirma a *verdade* naquilo que se enuncia e de acordo com seu sistema ideológico, bem como suas experiências vividas.

Ela ocorre sempre em relação a um sistema de referência – cultural e ideológico – de modo que podemos asseverar que "é imprescindível a noção de sistema para fixação da

---

13. TOMÉ, Fabiana Del Padre. *A prova no direito tributário*. São Paulo: Noeses, 2005. p. 15.

verdade".[14] Isto não quer dizer, todavia, que é imprescindível uma realidade empírica anterior para se ter algo por verdadeiro. Repisemos que "as coisas não precedem o discurso, mas nascem com ele, pois é exatamente o discurso que lhes dá significado",[15] decorrência da qual concluímos:

> O enunciado verdadeiro não diz o que uma coisa é, mas o que pressupomos que seja dentro de uma cultura particular.
>
> Nesse sentido, o mundo nada mais é que um sistema de crenças, mediante o qual o ser o humano transforma o caos em algo inteligível.[16]

Sendo fruto do discurso, não podemos afirmar a existência de uma verdade absoluta. O caráter absoluto se choca com a qualidade linguística – e limitada – da realidade. A cada língua uma realidade; a cada realidade, vários sistemas de referência; e a cada sistema de referência, outros tantas verdades passíveis de serem construídas pelos intérpretes. Sempre haverá outras verdades, o que implica dizer, por outro lado, que jamais haverá uma única verdade ou um qualificativo absoluto a ela. Em outros termos, tomando-se "a verdade como o valor em nome do qual se fala, caracterizando necessidade lógica do discurso",[17] não podemos admitir, a existência de uma só verdade para cada coisa, abrindo espaço ao *pensar sem certezas*.[18]

Como modo constitutivo de enunciado factual no direito, as presunções são muitas vezes associadas ao conceito de verdade, sem que esta, contudo, se apresente como noção definida e clara. De afogadilho, a doutrina tradicional as apresenta

---

14. TOMÉ, Fabiana Del Padre. *A prova no direito tributário*. São Paulo: Noeses, 2005. p. 15.
15. Idem, ibidem, p. 6.
16. Idem, p. 15.
17. Idem, p. 16.
18. SCAVINO, Dardo. *La filosofia actual*. Pensar sin certezas. Buenos Aires: Paidós, 1999.

como um instituto jurídico que busca revelar a *verdade dos fatos*, de *forma aproximada* ou, assim também entendida, *indireta*. Mas que verdade é essa que a presunção cria? Seria ela constituída pelas provas ou formariam um conceito próprio? O assunto é tamanho controverso que encerra fundamental pensar, nesse instante, em como o direito constrói suas verdades ou com que verdade ele trabalha e, diante de tudo isso, onde se encontra a verdade jurídica dos fatos presumidos.

5.5. A construção da verdade fáctica pelo direito

É importante entender que, segundo o grande pensador Vilém Flusser,[19] a cada língua uma individualidade ontológica. Como resultado disso, haveria um abismo entre uma língua e outra; entre uma realidade e outra. Acontece que, em vários momentos, é possível dar um salto entre línguas, ultrapassando-as, fenômeno este chamado de *tradução*. Tal mecanismo linguístico envolve essa travessia do *nada*, existente entre as linguagens em comunicação, em conversação, transportando, ou melhor, adaptando um universo a outro. A referida atividade cria, no entanto, um *efeito de irrealidade*, de inexistência concreta, relativizando o próprio sentido do real e, com isso, da verdade.

Sabemos que, ocorrido o evento – fato social –, o direito o traduz segundo sua estrutura sintática, semântica e pragmática, e constitui, com a técnica de tradução, o fato jurídico. No dizer de Flusser, captados os *dados brutos* – seiva colhida –, o intelecto – junção de sentidos e de espírito – realiza-os, segundo o canal do *Eu*, transformando-os em *dados brutos realizados*. O conjunto de atos e ações nesse processo nada mais é que *seiva modificada*, o que inclui não só a construção de um conceito novo daquela dada realidade, mas também, e, talvez, principalmente, de um novo *Eu*, de um novo *Ethos enunciativo*,

---

19. FLUSSER, Vilém. *Língua e realidade*. 2. ed. São Paulo: Annablume, 2004.

que nada mais significa que a mudança de uma unidade no sistema o modifica como um todo.

No ordenamento jurídico, identificamos este diálogo entre mundo social e prescritivo justamente na posição lógica do antecedente normativo. Também chamado de *descritor*, a hipótese fáctica tem a função de trazer para o universo do direito um retrato, geral e abstrato, do fato sociológico, que, no plano deôntico, servirá como pressuposto para que se estabeleça o vínculo de implicação normativo. Em tese, o enunciado do antecedente se apoia no real para funcionar no direito como o motivo da prescrição de direitos e deveres, encontrando-se no consequente do enunciado da norma. O *prescritor*, consequente normativo, como o nome o diz, é o deôntico em essência, isto é, o vetor semântico próprio da linguagem do direito, esta com o propósito de regular conduta, e agir no universo social mediante a prescrição. Nesse panorama, a dúvida é inevitável: a norma seria unidade heterogênea de sentido, ou seja, estaria ela composta de duas realidades distintas: uma do ser, antecedente (hipótese factual jurídica: não deôntica), e outra do dever-ser, consequente (prescrição de conduta: deôntico)? Como explicar a presença de um *descritor* num universo de linguagem em função essencialmente prescritiva?

É de conhecimento de todos que o direito, como sobrelinguagem da ordem social, a recorta segundo os valores postos no sistema. O antecedente é uma estrutura categorial, no plano lógico, que não busca retratar o real, mas sobressaltar, segundo os valores que a ordem quer ver implementados, as notas que caracterizariam os fatos sociais relevantes para o sistema jurídico posto. Está nesta escolha do corte todo o sistema axiológico do ordenamento e, a bem dizer, até sua possibilidade existencial. Sem recorte, seria impossível passar de um universo a outro. Assevera nesse sentido o filósofo tcheco:

> Línguas são sistemas abertos que se cruzam com grande facilidade e promiscuidade. [...] toda língua absorve elementos

de qualquer outra, assimila e digere aqueles que pode, e deixa, como corpos estranhos, porém integrados, aqueles elementos que é incapaz de assimilar.[20]

A *língua* do direito produz os cortes necessários e estes, a propósito, reduzem as complexidades das realidades subjacentes, simplificando o processo de tradução, ou melhor dizendo, considerando como perfeitamente traduzido o enunciado quando tão só trouxer algumas notas de similitude. A realidade construída pelos cortes, em outras palavras, é reduzida, limitada, enunciando apenas parte do todo retratado.[21]

Os fenômenos de construção do fato jurídico, enunciado com pretensão de retratar o evento social, e posterior subsunção do fato à norma jurídica, atuam justamente como um processo de tradução de uma realidade para outra, no caso, do real ou social para o jurídico, do individual e concreto para o geral e abstrato, num movimento empírico-dialético próprio da compreensão dos objetos culturais. E o direito o faz segundo seus métodos de ordenação de dados-de-fato.

Convém explicar, na linha dos *métodos de ordenação* supracitados, que o *dever-ser*, functor neutro, que engloba antecedente e consequente, é um sincategorema ou sintagma verbal composto: tem sentido desde que e na medida em que estiver em relação com outro(s) signo(s). Seu significado, portanto, é operativo, e só haverá sentido deôntico completo quando, em relação com outros enunciados, se realizar a operação lógica indicada. Os sincategoremas, segundo Lourival Vilanova, *significam, mas junto a outras expressões; carecem de suposição objetiva (denotante de objetos)*.[22] Por seu turno, *fatos*, particípio passado imper-

---

20. FLUSSER, Vilém. *Língua e realidade*. 2. ed. São Paulo: Annablume, 2004. p. 60.
21. "O intelecto que se realiza em conversação cria realidade, porém uma realidade, porém uma realidade limitada, e está sempre ameaçado de ser aniquilado pela conversa fiada" (Idem, ibidem, p. 144).
22. VILANOVA, Lourival. Analítica do dever-ser. *Escritos jurídicos e filosóficos*. São Paulo: Noeses, 2005. v. 2, p. 61.

TEORIA E PRÁTICA DAS PRESUNÇÕES NO DIREITO TRIBUTÁRIO

feito do verbo fazer, são enunciados que buscam localizar, no tempo e no espaço, determinada ação em sua individualidade. *Fatos hipotéticos*, a despeito da impropriedade da expressão, se inserem nas normas, de um lado, como efeito ou consequência, e, de outro, a título de pressuposto, isto é, de causa ou motivo para se regularem condutas, sendo estes efeitos-de-efeitos jurídicos. Sem o imperativo deste functor deôntico neutro, o antecedente seria o retrato do que se entende por não deôntico, ou seja, configuraria a potencialidade ou possibilidade de ser ou do ocorrer do fato (o poder-ser ou ter-de-ser fáctico). Compor-se-ia do functor apofântico ("é") e seria enunciado não deôntico.

No entanto, em face do vínculo de implicação (interproposicional) que se estabelece entre antecedente e consequente em decorrência do functor deôntico neutro – D ["Se A é, B deve ser"] –, o antecedente se torna um *is-statement*, ao modo de Kelsen, enquanto o consequente, um *ought-statement*. O dever engloba um e outro, conotando a prescrição segundo o modo implicacional. O fato de se submeter a este functor tira do antecedente o valor veritativo que um *descritor* geralmente exigiria. Ele passa a ser da ordem do jurídico, do normativo, submisso aos valores válido ou não válido, estando em relação mediata, mas não de existência ou validade, com o tecido social. A prerrogativa de corresponder à realidade social representa, como se sabe, tão somente a direção semântica das normas, aquilo que lhe dota de sentido, mas não lhe dá validade sistêmica. Este atributo que lhe confere existência jurídica. Por todo o exposto, conclui-se: essa direção semântica do *descritor* não corresponde à verdade dos fatos, como vulgarmente admitida.

Na contranota dos textos jurídicos, podemos encontrar uma multiplicidade de acepção sobre a *verdade*, que pode ser assumida (i) por correspondência (ou ontológica); (ii) por coerência; (iii) de forma pragmática; (iv) em modo consensual; ou ainda como (v) material; ou (vi) formal.[23] A cada um desses

---

23. Elucidemos ainda que existem outras tantas *verdades* que poderiam ser aqui elencadas, mas que, para o enfoque ora proposto, nos parece demasia

modos cognoscitivos transparecem os embates doutrinários que se sucederam ao longo da história da filosofia de das ciências jurídicas. E não foram poucos, assumindo os mais variados nomes: realismo e idealismo; verificacionismo e pragmatismo; naturalismo e normativismo; externalismo e internalismo; etc. Valsemos um pouco nesses conceitos.

5.5.1. Verdade por correspondência (ou ontológica)

Verdade por correspondência é a concepção mais antiga de verdade, lugar por excelência das premissas teóricas das escolas pré-socráticas. É a ideia de que o enunciado descritivo corresponderia à realidade empírica a que se refere. Os estoicos a assumem como manifestação do objeto para o homem, apresentando-a, ao modo de Agostinho, como *aquilo que é como aparece*. Os epicuristas, por sua vez, entendem-na como sensação que é o próprio manifestar-se do objeto, tal qual em Tomás de Aquino, que a conformava como *adequação entre o intelecto e a coisa*. É um ponto de vista próprio do momento pré-giro-linguístico, segundo o qual a verdade é considerada como resultado da relação direta entre a proposição descritiva e o objeto que detinha.

Como "atributo do ser", as correntes realistas acreditavam na verdade como correspondência entre a pretensão cognitiva e a realidade ou os fatos tais como são fisicamente. Assim, os limites da veracidade do fato eram os mesmos de seu próprio campo empírico.

Aos poucos, verificou-se que a verdade tinha um *quantum* de metafísico, envolvendo questões que iam além dos domínios sensíveis. Não podiam ser comprovadas ou solucionadas mediante a experiência empírica, mas eram sim compreendidas

---

explicitá-las de forma pormenorizada. Citemos apenas para conhecimento: Verdade semântica; Verdade epistemológica; Verdade nominal; Verdade substancial; etc.

segundo as concepções intelectuais do homem, coparticipando o empírico e o conceptual, os fatos e as operações lógicas, como bem salientou Lourival Vilanova.[24] Com isso, percebeu-se que a verdade por correspondência é inatingível, uma vez que a realidade empírica não pode ser integralmente descrita pela linguagem.[25] Da mesma forma, subestima o poder constitutivo da linguagem, ignorando que o ser humano só conhece as coisas a partir do momento em que são inteligíveis.[26]

5.5.2. Verdade por coerência

No final do século XIX, no movimento idealista inglês, também chamado de neo-hegelianismo, surge com Bernard Bosanquet[27] a gênese da concepção de *verdade por coerência*. Difundida por Francis Herbart Bradley, em 1893,[28] a ideia se colocava como concepção contra o empirismo e o utilitarismo. Apoiada na lógica, tinha o objetivo de estabelecer por verdade aquilo que confere coerência entre o juízo que se pretende verdadeiro e o sistema, de modo que é possível deduzi-la do todo. Assim, os enunciados contraditórios eram desprovidos de veracidade, e a verdade era assumida como coerência perfeita ou consistência infinita e absoluta.

---

24. VILANOVA, Lourival. *Causalidade e relação no direito*. 4. ed. São Paulo: RT, 2000. p. 30.

25. Segundo Richard Rorty: "[...] nós temos que abandonar a noção de correspondência para sentenças assim como para os pensamentos, e ver as sentenças como conexões com outras sentenças, em vez de conexões com o mundo". No original: "We have to drop the notion of correspondence for sentences as well as for thoughts, and see sentences as connected with other sentences rather than with the world" (*Philosophy and the mirror of the nature*. Princeton: Princeton University Press, 1980. p. 373).

26. Sobre o assunto, vide também: TOMÉ, Fabiana Del Padre. *A prova no direito tributário*. São Paulo: Noeses, 2005. p. 28.

27. A ideia foi mencionada pela primeira vez em sua obra *Lógica ou morfologia do conhecimento*, publicada em 1888.

28. Em sua obra *Appearance and reality*: a metaphysical essay.

Na concepção filosófica da *verdade por coerência*, tanto a realidade quanto, por consequência lógica, as proposições que a descrevem são coerentes. Coerência, no entanto, não é característica própria da realidade, e, sim, fruto do trabalho intelectivo daquele que constrói um sistema enunciativo coerente. Nessa conjectura, coerência é o liame necessário entre a pretensão cognitiva considerada e o conjunto de crenças já aceitas como verdadeiras. Dessa forma, estabelecem-se critérios e/ou fatores para adequar as novas proposições à forma e ao conteúdo das proposições verdadeiras já existentes: (i) inexistência de contradições e (ii) que estas possam ser deduzidas umas das outras.

O idealismo dos ingleses e seu forte apego às concepções da lógica nos deixaram cegos às imposições da realidade sensivelmente percebidas. Buscando romper com os empiristas, condicionaram-se em ser demasiadamente abstratos, ignorando o ponto de partida para a construção da ideia de verdade. Considerado o real como construção de linguagem, verificaremos que a cada realidade, uma lógica própria. Logo, as verdades se isolam dentro de seu sistema de referência, de modo que inexistem verdades absolutas, ainda que logicamente consideradas, mas tão só verdades para cada ordenação própria. Ao descrever o universo empírico, a proposição enunciará em texto segundo a lógica da língua utilizada. A coerência se dá internamente, e, mesmo inverossímil no plano ontológico, o sistema linguístico é perfeitamente coerente. Portanto, a *verdade por coerência* desconsidera a dialética do processo de construção do evento em fato, reduzindo o campo de análise apenas à ordem linguística tomada em conta. Assim, é a ideia reducionista, que se dirige a perceber o enunciado segundo as coerções internas da ordem linguística em comento. Mais do que correspondência, mais do que coerência, a ideia de verdade, na forma de enunciado linguístico, pede seja levado em conta não somente o objeto a que se refere, tampouco apenas o sistema a que pertence, mas, sobremodo, o processo comunicacional em que se insere.

5.5.3. Verdade pragmática

Opondo embargos aos empiristas e aos idealistas, William James, em 1897, com sua obra *The Will to Believe*, inaugura a expressão *verdade pragmática*, restringindo seu exame aos objetos empiricamente não verificáveis. Relida de forma mais abrangente por Ferdinand Canning Scott Schiller, em 1903, em seu *Humanism*, a concepção passou a ser aplicada a toda a esfera do conhecimento.

A filosofia do pragmatismo, ou também chamada *da ação*, buscava a verdade pragmática com observância dos benefícios práticos desse conceito na vida social. Num tempo em que o marxismo se colocava cada vez mais forte, a verdade se associava à ideia de utilidade, instrumento com o objetivo de aperfeiçoar a vida humana no mundo. Portanto,

> [...] uma proposição, qualquer que seja o campo a que pertença, só é verdadeira pela sua efetiva utilidade, ou seja, por ser útil para estender o conhecimento ou para, por meio deste, estender o domínio do homem sobre a natureza, ou então por ser útil à solidariedade e à ordem do mundo humano.[29]

Para os pragmatistas, nada adianta um conceito teórico de verdade, se este não é passível de ser utilizado para orientar as condutas humanas. Querendo dar à teoria alguma aplicação, algum poder de preditar, a verdade se reduzia àquilo que tinha algum efeito prático a quem a constrói. Para eles, sendo determinada proposição verdadeira na prática, verdadeira seria também em teoria.

A utilidade assumida como um *a priori* na identificação do conceito de verdade tornou-a algo subjetivo, refém dos *usos* que se lhe são dados. Pela mesma craveira, a sentença de Miguel

---

29. ABBAGNANO, Nicola. *Dicionário de filosofia*. Tradução de Alfredo Bosi. Revisão de Ivone Castilho Benedetti. São Paulo: Martins Fontes, 2007. p. 1186.

Reale é incisiva: "Nada mais inseguro que essa forma de consenso que transforma a convicção comunitária da verdade em critério de certeza da verdade mesma".[30] A fragilidade do conceito com alicerce no critério de utilidade preencheu essa teoria de precariedade, de modo que "a utilidade de uma crença não é garantia de que ela seja verdadeira".[31]

5.5.4. Verdade consensual

Na linha das noções pragmáticas, surge outra teoria que se volta, agora, para o fenômeno comunicativo. Entende-se por *verdade consensual* ou *por consenso* aquela apta a se sustentar em comunicação. É resultante de uma opinião comum ou crença dominante entre os agentes comunicadores capaz de ser amparada no tempo. Enquanto se fizer defendida, e não refutada, permanece como *verdadeira*. Sendo assim, nada mais é que uma forma de crença, coletiva, dependente das opiniões que lhe dão fundamento e de sua permanência invicta.

Aqui, novamente, o subjetivismo prejudica a força da concepção que será sempre relativa na medida em que nada impede a mudança de julgamento proferido pelos homens. Deste modo, a verdade será tanto mais forte quanto mais firmes forem os acordos que lhe dão a base. Mas sua condição variável está sempre presente.

Pondere-se ainda que a complexidade do termo condiciona o próprio consenso, como reconhece J. R. Whitaker Penteado: "Quanto mais específicas, íntimas, as ideias utilizadas para definir o objeto, maior será a necessidade de se adicionar outros elementos para se reproduzir o consenso de significado".[32]

---

30. REALE, Miguel. *Introdução à filosofia*. 3. ed. São Paulo: Saraiva, 1994. p. 131.
31. KIRKHAM, Richard. *Teorias da verdade*. Tradução de Alessandro Zir. São Leopoldo: Unisinos, 2003. p. 71.
32. PENTEADO, J. R. Whitaker. *A técnica da comunicação humana*. São Paulo: Pioneira. 2001. p. 106.

Quanto mais elementos compositivos do objeto, mais critérios a serem aceitos pelos sujeitos comunicantes e maior ainda será a dificuldade de atingir o consenso. Tendo em vista que a realidade circundante está cada vez mais complexa, este fator aparta ainda mais o proveito da *verdade consensual* para delimitar o campo jurídico. Isto não quer dizer que ela seja inaplicável para o direito. Basta observar o modo como se apresenta o processo administrativo ou judicial. Ouvindo os argumentos de um lado e de outro, o juiz busca de certa forma apresentar a solução da controvérsia que dê consenso à lide formulada no processo. Logo, a *verdade jurídica* apresentada é também, de certo ponto de vista, *verdade consensual*, porém não se reduz a ela.

5.5.5. Verdade formal

No direito, é muito comum vislumbrar a distinção entre verdade formal e material. Diz-se perseguir o processo administrativo tributário a verdade material, enquanto no processo judicial tributário, a realização da verdade formal.

A *verdade formal* é admitida como resultado lógico que, colocando as significações ou os conteúdos entre parênteses metódicos, põe ênfase nas relações entre seus termos. É assumida tão só em face da coerência lógica existente entre elas e o sistema. A verdade é demonstrável, e serão verdadeiros todos os enunciados que conservar coerência lógica com a ordem posta.

Em regra, o termo é utilizado nas ciências nomológicas, que independem da realidade empírica, tal como a própria lógica e a matemática. A prioridade dada às relações, desprezando-se os conteúdos, torna a *verdade formal* inapta para o direito, sistema nomoempírico que é. Desde já, portanto, discordamos da frase inicial que a admite como objetivo do processo judicial. Tudo no ordenamento busca instituir a verdade jurídica que é uma só, inexistindo subdivisão como essa proferida entre tipos de verdades e formas processuais.

5.5.6. Verdade material

A *verdade material*, por seu turno, comparece como consequências da concepção pré-giro-linguística, em que a linguagem é instrumento que diz sobre o real. Admite, portanto, que haverá, de um lado, a linguagem, descrevendo o objeto, e, do outro, o objeto sendo descrito pelos enunciados linguísticos, como bem lembrou Fabiana Del Padre Tomé:

> A denominada verdade material refere-se a enunciados cujos termos corresponderiam aos fenômenos experimentais. Funda-se na aceitação da teoria da verdade por correspondência, pressupondo a possibilidade de espelhar a realidade por meio da linguagem.[33]

É ponto de vista admitido pela veneranda e tradicional teoria, tal como se depreende das palavras de Alberto Xavier, para quem:

> [...] a instrução do processo tem como finalidade a descoberta da verdade material no que toca a seu objeto; e daí a lei fiscal conceder aos seus órgãos de aplicação meios instrutórios vastíssimos que lhe permitam formar convicção de existência e conteúdo do fato tributário [...] os meios probatórios têm, em princípio, o valor que lhes resulte, de sua idoneidade como elementos da referida convicção.[34]

A condição de existirem inúmeros meios de prova, como diz o jurista, não significa em nenhum momento que se está mais ou menos próximo da realidade fáctica. O que se dá, sim, é uma maior opção de formas enunciativas ou de linguagem competente para se construir o fato jurídico. Mas, se assim não o é, como pensar em *verdade material* tanto reivindicada

---

[33]. TOMÉ, Fabiana Del Padre. *A prova no direito tributário*. São Paulo: Noeses, 2005. p. 25.
[34]. XAVIER, Alberto. *Do lançamento do direito tributário brasileiro*. 2. ed. São Paulo: Resenha Tributária, 1997. p. 109.

pela lei, juízes e doutrinadores? Se não é a realidade fáctica, o que é então?

5.5.6.1. Existiria a "verdade material" que preordena o processo administrativo tributário?

O giro-linguístico nos deixou a importante contribuição de que evento e fato são coisas diversas. E a necessidade de referência à diretriz jusfilosófica que preside o discurso é ponto de partida para a resposta da indagação no título deste item. Distinguem-se realidade empírica, dados brutos no mundo e realidade linguisticamente construída, única apta a ser compreendida pelo intelecto humano e possível de ser comunicada. Na multiplicidade de seus aspectos constitutivos, o mundo da experiência é inapreensível pela linguagem. Jamais pode ser integralmente descrito, motivo pelo qual o real comparece ao homem sempre como um ponto de vista, uma perspectiva reducionista e parcial do universo empírico.

A concepção de *verdade material* assume como pressuposto a possibilidade de que a linguagem tenha aptidão para descrever, de forma integral, a realidade sensível. E enunciados como o art. 332 do CPC[35] podem levar a conceber essa ideia. Todavia, com as premissas exegéticas aqui difundidas, vê-se que, ao prescrever serem todos os meios legais hábeis para provarem a verdade dos fatos jurídicos, o direito está circunscrito àquilo, e somente àquilo, que foi prescrito em lei, ainda que esteja de forma ampla e abrangente em termos procedimentais. É a lei, pois, que prevê os modos de provar e constituir os fatos para o direito. Não se dá de qualquer maneira, mas segundo os modos firmados no texto da ordem posta. E, sendo assim, a concepção autopoiética do sistema jurídico vem com toda a sua pujança. O universo jurídico cria sua realidade

---

35. "Todos os meios legais, bem como os moralmente legítimos, ainda que não especificados neste Código, são hábeis para provar a verdade dos fatos, em que se funda a ação ou a defesa."

segundo os modelos por ele mesmo instituídos. Inexiste imposição de uma realidade a outra. O direito não toma emprestado as formas sociais de relação, mas as recria, em forma de simulacro, para os fins normativos. Essa atitude transforma o objeto, que passa a adquirir novo formato para atingir um só objetivo: modificar e regular as condutas sociais.

Encarado desse modo, o ordenamento constitui sua própria realidade, tomando como ponto de partida não os dados empíricos ou o universo social, mas, sim, o próprio sistema normativo. O universo jurídico se limita às fronteiras da norma e, logo, da própria linguagem do direito. Sendo assim, não há verdade material como construção rasteira ao domínio empírico. A realidade bruta, sendo inatingível, não é um referente para o direito. As provas instituem os elementos ditados pela lei para constituir o fato, segundo o procedimento admitido pelo sistema. Atuando como um filtro que, ao mesmo tempo em que reduz o objeto, o reconstrói ao seu modo: o direito abandona o universo do sensível para assumir aqueloutro logicamente posto. Nos moldes dessas assertivas, a *verdade material* é inconcebível para um sistema de linguagem como o direito. E tal afirmação vem a ser sustentada com argumentos como a (i) proibição de provas ilícitas e (ii) a tempestividade da produção de provas.

A ordem posta, ao prescrever os modos de construção de seus enunciados factuais, fá-lo limitando as formas. Não é qualquer documento ou material que comprova um fato jurídico. Só faz acontecer prova aqueles configurados pelo sistema de acordo com as normas de organização normas-de-normas, que indicam o procedimento para constituir e desconstituir os fatos jurídicos. E a vedação se encontra na Carta Maior: *são inadmissíveis, no processo, as provas obtidas por meios ilícitos*, conforme dispositivo do art. 5º, LVI, da CF/88. O preceito elucida o que se deva entender por meios legais – ou de prova – *moralmente legítimos* (art. 332 do CPC, art. 32 da Lei 9.099/95,[36]

---

36. "Todos os meios de prova moralmente legítimos, ainda que não especificados em lei, são hábeis para provar a veracidade dos fatos alegados pelas partes."

Lei dos Juizados Especiais), que devem ser compreendidos como aqueles produzidos por fonte de prova e meios lícitos.[37] Mesmo que apresentado o fato pelas partes no processo, este enunciado factual inexiste para o sistema jurídico quando obtido por fonte de prova e meios lícitos. O trecho abaixo de Fabiana Del Padre Tomé é incisivo:

> Na teoria das provas, a imprescindibilidade da observância às normas disciplinadoras do ingresso de elementos no sistema jurídico para que haja relacionamento entre este e o ambiente em que se insere é facilmente identificada nos efeitos do preceito proibitivo da produção de provas ilícitas: ainda que o fato probante tenha sido constituído, não se apresenta como fato para o direito caso sua realização deixe de observar os limites juridicamente impostos.[38]

Não bastasse isso, a ordem jurídica, em benefício da celeridade processual e segurança jurídica, impõe limite de tempo à produção de prova e tal baliza se encontra tanto no processo judicial quanto no administrativo. Ao determinar que é a partir da impugnação tempestivamente apresentada que se inicia o processo administrativo,[39] deve-se nesse momento

---

37. E a ilicitude de uma prova contamina as outras que dela se obtiveram. Esta concepção é também chamada de teoria dos *frutos da árvore contaminada*, corrompendo de ineficácia os meios ou os conteúdos de prova produzida como desdobramento de informações obtidas mediante atos ilícitos. A ilicitude deve ser lida como a maneira inapta ou inadmitida pelo direito para construir os fatos jurídicos. Houve vício nos modos de produção probatórios, que não cumpriram com os requisitos de lei e, sendo assim, cumpre com a lógica do sistema jurídico. Ademais, vale a ressalva de que, se assim não fosse, o ordenamento se voltaria contra seus próprios valores, tornando disponíveis os direitos materiais por ele mesmo protegidos. E é novamente a CF/88 que salvaguarda a tutela jurisdicional a quem tiver razão, conforme o art. 5º, XXXV.
38. TOMÉ, Fabiana Del Padre. *A prova no direito tributário*. São Paulo: Noeses, 2005. p. 56-57.
39. "Art. 15. da Lei 70.235/72. A impugnação, formalizada por escrito e instruída com os documentos em que se fundamentar, será apresentada ao órgão preparador no prazo de trinta dias, contados da data em que for feita a intimação da exigência.

exporem-se os motivos de fato e de direito em que se fundamentam, os pontos de discordância e as razões e provas que possuir (art. 16, III, da Lei 70.235/72). A ordem posta impõe um limite temporal à construção da verdade dos fatos no direito. Assim, a prova dos fatos deve ser apresentada na impugnação. O ordenamento nega conhecimento não somente à impugnação intempestiva, como também à prova produzida pelo impugnante em momento posterior à inicial, salvo nos casos das alíneas do parágrafo 4º do inciso III do art. 16 da Lei 70.235/72. Ao assim estabelecer, a impugnação não é conhecida e a prova é inapta a constituir fato jurídico, o que comprova a negação, também na esfera administrativa, da chamada *verdade material*.

A doutrina tributarista tem assumido a locução *verdade material* de forma um tanto quanto dúbia, aproximando-se ora da ideia de *verdade por correspondência*, ora como a de *tipo*. Exemplo disso está no trecho abaixo de Aurélio Pitanga Seixas Filho que assim busca delimitar o conceito:

Parágrafo único. Na hipótese de devolução do prazo para impugnação do agravamento da exigência inicial, decorrente de decisão de primeira instância, o prazo para apresentação de nova impugnação, começará a fluir a partir da ciência dessa decisão."

"Art. 16. da Lei 70.235/72. A impugnação mencionará:

[...]

III – os motivos de fato e de direito em que se fundamenta, os pontos de discordância e as razões e provas que possuir"

[...]

§ 4º A prova documental será apresentada na impugnação, precluindo o direito de o impugnante fazê-lo em outro momento processual, a menos que:

a) fique demonstrada a impossibilidade de sua apresentação oportuna, por motivo de força maior;

b) refira-se a fato ou a direito superveniente;

c) destine-se a contrapor fatos ou razões posteriormente trazidas aos autos.

§ 5º A juntada de documentos após a impugnação deverá ser requerida à autoridade julgadora, mediante petição em que se demonstre, com fundamentos, a ocorrência de uma das condições previstas nas alíneas do parágrafo anterior."

> Devendo a Fazenda Pública exigir o pagamento do tributo em estrita adequação com a lei definidora do fato gerador, o princípio da verdade material significa que **os fatos suficientes e necessários para a ocorrência do fato gerador serão investigados e avaliados na maior conformidade possível com a sua existencial real**[40] (grifos nossos).

O trecho acima traduz bem a ideia que queremos negar. O direito não busca a maior conformidade com o real. Não quer coincidir com os fenômenos experimentais, mas neles quer incidir. A despreocupação com a correspondência entre o universo linguisticamente construído e aqueloutro empírico não significa a total desvinculação do direito com o sensível, mas quer expressar que os fatos *são investigados e avaliados* de acordo com os moldes juridicamente estabelecidos.

5.6. A verdade jurídica dos fatos

Meditando além acerca dessa verdade jurídica dos fatos em nome da qual todos falam, conjecturemos algumas noções sobre o descritor normativo. Bem se vê que o fato antecedente da norma desvela a forma retórica do direito, com base em que se pode afirmar ser importante, nesse subdomínio, o *parecer* verdadeiro e não sê-lo verdadeiramente. Assim, a semiótica vai buscar explicar esse *efeito de verdade* que o discurso jurídico produz mediante norma, constituindo fatos que dão causa a relações de direito.

Tomemos a premissa de que a verdade jurídica surge não com o evento, mas em momento posterior, junto ao enunciado linguístico juridicamente construído a partir dos meios de prova em direito admitidos. Somente a partir do enunciado posto é que o discurso ganha vida no universo jurídico, e, por consequência, a semiótica poderá analisar as modalidades

---

40. SEIXAS FILHO, Aurélio Pitanga. A função do lançamento tributário. *Revista de Direito Tributário*, São Paulo, ano 14, n. 53, p. 70, jul.-set. 1990.

veridictórias daquele texto em seu contexto sistêmico. É pela interpretação autêntica[41] que comparece a sobremodalização do julgamento veridictório do enunciado jurídico do fato pelo epistêmico, isto é, o *crer* (adesão fiduciária) sobremodalizando o *saber* (adesão lógica). As lembranças de Diana Luz de Barros, neste tocante, são fundamentais: "O discurso constrói sua própria verdade e, por essa razão, prefere-se falar em 'dizer-verdadeiro' e não em verdade discursiva".[42] E, mais adiante, continua: "A verdade discursiva decorre, então, mais das ilusões enunciativas – presença ou ausência de enunciação, marcas e efeitos alcançados –, que das de realidade".[43]

O direito cria um simulacro do universo empírico. A verdade de seu discurso jurídico depende das formas e procedimentos estabelecidos em lei. Desse modo, basta que o enunciado factual tenha *aparência* de verdadeiro e esteja no modo em direito admitido para a ordem prescritiva o considerar perfeito e acabado, tornando-o fato jurídico, apto a regular condutas. Instaurado no processo dialético de positivação da norma, o enunciado factual é construído *no* e *pelo* discurso jurídico.

Mediante um jogo entre o ser do dizer e o parecer do dito, a realidade normativamente relevante vai se configurando para produzir o efeito próprio de toda presunção de direito. Sua força constitutiva é defendida pela persuasão e retórica do discurso produzido, na forma prescrita pela lei, afinal é preciso convencer os utentes do direito e, principalmente, o intérprete autêntico sobre as *verdades jurídicas dos fatos* alegados para que este seja assim considerado pelo sistema.

Não se deve buscar a verdadeira correspondência do real com o dito do enunciado, ou, em outras palavras, a possibilidade

---

41. Produzida pelo intérprete autêntico, instituído pelo discurso jurídico.
42. BARROS, Diana Luz Pessoa de. *Teoria do discurso*: fundamentos semióticos. 3. ed. São Paulo: Humanitas, 2002. p. 94.
43. Idem, ibidem, p. 119.

de o fato ser deduzido de um mundo apriorístico. O ser do discurso jurídico não se refere diretamente ao mundo em sua concretude, e sim às próprias leis discursivas a que se submete. Portanto, para fins prescritivos, a realidade e a verdade não se descobrem, não se revelam, mas se criam, se constroem, se inventam. A verdade juridicamente aceita é tão somente aquela que se submete à lógica do sistema, às formas prescritas, motivo pelo qual o verdadeiro para o direito é aquilo que é formalmente verdade para ele.

A *verdade lógico-jurídica* é linguagem orientada a estatuir efeitos dentro do direito. É enunciado positivado segundo as formas que exteriorizam os valores da ordem posta. Sendo assim, é verdade *axiológica, deôntica*, ademais de ser *lógica*. Dessa maneira, no entender do conceito de *verdade jurídica* não abandonaremos por completo conjecturas construídas pelos realistas, como a verdade por correspondência, pelos idealistas, como a verdade por coerência, pelos utilitaristas, como a verdade pragmática ou útil, pelos pragmatistas, com a verdade por consenso ou consensual. A lógica jurídica sempre terá um *quantum* de referibilidade, de retórica e de condição pragmática de existência: tudo isso concebido na forma em direito admitida. A lógica agora examinada não quer significar aquela com pretensões universais que, abstraindo por completo os conteúdos, se volta apenas à análise das relações. Tal exame lógico, próprio dos sistemas nomológicos, não é o que se empreende e o que se refere neste momento, pois a ordem posta, na forma de sistema nomoempírico, pede também sejam considerados os conteúdos.

Deixando de lado a concepção lógica do verdadeiro como aquela verificada mediante aplicação da tabela de verdade, voltaremos nossos olhares à própria lógica do sistema e a verdade construída a partir dela que será lógica, mas também axiológica e deôntica, como já asseveramos acima. Por *verdade lógico-jurídica* deve-se entender, portanto, aquela que mantém um mínimo de correspondência com o universo empírico, apta a gerar consenso entre os sujeitos de direito, para fins de se tornar útil suficiente para regular condutas e alterar a realidade social. Sua condição poliédrica, contudo, pede seja dada maior vigilância ao caráter lógico do enunciado normativo que a institui, pois assim finca a condição de verdade do fato em critérios objetivos de delimitação.

Assim sendo, a verdade jurídica é lógica, i. e., é aquela arranjada em conformidade com as regras de seu sistema de referência. Construídos *no* e *pelo* discurso jurídico, fatos jurídicos apenas são assumidos pela ordem como verdadeiros quando enunciados nos exatos termos prescritos pelo ordenamento. A cada verdade jurídica, um procedimento específico, de modo que a conformidade com as imposições, na forma requerida pelo sistema para a constituição do fato jurídico, é necessária e suficiente para fazer do enunciado factual fato prescritivo verdadeiro e válido para a ordem posta, independentemente de sua efetiva ocorrência como fenômeno empírico. Basta que se encontre no campo do possível, ou seja, de imaginável consecução no campo social, e esteja na forma em direito admitida, que ocorre a instituição da verdade do fato. Havendo construção em linguagem competente, dá-se configurado o fato e, consequentemente, sua verdade para o ordenamento.

A verdade lógica dos enunciados factuais comparece sob duas diferentes formas: como proposição abstrata ou hipótese; ou como enunciado factual ou fato jurídico. O legislador, ao compor a hipótese de incidência, cria a *normatividade do fáctico*, constituindo abstratamente a compostura do fato jurídico relevante. O *fato*, ao integrar a hipótese, não perde a juridicidade, mas ganha sua própria natureza jurídica específica. A *factualidade do normativo*, por sua vez, se apresenta no processo de positivação, recebendo concretude existencial. Em um ou em outro inexiste dependência à efetiva realização do dito, mas apenas conformidade com as regras postas, com a lógica do sistema. A assertiva não quer dizer que sua independência é total à realidade concreta, repise-se; afinal o direito volta-se a regular condutas socialmente localizadas. Os conteúdos dos enunciados jurídicos são preenchidos pelos fatos de possível ocorrência. No desapego excessivo ao universo empírico, normatividade do fáctico e factualidade do normativo "incorrem no risco de circunvergirem num vácuo conceptual (elaborando conceitos vazios de referências semânticas ao mundo-dos-fatos)".[44] Esta é a razão de preservarmos as concepções da verdade por correspondência, sem todavia assumi-la na força constitutiva atribuída pela corrente realista. A verdade por correspondência se reduzirá à exigência formal, e mínima, de que as normas atuam no campo do possível.

5.6.1. A verdade jurídica dos fatos tributários presumidos

Nos primeiros capítulos deste trabalho, reforçamos, por diversas maneiras, os elementos caracterizadores da presunção. Tomando emprestadas algumas das categorias da Teoria da Linguagem, afirmamos ser ela: conceito relativo à realidade; que se dá por uma espécie de acordo universal; com sistema de alcance que pode se apresentar mais restritivo (os fatos) ou mais geral (as verdades), uma vez que está sujeita a ser reforçada em termos argumentativos; e tendo em vista a adesão de seu auditório.

Na identificação do que seja a *verdade das presunções*, ou melhor, aquela por elas construídas, percorreremos todos esses conceitos de verdades acima expostos, verificando que, como unidade de sentido deôntico, nelas também compareçam, complementando-se, os diferentes conceitos acima expostos.

Enquanto normatividade do fáctico, a presunção comparece como hipótese, formada por critério de ação (verbo e complemento), de espaço e de tempo. Com ela, o legislador orienta a formulação das normas de direito no sentido de permitir a construção de determinados fatos normativos, ou melhor, fazer julgamento sobre fatos que se demonstrem de difícil

---

44. VILANOVA, Lourival. *Causalidade e relação no direito*. 4. ed. São Paulo: RT, 2000. p. 18.

prova e investigação, tornando-os logicamente verdadeiros para o sistema jurídico. Para compor o enunciado hipotético, o legislador toma por base uma porção de ocorrências repetidas ao longo da história e delas faz uma regra de probabilidade ou generalidade. A generalidade é resultado de produto lógico incompleto e só se pode entendê-la geral em termos gramaticais, e não lógicos. Nessa linha, Gilberto Ulhôa Canto leciona:

> Na presunção **toma-se como sendo a verdade de todos os casos aquilo que é verdade da generalidade dos casos iguais, em virtude de uma lei de frequência ou de resultados conhecidos, ou em decorrência da previsão lógica do desfecho**. Porque na grande maioria das hipóteses análogas determinada situação se retrata ou define de um certo modo, passa-se a entender que desse mesmo modo serão retratadas e definidas todas as situações de igual natureza. Assim, o pressuposto lógico da formulação preventiva consiste na redução, a partir de um fato conhecido, da consequência já conhecida em situações verificadas no passado; da existência de elementos comuns, conclui-se que o resultado conhecido se repetirá. Ou, ainda, infere-se o acontecimento a partir do nexo causal lógico que o liga aos dados antecedentes[45] (grifos nossos).

A observância de uma generalidade empírica, indutivamente obtida, é a premissa do raciocínio presuntivo do tipo *hominis* (antecedente) e a conclusão nada mais é que a própria constituição do enunciado factual generalizante (consequente). Generalizando, as presunções são enunciados que admitem um fato por outro, como se fossem um só ou o mesmo, instituindo suas verdades e, com elas, atribuindo os efeitos deste àquele. Nesta medida, o fato presumido *pode não ser*, mas será tido, para o universo do direito, *como se fosse*; ou, ao contrário, *pode ser*, no mundo real, mas será observado *como se não fosse* no domínio das normas jurídicas. Neste jogo de ser e parecer,

---

45. ULHÔA CANTO, Gilberto de. Presunções no direito tributário. *Cadernos de Pesquisas Tributárias*, São Paulo: Resenha Tributária, n. 9, p. 5, 1984.

a ordem normativa manipula a positivação dos fatos mediante presunções. Seu juízo toma por base a experiência, fixa seu ponto de partida *naquilo que ordinariamente acontece*, para, ao fim e com o objetivo de regular condutas, admitir um fato por outro, *como se fossem* um só, ou o mesmo. A ordem normativa cria a realidade jurídica, instituindo presumidamente a verdade dos fatos. De modo similar, é o que acontece com as ficções postas no texto da lei.

Na forma de *facticidade do normativo*, o aplicador fixa suas bases no real, nas experiências empiricamente verificáveis, admitindo um fato conhecido, presumido, por outro desconhecido, fato jurídico em sentido estrito, como se fossem para o direito um só ou o mesmo, e assim conferir tratamento jurídico igual a eles. Daí a natureza indutiva das presunções. Veja-se que a recorrência das relações, premissas do raciocínio indutivo do aplicador do direito, não é prova concludente da manifestação de um determinado evento. Fornece algumas provas ou alguns indícios que têm pretensão de provar o sucesso de um fato em face da verossimilhança ou probabilidade que tem com outros que lhe são associados pelo exegeta. A repetição das relações não é verificável na experiência, por isso mesmo se afasta da verdade por correspondência, revelando por outro lado uma expectativa de previsibilidade, de probabilidade, de conhecimento prévio ou de certeza de que o evento ocorra ou tenha conforme critérios próprios da verdade por coerência e pragmática. É em face desse julgamento de probabilidade ou dessa expectativa de previsibilidade que a verdade lógica dos enunciados presumidos se instaura como a ideia que firma todas essas injunções, em cumulação, no sentido de um conceito de verdade que ademais leva em consideração o sistema de referência do direito.

Assim, ao instaurar a verdade lógica dos enunciados presumidos, o direito faz (i) cumprir com um mínimo de correspondência com o universo empírico, admitindo-se apenas fatos que trabalham no campo do possível, (ii) com aptidão para gerar consenso entre os sujeitos de direito, uma vez que, mediante generalização e probabilidade das ocorrências, faz gerar expectativa de sucesso do evento, (iii) para fins de se tornar útil o suficiente para regular condutas e alterar a realidade social, tendo em vista que o fato presumido, mediante vínculo normativo com o fato jurídico em sentido estrito, faz incidirem a regra-matriz e a relação tributária; e tudo isso elaborado em conformidade com as regras de direito, seu sistema de referência. A verdade jurídica do fato presumido combina aspectos de várias verdades, resultando num arranjo que institui a verdade lógica desse fato no ordenamento. A condição multifacetada da verdade do fato presumido, da mesma forma como qualquer enunciado de fato, requer maior relevo à condição lógica do enunciado da norma que a institui, pois assim qualifica a verdade do fato de acordo com elementos seguros e juridicizados de delimitação.

Revelemos que tanto ficção quanto presunção se encontram como noções substitutivas, originárias de um juízo antecipado e provisório, criado por meio de um efeito de espelhamento e identificação entre uma coisa e outra, produto de uma interação específica de significados heterogêneos. No entanto, enquanto a ficção nega a realidade empírica, construindo verdade jurídica sabidamente artificial, a presunção é indutiva, tomando como ponto de partida a constância das ocorrências do mundo. Ambas as formas, contudo, ao serem positivadas na lei, constituem realidades jurídicas. Este também é o dizer de José Artur Lima Gonçalves:

> A diferença [entre presunção absoluta e ficção], como nota Pugliatti não sem alguma ironia, é bastante tênue, pois o que importa ao direito é que a lei cria uma assim chamada "verdade jurídica", e não a motivação pré ou metajurídica do legislador para escolher o fato que resolve presumir verdadeiro.[46]

---

46. SOUSA, Rubens Gomes de. Um caso de ficção legal no direito tributário: a pauta de valores como base de cálculo do ICM. *Revista de Direito Público*, São Paulo: RT, n. 11, p. 19, 1970.

Uma vez positivada a norma, todavia, presunção e ficção instituem a verdade jurídica (sistema de alcance mais geral) ou, se preferir, os fatos em direito admitidos (sistema de alcance mais restrito).[47]

Segundo Perelmann,[48] as presunções, enquanto espécie de acordo, podem se apresentar com sistema de alcance mais restritivo, na forma de fatos, ou mais geral, ao modo de verdades. Nas presunções introduzidas pelo aplicador, a verdade do fato presumido é a própria conclusão do raciocínio indutivo produzido pelo exegeta, pensar este que se constrói embasado sobre premissas que proporcionam *provas convincentes* para a autoridade competente da verdade de sua existência. O convencimento das provas nada tem a ver com a correspondência destas à efetiva ocorrência fenomenológica do evento. Basta que as provas do fato presumido apresentadas forneçam ao sujeito cognoscente como suficientes que convençam o agente de que o fato existe *realmente*. A existência real, aqui, não significa sua concrescência na realidade empírica, e, sim, sua validade no sistema jurídico. Logo, a verdade no direito, mais que correspondência – que se apresenta juridicamente aos nossos olhos como prescrição no campo da possível ocorrência –, é conceito retórico. Pede convencimento justamente daquele que enuncia a norma. Reaviva este pensamento Aires Barreto:

> Presta-se a **induzir convicção** quanto à existência de fato (por definição, desconhecido), dado o reconhecimento da ocorrência de outro, do qual geralmente depende. Firma, assim, a **aceitação da veracidade ou verossimilhança** do chamado "fato suposto" (fato presumido)[49] (grifos nossos).

---

47. Segundo José Artur Lima Gonçalves: "Posta a norma, ambas colocam *verdade* (até decisão em contrário)" (*Imposto sobre a renda*. Pressupostos constitucionais. São Paulo: Malheiros, 1997. p. 148).

48. PERELMAN, Chaïm. *Tratado da argumentação*: a nova retórica. Tradução de Maria Ermantina de Almeida Prado Galvão. 2. ed. São Paulo: Martins Fontes, 2005. p. 73.

49. BARRETO, Aires F. *Base de cálculo, alíquota e princípios constitucionais*. São Paulo: Max Limonad, 1998.

A verossimilhança, contudo, não se faz em termos objeto-objeto, mas na comparação entre enunciados juridicamente admitidos. A correspondência nesse sentido se desloca do sentido objetal dos realistas para se configurar no altiplano da linguagem em direito admitida, ou seja, entre enunciados.

Segundo a concepção idealista, a verdade dos fatos presumidos apresentará sentido confirmatório próprio de seu raciocínio, mecanismo que traça limites certos à construção do enunciado presuntivo verdadeiro. Por essa técnica de validação dos conteúdos, autenticam-se a (i) inexistência de contradição entre os enunciados de fatos que compõem o raciocínio da presunção e (ii) a possibilidade de eles serem dedutíveis uns dos outros. É o que acontece ao se confrontarem fato jurídico em sentido estrito, resultado do raciocínio presuntivo e fatos presuntivos, ponto de partida da presunção. Para o raciocínio presuntivo ser válido, é imprescindível que entre estes enunciados factuais se mantenha coerência de sentido, de tal modo que o vínculo de similitude estabelecido entre eles seja de ordem primária ou da essência do objeto. Ambos devem apontar para um mesmo objeto, tanto enunciado de fato presumido introduzido pelo aplicador, ou mesma classe de objetos, quanto hipótese factual inserida pelo legislador. É esse grau intenso de semelhança conceitual existente entre eles que justifica e valida o desencadear relacional da presunção para o direito positivo.

Em resumo, a verdade dos fatos presumidos é aquela arranjada em conformidade com as regras do sistema jurídico guardados os nexos de relação essencial entre fato jurídico em sentido estrito e fatos presuntivos. Como tudo no direito, validade é condição não somente de existência da norma, como da verdade do fato. Fato juridicamente válido é fato verdadeiro para fins prescritivos. O fato presumido é válido e verdadeiro quando produzida sua prova nos autos competentes e em tempo oportuno, sendo apta a constituir realidade jurídica até que se encontre outro meio de prova desqualificando-o. Logo, presunção em direito tributário não significa lançamento sem prova, nem muito menos inversão do ônus da prova. Cabe ao Fisco comprovar o fato jurídico em sentido amplo que dá ensejo aqueloutro em sentido estrito, e este sim trazendo como efeito a relação tributária. O dever de provar, ainda que em hipótese de presunção, é reafirmado pelo 1º Conselho de Contribuintes, em decisão de 2005:

> Os Auditores Fiscais da Receita Federal detêm, com exclusividade, a prerrogativa do lançamento tributário. Reconheço que a busca da verdade real é árdua e espinhosa, mas é a contrapartida ao poder conferido pela Lei exigida dos agentes do fisco. Só assim o lançamento gozará de presunção de certeza e liquidez.[50]

O Fisco, ao alegar a verdade dos fatos, deve comprovar as bases empíricas que lhe serviram de alicerce, demonstrando no próprio lançamento a existência do fato presumido e o vínculo relacional de primeira ordem entre fato jurídico em sentido estrito e fatos presuntivos. Lançado o tributo com fulcro em presunção de fato, caberá ao contribuinte, por sua vez, fazer a contraprova das provas apresentadas pelo Fisco, que ensejaram a presunção. Se pelas contraprovas se convencer o juiz do contrário, caberá a este declarar improcedente o lançamento e indevido o tributo. São desautorizados, nesse caso, correções por parte da Administração Pública, pois estamos diante de erro material.

Indo além, elucidemos ainda uma última temática. As alegações do contribuinte a título de contraprova muitas vezes podem reforçar os argumentos do Fisco. Contudo, o fato presumido, ou melhor, a base de cálculo presumida tem um limite quantitativo de maneira que o valor do tributo deverá sempre ser igual ou inferior ao preço efetivo comprovado em contraprova pelo sujeito passivo, devendo-se proceder à devida restituição

---

50. Ministério da Fazenda, 1º Conselho de Contribuintes, 7ª Câmara, Processo 10850.002284/2003-72, Acórdão 107-08.282, Rel. Luiz Martins Valero, Sessão 19.10.2005, p. 14.

dos valores pagos indevidamente ou a maior. É vedado ao fato presumido suplantar o fato jurídico em sentido estrito, tal qual já afirmou a 8ª Câmara do Conselho de Contribuintes:

> Desse modo, apesar de a declaração de rendimentos apresentada pelo contribuinte servir de base para um lançamento válido, **não pode estar acima da verdade material, quando esta, comprovadamente, refletir outra realidade**[51] (grifos nossos).

Eis a breve trecho importantes considerações sobre a verdade jurídica dos fatos presumidos a ser respeitada a cada ato de aplicação dos enunciados presuntivos em direito admitidos.

---

51. Ministério da Fazenda, 1º Conselho de Contribuintes, 8ª Câmara, Processo 10670.000267/98-08, Acórdão 108-07577, Rel. José Henrique Longo, Sessão 04.11.2003.

Capítulo 6
PRESUNÇÃO E VALOR

Axiologia significa o estudo dos valores. No presente capítulo, pretende-se localizar as presunções, tendo em vista os valores que nela estão inseridos, estejam eles em seu sentido lógico, semântico ou pragmático. Certo é que os valores se encontram em tudo, sob todas as formas. A cada unidade jurídica de sentido presuntivo, várias são as valências que se veem ali presentes. Em nível lógico, o valor é condição de sua existência no sistema – válido ou inválido. Em planos semânticos, é o sentido constituído em face de uma dada realidade cultural, axiologizada segundo os valores de uma coletividade historicamente localizada ou exteriorização de certas preferências ou específicos conteúdos em face da ideologia daquele que interpreta. E, por último, no campo pragmático, o valor é o fim em si mesmo, isto é, motivo que justifica a prescrição da conduta.

Com efeito, se reconhecermos no enunciado prescritivo das presunções a presença de valores, em suas mais variadas acepções, teremos que ingressar, forçosamente, no campo da axiologia para estudá-las, segundo as características próprias da relação de pertinencialidade da norma no sistema, das estimativas que fundamentam as presunções e de seus propósitos e finalidades, de acordo com os motivos que justificaram a prescrição no ordenamento. Somente mediante análise axiológica que leve em conta esses três planos do signo presuntivo é que podemos afirmar que produzimos verdadeira axiologia das presunções. Disso resulta que, a seguir, percorremos tais campos, um a um, especificando a forma em que o valor comparece nas presunções em cada uma dessas perspectivas.

6.1. Direito e valor

O direito é, por excelência, objeto cultural, isto é, articula-se mediante uma linguagem que traz em si, necessariamente, conteúdos axiológicos. Ao percorrer, no processo gerativo de sentido, a amplitude do *corpus* que as regras de direito nos oferecem em diferentes textos que compõem o ordenamento jurídico brasileiro, percebe-se haver referência constante à atividade do homem – o *fazer* – no universo social. Tendo em vista que a própria função do sistema jurídico é voltado a regular condutas, a ação do indivíduo em coletividade torna-se o centro gravitacional do próprio discurso jurídico. E, ao selecionar o *fazer* do homem a ser regulado, o direito recorta, da imensa multiplicidade dos elementos que compõem o universo social, somente aquelas marcas e/ou características que traduzem uma dada realidade cultural, axiologizada segundo os valores de uma coletividade historicamente localizada. Nesta medida, não há como conceber o direito sem valor e, em face das presunções, este pensamento em nada se modifica.

Mas, para localizar a figura presuntiva nos valores ou vice-versa, é preciso saber antes que são valores; como eles compõem o dado jurídico; e como se mostram no e para o direito. Em comentários ligeiros, firmemos que foi com Lotze que a teoria dos valores ingressou nas questões da filosofia moderna. Defini-lo nunca foi tarefa fácil e, tendo em vista a postura niilista, negando a própria natureza ôntica aos valores, ficava cada vez mais distante identificá-lo enquanto unidade autônoma de sentido. Entretanto, na amplitude dessa providência, Paulo de Barros Carvalho[1] entenderá serem *valores*

---

1. CARVALHO, Paulo de Barros. *Direito tributário, linguagem e método*. 3. ed. São Paulo: Noeses, 2009. p. 176.

preferências por núcleos de significação, ou melhor, centros significativos que expressam uma *preferibilidade* por certos conteúdos de expectativa. E Miguel Reale complementa: "Seu ser é o seu valer. Assim como dizemos que 'ser é o que é', afirmaremos que 'valor é o que vale'".[2]

Por certo que os valores integram nosso mundo a cada nova tomada de posição e em cada ato decisório. E, se levarmos esse pensamento às suas últimas instâncias, perceberemos que eles aparecem em tudo e a todo momento em nossas vidas. Representam no espírito do homem *algo que deve-ser* ou aquilo que se quer ver alcançado. Em toda escolha preferimos isto àquilo, sopesando, em termos axiológicos, para em seguida nos posicionarmos em face do objeto, da situação que se nos apresenta. O valor é o que move o homem, buscando aquilo que não tem. É o que o motiva à ação.

Os valores compõem os objetos e, no direito, estruturam o dado jurídico. Nunca estão nas coisas a que se referem. O conteúdo axiologizado do sistema jurídico não se encontra no ser, mas é qualidade atribuída pelo homem ao real. Em outras palavras, a ordem prescritiva e suas unidades normativas, enquanto objetos culturais, fundam num só corpo enunciativo o ser, como referência descritiva, e o dever-ser, como realização de preferências valorativas, isto é, o evento e o valor. Este pressupõe aquele para se tornar objetivo, realizável, embora o valor sempre o transcenda.[3]

Não nos olvidamos que ser e dever-ser são universos diferentes. Não se passa do ser ao dever-ser, mas a partir do dever-ser é possível alcançar a realidade, alterando-a. Aliás, é mirando o domínio empírico que o dever-ser exibe seu caráter de bem cultural. A referida relação entre esses universos se vê latente no direito. Toda norma jurídica é elaborada pelo ser

---

2. REALE, Miguel. *Introdução a filosofia*. 4. ed. 3ª tiragem. São Paulo: Saraiva, 2006. p. 158.
3. Idem, ibidem, p. 161.

humano, de acordo com sua ideologia (valores individuais) e cultura (valores sociais) para realização de certa finalidade. A cada processo enunciativo de nova unidade do deôntico, o intérprete autêntico do direito – legislador e/ou aplicador – deposita seus valores, fazendo saber, a seu modo, os fatos e as condutas juridicamente relevantes e as finalidades pretendidas pela mensagem normativa. Ao prescrever, decide e faz sua opção axiológica, integrando no direito, mediante atos e obras, novos valores sociologicamente localizados em dado mundo histórico-cultural. A realidade jurídica é um universo de valores, seja ela considerada em seu todo, na forma de sistema, ou em cada uma de suas partes, em modo de enunciado prescritivo, tal como afirma Paulo de Barros Carvalho:

> Sendo objeto do mundo da cultura, o direito e, mais particularmente, as normas jurídicas estão sempre impregnadas de valor. Esse componente axiológico, invariavelmente presente na comunicação normativa, experimenta variações de intensidade de norma para norma.[4]

As variações na força axiológica das unidades normativas a que se refere o autor citado andam *pari passus* com a hierarquia dos enunciados deônticos no direito positivo. Eis que "[...] ali onde houver valor, haverá, inevitavelmente, relações de coordenação e de subordinação, o que equivale a dizer, haverá laços de hierarquia".[5] No processo de positivação das regras jurídicas, o axioma da gradação hierárquica da estrutura do direito se revela tanto na busca do fundamento de validade das normas quanto na adequação dos conteúdos normativos constituídos às finalidades pretendidas pelo sistema.

Com efeito, não é possível pensar, na ordem tributária, na instituição e/ou modificação de um tributo sem que se observem,

---

4. CARVALHO, Paulo de Barros. *Curso de direito tributário*. 22. ed. São Paulo: Saraiva, 2010. p.190.

5. Idem. Prefácio. In: LINS, Robson Maia. *Controle de constitucionalidade da norma*. São Paulo: Quartier Latin, 2005.

primeiro, os princípios constitucionais orientadores da atividade legislativa deste domínio, tal como o primado da segurança jurídica, da isonomia, da anterioridade comum e/ou nonagesimal, do não confisco e tantas outras normas que aqui poderiam ser enumeradas. Todos trazem consigo forte intensidade axiológica, valores que norteiam a atividade exegética tributária como um todo. Assim, como preferências de sentido, tais enunciados não podem ser equiparados em termos valorativos a outras normas de menor repercussão, de pequena dimensão prescritiva dentro do universo deôntico. Eis a exegese do sistema tributário traçando as relações de coordenação e subordinação e desenhando a própria estrutura hierárquica do sistema e a força axiológica de cada unidade normativa.

No tema da semântica das presunções, sentiremos o comparecimento dos valores quando o legislador, nos modos hipotéticos, ou o aplicador, nos tipos factuais, fizerem opção por este ou aquele conteúdo que irá compor a estrutura antecedente do enunciado presuntivo. A decisão do sentido das presunções depende de atos de valoração situados espaço e temporalmente no mundo social. Esta escolha semântica, contudo, é raciocínio indutivo (próprio das presunções em sua ideia de origem) que se encontra nas bases fora do direito, com premissas externas à lógica jurídica, como defende Lourival Vilanova:

> É questão fora de lógica, extralógica, optar pelo antecedente A' ou A" ou A'", bem como escolher para consequência C' ou C" ou C'". Tudo depende de atos de valoração, sociologicamente situados e axiologicamente orientados.[6]

Conclui-se, portanto, que a presunção, enquanto raciocínio indutivo, é extralógica, extrajurídica e, tendo em vista esta qualidade, é valor em seu estado puramente social e/ou moral. Juridiciza-se quando enunciada em linguagem competente,

---

6. VILANOVA, Lourival. *Estruturas lógicas e o sistema do direito positivo*. São Paulo: Noeses, 2005. p. 93.

tornando-se verdadeiro *dever-ser* juridicamente determinado. A partir desse momento, deixa seu caráter indutivo e extralógico para adquirir condição de norma e seu plano dedutivo.

Sobre o tema cabe, por fim, breve digressão explicativa. As valências do dever-ser jurídico podem ser contempladas de dois modos: (i) como dever-ser *neutro* e (ii) como dever-ser *modalizado*. O primeiro é categoria axiologicamente neutra,[7] como o próprio nome o indica: "Nem valioso nem desvalioso é o nexo que estabelece entre os dados-da-experiência".[8] No segundo caso, o valor orienta a prescrição preferindo uma a outras de acordo com os três modais deônticos: proibido (V), permitido (P) e obrigatório (O). O dever-ser aqui é modalizado, isto é, dirigido ou pautado nos valores que a sociedade, na figura do legislador e/ou aplicador, quer ver implantados. É, portanto, nessa segunda figura que vamos localizar o *valor juridicizado*, isto é, o dever-ser modalizado na estrutura normativa das presunções, tendo em vista as preferências axiológicas historicamente localizadas.

6.2. Valências das presunções

O direito tece a valência formal das normas presuntivas de acordo com os critérios dados pelo sistema; o intérprete constrói a valência semântica dos signos presuntivos, com base na possibilidade provável de sua prescrição, conforme suas experiências; e os objetivos que a sociedade quer ver alcançados por tais específicas técnicas de positivação identificam a valência pragmática das presunções. Portanto, os valores de toda presunção

---

7. Sobre o assunto, vejamos as precisas lições de Lourival Vilanova: "No operador modal deve-ser, D, que *sintaticamente* opera como uma relação R entre termos-sujeitos, especificada nas constantes relacionais O, P, V (ou, também em símbolos, R', R'', R'''), descabe injetar conteúdo de valor. É tão neutro axiologicamente como qualquer operador lógico. Sintática é sua função. Une, desune, relaciona, mas sem tomada-de-posição sobre a valia ou desvalia das partículas simbólicas em sua integridade consistencial" (*Estruturas lógicas e o sistema do direito positivo*. São Paulo: Noeses, 2005, p. 150).
8. Idem, ibidem, p. 135.

estão presentes nessas três formas, abrangendo os três campos cognoscíveis do signo: lógico, semântico e pragmático.

6.2.1. Valor lógico

O valor formal ou lógico das presunções se acha como estado de relação da norma com o sistema, isto é, da unidade com o todo. Nada mais é que a validade ou invalidade da regra presuntiva na ordem posta, condição esta que lhe confere existência para e no ordenamento. Valor lógico é validade; e esta é relação de pertinencialidade da norma com o sistema 'S'. Este é o posicionamento da melhor doutrina, como se anota em Lourival Vilanova:

> A validade é propriedade da forma lógica de relacionar, independente do conteúdo gramatical e conceptual das proposições constituintes. A validade independe da *correção gramatical* e da *verdade empírica:* há algo próprio da forma lógica.[9]

E Paulo de Barros Carvalho complementa:

> As normas jurídicas, proposições prescritivas que são, têm sua valência própria. Delas não se pode dizer que sejam verdadeiras ou falsas, valores imanentes às proposições descritivas da Ciência do Direito, mas as normas jurídicas serão sempre *válidas* ou *inválidas*, com referência a um determinado sistema 'S'. E ser norma válida quer significar que mantém relação de pertinencialidade com o sistema 'S', ou que nele foi posta por órgão legitimado a produzi-la, mediante procedimento estabelecido para esse fim.[10]

E, por fim, acrescentamos os elucidativos pensamentos de Tercio Sampaio Ferraz Jr.: "A validade é, assim, reconhecida

---

9. VILANOVA, Lourival. *Estruturas lógicas e o sistema do direito positivo.* São Paulo: Noeses, 2005. p. 46.

10. CARVALHO, Paulo de Barros. *Curso de direito tributário.* 22. ed. São Paulo: Saraiva, 2010. p. 113.

como uma relação entre uma norma dada e a conformidade a preceitos superiores que determinam o seu estabelecimento".[11]

Logo, na qualidade de norma, as presunções assumem aquilo próprio da forma lógico-deôntica de se relacionar em sistema. Para o direito, serão sempre válidas ou inválidas, mantendo relação de pertinencialidade com o sistema prescritivo 'S'. O valor formal ou lógico das presunções tem conteúdo deôntico e se orienta, segundo as condicionantes de linguagem da ordem posta: submetem-se à sua amplitude, bem como às suas limitações. Não há terceira hipótese: ou é válido, e existe, prescrevendo, no sistema; ou é inválido, fora do ordenamento, juridicamente irrelevante.

No subsolo do direito posto, ao analisar a bipartição da estrutura normativa, em antecedente e consequente, interessante discussão em torno da temática dos valores surge em face das funções e valências destes enunciados, isoladamente considerados. Sabemos que a hipótese ou fato jurídico descreve determinada situação fenomênica em termos abstratos ou concretos, respectivamente. É enunciado descritor, portanto. Já o consequente da norma prescreve a relação jurídica, funcionando na armação proposicional como enunciado prescritor.

Sabemos que os fatos naturais ou sociais exigem causalidade própria, empírica. Esta relação causal da natureza tem valor veritativo: é *verdadeira* quando guarda consonância com a realidade; é *falsa* quando assim não o é. Para traduzir essa causalidade empírica, o direito, no plano lógico, constrói duas proposições em relação de implicação. Com isso, os valores veritativos se tornam valores-de-norma. Não pertencem mais ao mundo dos fatos, e sim ao universo jurídico. A relação implicacional, cumpre elucidar, é justamente aquela que estabelece o vínculo entre descritor e prescritor. Em termos lógicos,

---

11. FERRAZ JR., Tercio Sampaio. A relação meio/fim na teoria geral do direito administrativo. *Revista de Direito Público*, São Paulo: RT, ano XV, n. 61, p. 27-33, jan.-mar. 1982.

é traduzida por um *dever-ser neutro* que engloba e unifica os enunciados antecedente e consequente da proposição jurídica. O liame implicacional, ao abraçar também o enunciado descritor do fato, retira deste seu valor veritativo originário e confere a ele nova roupagem valorativa, isto é, adjudica-o de valor-de-norma. A referida operação separa o domínio do ser do dever-ser, identificando-os como campos cognoscíveis diversos e autônomos. Com isso, preenchido de valor deôntico, o descritor independe de sua origem empírica. Di-lo Lourival Vilanova: "Do ponto de vista lógico, assim se dá na proposição do direito: ela destaca-se como estrutura autônoma e seus valores independem de sua origem empírica".[12]

Ora, não se passa do ser ao dever-ser, mas este é capaz de transformar o ser na forma de hipótese factual, enquanto fato ainda não ocorrido, situação futura ainda passível de ser orientada axiologicamente. Agora, pensada como combinação de enunciados, a descrição do *ser* no antecedente da norma não é capaz de alterar as valências que envolvem a estrutura proposicional. São valores diferentes, que não se combinam (em funções-de-valor):

> Com isso, reconstruímos em nível formal a composição sintática da proposição normativa global, *evitando relacionar valores heterogêneos:* uma *hipótese descritiva* (verdadeira ou falsa) implicando uma *tese prescritiva* (carente de verdade ou falsidade). Ou valores veritativos (verdade/falsidade) *implicando* valores não-veritativos (valores deônticos).[13]

O direito, ou qualquer outra estrutura de linguagem, não traz para seu universo *fato puro*, mas sim enunciado factual construído pelo intérprete autêntico. Entre as noções de *fato puro* e *fato jurídico* há uma longa distância. Aquele não ingressa no direito sem uma valoração comandada por um *dever-ser*

---

12. VILANOVA, Lourival. *Estruturas lógicas e o sistema do direito positivo.* São Paulo: Noeses, 2005. p. 67.
13. Idem, ibidem, p. 103.

que coleta dele apenas as qualidades escolhidas por relevantes e axiologicamente significativas para atingir o fim de regular condutas. É a norma, ao prescrever o tipo, que impede o fluxo da experiência infinita, determinando as preferências que identificam no *fato puro* o que tem de jurídico. O universo empírico ingressa em boa parte no direito, mas entra ao modo de normas, segundo os valores que a regra jurídica toma como fundamento axiológico.

Essas reflexões, em uma análise sistêmica, nos levam a um encerramento, ou melhor, ao fechamento sistêmico que o direito pede. No ordenamento posto, o fechamento se reflete em vários pontos: na autopoiese de suas regras de estrutura; na homogeneidade de suas unidades normativas; na figura da norma fundamental; nos axiomas da validade e da hierarquia das normas jurídicas, entre tantos outros. Lourival Vilanova já mencionou a presença do encerramento sistêmico, ao diferençar fatos sociais dos fatos jurídicos:

> O fechamento também não importa em afirmar que o processo de autoprodução normativa nada tenha a ver com os fatos sociais. Os fatos são intercalares de norma a norma. Os fatos são jurígenos, em virtude de normas que lhes atribuem efeitos normativos. Observância, criação, aplicação de normas, são fatos sociais qualificados deonticamente. Como último critério de qualificação deôntica, para reconstruir gnosiologicamente o sistema jurídico positivo, formula-se a proposição normativa fundamental.[14]

Na mesma linha, está Paulo de Barros Carvalho, ao tratar das normas de estrutura, ou seja, das *normas que dizem como as proposições do direito devem ser postas, alteradas ou expulsas do sistema*:

> Eis o direito se auto-compondo, se retro-alimentando, para absorver as matérias que outros subsistemas do tecido

---

14. VILANOVA, Lourival. *Estruturas lógicas e o sistema do direito positivo.* São Paulo: Noeses, 2005. p. 226.

social, considerado na sua inteireza (político, econômico, ético, religioso, social em sentido estrito etc.), vão paulatinamente oferecendo ao juízo do legislador, que decide o modo de aproveitá-las para a regulação do comportamento intersubjetivo.[15]

Com estas modulações, verificaremos que, como toda estrutura normativa, única forma de se fazer existente e prescritiva no direito, as presunções exibem a qualidade de objeto cultural, de dever-ser. Os enunciados de presunção, descritivos da realidade fáctica, uma vez contemplados pelo dever-ser neutro, são estruturas de sentido deôntico. Sob o ponto de vista lógico, não tem valor veritativo – verdadeiro e falso –, e sim valor de norma – válido ou inválido, na forma prescrita pelo direito. É o próprio sistema prescritivo que tece as implicações, deonticamente verificáveis, entre *hipótese presuntiva e consequência*, entre *fato presumido e relação jurídica*. Por isso mesmo, no plano sintático ou lógico, as presunções não se guiam por valores veritativos, mas, por valores de validade formal, cumprimento (*fulfillment-values*) do processo competente para inserir nova estrutura de sentido deôntico presuntivo pela autoridade também competente.

6.2.2. Valor semântico

Enquanto modelo que traz em si uma medida da função descritiva de linguagem, o sistema jurídico, ao prescrever, deve conter os atos de valoração de seus utentes até o limite em que os valores culturais e/ou ideológicos ponham em perigo a capacidade cognoscível de reconhecer e manejar a realidade socialmente localizada. Isto não quer dizer que ao modelo jurídico cabe apenas descrever um estado real das coisas ou que dê sentido teórico à condição de coisas reais, cuja importância

---

15. CARVALHO, Paulo de Barros. *Direito tributário, linguagem e método*. 3. ed São Paulo: Noeses, 2009. p. 433-4.

metodológica não seja condizente com sua utilidade prática. A eficácia jurídica é de regular as condutas humanas. Na forma de objeto cultural, o ordenamento se refere a um dado empírico e aponta, de acordo com suas preferências, para uma determinada direção objetal. A coisa empírica é o que dá consistência ao discurso jurídico em uma aproximação inicial, de modo que, para o direito, "a realidade desdobra-se numa multiplicidade imensa de 'objetos', segundo uma dupla perspectiva, que corresponde à discriminação entre *juízos de realidade* e *juízos de valor*"[16] (grifos do autor).

Com estas modulações, enganam-se aqueles que inadmitem às presunções um valor semântico mínimo. Na qualidade de unidade de sentido deôntico, a presunção se compõe, de mesmo modo, de *juízos de realidade* e *juízos de valor*, condicionantes que, juntos, determinam o campo objetal passível de ser construído pelos mecanismos presuntivos no direito.

Como predicado de *juízos de valor*, as regras presuntivas impostas pelo legislador – presunção legal *juris tantum* ou *juris et de jure* – nada mais são que "centros significativos que expressam uma *preferibilidade* (abstrata e geral) por certos conteúdos de expectativa, ou melhor, por certos conjuntos de conteúdos abstratamente integrados num sentido consistente".[17] Ainda que impostos genericamente em lei, na forma de núcleos jurídico-significativos abstratos, os enunciados presuntivos legais devem guardar um mínimo de consistência concreta de onde efunde sua segunda condicionante: o de ser *juízos de realidade*. A expressão "juízo de realidade" envolve também sentido axiológico e não conteúdos empíricos puro e simples. *Juízo*, lembremos, é ponderação, avaliação segundo o grau de *bom senso* do exegeta e de acordo com a perspectiva que ele faz do objeto. Dito de outro modo, o "juízo de realidade"

---

16. REALE, Miguel. *Introdução a filosofia*. 4. ed. 3ª tiragem. São Paulo: Saraiva, 2006. p. 159.
17. FERRAZ JR., Tercio Sampaio: *Introdução ao estudo do direito*. São Paulo: Atlas, 1993. p. 109.

quer significar a avaliação ideológica do próprio valor que, no direito, cumpre a função de estimar os conteúdos axiológicos já impostos no sistema no caso em concreto, garantir o consenso e estabilizar o sentido normativo.[18] Assim é que valor e realidade se coimplicam, não sendo possível concebê-lo em função do empírico-inexistente tampouco arquitetar o real em face de uma neutralidade das coisas.

Sabemos, a realidade jurídica é linguisticamente construída. Toma seu conteúdo do real, mas sua valência no sistema independe dos valores veritativos. Uma vez positivada a norma, verificados ou não os fatos na realidade físico-social, a regra permanecerá válida no sistema, pertinente e existente para o ordenamento. O valor semântico das unidades de sentido deôntico guarda relação com a realidade empírica apenas no *ingresso* da norma, mas não na *saída*. Em outros termos, o descritor (hipótese fáctica) funda-se *naquilo que acontece* para fins de regular conduta na forma como colocada em seu descritor. Uma vez posta a lei, segundo o procedimento previsto pelo direito, é unidade jurídica, tem valência prescritiva porque válida até que se a expulse da ordem posta mediante nova linguagem. A qualidade jurídica da norma independe do valor veritativo ao longo do processo de positivação nos casos em concreto.

---

18. Vejamos as valiosas palavras de Tercio Sampaio Ferraz Jr.: "Como é intuitivo, sendo nos valores núcleos significativos muito abstratos, é preciso ainda outro mecanismo integrador, capaz de conferir-lhes um mínimo de consistência concreta ainda que genérica. Isto é função das *ideologias*. Estas são conjuntos mais ou menos consistentes, últimos e globais de avaliações dos próprios valores. Assim, enquanto os valores, por sua abstração, são expressões abertas e flexíveis, as ideologias são rígidas e limitadas. Elas atuam, ao avaliar os valores, no sentido de tornar conscientes os valores, estimando as estimativas que em nome deles se fazem, garantindo, assim o consenso dos que precisam expressar os seus valores, estabilizando, assim, em última análise, os conteúdos normativos. Temos, pois, a justiça *no sentido liberal, comunista, fascista* etc. As ideologias, portanto, a justiça, portanto, conjugam os valores, hierarquizando-os, permitindo que se os identifique, quando em confronto, que se opte pela justiça contra a ordem ou pela ordem contra a liberdade, pela dignidade contra a vida etc." (*Introdução ao estudo do direito*. São Paulo: Atlas, 1993. p. 109).

As valências do discurso descritivo (ser) e prescritivo (dever-ser) divergem sob a perspectiva lógica. Do ponto de vista das significações, contudo, assumem caracteres em comum:

> [...] são estruturas, articuláveis em relações abstratas, dotadas de valências. Como significações em relação combinatória, incorrem em sentido, sem-sentido e contra-sentido (sentidos sintáticos e noéticos, na distinção de J. M. Boshénski). Assim, nos casos "A deve ser A"; "A deve-ser um se... então"; "A não deve-ser A".[19]

São as leis lógicas que vão identificar as unidades com ou sem sentido jurídico. Compõem o domínio semântico de toda norma: os dados-de-fato, os valores e os atos-de-valoração. As unidades jurídicas *com sentido*, portanto, pressupõem a possibilidade de sua efetivação ou cumprimento de sua ordem, articulando fatos possíveis juridicamente. A noção de *fato juridicamente possível* envolve não somente sua possibilidade fáctica, mas também sua função prescritiva. Recordemos as lições de Lourival Vilanova:

> A realidade social subjacente oferece o quadro de possibilidades dentro da qual a Constituição é viável, dá-lhe o material para a forma jurídica, indica que valores e que contravalores constituem a efetiva tábua de valorações a manter.[20]

Limitado pelo quadro de possibilidades, o direito forma seu valor e seus contravalores semânticos, determinando, segundo as imposições lógicas, três formas de sentidos: como valor, como unidades com sentido deôntico; como contravalor, na forma de regras sem sentido jurídico ou em contrassentido

---

19. VILANOVA, Lourival. *Estruturas lógicas e o sistema do direito positivo*. São Paulo: Noeses, 2005. p. 28.
20. VILANOVA, Lourival. Proteção jurisdicional dos direitos numa sociedade em desenvolvimento. *Escritos jurídicos e filosóficos*. São Paulo: Noeses, 2005. v. 2, p. 465.

normativo. Sobre o assunto o magistério de Norberto Bobbio enriquece, citemos: "O objeto de regulamentação por parte das normas jurídicas são todas *as ações possíveis* do homem: e entendemos por 'ações possíveis' aquelas que não são nem necessárias nem impossíveis".[21]

Quanto à possibilidade fáctica da regra jurídica, as condutas necessárias são um sem sentido para o direito, na medida em que prescrevem o que, na natureza, já acontece por si só. Com o direito, cabe ao homem modificar a natureza, implementando *sua* causalidade ou a causalidade de teor prescritivo, que tem por objetivo um fim juridicizado. A descrição da causalidade natural é um verdadeiro sem sentido deôntico, uma vez que diz, em termos impositivos, sobre aquilo que naturalmente já acontece, tal como o sustenta Lourival Vilanova:

> É um sem sentido modalizar deonticamente fatos articulados por relações de causalidade natural. A interferência no domínio dos fatos puramente naturais só é possível valendo-nos das leis causais [...]. Altera-se o mundo físico usando-se as leis causais naturais, não as leis éticas, morais, jurídicas, religiosas, não com o uso das normas sociais, em sentido genérico. Com as normas fazemos o uso permitido ou proibido ou facultativo: regramos o uso, *i. e.*, a conduta que se vale das leis causais.[22]

Da mesma forma, é um *contrassentido* jurídico inserir norma no sistema que prescreva conduta impossível. Todo conteúdo fáctico do direito deve ao menos *poder-ser* real, isto é, estar no campo do possível. Para o universo jurídico, "tudo pode ser, ainda que não tenha sido ou não deva-ser".[23] O descritor deve

---

21. BOBBIO, Norberto. *Teoria geral do direito*. São Paulo: Martins Fontes, 2008. p. 178.
22. VILANOVA, Lourival. *Causalidade e relação no direito*. 4. ed. São Paulo: RT, 2000. p. 45.
23. Idem. *Estruturas lógicas e o sistema do direito positivo*. São Paulo: Noeses, 2005. p. 156.

delinear um possível estado de coisas para poder fazer incidir a regra no suposto fáctico. Não sendo possível sua realização em termos concretos, isto é, sendo fato de impossível ocorrência, para que serve a norma? A própria regra perde sua função de ser em termos jurídicos quando impossibilitada de exercer a função para qual foi criada: regular conduta.

Portanto, *fato* em função *juridicamente possível* quer significar, em outras palavras, que é inútil à norma comandar ação necessária ou proibir ação impossível, assim como é inexequível que ela proíba ação necessária ou comande atividade impossível.

Retornemos da digressão para considerar essas injunções no domínio das unidades presuntivas de direito. Supomos demonstrado, há muito tempo, que as presunções, como técnica prescritiva de direito, ao tomar um fato pelo outro, determinando natureza ou efeito jurídico do outro àquele, deve guardar atinência ao valor semântico das normas tanto no tocante aos fatos presuntivos quanto àqueloutros presumidos. Tais enunciados factuais devem pertencer ao campo do possível, ainda que com significação genérica. No plano casuístico, o aplicador deve sempre conjecturar se os fatos presumidos e presuntivos se encontram dentro do campo do possível. Nesta linha, caminha o pensamento de Gilberto Ulhôa Canto: "Na *presunção*, a regra é estabelecida dentro dos *limites da realidade possível*, inferida de fatos semelhantes já ocorridos, e que, portanto, *são não só possíveis como até prováveis*".[24]

Ainda no plano do valor semântico das presunções e na mesma toada, vê-se que é juridicamente inútil considerar a norma presuntiva enquanto correlação necessária entre dois enunciados factuais. Ocorrendo na realidade empírica tal correlação, descabe falar da regra presuntiva. A conduta necessária faz a presunção perder seu propósito no direito. Igualmente, é inexequível uma presunção que, em termos mediatos,

---

24. ULHÔA CANTO, Gilberto de. Presunções no direito tributário. *Cadernos de Pesquisas Tributárias*, São Paulo: Resenha Tributária, n. 9, p. 5, 1984.

proíba ação necessária ou comande ação impossível. Não tem aplicabilidade prática em termos prescritivos, razão pela qual se arruína como unidade deôntica.

Eis que, no mecanismo presuntivo, a descrição da causalidade natural é um sem sentido deôntico, assim como o estabelecimento de associações impossíveis empiricamente[25] é um contrassentido presuntivo. Deste modo, ao exegeta cabe avaliar não somente se a presunção encontra-se no campo do possível como se tal conteúdo não se configura um sem sentido (conduta necessária) ou um contrassentido (atividade impossível) deôntico. Assim dizendo, vê-se tomar a noção de probabilidade caráter mais objetivo para o sistema jurídico, devendo se adequar a três imposições: (i) ser fato juridicamente possível e não configurar (ii) um sem sentido e um contrassentido para o direito.

Vale ainda uma última lembrança quanto ao valor semântico das presunções e que tange os deveres investigatórios dos fiscais. Sabemos intuitivamente que nenhuma presunção é criada pelo direito sem que se volte à realização de um fim. Logo, o direito, quando permite o uso dos mecanismos presuntivos, requer que o exegeta se volte sempre à direção, na forma de valor finalístico, para a qual aponta o preceito. Por outro giro, isso não quer dizer que a permissão presuntiva autoriza o fiscal a se desobrigar em guardar consonância com a realidade. É o entendimento que se observa no Conselho de Contribuintes, no voto do Conselheiro relator Luiz Martins Valero: "Não é porque se trata de uma presunção legal que o fiscal deve abandonar a experiência do mundo fático que fundamentou a inserção da presunção legal na norma hipotética".[26]

---

25. Dizemos empiricamente, pois, a capacidade de estabelecer infinitas associações é a própria qualidade do intelecto humano que tudo avalia, tudo vincula e dissocia, formando com isso sua própria realidade ideológica.

26. Ministério da Fazenda, Conselho Administrativo de Recursos Fiscais, 7ª Câmara, Processo 10630.000621/2001-10, Acórdão 107-08.272, Rel. Luiz Martins Valero, Sessão 13.09.2005, p. 12.

Por todo o exposto, havemos de concluir que o modelo descritivo do direito, no antecedente da norma, compõe-se de dados-de-fato, valores (culturais) e os atos-de-valoração (ideológico). São, portanto, *juízos de realidade* e *juízos de valor* que se limitam pela própria função prescritiva da ordem jurídica. Como objeto cultural que é, o valor no direito, em termos semânticos, deve limitar-se até o momento em que o enunciado fugir da capacidade de reconhecer e manejar a realidade. Sem guardar um *mínimo de correspondência* ou *referibilidade empírica*, a norma passa a ser mera conjectura teórica, não se prestando a fins pragmáticos, isto é, a dar eficácia jurídica à regra.

6.2.3. Valor pragmático

Tópico de profunda relevância na temática da valência das presunções supõe a indagação dos usos dessas unidades prescritivas pela comunidade jurídica. A norma presuntiva é vista aqui para além do estudo da arrumação dos enunciados jurídicos dentro da lógica deôntica do sistema (sintaxe) e da pesquisa dos seus significados juridicizados (semântica). Vê-se o lado pragmático dessas regras, considerando-as dentro do conjunto dos atos comunicacionais que se operam na articulação da mensagem jurídica presuntiva, que dizem respeito às interações entre o emissor e o receptor das normas. O grande tema da pragmática é como operar e realizar os valores da ordem prescritiva regulando condutas.

Fator característico de toda unidade de valor é sua forma vetorial. Ele implica, já vimos, sempre uma tomada de posição que, em termos metafóricos, aponta para um sentido: caminha, dirige-se, repercute para aquela direção vetorial. O ponto para o qual o valor se volta nada mais é que o fim em seu mais alto grau de abstração. Todo valor, portanto, se converge à realização de um determinado fim. A finalidade, tendo em vista que é ela mesma o motivo que dá ensejo à ação do homem, nada mais é que o valor por este perseguido.[27] Logo, a relação entre fim e valor é estreita: um podendo ser tomado pelo outro; um não sendo sem o outro.

No direito, como não poderia deixar de ser, valor e fim andam juntos. O dever-ser comparece enquanto enunciado impregnado de preferências, dirigidas a realizar determinados valores e/ou fins que a sociedade quer ver implantados. O valor é a direção para a qual a norma (dever-ser) aponta, a finalidade perseguida mediante regulação da realidade (ser). Lembremos que: "ser e dever-ser são duas formas de síntese: a primeira, fundada no princípio da causalidade; a segunda, no da finalidade".[28] Na forma de direito, o *dever-ser* modaliza o *ser*; em outras palavras, a finalidade juridicizada regula a causalidade empírica. Com efeito, os valores jurídicos, ou melhor, o fim buscado pela norma altera a realidade empiricamente observada pelo ordenamento, modificando a própria causalidade dos fatos.

No quadro dessa temática estatui-se no direito o vínculo existente entre meios e fins. Para alcançar determinada finalidade é imprescindível ao homem utilizar-se de meios que o levem até ela. Não há fim sem meio nem meio sem fim. Contudo, uma vez estabelecido o fim, objetivo último, na maioria das vezes é possível empregar diversos meios que poderão ser melhores ou piores, mais ou menos úteis, rápido ou vagaroso, etc. A qualidade do meio não está diretamente relacionada com a do fim. Ou seja, o valor dos meios não equivale ao dos fins. Ambos são valências pragmáticas, que se encontram em conjunto em toda a estrutura axiologizada. Entretanto, cada qual se volta a campos diversos das relações de usos. Analisemos um a um, localizando, nas presunções, seus valores de meios e seus valores de fins.

---

27. Segundo Miguel Reale: "o fim não é senão um valor enquanto racionalmente reconhecido como motivo da conduta" (*Introdução a filosofia*. 4. ed. 3ª tiragem. São Paulo: Saraiva, 2006. p. 162).

28. Idem, ibidem, p. 154.

Já tivemos a oportunidade de defender que todo julgamento é a afirmação de uma *preferibilidade*, ou seja, de um valor. O valor muitas vezes vem revestido da qualidade de *fim*, enquanto prefixação de um objetivo que, no plano do direito, significa exigência do cumprimento desse fim. O legislador prescreve o fim e, com o fulcro de viabilizar seu alcance, determina os meios considerados adequados para atingir esses valores. Meio e fim vêm aos pares, e, portanto, uma vez postos em relação, encontram-se necessariamente vinculados. Sobre o assunto, vejamos o que diz Rubens Gomes de Souza:

> A regra jurídica é a solução criada pelo legislador para resolver determinado conflito social ou satisfazer determinada necessidade social. **Primeiro o legislador fixa o objetivo a atingir. Depois de fixado este objetivo ele cria o instrumento para atingir aquele objetivo visado.** Este instrumento é a regra jurídica.[29]

Fim ou finalidade é, pois, signo normativo, ou melhor, enunciado com significação jurídica. As presunções, por sua vez, não são o fim *per si*, mas os mecanismos, a técnica normativa para a realização destes fins. Nada impede, contudo, que alguns autores assumam seus fins e deem o nome de "presunção" àqueles. Esta não é nossa posição, optando por cindir em dois nomes diferentes o fenômeno das presunções dos objetivos mirados por elas. Por isso mesmo, mais adiante, analisaremos pormenorizadamente os meios pelos quais estas técnicas normativas alcançam a positivação de seus fins, designando esta atitude por "função" ou "valor-meio" das presunções, para, em seguida, apresentar os fins que perseguem, chamando-o por "finalidade" ou "valor-fim" das presunções. São esses seus dois valores pragmáticos.

Afigura-se-nos perfeitamente justificada e coerente a assertiva de que, prefixado o fim pelo legislador, este é condição

---

29. BECKER, Alfredo Augusto. *Teoria geral do direito tributário*. São Paulo: Saraiva, 1972. p. 476-477.

normativa que vincula os meios que não somente devem ser adequados, enquanto técnica procedimental, mas também o próprio fim buscado ou alcançado pela regra presuntiva. O fim da lei é também designado como a *ratio legis* da norma. Os valores finalísticos das normas presuntivas, na qualidade de enunciação-enunciada, são prescritivos e devem ser observados e alcançados na positivação da regra no caso concreto.[30] Estão longe de ser meros valores políticos, estes resultados para além do direito. Justamente por estarem enunciados em norma é que estão *no* direito e não podem ser afastados do controle da validade dos atos presuntivos. Indo além, entendemos que, em face do teor prescritivo do fim prefixado, o não atingimento ou sua inobservância é causa de anulação do ato presuntivo.

Um arrazoado encerra este tópico, que já vai longo: a presunção não pode servir como fim em si mesmo. O fim, mesmo que juridicizado, é conteúdo dentro do direito, mas fora da regra presuntiva. Compõe o fundamento de validade da norma, mas não é a técnica em si mesma considerada. Portanto, "a técnica (de presunção ou ficção) vale somente como meio – como expediente tecnológico – e, não como fim em si mesmo".[31] Daí resulta que ela não pode ser criada apenas para aumentar o montante arrecadado.

Sopesados e identificados os valores-meios e os valores-fim, no campo da pragmática do signo normativo, vejamos como isso aparece na forma positiva das normas presuntivas.

6.3. Função ou valor-meio das presunções

No tocante ao valor prático, muito aproximam os conceitos de *função* e de *finalidade*. Na linguagem filosófica, são

---

30. Sobre o assunto ver excelente artigo de Paulo de Barros Carvalho sobre o teor de prescritividade do preâmbulo, das ementas, das súmulas, etc. (O preâmbulo e a prescritividade constitutiva dos textos jurídicos. *Revista de Direito Tributário*, São Paulo: Malheiros, n. 103, 2008.)

31. GONÇALVES, José Artur Lima. *Imposto sobre a renda*. Pressupostos constitucionais. São Paulo: Malheiros, 1997. p. 143.

assumidos como ideias idênticas por alguns autores. A dissociação é bastante tênue, mas existe. Finalidade é valor-fim, objetivo, alvo para o qual a ação se direciona. Produz-se um ato para atender a um fim, este o valor mesmo que dá sentido àquele; fim mesmo a que se destina o ato. Função, por sua vez, ressalta o papel desempenhado por aquele objeto num dado sistema. Revela a utilidade ou seu caráter meio, e não fim, para um determinado domínio. No direito, designaremos, elucidando, a função das presunções, papel ou utilidade imediata para o ordenamento jurídico.

Buscando facilitar as provas em situações que se mostram particularmente difíceis pelos meios tradicionais aceitos, assim como procurando solucionar de forma equitativa e segura determinadas situações jurídicas, as presunções, quaisquer que sejam, são norma que instituem, no ordenamento, a existência (validade) de um fato desconhecido – hipotético ou tópico, dependendo do caso – mediante outro fato conhecido. Na forma de linguagem competente, constroem o enunciado factual partindo de dados particulares (fatos, experienciais, enunciados empíricos) para deles retirar, por meio de operações cognitivas generalizadoras, leis ou conceitos mais gerais ou genéricos. É o produto da assimilação específica de significados heterogêneos, mas essencialmente comuns, que lhe é conferido pelo efeito de espelhamento e identificação entre uma coisa e outra, construído pelo discurso jurídico em função primordialmente retórica. Tal atitude exegética se volta para o labor de uma nova organização conceitual voltada ao fim de dar solução jurídica aos casos ali envolvidos. São verdadeiros entimemas, isto é, deduções silogísticas ou silogismo truncado, que, inseridos na ordem jurídica, são fortes o suficiente para objetivar uma dada ocorrência factual e fazer prescrever condutas.

As presunções, em sua totalidade, funcionam no universo jurídico como meios, formas, métodos ou técnicas de constituição da existência ou inexistência do fato jurídico. Sua utilidade se volta unicamente aos propósitos de sua criação naquele dado conjunto. Sua função primordial é uma só: fazer nascer o fato no domínio do direito. Presumir um fato é estabelecer sua existência para o universo jurídico.

No plano dos valores-meios das presunções, é possível enunciar as funções abaixo, que, mesmo chamadas por alguns autores de finalidades, são valores-meios ou, no máximo, finalidades imediatas para fazer prevalecerem outros valores, estes sim valores-fim ou fim em sua acepção estrita. Na qualidade de validação condicional, cumpre às presunções:

(i) tipificar os elementos substanciais do suposto de fato;[32]

(ii) suprir deficiências probatórias;[33]

(iii) reduzir os elementos essenciais que na realidade se prestam inexatos ou incompreensíveis;[34]

(iv) criar facilidades procedimentais para os agentes públicos encarregados da fiscalização e arrecadação de tributos;[35]

(v) evitar a investigação exaustiva do caso isolado;[36]

(vi) simplificar arrecadação;[37] e

(vii) favorecer a tarefa de arrecadação tributária e sua subjacente atividade fiscalizadora.[38]

---

32. PÉREZ DE AYLA, José Luiz. *Las ficciones en el derecho tributario*. Madrid: Editorial de Derecho Financiero, 1970. p. 202.

33. FERRAGUT, Maria Rita. *Presunções no direito tributário*. São Paulo: Dialética, 2001. p. 81; também em TOMÉ, Fabiana Del Padre. *A prova no direito tributário*. São Paulo: Noeses, 2005. p. 140.

34. PÉREZ DE AYLA, José Luiz. *Las ficciones en el derecho tributario*. Madrid: Editorial de Derecho Financiero, 1970. p. 201.

35. GONÇALVES, José Artur Lima. *Imposto sobre a renda*. Pressupostos constitucionais. São Paulo: Malheiros, 1997. p. 128.

36. DERZI, Misabel de Abreu Machado. *Direito tributário, direito penal e tipo*. São Paulo: RT, 1988. p. 105.

37. FERRAGUT, Maria Rita. *Presunções no direito tributário*. São Paulo: Dialética, 2001. p. 80-81.

38. GONÇALVES, José Artur Lima. *Imposto sobre a renda*. Pressupostos constitucionais. São Paulo: Malheiros, 1997. p. 129.

Vê-se, pois, uma enumeração de finalidades imediatas apontadas por diversos juristas que tocam a temática da presunção como valor-meio para alcançar determinado fim (mediato). Os sete itens enunciados acima dizem, de um modo ou de outro, quanto aos requisitos formais necessários para dar vigência a uma regra de caráter tributário e eficácia ao fato jurídico amplo construído. Regula-se, pois, o ingresso, a entrada, no domínio jurídico das informações que dão causa à percussão tributária.

Na primeira hipótese, verificamos um valor-meio que é a porta de entrada por excelência no direito tributário: o tipo. Ao tipificar, presumindo, os elementos substanciais do suposto de fato que dá causa à relação tributária, o legislador supre os requisitos de forma necessários para que ocorra o ingresso, mediante subsunção do fato à norma (tipo legal) dos enunciados factuais. Vale a lembrança de que, em face do sistema constitucional tributário, se admite a presunção com o intuito de identificar o fato jurídico tributário, desde que ela guarde relação com o significado de base da materialidade preestabelecida na Constituição. Também, que a presunção mantenha de forma direta e primária vínculo com aquilo que confere identidade ou caráter distintivo ao fato constitucionalmente estabelecido. Entre presunção e fato *stricto sensu* pressupõe-se, portanto, a igualdade essencial, ainda que entre ambos tenhamos desigualdades de ordem secundária. Aliás, esta, quando ausente, significa, em outros termos, que não há presunção no que quer dizer: entre presunção e o fato jurídico em sentido estrito há estreita identificação, o que nos leva a concluir que, neste caso, a presunção deixa seu caráter presuntivo para se tornar signo normativo em toda a sua excelência.

Nas outras quatro primeiras hipóteses, (i) suprimindo os elementos de prova (ii), reduzindo os critérios essenciais do fato, (iii) criando facilidades procedimentais aos agentes públicos, (iv) ou mesmo evitando investigação exaustiva do caso isolado, vê-se que, de uma forma ou de outra, os valores-meios das presunções, aqui, buscam eliminar os requisitos formais da prova do fato jurídico exacional, que perturbam as Fazendas Públicas na imposição do tributo ou de qualquer outra obrigação tributária.

Reputamos que de nada adianta ao Ente Fiscal reduzir, eliminar ou criar facilitações a si próprio na constituição do fato jurídico tributário para fins de garantir a validade da estrutura formal da norma. Tenhamos em mente que não há forma sem conteúdo, e, para o direito, o controle da validade da regra jurídica e, no caso, da presunção dá-se tanto na forma quanto no conteúdo, tudo isso num só tempo. Mesmo reduzindo a critérios formais mínimos, a vigência da norma presuntiva depende, igualmente, da qualidade semântica da regra em face dos preceitos constitucionais garantidores dos direitos do contribuinte. A condicionante de forma depende do plano do conteúdo preceituado pelo Texto Fundamental. As garantias da Carta Magna não somente controlam o modo como se dá a entrada das informações constitutivas do fato exacional, como a qualidade dessas mensagens factuais.

Colocamos em evidência ser vedado às presunções reduzir, eliminar ou evitar os critérios imprescindíveis e/ou essenciais para a caracterização do fato jurídico tributário, sob pena de, com isso, criar excesso de exação, enriquecimento sem causa, violação à propriedade, efeitos confiscatórios, etc. Também, ao designar facilitações ao Ente Público na constituição do fato jurídico tributário, cumpre-se respeitar o princípio do contraditório, da ampla defesa e do devido processo legal, garantindo ao contribuinte o direito de se manifestar, impugnar e discutir sobre o que lhe é cobrado ou como lhe está sendo cobrado.

Eis que as presunções não são carta branca ao legislador ou ao aplicador do direito para dispor como bem entender da matéria de direito tributário. Tais estruturas normativas, mais do que nunca, devem respeitar as garantias e os direitos do contribuinte constitucionalmente estabelecidos, bem como a ordenação e os limites e competências lá determinados. É vedado ao legislador eliminar ou reduzir a prova de elementos essenciais do fato jurídico tributário para fins de apressar o procedimento arrecadatório e fazer encher os cofres públicos. Isso autoriza o alerta de Tercio Sampaio: "[...] meios não permitidos não podem ser empregados, porque fins que só podem ser alcançados por meios proibidos não podem ser juridicamente vinculantes".[39] Logo, toda presunção que visa simplificar a arrecadação (iv) ou favorecer a tarefa de arrecadação e fiscalização tributária (v) sem o devido respeito aos princípios constitucionais não merece força vinculante, e, mesmo diante do cumprimento dos requisitos formais, não deve prevalecer em função de seu conteúdo viciado.

Por todo o exposto, sistematizando a matéria, asseveramos que o valor-meio ou função das presunções no direito tributário pode ser observado tanto no conteúdo, enquanto disciplina de direito material, quanto na forma, matéria tangente ao domínio processual. Como valor-meio de direito material, as presunções funcionariam com o objetivo de:

(i) disciplinar o procedimento de construção de fatos jurídicos;

(ii) tipificar os elementos substanciais do suposto de fato;

(iii) reduzir os elementos essenciais que na realidade se apresentam inexatos ou inapreensíveis para o direito;

(iv) conferir a determinado fato uma específica natureza jurídica;

(v) atribuir a um fato efeito jurídico próprio e/ou diverso do que em regra lhe seria conferido.

O valor-meio das presunções no campo processual se apresentaria como modo de:

(a) suprir deficiências probatórias;

---

39. FERRAZ JR., Tercio Sampaio. A relação meio/fim na teoria geral do direito administrativo. *Revista de Direito Público*, São Paulo: RT, ano XV, n. 61, p. 27-33, jan.-mar. 1982.

(b) evitar a investigação exaustiva do caso isolado;

(c) dispensar a colheita de provas difíceis ou mesmo impossíveis em cada caso concreto ou aquelas que representem ingerência indevida na esfera privada do cidadão;

(d) instrumentar e dar início ao procedimento administrativo tendente à apuração de eventual ocorrência de fato imponível e imputação dos respectivos efeitos;

(e) diminuir o arbítrio do juiz quanto ao critério de apreciação das provas;

(f) evitar dificuldade excessiva na produção de provas;

(g) facilitar ao juiz a decisão das questões de fato, entre outros.

6.4. Finalidade ou valor-fim das presunções

O segundo sentido de valor pragmático nas presunções está no plano dos valores-fim das presunções, ou seja, da validade finalística da norma presuntiva. Cumpre elucidar que, na maioria dos casos, tais regras são orientadas no sentido de:

(i) garantir eficácia à arrecadação;[40]

(ii) evitar evasão fiscal;[41] e

---

40. TOMÉ, Fabiana Del Padre. *A prova no direito tributário*. São Paulo: Noeses, 2005. p. 140.

41. São vários os autores que dizem sobre o uso das presunções para fins de controlar a evasão fiscal. Para Maria Rita Ferragut, a presunção é mecanismo contra fraude à lei fiscal. (*Presunções no direito tributário*. São Paulo: Dialética, 2001. p. 80-81). Para José Artur Lima Gonçalves, as presunções desencorajam os comportamentos do particular, tendentes à evasão fiscal, mas tal critério é extranormativo, não merecendo, na opinião do autor, ser levado em consideração para fins prescritivos de conduta (*Imposto sobre a renda*. Pressupostos constitucionais. São Paulo: Malheiros, 1997. p. 129). Também José Luiz Pérez de Ayla, colocando a repressão da fraude a lei como função

(iii) reduzir os custos na aplicação da lei.[42]

Dos valores descritos acima, colocamos em evidência, num primeiro momento, os dois primeiros enunciados. Falar em *garantir eficácia à arrecadação* mediante presunções, como a própria locução enuncia, é dizer sobre o plano eficacial dessas regras jurídicas. Para muitos, é esta a finalidade que traduz o princípio da praticabilidade, *o qual se manifesta pela necessidade de utilização de técnicas simplificadoras da execução das normas jurídicas*. Segundo Misabel de Abreu Machado Derzi:[43]

> [...] a tipificação e a conceitualização abstrata estão, portanto, relacionadas com o princípio da praticabilidade, o qual se manifesta pela necessidade de utilização de técnicas simplificadoras da execução das normas jurídicas. Todas essas técnicas, se vistas sob o ângulo da praticabilidade, têm como objetivo: evitar a investigação exaustiva do caso isolado, com o que se reduzem os custos na aplicação da lei; dispensar a colheita de provas difíceis ou mesmo impossíveis em cada caso concreto ou aquelas que representem ingerência indevida na esfera privada do cidadão e, com isso, assegurar a satisfação do mandamento normativo.

Com efeito, na temática do valor finalístico das regras presuntivas, a satisfação do mandamento normativo, isoladamente considerado, é deixada de lado quando se requer o alcance dos valores sistêmicos do direito. Evidentemente que, no conflito da orientação geral da ordem tributária e da regra presuntiva, há que fazer prevalecer aquela em detrimento

---

específica em face das quais as presunções e ficções jurídicas tributárias são criadas. (*Las ficciones en el derecho tributario*. Madrid: Editorial de Derecho Financiero, 1970. p. 200).

42. FERRAGUT, Maria Rita. *Presunções no direito tributário*. São Paulo: Dialética, 2001. p. 105.

43. DERZI, Misabel de Abreu Machado. *Direito tributário, direito penal e tipo*. São Paulo: RT, 1988. p. 105.

desta. A previsão abstrata e a tipificação no domínio tributário se submetem a valores e garantias decorrentes dessa ordem, não podendo deixar de ser observadas em nome de uma *arrecadação eficaz*. No campo dos tributos, existem direitos e deveres para ambos os polos componentes da relação jurídica. A praticabilidade não pode se sobrepor aos direitos constitucionalmente estabelecidos ao contribuinte, em especial em planos de tipificação do tributo. De fato, como bem apontou José Artur Lima Gonçalves:

> Uma característica peculiar das presunções em matéria tributária consiste no fato de que, enquanto a presunção em matéria privada, em geral, beneficia uma certa categoria de sujeitos abstratamente considerada, a presunção em matéria tributária é instrumento legal dirigido, quase que invariavelmente, ao objetivo de beneficiar a fazenda pública.[44]

O direito não tutela a Fazenda Pública, enquanto ente tributante, mas os interesses públicos. *Garantir a eficácia da arrecadação* não quer dizer conferir à Fazenda Pública poderes discricionários para tributar e arrecadar como bem entender; muito menos significa que a ela são dados direitos de soberania; quer sim que sejam defendidos os interesses públicos,[45] tenham estes consequências arrecadatórias ou não. Dizemos isso pois, muitas vezes, vamos nos deparar com situações em que, salvaguardando direitos outros que não simplesmente o arrecadar, o interesse público terá sido melhor tutelado.

---

44. GONÇALVES, José Artur Lima. *Imposto sobre a renda*. Pressupostos constitucionais. São Paulo: Malheiros, 1997. p. 129.
45. Segundo Celso Antônio Bandeira de Mello, diz-se interesse público o "espaço preenchível através de objetivos sucessivos e comportamentos encadeados, espaço este que se abre entre os atos (meios) e as finalidades, isto é, a noção de interesse público. A discricionariedade surge maior ou menor, 'ao longo do itinerário conducente ao implemento da finalidade que a lei houver consagrado'" (*Natureza e regime jurídico das autarquias*. São Paulo: RT, 1967. p. 425).

Na segunda hipótese, o intuito de evitar a evasão fiscal é motivo que dá causa ao maior número de presunções[46] no ordenamento. Exemplo claro se acha com o regime do *preço de transferência*, a equiparação de atacadistas e adquirentes de produtos industrializados a industrial, e tantos outros institutos no direito tributário que se utilizam de presunções para controlar as práticas ilícitas. No plano eficacial sem dúvida que tais técnicas são de todo convenientes para o Fisco, pois, de fato, presumindo-se, alcançam-se, pelo sim ou pelo não, as condutas legisladas. Ocorre que, neste tópico, é preciso afirmar não se permitir ao legislador tudo prescrever mediante presunções sob a chancela de evitar a evasão fiscal. Evidente que o direito quer ver impedidos estes atos *contra legem*, a todo momento. E, se isso fosse levado às últimas consequências, o valor finalístico de evitar os movimentos evasivos nada mais seria, no direito tributário, do que verdadeiros cheques em branco ao Fisco para que, *em nome da tutela do interesse público e com o objetivo de evitar os atos fraudulentos*, fossem levados por água abaixo direitos e garantias do contribuinte estabelecidos na Constituição.

Diante disso, temos por certo que o Ente Público, ao prescrever em norma a finalidade buscada por aquela técnica presuntiva, condiciona a validade dos atos dela decorrentes à efetiva realização daquele fim. A presunção, lembremos, justifica-se tendo em vista esta função extrafiscal de controle evasivo. Logo, se usada apenas para agilizar o procedimento

---

46. No direito argentino, esta finalidade se preleciona como uma das mais relevantes e frequentes: "Las más importantes ficciones, presunciones e indicios han nacido en la Argentina, en algunos supuestos, como consecuencia de la evasión originada en la definiciencia del marco jurídico, pero en los casos más importantes – ley 21.858 –, como uma respuesta permanente de la política tributaria a la descontrolada evasión que tiene lugat en el país. De manera tal, se há utilizado dichas técnicas como solución casi única frente a la diversidad de factores que originan la evasión" (NAVARRINE, Susana Camila; ASOREY, Rubén O. *Presunciones y ficciones en el derecho tributario*. Buenos Aires: Depalma, 1985. p. 128).

fiscal, diminuir os custos da Administração, aumentar o volume arrecadatório, sem, contudo, observar aquela finalidade estabelecida pelo legislador-político, convenhamos, sua aplicabilidade perde o propósito para o qual foi produzida, dando espaço a abusos em face dos princípios constitucionais. Portanto, fixado o valor-fim das presunções em lei, há de existir um controle dessa validação teleológica normada, tal como assevera Tercio Sampaio Ferraz Jr.:

> A técnica de validação finalista faz, portanto, do ato discricionário uma norma cuja validade jamais se liberta do juízo de valor do seu emissor. Não lhe bastam, por isso, os requisitos da validade condicional (os requisitos formais da vigência), pois a atuação em vista de um objetivo programado exige um controle também político e em detalhe, de cima a baixo, pois a mera utilização dos meios não significa que deles decorram, necessariamente, os fins colimados. [...] Ou seja, levam-se em conta, dada a impossibilidade de uma impessoalização neutra, o procedimento utilizado, a competência (não jurídica) especializada e, sobretudo, as repercussões para além das consequências puramente jurídicas, pois os seus resultados inesperados não são um mero agravamento possível, mas serão tidos como não justificados.[47]

Diante disso, as presunções fixadas com o intuito de *evitar a evasão fiscal* jamais se libertam desse juízo finalístico de seu emissor (legislador-político). Não lhes bastam, por isso, os requisitos formais, isto é, o procedimento competente para sua inserção no sistema. A regra pode ser perfeita em termos de condicionantes de forma, de linguagem competente, mas isso não é só. Tendo em vista o fim buscado, seu objetivo programado, a regra presuntiva exige também rígido controle de seu valor-fim, não somente no ato ponente da norma, observando se o fim colimado na norma afina-se à perfeição com a própria

---

47. FERRAZ JR., Tercio Sampaio. A relação meio/fim na teoria geral do direito administrativo. *Revista de Direito Público*, São Paulo: RT, ano XV, n. 61, p. 27-33, jan.-mar. 1982.

finalidade do sistema como um todo, mas também em todos os atos que se sirvam daquela como seu fundamento de validade. As finalidades dessas normas devem guardar relação de identidade específica com o objetivo prefixado na regra presuntiva. Portanto, neste tópico, concluímos que a mera utilização dos meios presuntivos não significa que deles decorram, necessariamente, os fins colimados, tal como *evitar a evasão fiscal*. Por este motivo, não só os meios presuntivos devem ser objeto de controle pelo direito, como também a própria finalidade, objetivo último da regra, também deverão ser: ambos fazendo valer os direitos constitucionais do contribuinte, e, bem assim, justificando a adoção da norma presuntiva para fins de tipificação do fato exacional.

Por fim, ao falar *em reduzir os custos na aplicação da lei*, entendemos que é motivo claramente fora do direito, de cunho orçamentário ou financeiro. Há muito já se viu o movimento de separação entre ordem tributária e financeira. Não podemos, agora, nas presunções, assumir finalidade extrajurídica para justificar tributação. O ordenamento existe justamente para salvaguardar direitos e deveres do Fisco e do contribuinte. Não podemos, portanto, tomar como causa os prejuízos dos cofres públicos para, mediante presunções, obter maior fluxo positivo de caixa nas contas do Governo. Seria não somente desconsiderar o texto constitucional, mas também a ordem jurídica como um todo. Sendo universos diferentes, devem manter-se nas proporções de seus limites, ingressando um e outro em domínio alheio quando integrado mediante processo competente e de acordo com as diretrizes daquele sistema que o recupera. O direito jamais pode permitir o ingresso do valor finalístico de *redução de custos* na aplicação da lei tributária para fins de criar tributo mediante presunções. Seria um contrassenso jurídico permitir que o saldo positivo dos cofres públicos prevaleça aos direitos e garantias constitucionais.

Merece consideração um último comentário. No tocante às finalidades das presunções, calha dizer que algumas delas têm caráter peculiar no ordenamento. Sua relevância é tamanha que diz quanto à própria necessidade ontológica de determinadas normas. Assim se sucede com as presunções de validade das normas, de legalidade dos atos públicos, de certeza e liquidez da dívida inscrita: todas presunções de sistema. Maria Rita Ferragut também anunciou este valor sistêmico de certas presunções, sustentando:

> Finalmente, é possível encontrar um número reduzido de presunções criadas não para suprir deficiências probatórias, mas para preservar o interesse público, a estabilidade do sistema e a segurança das relações sociais, tais como as presunções de constitucionalidade das leis e certeza e liquidez da dívida inscrita, estas contidas no artigo 204 do Código Tributário Nacional.[48]

Em resumo, o valor-fim ou finalidade das presunções podem ser observadas, no direito material, como forma de:

(i) preservar a estabilidade do sistema;

(ii) garantir a certeza das relações jurídicas;

(iii) aplicar o princípio da equidade.

Por seu turno, ao modo processual, os valores finalísticos das presunções se acham em menor grau, uma vez que o ambiente do processo é ele mesmo adjetivo ou auxiliar à positivação dos direitos e deveres. Por isso ele se mostra muito mais como sistema-meio do que formulação fim. Com base nessa assertiva, os valores meios das presunções no direito processual surgem em muito maior número que os valores-fim. Todavia, cremos ser possível atribuir ao direito processual ao menos um valor-fim, que é o de realizar o princípio da praticabilidade das regras jurídicas, sem desconsiderar a subsidiariedade das presunções na constituição dos fatos jurídicos tributários e o princípio do contraditório.

---

48. FERRAGUT, Maria Rita. *Presunções no direito tributário*. São Paulo: Dialética, 2001. p. 81.

Em consideração de todo o exposto, é preciso enfatizar que as finalidades das presunções podem ser entendidas sob diversos pontos de vista: como valor-meio ou finalidade imediata e, assim sendo, mais próximas do conceito de *função* (fiscalista); ou como valor-fim, também dito finalidade mediata ou função extrafiscal, que estatui as finalidades propriamente ditas.

Na dicotomia da *função* fiscalista – valor-meio – e *finalidade* extrafiscalista – valor-fim – das presunções, podemos subdividir seus propósitos jurídicos em, de um lado, dizendo que são criadas para (i) simplificar a arrecadação, (ii) favorecer a tarefa de fiscalização, (iii) simplificar a gestão tributária como um todo; de outro, como mecanismos (a) contra ou em repressão à fraude à lei fiscal, prescritos para desencorajar os comportamentos do particular, tendentes à evasão fiscal, (b) preservadores do interesse público – sem que isso seja lido na forma de benefício integral à fazenda pública, mas, sim, como vantagem ao sistema jurídico tributário constitucionalmente estabelecido –, (d) ou mesmo do interesse social, isto é, da segurança das relações sociais, (e) de concessão de benefícios fiscais, e outras tantas finalidades que se queira delinear no sentido de buscar, mediante presunções, objetivo outro que não somente o arrecadatório.

Capítulo 7
CLASSIFICAÇÃO E ESPÉCIES DE PRESUNÇÃO

Neste capítulo, pretende-se em primeiro lugar expor o que é classificação e a importância da escolha do critério tomado como referência para se classificar e depois dizer sobre as espécies de presunção. Com tal introito quer se afirmar que inexiste classe mais certa ou errada, mas sim com maior ou menor consonância em face do sistema adotado; mais ou menos utilidade para os fins descritivos do hermeneuta. E aquele que lograr persuadir, com poder retórico mais consistente, que esta ou aquela classificação se mostra mais coerente ou útil para os fins científicos buscados, obterá a recompensa de ver alguma aplicabilidade prática em seus propósitos classificatórios dentro de sua teoria.

A empresa pede que se faça breve apanhado histórico, relevando, nas classificações tradicionais das presunções, os critérios adotados e as consequências epistemológicas do resultado deste trabalho. Com base nisso, ponderemos os pontos positivos e negativos de cada uma dessas atitudes classificatórias. Feitas essas considerações, o momento subsequente pedirá a revelação de novos critérios classificatórios tendo em vista a ordem epistêmica construída anteriormente, afinal a cada novo sistema de referência haverá uma necessidade premente de se apresentarem outros critérios para organizar os conjuntos de acordo com as imposições que aquela postura exegética de sistematização sugere.

7.1. Classificação e generalização

Classificar é separar os objetos em classes, distribuindo-os segundo o critério distintivo escolhido.[1] Aponta-se para uma característica e, pelas operações de asserção e negação, os termos são organizados em grupos e subgrupos. E o mesmo processo pode se repetir infinitamente. Com tal atitude, ao mesmo instante em que os objetos são classificados, eles vão ganhando novas qualidades e os seus conceitos vão adquirindo contornos mais definidos. Conceituar, qualificar e classificar são operações lógicas intimamente interligadas, na medida em que todas têm por resultado a delimitação precisa do contorno semântico da palavra.

Em termos lógicos, contudo, classificar é dividir. Com efeito, toda escolha de um critério conotativo ou denotativo implica uma separação: aqueles que se apresentam com o elemento distintivo (p ≡ proposição) e aqueloutros que não o têm (n-p ≡ não-proposição). Jurista de muitas lições, Paulo de Barros Carvalho, em seu artigo *O absurdo da interpretação econômica do "fato gerador"*, é incisivo:

> A demarcação do objeto implica a delimitação do corte de sua classe e, ao traçar esses limites, o exegeta obtém como resultado indireto a formação do conjunto dos fatos que não se qualificam como tal. Trata-se de singela construção resultante da lógica pois, no universo das proposições normativas, "p" (proposição) é diferente e oposto de "n-p"

---

1. Para Paulo de Barros Carvalho: *"Classificar é distribuir em classes; é dividir os termos segundo a ordem da extensão ou, para dizer de modo mais preciso, é separar os objetos em classes de acordo com as semelhanças que entre eles existam, mantendo-os em posições fixas e exatamente determinadas com relação às demais classes"* (IPI – Comentários sobre as regras gerais de interpretação da Tabela NBM/SH (TIPI/TAB). *Revista Dialética de Direito Tributário*, São Paulo: Escrituras, n. 12, p. 48, 1998).

(não-proposição), impedindo a quem se dispõe conhecer o sistema incluir a classe "n-p" dentro do conjunto "p". São categorias que tomam o mesmo universo mas que não se entrecruzam.[2]

Classificando, separamos o inseparável, ressaltamos características isoladamente consideradas, recortamos o objeto e, entre as múltiplas formas com que ele pode aparecer aos nossos olhos, optamos por um específico ponto de vista, formando sua classe. Os conjuntos instituem, pois, uma realidade artificialmente criada, de tal modo que é preciso manter vivo em mente que *os objetos classificados existem; as classes de objetos, não*.[3]

E, nesta atitude classificatória, vamos emitindo proposições sobre, na forma de conjuntos, conhecendo os objetos e suas relações com outros, aproximando-os ou dissociando-os entre si. Partimos do pressuposto de que o conhecimento sempre se opera mediante construções linguísticas. Dessa maneira, quanto mais se fala sobre determinada coisa, *enunciando sobre*, mais a conhecemos. É o ser humano, ou melhor, o intelecto, que produz os objetos que conhecemos. E o faz mediante linguagem. Classificando, vamos dando nomes às coisas: chamamo-las de forma mais geral e genérica ou mais particular e específica, mas denominando-as. Diante desse quadro, convém destacar a classificação como fato cultural per si, e gerativa de sentido.[4] Corolário inevitável desse pensamento é

---

2. O absurdo da interpretação econômica do "fato gerador". Direito e sua autonomia – O paradoxo da interdisciplinaridade. *Revista de Direito Tributário*, São Paulo: Malheiros, n. 97, p. 13, 2007.

3. VILANOVA, Lourival. *Causalidade e relação no direito*. 4. ed. São Paulo: RT, 2000. p. 145.

4. Di-lo também Paulo de Barros Carvalho: "Do mesmo modo, as classificações, como as atribuições de nomes para identificação dos seres individuais, não são coisas que estão na natureza, mas fatos culturais que, por isso mesmo, escapam da dualidade verdadeiras ou falsas" (IPI – Comentários sobre as regras gerais de interpretação da Tabela NBM/SH (TIPI/TAB). *Revista Dialética de Direito Tributário*, São Paulo: Escrituras, n. 12, p. 43, 1998).

que ali onde houver linguagem, estando ela em qualquer função, a realidade será concebida mediante classes e conjuntos.

Não há conhecimento pleno entre sujeito e objeto (empírico). Isso é certo. Agora, quando o saber integral é assumido como relação entre linguagens ou entre significações, como imposição desta assertiva admitiremos haver sempre a possibilidade de novas formas de sentido, novas associações semânticas. Nesta esteira, do mesmo modo que o conhecimento é infinito, de forma que poderemos sempre emitir novas proposições sobre; a faculdade de estabelecer classes novas é também ilimitada.[5] Existindo qualquer diferença que seja entre uma coisa e outra, seja ela primária ou secundária, já se torna possível proceder à atitude classificatória, atribuindo outros nomes às coisas, especificando-as no mundo segundo essa característica sobressaltada.

Por outro lado, vale lembrar que a atividade de separar os objetos em conjuntos não ocorre de qualquer modo, devendo cumprir quatro imposições, resumidas por Paulo de Barros Carvalho:

> São elas: 1) A divisão há de ser proporcionada, significando dizer que a extensão do termo divisível há de ser igual à soma das extensões dos membros da divisão. 2) Há de fundamentar-se num único critério. 3) Os membros da divisão devem excluir-se mutuamente. 4) Deve fluir ininterruptamente, evitando aquilo que se chama "salto na divisão".[6]

Se tentarmos outro trajeto para imaginar a exegese da teoria das classes, esta perderia o caráter organizacional que tem. Repise, por oportuno, que a boa classificação pede limites

---

5. "Toda classe é susceptível de ser dividida em outras classes. É princípio fundamental em Lógica que a faculdade de estabelecer classes é ilimitada enquanto existir uma diferença, pequena que seja, para ensejar a distinção" (IPI – Comentários sobre as regras gerais de interpretação da Tabela NBM/SH (TIPI/TAB). *Revista Dialética de Direito Tributário*, São Paulo: Escrituras, n. 12, p. 43, 1998, p. 54.)
6. Idem, ibidem, p. 55.

que se ajustam aos propósitos classificatórios. Em outras palavras, que, mediante operação lógica demarcatória, faça valer a ideia de equidade em cada uma das espécies do conjunto. Está no bom cumprimento dessas quatro imposições o contorno ajustado do conceito ao seu sistema de referência e a boa definição do objeto.

7.2. Sobre a diferença específica

O gênero é composto por várias unidades de sentidos é formado de diversas espécies que se distinguem uma das outras a despeito de pertencerem todas à mesma classe. Em planos semânticos, o gênero que denotar mais predicados abrange maior porção de objetos, fazendo deles suas espécies. A espécie, por outro lado, conota mais que o gênero, pois não somente é composta por todos os atributos denotados pelo conjunto, mas também por um *algo a mais* que a particulariza perante as outras unidades do grupo: sua diferença específica.[7] Do gênero à espécie há verdadeiro enriquecimento semântico, preenchendo-se o objeto de especificidades que o tornam individual perante o todo. Pensar na existência de espécies dentro de um gênero nada mais é que localizar num conjunto as diferenças específicas que caracterizam um subgrupo dentro de um domínio que lhe engloba numa unidade maior.

A cada característica ressaltada de um objeto de uma classe, uma nova distinção entre este e todos os outros pertencentes ao conjunto; a cada nova distinção, uma consequente separação em subgrupos; a cada novos subconjuntos, criam-se novos objetos. Dito de outro modo, o elemento individualizador

---

7. Vem a ponto a síntese de Paulo de Barros Carvalho: "'*diferença específica*' é o nome que se dá ao conjunto das qualidades que se acrescentam ao gênero para a determinação da espécie, de tal modo que é lícito enunciar: *a espécie é igual ao gênero mais a diferença específica (E = G + De)*" (IPI – Comentários sobre as regras gerais de interpretação da Tabela NBM/SH (TIPI/TAB). *Revista Dialética de Direito Tributário*, São Paulo: Escrituras, n. 12, p. 54, 1998).

ou a diferença específica é o nome que se dá à(s) qualidade(s) que identifica(m) as espécies entre si, ressaltando aquilo que elas têm de peculiar.

Toda diferença específica é elemento suficiente para proceder à nova subdivisão entre os elementos do grupo. Assim, quanto mais diferenças específicas forem encontradas, melhor determinado estará o objeto e melhor o intérprete o conhecerá. E o atributo relevante pode ser admitido como um só ou como um somatório que, restringindo o número de objetos dentro da classe, ao mesmo tempo faz sobressaltar as suas particularidades, a tecnicidade com que eles são chamados, atribuindo-os de um *quantum* de artificialidade ou mesmo um significado artificial.

Com tais palavras introdutórias, iremos percorrer as diversas classificações das presunções em direito, ressaltando em cada etapa os critérios adotados para cada classe. Ao levantar o elemento distintivo antes mesmo de dizer sobre o conjunto proposto, evidenciamos o caráter metodológico de toda a classificação e, em especial, a importância da pertinencialidade da *diferença específica* adotada. De fato, somente após dizer sobre o critério escolhido e justificar ou criticar sua adoção é que poderemos prosseguir na análise da classe das presunções. Está no critério admitido a razão de ser da classe. A aplicabilidade desta em termos epistemológicos depende daquela, uma vez que é neste elemento individualizador que identificaremos a utilidade da classificação proposta. Vejamos nas várias classificações sobre presunções as que resistem a uma análise mais séria.

7.3. Critérios adotados nas classificações tradicionais

Vem a ponto dizer algo sobre os critérios utilizados pela doutrina tradicional na classificação das presunções. Repisemos, mais uma vez, que não há classificação certa ou errada, apenas aproximações mais ou menos úteis para nosso sistema de referência; mais ou menos aplicáveis para a concepção teórica proposta neste trabalho.

Como pudemos relevar anteriormente, as presunções são fenômenos jurídicos complexos que, num só tempo, querem significar o raciocínio lógico, a norma jurídica, os efeitos prescritivos que geram no sistema, entre outras coisas já citadas nos capítulos anteriores. É bem verdade que nelas há tudo isso, nas mais variadas combinações. Ao adotarmos as concepções linguísticas, por outro lado, com o seu poderoso poder de explicar o fenômeno comunicacional do direito, pudemos sobressaltar aspectos que até então eram desapercebidos pela doutrina tradicional. Não por incompetência ou inaptidão, longe disso; mas simplesmente por não adotarem o ponto de partida da teoria da linguagem e, com isso, deixando de lado ou para fora de seu sistema dogmático, as imposições linguísticas compositivas do direito, enquanto realidade constituída mediante linguagem e realizada na forma de atos comunicacionais. Falemos sobre todas essas classificações tradicionais, mediante identificação e crítica dos critérios adotados e ressaltando os motivos pelos quais não as adotaremos ou as admitiremos com ressalvas.

7.3.1. Classificação quanto à previsão legal expressa

A primeira atitude classificatória admitida pela doutrina tradicional toma como qualidade distintiva a condição de ser o enunciado expresso ou não em lei, de tal modo que, no universo das proposições presuntivas, figuraria como diferença específica a qualidade de *ser expressa em lei*. Seriam da seguinte forma representada:

"P . (e)" ≡ (Proposição presuntiva . expressa em lei)

"P . (-e)" ≡ [Proposição presuntiva . (não . expressa em lei)]

No primeiro conjunto, chamam-se as unidades pertencentes à classe de *presunção legal* ou *iuris*; as que compõem o segundo grupo são as mal trajadas pelos termos *presunção comum, humanas* ou *hominis*. Segundo a doutrina tradicional, estas últimas seriam tão só raciocínio humano a partir da observação empírica, produzindo efeitos jurídicos porque pensadas por agente competente para inserir normas no sistema.

Vale citar a propósito a forma com que a matéria é normalmente oferecida. Nas palavras de Rubens Gomes de Sousa: "As presunções resultam do raciocínio ou são estabelecidas por lei que substitui sua própria razão à razão humana. Daí, classificarem-se em presunções *hominis* ou humanas, e presunções legais".[8]

Alfredo Augusto Becker, por seu turno, assim explicita a matéria: "quando, baseando-se no fato conhecido cuja existência é certa, impõe a certeza jurídica da existência do fato desconhecido cuja existência é provável em virtude da correlação natural da existência entre êstes dois fatos".[9]

Moacyr Amaral dos Santos[10] distingue as duas figuras, asseverando: "as presunções ou são o resultado do raciocínio ou são estabelecidas pela lei, a qual raciocina pelo homem". José Artur Lima Gonçalves,[11] estatuindo sobre o tema, sustenta:

> Tanto na presunção legal quanto na presunção simples liga-se um fato desconhecido a um fato conhecido, só que essa relação entre os fatos tem origem diversa; na primeira, a legal, a causa da vinculação fatos conhecido/desconhecido está na lei, ao passo que na segunda, a simples, a vinculação é deferida ao prudente critério do juiz.

Dos tempos mais atuais, tomemos as palavras de Luciano Amaro,[12] que, por sua vez, apresenta o tópico afirmando que: "as presunções dizem-se *legais* (ou *de direito*), se definidas

---

8. SOUSA, Rubens Gomes de. Um caso de ficção legal no direito tributário: a pauta de valores como base de cálculo do ICM. *Revista de Direito Público*, São Paulo: RT, n. 11, p. 23, 1970.

9. BECKER, Alfredo Augusto. *Teoria geral do direito tributário*. São Paulo: Saraiva, 1963. p. 463.

10. SANTOS, Moacyr Amaral. *Prova judiciária no civil e no comercial*. 3. ed. São Paulo: Max Limonad, 1968, v.5. p. 368.

11. GONÇALVES, José Artur Lima. *Imposto sobre a renda*. Pressupostos constitucionais. São Paulo: Malheiros, 1997. p. 128.

12. AMARO, Luciano. *Direito tributário brasileiro*. 14. ed. São Paulo: Saraiva, 2008. p. 274.

em lei, e *humanas*, se estabelecidas pelo raciocínio humano, a partir da observação empírica, [...]". Por oportuno, em seguida faz a ressalva em nota de rodapé, num tom de incongruência: "Em rigor, as presunções ditas *legais* ou de *direito* também decorrem de uma apreciação *do homem*, enquanto *legislador*".[13] Vejamos separadamente como ocorre esta aproximação corriqueira.

7.3.1.1. Presunção comum, hominis ou humana

Instituto trazido do direito romano, presunção comum, simples, *hominis*, humana ou de fato é aquela que se assume como *praesumptio facti vel hominis* ou *presunção de fato*. São entendidas nos mais variados sentidos, como: (i) associações presuntivas que são deixadas ao livre-arbítrio do juiz; (ii) meio de prova; (iii) atividade do intérprete, do juiz, ao examinar as provas; (iv) resultado do raciocínio do julgador; entre tantas outras acepções admitidas. Representam nesta ótica tradicional verdadeiro princípio de prova, segundo o qual o enunciado de difícil comprovação probatória deverá ser complementado com outros fatos e presunções.

Para Clóvis Beviláqua, "é a que se funda naquilo que, ordinariamente, acontece. É admissível nos casos, em que o é a prova testemunhal". Já Pontes de Miranda completa:

> A presunção *hominis* não é meio de prova, nem dá motivo de prova. É atividade do intérprete, do juiz, ao examinar as provas. [...] Presunções simples ou de fato são assunções para além dos dados da prova, feitas ao contacto com fatos (presunções *facti*), pelo juiz, como homem (presunções *hominis*). É a experiência dele, derivadas do que sabe sobre as coisas, das suas relações de coexistência ou de causação, ou de duração, ou de localização, que as estabelece; não os próprios motivos de prova. [...].

---

13. AMARO, Luciano. *Direito tributário brasileiro*. 14. ed. São Paulo: Saraiva, 2008. p. 274.

Por sua vez, Paulo Bonilha[14] define-as como "o resultado do raciocínio do julgador, que se guia nos conhecimentos gerais universalmente aceitos e por aquilo que ordinariamente acontece para chegar ao conhecimento do fato probando". José Eduardo Soares de Melo[15] afirma-as como "resultado de um processo lógico, mediante o qual, do fato conhecido, cuja existência é certa, infere-se o fato desconhecido ou duvidoso, cuja existência é provável". Em resumo, tais enunciados são avocados como aquele expedido pelo aplicador em decorrência de um raciocínio ou processo lógico de onde se admite por um fato desconhecido outro conhecido pelo exegeta.

7.3.1.2. Presunção legal ou iuris

Fazendo o contraponto com a presunção humana, as presunções de direito, legais ou *iuris*, são observadas enquanto prescrições estabelecidas em lei, isto é, são enunciados expressos no texto legal. Podem vir como (i) consequência da lei; (ii) verdade jurídica imposta pela lei; (iii) conteúdo de regras jurídicas; (iv) forma escolhida pelo legislador para exprimir um conceito jurídico; (v) antecedente da norma; (vi) relação jurídica; entre outros sentidos.

Sobre o assunto, rememoremos o pensamento de Pontes de Miranda[16] para quem:

> A [...] presunção legal (*presumptio iuris*) [...], em vez de meio de prova, é o conteúdo de regras jurídicas que estabelecem a existência de fato jurídico (e. g. direito), sem que se possa provar o contrário (*presumptiones iuris et de iure*, presunções

---

14. BONILHA, Paulo Celso B. *Da prova no processo administrativo tributário.* 2. ed. São Paulo: Dialética, 1997. p. 92.

15. MELO, José Eduardo Soares de. *ICMS teoria e prática.* 7. ed. São Paulo: Dialética, 2004. p. 141.

16. PONTES DE MIRANDA. *Tratado de direito privado.* São Paulo: RT, 1983. t. III, p. 420.

legais absolutas), ou enquanto não se prova o contrário (presunções legais relativas). Tais presunções se distinguem, portanto, das presunções meios de prova, *presumptiones facti* ou *hominis*, e das normas legais sobre provas, que fixam a força probatória do meio de prova.

Ressalta-se, por oportuno, a contradição em que entra o referido jurista relacionando este texto com aquele citado no item anterior. Em seu *Comentários ao Código de Processo Civil*, afirma peremptoriamente que *presumptiones facti* ou *hominis* não são meio de prova, e, agora, as assume enquanto tal para distingui-las das presunções legais. Ora, com qual sentido ficamos? É o que buscaremos explicar mais à frente.

Alfredo Augusto Becker[17] excele na precisão e no teor científico que imprime ao estudo do direito tributário:

> Na presunção, a lei estabelece como verdadeiro um fato que é provavelmente verdadeiro. A verdade jurídica imposta pela lei, quando se baseia numa provável (ou certa) falsidade é ficção legal, quando se fundamenta numa provável veracidade é presunção legal.

E continua:

> A regra jurídica cria a *presunção legal*, quando, baseando-se no fato conhecido cuja existência é certa, impõe a *certeza jurídica* da existência do fato desconhecido cuja existência é *provável* em virtude da correlação natural de existência entre estes dois fatos.[18]

Disso tudo resta claro que a doutrina tradicional entende a presunção legal como norma jurídica que estatui a verdade deôntica de um fato desconhecido com base em outro fato conhecido.

---

17. BECKER, Alfredo Augusto. *Teoria geral do direito tributário*. 4. ed. São Paulo: Noeses, 2007. p. 539.
18. Idem, ibidem, p. 539.

7.3.1.3. Razão da inadmissibilidade do critério proposto

Cabe repisar que, segundo doutrina assumida neste trabalho, não poderíamos proceder à tal distinção da forma como estabelecida. Com base nas premissas neopositivistas, tudo é fruto do raciocínio, pois a linguagem, articulada pelo homem, é constitutiva do mundo em si mesmo considerado. Logo, sem linguagem, sem ser humano, nada se conhece e nada acontece em termos jurídicos. Fechados as parênteses e transportando o pensamento para a análise ora empreendida, uma vez estabelecida a lei, não cabe afirmar que inexiste raciocínio. Mesmo nas presunções legais teremos exercício da razão em momento posterior pelo intérprete do texto legal, pelo aplicador do direito, que, somente por meio dele, fará positivar a norma mediante sua enunciação em linguagem competente. Logo, o raciocínio presuntivo está tanto nas presunções produzidas pelo legislador quanto nas enunciadas pelo aplicador. Do mesmo modo, o caráter legal encontra-se em todas as presunções, afinal, se a ordem posta só cria realidade mediante norma, nenhuma presunção refoge a esta regra, devendo vir enunciada em linguagem proposicional competente. Sendo assim, toda presunção é também legal.

7.3.2. Classificação quanto à força probatória

As presunções caracterizadas como *absolutas*, *relativas* e *mistas* tomam por critério (i) *força probatória* e (ii) *definitividade da realidade jurídica construída*. A presunção absoluta é tida por previsão legal expressa, que, por meio da dedução, estabelece a verdade do fato definitivamente, *ainda que haja prova em contrário*. A presunção relativa, por sua vez, é observada como constitutiva da verdade do fato *enquanto não se prova o contrário*, motivo pelo qual é-lhe sempre admitido produzir contraprova para desfazer a qualificação do fato. E a mista comparece como a presunção que pode ora ser absoluta, ora ser relativa, mas sempre lhe sendo determinadas em lei as formas probatórias específicas para se presumir.

7.3.2.1. *Presunção absoluta ou jure et jure (iuris et de iure)*

Os efeitos mais imediatos das presunções acontecem no tocante ao campo processual probatório. Sua força probatória é tamanha que nem ao juiz caberá desconsiderá-la na positivação do direito no caso em concreto. É a lei quem dita a *verdade* do fato, instituindo-o de forma vigorosa no sistema a ponto de inadmitir prova em contrário. Di-lo Arruda Alvim:

> Nas absolutas, desde que provado pelo beneficiário o fato base ou auxiliaram a inferência legal terá que ser necessariamente extraída, não restando **possibilidade alguma de o juiz deixar de atender à presunção**, ou seja, **o fato presumido haverá de ser reputado verdadeiro**. Justamente por isso **não poderá a parte contrária provar contra a presunção absoluta**, isto é, contra o resultado da presunção absoluta[19] (grifos nossos).

Este grande processualista lembrou com sutileza de análise que a presunção absoluta não significa ausência de atividade probatória. Prova, enquanto linguagem competente, sempre ocorrerá para constituir validamente o fato jurídico. Contudo, com as presunções absolutas, o objeto da prova pode se deslocar para o fato auxiliar ou enunciado presuntivo de base, como bem anotou o jurista mais adiante:

> É certo, todavia, que a parte que vai sofrer o efeito inamovível de veracidade de fato presumido absolutamente deve **direcionar seus esforços no que respeita à demonstração da inocorrência do fato auxiliar ou base**. A atividade probatória, portanto, cifrar-se-á em torno do fato que leva à presunção absoluta. Se a parte conseguir provar não ter ocorrido o fato base, *ipso facto*, não poderá ser invocada a presunção[20] (grifos nossos).

Clóvis Beviláqua, citando João Monteiro, entende-as como forma específica de positivação em lei de conceitos jurídicos, tamanha sua força constitutiva:

---

19. ARRUDA ALVIM, J. M. *Manual de direito processual civil*. 3. ed. São Paulo: RT, 1986. v. 2, p. 400-401.
20. Idem, ibidem, p. 400-401.

Presumpção legal absoluta (*juris et de jure*) é a consequência que a lei, expressamente, deduz de certos actos ou factos, **estabelecendo-a como verdade, ainda que haja prova em contrário**, como o caso julgado. Observa, com razão, João Monteiro, que tal presunção é, antes, "a **fórma escolhida pelo legislador para exprimir um conceito jurídico**"[21] (grifos nossos).

No campo tributário, Alfredo Augusto Becker, na dicotomia direito adjetivo/direito substantivo, reforçou a ideia de que as presunções não são normas probatórias, mas proposições prescritivas de direitos e deveres: "A presunção *juris et de jure* não é regra de prova de direito adjetivo, mas **regra dispositiva ou imperativa de direito substantivo**"[22] (grifos nossos).

Ainda, Luciano Amaro a identifica como um enunciado de probabilidade com maior carga axiológica atribuída pelo sistema jurídico, obtido por consequência o impedimento de produção de prova em contrário: "Na presunção absoluta, a consequência do fato conhecido é provável, embora passível de dúvida, mas a **lei valoriza a probabilidade e recusa a prova em contrário**"[23] (grifos nossos).

Em razão de todos esses efeitos jurídicos acima enunciados, que dão maior estabilidade e certeza jurídica à norma presuntiva, as presunções absolutas, tradicionalmente emparelhadas às ficções jurídicas, foram entendidas por Rubens Gomes de Sousa como inadmissíveis no direito tributário.[24]

---

21. BEVILÁQUA, Clóvis. *Código Civil dos Estados Unidos do Brasil comentado*. Editora Rio, 1940, p. 400.

22. BECKER, Alfredo Augusto. *Teoria geral do direito tributário*. 4. ed. São Paulo: Noeses, 2007. p. 558.

23. AMARO, Luciano. *Direito tributário brasileiro*. 14. ed. São Paulo: Saraiva, 2008. p. 274.

24. São as suas palavras: "*a presunção absoluta e a ficção legal não se aplicam ao direito tributário* ou, pelo menos, à determinação dos elementos definidores das obrigações por ele reguladas, entre os quais, como vimos, está a base de cálculo". SOUSA, Rubens Gomes de. Um caso de ficção legal no direito tributário: pauta de valores como base de cálculo do ICM. *Revista de Direito Público*, São Paulo: RT, n. 11, p. 19, 1970.

7.3.2.2. Presunção relativa ou juris tantum (iuris tantum)

As presunções relativas ou *júris tantum*, por sua vez, ostentam a alterabilidade própria dos enunciados jurídicos comuns. São passíveis de ser modificadas quando existente prova em contrário. Muitos a entendem como regra de inversão do ônus de provar, como o faz Vicente Greco Filho:

> Em sendo a presunção relativa, a parte em favor de quem milita a presunção não precisa prová-lo, incumbindo à parte contrária o ônus de produzir, se for o caso, a prova contrária. **A presunção relativa inverte o ônus da prova**[25] (grifos nossos).

Arruda Alvim não as assume como técnica que modifica o ônus probatório. Para ele, ambas as partes ficam na incumbência de provar o fato base ou o fato auxiliar. Quaisquer dos lados podem produzir enunciado probatório que desconfirma a existência do fato presumido, desconfirmação esta permitida pelo direito. É a síntese do autor:

> Nas presunções relativas, desenvolve-se atividade probatória – tal como em face das absolutas – tendo em vista o fato auxiliar ou fato base. Tanto aquele que é o possível beneficiário da presunção relativa, quanto seu antagonista, devem envidar esforços para evidenciar a ocorrência ou a inocorrência do fato base. Se, todavia, ficar comprometida a ocorrência do fato base, e, portanto, aquele que é o beneficiário de tal circunstância ficar numa situação privilegiada, pois, se deverá ter afinal, e, em princípio, como verídico o fato presumido, nem por isto terá, todavia, a seu favor, uma situação indestrutível. E isto porque a atividade probatória do seu adversário poderá se dirigir à comprovação de que, apesar de provado o fato auxiliar ou base, ainda assim, o fato presumido inocorreu. **A presunção relativa, portanto, leva a que, mesmo evidenciado o fato base ou**

---

25. GRECO FILHO, Vicente. *Direito processual civil*. 16. ed. São Paulo: Saraiva, 2003. v. 2, p. 183.

auxiliar, admita-se prova de inocorrência do fato presumido, atividade certamente, a cargo daquele que sofrerá os efeitos legais desfavoráveis decorrentes, *ex lege*, da existência do fato presumido[26] (grifos nossos).

7.3.2.3. Presunção mista ou qualificada

Junto a esses dois tipos normativos acima explanados geralmente coloca-se ou se associa a presunção chamada mista. Tendo em vista a *forma probatória* prescritiva em lei, novo atributo distintivo, a classificação toma por base outra diferença específica. Parte-se da mesma classe-base – proposição presuntiva expressa em lei – e procede-se à subdivisão, formando três grupos: (i) aqueles que inadmitem nenhum modo probatório, presunção absoluta; (ii) por oposição simétrica, outros que permitem qualquer forma de prova, presunção relativa; e intermediando as duas, (iii) os tipos presuntivos que só são viáveis quando provados segundo as maneiras preceituadas na lei, presunção mista. Vale dizer que essas últimas podem ter efeitos probatórios absolutos ou relativos, conforme previsão legal, a despeito de vir em regra com força constitutiva relativa.

A presunção mista, ou também conhecida por presunção qualificada, é entendida como aquele procedimento presuntivo que, de um lado, comumente admite prova em contrário, mas poderá vir prescrita inadmitindo prova; e, de outro, somente na forma determinada em lei. Entra neste conceito, por exemplo, o enunciado do art. 340 do antigo Código Civil.

7.3.2.4. Razão da inadmissibilidade do critério proposto

Bem se vê que entre presunção absoluta, relativa e mista há dois atributos tomados em nota ou duas diferenças específicas

---

26. ARRUDA ALVIM, J. M. *Manual de direito processual civil*. 3. ed. São Paulo: RT, 1986. v. 2, p. 400.

passíveis de serem usadas para fins de organização das classes e subconjuntos. Tais critérios, contudo, devem sempre vir explicitados, pois – rememoremos – uma boa classificação pede um e somente um elemento por operação classificatória. O rigor metodológico na base do procedimento de determinação dos conjuntos objetais requer esta atitude. A subdivisão em classes é infinita, como bem observamos anteriormente. Logo, é perfeitamente possível tomar os critérios *força probatória* e *forma da prova* para organizar os tipos de presunção expressa em lei em absoluta, relativa ou mista, desde que a adoção de cada um desses caracteres seja feita em momentos epistemológicos diversos. Repise-se que há duas posturas exegéticas aqui, razão pela qual há necessidade de reservar instantes hermenêuticos distintos para cada um deles. Assim não se procedendo, perde-se todo o instrumental lógico das classificações, resultando em definições truncadas, sem rigor e descompassadas com um discurso que se pretende sério e científico.

Ademais, o critério de *definitividade* adotado para esta classificação também não é procedente, uma vez que o direito positivo, a despeito de prever hipóteses para dar definitividade às relações intersubjetivas em prol da segurança jurídica, não coloca na figura da presunção esta qualidade, e sim em outros institutos que versem sobre este tema, tal como a coisa julgada, a decadência, a prescrição, princípio da irretroatividade, etc. Posto isto, este elemento dissociativo é improcedente para classificar as presunções, sendo na forma como admitida a classificação inapta para se diferençarem as presunções no direito.

Feitas as elucidações necessárias dos tipos presuntivos usualmente empregados e esclarecidas as razões de sua inadmissibilidade neste empreendimento, urge, neste momento, apresentar novos critérios classificatórios que se adéquem às premissas deste trabalho e possibilitem um melhor conhecimento da figura das presunções no direito tributário, segundo as concepções aqui empregadas.

Capítulo 8
NOVOS CRITÉRIOS CLASSIFICATÓRIOS PROPOSTOS

Desenhado o panorama tradicional das classificações e espécies de presunção no direito, iremos agora estabelecer novas formas distintivas das presunções entre si, admitindo-as e propondo-as com apoio na teoria da linguagem e de acordo com as imposições epistemológicas do construtivismo lógico-semântico.

Os novos critérios propostos abaixo tomam em nota o fenômeno presuntivo como um todo, observando a construção dos enunciados desde as percepções sensitivas do exegeta até o ato ponente de norma, transfigurando aquela atitude decisória intrassubjetiva em linguagem jurídica, na forma de enunciado prescritivo de direito e, portanto, como ato intersubjetivo. A assunção do direito como fenômeno comunicacional, especialmente na temática das presunções, pede este nível de detalhamento, pois, mesmo quando ocorrido fora do universo jurídico, o raciocínio presuntivo se revela na forma de norma, e somente nela: como enunciado-enunciado ou como marcas de enunciação. Com efeito, podemos até cindir o inseparável procedendo a cortes e mais cortes, contudo o problema se faz presente quando nesse recortar fique reduto incompreensível. Assim acontecendo, o corte vai além do permitido, impedindo o conhecimento do objeto.

Partimos do pressuposto de que o direito é constituído essencialmente de norma, mas esta é tomada aqui enquanto texto. É justamente em face desse caráter linguístico da proposição jurídica o motivo de ser imprescindível reputar o fenômeno de construção das presunções na sua dimensão textual. O texto, como resultado ou ato-fim da enunciação, depende de seu contexto gerativo de sentido, entendido este último como, num só tempo, o procedimento em sentido amplo, a comunicação em si, o momento histórico, a realidade em que se insere o exegeta e todas as outras formações contextuais que compõem o contorno da estrutura da própria estrutura do texto. Não há texto isolado de seu processo comunicacional. O conhecimento desta forma linguageira de ser pede essas considerações de ordem fenomenológica, sem as quais a presunção ficaria reduzida ao inexplicável, a uma realidade diminuída à sua metade.

No quadro conceitual das presunções, o processo é aquilo que institui o sentido plural desses enunciados. Logo, é impraticável deixar de considerá-lo no âmbito classificatório. A complexidade do raciocínio impede que se proceda ao corte dos atos cognitivos pré-jurídicos que lhes dão fundamento. Estes, a propósito, ingressam no enunciado jurídico e juridicizam-se na forma de enunciação-enunciada, adquirindo relevância impositiva. E a assertiva requer a lembrança de que as presunções são sempre mecanismos de exceção, colocados no direito por questões de ordem essencialmente pragmática. Sua qualidade excepcional é justamente aquilo que pede a assunção do processo como um todo, impedindo o corte arbitrário naquilo tudo que produz sentido virtual ao enunciado. Posto isto é que daremos a importância devida a critérios que se mostram para o direito como enunciado-enunciado, sem todavia deixar de considerar aqueloutros que só aparecem na forma de enunciação-enunciada. Partindo das estruturas presuntivas, mediante a teoria da linguagem, iremos além e aquém delas, redimensionando-as em planos científicos rigorosos.

8.1. Classificação quanto à relação estrutural com o sistema

Já antecipamos que existem determinadas presunções que assumem papel de tal maneira relevante na edificação do *ser sistema do direito* que se relacionam de forma estrutural com ele. São requisitos de *performance*, de efetividade ou de eficacidade das normas jurídicas e do ordenamento como um todo. Foram instituídas na ordem posta por imposições de ordem pragmática, sem as quais o ordenamento seria verdadeiro caos. Outras, porém, encontram-se num degrau abaixo de importância, são relevantes também, pois produzentes de sentido deôntico, mas não estão em vínculo estrutural com o direito.

8.1.1. Presunção jurídica de sistema ou presunção sistêmica

As presunções que funcionam como verdadeiros princípios pragmáticos serão por nós chamadas *de sistema* ou, simplesmente, *sistêmicas*. São enunciados pressupostos em toda norma jurídica, como necessidade de ordem ontológica do direito. Tais preceitos presuntivos são admitidos desde já, no nascimento da norma, válidos até que se faça prova em contrário. Portanto, são da ordem *juris tantum*, motivo pelo qual sua negação pede procedimento revocatório próprio. Encontram-se em todo enunciado normativo, apresentando-se sob os mais variados nomes e nas mais diversas ocasiões: presunção de conhecimento da lei; presunção de constitucionalidade das leis; presunção de validade da norma; de legalidade, veracidade ou mesmo legitimidade dos atos jurídicos; presunção de fé pública; presunção de certeza e liquidez da dívida inscrita, entre tantas outras que poderíamos enumerar a título elucidativo.

Lembremos ser indispensável para a ordem posta se fazer válida desde então, isto é, a partir do momento em que é positivada. Ora, este preceito, na forma de presunção sistêmica, será percebido como um *saber pré-jurídico* ou *preconcebido* da realidade do direito. Inicia-se no trato dos homens uns com os outros e põe-se, de certo modo, como aforismas. Fator estrutural do ordenamento, as presunções de sistema instituem no direito não só aquela crença imediata veiculada pelo enunciado presuntivo – de validade, de legitimidade, de fé pública, etc. –, mas, muito mais, e antes disso, explicita a regra ou o princípio de resguardo do plano jurídico: este depende daquele para se tornar ordem reguladora do social. Em outras palavras, institui a crença no sistema normativo.

Posto isto, as presunções *de sistema* ou *sistêmicas* são a porção mínima de conhecimento indispensável ao começo lógico do direito. É mediante presunções estruturantes como estas que é dado por sabido esse *minimum* de existência e essência do ordenamento jurídico. Sem elas, veríamos o direito como caos, deixando-o para longe de sua função de prescrever condutas. A presunção de sistema é aquilo que conduz o bom funcionamento da ordem positiva na realidade social, habilitando-o no campo prático, imediatamente, e dando-lhe eficácia mediatamente. Com ela, o direito se faz efetivo ou efetivado, se põe como realidade jurídica e prescritiva.

Vê-se, pois, que as presunções de sistema perseguem um propósito mediato, a garantia do sistema; e também um fim que exprime seu valor imediato, segurança jurídica, resguardo do interesse público, etc. Façamos praça de alguns exemplos de enunciados presuntivos em função estrutural e pragmática no sistema jurídico brasileiro:

- Art. 19, I, da CF/88:

    "É vedado à União, aos Estados, ao Distrito Federal e aos Municípios recusar fé aos documentos públicos".

- Art. 3º da LICC (Decreto-lei 4.657/42):

    "Ninguém se escusa de cumprir a lei, alegando que não a conhece".

- Art. 204 *caput* e parágrafo único do CTN:

    "A dívida regularmente inscrita goza da presunção de certeza e liquidez e tem o efeito de prova pré-constituída"; e

"A presunção a que se refere este artigo é relativa e pode ser ilidida por prova inequívoca, a cargo do sujeito passivo ou do terceiro a que aproveite".

- Art. 3º, *caput* e parágrafo único, da Lei de Execução Fiscal (Lei 6.830/80):

"A Dívida Ativa regularmente inscrita goza da presunção de certeza e liquidez"; e

"A presunção a que se refere este artigo é relativa e pode ser ilidida por prova inequívoca, a cargo do executado ou de terceiro, a quem aproveite".

Com estas e mais outras previsões, o universo de expectativas do legislador se confirma e o direito positivo é resguardado em sua função primitiva. Com tais modulações, apresenta-se aqui uma observação do jurista Roberto Dromi:

> [...] com o fim de garantir a "segurança jurídica", no Estado de Direito foi criada uma presunção de conhecimento *iuris et de jure*, através de uma "ficção jurídica" segundo a qual, uma vez publicada, se presume que a norma é conhecida. Assim, mesmo quando algum sujeito a ignore, ele está obrigado a cumprir suas disposições como se as conhecesse. Esta presunção releva o fato de que ninguém conhece todas as leis e que só uma minoria conhece as normas positivas vigentes em um dado momento.[1]

E complementa:

> A lei é sancionada para ser aplicada, para tanto é preciso que seja *previamente conhecida*, entendida, compreendida e interpretada; com a aplicação, a lei se converte em feito jurídico. Através deste processo circular unem-se reciprocamente a interpretação, a aplicação e a legislação. Trata-se do denominado "círculo hermenêutico" que se estabelece entre o intérprete e o texto legal.[2]

---

1. DROMI, Roberto. *Sistema jurídico e valores administrativos*. Porto Alegre: Fabris, 2007. p. 122.
2. Idem, ibidem, p. 125-126.

A despeito de o autor circunscrever sua análise ao art. 3º da LICC, o acima citado é perfeitamente admissível para explicar toda a presunção de sistema. De notar que a lei ou ato jurídico é sancionada e/ou enunciado, respectivamente, para serem aplicados. É aquilo que justifica o processo prescritivo do direito, organizando a realidade jurídica perante seus destinatários. Todas as presunções sistêmicas funcionam, portanto, como imposição normativa para assegurar um fim imediato de instituir a crença no sistema, que exprimem seu valor direto, e mediato, que justifica sua própria existência e função no direito: garantir a eficácia do sistema no plano da realidade social.

8.1.2. Presunção não sistêmica

Todos os demais enunciados presuntivos que não funcionam diretamente na função pragmática de sustentar o direito, enquanto ordem prescritiva reguladora do universo social, configuram-se pois como presunção não sistêmica.

8.2. Classificação quanto aos níveis objetais de formação do enunciado presuntivo

Animados pelo propósito de se classificarem agora as presunções quanto aos níveis objetais de formação do enunciado presuntivo, relevemos a qualidade de raciocínio lógico e associativo dessas normas. Vimos, tópicos acima, que a ambiguidade processo/produto frequenta, ao menos potencialmente, o termo *presunções*, sendo tanto processo intelectivo quanto seu resultado. Na acepção processual, focalizando a ideia de atividade ou ação intelectiva do homem, dizem-se as presunções: os "processos de raciocínio dedutivo que levam a concluir que um fato aconteceu, quando se sabe que outro haja acontecido";[3] ou, também, "o ato ou processo presuntivo, intelectual que é,

---

3. DINAMARCO, Cândido Rangel. *Instituições de direito processual civil*. São Paulo: Malheiros, 2004. v. 1, p. 124.

ocorre e se esgota no plano do raciocínio";[4] ou ainda como "raciocínio que faça constar a existência de relações especiais entre dois fatos;[5] e, por fim, o "processo lógico em que de um fato conhecido infere-se fato desconhecido e, portanto, incerto".[6] Por oposição, em seu sentido estático, as presunções são "fruto do raciocínio, pouco importa se obtida por dedução ou intuição";[7] ou seja, são "o resultado do processo lógico mediante o qual do fato conhecido cuja existência é certa se infere o fato desconhecido cuja existência é provável".[8]

Com efeito, o caráter intelectivo das presunções nos ajuda a entender os níveis associativos pelos quais a mente humana percorre na construção do preceito presuntivo. Firmemos que este não é nada simples: forma-se mediante o entrelaçamento de uma série de enunciados que, cumulativamente, instituem a presunção do fato. Mas, até chegar ao seu resultado, há uma sequência de etapas intelectivas de onde o ser humano, degrau por degrau, vai tecendo os vínculos entre os objetos, e constrói a proposição presuntiva. Não há como considerar seu produto final – fato jurídico em sentido estrito – sem levar em nota os liames produzidos anteriormente e que lhe dão fundamento lógico. Em verdade, como veremos mais à frente, é verificando justamente a admissibilidade dessas associações que determinada presunção será admitida ou não no universo jurídico. O caráter intelectivo e os vínculos constituídos

---

4. BARRETO, Aires; GIARDINO, Cléber. As presunções no direito tributário. In: MARTINS, Ives Gandra da Silva (Coord.). *Presunções no direito tributário*. São Paulo: Centro de Estudos de Extensão Universitária/resenha Tributária, 1984. p. 197-198. (Caderno de Pesquisas Tributárias, 9.)
5. SCHERKERKEWITZ, Iso Chaitz. *Presunções e ficções no direito tributário e no direito penal tributário*. Rio de Janeiro: Renovar, 2002. p. 26.
6. CARVALHO, Paulo de Barros. *Direito tributário, linguagem e método*. 3. ed. São Paulo: Noeses, 2009. p. 958.
7. CARRAZA, Roque Antônio. *Curso de direito constitucional tributário*. 18. ed. São Paulo: Malheiros, 2002. p. 406-407.
8. Idem, ibidem, p. 538.

ao longo do processo de formação do enunciado presuntivo hão de ser tomados em conta, tanto no plano da positivação da norma geral e abstrata da presunção quanto naqueloutro da proposição geral e concreta.

Na qualidade de signos, as presunções representam seu objeto ao mesmo tempo em que o institui, determinando-o em linguagem jurídica. Estabelece relação entre duas coisas diferentes, de modo que todo nível associativo das presunções pede a localização de dois objetos: imediato e dinâmico.

8.2.1. Presunção de primeiro nível

No primeiro nível presuntivo, dá-se a relação entre fato(s) presuntivo(s) e fato presumido. Aquele figurando como objeto dinâmico deste, seu objeto imediato. A atitude intelectiva pede que se saia do(s) fato(s) presuntivo(s) para o fato presumido mediante raciocínio indutivo. Observando-se o que geralmente acontece, a repetição de um mesmo tipo de evento, o ser humano percebe, sente e reduz essa recorrência à regra geral, lei empírica, projetando para o futuro as expectativas que adquiriu com as experiências passadas. Ao proceder à generalização dos acontecimentos, o homem procede a um corte metodológico. Assume uma continuidade heterogênea dos acontecimentos para dela construir um descontínuo homogêneo na forma de regra generalizante. Reduz a recorrência do vínculo de causa e consequência ou causa e efeito. Procede assim a um reducionismo da realidade empírica, mas a redução se dá em prol de uma segurança, de uma crença em uma *normalidade* dos acontecimentos. O liame deixa clara a existência de uma expectativa de que aquilo se repetirá na forma como admitido genericamente. Presume-se sempre numa generalidade organizada mediante raciocínio indutivo.

Portanto, neste primeiro nível objetal das presunções, a relação entre fato(s) presuntivo(s) e fato presumido será firmada como associação entre objeto dinâmico e objeto imediato, respectivamente:

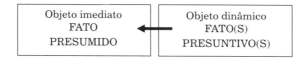

Adotando pressuposto de que toda presunção se coloca como *redução genérica ou generalizada daquilo que ordinariamente acontece*, podemos afirmar que este primeiro nível objetal acima apontado, indutivamente alcançado, como ponto de partida do raciocínio. Na maioria das vezes, este vínculo se dá no plano intrassubjetivo, só se tornando intersubjetivo na forma de enunciação-enunciada. Por isso mesmo essa primeira etapa associativa será considerada como uma protopresunção. Tanto o legislador quanto o aplicador do direito, num momento ou noutro, procederão a este vínculo, não como pessoa instituída pelo direito, em função específica de expedir norma, mas no papel de agente social e ser pensante.

Entretanto, este primeiro nível associativo, para o direito, é algo ainda desconhecido. Do ponto de vista do ordenamento, é enunciado inexistente, próprio do universo do social ou mesmo moral (quando remanescido nos arredores do subconsciente). Seu desconhecimento para os fins prescritivos pede, portanto, um segundo nível objetal que parte deste e o complementa para se fazer valer no campo do direito. Somente após adquirido este segundo nível que a presunção passa a ter relevância jurídica. Antes disso, é verdadeira protopresunção, desprovida, desse modo, de caráter normativo.

8.2.2. Presunção de segundo nível

É no segundo nível objetal que as presunções assumem corpo de proposição jurídica para a ordem normativa. São observadas enquanto preceito que institui o enunciado jurídico-factual. Constrói o fato jurídico, portanto, viabilizando a incidência normativa e a atribuição de efeitos consequentes àquele. E o faz em situações de difícil contexto probatório. Onde a prova, em sua forma tradicional de se apresentar, se mostrar inoperante, eis o campo fértil das presunções, o ponto auge em que elas se colocam como formas (também probatórias) alternativas de juridicizar determinados acontecimentos que, para o próprio direito, permanecem tangíveis somente por tais mecanismos excepcionais.

Retornando à linha do raciocínio inicial, feitas as primeiras constatações no plano social, o exegeta do direito procederá dedutivamente a uma nova redução a partir da regra genérica, instituída no fato presumido, assumindo a probabilidade do fato como hipótese de possível ocorrência ou tomando-a por fato provável. O fato jurídico em sentido amplo nada mais é que o fato provável ou a hipótese da probabilidade do fato. Este está em relação direta com o fato jurídico em sentido estrito; este último, por sua vez, figurando como objeto imediato daquele, seu objeto dinâmico:

Pelo esquema *supra*, bem se vê que a composição do fato jurídico em sentido amplo depende do liame objetal de primeiro nível. Logo, fatos presuntivos e fato presumido só se tornam juridicamente relevantes quando reduzidos ao enunciado factual em sentido amplo e posto este último em relação com o fato jurídico em sentido estrito. Na lembrança da dicotomia processo/produto, o fato provável ou a hipótese da probabilidade de fato é o retrato do vínculo entre o primeiro e segundo nível, cumulativamente considerados para formar o enunciado de fato; e o fato jurídico em sentido estrito, o resultado desse processo. A juridicidade acontece, pois, somente no segundo plano, sob os pressupostos do primeiro nível presuntivo. É no segundo patamar objetal, portanto, que a presunção adquire *status* de enunciado constitutivo de fato em função prescritiva. Nesta inter-relação de primeiro e segundo níveis, a presunção se completa e se explica, sendo a forma mais abrangente e correta de se apresentar para o direito.

8.2.3. Presunção de terceiro nível ou presunção emprestada

Por outro lado, nem sempre os raciocínios presuntivos terminam no segundo nível associativo. Muitas vezes transpassam para um terceiro momento relacional. É o que ocorre quando do fato jurídico em sentido amplo de segundo nível se deduz outro fato jurídico em sentido amplo, fazendo implicar não o fato jurídico próprio de segundo nível, mas um terceiro, que não se confunde com aquele. Dito de outra forma, a presunção de terceiro nível é a presunção da presunção, isto é, presume-se um fato a partir de uma presunção de outro fato e a este se associa um novo ou outro fato jurídico em sentido estrito, fazendo recair consequência de direito diferente daquela que se tinha em segundo nível. Em termos gráficos, a associação estaria da seguinte forma representada:

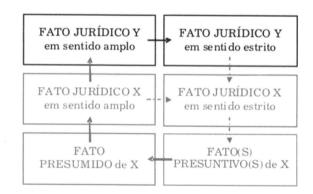

Como podemos inferir do desenho acima, o raciocínio presuntivo parte de fato(s) presuntivo(s) X, instituindo o fato presumido X. Portanto, outro enunciado factual em sentido amplo não poderia ser criado que não fosse o fato jurídico X. O erro está quando, a partir desse fato jurídico X em sentido amplo, se deduz outro, também fato em sentido amplo, porém, de outra ordem sígnica,"Y", fazendo incidir preceito normativo diverso do pretendido. Ora, é claro que no direito tributário isso é inadmitido. Dizendo de outro modo, o Conselho de Contribuintes foi incisivo: "Não se pode admitir a utilização de presunção na formação de prova do fato índice".[9] Fato índice aqui é o fato jurídico em sentido amplo que não pode jamais ser utilizado para fins de instituir o enunciado factual "Y" em sentido estrito.

Nesta esteira, cabe registrar que, no plano da formulação presuntiva em direito tributário, existe uma série de limitações ao legislador e ao aplicador na constituição do fato presuntivo, e esta é uma delas. É vedado que se proceda à presunção sobre presunção como decorrência das garantias constitucionais estabelecidas pela Carta Magna ao direito tributário. Pensar o contrário é permitir que se fomente verdadeiro caos tributário. Habilita incidência com base em outro fato fora da materialidade constitucionalmente permitida. Com tal figura presuntiva, produz-se distanciamento cada vez maior entre linguagem jurídica e realidade assumida pelo direito.

Para o aplicador, presunção sobre presunção legalmente prescrita significa um abandono da realidade juridicamente relevante e a instituição de uma nova ao critério discricionário desse exegeta. Este passa a ser legislador de segundo plano, criando no ato ponente da norma individual e concreta novas materialidades. Segundo o Conselheiro Luiz Martins Valero:[10] "Não é porque se trata de uma presunção legal que o fiscal

---

9. Ministério da Fazenda, Conselho Administrativo de Recursos Fiscais, 7ª Câmara, Processo 10630.000621/2001-10, Acórdão 107-08.272, Rel. Luiz Martins Valero, Sessão 13.09.2005, p. 11.

10. Ministério da Fazenda, Conselho Administrativo de Recursos Fiscais, 7ª Câmara, Processo 10630.000621/2001-10, Acórdão 107-08.272, Rel. Luiz Martins Valero, Sessão 13.09.05, p. 12.

deve abandonar a experiência do mundo fático que fundamentou a inserção da presunção legal na norma hipotética".

Para o legislador, é vedada da mesma forma presunção de terceira ordem ou presunção sobre presunção em face da própria discriminação rígida das competências tributárias estabelecidas no Texto Maior. De tal modo que, "em suma, aquilo que o legislador não puder fazer *diretamente* (por que não esteja em sua esfera de competência ou porque fira o preceito de norma superior), ele igualmente não pode fazer, *de modo indireto*, mediante utilização (que, nessas circunstâncias, se revelará artificiosa) das presunções ou ficções".[11]

Tudo isso para afirmar, em compêndio, que as presunções de terceiro nível objetal ou de presunção são inadmitidas no direito. Este é também o pensamento já consolidado pelo Conselho de Contribuintes que serve, perfeitamente, como síntese impositiva deste tópico: "Na *presunção*, a regra é estabelecida dentro dos *limites da realidade possível*, inferida de fatos semelhantes já ocorridos, e que, portanto, *são não só possíveis como até prováveis*".[12]

8.2.3.1. Inadmissibilidade de presunção "emprestada" para fins tributários

Acolhida na boa sombra das presunções de terceiro nível, falaremos sobre a figura a que chamamos de *presunção emprestada*.

O título deste item se inspira a partir da noção de *prova emprestada* no direito processual. A referida forma probatória diz respeito ao aproveitamento de prova produzida em outro processo para constituir novo fato em um novo ambiente

---

11. AMARO, Luciano. *Direito tributário brasileiro*. 14. ed. São Paulo: Saraiva, 2008. p. 275.
12. ULHÔA CANTO, Gilberto de. Presunções no direito tributário. *Cadernos de Pesquisas Tributárias*, São Paulo: Resenha Tributária, p. 5, n. 9, 1984.

litigioso. Dito de outro modo, a prova é elaborada em um processo, com determinados entes comunicantes, sendo utilizada, em outros momentos comunicacionais e novos exegetas, para fazer prova de outro fato em outra situação procedimental.[13]

Analogicamente à tal figura do âmbito do processo, a *presunção emprestada* é também um modo de aproveitamento de enunciados jurídicos para fazer constituir determinado fato na forma presuntiva de raciocínio e fazer insurgir a relação de direito. Este é o motivo que assimila as duas expressões, porém, como veremos mais adiante, existe nas presunções emprestadas uma série de pontos discordantes que ainda se encontram em solo estéril e que, de todo ou ao todo, se diferenciam perante a problematização da *prova emprestada*.

Fazendo referência à forma de constituição de fato, a ideia que apresentamos com o nome de *presunção emprestada* pode ser tomada em duas acepções, segundo o âmbito jurídico envolvido: (i) como *presunção emprestada processual*, dizendo sobre a técnica de formação ou a forma propriamente dita do fato, tendo em vista as regras de direito do processo e segundo uma análise sobre a linguagem competente utilizada; (ii) como *presunção emprestada material*, referindo-se ao constituir do conteúdo do fato por método presuntivo de terceiro nível.

No primeiro sentido, falaremos em nome de uma presunção com valor jurídico constitutivo de fato, como toda formulação

---

13. Segundo Fabiana Del Padre Tomé: "Na doutrina processual, a prova produzida em autos diversos é denominada *prova emprestada* e sua eficácia probante varia de acordo com o modo de sua formação. Prova emprestada, nas palavras de Ada Pellegrini Grinover, é 'aquela que é produzida num processo para nele gerar efeitos, sendo depois transportada documentalmente para outro, visando a gerar efeitos em processo distinto'. Em geral, tais efeitos são admitidos se a prova que se translada foi produzida em outro processo envolvendo as mesmas partes, pois na hipótese contrária, tendo apenas um dos sujeitos participado da produção da prova no primeiro processo, não poderá ela ser empregada em detrimento da outra, que não teve oportunidade de interferir na sua constituição" (*A prova no direito tributário*. São Paulo: Noeses, 2005. p. 143).

presuntiva. Na dinâmica processual, será tida como *prova indireta*, como a doutrina tradicional apelida as formas menos valorizadas pelo direito na constituição do enunciado factual. Tendo sido observadas as formalidades estabelecidas em lei, tais enunciados sujeitam-se à apreciação do julgador no contexto probatório do processo em que são produzidos e, com isso, atuam como elemento de prova para, imediatamente, formar seu convencimento e, mediatamente, constituir o fato jurídico. Só podem ser admitidas na forma de prova quando são produzidas em processo envolvendo as mesmas partes. Eis que, nesse sentido, a perspectiva da prova emprestada se volta à forma ou à técnica de formação do fato, enquanto linguagem competente submetida às regras de direito do processo.

Agora é no âmbito de *presunção emprestada material* que veremos no direito tributário a dificuldade de um raciocínio presuntivo de terceiro nível ser aceito na forma de linguagem competente, imputando-se outras consequências jurídico-tributárias a partir do fato constituído presuntivamente. Como pudemos relevar com a explanação dos níveis objetais das presunções, a figura em estudo neste item é típica forma presuntiva de terceiro nível. O liame entre os fatos envolvidos no raciocínio presuntivo dá-se, a princípio, em torno de uma ideia X, porém quer gerar efeitos jurídicos no campo de conceito hipotético Y, trazendo ao processo presuntivo figuras que suplantam os dois níveis objetais próprios do raciocínio das presunções. Logo, extrapola-se o campo de abrangência referente ao fato X para, imediatamente, fazer insurgir fato jurídico em sentido amplo Y e, mediatamente, gerar consequências jurídicas próprias deste último. Busca-se, portanto, a todo custo gerar os efeitos de Y, ainda que partem ou comprovem formalmente a existência do fato X.

Com base nessas palavras introdutórias, é inadmissível no direito o uso dessa técnica presuntiva, principalmente em âmbito tributário. No campo dos tributos, a vedação da presunção emprestada para constituir fato jurídico tributário ganha maior força em face do princípio da tipicidade próprio a todas as exações. Isto não quer dizer que sejam inutilizáveis ou imprestáveis em termos probatórios, mas significa sim que é vedado assumi-las isoladamente para fazer prova do fato jurídico X e atribuí-las dos efeitos normativos de Y. O que se pode admitir é a atribuição de efeitos probantes variáveis a essas figuras jurídicas de acordo com o grau de relação que se estabelece entre fatos: presuntivos, presumido e jurídico em sentido estrito. É o vínculo de similitude essencial ou de semelhança primária entre fato X e fato Y que dará forças e limites à atribuição de consequências probantes desse raciocínio presuntivo no procedimento administrativo ou processo judicial, verificando-se as imposições de cada novo contexto jurídico em que é enunciada.

Cumpre ao julgador apreciá-las, valorá-las, servindo essa espécie de presunção apenas como um elemento de convicção, mas critério insuficiente para fazer insurgir por si só a relação jurídica tributária. Evidentemente que sua força probatória em estruturar fatos não é a mesma quando sai de fatos presuntivos X para formar fato presumido X, e, numa segunda ocasião, partir do mesmo ponto para organizar fato presumido Y. Do mesmo modo, também não é igual em termos de efeitos probatórios quanto maior for a distância conceitual entre os fatos envolvidos no raciocínio presuntivo. Quanto mais próximas as ideias, maior efeito probatório o raciocínio presuntivo terá; quanto menor, evidentemente, estarão menos aptas a comprovar o fato e conferir as consequências de um a outro fato. Relevemos que o ponto de partida do raciocínio presuntivo – fatos presuntivos – é um conceito X, logo é despiciendo insistir que o julgador deverá valorar o peso probatório da presunção conforme o fato jurídico em sentido estrito esteja no mesmo âmbito semântico daquela ideia inicial.

Dito isso, pensemos em algumas hipóteses e na própria tendência do direito tributário brasileiro em admitir ou cada vez mais valorar positivamente as *presunções emprestadas materiais*. E tudo se inicia a partir da ideia de troca de informações entre instituições jurídicas e do Estado, que cumprem relevante papel no direito e na economia, sendo mais úteis ainda para fins fiscais. O CTN introduziu o assunto no texto de seu art. 199, firmando a facultatividade na troca de informações entre entes tributantes a título de assistência para a fiscalização dos tributos e permuta de informações:

> A Fazenda Pública da União e as dos Estados, do Distrito Federal e dos Municípios prestar-se-ão mutuamente assistência para a fiscalização dos tributos respectivos e permuta de informações, na forma estabelecida, em caráter geral ou específico, por lei ou convênio.

Com o passar do tempo, viram-se a praticidade e efetividade que esta permuta fornecia, resultando na tendência em ampliar seu campo de abrangência. Incluído pela Lei Complementar 104, em 10.01.2001, também chamada de Lei Antielisão, o parágrafo único do mesmo art. 199 supracitado assim prescreveu: "A Fazenda Pública da União, na forma estabelecida em tratados, acordos ou convênios, poderá permutar informações com Estados estrangeiros no interesse da arrecadação e da fiscalização de tributos".

É bem verdade que esta troca de informações pela União, Estados, Distrito Federal e Municípios é de grande relevância para fins fiscalizatórios, porém é preciso asseverar que, com fundamento nelas, os entes tributantes não podem aleatoriamente presumir fatos e fazer insurgir a norma tributária. As informações prestadas jamais conformam prova plena do fato jurídico em sentido estrito. É fundamental que o Fisco destinatário de tais documentos receba-os, procedendo à análise minuciosa do caso, instaurando novo processo investigatório e nele apresentando outras provas, além das informações prestadas, garantidos os direitos de contraprova ao contribuinte, e observando-se a tipicidade do fato tributário e as formalidades estabelecidas em lei.

Para que se tenha presunção emprestada de direito material válida é imprescindível que: (1) haja identidade entre os fatos presuntivos X e fato jurídico em sentido estrito Y; (2) a

415

assunção das consequências jurídicas de um fato X por outro Y leve em consideração o grau de proximidade entre os fatos envolvidos; (3) a lei natribua os mesmos efeitos jurídicos ao fato X e ao fato Y; (4) não seja assumida como prova plena a presunção; 5) tenha sido produzida em observância às formalidades estabelecidas em lei; e (6) tenha sido formulada em ambiente processual envolvendo mesmo objeto e mesmas partes. E, mesmo estando presentes todos esses tópicos, é fundamental que as presunções de terceiro nível sejam usadas apenas para dar início ao procedimento ou processo fiscalizatório, mas em si mesmas consideradas insuficientes para ensejar tributo. Relevemos que essa conclusão leva em conta que os seis itens supracitados são critérios de todo e em tudo subjetivos, pois certamente é difícil objetivar, por exemplo, a *identidade* entre fatos. Tal proximidade conceptual, por mais que a lei queira determinar em fatores compositivos da hipótese, será sempre determinada pelo exegeta, de acordo com sua ideologia e sentimentos.

Entretanto, uma coisa é certa: a presunção emprestada é insuficiente para fundamentar o ato de lançamento ou de aplicação de penalidade, conclusão esta a que também chegou Fabiana Del Padre Tomé no campo das *provas emprestadas*.[14]

Elucidemos as razões dessa assertiva acima apresentando dois específicos casos de *presunção emprestada material* em direito tributário: (i) uso de informações da nota fiscal eletrônica

---

14. Vejamos: "Quanto ao segundo tipo de prova emprestada, é preciso esclarecer que esta não configura, jamais, prova plena do fato jurídico em sentido estrito. A informação advinda do órgão fazendário de outra pessoa política não é suficiente para, por si só, provar fato jurídico ou ilícito tributário, autorizando a lavratura de ato de lançamento ou de aplicação de penalidade. É inadmissível a edição de norma individual e concreta, constituidora de relação jurídica tributária ou sancionatória, com base, unicamente, em dados passados por ente tributante diverso. Essa é também a posição de Paulo de Barros Carvalho, negando à prova emprestada tributária os efeitos peculiares à prova emprestada de direito processual civil [...]" (TOMÉ, Fabiana Del Padre. *A prova no direito tributário*. São Paulo: Noeses, 2005. p. 146).

para fins de apurar outros tributos tal qual o IR; e (ii) troca de dados entre instituições financeiras e Banco Central ao Fisco para fins de fazer tributar outras exações. Passemos em revista cada um deles.

Para que a Receita Federal brasileira tenha conhecimento das notas fiscais emitidas, o direito deve autorizar a troca expressamente, tendo por fundamento o disposto no art. 199 do CTN. O Ajuste Sinief 07/05, expedido pelo Conselho Nacional de Política Fazendária (CONFAZ), assim o fez, admitindo, em sua cláusula oitava, o uso da presunção emprestada.[15]

Segundo nossas afirmações supra-alcançadas, a autorização de permuta de informações, conforme disciplina da cláusula oitiva do Ajuste, não quer significar que o ordenamento autoriza o uso desses dados para fins de sozinhos constituir o crédito tributário de outro imposto. Uma coisa é tomar tais informações e fazer cumprir, em confronto de contas, as obrigações de ICMS não pagas pelas empresas contribuintes. Outra, bem diferente, é tomar esses dados e assumi-los como aptos a comprovar a *renda* da pessoa ou seu *lucro* e fazer incidir IR ou CSSL respectivamente. Se assim o fizesse, estaria infringindo a tipicidade tributária e o próprio método de formação de raciocínio presuntivo válido.

Imaginemos que a Receita Federal tome por base os dados retransmitidos pela administração tributária da unidade federada do emitente da nota fiscal eletrônica e faça constituir fato jurídico do IR, uma vez que emissão de nota para um sujeito significará *renda* e fará irromper a incidência do IR. O raciocínio de terceiro nível das presunções poderia ser esquematicamente assim representado:

---

15. É o texto da clausula oitava do Ajuste Sinief 07/05:

"Cláusula oitava. Concedida a Autorização de Uso da NF-e, a administração tributária da unidade federada do emitente deverá transmitir a NF-e para a Receita Federal do Brasil.

§ 1º A administração tributária da unidade federada do emitente também deverá transmitir a NF-e para:

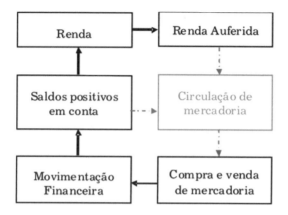

Em tudo e por tudo, a presunção emprestada que se apresenta desta forma não pode ser aceita num sistema tributário que pretende ver garantidos a tipicidade dos tributos, a legalidade da cobrança, o devido processo legal, entre tantos outros princípios que conferem limites objetivos à tributação. E tal inaplicabilidade da presunção supracitada se acha tendo em vista:

(1) não haver identidade entre os fatos presuntivos – compra e venda de mercadoria – e fato jurídico em sentido estrito – renda auferida: uma coisa é fazer circular mercadorias por contratos de compra e venda, outra é obter renda. São hipóteses que não podem sair de um mesmo ponto de partida, afinal comprar nem sempre significa poder aquisitivo ou sinal de renda;

(2) sendo fatos distintos e conceitualmente distantes renda auferida (fato jurídico em sentido estrito) e compra e venda

---

I – a unidade federada de destino das mercadorias, no caso de operação interestadual;

II – a unidade federada onde deva se processar o embarque de mercadoria na saída para o exterior;

III – a unidade federada de desembaraço aduaneiro, tratando-se de operação de importação de mercadoria ou bem do exterior;

IV – a Superintendência da Zona Franca de Manaus – SUFRAMA, quando a NF-e tiver como destinatário pessoa localizada nas áreas incentivadas".

de mercadoria (fatos presuntivos), é vedado ao legislador ou ao aplicador atribuir as mesmas consequências jurídicas a estes dois conceitos de fatos que são essencialmente diversos. Levando-se em consideração o grau de proximidade entre os fatos envolvidos nesse raciocínio presuntivo, a presunção emprestada da nota fiscal eletrônica não é suficiente para por si só constituir o fato jurídico do imposto sobre a renda ou da contribuição sobre o lucro.

(3) Ademais, as consequências jurídicas adjudicadas pela lei ao fato circulação de mercadoria e aqueloutro auferir de renda são totalmente diversos de modo que a assimilação se torna cada vez mais distante e possível juridicamente.

(4) Com base nas premissas do item (2), as informações dos Estados à União sobre o volume de valores movimentados pelo agente, exteriorizados em nota fiscal eletrônica, não podem performar prova plena de que houve ou há renda. No máximo, tais informações podem autorizar o início do processo administrativo fiscalizatório por suspeita de ocorrência do fato "gerador" do IR, mas nunca o admitindo por já constituído. Somente com a apresentação de novas provas, em novo ambiente processual que se pode pensar na constituição do fato desses tributos.

(5) Na produção da prova para constituir o fato jurídico em sentido estrito *renda*, é preciso que sejam observadas as formalidades estabelecidas em lei tal qual se exige em qualquer outro processo probatório. A regra aqui continua sendo a mesma: os fatos só ingressam no sistema jurídico mediante linguagem das provas competentes. E, para ter competência, é fundamental que tenham observado as formalidades e garantias processuais para fins de comprovar a existência de critérios de hipótese do IR ou CSLL.

(6) Por isso mesmo, é fundamental que a presunção emprestada leve em consideração a presença na hipótese presumida de mesmo objeto jurídico e das mesmas partes. Fatos presuntivos que localizam situação de transferência de propriedade de

mercadoria por meio de negócio jurídico válido envolvendo comprador e vendedor só podem gerar outro fato jurídico que localize relação em que ambos estejam presentes. Incluindo-se outra pessoa ou desconsiderando uma delas do raciocínio inicial, a versão do fato passa a se tornar distorcida ou, ao menos, parcial, sem que seja considerado o fato por completo.

Do mesmo modo quando o objeto for diferente. É inconsistente a equiparação entre duas relações que têm objetos jurídicos diversos para fins de fazer atribuir mesmos efeitos jurídicos a ela. Se o objeto é diferente, as relações jurídicas não são iguais, não podendo por isso mesmo admitir uma em nome da outra.

Firmemos que o contexto factual da compra e venda é diverso daquele outro do auferir renda, e tal diferença se faz sentida, entre outros aspectos, por este envolver determinadas pessoas, objetos, etc.

Outro exemplo muito eloquente de presunção emprestada se acha na troca de informações entre instituições financeiras e Fisco para fins de tributação. Isso se sentiu profundamente na época da CPMF, tributo que, além de arrecadar, tinha função claramente fiscalizatória, uma vez que demonstrava o fluxo de caixa do proprietário da conta corrente, conformando instrumental poderoso dado à União para controlar o fluxo de renda de cada indivíduo.

A CPMF foi instituída no direito brasileiro pela Lei 9.311/96. Desde já, admitia à Receita Federal utilizar os dados decorrentes da incidência desse tributo para fins de tributação, fiscalização e arrecadação. A exegese inicial da CPMF prescrevia expressamente a vedação do uso dessas informações para constituir o crédito tributário relativo a outras contribuições ou impostos, bem como a exigência de manter sigilo sobre dados, conforme redação do art. 11 da aludida Lei.[16]

---

16. É o texto:
"Art. 11. Compete à Secretaria da Receita Federal a administração da contribuição, incluídas as atividades de tributação, fiscalização e arrecadação.

No mesmo ano, foi editada a Lei 9.430/96, também conhecida como "Lei do Ajuste Tributário". Este Diploma disciplinou em seu art. 42 o sentido jurídico de omissão de receita ou de rendimento, dizendo:

> Art. 42. Caracterizam-se também omissão de receita ou de rendimento os valores creditados em conta de depósito ou de investimento mantida junto a instituição financeira, em relação aos quais o titular, pessoa física ou jurídica, regularmente intimado, não comprove, mediante documentação hábil e idônea, a origem dos recursos utilizados nessas operações.
>
> § 1º O valor das receitas ou dos rendimentos omitido será considerado auferido ou recebido no mês do crédito efetuado pela instituição financeira.

Segundo o mesmo preceito, parágrafo 3º, não serão considerados receita omitida os créditos os decorrentes de transferências de outras contas da própria pessoa física ou jurídica (I), no caso de pessoa física, os de valor individual igual ou inferior a R$ 12.000,00, dentro do ano-calendário. Com base nas informações obtidas pelas instituições financeiras, a Secretaria da Receita Federal iniciaria procedimento fiscalizatório, atribuindo ao contribuinte o dever de comprovação da origem dos recursos. Os dados utilizados pela Administração produziam efeito inverso do ônus da prova, imputando ao sujeito passivo o dever de comprovar que a presunção do Fisco de receita auferida, porém omitida, em verdade não era receita sua.[17]

[...]
§ 3º A Secretaria da Receita Federal resguardará, na forma da legislação aplicada à matéria, o sigilo das informações prestadas, **vedada sua utilização para constituição do crédito tributário relativo a outras contribuições ou impostos**" (grifos nossos).

17. Veja também texto do § 5º do art. 42 da Lei 9430/96: "§ 5º Quando provado que os valores creditados na conta de depósito ou de investimento pertencem a terceiro, evidenciando interposição de pessoa, a determinação dos rendimentos ou receitas será efetuada em relação ao terceiro, na condição de efetivo titular da conta de depósito ou de investimento. (Incluído pela Lei n. 10.637, de 2002.)"

Em 10 de janeiro de 2001, com o intuito de uniformizar a disciplina da matéria, a Lei Complementar 105 (LC 105/01) estabeleceu as diretrizes gerais na permuta de dados entre instituições financeiras e Poder Judiciário. Entre os limites estabelecidos, ficou prescrito que as informações prestadas pelas instituições financeiras não poderiam servir para fins estranhos à lide,[18] dependendo de prévia autorização do Poder Judiciário a prestação de informações e o fornecimento de documentos sigilosos. Ademais, segundo parágrafo 3º do art. 3º da LC 105/01: "o Banco Central do Brasil e a Comissão de Valores Mobiliários fornecerão à Advocacia-Geral da União as informações e os documentos necessários à defesa da União nas ações em que seja parte". Pretendendo ser abrangente, no art. 4º da referida LC, estende a troca de informações às instituições financeiras, obtendo agora por destinatário o Poder Legislativo Federal.[19]

Segundo o art. 5º da mesma Lei, caberá ao Poder Executivo disciplinar, inclusive quanto à periodicidade e aos limites de valor, os critérios segundo os quais os bancos informarão ao Fisco Federal as operações financeiras efetuadas pelos usuários de seus serviços. No mesmo texto do referido artigo, admite-se à autoridade proceder à maior investigação.[20] É na exegese do

---

18. Conforme orientação do art. 3º da LC 105/01: "**Serão prestadas** pelo Banco Central do Brasil, pela Comissão de Valores Mobiliários e pelas instituições financeiras as **informações ordenadas pelo Poder Judiciário**, preservado o seu caráter sigiloso mediante acesso restrito às partes, que **delas não poderão servir-se para fins estranhos à lide**" (grifos nossos).

19. "Art. 4º O Banco Central do Brasil e a Comissão de Valores Mobiliários, nas áreas de suas atribuições, e as instituições financeiras fornecerão ao Poder Legislativo Federal as informações e os documentos sigilosos que, fundamentadamente, se fizerem necessários ao exercício de suas respectivas competências constitucionais e legais."

20. Abaixo, o texto *ipsis litteris*:

"Art. 5º

[...]

§ 4º Recebidas as informações de que trata este artigo, se detectados indícios de falhas, incorreções ou omissões, ou de cometimento de ilícito fiscal, a

art. 6º da LC 105/01 que se encontra a imposição de que haja processo administrativo instaurado ou procedimento fiscal em curso e tais exames sejam considerados indispensáveis pela autoridade administrativa competente, garantido sempre o direito ao sigilo dessas informações, conforme redação do parágrafo único do art. 6º da LC 105/01.[21]

Em 2001, com fundamento na LC, a Lei ordinária 10.174/01 alterou a redação do parágrafo 3º do art. 11, prescrevendo agora, na forma de faculdade, o uso pela Secretaria da Receita Federal das informações prestadas pelas instituições financeiras para instaurar procedimento administrativo tendente a verificar a existência de crédito tributário relativo a impostos e contribuições e para lançamento, no âmbito do procedimento fiscal, do crédito tributário porventura existente.[22] Bem se

---

autoridade interessada poderá requisitar as informações e os documentos de que necessitar, bem como realizar fiscalização ou auditoria para a adequada apuração dos fatos".

21. Veja-se o texto do preceito referido:

"Art. 6º As autoridades e os agentes fiscais tributários da União, dos Estados, do Distrito Federal e dos Municípios somente poderão examinar documentos, livros e registros de instituições financeiras, inclusive os referentes a contas de depósitos e aplicações financeiras, quando houver processo administrativo instaurado ou procedimento fiscal em curso e tais exames sejam considerados indispensáveis pela autoridade administrativa competente.

Parágrafo único. O resultado dos exames, as informações e os documentos a que se refere este artigo serão conservados em sigilo, observada a legislação tributária".

22. É a redação:

"Art. 11. Compete à Secretaria da Receita Federal a administração da contribuição, incluídas as atividades de tributação, fiscalização e arrecadação. [...]

§ 3º A Secretaria da Receita Federal resguardará, na forma da legislação aplicável à matéria, o sigilo das informações prestadas, **facultada sua utilização para instaurar procedimento administrativo tendente a verificar a existência de crédito tributário relativo a impostos e contribuições e para lançamento,** no âmbito do procedimento fiscal, do crédito tributário porventura existente, observado o disposto no art. 42 da Lei n. o 9.430, de 27 de dezembro de 1996, e alterações posteriores" (grifos nossos).

vê que a exegese do § 3º do art. 11 da Lei 9.311/96 foi sendo enfraquecida com o passar do tempo, assumindo, em 2001, formato que se encontra a meio caminho para a assunção pelo direito tributário da presunção emprestada material. De todo modo, num sentido ou no outro, as informações obtidas pela Secretaria por meio das instituições financeiras não se prestam a constituir crédito tributário. Segundo a nova redação dada em 2001, apenas se permite sejam utilizadas como elemento inicial da produção probatória ou como motivo apto para fazer instaurar um processo. Não passa de um indício, em seu sentido vulgar, incapaz de, por si só, fazer insurgir a relação jurídica tributária. É, pois, somente o ponto de partida para o procedimento fiscalizatório por parte da pessoa política que pretende dela fazer uso, inadmitindo seja assumida como linguagem competente para fazer instituir o fato tributário.[23]

Ainda, sobre a aplicabilidade do novo § 3º do art. 11 da Lei 9.311/96, a Súmula do Conselho Administrativo, nos termos da Portaria 97/09, deu eficácia retroativa à faculdade no uso das informações, inadmitindo seja dado por vedada a utilização desses dados da CPMF para fins de constituição do crédito tributário de outros tributos. Confira texto da norma:

> "O **art. 11, § 3º, da Lei n. 9.311/96**, com a redação dada pela Lei n. 10.174/2001, que autoriza **o uso de informações da CPMF para a constituição do crédito tributário de outros tributos, aplica-se retroativamente** (grifos nossos).

É grande a importância dessa Súmula, tendo em vista que está a consolidar no sistema tributário hipótese permissiva de uso de presunção emprestada para fins de constituir tributo outro que não aquele da CPMF. Antes de dizer mais sobre o tema, vejamos ainda outros textos, acompanhando o histórico legislativo dessa matéria que se vê cada vez mais permissiva ao Fisco e menos próxima das garantias constitucionais ao contribuinte.

---

23. No mesmo sentido Fabiana Del Padre Tomé em: *A prova no direito tributário*. São Paulo: Noeses, 2005. p. 146-148.

Em vigor desde 1º de janeiro de 2008, o sistema de cooperação de informações sobre movimentação financeira se encontra disposto no texto da IN RFB 802/07. As informações referentes à movimentação financeira constam dos arts. 1º e 2º da IN RFB 802/07, conforme exegese abaixo citada:

> Art. 1.º As instituições financeiras, assim consideradas ou equiparadas nos termos dos §§ 1º e 2º do art. 1º da Lei Complementar n. 105, de 10 de janeiro de 2001, **devem prestar informações semestrais**, na forma e prazos estabelecidos pela Secretaria da Receita Federal do Brasil (RFB), **relativas a cada modalidade de operação financeira** de que trata o art. 3º do Decreto n. 4.489, de 2002, **em que o montante global movimentado em cada semestre seja superior aos seguintes limites**:
>
> I – para pessoas físicas, R$ 5.000,00 (cinco mil reais);
>
> II – para pessoas jurídicas, R$ 10.000,00 (dez mil reais).
>
> [...]
>
> § 2º As informações sobre as operações financeiras de que trata o *caput* compreendem a **identificação dos titulares das operações ou dos usuários dos serviços**, pelo número de inscrição no Cadastro de Pessoas Físicas (CPF) ou no Cadastro Nacional da Pessoa Jurídica (CNPJ), **e os montantes globais mensalmente movimentados**.
>
> Art. 2º Na hipótese em que o montante global movimentado no semestre referente a uma modalidade de operação financeira seja superior aos limites de que tratam os incisos I e II do art. 1º, as instituições financeiras deverão prestar as informações relativas às demais modalidades de operações ou conjunto de operações daquele titular ou usuário de seus serviços, ainda que os respectivos montantes globais movimentados sejam inferiores aos limites estabelecidos.

O Decreto 54.240/09, editado pelo Governo do Estado de São Paulo, regulamentou o art. 6º da Lei Complementar Federal 105/01, garantindo à fiscalização o acesso a dados bancários sem intervenção do Poder Judiciário. O Decreto dispõe de modo geral sobre requisição, acesso e uso, pela Secretaria da Fazenda, de informações bancárias no processo administrativo instaurado ou procedimento fiscal em curso,[24] quando seu exame for considerado indispensável. Referido decreto ainda tratou: a) das situações que configuram a indispensabilidade dos exames;[25] b) dos procedimentos que deverão ser observados pelos

---

24. Regulamenta o sentido da expressão o art. 2º do Decreto 54.240/09:
"Art. 2º A requisição de informações de que trata o art. 1º somente poderá ser emitida pela Secretaria da Fazenda quando existir processo administrativo tributário devidamente instaurado ou procedimento de fiscalização em curso.

§ 1º Considera-se iniciado o procedimento de fiscalização a partir da emissão de Ordem de Fiscalização, de notificação ou de ato administrativo que autorize a execução de qualquer procedimento fiscal, conforme previsto no art. 9º da Lei Complementar Estadual 939, de 3 de abril de 2003.

§ 2º A Secretaria da Fazenda poderá requisitar informações relativas ao sujeito passivo da obrigação tributária objeto do processo administrativo tributário ou do procedimento de fiscalização em curso, bem como de seus sócios, administradores e de terceiros ainda que indiretamente vinculados aos fatos ou ao contribuinte, desde que, em qualquer caso, as informações sejam indispensáveis".

25. Segundo o art. 3º do referido Decreto, "Para efeito desta lei, será considerada como indispensável a requisição de informações de que trata o art. 1º nas seguintes situações:

I – fundada suspeita de ocultação ou simulação de fato gerador de tributos estaduais;

II – fundada suspeita de inadimplência fraudulenta, relativa a tributos estaduais, em razão de indícios da existência de recursos não regularmente contabilizados ou de transferência de recursos para empresas coligadas, controladas ou sócios;

III – falta, recusa ou incorreta identificação de sócio, administrador ou beneficiário que figure no quadro societário, contrato social ou estatuto da pessoa jurídica;

IV – subavaliação de valores de operação, inclusive de comércio exterior, de aquisição ou alienação de bens ou direitos, tendo por base os correspondentes valores de mercado;

V – obtenção ou concessão de empréstimos, quando o sujeito passivo deixar de comprovar a ocorrência da operação;

VI – indício de omissão de receita, rendimento ou recebimento de valores;

VII – realização de gastos, investimentos, despesas ou transferências de valores, em montante incompatível com a disponibilidade financeira comprovada;

VIII – fundada suspeita de fraude à execução fiscal".

Agentes Fiscais de Rendas proponentes dos exames;[26] c) das autoridades competentes para deferir o exame proposto e expedir a requisição dirigida às instituições financeiras;[27] d) da garantia do sigilo das informações obtidas e a responsabilização funcional do agente administrativo.[28] Frise, por oportuno, a relevância do enunciado do art. 3º do referido Decreto que

---

26. É o texto do art. 4º do aludido Decreto: "Compete ao Agente Fiscal de Rendas propor a requisição de informações de que trata o art. 1º por meio de Ofício com relatório circunstanciado que:

I – comprove a instauração de processo administrativo tributário ou a existência de procedimento de fiscalização em curso;

II – demonstre a ocorrência de alguma das situações prevista no art. 3º;

III – especifique de forma clara e sucinta as informações a serem requisitadas bem como a identidade de seus titulares;

IV – motive o pedido, justificando a necessidade das informações solicitadas".

27. Sobre o assunto, regula o art. 5º do Decreto citado:

"Art. 5º São competentes para deferir a proposta de requisição de informações de que trata o art. 4º, o Delegado Regional Tributário e o Diretor-Executivo da Administração Tributária".

28. Sobre o assunto, veja enunciado do art. 8º do Decreto citado:

"Art. 8º A requisição de informações e as informações prestadas formarão processo autônomo e apartado, que seguirá apensado ao processo administrativo instaurado ou ao procedimento de fiscalização em curso, sendo mantidos sob sigilo, nos termos do art. 198 do Código Tributário Nacional e do inciso XVIII do art. 4º da Lei Complementar Estadual 939, de 03 de abril de 2003, conforme disciplina expedida pela Secretaria da Fazenda.

[...]

§ 3º A responsabilidade administrativa por descumprimento de dever funcional, sem prejuízo das sanções civis e penais cabíveis, será exigida de todo aquele que, no exercício de função pública:

1 – utilizar ou viabilizar a utilização de qualquer dado obtido nos termos deste decreto, em finalidade ou hipótese diversa da prevista pela legislação;

2 – divulgar, revelar ou facilitar a divulgação ou revelação, indevidamente e por qualquer meio, das informações de que trata este decreto.

§ 4º A Secretaria da Fazenda deverá manter, a par do protocolo, controle adicional de acesso ao processo administrativo autônomo, registrando-se o responsável por sua posse, quando houver movimentação, conforme disciplina expedida pela Secretaria da Fazenda".

dispõe sobre as específicas situações em que a requisição desses dados pelo Fisco às Entidades Financeiras é considerada indispensável.

No Estado de São Paulo, é uma faculdade à Administração o uso dessas informações para instaurar procedimento administrativo tendente a verificar a existência de crédito tributário relativo a impostos e contribuições e seus lançamentos, quando real, no âmbito do procedimento fiscal. É uma faculdade dada à Fazenda conforme o § 3º do art. 11 da Lei 9.311/96, alterado pela Lei 10.174/01. Mas isso *desde que* estejamos diante de uma das hipóteses relacionadas nos incisos do art. 3º do Decreto 54.240/09.

Apresentados o cenário legislativo da matéria e sua evolução histórica, que nesse caso é de extrema relevância para fins interpretativos do momento atual do proceder do Fisco, cumpre rememorar as cinco condições apresentadas acima no que tange à presunção emprestada material. No uso das informações das movimentações bancárias dos sujeitos passivos pelo Fisco para fins de fazer incidir outro tributo, mister que a Administração Pública verifique (1) se há identidade entre os fatos presuntivos (operações financeiras) e fato jurídico em sentido estrito (renda auferida); (2) quais consequências jurídicas atribuir a estes fatos informados em face desse julgamento de proximidade conceptual entre renda auferida e operações financeiras efetuadas; (3) a existência de mesmos efeitos jurídicos legais admitidos a ambos os fatos; (4) a vedação de as operações financeiras conformarem por si sós prova plena da renda auferida; (5) se foram produzidas conforme as formalidades estabelecidas em lei, tal como pelo art. 4º do Decreto 54.240/09 no Estado de São Paulo; e (6) se a relação jurídica envolve mesmo objeto e mesmas partes.

Empreendendo tal exame, imaginemos os três níveis presuntivos que conformam o raciocínio da presunção emprestada material construída a partir das informações prestadas ao Fisco pelas instituições financeiras:

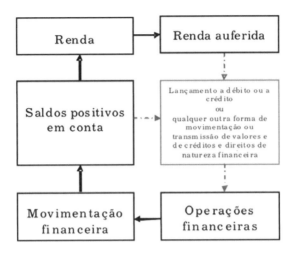

É diante de um esquema assim apresentado que veremos a presunção pelo Fisco de omissão de receita em face de ocorrências de saldo credor em caixa, fazendo incidir IR ou CSLL em face da construção do fato jurídico renda auferida. Como pudemos observar, no quadro acima não há identidade entre *operações financeiras* – fatos presuntivos – e *renda auferida* – fato jurídico em sentido estrito. Concluindo dessa forma, inadmite-se ao Fisco sejam atribuídas as consequências jurídicas da incidência do Imposto sobre a Renda aos *lançamentos a débito ou a crédito ou qualquer outra forma de movimentação ou transmissão de valores e de créditos e direitos de natureza financeira*. Ademais, as relações negociais que dão substrato aos valores auferidos têm uma infinidade de objetos diversos e envolvem pessoas diferentes, de modo que operação financeira, saldo positivo em conta ou lançamento a débito ou a crédito de natureza financeira não significam necessariamente *renda auferida*. Por fim, ainda no campo das formalidades, é imprescindível tenha sido observado para a construção desse raciocínio presuntivo o procedimento prescrito em lei, tal como pelo art. 4º do Decreto 54.240/09 no Estado de São Paulo.

Percorrendo um a um os cinco critérios que demonstram a inaptidão desse raciocínio presuntivo em constituir o fato jurídico em sentido estrito de IR ou CSLL, verifica-se que a presunção de omissão de receita é insuficiente para fazer prova do fato *renda ou lucro auferido*. Este também é o entendimento do antigo Conselho de Contribuintes que assim decidiu:

> Assim, **a ocorrência de saldo credor de caixa**, principalmente o seu valor que será tomado como elemento quantitativo da incidência tributária, **deve restar inconteste; em outras palavras, certo e líquido**.
>
> Não se pode admitir a utilização de presunção na formação de prova do fato índice [29] (grifos nossos).

Desse modo, queremos deixar claro que (i) operação financeira, (ii) saldo positivo em conta ou (iii) lançamento a débito ou a crédito de natureza financeira cumprem a função de prova com baixo grau constitutivo do fato jurídico IR ou CSLL, em face da grande distância entre estes conceitos de fato, configurando mero elemento que enseja o inicio do procedimento fiscal. Esta também é a conclusão a que chega João Dárcio Rolim, fazendo exemplo ao supramencionado:

> [...] em termos de presunção de lucros [...] omissão de receita, a própria jurisprudência administrativa brasileira, através da Câmara Superior de Recursos Fiscais do Conselho de Contribuintes do Ministério da Fazenda, tem ponderado serem relevantes motivos de ordem comercial ou industrial para a prática de preços diferenciados, afastando a possibilidade de subfaturamento, bem como **serem insuficientes para a caracterização de omissão de receita a existência de meros indícios** [...].[30]

---

29. Ministério da Fazenda, Conselho Administrativo de Recursos Fiscais, 7ª Câmara, Processo 10630.000621/2001-10, Acórdão 107-08.272, Rel. Luiz Martins Valero, Sessão 13.09.2005, p. 11.

30. ROLIM, João Dárcio. As presunções da Lei 9.430/96 e os casos especiais nos preços de transferência. *Tributos e preços de transferência*. São Paulo: Dialética, 1997. p. 48.

Diante do exposto, deixamos evidente que as presunções emprestadas não são aptas para constituir fato jurídico em sentido estrito. Sua função no Sistema Tributário Nacional se limita a dar causa ao início do procedimento fiscalizatório próprio, não mais que isso. Tudo o que ocorrer além disso é interpretação que ultrapassa as garantias constitucionais, configurando exegese inconstitucional.

8.3. Classificação quanto ao tipo de enunciado da presunção em seu ingresso no sistema jurídico

Já vimos que a antiga classificação entre enunciados presuntivos do tipo legal ou *hominis* é incorreta, pois toma por critério ora o sujeito emissor da norma, ora o lugar em que a regra jurídica vem prescrita, ora, ainda, sua fonte produtora, aludindo-se de um lado ao raciocínio humano e de outro, à lei, desconsiderando as imposições linguísticas e comunicacionais do sistema. Vimos, linhas acima, que tais noções dissociativas nos são inúteis, tendo em vista que não estão nelas os elementos distintos dos tipos de presunções entre si.

No quadro conceptual do instituto analisado neste estudo, sobreleva observar as presunções na dinâmica enunciativa das normas e considerá-las como regras de direito no ambiente do sistema jurídico. Para fins de manter a análise dentro de uma concepção positivista do ordenamento, tomemos por juízo classificatório o tipo de enunciado normativo da presunção em seu ingresso no sistema. Assim procedendo, iremos não somente afirmar o caráter normativo de toda a presunção, como também preservar a forma de sistema da ordem jurídica, como conjunto de normas, todas elas com a mesma estrutura sintática, a despeito de seus conteúdos heterogêneos, e todas enunciadas segundo uma recorrência de procedimentos enunciativos competentes (em direito admitidos). Na dinâmica da enunciação das normas presuntivas, buscaremos neste momento reforçar o caráter hipotético de algumas presunções em seu ingresso ou o tipo concreto de seus enunciados factuais em outros. Portanto, passaremos a subdividir as presunções tendo em vista sua formulação normativa sem, todavia, deixar de mirar seu processo enunciativo, enquanto enunciação per si, e que vem a surgir na norma introdutora da presunção, como enunciação-enunciada.

8.3.1. Presunção hipotética ou de enunciado presuntivo abstrato

No sistema jurídico, uma das formas de introdução mais recorrentes de enunciado presuntivo é aquela que a traz em modo de formulação hipotética, i. e., norma geral e abstrata. A presunção, neste caso, assinala um tipo, constituído ao modo de todos os outros modelos gerais e abstratos por critérios que selecionam, no universo do social, as características relevantes do fato. Em regra, são elementos que identificam uma ação (verbo e completo), num tempo e num espaço.

É dentro do processo enunciativo da presunção hipotética que verificaremos o raciocínio presuntivo do legislador. Compondo o procedimento legislativo competente, encontraremos as convicções daquele ao relacionar determinados fatos entre si e disso extrair, por via indutiva, regra que nada mais é que a própria noção de probabilidade enunciada na forma de norma, na base de todas e quaisquer presunções. Assim procedendo, o legislador estabelece um vínculo entre fatos presuntivos e probabilidade, organizando a ideia do gênero ou hipótese presumida. É a partir deste que, num instante subsequente, o legislador positivará a noção abstrata de fato jurídico em sentido amplo associando-a à hipótese de fato jurídico em sentido estrito a este último, por sua vez (mediante vínculo implicacional) dando ensejo à relação jurídica tributária. O esquema abaixo rememora os vínculos entre os enunciados factuais em termos abstratos:

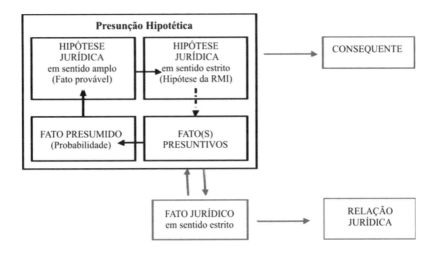

Na presunção hipotética, o fato presumido só vem a aparecer no direito, e ter relevância jurídica, quando positivada hipótese do fato provável que, relacionada à previsão do antecedente da regra-matriz de incidência, faz insurgir a relação jurídico-tributária. É o legislador que, positivando, estabelece o liame de direito entre a presunção e a hipótese da norma que institui tributos. Juntos, eles performam o fato jurídico antecedente da norma exacional, viabilizando a incidência da regra-matriz de incidência nos casos determinados. A relevância para o ordenamento dos fatos presuntivos e da probabilidade do fato presumido se dá justamente no momento em que a hipótese em sentido amplo é positivada na forma de proposição normativa, tornando-se apta a constituir o tipo tributário em termos gerais e abstratos.

É intuitivo crer que as presunções hipotéticas ou os enunciados presuntivos gerais e abstratos têm grande importância para o ordenamento jurídico. Não sobeja repisar que, compondo o fato presuntivo, não somente a presunção tem efeitos constitutivos, conferindo certeza ali onde não havia, como também, e em decorrência disso, estabiliza as relações jurídicas, diminuindo o campo de atuação interpretativo e imaginativo do aplicador do direito. Afinal, a certeza é o repouso do nosso espírito na paz e na calma da evidência, ainda que arbitrária e genericamente construída em forma de presunção.

8.3.2. Presunção factual ou de enunciado presuntivo concreto

A presunção do tipo factual, como o próprio nome o indica, fará seu ingresso no sistema na forma de enunciado de fato que, relacionado pelo aplicador a um fato jurídico em sentido estrito, tendo em vista previsão hipotética legal deste, fará irromper a relação jurídica individual. Logo, a presunção nesta modalidade é mecanismo que ajuda a compor o fato jurídico antecedente da norma individual e concreta e seu ingresso se faz no ordenamento na forma de *facticidade jurídica* de acordo com as imposições tópicas do caso em concreto. Para fins didáticos, observemos o esquema representativo proposto abaixo:

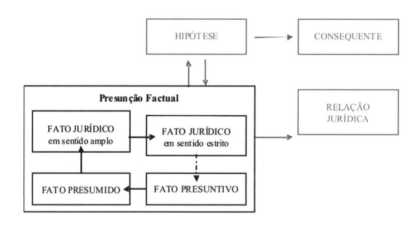

No plano da formulação do fato antecedente da norma tributária, encontram-se, num só tempo, fatos presuntivos, fato presumido, fato jurídico em sentido amplo e em sentido estrito; todos em relação entre si e todos constitutivos do antecedente da norma individual e concreta tributária.

8.4. Classificação quanto à revogabilidade do fato jurídico em sentido estrito

Ainda no empreendimento de apresentar classificações mais rigorosas no domínio da presunção em direito tributário, iniciamos neste item o exame do tema da revogabilidade do fato jurídico em sentido estrito instituído pelo direito por meio do mecanismo das presunções. Aqui, retoma-se a questão da possibilidade ou, num segundo momento, da admissibilidade das presunções absolutas no sistema jurídico e, principalmente, no campo tributário.

O tema da revogação no campo das presunções é bastante frequente, mas se esconde sob o véu de outras discussões que giram em torno da distinção entre presunção absoluta e relativa. Nessa contenda, muitos buscam elementos como a amplitude dos efeitos jurídicos – contra todos na primeira e limitado na segunda – ou mesmo como a permissividade ou condição proibitiva de produção de prova *a contrario sensu*, conforme depreendemos de lições de Paulo de Barros Carvalho:

> Ao contrário, o método indireto se baseia, em maior ou menor grau, em índices ou presunções. Sobre essas últimas, a Ciência do Direito costuma apresentar dois tipos: a presunção relativa e a absoluta. A primeira surte **efeitos limitados a determinadas pessoas e admite prova em sentido oposto**. *A contrario sensu*, a presunção absoluta, *juris et de jure*, se **irradia contra todos, não admitindo prova em contrário**. Limitando-se a inverter o ônus da prova, a presunção relativa torna mais complexo o exercício do direito de defesa. Trata-se de presunção estabelecida pela lei, a qual impõe nexo de causalidade entre dois eventos que, na realidade, não estão necessariamente ligados.[31]

A amplitude constitutiva e o gerar dos efeitos jurídicos do enunciado presuntivo são tópicos que, não dizendo diretamente ao tema da revogabilidade do enunciado normativo introduzido pela presunção, a eles estão vinculados, ao menos, indiretamente.

Além dos critérios acima mencionados, há que citar também a existência de outros como a ideia que faz o contraponto

---

31. CARVALHO, Paulo de Barros. *Direito tributário, linguagem e método*. 3. ed. São Paulo: Noeses, 2009. p. 924.

entre direito adjetivo e substantivo no domínio das presunções. Vem a ponto novamente o pensamento do professor emérito e titular da USP e da PUC/SP:

> As presunções absolutas, por sua vez, estão na **zona cinzenta em que o direito adjetivo se confunde com o direito substantivo**, de tal modo que afirmar a presença do fato B, conduzindo à existência do fato A, sem possibilidade de comprovar o contrário, significa o mesmo que querer aplicar uma norma de caráter substantivo que estabeleça a **equivalência de B e A** (a obrigação fiscal se funda na presunção de A e não de B). **Apresenta, portanto, os mesmos caracteres da relativa, induzindo uma situação de fato a partir de outra. Distingue-se desta última por constituir prova determinante, inadmitindo-se argumentação em contrário**[32] (grifos nossos).

Se tentarmos outro trajeto exegético para imaginar a relação entre esses critérios entre si, iremos recair inevitavelmente no tema da revogação. Nessa esteira, surge o mote da *revogabilidade do fato jurídico em sentido estrito* introduzido pela presunção como contraponto perfeito para nos indicar duas formas variadas da presença das presunções no universo do direito.

A título de remate deste item, aproveita-se aqui, por procedente, a sutil distinção de Lourival Vilanova: "O fato jurídico produtor de 'direitos relativos' não é o mesmo que produz 'direitos absolutos'".[33] Ora, justamente olhando para os efeitos jurídicos distintos entre os fatos introduzidos pelos tipos presuntivos, e como o direito os cria e os admite, é que faremos a proposta de uma nova classificação das presunções, servindo-nos do contraponto da *revogabilidade do fato jurídico em sentido estrito* introduzido pelo enunciado presuntivo.

---

32. CARVALHO, Paulo de Barros. *Direito tributário, linguagem e método*. 3. ed. São Paulo: Noeses, 2009. p. 924.
33. VILANOVA, Lourival. *Causalidade e relação no direito*. 4. ed. São Paulo: RT, 2000. p. 211.

8.4.1. Presunção irrevogável ou compositiva de regime jurídico especial

De antemão e para fins didáticos, fazemos aqui a equiparação do tipo presuntivo estudado às presunções ditas absolutas para, num momento subsequente, revelar novas imposições epistemológicas, fruto desta concepção linguística assumida neste estudo.

As presunções absolutas no direito e, em especial, no universo tributário geram uma série de controvérsias. Há quem as diga inadmissíveis e, em sua ocorrência, nascem inválidas. Outros aludem que, nesse específico domínio, deve-se assumi-las como relativas, isto é, sempre havendo direito à prova em contrário no campo dos tributos sob pena de deverem ser declaradas inconstitucionais e expulsas do sistema. E alguns, por fim, entendem-nas como raríssimas e, nesse sentido, exemplificam com os casos de regimes tributários facultativos, como no SIMPLES, ou mesmo na tributação pelo lucro presumido. Este último é o nosso posicionamento. Vejamos as razões.

A nosso ver, não é mais possível negar a existência das presunções chamadas *absolutas* ou, no caso ora nomeadas, *irrevogáveis* no direito em geral e no campo tributário. Estão presentes em vários aspectos e sob diferentes formas, cumprindo relevante papel na instituição de determinados regimes jurídicos especiais inclusive.

Expressão de uma das diversas formas empregadas pelo legislador para prescrever regimes jurídicos especiais, comparecem as presunções irrevogáveis como a diretriz preliminar para o perfeito funcionamento dessas sistemáticas específicas. Observa-se que tais presunções cumprem o papel de fundar aquele conjunto de normas, sem o qual não há como positivar regime jurídico algum que não esteja se fundamentando num grupamento intenso de presunções. Por isso mesmo, nós a compreendemos como fundadoras dessas instituições, ponto de partida para a organização do próprio.

Contudo, pondere-se que a existência da presunção irrevogável ou constitutiva de regime jurídico diferenciado, ao mesmo tempo em que existe, é imprescindível e apresenta-se como ponto de partida da própria instituição para manter integral sua validade no sistema, que ela tenha seu contraponto no necessário caráter opcional de adesão para o sujeito passivo nesses regimes jurídicos. A opção é justamente aquilo que confere legitimidade à presunção irregovável e ao regime especial. Sem ela, a imposição dessas normas presuntivas seria inadmissível num sistema jurídico que pretende sejam preservados direitos e garantias individuais como propriedade, segurança jurídica, igualdade, capacidade contributiva, etc.

É isso que nos autoriza afirmar que o regime do lucro presumido é perfeitamente possível em face da Constituição vigente, tendo em vista que a Lei 9.430/96 prescreve em seu art. 26 o direito de opção.[34] Assim, as pessoas jurídicas que tenham receita bruta de até 9.600.000 UFIRs têm a facultatividade de optar por esse regime de tributação.

Citemos ainda o exemplo do SIMPLES. A Lei das Microempresas e das Empresas de Pequeno Porte "SIMPLES" (Lei 9.317/96) criou regime tributário especial para as microempresas e empresas de pequeno porte, instituindo o Sistema Integrado de Pagamento de Impostos e Contribuições das Microempresas e das Empresas de Pequeno Porte. Logo em seu Capítulo IV, intitulado "Da opção pelo SIMPLES", dispõe pelo enunciado do art. 8º o seguinte:

> "A opção pelo SIMPLES dar-se-á mediante a inscrição da pessoa jurídica enquadrada na condição de microempresa ou empresa de pequeno porte no Cadastro Geral de Contribuintes do Ministério da Fazenda (CGC/MF), quando o contribuinte prestará todas as informações necessárias, inclusive quanto:
>
> I – especificação dos impostos, dos quais é contribuinte (IPI, ICMS ou ISS);

---

34. "A opção pela tributação com base no lucro presumido será aplicada em relação a todo o período de atividade da empresa em cada ano-calendário."

II – ao porte da pessoa jurídica (microempresa ou empresa de pequeno porte).[35]

Veja-se que, aqui, há também opção legal dada ao sujeito passivo em aderir ou não ao regime jurídico do S̄ɪᴍᴘʟᴇs. Eis mais uma confirmação de que as presunções irrevogáveis existem no âmbito jurídico e são necessárias para ter como legítimo o regime especial de tributação.

8.4.2. Presunção revogável ou comum

Outro é o caso das presunções comuns ou revogáveis. Sem fundar regime jurídico especial algum, tais institutos funcionam como técnicas comuns que facilitam o bom desempenho do sistema.

O caráter retórico de toda linguagem é o que permite assumir os enunciados como algo sempre passível de ser refutado. Ora, em planos teóricos e para o direito, isso também é perfeitamente admitido, razão pela qual não se pode dizer que

---

35. E o referido artigo continua:

"§ 1º As pessoas jurídicas já devidamente cadastradas no CGC/MF exercerão sua opção pelo Sɪᴍᴘʟᴇs mediante alteração cadastral.

§ 2º A opção exercida de conformidade com este artigo submeterá a pessoa jurídica à sistemática do Sɪᴍᴘʟᴇs a partir do primeiro dia do ano-calendário subsequente, sendo definitiva para todo o período.

§ 3º Excepcionalmente, no ano-calendário de 1997, a opção poderá ser efetuada até 31 de março, com efeitos a partir de 1º de janeiro daquele ano.

§ 4º O prazo para a opção a que se refere o parágrafo anterior poderá ser prorrogado por ato da Secretaria da Receita Federal.

§ 5º As pessoas jurídicas inscritas no Sɪᴍᴘʟᴇs deverão manter em seus estabelecimentos, em local visível ao público, placa indicativa que esclareça tratar-se de microempresa ou empresa de pequeno porte inscrita no Sɪᴍᴘʟᴇs.

§ 6º O indeferimento da opção pelo Sɪᴍᴘʟᴇs, mediante despacho decisório de autoridade da Secretaria da Receita Federal, submeter-se-á ao rito processual do Decreto n. 70.235, de 6 de março de 1972. (Incluído pela Lei n. 10.833, de 29.12.2003.)"

uma teoria refutada é uma teoria falsa. A propósito, relevemos que falsidade é valor de sistemas nomoempíricos descritivos, não sendo aplicável nem aos nomológicos e muito menos aos nomoempíricos prescritivos. As teorias consistem em linguagem, e, da mesma forma que esta a constitui, é ela também que a destitui enquanto sistema teórico.

Dando arras a outras fronteiras interpretativas, eis novos critérios e, com isso, novas classificações quanto às presunções no direito tributário. Somente mediante uma tomada de posição inovadora que assuma, com seriedade de análise, as categorias da Teoria Geral do Direito, da Teoria da Linguagem, da Semiótica e da Comunicação que se pode examinar a matéria sob novos padrões exegéticos. Construções como estas jamais encontrariam acústica no direito pretérito.

PARTE II
SINTAXE DA PRESUNÇÃO NO DIREITO TRIBUTÁRIO

Feitas as considerações de ordem semântica, inicia-se agora a segunda parte do trabalho que pretende enunciar a respeito das relações de coerência da figura da presunção no direito tributário brasileiro. Convém, por oportuno, rememorar algumas de nossas premissas, a fim de que a leitura que se segue possa ser observada de acordo com os parâmetros epistemológicos afirmados até então.

Sabe-se bem que o ordenamento jurídico, como sistema inter-relacional, clama por uma estrutura de linguagem que lhe dá substrato para sua comunicação juridicizada. Sem linguagem, não há comunicação; e, sem comunicação, não há relações intersubjetivas, inerentes a todas as unidades jurídicas de significado.

O direito é uma estrutura de linguagem derivada daqueloutra linguagem natural. É, portanto, sistema linguístico de segundo nível, artificialmente elaborado para comunicar aos seus destinatários ou usuários padrões de conduta socialmente localizada. Poderá até mesmo ser aceito como língua, da mesma forma que a língua portuguesa, dado que em uma ou outra teremos invariavelmente estrutura de linguagem articulada para construir determinada realidade.

Já diria Vilém Flusser[1] em seu *Língua e realidade*: "a língua *é, forma, cria* e *propaga* realidade".

Outrossim, assumido como um código de linguagem artificial, sistematicamente fechado, ele mesmo será produto e produtor de sua própria realidade. Isso não quer dizer que ignora os acontecimentos sociais e as mudanças dos padrões socioculturais. Na concepção luhmanniana, o direito pode ser identificado como um sistema normativamente fechado, porém aberto em termos cognoscitivos, como já pudemos relevar da Parte I do presente estudo. Em planos linguísticos, essas lições significam que ele é sintaticamente homogêneo, dado que não admite outro modo de prescritividade que não seja na forma de norma jurídica; porém é semanticamente heterogêneo, tendo em vista que o preenchimento dos conteúdos normativos está submetido à variação cognoscitiva do agente identificado pelo direito como atribuído de competência para a construção daquela unidade normativa.

Como estrutura de linguagem, o direito é composto por signos linguísticos, suas unidades de significação. E não poderia ser diferente, afinal todo sistema de linguagem prescinde de unidades de sentido. Eis a norma jurídica com sua significação de base, formalizada em termos lógicos pelos seguintes símbolos: $(p \rightarrow q)$

Nos planos semióticos, a norma jurídica, signo linguístico do direito positivo, poderá ser reduzida a: um suporte físico, o próprio texto (da lei, da sentença, do lançamento, etc.); uma significação, aquela dada pelo ordenamento e que associa um fato a uma conduta intersubjetiva de direito e de dever (dado o fato; então deve-ser a conduta); um significado, acontecimento factual, ou melhor, conteúdo que aponta determinada significação no momento em que se dá a construção em linguagem competente daquele fato. É neste conjunto lógico-relacional que se o tem em sua plenitude sígnica, objeto de construção e

---

1. *Língua e realidade*. 2. ed. São Paulo: Annablume, 2004. p. 17.

compreensão pelos exegetas da ordem posta e o fundamento da prescritividade da conduta humana.

Neste sentido, a norma jurídica não só é a parte do todo, como unidade de significação do direito, mas também o próprio todo, uma vez que só terá o atributo da prescritividade quando submetida aos nexos de hierarquia e correlação/coordenação que o sistema jurídico pede para cada uma de suas unidades. É, portanto, na norma jurídica que encontraremos a mensagem legislada, de um lado, e o sistema normativo, de outro, posto que norma nenhuma é criada sem sua submissão aos ditames lógicos, formais e semânticos do direito positivado. Este será nosso objeto no Capítulo 2. Ainda no domínio da sintaxe, afunilando mais ainda o campo de observação, passaremos à análise do enunciado factual das presunções (Capítulo 3), identificando conceitos como fato presumido, fato presuntivo, meta-fato, fato jurídico em sentido estrito e fato jurídico em sentido amplo.

Postulado esse panorama normativo, verificamos que, para fins de determinar o domínio sintático das presunções, enquanto unidade de sentido deôntico, seria preciso percorrer as relações que elas mantêm com o sistema, como um todo, para alcançar, num segundo momento, a estrutura lógica da norma presuntiva, em seus diversos tipos. É por esta razão que percorreremos o processo de positivação das presunções (Capítulo 4), do enunciado hipotético ao enunciado presuntivo concreto. Feitas essas considerações e obtida a norma presuntiva, nas suas diferentes modalidades, o terceiro passo é colocá-la em relação com outras unidades do deôntico, nos mais variados planos normativos: em face dos princípios constitucionais, estipulados no Texto Maior da República (Capítulo 5); e, por fim, contrapondo a norma presuntiva à regra-matriz de incidência tributária, nos seus distintos critérios compositivos (Capítulo 6).

Com isso, entendemos que a relação lógica e a estrutura formal, alicerces à figura da presunção no direito tributário, são observadas em todas as suas nuances, demonstrando e abrangendo os variados tipos de coerência que podem existir numa formulação presumida.

Capítulo 1

PRESUNÇÕES E SISTEMA JURÍDICO POSITIVO

Temos insistido reiteradamente que o direito positivo constitui e dá forma a um *sistema*. Preenchido por unidades mínimas de sentido deôntico – as normas jurídicas –, o ordenamento traça relações de coordenação e subordinação entre seus elementos segundo um princípio unificador. Relacionadas dessa maneira, as estruturas normativas constituem um todo de significação, que, sob um ponto de vista totalizante, nada mais é que o próprio sistema jurídico normativo.

Para além do rigor, é possível nomear *sistema jurídico tributário* tanto a linguagem do direito positivo, enquanto objeto da ciência do direito, quanto esta ciência, que fala, em tom descritivo, sobre a linguagem que propriamente prescreve. São sistemas, outrossim, direito positivo e ciência do direito, por possuírem ambos elementos proposicionais (prescritivos e descritivos, respectivamente), unificados por um sentido nuclear que as organiza. Em um e em outro, todas as unidades convergem para um único ponto: no direito, para o axioma da hierarquia; na ciência do direito, para o conceito da norma fundamental (pressuposta e não posta). São essas categorias que instituem o caráter unitário de sistema, prescritivo e descritivo, permitindo a construção mental de um todo de sentido.

É levando em conta essas injunções preliminares que este capítulo pretende elucidar a presença de algumas presunções institutivas da própria ideia de sistema jurídico, seja ele tomado em tom descritivo ou prescritivo. Demonstrando suas diferenças em cada uma dessas linguagens, iremos caracterizar a função da presunção de validade em cada um desses "direitos", ressaltando sua importância na formulação do ser sistema tanto como ciência quanto como conjunto de normas.

1.1. Existência no direito

Existir é viver, *estar vivo* ou, talvez, *ter vida*, observados tanto como estado quanto como propriedade de alguma coisa, respectivamente. Mas, além desse ponto de vista, outros tantos podem ser enunciados. A existência pode muito bem ser encarada como *maneira de existir*, isto é, *modo de estar em vida* ou ainda *forma de ser própria de alguma coisa*, enquanto objeto particular, determinado segundo suas individualidades e de acordo com sua unicidade em relação ao todo em que está inserido, sendo assim irredutível de generalidades, conceitos e determinações universais. O existir pode ainda ser tomado no tempo cronológico, como *ciclo de duração de uma vida*, ou até como exato momento em que adquire vida ou em que se dá sua morte. E, ainda, algo pode ser existente pelo *simples fato de ter uma realidade* ou ser pertencente a um dado universo.

São tantas as possibilidades semânticas que a palavra *existência* traz em si que ficaria difícil dizer qual delas seria a mais exata, em qual acepção ela seria mais abrangente ou mais precisa para fins de exame do direito tributário. Cada uma das significações, no entanto, traz consigo algum indicativo do que se tem por existência em sua completude conceptual. São perspectivas diversas de um mesmo objeto – a existência – tomado sob diferentes ângulos. Existir é, pois, um ser, um ter, um modo de ser, um ciclo do ser, um momento do ser; tudo isso num só tempo. Em qualquer um desses olhares, o fato de algo estar presente, de sentir sua presença, já importa em uma percepção de um corpo estranho no organismo, de um indicativo forte de uma dada existência (de algo), e é nesse perceber que está o existir de alguma coisa, seja ele observado sob qualquer um dos pontos de vista acima citados.

É considerando essas reflexões como premissa que analisaremos a *existência no direito*, isto é, o existir de um corpo no sistema prescritivo de condutas. Partimos do pressuposto de que o ordenamento é um todo unitário, uno e indecomponível, formado por normas. Normas são proposições de sentido deôntico completo que têm por função prescrever condutas. Pois bem, sendo proposições prescritivas, as normas se submetem aos valores da linguagem do direito. Nessa medida, são ora válidas, ora inválidas, de acordo com os critérios estabelecidos pelo ordenamento. Não são nem verdadeiras nem falsas, valores próprios dos juízos descritivos, da Ciência do Direito, mas sim, e sempre, válidas ou inválidas em face do sistema prescritivo. Com estes torneios, pretendemos deixar ainda mais evidente que o direito cria sua própria realidade, sem necessariamente ter de coincidir com seu referente social. Em outras palavras, verificada a correspondência ou não do fato jurídico à realidade social (evento), a hipótese não adquire valor de verdade. Na mesma linha, no plano da eficácia, "a não-verdade de proposição descritiva de fatos, como o descumprimento de norma individual fundada em norma geral, não comprometem a validade da proposição normativa universal".[1] A hipótese do enunciado normativo no direito tem um valer próprio: vale, tem validade jurídica, enquanto posta de acordo com um processo previsto no interior do sistema jurídico.

Validade, lembre-se, não é atributo de norma, tal qual a vigência, mas condição de existência da norma no sistema. É válida a norma que foi enunciada por autoridade competente e segundo procedimento estabelecido em lei. São as regras de

---

1. VILANOVA, Lourival. *Estruturas lógicas e o sistema do direito positivo*. São Paulo: Noeses, 2005. p. 102.

estruturas, já internalizadas no sistema, que indicarão os modos enunciativos do enunciado válido. O preceito prescritivo será válido, ou não válido, em relação a determinados critérios que o próprio direito positivo lhe imporá. Validez ou invalidez, cumpre repisar, será sempre condição de existência da norma em vista da ordem posta, de modo que "ser norma válida quer significar que mantém relação de pertinencialidade com o sistema 'S', ou que nele foi posta por órgão legitimado a produzi-la, mediante procedimento estabelecido para esse fim".[2]

Sob este aspecto enunciativo, indo além, é preciso frisar ser corrente e moente admissão do direito segundo visão estática ou óptica dinâmica. No primeiro, teoria nomoestática, recorta-se a cadeia de sucessividade do direito, aceitando-o tão só num determinado momento escolhido pelo intérprete. Isto é, desconsidera-se a progressão no tempo do ordenamento, como um dado que se compõe numa sequência de sistemas, para considerá-lo unitariamente, num específico momento, como unidade solitária, desvinculada de todos os demais. Sob esta perspectiva, considera-se a ordem posta como se fotografia fosse, limitando a análise descritiva àquela "situação fotografada". Neste *estado de ser*, estaticamente considerado, em repouso à dinâmica da atividade criativa jurídica, o exegeta do direito colherá as regras que prescrevem naquele sistema a autoridade (sujeito enunciador) e o procedimento (*modus operandi*) competentes para constituir norma nova no direito, aptos para realizar a atividade de produção normativa. É com base nesses elementos que se verificará a *validade sintática da norma*, ou seja, se ela foi produzida de acordo com as regras de estruturas que indicavam os mecanismos internos competentes para a enunciação de uma norma válida no direito posto. Lembremos que este *status* só é percebido pelo exegeta *a posteriori*, uma vez que seu plano de observação num dado momento do direito leva em nota apenas sistemas passados,

---

2. CARVALHO, Paulo de Barros. *Curso de direito tributário*. 22. ed. São Paulo: Saraiva, 2010. p. 113-114.

ultrapassados, que atribuem certeza enunciativa à validade do enunciado. A condição de existência, aqui, é propriedade formal, da forma lógica de relacionar da norma com o sistema, independentemente do conteúdo das proposições. É segundo esta exegese que Lourival Vilanova afirma: "A validade independe da *correção gramatical* e da *verdade empírica:* há algo próprio da forma lógica".[3]

Tomando a ordem posta agora em sua visão dinâmica, considerando-se a historicidade do direito, numa aproximação que toma em nota, portanto, aspectos da semântica e da pragmática do ordenamento, a sucessão no tempo dos sistemas prescritivos, a existência das normas jurídicas se dará na forma de *presunção de validade*, afastando, ainda que momentaneamente, a perspectiva da validade sintática da regra jurídica. Toda norma será presumivelmente válida quando (i) posta por órgão competente, independentemente de o procedimento ser aquele credenciado pelo direito posto, ou (ii) por órgão aparentemente competente, de acordo com a lei. A presunção de validade é uma condição para que se dê a prescritividade do direito e, sendo assim, é um *a priori* necessário para que o ordenamento juridicize a realidade social. Daí a ideia de ser um pressuposto necessário.

Exemplifiquemos uma e outra situação. No primeiro caso – autoridade incompetente – voltemos ao tempo em que a comunicação oficial sem a ajuda do sistema de automação, que muito colabora hoje em dia na dinâmica da comunicação jurídica, se dava efetivamente num lapso de tempo que consumia alguns dias, imaginemos cinco a dez dias. Pensemos ainda naquele agente fiscal que mora numa cidade pequena e que, em publicação efetuada em 15.03.2009, declara sua aposentadoria. Se esse mesmo agente tivesse efetivamente ciência apenas em 25.03.2009 e continuasse autuando normalmente, qual seria o *status de existência* dos autos de infração que ele

---

3. VILANOVA, Lourival. *Estruturas lógicas e o sistema do direito positivo.* São Paulo: Noeses, 2005. p. 46.

lavrou entre os dias 15 e 25 daquele mês? Seriam eles *nati morto* ou talvez, melhor, estariam válidos em decorrência da presunção de validade, devendo-se proceder a outro processo enunciativo competente para retirá-lo do ordenamento? Na segunda hipótese – procedimento incompetente –, tomemos situação em que uma lei é proposta, julgada, votada pelas casas legislativas e aprovada, sancionada pelo presidente e, no último minuto, antes de sua publicação, são inseridos dois artigos no texto legal, publicando-os junto ao texto oficial. Tais artigos são existentes para o ordenamento jurídico? São válidos? São prescritivos de conduta?

Ambos os casos têm aparência de norma válida e, pelo simples fato de exteriorizarem esta formulação credenciada e apresentarem um mínimo de eficácia social, são presumivelmente válidos em planos jurídicos.

Desse modo, a validade formal é *condição necessária* para a existência da norma no direito, mas não suficiente. É imposição *formal* da norma, de ordem lógico-sintática, estabelecida no sistema e conferida à estrutura normativa da data de sua edição (DJU). A *suficiência desde logo* do enunciado jurídico se coloca com a *presunção de validade*, que identifica nos domínios da semântica e da pragmática a existência da norma no sistema. É suficiente na medida em que, partindo da necessária validade formal (esta, ponto de partida da exegese de qualquer norma), envolve os outros dois contornos semióticos do signo prescritivo – semântico e pragmático –, tornando-o suficientemente válido no direito posto. Necessidade formal, de um lado, suficiência semântico-pragmática, de outro; validade sintático-formal; presunção de validade respectivamente. Eis o cerco semiótico que envolve o conceito de existência de toda e qualquer estrutura normativa no direito.

A nosso ver, o simples fato de ter *aparência de norma válida* já lhe dá caráter de preceito presumivelmente válido. Assim, mesmo que a proposição prescritiva tenha sido produzida por agente incompetente ou em desconformidade com o procedimento previsto pela ordem posta, ela ingressa no ordenamento, sendo, portanto, válida até que se prove o contrário (e ocorra sua expulsão por veículo apto para tal fim), ou melhor, até que outra norma apropriada a expulse do sistema.

Em resumo, é possível firmar a existência (da norma) no direito em dois pilares: um sintático, de análise lógico-formal, e outro semântico-pragmático, de exegese histórico-material. A primeira, de acordo com a nomoestática, tem como parâmetro a forma da norma, verificando sua existência sob o ponto de vista da validade sintático-formal, da relação de coerência entre unidade e sistema estaticamente considerado; a segunda, em função da nomodinâmica, utiliza-se dos critérios de relação de correspondência e de uso, apontando para a existência no direito na forma de *presunção de validade*, como modo aparente de norma válida.

1.2. Validade, fontes do direito e revogação: Noções gerais

Partimos do pressuposto de que a existência da norma em sua completude se dá tanto no plano sintático, mediante apontamentos formais, quanto em termos semântico-pragmáticos, segundo critérios de aparência de validade. Um, *validade sintático-formal*; outro, *presunção de validade*, atributos de relação da norma com o sistema, e que, em conjunto, significam aquilo que se entende por *existência (da norma) no direito*.

Coloquemos o enfoque nesse segundo aspecto, assumindo, portanto, que o sistema prescritivo admite norma que não tenha sido enunciada por agente competente ou ainda quando tenha deixado de cumprir com os requisitos procedimentais. A norma viciada, em qualquer um de seus aspectos, é norma válida, como afirmado acima, e assim o será até que outra norma a expulse do sistema. Desse modo, o enunciado somente deixará de ser válido quando o próprio direito positivo, por meio de outras normas (de revisão sistêmica), o retirará do sistema. Lembremos que a prescrição é válida na medida em que é pertencente ao domínio jurídico, e existe; tanto é assim que produz efeitos. Está no próprio sistema jurídico a forma de expulsão destas regras mal produzidas, o modo de suprimir a validade daquela unidade viciada. Só uma norma é apta a expulsar outra norma. E isto se dará somente mediante o cumprimento por um agente competente de um procedimento credenciado em lei para revogar norma viciada.

A regra se volta, assim, ao agente interno do sistema, de tal forma que ao observador – cientista ou ciência do direito – de nada adianta apontar para a ausência da validade formal, isto é, dos requisitos sintáticos para a validade da norma. O sujeito cognoscente, como mero vigia do direito, diz apenas sobre o sistema posto, em nada o alterando. Somente autoridade indicada em lei (*lato sensu*), internalizada, participante da ordem posta, é que está apta a expulsar, mediante o cumprimento de procedimento competente, a norma viciada. Enquanto isso não ocorre, até por necessidade de ordem pragmática, a norma vive juridicamente e, portanto, existe, produzindo efeitos pelo simples fato de ser presumivelmente válida na ordem semântico-pragmática. Tudo leva a crer que é válida, em sua completa forma sígnica (planos sintático, semântico e pragmático), e dentro desta crença é que se sustenta, e se fundamenta, o próprio direito positivo como um todo.

Presunção de validade é validade: considera-se válida a norma até que se prove o contrário. É presunção *juris tantum* de validade, pois, mediante o devido processo legal (art. 5º, LIV, da CF/88), admite-se prova que lhe desconstitua. A prova contrária faz parte do procedimento revogatório que expulsará a norma presuntiva do ordenamento. É também presunção de sistema, uma vez que funcionam como imposições pragmáticas na qual o direito depende para se fazer valer em sua função de regular condutas. Com tais características, sua exigência é, pois, do domínio semântico e pragmático, de fundamentação e aplicação do ordenamento como um todo, uma vez que, não se a admitindo, os usuários do direito estariam compelidos a cumprir a regra ali estabelecida tão só após confirmação, expressa e efetiva, de sua validade pelas autoridades judiciárias do mais alto grau (Supremo Tribunal). Foi por tais razões, na legislação tributária, que se atribuiu à Certidão de Dívida Ativa regularmente inscrita o gozo da presunção relativa (*juris tantum*) de certeza e liquidez, modo, subjetivo e quantitativo, de presunção de validade dos atos administrativos, assim dispondo no art. 204 do Código Tributário Nacional:

> A dívida regularmente inscrita goza da presunção de certeza e liquidez e tem o efeito de prova pré-constituída.
>
> Parágrafo único. A presunção a que se refere este artigo é relativa e pode ser ilidida por prova inequívoca, a cargo do sujeito passivo ou do terceiro a que aproveite.

Não satisfeito, o legislador ordinário, na Lei de Execuções Fiscais, disciplinando a execução judicial para cobrança da Dívida Ativa da União, dos Estados, do Distrito Federal, dos Municípios e respectivas autarquias, reforçou a *presunção de certeza e liquidez*, prescrevendo no art. 3º da Lei 6.830/80:

> A Dívida Ativa regularmente inscrita goza da presunção de certeza e liquidez.
>
> Parágrafo único. A presunção a que se refere este artigo é relativa e pode ser ilidida por prova inequívoca, a cargo do executado ou de terceiro, a quem aproveite.

Cumpre esclarecer que as qualidades de "liquidez" e "prova pré-constituída" são atributos do crédito *inscrito em dívida ativa*, e não do crédito tributário simplesmente lançado.

Na mesma linha, encontramos a *presunção de legitimidade* dos atos administrativos em geral e, para fins de direito tributário que ora nos interessa, do lançamento. Também da ordem *juris tantum*, a presunção de legitimidade toma o sujeito passivo do lançamento como credenciado, e logo legitimado a expedir o ato – válido – até que se prove o contrário. Nessa medida, o ato administrativo se sustenta até que novo enunciado (decisão da própria autoridade ou de hierarquia superior) venha desconstituí-lo, expulsando-o do direito posto. Em função da legalidade e da tipicidade tributária, princípios interpretados juntamente ao devido processo legal e à certeza do direito, tal procedimento admite que, por iniciativa do sujeito passivo ou até mesmo da autoridade administrativa (de ofício), seja feita a revogação ou anulação do ato viciado, suprimindo sua validade no sistema, declarando a morte do ato administrativo no universo jurídico. Assim, a *presunção de validade*, esteja ela sob o apelido de *presunção de certeza e liquidez* ou *presunção de legitimidade*, é requisito fundamental para a positivação do direito, sem o qual a norma não incide deixando de juridicizar a realidade posta.

Reforçando tal posicionamento, imaginemos situação contrária, em que, no lugar da *presunção de validade*, houvesse a figura jurídica da *presunção de invalidade*. Eis a verdadeira inconsistência sistêmica, incoerência pragmática, que impediria o próprio direito de ser colocado na realidade social como linguagem prescritiva de condutas. Afina-se pela mesma craveira Marcelo Neves: "[...] pois a hipótese contrária (presunção de invalidade) conduziria ao não funcionamento do sistema, por haver interpretações as mais divergentes entre os utentes das normas".[4]

Em comentários ligeiros, subsumindo-se a atividade enunciativa produtora de nova unidade no sistema à hipótese da norma sobre produção normativa, dá-se o ingresso do enunciado normativo (E1) e, portanto, E1 é *válido até prova em contrário*. Ocorrendo de outra forma, o ordenamento positivo pedirá novo processo enunciativo (E2), para fins de introduzir outra norma que contenha, em seu antecedente, aplicação de uma norma de revisão sistêmica, e, em seu consequente, a retirada do enunciado viciado (E1) do sistema posto. Do inverso, o documento normativo permanece na ordem posta, admitido por *presunção de validade (juris tantum)*.

---

4. NEVES, Marcelo. *Teoria da inconstitucionalidade das leis*. São Paulo: Saraiva, 1988. p. 46-47.

Por esse ângulo, andou bem a Secretaria da Receita Federal ao lembrar, em acórdão proferido em 11 de dezembro de 2001, a forte presença da *presunção de validade* nos atos do Poder Público:

> *Decadência. Taxa* SELIC. *Multa de mora. Arguição de inconstitucionalidade.* A alegação de decadência, da inaplicabilidade dos juros de mora com base na taxa SELIC e da dispensa da multa de mora sob o fundamento de inconstitucionalidade não é admissível nesta instância, eis que **no direito brasileiro milita a presunção de validade constitucional em favor de leis e atos normativos do Poder Público, que só se desfaz quando incide o mecanismo de controle jurisdicional estatuído na Constituição**[5] (grifos nossos).

É da mais pura evidência que a *presunção de validade* está presente com extrema força nas leis e nos atos normativos do Poder Público, mas é inegável que ela está também em todos os outros atos normativos do direito, independentemente de ele ter sido proferido por órgão público (Poder Legislativo, Executivo e Judiciário) ou por entes privados. Não está na pessoa que expede a norma o critério de ela ser ou não presumivelmente válida, e sim em sua aparência de norma validamente posta.

Não sobeja lembrar que validade é, sempre, validade no interior do sistema positivo. Outras normas, de realidades diversas, de diferentes procedências, para se integrarem ao sistema posto, pedem regra de estrutura (regra-de-regra) que as juridicize, que as convalide. A correspondência com tais regras "procedimentais" lhes dá relação de pertinência em face do sistema positivo. É o direito que atribui *validade* à norma, palavra que expressa relação de pertinência da unidade (norma) no conjunto (sistema prescritivo). Cabe registrar ainda

---

[5]. Ministério da Fazenda, Secretaria da Receita Federal, Delegacia da Receita Federal de Julgamento em Salvador, 1ª Turma, Acórdão 596, Sessão 11.12.2001.

que, da mesma forma como a criação normativa, a invalidação da norma é também enunciada em regra no ordenamento, sendo o próprio sistema jurídico que suprimirá a validade da unidade considerada viciada. Tudo na ordem posta é norma, logo, só norma retira norma da ordem posta. Neste ponto, saquemos a afirmativa: todo ato normativo é presumido válido até que outro ato de fala o retire do sistema.

1.3. Presunção de validade, validade *stricto sensu* e validade *lato sensu*

Segundo o princípio aristotélico da contradição, "nada pode ser e não ser simultaneamente". Tal assertiva foi considerada desde a Antiguidade um axioma fundamental da filosofia; agora, é afirmação que orienta o presente estudo no seguinte sentido: norma válida, produtora de efeitos jurídicos, é norma existente num dado sistema. A declaração de invalidez é a retirada da norma do ordenamento a partir do momento da decisão em diante, isto é, considerar-se-á inválida para os sistemas supervenientes ao decisório, em nada alterando realidade jurídica anterior. A validade da norma não se altera dentro de um mesmo sistema, estaticamente considerado. Para uma dada ordem: ou é válida ou inválida, não existindo um terceiro estado, ou uma alteração de *status* num determinado direito posto. Norma não pode *ser* e *não ser* simultaneamente válida numa dada ordem considerada.

Transportando-se isso para o quadro da distinção até agora elaborada entre *presunção de validade* e *validade stricto sensu*, é possível dizer até aqui que tais conceitos não podem ser considerados como sinônimos, uma vez que indicam perspectivas distintas de uma mesma realidade jurídica.

Como já visto, *validade stricto sensu* é condição formal de existência da norma no sistema: é sintaticamente válida norma posta por órgão legitimado de acordo com o procedimento estabelecido como competente para tal fim. É conceito sintático, que independe do conteúdo das proposições ou da efetiva aplicação destas pelos utentes do sistema. Tal termo é assumido pela norma *a posteriori*, isto é, somente após análise e confirmação da norma num todo sistêmico estaticamente considerado, já acontecido no tempo. *Validade stricto sensu* se dá, portanto, ora pela afirmação expressa de sua validade formal pelo ordenamento ora posto, de forma tácita, pelo simples cumprimento – mínimo de eficácia kelseniana – dos participantes do sistema.

Já *presunção de validade* é existência *a priori* no direito, é estado da norma, de certeza da mensagem normativa enunciada ou da conformidade do procedimento enunciativo empreendido, anterior a qualquer confirmação pela autoridade jurídica. É pressuposto de validade que o próprio sistema prescritivo atribui às suas unidades *desde já* para fins de alcançar sua função de regular condutas. Sabemos que tudo o que é presumido é algo pensado por suposição, ou melhor, enquadra-se ainda como hipótese ou como conjectura de alguma coisa. Em termos de raciocínio, admite-se o presumido como verdadeiro (prescritivamente), ou válido por presunção. Toma-se, portanto, antes do tempo um dado pelo outro, num faz de conta em que se suspeita a verdade, ou validade, de algo num dado universo. É, pois, enquanto juízo antecipado, que apontamos a presença da figura da *presunção de validade* como conjectura, ou suspeita, do válido numa determinada norma, conceito criado pelo ordenamento para fazer valer a si mesmo no plano semântico e pragmático. Somente assumindo a norma com *validade desde já*, isto é, a partir de sua enunciação aparentemente válida, que o direito possibilita sua positivação, sua incidência, realizando-se como sistema prescritivo de condutas. Consequência inevitável dessa forma de autofundamentação, admitindo a aparência de validez como propriedade *a priori* da própria norma válida, o direito admite prova em contrário como modo de retirada de norma válida, porém viciada no sistema.

Por fim, *validade lato sensu* é relação de pertinencialidade da regra com o sistema "S". É existência da norma, em sua acepção mais larga, isto é, levando-se em consideração os três planos semióticos: sintático-formal (relações de coerência); semântico (relações de correspondência) e pragmático (relações de usos). A validade, em sua completude, também é conceito *a posteriori*, pois depende da validade formal que, junto à presunção de validade, autentica a certeza e a conformidade do expediente empreendido pelas autoridades competentes para criar enunciado prescritivo novo no direito, para introduzir nova norma no sistema.

1.4. Presunção de validade como axioma

Toda palavra carrega em si um *quantum* de ambiguidade. E assim se faz no vocábulo *direito*. Significando tanto linguagem em função prescritiva de conduta quanto linguagem em função descritiva de seu objeto, o direito é um dado linguístico em sua essência, e como tal cria sua própria realidade, seja ela descritiva ou prescritiva.

Como ciência, *direito* é sistema que preza coerência, conecta organicamente as normas entre si, estruturando sua forma organizada de ser sistema; afirma a hierarquia de seu repertório, explicitando as formas lógicas em que aparece o entrelaçamento entre as várias unidades do ordenamento, construindo assim seus conteúdos de significação; aponta para as antinomias existentes, buscando solucioná-las; formula seu ponto de partida, a norma fundamental, dela justificando o fundamento de validade das regras que lhe são inferiores. Enfim, a ciência, enquanto tal, simplesmente descreve o direito positivo, em nada o alterando. É uma metalinguagem (ou linguagem de sobrenível) que fala sobre direito posto, seu objeto, transmitindo as notas que identificam sua compostura como sistema empírico. Investiga, pois, a natureza do *ser jurídico*, colocando-se como atividade intelectual que pretende conhecer a maneira em que as normas se articulam entre si e a forma como funcionam as prescrições normativas organicamente consideradas.

As proposições científicas se submetem à lógica apofântica (ou também chamadas de lógica clássica ou alética), sendo verdadeiras ou falsas segundo a correspondência descritiva com seu objeto. Como ciência, possui um método de investigação próprio, com suas técnicas especiais de recortar seu objeto. E é aí que se pretende localizar a figura da presunção de validade para a ciência do direito.

Segundo o modelo interpretativo da linguagem que descreve o direito, toda norma é presumidamente válida até que se prove o contrário. Fala-se aqui do ponto de vista do observador, daquele que se coloca fora do direito, como analista exterior do que efetivamente ocorre dentro (interior, reforcemos) desse sistema prescritivo. Nesse enfoque, a presunção de validade é axioma, no sentido de que a validade da norma é premissa considerada *necessariamente evidente e verdadeira* até que se entenda o contrário. Aqui, admite-se sem problema nenhum falar em evidência ou verdade, uma vez que estamos de acordo com os padrões cognoscitivos científicos.

Como axioma, a presunção de validade é fundamento de uma demonstração (de validade da norma no sistema), porém é ela mesma algo indemonstrável, originada, segundo as regras do ordenamento, como formulação inata das prescrições, símbolo de partida das proposições jurídicas de direito posto. É uma máxima, sentença, que dá o gérmen da existência da norma no sistema, como algo tido por pertinente a ele pelo simples fato de nele estar, ter um modo de presença, ser um corpo estranho produtor de efeitos jurídicos próprios, originários seus. Dito de outra forma, *presunção de validade* para a ciência do direito é fórmula que se presume certa, correta, embora não suscetível de demonstração, ou melhor, apesar de ser tão só confirmada em momento posterior ou até mesmo nem bem ser (re)confirmada dentro do sistema. É admitida como tal, desfazendo-se apenas quando expressamente declarada a norma inválida. É este também o pensamento do jurista Paulo de Barros Carvalho, ao sustentar:

A relação de pertinencialidade será aferida, para efeito de controle, mediante confronto com a norma superior, dentro da hierarquia do sistema empírico, culminando na norma hipotética fundamental, axioma que fecha o corte metodológico em termos cognoscitivos.[6]

Ponto relevante para fins de definir o conceito mencionado está na divisão da realidade jurídica em descritiva, ciência, e prescritiva, direito positivo. São universos distintos, com exigências internas diferentes, funcionando segundo uma lógica interior diversa. Tal importância se deve ao fato de que nem sempre é fácil perceber a função própria da presunção de validade em cada uma dessas linguagens. E, elucidando tal dificuldade, cabe registrar apontamento de Tárek Moussallem, em seu *Fontes do direito tributário*, atribuindo à presunção de validade qualidade de *pressuposto da ciência do direito*, afirmando:

> [...] o primeiro contato do cientista é com o documento normativo (S1). Para isso, o cientista já presume que o documento normativo seja válido, pois, do contrário, estaria realizando outra ciência que não a dogmática jurídica. **A presunção de validade do documento normativo é pressuposto epistemológico do cientista dogmático.**[7]

Nesse específico aspecto, entendemos ser pertinente apontar que pressuposto tem sentido diverso de axioma, motivo que, a nosso ver, falando-se em planos descritivos, a rigor, descabe atribuir à presunção de validade sentido de pressuposto da ciência do direito.[8] Em súmula estreita, vale acentuar

---

6. CARVALHO, Paulo de Barros. *Direito tributário*: fundamentos jurídicos da incidência. 8. ed. São Paulo: Saraiva, 2010. p. 96.
7. MOUSSALLEM, Tárek Moysés. *Fontes do direito tributário*. 2. ed. São Paulo: Noeses, 2006. p. 178.
8. Lembremos que, para o direito positivo, a noção de pressuposto é perfeitamente cabível para explicar o proceder da presunção de validade neste universo. Assim veremos no próximo item.

que, ao pressupor, se supõe antecipadamente alguma coisa. O pressuposto é conjectura, significando aquilo que se busca alcançar. São também do sentido da palavra ser "motivo alegado para encobrir a causa real de uma ação ou omissão",[9] ou ainda a "circunstância ou fato em que se considera um antecedente necessário de outro".[10] Enfim, *pressuposto*, em qualquer um de seus sentidos, é inadequado para enquadrar a figura da presunção de validade na ciência do direito. Nesse domínio, ela só poderá ser encarada como expressão que se presume certa, correta, embora não suscetível de ser demonstrada, como formulação inata das prescrições, símbolo de partida das proposições jurídicas de direito posto. Resta evidente que, para a dogmática jurídica, não há como entender o jurídico sem partir desse ponto referencial, presumindo a validade semântico-pragmático de toda norma desde o momento de sua edição. Presume-se válida até que se prove o contrário, fórmula esta que identifica o próprio conteúdo do termo *presunção de validade*.

1.5. Presunção de validade como necessidade ontológica

Agora, no plano do direito positivo, considerando o instituto em exame numa atitude de participante da ordem posta, veremos a *presunção de validade* não mais como axioma do jurídico, método para observar determinados fenômenos do sistema, mas como necessidade ontológica. Aqui, a ideia se encontra no plano do ser do objeto, da ontologia do direito positivo, apresentando "a realidade do sistema como ela é".

Necessidade, sabe-se bem, é qualidade do que é necessário, é aquilo que não se pode evitar, sendo algo imprescindível para a realização de determinada realidade. É nesse quadro

---

9. HOUAISS, Antônio; VILLAR, Mauro de Salles. *Dicionário Houaiss da língua portuguesa*. Rio de Janeiro: Objetiva, 2001. p. 2293.

10. Idem, ibidem, p. 2293.

que se encontra a presunção de validade para o direito positivo. Sendo categoria jurídica que supera o ser útil ou conveniente para o sistema, a presunção de validade é *exigência* que objetiva o próprio bom funcionamento da ordem positivada. Não há como pensar numa norma posta sem conferir a ela sua presunção de validade de imediato. É pressuposto gnosiológico, condição mínima que a norma deve ter para adquirir *status* de jurídico, satisfazendo os requisitos necessários, semântico e pragmático, de sua vida internamente. É, sem exageros, exigência interna do direito que faz com que se admita válida norma com aparência de validade, até que se prove o contrário. Tal figura jurídica é indispensável para o ordenamento, modo em que o direito se faz valer desde então, ou melhor, a partir do momento em que a norma é enunciada enquanto tal.

Ainda que não tenha feito referência expressa à presunção de validade, Tárek Moussallem explicou com sutileza de análise sua função na realidade prescritiva:

> Repise-se: enquanto não houver expulsão de um veículo introdutor passível de invalidade, ele permanece válido no sistema.
>
> Caso assim não fosse, o sistema do direito positivo, paradoxalmente, seria o próprio caos. Imagine-se a possibilidade de o indivíduo descumprir determinada norma por entendê-la inconstitucional.
>
> Portanto, podemos concluir que **a questão da validade é inconcebível fora da enunciação: em si mesmo o enunciado enunciado normativo não é válido ou não-válido, torna-se válido ou inválido unicamente no decorrer de uma enunciação particular**[11] (grifos nossos).

A presunção de validade no direito positivo, e aqui sim, é pois um pressuposto do próprio ser do direito, necessidade

---

11. MOUSSALLEM, Tárek Moysés. *Fontes do direito tributário*. 2. ed. São Paulo: Noeses, 2006. p. 179.

ontológica da ordem posta, que tem por função o reconhecimento do sistema da existência de suas normas. Sendo assim, a presunção de validade é condição necessária da ordem prescritiva e não da norma, sendo forma de conhecimento de qualquer corpo estranho em seu organismo vivo pela ordem posta.

1.6. O axioma da hierarquia no direito

Com efeito, os cientistas do direito assumem e descrevem o ordenamento como linguagem objeto. Sob a óptica estática ou lógica, é um conjunto de normas válidas, todas ordenadas e hierarquizadas em forma de linguagem prescritiva em torno de um núcleo comum. Da perspectiva semântico-pragmática, é assumido enquanto *objeto cultural*, recebendo todas as modulações axiológicas de uma sociedade historicamente localizada e de um intérprete (aquele que põe a norma) carregado de sentidos ideológicos, fruto de sua experiência vivida. Aliás, "ali onde houver valor, haverá, inevitavelmente, relações de coordenação e de subordinação, o que equivale a dizer, haverá laços de hierarquia".[12] Com efeito, efunde dessas premissas a presença inexorável da hierarquia tanto no campo da sintaxe quanto no domínio da semântica e da pragmática do direito. E, sublinhando o papel da hierarquia, este é o depoimento de Paulo de Barros Carvalho: "Hierarquia tem de existir sempre, de uma forma ou de outra, onde houver direito positivo".[13]

À ciência jurídica cabe observar as regras jurídicas localizando-as nesta estrutura hierarquizada. Todas as perspectivas do exegeta autêntico, em última instância, devem levar em nota essa armação constitutiva da ordem posta. A própria ideia de *sistema* pede do sujeito esse organizar das normas, selecionando-as e assentando-as no esqueleto estrutural do ordenamento.

---

12. CARVALHO, Paulo de Barros. Prefácio. In: LINS, Robson Maia. *Controle de constitucionalidade da norma*. São Paulo: Quartier Latin, 2005.

13. CARVALHO, Paulo de Barros. *Direito tributário, linguagem e método*. 3. ed. São Paulo: Noeses, 2009. p. 220.

Toda atividade interpretativa no direito pede em dado momento a assunção da norma em sistema. É a imposição do exame sistemático que requer, para o edificar da regra, a consideração do contexto prescritivo que lhe circunda. Portanto, no percurso gerador de sentido do enunciado jurídico, parte-se da norma isoladamente considerada como texto (exame intranormativo) para contextualizá-la em face das relações de coordenação e subordinação (análise internormativa). Somente assim o sentido normativo se completa assumindo a unidade tanto em sua dimensão sintática (ponto de vista lógico ou formal) quanto em seu caráter dinâmico (ponto de vista semântico e pragmático). Desse modo, o cientista ordena o direito em sua estrutura hierarquizada, construindo, de um lado, os conteúdos prescritivos de significação e ostentando, de outro, as formas lógicas que orientam a composição das normas em sistema.

Nessa esteira, insistimos sobre o caráter uno e indecomponível da ordem jurídica. Na forma de um todo organizado, compõe-se de elementos – as normas – que se inter-relacionam com outras unidades prescritivas: no plano horizontal, coordenando-se umas com as outras; no plano vertical, por sobreposição entre elas, na forma hierárquica. Para o cientista do direito, hierarquia é premissa considerada *necessariamente evidente e verdadeira* até que se entenda o contrário. Fundamenta o processo de positivação, que é a própria demonstração da estrutura hierarquizada, porém é ela mesma insuceptivel de demonstração. A hierarquia é atributiva de conteúdos às proposições jurídicas de direito posto, de tal modo que só se pode conhecer a regra jurídica quando posta na totalidade do conjunto, consagrando o princípio da unidade sistemática e, por suposto, da própria hierarquia.

Por tudo o que se disse acima, damos por assente que não há como pensar o direito positivo sem considerar sua estrutura hierarquizada, de modo que, para a ciência (linguagem descritiva), a hierarquia é um axioma, enquanto para o ordenamento (linguagem prescritiva), é necessidade ontológica do objeto. É axioma, visto que não há como compreender o sistema jurídico sem tomá-lo segundo suas estruturas hierárquicas. É uma necessidade ontológica porquanto, na forma de objeto, a ordem posta não existe sem que esteja composta em seus contornos hierárquicos.[14]

Ao descrever a dinâmica do processo enunciativo do direito, a norma nunca é assumida de forma insular, destacada do todo. Poder-se-ia até assim proceder, mas, fazendo-o, haveria sempre um *quantum* de inexplicável. Para *nascer* no sistema, a proposição requer outra regra que a juridicize, isto é, que a assuma enquanto unidade prescritiva de conduta. José Souto Maior Borges é incisivo: "A criação de uma norma que é regulada por uma outra norma [norma de estrutura] constitui uma aplicação desta última".[15] E o pensamento é válido também para que se proceda à modificação ou à retirada da norma no sistema. Di-lo em síntese Kelsen: "a aplicação do Direito é, por conseguinte, criação de uma norma inferior com base numa norma superior",[16] de modo que as normas sempre entram aos pares no sistema. Eis mais uma razão pela qual o enunciado jurídico nunca será um dado isolado, mas sempre um emaranhado de preceitos normativos que, somente juntos, formam o sentido deôntico das coisas.

Entre outros pontos de relevo, convém destacar por último que o fundamento de validade das unidades jurídicas se vê na

---

14. A propósito, o depoimento de Paulo de Barros Carvalho: "As normas se conjugam de tal modo que as de menor hierarquia buscam seu fundamento de validade, *necessariamente*, em outras de superior hierarquia, até chegarmos ao patamar da Constituição, ponto de partida do processo derivativo e ponto de chegada do esforço de regressão. Vê-se, de pronto, que a *hierarquia* exsurge como autêntico axioma de toda e qualquer ordem positiva, como também os chamados 'princípios ontológicos do direito'" (*Direito tributário, linguagem e método*. 3. ed. São Paulo: Noeses, 2009. p. 221).

15. BORGES, José Souto Maior. *Lançamento tributário*. Rio de Janeiro: Forense, 1981. p. 90.

16. KELSEN, Hans. *Teoria pura do direito*. 5. ed. São Paulo: Martins Fontes, 1997. p. 261.

e pela estrutura hierarquizada. Como necessidade ontológica do ordenamento, a hierarquia realiza o direito, tornando-o aplicável. Diz como se dá o modo de inserção do enunciado na ordem posta; da mesma maneira como indica os conteúdos sociais com sentido deôntico, identificando os fatos juridicamente relevantes. E, ao falar sobre a forma e o significado do direito, institui o fundamento de validade das novas proposições normativas. Corroborando com este pensamento, servimo-nos aqui das lições de Tárek Moysés Moussallem:

> [...] a norma sobre a produção jurídica, ao regular a forma de produção das demais normas, torna-se o fundamento de validade destas, o que possibilita a visualização do sistema do direito positivo em sua organização hierárquica.[17]

Para falar sobre fundamento de validade das presunções, antes é preciso consolidar, na mente do intérprete, a imposição da hierarquia no sistema, não somente em planos de linguagem descritiva, como também, e a nosso ver principalmente, em face do sistema prescritivo do direito. Como providência epistemológica de bom alcance, fazemos breve ressalva de que hierarquia só existe entre pares, isto é, entre unidades de um mesmo sistema. Logo, a hierarquia até agora mencionada é sempre entre normas, e não entre normas e construções de ciência do direito. Uma coisa é dizer que o discurso científico descreve como se dá a estrutura hierarquizada das normas no sistema. Outra muito diferente é afirmar haver hierarquia entre enunciados em função linguística diversa. A hierarquia só se dá entre iguais. No campo dos enunciados presuntivos, haveremos de considerar tais assertivas para dizer que a hierarquia do sistema e seu fundamento de realidade toma em nota a norma de presunção, e não os fatos presuntivos que são assumidos como ponto de partida.

---

17. MOUSSALLEM, Tárek Moysés. *Fontes do direito tributário*. 2. ed. São Paulo: Noeses, 2006. p. 167-168.

1.6.1. Fundamento de validade das presunções

"Fundamento de validade" é expressão que identifica o vínculo entre norma introduzida e norma introdutora ou mesmo reforça a condição atributiva de validade da norma superior à sua inferior. Segundo as regras de hierarquia do sistema jurídico, as regras, ao ingressarem na ordem posta, serão sempre submetidas aos critérios de subordinação e coordenação impostos pelo sistema jurídico-prescritivo.

O liame entre norma introduzida e introdutora pode dar-se tanto na ordem formal quanto em nível de significação. No primeiro, temos a hierarquia sintática; no segundo, a do tipo semântico-pragmática.[18] Sob o ponto de vista de embasamento normativo, naquela, fundamento de validade formal (ou do veículo introdutor); nesta, fundamento de validade material (ou da norma geral e abstrata). Diante desse quadro, aliás trivial no direito, há necessidade premente de ater-se o exegeta à análise desses dois fundamentos de validade para atingir a estrutura organizada do sistema jurídico em torno do instituto que pretende descrever. É o que faremos adiante.

---

18. Do mesmo modo, mas em outros termos, Tácio Lacerda Gama, em estudo sobre o tema, elucida: "Norma de competência em sentido estrito é o juízo condicional que vincula, em sua estrutura, os elementos fundamentais para regular como deve ser a produção de norma inferior. Para que se tenha uma norma em sentido estrito é necessário que a proposição jurídica: i) qualifique o sujeito que pode criar normas; ii) indique o processo de criação das normas, sugerindo todos os atos que devem ser preordenados ao alcance deste fim; iii) indique as coordenadas de espaço em que a ação de criar normas deve ser desempenhada; iv) indique as condições de tempo em que a ação de criar normas deve ser desempenhada; v) estabeleça o vínculo que existe entre quem cria a norma e quem deve se sujeitar à norma criada, segundo as condições estabelecidas pelo próprio direito; vi) prescreva a modalização da conduta de criar outra norma, se obrigatória, permitida ou proibida; e vii) estabeleça a programação material da norma inferior que é feita segundo quatro variáveis – sujeito, espaço, tempo e comportamento" (Idem. *Competência tributária*. Fundamentos para uma teoria da nulidade. São Paulo: Noeses, 2009. p. 344).

Em linha de princípio, para uma norma ingressar no sistema validamente, há que enunciá-la em linguagem competente. O intérprete autêntico haverá de seguir o procedimento previsto em lei nos exatos modelos enunciativos que ela prescreve. Em outros termos, no âmbito da validade formal da norma introduzida, observaremos se os pressupostos de forma, os requisitos procedimentais, foram desempenhados de acordo com os preceitos legais. E como distinguir tal circunstância na norma introduzida? Não há outra alternativa ao exegeta senão tomar para exame a enunciação-enunciada da norma introduzida, ou melhor, seu veículo introdutor.

Sendo assim, o fundamento de validade formal da regra introduzida, na forma de enunciação-enunciada, está no antecedente da norma geral e concreta.[19] Analisa-se, portanto, se o modo como a lei é produzida atendeu as normas de produção normativa ou, em outras palavras, se a enunciação-enunciada da norma introduzida cumpriu os esquemas de introdução, alteração e/ou exclusão prescrito no sistema para aquele tipo de norma. Vem a ponto asseverar a distinção entre fundamento de validade e fontes do direito, e o fazemos, inclusive, tomando emprestado o enunciado antecedente que acabamos de colocar. Tárek Moysés Moussallem, em seu elogiado *Fontes de direito tributário*, revelou o uso comum da palavra fonte "para caracterizar o fundamento de validade do Direito e, sobretudo, o fundamento final".[20] De fato, a distinção é categórica. *Fundamento de validade* diz respeito à relação entre norma introdutora e norma introduzida, verifica a

---

19. Em modo proposicional, viria assim pronunciado: "Dado que a norma introduzida foi enunciada (enunciação) por autoridade competente e seguido o procedimento previsto em lei". E o consequente da prescrição continuaria: "deve-ser a inserção do enunciado-enunciado da norma introduzida no sistema", apta a regular conduta a partir de então. Dizer enunciado-enunciado é ressaltar que está neste domínio o conteúdo prescritivo da norma introduzida.
20. KELSEN, Hans. *Teoria geral do direito e do estado*. 3. ed. São Paulo: Martins Fontes, 1998. p. 191-192. Registre-se de passagem que Kelsen alude ao controle do conteúdo da norma produzida pela norma produtora (validade material). Este tópico será retomado adiante.

afinidade formal e material entre esses enunciados mediante análise da enunciação-enunciada da norma introduzida no veículo introdutor; já *fonte do direito* toca sobre a enunciação, a atividade enunciativa da norma. Nesta medida, enquanto este observa o processo – fonte em sentido estrito –, aquele coloca como centro das atenções o resultado deste processo revelado nas marcas enunciativas deixadas no enunciado introdutor da norma.[21] É por essas e outras razões que afirmamos a assunção de fundamento de validade formal das presunções como o antecedente da norma introdutora desse conteúdo presuntivo.

Outro tipo de relação entre norma inferior e norma superior acontece na esfera de fundamento material de validade. Neste momento, verifica-se entre regra subordinante e subordinada a correspondência na ordem dos pressupostos de matéria. O fundamento de validade material aponta para a adequação do conteúdo da norma introduzida com a da norma geral e abstrata, que preceitua os conteúdos de significação daquela que lhe é inferior ou subordinada. Ao limitar-se ao campo da significação, o controle ocorre no enunciado-enunciado, isto é, na mensagem propriamente dita. Confere se há concordância entre os pressupostos de matéria da norma inferior (enunciado-enunciado introduzido) e norma superior (hipótese). Portanto, na mesma proporção em que há hierarquia formal e material, existem também dois fundamentos de validade que lhes fazem o paralelo em âmbito da validade do enunciado prescritivo.[22] E isto se observa em todos os atos jurídicos.

---

21. Vejamos a síntese do aludido autor: "O conceito de fundamento de validade não se confunde com o conceito de fonte do direito. O fato de uma norma N1 ser o fundamento de validade de uma norma N2 é completamente distinto da equivocada afirmação de N1 ser a fonte de N2. Entre as normas N1 e N2 surge a atividade humana (aplicação-atividade) que terá por resultado a produção de N2 (aplicação-produto). A atividade humana, ou procedimento, ou enunciação, é que chamamos fonte do direito" (MOUSSALLEM, Tárek Moysés. *Fontes do direito tributário*. 2. ed. São Paulo: Noeses, 2006. p. 145).

22. É ainda em Tárek Moysés Moussallem que nos socorremos para citar um trecho de sua obra que cai como uma luva para ilustrar o que acaba de

Em resumo, por fundamento de validade de uma norma jurídica há que se entender *pressuposto da hierarquia*, atentando-se sempre que tal pode ocorrer tanto no plano da forma quanto no domínio das significações.

Sublinhado o contorno do fundamento de validade no direito, estamos prontos para ingressar no exame desta figura no campo das presunções. Iniciemos quanto ao fundamento de validade formal das normas presuntivas.

É a partir do antecedente do veículo introdutor (enunciação-enunciada) do preceito presuntivo que reconstruímos a linguagem do procedimento produtor de enunciados (enunciação) e realizamos o controle dos pressupostos de hierarquia formal ou da validade sintática do enunciado da presunção. Em outros termos, analisaremos a adequação da proposição jurídica presuntiva ao seu fundamento de validade formal ou do veículo introdutor. Para tanto, é preciso distinguir os dois modos presuntivos que se diferenciam no campo da validade formal: (i) presunção de fato ou humana; e (ii) presunção hipotética ou legal, incluindo-se aqui tanto as de caráter relativo como as absolutas.

Na presunção de fato, já vimos, a competência enunciativa é dada pela norma geral inclusiva, isto é, proposição jurídica que atribui ao intérprete autêntico competência para, mediante *argumentum a simili*, construir a norma que dá resposta jurídica ao caso em concreto. É com a norma geral inclusiva que o exegeta se faz *agente competente* para anunciar a presunção de fato em termos prescritivos. Em outras palavras, instituindo-se de autoridade pela norma geral inclusiva, o

---

ser dito: "Atente-se: uma coisa é o fato jurídico localizado no enunciado-enunciado (fato jurídico tributário), que é fruto da aplicação da regra-matriz de incidência tributária (fundamento de validade), outra, completamente distinta, é o fato jurídico situado na enunciação-enunciada, fruto da aplicação das normas sobre produção normativa (fundamento de validade) que tem por efeito estabelecer a obrigação de a comunidade observar as disposições prescritivas" (Idem. *Fontes do direito tributário*. 2. ed. São Paulo: Noeses, 2006, p. 137).

aplicador do direito adquire poder para proceder à extensão analógica de regra que prevê solução jurídica de um caso por outro que lhe é similar – incluindo este na classe dos objetos daquele.

Agora, a competência em presumir em âmbito factual depende de duas condicionantes em direito tributário: (i) ausência de previsão legal expressa; e (ii) semelhança essencial e necessária entre fato presumido e fato presuntivo. Vale lembrar que o modo enunciativo da presunção humana é próprio dos tipos exacionais tributários em forma-de-construção, uma vez que, para fins arrecadatórios, o sujeito enunciativo tem competência apenas para presumir segundo juízo comum, quando encontrar entre fato presumido e fato presuntivo semelhança essencial e necessária, independentemente de que ocorram diferenças secundárias. Eis o conteúdo delimitando o próprio poder, ou melhor, a própria competência do agente que enuncia a presunção *hominis*. A segunda condicionante é a "ausência de disposição expressa", tal como previsto pelo art. 108 do CTN, ou, em outras palavras, "quando a lei for omissa", conforme o art. 4º da LICC.

Portanto, havendo semelhança essencial e necessária entre os fatos relacionados presumidamente e na ausência de dispositivo legal expressa, são competentes para presumir com base na norma geral inclusiva, em direito tributário: Poder Executivo (art. 108 do CTN), Poder Judiciário (art. 126 do CPC) e setor privado, por extensão, com base em preceito geral do art. 4º da LICC (regra – inclusiva – geral por excelência). Tais enunciados conferem-lhe poder de dispor genericamente sobre o fato, dando solução jurídica ao caso em concreto.[23] Ainda no

---

23. Sem usar a terminologia de Bobbio, Lourival Vilanova cita como ocorre a norma geral inclusiva, assim enunciando: "Ou ainda, por mandamento do sistema, como no *stare decisis*, uma norma confere-lhe poder de dispor genericamente, tomando a sentença como precedente para solução de casos análogos. Às vezes, num dado ramo do direito. Assim, no direito do trabalho. Mas é excepcional. O direito que inova provém do órgão legislativo, secundando

âmbito do fundamento formal de validade da presunção de fato, vale mencionar a breve trecho que, configurada a autoridade competente, sujeito enunciativo apto a introduzir norma de presunção do tipo comum, são procedimentos competentes em direito tributário aqueles que a lei determinar como tal, isto é, se lançamento (Poder Executivo), deve-se proceder na forma como determinam os dispositivos legais; se sentença ou qualquer outro tipo de decisão judicial (Poder Judiciário), no modo como prevê o Código de Processo; se consulta ou "auto" lançamento (declaração, nota fiscal, etc.) ou mesmo qualquer outro ato do setor privado na forma como preceituado em lei tributária.

Quanto ao fundamento de validade formal das presunções legais, como o próprio nome indica, iremos encontrar tanto a autoridade competente para enunciar a norma como os requisitos procedimentais, na lei que assim o prevê, isto é, nos dispositivos legais que admitem a presunção.

Sendo assim, para demonstrar a dissociação entre os fundamentos de validade formal dos tipos presuntivos, oportuno dizer: (i) enquanto a presunção de fato ou *hominis*, produzida pelo aplicador, tem por fundamento de validade formal a norma geral inclusiva, (ii) a presunção hipotética ou legal, introduzida pelo legislador, tem por fundamento de validade formal a norma de competência legislativa. Logo, o fundamento de validade material de ambos tipos de presunções é a norma geral e abstrata que institui a regra-matriz de incidência do tributo.

---

a Constituição. Mas nem por isso a atitude judicial é passiva aplicação de regras aos casos individuais. Vem aqui toda a teoria da interpretação, que evitamos" (VILANOVA, Lourival. Proteção jurisdicional dos direitos numa sociedade em desenvolvimento. *Escritos jurídicos e filosóficos*. São Paulo: Noeses, 2005. v. 2, p. 497). O trecho, a despeito de limitar-se a mostrar apenas o âmbito judiciário da coisa, deixando de lado, portanto, poder executivo e setor privado, elucida que a regra inclusiva é excepcional e muitas vezes pode o ser tão só para determinados ramos do direito, inclusive. É o direito que limita a seu campo de abrangência.

Em outro trajeto, iremos examinar os pressupostos de hierarquia material das presunções, compositivos do fundamento de validade de material dessas normas.

Por esse ângulo, afigura-se-nos muito importante chamar a atenção para o modo como se procede à formação do conteúdo dos tipos presuntivos conhecidos por *hominis*. No plano da significação, como já outrora analisado, as normas gerais inclusivas, mediante argumento pela similitude (*argumentum a simili*), preceituam *de modo idêntico* os casos não compreendidos na norma particular. Prescreve mediante analogia, isto é, a inclusão de um fato – presumido – na classe de outro – presuntivo. É uma forma própria de pensar do tipo instituído pelo método de forma-de-construção. Desse modo, entendemos ser a analogia o procedimento intelectivo próprio das presunções de fato, que, em direito tributário, só podem ser aplicadas nos tipos em forma-de-construção, porém jamais nos de forma tabular. O sistema tributário se pressupõe completo – teoria dos *espaços cheios* –, razão pela qual é possível dizer ser este próprio subdomínio do direito posto, que autoriza o referido processo interpretativo. A hipótese não é criada pelo aplicador. No âmbito da legalidade, esta só pode instituir direito e deveres por meio de lei. Logo, somente tendo por fundamento hipótese dentro do direito é que cabe ao intérprete, por analogia, substituir o fato presuntivo à hipótese da lei. Agora, tal competência, vale repisar, só lhe é dada em direito tributário, quando se visualizar semelhança essencial, e necessária, entre o fato presumido e o fato presuntivo, independentemente de que ocorram diferenças secundárias.

Também nas presunções legais a validade material ou o fundamento de validade material é retirado da própria lei. É o direito que forma o tipo presuntivo, enumera os índices constitutivos do fato jurídico sem deixar ao exegeta a tarefa de adequação mediante analogia. Está tudo no termo da lei, tal qual um tipo tributário comum. A diferença entre essas tipologias não se dá internamente, e, sim, no processo enunciativo da norma geral e abstrata: no tipo estabelecido por presunção legal, o legislador prescreve com base em raciocínio indutivo; nos outros modos, sob todas as outras formas intelectivas. Portanto, em resumo, na norma presuntiva hipotética, independentemente de ser relativa ou absoluta, questão esta de outra ordem, o fundamento de validade material é a norma geral e abstrata que descreve a hipótese presuntiva, identificando os elementos que compõem o fato abstratamente considerado.

Vê-se, pois, que não traz proveito falar em fundamento de validade das presunções sem traçar, minuciosamente, essas linhas que dissociam sobremaneira esses tipos de presunção. Estabelecendo as premissas metodológicas e depurando, passo a passo, as noções que vão se apresentando ao longo da análise é que se torna possível atribuir caráter de cientificidade à matéria. E justamente para atender às estipulações dessa índole é que percorreremos tão árdua matéria no tema das presunções.

Capítulo 2
NORMA DE PRESUNÇÃO E TIPOS NORMATIVOS

Texto de lei, em sentido amplo, é vocábulo que pode ser tomado tanto como suporte físico, as marcas de tintas no papel que relatam em linguagem escrita a lei, quanto como conteúdo da lei, isto é, as noções que lá estão. Segundo o ponto de vista adotado neste trabalho, consideraremos texto de lei somente a primeira concepção, em sua forma estrita, como suporte físico. Enunciado prescritivo se enquadraria na segunda acepção acima apresentada, isto é, referindo-se ao plano semântico do produto legislativo: ideia ou noção que se tem a partir dos enunciados isolados da lei. Proposição é o fraseado de sentido completo que se constrói a partir do texto escrito. É juízo expresso em termos verbais. Pode se dar tanto em planos descritivos, performando proposição descritiva, quanto em planos prescritivos, configurando proposição jurídico-prescritiva. Na conformidade com este último sentido, norma jurídica é a proposição do direito, i. e., enunciado de sentido deôntico completo apto a instituir um fato em seu antecedente e uma relação jurídica em seu consequente.

"Norma jurídica em sentido estrito" é elemento de catálise para saber o mínimo que se exige para regular conduta, ou seja, para cumprir com as finalidades do direito. Logo, é justamente delimitando a forma como se apresenta a unidade que saberemos diferençar aquilo que está no direito e aquiloutro que a ele não pertence. Em outros termos, "norma jurídica em sentido estrito" é critério indicativo dos elementos necessários ou essenciais que toda unidade do sistema do direito precisa ter para se considerar como unidade jurídica plena de sentido deôntico. Delimitando a unidade, torna-se fácil dizer do sistema.

A perspectiva normativa se apresenta como um ponto de partida seguro para fixar os limites do sistema jurídico. Homogênea no plano formal, a invariância sintática das normas torna-se critério preciso para sua localização e análise. No campo dos significados, as proposições normativas se mostram diferentes conforme o conteúdo de seus enunciados e de suas funções no sistema.

Do ponto de vista estático, as presunções pedem sejam assumidas na forma de norma. E não poderia ser diferente, pois tanto o ato quanto o processo da presunção, tanto os enunciados presuntivos hipotéticos quanto aqueloutros concretos, têm caráter normativos. Presunção é norma posta em lei que tem por efeito jurídico a extensão da consequência normativa de um enunciado factual a outro. Ou seja, faz assumir um fato – conhecido e presuntivo – pelo outro – desconhecido e presumido, atribuindo as consequências ou os efeitos jurídicos deste àquele, estendendo os casos aptos a subsumirem à previsão legal.

Sua condição de norma, contudo, não retira suas qualidades de raciocínio presuntivo. Não é porque é lei, institutiva de realidade jurídica, tão real quanto aquelas postas por outras formas enunciativas de fatos e hipótese, que seu processo de formação é *apagado* pelo ordenamento. Pelo contrário, o raciocínio presuntivo é sua base prescricional, sempre passível de ser recuperável, ainda que em forma de simulacro, enquanto enunciação-enunciada.[1]

---

1. Entendimento diverso: "Regras que são, também elas nada presumem. Reportam apenas, com eficácia normativa, o que teria 'presumido' o legislador ao

Mesmo como conjectura do aplicador da ordem posta, a presunção é norma, uma vez que, ao positivar, o intérprete autêntico põe o raciocínio presuntivo em linguagem competente, constituindo realidade jurídica. Todas são normas, reforcemos, mas com forças ou funções diversas. Umas farão irromper tipo factual abstrato; outras, enunciado concreto. Umas atuarão como norma introduzida, de sentido deôntico incompleto, constituindo o fato em seu consequente; outras, papel de norma introdutora, inserindo a norma constitutiva do fato em seu consequente. Eis que, no intuito de racionalizar a matéria, cumpre neste momento elucidar a norma das presunções e seus tipos normativos: (i) segundo a forma, por completa ou incompleta; no conteúdo, (ii) de acordo com a mensagem legislada, ser afirmativa ou negativa; (iii) prever antecedente, abstrato ou concreto; (iv) consequente, geral ou individual; e (v) voltada para regular a estrutura ou as condutas. A identificação desses tipos normativos num exame sintático das presunções no direito tributário é de suma importância, dado que localiza as formas com as quais ela se apresenta para o fim de instituir, arrecadar e/ou fiscalizar tributo.

2.1. Normas jurídicas completas e incompletas

A vantagem de saber a estrutura lógica de uma norma jurídica é ter em mãos instrumental capaz de identificar as unidades componentes do sistema normativo, delimitando o campo do direito e, subsidiariamente, tudo aquilo que nele não se enquadra. É uma racionalização do sistema jurídico, inviabilizando que as subjetivizações do conteúdo normativo possam atingir e modificar as estruturas sintáticas da norma.

---

editá-las: essa entretanto, como visto, é cogitação que aos olhos do intérprete ficou superada no instante da edição da lei" (BARRETO, Aires; GIARDINO, Cléber. As presunções no direito tributário. In: MARTINS, Ives Gandra da Silva (Coord.). *Presunções no direito tributário*. São Paulo: Centro de Estudos de Extensão Universitária/Resenha Tributária, 1984. p. 197-198. (Caderno de Pesquisas Tributárias, 9.)).

A noção de completude no direito é concebida com observância com intuito de regular conduta do ordenamento. As regras jurídicas descrevem fatos para prescrever ações humanas topicamente localizadas no universo social. O sentido deôntico completo pressupõe, portanto, descritor e prescritor em uma só proposição jurídica. Eis que toda norma será considerada juridicamente completa quando por si só for capaz de comandar direitos e deveres mediante vínculo normativo. Regra deonticamente incompleta é aquela que, para prescrever, prescinde de outra norma que lhe dê um prescritor institutivo de relação jurídica.

2.1.1. Presunções como normas jurídicas incompletas

Presunções são enunciados de fato. Existem no ordenamento jurídico para fins de constituir o fato em situações de deficiência probatória. Com o objetivo de estruturar o enunciado factual, compõem-se de dois níveis objetais: o primeiro que se dá entre fato presumido e fato presuntivo; e o segundo, entre enunciado factual da presunção ou fato jurídico em sentido amplo e fato jurídico em sentido estrito. Na inter-relação desses enunciados, prescreve a forma em direito admitida para autorizar a assunção de um fato desconhecido por outro conhecido mediante linguagem das provas, atribuindo os efeitos de um a outro. A proposição jurídica das presunções existe para a ordem posta para este fim: constituir o fato jurídico, sem, contudo, ser passível de sozinha regular condutas. Logo, não encerra comando ou proibição diretamente voltada às condutas humanas, socialmente localizadas.

No plano hipotético, comparecem como norma abstrata posta pelo legislador constituindo a hipótese presuntiva e tipificando a relação entre probabilidade (hipótese presumida) e hipótese antecedente da regra-matriz de incidência. É, portanto, norma que põe conteúdos e conceitos jurídicos de fato antecedente na forma de hipótese jurídica. No campo factual, é assumida como meio de prova, veículo introdutor que insere, em seu consequente, o conteúdo do fato jurídico em sentido amplo. Nesse termo, tanto no domínio da lei quanto dos atos jurídicos, as presunções aparecem para o ordenamento somente na forma de enunciados introdutórios de hipótese ou fatos jurídicos em sentido amplo. Só quando este, em instante logicamente posterior, estiver associado à hipótese ou ao fato jurídico em sentido estrito é que se faz o sentido deôntico completo. A presunção prescinde, pois, de um prescritor que se acha em outra norma a ela associada. O fato antecedente da regra-matriz de incidência, portanto, não é o fato presumido. Continua sendo o fato jurídico em sentido estrito. É a norma da presunção que, associando um ao outro, faz incidir a regra na realidade social. É esse cálculo normativo que permite a incidência tributária: a norma da presunção entrando com o enunciado de fato; a regra-matriz, com o consequente normativo. A norma presuntiva, para adquirir completude de regra de direito, necessita, portanto, de outra proposição, de um descritor que institua direitos e deveres, e não somente fato juridicamente relevante para o direito.

O sentido de incompletude das presunções é também admitido por Rubens Gomes de Souza:

> A presunção e a ficção legais têm de comum o fato de serem normas jurídicas incompletas, isto é, que não encerram um comando ou uma proibição, cogentes *de per si* e completos em si mesmos. São regras não diretamente dispositivas, cuja única função é aquela, ancilar ou subsidiária, de conferir a determinado fato uma determinada natureza jurídica, ou atribuir-lhe determinado efeito jurídico.[2]

Nessa linha, tanto a presunção posta pelo legislador quanto aqueloutra dada pelo aplicador são normas que não estão aptas a, sozinhas, prescreverem conduta. Limitam-se a descrever

---

2. SOUSA, Rubens Gomes de. Um caso de ficção legal no direito tributário: a pauta de valores como base de cálculo do ICM. *Revista de Direito Público*, São Paulo: RT, n. 11, p. 19, 1970.

fato que se põe como antecedente de outra norma, esta sim trazendo prescritor em seu consequente. Aquela se apresenta como hipótese presumida relacionada à outra previsão abstrata que compõe a regra em sentido estrito; esta, como fato presumido, introduzido pelo veículo introdutor e que se vincula com o fato jurídico em sentido estrito da norma individual e concreta.

2.2. Normas primárias e secundárias

Na linha dessa primeira temática, perceberemos que a doutrina representa por diversas formas a estrutura lógica da norma jurídica completa. Neste sentido, cumpre elucidar as posições principais adotadas pelos grandes juristas no tocante à norma completa e à dicotomia *norma primária e secundária*. De início, firmemos que esta relação pode ser tomada em face (i) da sucessão temporal das proposições no processo de positivação; (ii) da causalidade existente entre os enunciados; (iii) dos valores envolvidos numa análise de ordem axiológica, podendo ser subdividida em dois outros exames (iii-a) segundo a função desempenhada por todas as proposições no ordenamento; ou (iii-b) de acordo com a posição que cada norma ocupa na estrutura hierárquica do jurídico; ademais (iv) da feição lógica da norma jurídica completa, seguindo os ensinamentos da teoria da estrutura dual.

Para Cossio,[3] (a) a endonorma ou norma primária prescreve um dever, se e quando acontecer o fato previsto no suposto; enquanto (b) a perinorma ou a norma secundária prescreve uma providência sancionatória, aplicada pelo Estado-Juiz, no caso de descumprimento da conduta estatuída na norma primária. Para ele, a estrutura lógica ficaria da seguinte forma: [D (p→q) → S], entendendo-se que a endonorma (ou norma primária) seria representada pela fórmula "(p→q)", e a

---

3. COSSIO, Carlos. *La teoría egológica del derecho y el concepto jurídico de liberdad*. Madrid: Abeledo Perrot, 1964.

perinorma (ou norma secundária) ressaltaria o vínculo sancionatório, "[[...] → S]", mirando-se em "S" não a figura do Estado, mas a conduta do súdito sancionado.[4]

Para Kelsen,[5] em sua primeira fase, a norma primária prescreve a sanção, e a norma secundária estipula o dever jurídico a ser cumprido. Em estrutura lógica, ficaria representado da seguinte forma: [D (p→q) → S], entendendo-se a norma primária como o vínculo "[[...] → S]", enquanto a norma secundária seria representada pela fórmula "(p→q)".

Para Bobbio,[6] tomando por critério a função do enunciado na ordem posta, normas de segundo grau ou secundárias são reguladoras de condutas. Em contraposição, regras primárias ou de primeiro grau são proposições de estrutura. Também chamadas normas de competência ou de organização, existem para regular a formação, a manutenção e a alteração das estruturas normativas no sistema. Compondo a estrutura, são subdivididas segundo sua forma de atuação: existem aquelas que determinam o modo de produção de normas e "dão vida ao patrimônio normativo de um ordenamento";[7] e aqueloutras que conservam esse patrimônio já constituído. As primeiras seriam regras de validade (normas de competência); as segundas, outorgariam eficácia às normas que fazem parte do sistema (normas sancionatórias).

---

4. Nas palavras de Aftalión, Olano e Vilanova: "Advirtamos que pese a esta igual estrutura no hay, en verdad, una identificación entre la perinorma egológica y la norma primária de Kelsen, pues mientras esta última se refiere, quando habla de 'sanción', a la conducta del órgano de la comunidad, la perionorma egológica alude con el mismo vocablo a la conducta del súbdito sancionado" (*Introducción al derecho*. Cooperadora de Derecho Y Ciencias Sociales, 1972. p. 256).

5. KELSEN, Hans. *Teoria geral das normas*. Tradução de J. Floriano Duarte. Porto Alegre: Fabris, 1986.

6. BOBBIO, Norberto. *Contributi ad un dizionario giuridico*. Torino: G. Giapichelli, 1994. p. 231.

7. "[...] le norme che regolano la produzione delle norme, e cosí danno vita al patrimonio normativo di un ordinamento" (BOBBIO, Norberto. *Contributi ad un dizionario giuridico*. Torino: G. Giapichelli, 1994. p. 231).

Por fim, para Lourival Vilanova, afinando-se com as noções adotadas por Kelsen em sua obra póstuma, os dois enunciados prescritivos, juntos, formam a ideia de *norma completa*, expressão da mensagem deôntica-jurídica em sua integridade constitutiva, significando a orientação da conduta, com a providência coercitiva de que o ordenamento prevê para seu descumprimento. Na linha do jurista pernambucano, a norma primária estatui, em seu antecedente, proposição descritiva de situações fácticas ou ocorrências já juridicamente qualificadas e, em seu consequente, as relações deônticas direitos/deveres, como consequência da verificação de pressupostos prefixados. Segundo o autor, a exegese da *norma completa* pede as seguintes considerações:

> Seguimos a teoria da estrutura dual da norma jurídica: consta de duas partes, que se denominam norma primária e norma secundária. Naquela, estatuem-se as relações deônticas direitos/deveres, como consequência da verificação de pressupostos, fixados na proposição descritiva de situações fácticas ou situações já juridicamente qualificadas; nesta, preceituam-se as consequências sancionadoras, no pressuposto do não-cumprimento do estatuído na norma determinante da conduta juridicamente devida. [...] As denominações adjetivas "primária" e "secundária" não exprimem relações de ordem temporal ou causal, mas de antecedente lógico para consequente lógico.[8]

Na norma secundária, preceituam-se as consequências sancionadoras, no pressuposto do não cumprimento do estatuído na norma determinante da conduta juridicamente devida. Em linguagem simbólica, estaria representado do seguinte modo: a norma primária seria (p→q) e a norma secundária (-q→S): relação jurídica substantiva ou material na primeira; relação jurídica processual ou adjetiva na segunda. E o vínculo

---

[8]. VILANOVA, Lourival. *Estruturas lógicas e o sistema do direito positivo*. São Paulo: Noeses, 2005. p. 105.

que as une é de ordem causal.⁹ E como não poderia deixar de ser: "É o direito positivo que estabelece normativamente o nexo entre a principal e a acessória".¹⁰ Prossegue ainda o autor:

> A uma *relação jurídica material R*, entre A e B, sucede outra *relação jurídica formal* (processual) entre A e C (órgão C que concentrou o emprego da coação) e entre C e B. Figurativamente, se a relação material era horizontal, unilinear, a relação formal fez-se angular. [...] Esta é uma relação composta de duas relações processuais, eficácia de dois fatos jurídicos (atos jurídico-processuais): exercício do direito de ação e o exercício do direito de contradição. Termo comum dessa dúplice relação processual é o órgão jurisdicional. No conjunto, o processo é uma serie ordenada de relações.¹¹

Em linguagem simbólica, esta inter-relação estaria representada da seguinte forma: $D[(p \rightarrow q) \vee [(p \rightarrow -q) \rightarrow S]]$, de onde se tira que a disjunção suscita o trilema: uma ou outra ou ambas, sendo as duas normas válidas ao mesmo tempo – $(p \rightarrow q)$ ou $[(p \rightarrow -q) \rightarrow S]$ – e tomando-se a variável "q" como a relação jurídica imposta, dada a realização do fato "p" e "-q" a negação da relação jurídica, ou seja, seu não cumprimento, o que desencadeia outro vínculo implicacional, agora de ordem sancionatória. A norma primária seria $(p \rightarrow q)$ e a norma secundária $(-q \rightarrow S)$.

Independentemente das linhas acima adotadas, fato é que "inexistem regras jurídicas sem as correspondentes sanções, isto é, normas sancionatórias."¹² E, para nós, tais normas secundárias comparecem justamente como a "providência sancionatória, aplicada pelo Estado-Juiz, no caso de descumpri-

---

9. "[...] a relação jurídica substantiva e a relação jurídica processual tocam-se; e este contacto não é meramente *material*, mas *causal*" (VILANOVA, Lourival. *Causalidade e relação no direito*. 4. ed. São Paulo: RT, 2000. p. 196-197).
10. Idem, ibidem, p. 181.
11. Idem, ibidem, p. 189.
12. CARVALHO, Paulo de Barros. *Direito tributário*: fundamentos jurídicos da incidência. 8. ed. São Paulo: Saraiva, 2010. p. 54.

mento da conduta estatuída na norma primária",[13] podendo ser assumida, desse modo, tanto como sanção quanto como vínculo processual. A proposição secundária, sem a primária, reduz-se a instrumento meio, sem fim material, a adjetivo sem o suporte do substantivo. A norma primária, sem a secundária, resultaria em regra sem força vinculativa, talvez, sem eficácia normativa, desjuridicizando-se.[14] As normas primárias e secundárias estão ligadas pelo conectivo "ou" (includente), nunca pelo "ou" (excludente).

A vantagem de empreender tal estudo no campo das presunções é no sentido de que, ao mesmo tempo em que identificamos suas composições, elucidamos as funções exercidas no sistema normativo.

2.2.1. Norma presuntiva primária

As presunções postas em norma primária ou substantiva são prescrições de um dever e estatuem as relações deônticas institutivas de direitos/deveres. Sua estrutura se compõe de pressuposto fáctico (ou hipótese de incidência) e de uma relação-de-implicação com a consequência: a relação jurídica.

2.2.1.1. Presunções hipotéticas como normas substantivas

São substantivas as presunções postas na lei como enunciados hipotéticos, independentemente de seus efeitos *absolutos* ou relativos, conforme denominação tradicional. Nesse sentido, discordamos daqueles que restringem a qualidade

---

13. CARVALHO, Paulo de Barros. *Direito tributário*: fundamentos jurídicos da incidência. 8. ed. São Paulo: Saraiva, 2010. p. 54.
14. "Se de uma norma jurídica suprime-se a norma secundária sancionadora da norma primária, fica a norma primária desprovida de juridicidade. Poderá permanecer como norma de uso, do costume, como norma social, desjuridicizando-se assim" (VILANOVA, Lourival. *Causalidade e relação no direito*. 4. ed. São Paulo: RT, 2000. p. 175).

substantiva de norma apenas às estruturas absolutas. Maria Rita Ferragut, por exemplo, assume que, sendo postos na lei, com caráter constitutivo absoluto de realidade jurídica, tais enunciados são desprovidos da qualidade de presunção inclusive: "As denominadas 'absolutas', ao invés de presunções, são disposições legais de ordem substantiva".[15] Rubens Gomes de Souza, por seu turno, as assume como *presunções no direito*, porem única forma presuntiva de caráter substantivo: "[...] a presunção absoluta não é meio de prova: é norma dispositiva (ainda que apenas com o alcance atrás definido), de vez que determina que tal fato tem tal natureza ou tais efeitos e os tem por força de lei".[16]

José Artur Lima Gonçalves, por sua vez, amplia as hipóteses de presunções como norma jurídica de direito material ou substantiva, dizendo: "Uma presunção *juris et de jure* nada mais seria, portanto, que um sinônimo de regra jurídica dispositiva de direito *substantivo*".[17] Contudo, mais adiante, restringe novamente o conceito, asseverando: "Já nas presunções absolutas e as ficções, estas sim, respeitam ao direito material, dizem com as próprias normas de direito positivo material".[18]

Estamos com o primeiro sentido afirmado por este último autor: toda presunção posta pelo legislador é norma de direito substantivo, pois, mesmo que alterável em outro momento, é constitutivo de fato e de realidade jurídica apta a fazer desencadear, com a norma jurídica em sentido estrito, o prescritor e, assim sendo, regular ações humanas. Presunção

---

15. FERRAGUT, Maria Rita. *Presunções no direito tributário*. São Paulo: Dialética, 2001. p. 64.
16. SOUSA, Rubens Gomes de. Um caso de ficção legal no direito tributário: a pauta de valores como base de cálculo do ICM. *Revista de Direito Público*, São Paulo: RT, n. 11, p. 19, 1970.
17. GONÇALVES, José Artur Lima. *Imposto sobre a renda*. Pressupostos constitucionais. São Paulo: Malheiros, 1997. p. 148.
18. Idem, ibidem, p. 152.

hipoteticamente posta em lei é, pois, norma substantiva que poderá vir, em termos constitutivos, com força absoluta ou relativa no sistema. É o ordenamento que irá determinar as condições de efeito da hipótese da presunção posta pelo legislador. A presunção legal veicula norma substantiva, qualificando e relacionando fatos, atribuindo, também em termos hipotéticos e gerais, diferentes efeitos jurídicos a cada um deles.

2.2.1.2. *Presunção como norma sancionatória primária ou sanção administrativa*

Ainda quanto à temática, é imprescindível mencionar, no conjunto das normas primárias, aquelas previsões presuntivas que instituem sanção administrativa ou norma sancionatória de caráter primário. A síntese de definição de Paulo de Barros Carvalho sobre o conceito de sanção administrativa por si só já nos dá alguns indicativos de seu caráter substantivo:

> As sanções administrativas [...] são normas primárias que se justapõem a outras normas primárias, entrelaçadas, lógica e semanticamente, a específicas normas secundárias, se bem que o legislador, em obséquio à economia do discurso jurídico-positivo, integre os valores cobrados em cada uma das unidades normativas, estipulando uma única prestação a ser exigida coativamente pelo exercício da função jurisdicional do Estado.[19]

No domínio das presunções, muitos são os preceitos que instituem responsabilidade de um em face da presunção do conhecimento da infração. É o caso da multa na sucessão em que se presume a ciência da ilicitude quando o estabelecimento comercial atacadista comprador possuir ou mantiver produtos desacompanhados da documentação comprobatória de sua

---

19. CARVALHO, Paulo de Barros. *Direito tributário*: fundamentos jurídicos da incidência. 8. ed. São Paulo: Saraiva, 2010. p. 64.

procedência, ou que deles der saída. Nesse caso o atacadista responde integralmente pelo imposto e pela multa. É o que determina o art. 4º da Lei 7.798/89, com nova redação dada pelo art. 33 da MP 2.158/01:

> Art. 4º[20]
>
> [...]
>
> § 3º Sujeita-se ao pagamento do imposto, na condição de responsável, o estabelecimento comercial atacadista que possuir ou mantiver produtos desacompanhados da documentação comprobatória de sua procedência, ou que deles der saída.

A responsabilização do estabelecimento atacadista decorre da presunção, em lei admitida, que permite cobrar tributo e penalidades tributárias do terceiro se o industrial não demonstrar cumprir suas obrigações. A presunção de fraude toma como ponto de partida o fato de que o estabelecimento comercial atacadista sabe (ou presume dever saber) que toda mercadoria deve manter junto a ela documentação comprobatória de sua procedência. A inexistência desses documentos é causa que dá ensejo à presunção de que algo está errado, ou melhor, de que a operação não tem caráter de licitude.

---

20. Para fins de conhecimento, vale mencionar o inteiro teor do artigo supracitado:

"Art. 4º Os produtos sujeitos aos regimes de que trata esta Lei pagarão o imposto uma única vez, ressalvado o disposto no § 1º:

[...]

§ 1º Quando a industrialização se der por encomenda, o imposto será devido na saída do produto:

I – do estabelecimento que o industrializar; e

II – do estabelecimento encomendante, se industrial ou equiparado a industrial, que poderá creditar-se do imposto cobrado conforme o inciso I.

§ 2º Na hipótese de industrialização por encomenda, o encomendante responde solidariamente com o estabelecimento industrial pelo cumprimento da obrigação principal e acréscimos legais".

Bem se vê que a presunção acima referida não pode ser tomada como *absoluta*, afinal não é institutiva de regime jurídico específico. Não bastasse esse indicativo, a redação do texto supracitado nos dá sua condição relativa, admitindo que sejam apresentadas provas em contrário. E não poderia deixar de ser assim, pois, na retórica institutiva do procedimento administrativo ou processo judicial, incumbe provar o fato quem o alega. A Fazenda, quando atribuir responsabilidade a um estabelecimento comercial atacadista, deve comprovar a posse, manutenção ou saída de seu estabelecimento de produtos desacompanhados da documentação comprobatória de sua procedência. Uma vez acusado pela Fazenda de ser responsável, cabe ao atacadista o direito de se defender e comprovar, por seu turno, pelos meios hábeis que dispuser, a procedência idônea de mercadoria, desfazendo-se assim a presunção.

Relevemos que a ampla defesa é garantia assegurada pelo procedimento administrativo. Exemplo disso é o dispositivo do art. 62 da Lei do Estado de São Paulo 10.177/98, que regula o processo administrativo no âmbito da Administração Pública Estadual:

> Art. 62. Nenhuma sanção administrativa será aplicada a pessoa física ou jurídica pela Administração Pública, **sem que lhe seja assegurada ampla defesa, em procedimento sancionatório**.
>
> Parágrafo único. No curso do procedimento ou, em caso de extrema urgência, antes dele, a Administração poderá adotar as medidas cautelares estritamente indispensáveis à eficácia do ato final.

Com tal enunciado, o sujeito passivo, enquanto réu, tem asseguradas no procedimento sancionatório as condições que lhe autorizam trazer para o processo todos os dados tendentes a infirmar o fato que deu causa à presunção e apresentar outros argumentos. Ampla defesa também é garantia de silêncio, sendo a ele permitido que se omita ou se cale, se entender necessário, sem que isso seja tomado com o peso de *confissão* de ilicitude.

Assim como este, outros tantos exemplos poderiam ser apresentados para explicitar este momento exegético: (i) a multa na sucessão em que se presume a ciência da ilicitude quando ela ocorre no mesmo grupo econômico e sobre o mesmo controle societário; (ii) a responsabilização da empresa acionista controladora dos atos ou infrações cometidas pela sua controlada, sob o reconhecimento de que as sociedades envolvidas pertencem ao mesmo grupo econômico, entre outros.

A regra de responsabilidade não é sanção em seu sentido processual, envolvendo relação triangular entre Estado e Partes. É ela norma sancionatória primária ou sanção administrativa, que, na linha da regra dispositiva, prescreve quem deve preencher o lugar sintático do sujeito passivo na regra-matriz de incidência, quando aquele vinculado diretamente ao fato não for encontrado. Nesta qualidade, é norma primária que se justapõe a outra norma primária – a regra-matriz –, ambas entrelaçadas, lógica e semanticamente, a específicas normas secundárias, esta sim a única que prescreve a sanção propriamente dita.

2.2.2. Norma presuntiva secundária

A norma presuntiva secundária comparece ora como aquela que tem como pressuposto fático o não cumprimento de determinada obrigação, causa para a aplicabilidade de regra coercitiva, ora como aqueloutra que identifica o procedimento necessário para atingir o fim juridicizado, qual seja a constituição do fato no âmbito processual. Em ambos os casos, estamos no ambiente do processo administrativo ou judicial em que o Estado-Juiz comparece na composição do liame jurídico processual no exercício de sua jurisdição. E não poderia ser diferente, pois, como bem afirmou Aurora Tomazini, "a coação jurídica não é auto-aplicável. O poder coercitivo é direito subjetivo público, exercido pelo Estado-Juiz, pois nenhum indivíduo tem legitimidade jurídica para usar da própria força com a finalidade de assegurar deveres prescritos em normas jurídicas".[21]

No primeiro significado, a proposição presuntiva secundária é assumida como regra sancionatória; na segunda, na forma de norma técnica. A assunção de proximidade conceptual entre estes dois enunciados está justamente na circunstância de nas duas expressarem, no consequente, uma relação de cunho jurisdicional, em que o Estado comparece como juiz para obter, coativamente, a prestação insatisfeita ou a constituição jurídica do fato. Vejamos cada qual.

2.2.2.1. Presunção como norma técnica

Um dos primeiros a se referir ao sentido da norma técnica é Adolfo Ravà, em seu *Il diritto come norma técnica*.[22] Na discussão sobre ser ela imperativo ou mera faculdade, viu-se que a regra que estatui o procedimento pertenceria ao campo dos *imperativos hipotéticos*, tal como: "Se você quer Y, deve X". Ora, mas, aceitando-se este formato, o ordenamento jurídico em seu todo seria um instrumento técnico para atingir um certo objetivo: a paz social. O direito se definiria como uma técnica da organização social, de modo que as normas que o compõem, da mesma forma, também seriam técnicas para alcançar tal fim. O caráter instrumental é inerente aos ordenamentos normativos, jurídicos ou não jurídicos. Nenhuma regra de direito, como nenhuma presunção, é criada pela ordem sem que se volte ao cumprimento de um fim. Enquanto objeto cultural, o ordenamento posto e a norma presuntiva se constituem na forma de valor na medida em que existe para perseguir determinado fim que a sociedade quer ver implantado ou perseguido. O valor nada mais é que o fim em seu mais alto grau de abstração.

---

21. CARVALHO, Aurora Tomazini de. *Curso de teoria geral do direito (o constructivismo lógico-semântico)*. São Paulo: Noeses, 2009. p. 298.

22. RAVÀ, Adolfo. *Il diritto come norma técnica*. Padova: Cedam, 1911.

TEORIA E PRÁTICA DAS PRESUNÇÕES NO DIREITO TRIBUTÁRIO

Portanto, o significado técnico da norma precisava ser restrito. De regras instrumentais de um fim real (ou normas pragmáticas) passaram a ser assumidas como normas instrumentais de um fim possível (ou normas técnicas em sentido estrito). Em sua acepção mais estrita, as normas técnicas adquirem outro significado. Não significa mais que elas objetivam a paz social, mas que funcionam como alternativa dada aos utentes para seguir o preceito e não alcançar o objetivo a que aquela prescrição particular é destinada. Eis a proximidade entre a teoria do ordenamento como norma técnica e a teoria da sanção como caráter constitutivo do direito: "[...] uma norma sancionada é sempre redutível a uma norma técnica, em que a ação prevista como meio é aquela regulada pela norma primária, e a ação posta como fim é aquela regulada pela norma secundária".[23]

Existem duas formulações típicas de normas técnicas, i. e., dois modos particulares com que o legislador, em todo ordenamento, opera a sanção: (i) fazendo com que, ao violar a norma, não se alcance o fim a que se propunha, normas propriamente chamadas de técnicas (Se você não fizer X, não obterá Y); ou (ii) fazendo com que, ao violar a norma, se alcance um fim oposto àquele a que se propunha, as normas sancionatórias propriamente ditas (Se você não fizer X, obterá Y). Eis que o sentido, nesta primeira análise, se restringirá à primeira acepção, ao passo que no próximo item aludir-se-á ao segundo significado.

Desde muito, admitimos que não há como definir presunção sem interconectar três conceitos: ato, procedimento e norma. Portanto, inexiste ato presuntivo sem um procedimento específico que o estabeleça; assim como também não há nem ato e procedimento de presunção sem norma que os prescreva, de tal modo que o sentido procedimental da palavra é o que

---

23. BOBBIO, Norberto. *Teoria geral do direito*. São Paulo: Martins Fontes, 2008. p. 98.

confere seu significado operativo ora em análise. Assim, a norma da presunção é fórmula comunicacional do procedimento presuntivo, na forma de texto que estabelece ou exterioriza os requisitos necessários a serem seguidos pelo sujeito na produção de determinada atividade. É expressão de uma regra técnica, pois todos que desejam atingir tal fim – fato jurídico em sentido amplo ou fato presumido – *têm que* constituir ato por ato, segundo os modelos instituído pela norma, o procedimento de direito.

Reavivemos as lições de Norberto Bobbio para quem a norma técnica estipula na forma de relação de causa e efeito um vínculo com sentido de meio e fim. As regras técnicas como normas instrumentais ou meio dirigidos para a eficácia de uma determinada prescrição. Segundo o jurista italiano:

> [...] as normas técnicas derivam, muito frequentemente, de uma proposição descritiva em que a relação entre uma causa e um efeito foi convertida numa relação de meio ou fim, sendo atribuído à causa o valor de meio e ao efeito o valor de fim.
>
> [...]
>
> A característica de um imperativo hipotético desse tipo é que a consequência ou o fim não é o efeito de uma causa em sentido naturalístico, mas uma consequência que é imputada a uma ação, considerada como meio, pelo ordenamento jurídico, ou seja, por uma norma. Nesse caso, a relação meio-fim não é a conversão em forma de regra de uma relação entre causa e efeito, mas de uma relação entre um fato qualificado pelo ordenamento como condição e um outro fato que o próprio ordenamento qualifica como consequência. Acontece que, nesse caso, uma vez escolhido o fim, que é livre – segundo o exemplo, realizar um ato público – não é a adequação a uma lei natural, mas a uma regra de conduta, ou seja, a uma verdadeira prescrição, e pode-se falar propriamente de ação obrigatória.[24]

---

24. BOBBIO, Norberto. *Teoria geral do direito*. São Paulo: Martins Fontes, 2008. p. 74.

A citação foi longa, porém muito elucidativa: as normas técnicas no direito são verdadeiros imperativos que se dirigem à atividade na execução dos meios. No domínio das presunções, não é exagero asseverar que só é possível pensar nessas figuras normativas quando entendidas na dialética meio e fim. E esta relação teleológica pode ser observada, de um lado, em momento pré-jurídico; de outro, em termos jurídicos.

E, ao modo meio/fim, a norma presuntiva pode se apresentar sob três formas enunciativas: (i) como preceito que prescreve o meio; (ii) como regra que identifica o fim; ou ainda (iii) como lugar enunciativo em que se estabelece a associação jurídica entre meio e fim. Seu sentido técnico é tão somente aquele que prioriza o meio. E, nesta linha, as presunções comparecem como modelos do procedimento instituído para a constituição do fato presumido e fazer incidir a norma jurídica em sentido estrito. Eis o sentido didático das regras sobre presunções que, justamente por tais estipulações, comparecem como regra de regra ou norma de estrutura que se volta ao próprio código. Com isso, adquirem sentido operativo na ordem prescrita.

Enquanto meio juridicizado, são regras que estatuem o que se *tem de fazer* para alcançar determinado fim legal: construção do fato presumido. Reinterpretando Norberto Bobbio, Gregório Robles elucida o sentido técnico da prescrição:

> a) Normas procedimentales, expresables mediante el verbo *tener que (mussen, avoir de, haveto, ter que),* son aquellas que establecen los procedimientos en que consisten las acciones. Expresan una *necesidad convencional*, no una necesidad natural o lógica. Las normas procedimentales establecen ("crean") todo tipo de acciones relevantes en el sistema, tanto las lícitas como las ilícitas. La norma procedimental no prohíbe las acciones, ni las autoriza, simplemente dice en que consisten.[25]

---

25. ROBLES, Gregório. *El derecho como texto* (Cuatros estudios de teoria comunicacional del derecho). Madrid: Civitas, 2006. p. 44.

A descrição do modo de proceder é de fato aquilo que define o meio, isto é, a ação admitida dentro do âmbito ôntico-pragmático: daí o sentido operativo da linguagem.

A presunção como norma técnica é assumida na forma de regra procedimental. É enunciado jurídico que estabelece o meio que se *tem de* fazer para fins de, imediatamente, constituir o fato presumido e, mediatamente, regular condutas, garantindo eficácia à arrecadação, evitando evasão fiscal, etc. Assim são presunções-meios para se atingir determinado fim: evitar a evasão fiscal. Di-lo nessa linha Cândido Rangel Dinamarco: "As normas processuais ditam critérios para a descoberta dos fatos relevantes e revelação da norma substancial concreta emergente deles, com vista à efetivação prática das soluções ditadas pelo direito material".[26]

José Artur Lima Gonçalves chega a explicitar este conceito, dizendo que as presunções "[...] não passam elas – as referências – de proposições descritivas sobre um certo modo de proceder do legislador e sobre o respectivo conteúdo material de normas jurídicas assim postas".[27]

Diante do exposto, cremos oportuno afirmar o dever dado ao legislador em, ao relacionar meio e fim em face das presunções, optar por dois signos com sentido deôntico, isto é, deverem ambos pertencer ao sistema jurídico como meios admitidos pelo sistema normativo e fim que toca sobre direitos e deveres lícitos.

2.2.2.2. *Presunção como norma sancionatória secundária*

Inexiste norma jurídica sem sanção. No campo do direito, a coerção é o que dá sentido prescritivo às regras. Sendo norma,

---

26. DINAMARCO, Cândido Rangel. *Instituições de direito processual civil*. 4. ed. São Paulo: Malheiros, 2004. v. 1, p. 42.
27. GONÇALVES, José Artur Lima. *Imposto sobre a renda*. Pressupostos constitucionais. São Paulo: Malheiros, 1997. p. 129.

no campo das presunções, iremos encontrar uma série de estipulações do gênero, ainda que se afirme comumente que ilicitude não se presume.

A norma sancionatória secundária tem como pressuposto o não exercício de um dever do sujeito passivo, que implica a incidência da sanção e da coação (na figura do Estado enquanto órgão jurisdicional). O fato antecedente da norma sancionatória do direito é também enunciado tipificado, hipótese da qual se retiram os elementos necessários para o fato desencadear as penalidades consequentes:

> Em rigor, todas as normas sociais acompanham-se de sanções ante seu cumprimento. O que destaca a sanção jurídica é sua previsibilidade típica e a possibilidade do uso da *coação organizada* (através de órgão jurisdicional) para fazer valer as obrigações principais e as obrigações secundárias.[28]

Temos por certo que, no domínio das ilicitudes, as presunções são inadmissíveis para fins de, sozinhas, caracterizar o tipo: "O dolo e a culpa não se presumem, provam-se".[29] Muito menos quando as presunções positivadas pelo aplicador. Somente mediante prova da ilicitude pelos meios cabíveis que se pode cominar a pena ditada pela lei. Contudo, no domínio dos tributos, algumas hipóteses admitem presunção de ilicitude ou infração, desde de que garantidos os direitos ao devido processo constitucionalmente permitido.

Sabemos que é pressuposto de todo ato jurídico o lastro em prova de toda declaração dos fatos, ainda que, em alguns casos, esta não seja apresentada à autoridade competente. A declaração sem prova é causa que dá ensejo à presunção de falsidade do conteúdo declarado.

---

28. VILANOVA, Lourival. *Causalidade e relação no direito*. 4. ed. São Paulo: RT, 2000. p. 176.
29. CARVALHO, Paulo de Barros. *Curso de direito tributário*. 22. ed. São Paulo: Saraiva, 2010. p. 590.

Imaginemos que o sujeito passivo apresente declaração de sua renda para fins de incidência de imposto sobre a renda. Caso caia na *malha fina* e o Fisco Federal o chame para comprovar as rendas por ele declaradas, o sujeito deverá estar apto a comprovar à União a efetiva existência daqueles valores. Do mesmo modo, na importação de mercadorias. Ao importar, o comprador deve declarar o preço do produto que está importando. Na fase de conferência aduaneira, se sua mercadoria é retida pela Administração Fazendária em face de presunção de irregularidade fiscal, o contribuinte, ao ser chamado a prestar informações sobre os valores, deve estar apto a comprovar os motivos pelos quais seus preços distinguem-se daqueloutros de mercado. Garantidos seus direitos processuais, na hipótese de sua não comprovação, i. e., ausência de prova para justificar a diferença entre o valor declarado pelo sujeito passivo e o preço das mercadorias no mercado internacional, presume-se a ilicitude, com base em falsidade da declaração. Contudo, no exemplo, isso só é permitido em face do dispositivo do art. 85 do Regulamento Aduaneiro (Decreto 4.543, de 26 de dezembro de 2002),[30] que lhe serve de fundamento de validade.

A lei é clara. A não comprovação das informações prestadas é causa que dá ensejo ao método substitutivo do valor da transação. A presunção de falsidade do declarado é antecedente da norma (hipótese de fraude, sonegação ou conluio) que tem, por consequência, o arbitramento do preço da mercadoria.

No reverso da moeda, se o Fisco alega e o contribuinte comprova a procedência ou a pertinência das alegações de fato produzidas, caberá à Autoridade Fiscal, por sua vez, fazer a contraprova dos fatos comprovados. Da mesma forma, quando,

---

30. Art. 85. O valor aduaneiro será apurado com base em método substitutivo ao valor de transação, quando o importador ou o adquirente da mercadoria não apresentar à fiscalização, em perfeita ordem e conservação, os documentos comprobatórios das informações prestadas na declaração de importação, a correspondência comercial e, se obrigado à escrituração, os respectivos registros contábeis (Medida Provisória 2.158-35, de 24 de agosto de 2001, art. 86).

mediante instauração de processo, alega ilicitude de fatos sem a devida prova. Na premissa de que toda alegação deve vir acompanhada de provas, a quem declara cabe o ônus de constituir mediante linguagem competente o fato alegado. A não comprovação, neste sentido, ilide a presunção de licitude da operação e veda presunção de ilicitude pelo Fisco. É o entendimento consolidado pela Primeira Câmara do Conselho de Contribuintes, conforme se verifica abaixo:

> *Despesas de auditoria, consultoria financeira e assessoria de divulgação e propaganda.* Não prospera a ação fiscal que impugnou a apropriação de despesas operacionais, quando **a Fiscalização não comprova a inveracidade dos fatos regularmente registrados na Contabilidade e a prova dos autos não revela qualquer fato que ilida a presunção de licitude da operação contabilizada.**[31]

Isto não quer dizer, contudo, que a presunção seja aqui assumida como hipótese de sanção. Pelo contrário, as formas presuntivas não se põem no direito como penalidades ou consequências da norma sancionatória. Podem, sim, ajudar a caracterizar a infração, antecedente da regra secundária, mas nunca serem elas mesmas a pena juridicamente cominada. Dessa forma, nem presunção nem arbitramento são estruturas sancionatórias. São sim apenas regras que estabelecem competência à autoridade fiscal em proceder ao lançamento de ofício e cominar as penas cabíveis, uma vez caracterizados e subsumidos os ilícitos às normas. Na mesma linha acontece nos regimes por estimativa. Neles também não há sanção, e sim forma de apurar a base de cálculo, segundo uma técnica instituída em determinado regime jurídico de exceção. E é excepcional, tendo em vista que todo regime de estimativa requer motivação fáctica que faça exigência desta forma de

---

31. Ministério da Fazenda, Conselho Administrativo de Recursos Fiscais, 1ª Câmara, Processo 10783.000523/94-58, Acórdão 101-92.635, Rel. Sebastião Rodrigues Cabral, Sessão 14.04.1999.

apuração. Só é admitido quando, por decorrência da hipótese jurídica escolhida pelo legislador e por conta de imposições pragmáticas, não for viável fazer apuração das informações necessárias para a determinação da base de cálculo do tributo.

Pelo exposto, vemos que a cominação do caráter de norma sancionatória secundária às presunções tem origem no valor operativo que elas têm no sistema. De fato, a grande maioria das formas presuntivas comparece na ordem posta como técnicas antievasivas. Presume-se nas causas de difícil ou de impossível prova para fins de evitar evasão fiscal. E isso ocorre em regra no Brasil e nos demais países, tal como se observa no comentário de José Luiz Pérez de Ayla: "[...] las presunciones legales absolutas y las ficciones de derecho se complementan, aunque no deben confundirse e identificarse, como fórmulas o procedimientos legislativos contra el fraude a la ley tributaria".[32] Entretanto, uma coisa é a finalidade antievasiva, outra é a ilicitude tributária. Tais institutos não se confundem. A estipulação de uma finalidade especial à norma em âmbito tributário, a título de controle, não significa imposição de penalidades.

Essa última hipótese pode até ocorrer no campo das presunções de tal modo que se estipule tipo de ilícito fiscal pela técnica presuntiva. Lembremos que tudo no direito se origina na forma de presunção. Todavia, essa finalidade antievasiva da norma presuntiva não pode ser assumida como determinação jurídica de sanção. São coisas distintas, devendo ser observadas em apartado. O intuito extrafiscal e antievasivo das presunções postas na lei não é sanção, reiteramos. É motivação de ordem primária dispositiva e tem por objetivo, simplesmente, evitar a prática de ilícitos. Estes, se acontecerem, só ocorrem num momento subsequente e desde que haja norma típica posta na lei prevendo-os dessa forma.

---

32. PÉREZ DE AYLA, José Luiz. *Las ficciones en el derecho tributario*. Madrid: Editorial de Derecho Financiero, 1970. p. 184.

Logo, é perfeitamente possível dar origem a ilicitudes por meio de presunções postas pelo legislador em lei. Contudo, não basta ser admitida em lei; a ilicitude tributária, presuntivamente criada, prescinde de uma determinação na forma de tipo, como bem aponta Sacha Calmon Navarro Coêlho:

> [...] não basta aludir-se ao primado da legalidade, no que tange ao exame dos ilícitos tributários. é imprescindível que as infrações fiscais sejam estudadas segundo as determinações da teoria da tipicidade. Tal providência elimina as chamadas infrações presumidas, em que, por meio de singelos indícios, chega o fisco a considerar ocorridos fatos ilícitos, cominando multas e outras sanções administrativas.[33]

Indo além, cumpre reforçar que, ao prescrever o tipo, é imprescindível ao legislador que ele leve em conta o grau de proximidade entre fato presumido e fato jurídico em sentido estrito para fins de cominação de mesmos efeitos jurídicos de um fato a outro. Além disso, cumpre proceder à escolha de termos suficientemente claros para diminuir ao grau máximo possível a discricionariedade do aplicador do direito.

2.3. Normas de estrutura e de conduta

A classificação das normas em *estruturais* ou *de conduta* leva em nota as funções que elas exercem no ordenamento. Cindindo em dois papéis diferentes, são consideradas *de estrutura* aquelas proposições que disciplinam os modos de formação e de transformação das demais regras no sistema. Por isso mesmo são consideradas normas-de-normas, proposições-de-proposições ou sobrenormas. No ordenamento, constituem um nível de metalinguagem, o que não quer dizer que são metassistemáticas. Justamente por se referirem ao próprio código

---

33. COÊLHO, Sacha Calmon Navarro. *Teoria e prática das multas tributárias*: infrações tributárias e sanções tributárias. 2. ed. Rio de Janeiro: Forense, 1998. p. 52-53.

em que se inserem, é que são normas de direito, regras sintáticas dentro do sistema, e não fora dele. Norberto Bobbio as apreendia como "aquelas normas que não prescrevem a conduta que se deve ter ou não ter, mas as condições e os procedimentos através dos quais emanam normas de conduta válidas".[34]

Por sua vez, normas de conduta se apresentam como aquelas que dizem diretamente sobre os comportamentos humanos sociologicamente localizados. São assumidas enquanto norma-objeto, i. e., proposição-fim da ordem posta, disciplinando direitos e deveres para, ao final, alterar os comportamentos humanos. Onde há regras de conduta, dotadas daquela estrutura formalizada do jurídico, é o lugar em que encontraremos a composição dual da juridicidade. Traduzindo esta clássica dissociação entre normas de estrutura e de conduta, Paulo de Barros Carvalho leciona:

> Aquilo que se quer expressar é que as regras de que tratamos esgotam a qualificação jurídica da conduta, orientando-a em termos decisivos e finais. As outras, com seu timbre de mediatidade, instituem condições, determinam limites ou estabelecem outra conduta que servirá de meio para a construção de regras do primeiro tipo. Denominemos normas de conduta às primeiras e normas de estrutura às últimas.[35]

Nesse dissociar de papéis, toma-se em conta, portanto, a proximidade ou referibilidade da regulação ao universo do social ou, por oposição, ao ordenamento ele mesmo. São identificadas conforme o objeto imediato de sua prescrição. No delimitar desses objetivos, demarca-se a posição que a norma ocupa no sistema, dando-lhe nome específico. Ora, no lidar com tais categorias é fundamental ter em mente que o lugar funcional da

---

34. BOBBIO, Norberto. *Teoria geral do direito*. São Paulo: Martins Fontes, 2008. p. 201.
35. CARVALHO, Paulo de Barros. *Direito tributário*: fundamentos jurídicos da incidência. 8. ed. São Paulo: Saraiva, 2010. p. 62.

prescrição na escala do sistema é sempre relativo. Pode ser ao mesmo tempo sobrenorma para determinados enunciados do jurídico e norma-objeto para outros. Logo, o critério não pode ser assumido de forma absoluta, deve ser pensado com ressalvas.

Toda norma pode ser compreendida enquanto regra de estrutura. Na dialética do processo de positivação e derivação das proposições jurídicas, para terem sentido deôntico, os enunciados normativos dependem uns dos outros para sua forma de construção, seja no nível sintático, seja em plano semântico. Afinal, "cada norma provém de outra norma e cada norma dá lugar, ao se aplicar à realidade, a outra norma. O método de construção de proposições normativas está estipulado por outras normas".[36] Sendo assim, "são aquelas normas que não prescrevem a conduta que se deve ter ou não mas prescrevem as condições e os procedimentos [por meio dos quais são emanadas normas de conduta válidas".[37] Nesta atitude classificatória com base na conduta imediata a ser regulada, tudo depende de como o processo de formação e a inter-relação normativa são encarados pelo exegeta. Se a qualidade de *criar outras normas* se acha na hipótese em face das regras individuais e concretas, tais enunciados gerais e abstratos são *de estrutura* para aquelas.

Da mesma maneira, *todas as proposições jurídicas podem ser assumidas como regras de conduta*, uma vez que, independentemente de que tipo sejam, todas as normas se referem a ações humanas, de modo que em todas se regulam condutas do homem, ainda que este seja legislador ou aplicador do direito. Por esta craveira, Gregório Robles pontifica:

> [...] aquella función también se extiende a la determinación del marco espacio-temporal de la acción, de los sujetos y de

---

36. VILANOVA, Lourival. *Estruturas lógicas e o sistema do direito positivo.* São Paulo: Noeses, 2005. p. 154.

37. BOBBIO, Norberto. *Teoria geral do direito.* São Paulo: Martins Fontes, 2008. p. 186.

sus competenciais respectivas, elementos todos ellos que, aunque no afectan directamente a la acción, la condicionan indirectamente, y en este sentido también la regulan.[38]

O critério de referibilidade mediata ou imediata, direta ou indireta, às atitudes do homem não retira de nenhuma delas seu sentido voltado às condutas, independentemente de serem do legislador, do aplicador do direito ou do ser social. Vejamos novamente as elucidações do jurista paulista:

> As normas jurídicas, como unidades atômicas do sistema, exercem dois papéis diferentes: umas disciplinam, pronta e diretamente, o comportamento – são as regras de conduta; enquanto outras se ocupam também do proceder do homem no seio da sociedade, porém o fazem de maneira mediata e indireta – são as regras de estrutura. [...][39]

A despeito de a classificação *supra* não ser das mais rigorosas, ela nos é útil no sentido de delimitar, no campo das presunções, os papéis que elas desempenham no sistema. Ajudam-nos a localizar as funções comuns e específicas de cada estrutura presuntiva na ordem posta e, com isso, dão-lhes contornos mais precisos.

Sem incorrer no vício da repetição, relembra-se que o objetivo comum a todas as formas de presunção no direito, já vimos, é a *constituição do fato jurídico presumido* (ou fato em sentido amplo). A partir dele e associando-o ao enunciado antecedente da norma tributária *stricto sensu* veiculada por meio de lei, faz-se possível incidir direitos e deveres exacionais ali onde dificuldades cognoscitivas atrapalhavam a atuação do direito. Estruturantes de fato todas são, porém o fazem de modos distintos.

---

38. ROBLES, Gregório. *El derecho como texto* (Cuatros estudios de teoria comunicacional del derecho). Madrid: Civitas, 2006. p. 70.
39. CARVALHO, Paulo de Barros. O direito positivo como sistema homogêneo de enunciados deônticos. *RDT*, ano 12, n. 45, p. 33, jul.-set. 1988.

2.3.1. Normas de estrutura presuntivas

No campo da Teoria da Linguagem, sobressaltamos que as presunções, além de funcionarem como normas, o fazem de modo metalinguístico ou fabulador. A função metalinguística desses enunciados remete ao nível de metalinguagem inerente aos tipos de normas de estrutura. São preceitos que falam da organização e transformação das unidades do sistema, numa atividade de constante (re)organização interna. Por isso mesmo não são metassistemáticas, mas, em senso oposto, são uma reafirmação do ser sistema de direito.

Assumindo as normas de estrutura em sua acepção larga, as presunções fazem parte daquele subconjunto de normas que estabelecem como outras regras devem ser postas, modificadas ou extintas dentro de certa ordem, atribuindo competência a determinados agentes para substituir ou alargar os conceitos normativos para fins de prescrever conduta. Fazem parte daquelas regras (proposições) de formação e de transformação das proposições, uma vez que estatuem como criar outras normas, tendo em vista que toda vez que se presume cria-se novo signo jurídico, tanto encarando-a pela operação lógica de substituição quanto pelo método de aproximação e alargamento de conceitos. São regras de sobrenível, hierarquicamente superior às outras normas, isto é, são normas-de-normas.

Numa acepção mais restrita, muitos vão assumir as presunções enquanto normas de estrutura, atuando como norma de competência, pois atributiva de poderes ao intérprete autêntico do direito em decidir *segundo o que ordinariamente acontece* nos casos em que a lei for omissa. Esta é uma das acepções identificadas por Maria Rita Ferragut, que as considera como o "vínculo jurídico que se estabelece entre o fato indiciário e o aplicador da norma, conferindo-lhe o dever e o direito de construir indiretamente um fato".[40] É bem verdade

---

40. FERRAGUT, Maria Rita. *Presunções no direito tributário.* São Paulo: Quartier Latin, 2001. p. 62.

que determinam não só os órgãos do sistema aptos a presumir, como também os expedientes formais necessários para que editem, alterem ou desconstituem normas jurídicas válidas no ordenamento. Com isso, podem ser tidas como atributivas de competência ao aplicador para substituir fato conhecido por outro desconhecido. Eis a *presunção* como regra de competência que atribui poderes ao aplicador do direito em decidir segundo o que ordinariamente acontece.

Entendemos que, a despeito de envolverem matéria de competência, as presunções não devem ser assumidas como regras atributivas de poder normativo ao aplicador. Para tanto, temos a norma geral inclusiva, anteriormente elucidada. Esta, sim, cumpre o papel de fundamento de validade formal para que o intérprete autêntico prescreva o fato presumido associando-o ao fato jurídico em sentido estrito. Cremos, pois, que a presunção de fato se mostra como veículo introdutor que tem por fundamento de validade (formal) a norma geral inclusiva. A existência de nomes distintos para essas proposições auxilia a localização da unidade de que falamos e a identificação de seus sentidos unitários e suas particularidades deônticas. Logo, ainda que relacionadas em alto grau, é de suma importância separá-las para fins científicos e proceder à análise isolada de cada qual.

Ademais, outros autores admitem no sentido de *norma de estrutura* as presunções institutivas de hipótese de fato ou também conhecidas como *presunções legais*. Postas em lei, elas enunciam critérios para localizar a conduta juridicamente relevante. Considerando-as como regras dirigidas ao aplicador, ou melhor, ao reconhecimento por este de fatos relevantes para o direito no caso em concreto, são aceitas como regras de estrutura por muitos juristas de renome.[41]

---

41. Exemplo disso são as palavras de Aires Barreto: "As impropriamente chamadas presunções 'juris tantum' são assim, também, singelas normas jurídicas. Que se dirigem ao aplicador do direito, vale dizer, o responsável pelos atos de declaração, seja da subsunção e da incidência, seja da instauração e eventual

Este, contudo, não é nosso posicionamento. Ainda que dirigidos ao aplicador do direito, os enunciados que instituem o pensamento presuntivo do legislador em lei se voltam à realidade social, buscando alterá-la mediante prescrições. Logo, o conteúdo da norma são as ações sociologicamente localizadas. É nela que se encontra o lugar da composição dual da juridicidade, disciplinando direitos e deveres. Portanto, as presunções que ingressam como hipótese no sistema são normas de condutas presuntivas.

Eis que somente as presunções postas pelo aplicador do direito configuram normas de estruturas. A despeito de referirem-se a fatos, não são normas de condutas. Enquanto veículo introdutor de norma ou meio de prova, tais enunciados se voltam à ordenação do próprio sistema na forma de mecanismo apto a inserir novo enunciado de fato (no consequente) no ordenamento. Logo, seu objetivo primordial é apresentar-se ora como norma técnica, que identifica procedimento enunciativo apto a introduzir fatos (procedimento competente), ora como regra de competência, atributiva de autoridade ao sujeito enunciativo (autoridade competente). Repisemos que o melhor sentido, segundo s imposições deste trabalho, é a presunção de fato como regra de estrutura ou norma técnica, tão-só; deixemos para dar nome à regra de competência a norma geral inclusiva.

2.3.2. Normas de conduta presuntivas

Conforme o exposto acima, vê-se que toda presunção posta pelo legislador, enunciado que identifica critérios constitutivos

---

extinção dos vínculos jurídicos consequentes. Por elas lhes são impostos critérios formais de reconhecimento e compreensão de fatos, aplicáveis (supletivamente, portanto) apenas na falta de comprovação da efetividade ou modo de sua ocorrência" (BARRETO, Aires; GIARDINO, Cléber. As presunções no direito tributário. In: MARTINS, Ives Gandra da Silva (Coord.). *Presunções no direito tributário*. São Paulo: Centro de Estudos de Extensão Universitária/resenha Tributária, 1984. p. 197. (Caderno de Pesquisas Tributárias, 9.)

de fato jurídico, é norma-objeto, i. e., proposição instrumento ou meio para a construção do fato jurídico, seu fim prescritivamente estabelecido. Lembremos que as presunções todas funcionam no universo jurídico como formas ou mecanismos constitutivos de fato. Assim, sozinhas não alteram o mundo social com prescrições, mas fazem nascer realidade jurídica para fins de, num momento subsequente, fazer incidir a norma jurídica em sentido estrito. A despeito de sua incompletude, toda presunção instituída pelo legislador é norma de conduta, que se apresenta como proposição que identifica os critérios jurídicos necessários para construir o fato em linguagem competente nos casos em concreto. Nesta acepção, Cristiano Carvalho elucida: "As presunções, portanto, são juízos que operam sempre no mundo dos fatos. Não há presunção que opere sobre as normas propriamente ditas".[42] Em resumo, toda presunção hipotética, posta pelo legislador, é norma de conduta.

2.4. Normas gerais

O caráter geral ou individual de uma norma toma como ponto de partida no consequente da regra os sujeitos destinatários da norma. De lá sabemos se a proposição se dirige à regulação da comunidade jurídica como um todo ou somente de algumas pessoas individualmente consideradas. Assim, diz-se *geral* aquele enunciado que se põe na lei para todos, por isso mesmo são *erga omnes*; enquanto *individual* aqueloutro dirigido a regular pessoas determinadas pelo enunciado e, sendo assim, apenas *inter partes*. Consultemos a síntese proposta por Paulo de Barros Carvalho:

> Costuma-se referir a generalidade e a individualidade da norma ao quadro de seus destinatários: geral, aquela que se dirige a um conjunto de sujeitos indeterminados quanto

---

42. CARVALHO, Cristiano. *Ficções jurídicas no direito tributário*. São Paulo: Noeses, 2008. p. 210.

ao número; individual, a que se volta a certo individuo ou a grupo identificado de pessoas. Já a abstração e a concretude dizem respeito ao modo como se toma o fato descrito no antecedente.[43]

O quadro dos destinatários da norma é de todo relevante para fins de identificar os direitos e deveres das pessoas que estão envolvidas neste empreendimento prescritivo. E os modos de comunicação dessas normas aos seus destinatários estão umbilicalmente ligados à abrangência dos efeitos jurídicos da regulação entre os sujeitos de direito. Sendo norma de caráter geral, a lei adquire vigência ao se publicá-la no Diário Oficial, fazendo saber a partir daí que todos estão subsumidos a ele. Ao modo individual, dá-se conhecimento às partes de seus direitos e deveres no próprio processo, ainda que publicado o teor dos atos para fins de ciência dos mesmos por terceiros.

No domínio da generalidade e das presunções, iremos encontrar dois tipos normativos: um, com pretensões substantivas; outro, com atitude adjetiva ou procedimental. Analisemos cada uma dessas formas enunciativas.

2.4.1. Norma presuntiva geral e abstrata

As presunções postas na lei como formulação hipotética de fato são normas gerais e abstratas. Sozinhas, não alteram as condutas humanas, mas são suficientes em si para compor o enunciado de fato e necessárias para fins de fazer regular as ações humanas. Seu antecedente, na forma de hipótese, é abstrato. Limita-se a enunciar critérios, apresentando, em regra, a seguinte formulação enunciativa em itálico: *Se ocorrido o fato jurídico em sentido amplo/fato presumido* ou *Dada a ocorrência das condições ('X'), ('Y') e ('Z') da hipótese presumida (Hp)*; deve-ser a constituição do fato jurídico tributário (Ft). O enunciado jurídico

---

43. CARVALHO, Paulo de Barros. *Direito tributário*: fundamentos jurídicos da incidência. 8. ed. São Paulo: Saraiva, 2010. p. 55.

antecedente que institui a presunção hipotética tem por premissa a *generalidade empírica*. Indutivamente obtida, a hipótese jurídica do fato em sentido amplo é a síntese do raciocínio presuntivo do enunciado factual hipotético generalizante. Em termos de tipificação, requer a forma-de-construção necessariamente, modo típico que permite esse mecanismo de substituição de um fato (F') pelo outro (F'') mediante critério de semelhança essencial.

Não é essa generalidade do antecedente que se quer elucidar aqui, ora assumida mais como forma do abstrato do que do genérico. Nosso enfoque neste momento é sim aqueloutra no consequente da proposição que se dirige a determinar a quem o preceito se destina. Sabemos que o geral no mundo das experiências não tem pretensões universais. No entanto, num domínio lógico, a generalidade anseia ser totalizante. E nada impede que o seja. Pelo contrário, a própria ordem cria mecanismos para garantir sejam abarcados todos os indivíduos daquele universo ou, quando assim o requerer, determinar o grupo para o qual o preceito se volta. Assim o direito o faz com a presunção de conhecimento da lei por todos de sua comunidade, conforme o art. 3º da LICC: *Ninguém se escusa de cumprir a lei, alegando que não a conhece*. Com este texto legal, o sistema pretende estabelecer a generalidade do consequente das leis positivadas para todos de modo que o ordenamento se aplica sem reserva àqueles que se colocam sob o manto de sua jurisdição. Por isso mesmo que, quando uma presunção se deposita como lei no sistema, é, em regra, *erga omnes*, aplicada a todos sem exceção.

Somente quando o próprio ordenamento dispuser de forma expressa sua incidência de modo restrito a um determinado conjunto de indivíduos, que se obterá uma generalidade específica, assumida apenas perante aqueles indivíduos e inaplicável aos demais. Para tanto, é fundamental que este restringir esteja expresso no enunciado da lei.

2.4.2. Norma presuntiva geral e concreta

São também gerais os enunciados das presunções inseridas pelo aplicador como norma introdutora. Em sua compostura dual, o antecedente dessa norma prevê acontecimento devidamente demarcado em seus dêiticos de sujeito, espaço e tempo. Identifica a atividade enunciativa da presunção e o aplicador que a expediu como autoridade de pleno direito. No consequente, revela o conteúdo da presunção ou mensagem presuntiva propriamente dita, direcionada a certo e determinado sujeito de direito e que se pretende respeitada por todos os demais da comunidade. Por isso mesmo é geral.

Enunciando mediante linguagem das provas, a presunção admitida no caso em concreto faz inserir em seu consequente conteúdo de fato. São meios de prova, introduzidos mediante linguagem competente no processo administrativo e judiciário. Meio de prova, portanto, é assumido aqui como norma jurídica – geral e concreta – cumprindo a função de veículo introdutor de enunciado constitutivo probatório no direito.

Em face desses pressupostos, esta é a razão de asseverar que, enunciada pelo legislador ou pelo aplicador, toda presunção será sempre *norma geral* apontando para a comunidade jurídica como um todo.

2.5. Normas individuais

Dirigida a destinatários certos, os atos administrativos instituem a relação jurídica particularizando os dêiticos de sujeito passivo e ativo. O mesmo ato pode abranger um ou vários agentes, desde que estejam individualizados. Vejamos se é possível admitir norma presuntiva individual e concreta em nosso sistema jurídico.

2.5.1. Existiria norma presuntiva individual e concreta?

Sabemos que muitas presunções ingressam no sistema na forma de fato, caracterizado em sua concretude jurídico-existencial. Fato presumido é a própria conclusão ou consequência do raciocínio indutivo produzido pelo aplicador do direito. A presunção factual se constrói com base em premissas que, em vez de proporcionar a ele provas convincentes da verdade da existência do fato em seu empirismo fenomenológico, fornece algumas provas ou indicativos suficientes para fins de convencê-lo de que o fato efetivamente ocorreu. A despeito de a presunção factual fazer-se ingressar em toda sua concretude, enquanto veículo introdutor de norma ou meio de prova, não dá ensejo a norma individual e concreta presuntiva, mas, no máximo, a um enunciado consequente que instaura o fato jurídico em sentido amplo. Somente num segundo momento, ao se associar este enunciado ao fato jurídico em sentido estrito, antecedente da regra-matriz, é que se obterá a norma individual e concreta. Contudo, esta em nada será constitutiva de presunção. Seu caráter presuntivo já foi depositado na norma introdutora do fato presumido.

Passada esta fase, no suceder das prescrições, uma vez positivada, já é realidade jurídica, é verdade de direito, de modo que a presunção resta assentada naquele enunciado, sem contaminar as demais estruturas normativas que lhe dão o contorno de seu aspecto presuntivo. Logo, uma coisa é regra de presunção, veículo introdutor de prescrições; outra é a norma individual e concreta que dá ensejo a direitos e deveres, alterando o universo social.

Por exegese diversa, chegaremos também à conclusão de que na presunção positivada pelo legislador da mesma forma não há norma individual e concreta presuntiva. Com base em raciocínio indutivo, o legislador positiva regra de probabilidade, instituindo hipótese presumida. Ao enunciar a norma geral e abstrata, determinando os critérios aptos a localizar o fato jurídico em sentido amplo, o enunciado é aceito como realidade jurídica, ponto de partida para produzir o argumento dedutivo próprio do processo de positivação das regras e prescrever, em termos individuais, a norma presuntiva, construindo por consequência o fato presumido. Aqui, novamente, verifica-se que uma coisa é a regra da presunção posta pelo legislador, apresentando-se como norma geral e abstrata; outra é a proposição individual e concreta dela decorrente, que nada mais tem de presuntiva. No processo de positivação da norma presuntiva posta pelo legislador o que ocorre não é o nascimento de uma presunção, e sim o modo tradicional de subsunção do fato à norma. O raciocínio que toma um fato pelo outro já se sucedeu no momento da enunciação da norma presuntiva. O que acontece nas demais situações é o processo de positivação ele mesmo.

E é por isso que se atribui o caráter substantivo ou de prova a estes enunciados, afinal somente mediante pensamento dedutivo (subsunção) é que se pode fornecer, em termos jurídicos, desde já *prova conclusiva da ocorrência do fato* para aquele universo. Como contraponto, as presunções emitidas pelo aplicador não são provas concludentes da ocorrência de um determinado evento. Fornecem algumas provas ou indícios suficientes que têm pretensão de provar o sucesso de um fato em face da verossimilhança ou probabilidade que têm com outros que lhe são associados pelo exegeta. A repetição das relações não é verificável na experiência, mas revela uma expectativa de previsibilidade, de probabilidade, de conhecimento prévio ou de certeza de que o evento ocorra ou tenha ocorrido. Por isso mesmo são meios de prova, e não provas.

Posto isto, reiteramos que as presunções, na forma como assumidas neste trabalho, não se apresentam como norma individual e concreta. Ensejam esta, mas nela não se inserem como presunções.

2.6. Natureza das presunções

Vimos, no primeiro capítulo, os diversos conceitos de presunção nos diferentes ramos do conhecimento. No subitem referente ao *direito tributário*, verificamos admitir-se mais de 89 sentidos ao termo. É bem verdade que qualquer deles pode ser aplicado às presunções, desde que mantenha seu significado no plano normativo. É o que acontece quando Maria Rita Ferragut anuncia três significações ao termo: proposição, relação e fato.

Proposição jurídica nada mais é que norma de sentido deôntico completo; relação, por seu turno, representa o consequente da norma jurídica, voltando as atenções ao vínculo interpessoal existente e inerente às associações prescritivas; e, por fim, fato, podendo significar tanto fato jurídico antecedente, isto é, ação num tempo e num espaço que dá causa, jurídica, ao consequente da norma ou fato relacional, que é o consequente propriamente dito. Ora, de um jeito ou de outro, sob quaisquer desses significados, manteremos a natureza normativa das presunções. E a importância dessa definição dada pela professora da PUC/SP é justamente essa: repisar que, para o direito, presunção é norma. Logo, sua natureza para o direito será sempre normativa, como unidade de sentido deôntico.

Além disso, não é demasia repisar: nada na ordem prescritiva se manifesta sob outra forma. O sentido filosófico da palavra, como raciocínio, é também normativo, pois não há raciocínio no direito senão aquele que está no enunciado normativo, enquanto enunciação-enunciada, tanto ao considerar a presunção posta pelo legislador quanto aqueloutra positivada pelo aplicador. Eis a razão de assumirmos *presunção* neste trabalho, sempre, como de natureza normativa, como norma e, portanto, reputado seu sentido deôntico.

Capítulo 3
ENUNCIADO FACTUAL DAS PRESUNÇÕES

Não é demasia repetir que "fato" é todo enunciado denotativo, protocolar, que tem por objetivo constituir, em termos descritivos, a imagem de uma situação do real para, ao fim, prescrever conduta.[1] Todo fato que se prestar a surtir efeitos no domínio do direito adquire o qualificativo "jurídico", o que, em outros termos, significa enunciado factual com relevância para a ordem positiva. Ora, de acordo com esta concepção, são fatos tanto aqueles que compõem o antecedente da norma quanto os que se ajeitam no consequente da proposição jurídica individual e concreta. No primeiro, descreve ação do homem, num determinado tempo e espaço. No segundo, fala sobre a relação, enquanto "fato-relacional" indicativo de vínculo entre duas pessoas determinadas em face de um objeto comum.

O sentido factual é perfeitamente aplicável para significar a hipótese ou o consequente da norma. Contudo, em nome de

---

1. Vejamos definição de Paulo de Barros Carvalho: "[...] fatos jurídicos são enunciados linguísticos denotativos, protocolares, topicamente colocados no antecedente de normas individuais e concretas, emitidas, portanto, em função prescritiva, num determinado momento do processo de positivação do direito" (*Direito tributário*: fundamentos jurídicos da incidência. 8. ed. São Paulo: Saraiva, 2010. p. 236).

um método e de um rigor científico, é preciso dar nome às coisas, identificando-as pela palavra que lhe atribuímos. E, se somos nós que conferimos denominações aos objetos e a linguagem nos põe à disposição inúmeros apelidos diferentes para situações que se demonstrem diversas aos nossos olhos, eis a justificativa para imputar nomes distintos às coisas. Seria adequado admitir apelidos diversos a coisas que, para o direito, cumprem papéis diferentes.

Diante de todas essas ponderações, temos que "fato", aqui, será assumido como o enunciado concreto que de algum modo ou de outro compõe o antecedente normativo. São as notas indicativas de uma ocorrência factual já acontecida, postas na linguagem jurídica competente, consubstanciando no suporte do texto apto a desencadear, mediante vínculo implicacional, a relação jurídica e, como um todo, a incidência da norma tributária individual e concreta.

No quadro conceptual do *fato jurídico*, na acepção aqui especificada, sobreleva observar, ainda, a presença de alguns critérios classificatórios que os identificam em três grandes campos, segundo:[2] (i) sua localização nos diversos ramos do direito; (ii) seus efeitos que produzem; ou ainda (iii) sua juridicidade ser positiva ou negativa (o antijurídico no interior do sistema jurídico). Na primeira hipótese, tendo em vista que a proposta deste trabalho é analisar a figura das presunções no direito tributário, manteremos a restrição do estudo ao universo tangente ao campo dos tributos. Logo, para nós, o relevo aqui se volta aos critérios (ii) e (iii) para os quais iremos localizar o fato da presunção de acordo com os efeitos que produzem no sistema tributário e em face de a juridicidade ser do enunciado factual presumido positiva ou negativa.

Iniciemos este empreendimento examinando, no raciocínio presuntivo, a relação entre o fato presumido e o fato jurídico

---

2. Ver também em Lourival Vilanova. *Causalidade e relação no direito*. 4. ed. São Paulo: RT, 2000. p. 141.

tributário, e aquele e este com o fato presuntivo. Ora, vimos que, nas presunções, os fatos nunca estão isolados. Sempre se implicam uns aos outros. Entretanto, é necessário dizer como isso se dá e a força enunciativa que cada qual tem no enunciado completo da presunção. É a nossa próxima tarefa.

3.1. Fato presumido e fato presuntivo

O fato presumido nunca aparece sozinho. Com ele estão ligados sempre fato(s) presuntivo(s) que juntos àquele dão fundamento probatório ao fato jurídico tributário. Não há como pensar em fato presumido sem os presuntivos; e a recíproca também é verdadeira. São os fatos presuntivos que atestam o enunciado do fato presumido, de modo que este não se constitui juridicamente sem aqueles. São associados em regra em face da verossimilhança existente entre eles, de tal modo que Moacyr Amaral dos Santos afirma: "o fato presumido é uma consequência verossímil do fato conhecido".[3] Em outras palavras, a existência do fato presumido no direito depende da realização dos fatos presuntivos.

Agora, assim dizendo, imagina-se que exista vínculo implicacional entre fatos presuntivos e fato presumido. Não é bem assim. O que ocorre, em verdade, é que ambos, em cumulação, constituem a presunção de fato. Ou seja, não é possível admitir um "ou" o outro; ou mesmo um "implicando" o outro. Somente juntos é que compõem o enunciado factual completo da presunção. Logo, o conectivo conjuntor (também chamado de operador ou functor conjuntor) que associa fatos presuntivos e fato presumido é um "e", imposição lógica que nos obriga a pensar ambos sempre juntos e cumulativamente.

Detemo-nos um pouco num ponto para elucidar a função e a importância desse referido conector nos enunciados presuntivos. Nas proposições lógicas, os conectivos unem duas fórmulas

---

3. SANTOS, Moacyr Amaral. *Prova judiciária no cível e no comercial*. 3. ed. São Paulo: Max Limonad, 1968. v. 5, p. 408.

(operadores ou functores e quantificadores), cumprindo com uma função estritamente sintática. Por esta razão é que são também chamados de sincategoremas, em oposição aos categoremas (variáveis de objeto e as variáveis de predicado). Os conectivos, enquanto constantes da lógica proposicional, exercem na fórmula a finalidade de associar as variáveis proposicionais entre si: isolando a fórmula (monádico) ou unindo-as (diádicos). Seu significado está, portanto, na influência sintática sobre a composição da estrutura, motivo pelo qual são também chamados de extensionais, pois deles dependem os valores lógicos da forma enunciativa.

O conjuntor "e" acima descrito, portanto, compõe o sentido da presunção enquanto enunciado factual, de modo que ela é o vínculo que se estabelece entre fato presuntivo e fato presumido, mas o faz não ao modo de vínculo implicacional ou condicionante, tampouco em relação comutativa. É união conjuntiva que forma um só enunciado factual completo mediante composição de dois enunciados de fato incompletos que se acumulam para formar aquele. Sozinhos não instituem fato nenhum para o direito: nem o presumido e o(s) presuntivo(s), muito menos o fato jurídico tributário. A relação se dá em termos diádicos ou binários; são em verdade dois enunciados que se autocompõem e fundam o enunciado factual da presunção como resultado desta estrutura lógica.

Ocorrido(s) o(s) fato(s) presuntivo(s), isto é, relatado(s) em linguagem competente pelas provas em direito admitidas, e o fato presumido, realiza-se o enunciado factual da presunção. Em planos lógicos, o vínculo entre fato presumido e fato presuntivo se apresentaria da seguinte forma:

$$[Fm . (F1 . F2 . F3 . ... Fn)] \equiv Fp$$

ou

$$[Fm . Ft] \equiv Fp$$

Sendo:

"Fm", fato presumido

(F1 . F2 . F3 . ... Fn) ou "Ft", o(s) fato(s) presuntivo(s); e,

"." o conector conjuntor

"≡", equivalência ou bicondicional tautológico

Fp, enunciado factual da presunção

Tanto na presunção do tipo hipotética quanto na factual o enunciado de fato se compõe desta forma. A diferença se dá quando, na presunção legal, os critérios ou a hipótese que se colocam como presuntivos é a própria lei que os identifica um por um, instituídos mediante previsão legal prévia – geral e abstrata – que elucida esta formação. Por outro lado, naquelas introduzidas pelo aplicador, é ele quem vai criar o fraseado factual, identificando quais os enunciados que devem ocupar o lugar do fato presuntivo, com isso tornando apto o liame entre este e o presumido e ambos, o *convencimento* ou a *verdade* da ocorrência do fato.

Assim sendo, independentemente do tipo de presunção, ambas as formas requerem essa união entre fato presumido e presuntivo(s), fazendo alcançar o resultado de que o fato alegado é *verdadeiro* e, logo, é fato jurídico antecedente da regra tributária. Ocorre que a verdade instituída por este enunciado advém de raciocínio lógico produzido por quem aplica o direito, fundamentando a presunção com base nesta conjectura. Essa verdade, embasada em uma relação estabelecida pelo exegeta, em nome da qual ele fala, deverá em regra ser susceptível de divergências, exceto aquelas institutivas de regime jurídico especial com opção prévia de ingresso, fazendo valer o devido processo e a ampla defesa. Enquanto resistir a essas refutações, será norma válida e enunciado verdadeiro para o direito. É justamente essa inobjeção que confere certeza e *veracidade* jurídica para os enunciados factuais da presunção.

3.2. Presunção como metafato

Diante do exposto, percebe-se que a presunção não é fato simples, mas advém de um enunciado composto, complexo, formado por um conjunto que só se apresenta completo quando admitido em cumulação. Além disso, não é ela mesma o fato jurídico que dá ensejo à relação tributária. Em rigor, o enunciado factual da presunção se refere a um outro fato, alegado por fato jurídico tributário, este sim enunciado concreto que se posiciona sintaticamente como antecedente da regra-matriz de incidência tributária. Logo, a presunção não se encontra diretamente na norma exacional, mas a ela se relaciona de forma mediata, como composição que, em planos lógicos e não temporais, antecede a própria formação da regra-matriz, auxiliando na composição do fato jurídico tributário no modo presuntivo.

Em outros termos, a presunção não é fato simples, tampouco é fato jurídico no sentido estrito da palavra. É, pois, metafato, uma vez que "consiste em um fato (em sentido amplo) que alude a outro fato (fato alegado)",[4] tomando as palavras de Fabiana Del Padre Tomé ao explicar os enunciados factuais da prova. Vale lembrar a ressalva da autora que, em tal acepção de fato, nas provas, verifica:

> [...] nova plurivocidade é observada no vocábulo prova, que pode significar (i) o fato de provar; (ii) o fato provado; (iii) o fato que causa convencimento do julgador acerca da verdade de outro fato; e (iv) o fato da convicção provocada na consciência do julgador.[5]

Transportando essas reflexões para o campo em análise, admitindo presunção por *metafato*, abriremos novo campo significativo para a figura que poderá ter o sentido de:

(i) fato de presumir;

(ii) fato presumido;

---

4. TOMÉ, Fabiana Del Padre. *A prova no direito tributário*. São Paulo: Noeses, 2005. p. 72.

5. Idem, ibidem, p. 72.

(iii) fato presuntivo;

(iv) fato que causa convencimento do julgador acerca da verdade de outro fato; e

(v) fato da convicção provocada na consciência do julgador.

Embora todos esses enunciados factuais tenham caracteres próprios, podemos dizer, simplificando, que a presunção como metafato nada mais quer significar ser ele fato complexo que, estruturado mediante composição que toma por base outros fatos, é fato jurídico em sentido amplo.

3.3. Fato jurídico em sentido amplo, fato jurídico em sentido estrito e presunções

Não confundamos fato jurídico em sentido amplo, que caracteriza a presunção em termos denotativos, com o fato jurídico em sentido estrito. Naquele, lembremos, temos fato presumido e fatos presuntivos, em conjunto e cumulativamente, constituindo-o. São jurídicos na medida em que produzem efeitos prescritivos, inserindo-se no conjunto das normas que compõem o direito posto. Fato presumido e fatos presuntivos são portanto enunciados normativos, que, juntos, constituem a norma ou proposição jurídica factual em sentido amplo.

Por outro lado, não exercem diretamente a função de antecedente da norma institutiva de tributo. Fazem referência ao enunciado individual e concreto do descritor daquela, mas dela não fazem parte. Em virtude disso, o vínculo entre a presunção e o fato jurídico tributário dá-se em termos condicionais: unidos fato presuntivo e fato presumido, deve-ser o fato alegado, ou melhor, o fato jurídico tributário da exação. Dito de outro modo, mediante relação implicacional, a presunção funciona como enunciado antecedente que, uma vez ocorrido, faz surtir a consequência jurídica que lhe é atribuída em lei (nas presunções legais) ou, por competência genérica, pelo aplicador (nas presunções *hominis*) – do fato jurídico tributário antecedente da regra-matriz de incidência.

Toda presunção, independentemente de seu tipo, é enunciado factual que leva, por implicação, a outro fato. No plano tributário, ao presumir, institui-se fato jurídico tributário em sentido amplo que, relacionado em modo de implicação com o fato jurídico tributário em sentido estrito, enunciado individual e concreto ou antecedente da regra-matriz de incidência, faz surgir a relação tributária. Toda norma de presunção seria traduzida em termos de formulação lógica da seguinte forma:

[Fm . (F1 . F2 . F3 . ... Fn)] → Fjt

ou

[Fm . Ft] → Fjt

Sendo:

"[Fm . (F1 . F2 . F3 . ... Fn)]", fato jurídico tributário em sentido amplo

"→", conectivo condicional ou implicador

Fjt, fato jurídico tributário em sentido estrito

Sendo assim, a presunção nunca ocorre sozinha. Está sempre em relação com outros fatos e é ela mesma composta de, pelo menos, quatro enunciados factuais. Quando considerada como fato presumido ou fato presuntivo isoladamente considerados, é enunciado factual. Quando admitida por fato jurídico tributário em sentido amplo, é proposição factual que tem sentido amplo, pois não é apta a, sozinha, surtir efeitos relacionais no direito em geral, e muito menos no subdomínio tributário em especial. Somente o fato jurídico tributário em sentido estrito tem força jurídica a desencadear o consequente da regra-matriz tributária. Sobre o assunto, afigura-se-nos de bom conselho apresentar os dizeres de Alfredo Augusto Becker para quem:

> O acontecimento da *própria realidade presumida* não realiza a hipótese de incidência da regra jurídica porque em

sua composição não entra a realidade presumida, mas sim e exclusivamente o fato signo-presuntivo daquela realidade ou o fato-ficção daquela realidade.[6]

De notar que, repisemos, a presunção não está na regra-matriz. É norma que se dirige mediatamente a ela e com ela se relaciona de forma indireta. Somente o fato jurídico em sentido estrito, consequente da proposição presuntiva, é que dá ensejo à relação tributária. Contudo, rememorando, este depende sempre em termos composicionais normativos – e para ser constituído enquanto fato antecedente da exação – de seu próprio antecedente, que nada mais é que a proposição factual ou da norma jurídica tributária da presunção. Vejamos, em resumo, a representação lógica do acima elucidado:

[Fm . (F1 . F2 . F3 . ... Fn)] → Fjt → [Rjt ≡ (S' R S'')]

Ou, simplesmente:

{[Fm . Ft] → Fjt} → Rjt

Sendo:

"Fjt", fato jurídico tributário em sentido estrito

"→", conectivo condicional ou implicador

"Rjt" ou "(S' R S'')", relação jurídica tributária

"S'", sujeito ativo

"R", obrigação pecuniária do tributo

"S''", sujeito passivo

Posto isto, afirmaremos que a presunção é metafato do fato jurídico tributário em sentido estrito, pois é ela mesma signo linguístico deste, mantendo relação indireta e mediata com a regra-matriz de incidência, mas, frise-se, dela não fazendo parte.

---

6. BECKER, Alfredo Augusto. *Teoria geral do direito tributário*. São Paulo: Saraiva, 1972. p. 481.

3.4. Presunção, fato jurídico tributário em sentido estrito e evento

Observamos que a presunção é enunciado linguístico factual. É fato jurídico tributário em sentido amplo que, em termos proposicionais, alude a outro fato, compondo-o (fato jurídico tributário em sentido estrito). Ela não diz da verdade dos fatos, nem da forma como se procede à averiguação desta verdade, tampouco do evento referente àquele fato em sentido estrito, mas apresenta-se em termos normativos como elemento proposicional imprescindível à constituição do fato jurídico que fundamenta a pretensão tributária. Com isso, deixamos claro que presunção e fato jurídico tributário, isoladamente considerados, não se confundem; assim como ambos não são nem dependem do próprio evento para se colocarem juridicamente.

Com fundamento nas assertivas acima apresentadas, firmemos que presunção e fato jurídico tributário fazem referência a diferentes signos, por isso mesmo são conceitualmente diversos: neste, o fato é o signo do *evento*, enquanto naquela, a presunção é signo do próprio *fato jurídico tributário*. Ora, nada mais claro se pensarmos que este tem por objetivo constituir o evento em linguagem competente. Tanto se pensarmos nos deveres instrumentais quanto na imposição de lançar às autoridades públicas, em quaisquer dessas situações, a linguagem competente – sujeito e procedimento admitido em lei – atua como forma de fazer ingressar conteúdos factuais concretos aos critérios da hipótese normativa, que tem por objeto dinâmico o evento socialmente localizado. Ao descrevê-lo na forma como prescrito em lei, constitui-se o fato. Este, subsumido aos critérios da hipótese, faz incidir a relação tributária. O referente aqui é sempre aquele evento do universo social, mas que só ingressa e faz realidade jurídica quando linguisticamente construído.

As colocações acima não querem significar que a positivação da norma presuntiva depende de o realizar-se empiricamente do evento como vimos afirmando. A despeito de o fato ser signo do *evento* e a presunção signo daquele, o arranjo normativo presuntivo independe da concreta ocorrência do signo no mundo empírico daquele. Não é a realidade presumida que ingressa no sistema jurídico, mas sim o fato signo-presuntivo daquela realidade. E é novamente Alfredo Augusto Becker quem esclarece:

> O acontecimento da *própria realidade presumida* não realiza a hipótese de incidência da regra jurídica porque em sua composição não entra a realidade presumida, mas sim e exclusivamente o fato signo-presuntivo daquela realidade ou o fato-ficção daquela realidade.[7]

Por outro lado, presunção tem por objetivo construir em linguagem o próprio fato jurídico tributário em sentido estrito. Ou seja, seu referente não é o evento que corresponde às situações fácticas descritas na hipótese: é o próprio fato jurídico. À presunção incumbe constituir o fato e é ela mesma linguagem competente para fazê-lo.

De acordo com as categorias da teoria dos objetos, esses liames se apresentaram na dicotomia objeto imediato/objeto dinâmico. Os fatos, linguisticamente estruturados, tomam os eventos como seus objetos dinâmicos, ao mesmo tempo em que com eles formam seu objeto imediato. Nas relações entre os enunciados factuais, enquanto fato jurídico em sentido amplo (ou presumido), se põe como objeto imediato do evento – fatos presuntivos –, seu objeto dinâmico; o fato jurídico em sentido estrito, por sua vez, é objeto imediato que assume o fato presumido como seu objeto dinâmico. A diferença na referibilidade objetal da presunção e do fato jurídico em sentido estrito comprova sua condição de serem signos jurídicos diversos, compositivos de realidades diferentes, ainda que similares ou semelhantes. Referindo-se a objetos distintos, não podem ser

---

7. BECKER, Alfredo Augusto. *Teoria geral do direito tributário*. São Paulo: Saraiva, 1972. p. 481.

assumidos como signos idênticos, de modo que o fato presumido *entre no lugar* do fato jurídico em sentido estrito. O direito *sabe* das diferenças entre tais enunciados, tanto é assim que positiva a regra da presunção que confere competência para fazer associar, por semelhanças primárias, um fato a outro, conferindo os mesmos efeitos de um a outro. A individualidade desses fatos é preservada pelo ordenamento. O direito, guardando as particularidades do fato em sentido estrito e do fato presumido, associa-os para fins de ver, no consequente, a atribuição dos mesmos efeitos.

Desse modo, quero deixar claro que fato presumido e fato jurídico em sentido estrito, este último antecedente da norma exacional, são enunciados de conteúdo distintos exatamente por referirem a objetos diferentes. O fato jurídico em sentido estrito é objeto imediato que tem o evento como seu objeto dinâmico. Já na presunção o fato presumido é objeto imediato, ao passo que o fato presuntivo figura como seu objeto dinâmico. Em outras palavras, e em resumo, enquanto o fato jurídico tributário (em sentido estrito) é signo do evento e o tem por referente, a presunção, por outro lado, é signo do fato e toma como referência objetal o próprio fato.

3.5. Fatos presuntivos e fato jurídico em sentido estrito

Por fim, cabe discorrer sobre o vínculo existente entre fatos presuntivos e fato jurídico em sentido estrito. A importância desse liame é fundamental para o completo entendimento da matéria, uma vez que voltaremos nossas atenções à enunciação-enunciada das presunções, tanto a do legislador quanto a do aplicador do direito, para verificar a (in)existência de verdadeira presunção no caso em concreto.

Essa relação de proximidade conceptual entre fatos presuntivos e fato jurídico em sentido estrito é o que distingue, juridicamente, presunção de ficção. Muitos entendem que a diferença entre tais institutos de direito é desnecessária, tendo em vista que, para fins prescritivos, ambos são normas substantivas, criadoras de tipos jurídicos abstratos. Para os autores que assim pensam, a dissociação ocorre apenas em planos pré-jurídicos, sendo inócua, uma vez positivada a norma. Para eles, presunção e ficção têm o mesmo efeito normativo constitutivo de hipótese normativa, razão pela qual, obtendo idêntica consequência no universo jurídico, são institutos que se assemelham na forma de regra, nada diferençando-se internamente, i. e., do ponto de vista estritamente do direito.

Sobre o tema, segundo vimos, presunção é norma que parte da probabilidade da ocorrência de um fato, o que muitos podem entender como *verdade do fato* inclusive. De um fato conhecido infere outro desconhecido. A ficção, por sua vez, origina-se de uma falsidade. Por meio dela, o ordenamento jurídico desnatura a realidade social em que se insere dando novos contornos para atingir outros efeitos ou fins admitidos na ordem posta. O direito prescreve como juridicamente verdadeiro um fato que se sabe ser socialmente falso. Na primeira hipótese, a inferência parte de uma provável veracidade, enquanto, na segunda, da certeza de sua falsidade.

A relação *verdadeiro/falso* acima referida se dá como adjetivo do vínculo existente entre fatos presuntivos e fato jurídico em sentido estrito. Para o raciocínio presuntivo ser válido, é imprescindível que entre estes enunciados factuais se mantenha coerência de sentido, de tal modo que se associem entre eles em face de similitudes primárias ou de características essenciais do objeto. Por outro lado, nas ficções, esta relação busca também aproximá-los, mas o faz em face de semelhanças secundárias ou até da total inexistência de características que lhes tornem similares uns aos outros. Nesta última hipótese, a associação dá-se em face unicamente dos efeitos jurídicos quistos com a positivação da regra ficcional. O objetivo é muito mais atribuir consequências de direito similares uns aos outros do que torná-los juridicamente semelhantes entre si.

No campo das presunções, portanto, é fundamental que estas sucessões que constituem os fatos presuntivos sejam produzidas com base no que ordinariamente acontece ou, no mínimo, tendo em vista as ocorrências possíveis. Quanto mais o fato jurídico em sentido estrito se afastar dos fatos presuntivos, menor será o valor constitutivo da presunção, o que, por outro lado, a tornará cada vez mais próxima da ideia de ficção. A distância conceitual produz esse efeito de irrealidade, de ausência de probabilidade, descaracterizando a presunção enquanto tal, aproximando-a do instituto da ficção e, com isso, preenchendo-a de regime jurídico próprio deste instituto.

Nas presunções, a permanência forte deste liame entre fatos presuntivos e fato jurídico em sentido estrito é o que dá força constitutiva e certeza jurídica a suas estruturas factuais. É o vínculo que confere um fechamento de coerência ao raciocínio presuntivo, admitindo-o a partir daí como enunciados aptos a constituir fatos, verdades e certezas jurídicas. A proximidade conceitual o torna prova ou meio de prova. Este também é o pensamento de Moacyr Amaral dos Santos, para quem: "[...] o valor de uma presunção decresce à medida que se afasta de seu centro, como toda força, estendendo-se, perde em intensidade".[8]

Cumpre esclarecer que esse sentido associativo intenso entre fatos presuntivos e fato jurídico em sentido estrito não é de hoje e fez sentido desde as concepções de presunção positivadas nas leis canônicas, codificadas em 1917: "Cân. 1.828 - O juiz não conjecture presunções não determinadas pelo direito, senão dum fato certo e concreto diretamente conexo com o objeto da controvérsia".[9] A condição de certeza e concretude a que alude o dispositivo canônico remete-se às qualidades necessárias dos fatos presuntivos, que devem existir empiricamente, num

---

8. SANTOS, Moacyr Amaral. *Prova judiciária no cível e no comercial*. São Paulo: Max Limonad, 1968. v. 5, p. 492.

9. *Conferência Nacional dos Bispos do Brasil – Código de Direito Canônico*, com notas e comentários do Pe. Jesús Hortal, S. J., Brasília: Edições Loyola, 1983. Vale citar também a Disposição Canônica 1.825: "Presunção é a conjectura provável de uma coisa incerta; é *juris* a que é estabelecida pela própria lei; é *hominis* a que é conjecturada pelo juiz".

determinado grau de frequência. Da mesma forma, ao preceituar a conexão direta entre tais fatos e o objeto da controvérsia, mais uma vez a legislação acima reforça a associação íntima entre tais fatos.

Firmemos que, nas presunções, é a partir dos fatos presuntivos que as regras generalizantes vão se constituindo, tornando-se, por fim, norma jurídica. Aqueles são o ponto de partida para, por indução-conotativa, alcançarem-se os fatos presuntivos. Por dedução-denotativa, constitui-se o fato jurídico em sentido amplo, associado por vínculo implicacional ao fato jurídico em sentido estrito. Em termos diagramáticos, elucidemos o pensamento, indicando, por flechas, tais relações:

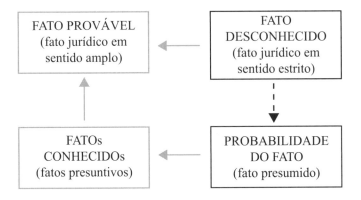

Todos estes enunciados de fatos devem guardar entre si relação de similitude de primeira ordem, apresentar semelhanças próprias do objeto ou caracterizadoras da essência do objeto. É esse vínculo intenso entre eles que justifica esse desencadear relacional. No esquema acima, ressaltamos o liame ora em exame para firmar a necessidade de manter forte esta associação por similitude conceptual entre os fatos presuntivos

---

Convém ressaltar ainda que, no Código de Direito Canônico de 1983, lei canônica vigente, o cân. 1.825 da Consolidação de 1917 foi substituído pelo cân. 1.584; assim como o cân. 1.828 pelo cân. 1.586.

e fato jurídico em sentido estrito, indicando ambos um mesmo objeto ou mesma classe de objetos.

Quanto menor for a amplitude semântica dos enunciados dos fatos presuntivos e do fato jurídico em sentido estrito, menor será o campo dos objetos possíveis por eles abarcados, o que gera maior precisão à regra presuntiva posta. Assim, do mesmo jeito que "um indício tanto mais e melhor indica um fato quanto menor número de fatos diferentes indicar",[10] a presunção *tanto mais e melhor prescreve um fato quanto menor número de fatos diferentes indicar.*

É imprescindível para tanto que se faça prevalecer o rigor semântico no uso das palavras, respeitando seus sentidos de origem, tanto da língua portuguesa quanto das especificidades jurídicas da matéria disciplinada. Ao associar uma palavra a outra, é fundamental que o exegeta empreenda o método de restringir os termos ali empregados ao menor número de fatos diferentes que a regra presuntiva possa indicar. Somente aqueles fatos que, sem subterfúgios interpretativos, possam ser associados uns aos outros poderiam ser enquadrados como aptos a configurar esta ou aquela presunção. Por precisão terminológica, frise-se, são essenciais as características reconhecidamente próprias do objeto ou aquelas indicadas em lei, nada mais que isso.

Posto isto, havemos de convir que o vínculo entre fatos presuntivos e fato jurídico em sentido estrito é o que condiciona a presunção como regra baseada na realidade dos fatos ou naquilo que ordinariamente acontece. Sua intelecção desde já como enunciado baseado no real ou na probabilidade de ocorrência no mundo sensível é o que a faz enquanto sentido presumido de fato. Ademais, é este fechamento semântico entre fato jurídico em sentido estrito e fatos presuntivos que forma o liame da norma presuntiva e que a valida para fins prescritivos.

---

10. SANTOS, Moacyr Amaral. *Prova judiciária no cível e no comercial.* São Paulo: Max Limonad, 1968. v. 5, p. 484.

Havendo desconexão entre eles, há que rever a norma, podendo-se inclusive expulsá-la do sistema por inconstitucionalidade em face da ordem posta, tomando-se como orientação os princípios da tipicidade cerrada, capacidade contributiva, proibição de tributo com efeito de confisco, entre tantos outros que regulam a atividade fiscal da Administração Pública. A regra presuntiva é norma de exceção, e, para se valer na forma do sistema, segundo os ditames dos princípios acima relacionados, não pode vigorar, principalmente em âmbito tributário, caso não se dê esse fechamento semântico entre fato jurídico em sentido estrito e fatos presuntivos.

3.6. Presunção de fatos ilícitos

Por fim, quanto à juridicidade ser positiva ou negativa nos enunciados presuntivos, cumpre mencionar, na linha do que foi dito no item *presunção como norma sancionatória*, algumas palavras sobre a constitutividade de fatos ilícitos, por meio de técnicas presuntivas.

As presunções no campo da ilicitude conformam um de seus temas mais delicados. É bem verdade que a matéria proporciona dificuldades em planos teóricos, pois tem se mostrado demasiadamente casuística. Não há como desde já estabelecer uma teoria sobre as presunções no campo dos fatos ilícitos com pretensões universais ou absolutas, até porque o assunto pede seja observada uma série de condições do próprio contexto em que é produzida a infração. É fundamental que sejam levadas em conta as imposições da situação concreta, da forma como se apresentam e são postas em linguagem das provas nos autos. Deve-se verificar como se deu a efetiva realização dos atos, suas causas e suas motivações.

Entretanto, o desafio em torná-la teorizada, ainda que em planos rasos, é uma urgência, pois é preciso reduzir os níveis de subjetividade que certos temas envoltos nesse cenário têm demonstrado. Nos três próximos tópicos, buscando identificar critérios precisos, tentaremos diminuir o grau de discricionariedade nas decisões do Poder Executivo para fins de enfrentar a presunção no campo da ilicitude de modo objetivo, em benefício da segurança jurídica tão reclamada no Texto Maior. Ao contrário de muitas opiniões, esta empresa não "engessa" o direito na dinâmica do social, das práticas elisivas ou evasivas; não deixa de canto as particularidades do caso em concreto; mas sim, por outro lado, define uma qualificação dos fatos ilícitos por lei, ainda que em termos presuntivos, configurando um *apriori*, que entrega à matéria a racionalização jurídica que lhe faltava.

É difícil conceber um sistema jurídico que expressamente autoriza o uso de técnicas presuntivas para fins de caracterizar o ato ilícito, e o brasileiro não foge à regra. Mas a verdade é que as presunções estão em todas as partes, no domínio das ilicitudes, inclusive. Eis o motivo pelo qual o tema enseja polêmica e deve ser enfrentado.

De início, pensemos em infração tributária "como toda ação ou omissão que, direta ou indiretamente, represente o descumprimento dos deveres jurídicos estatuídos em leis fiscais".[11] Apresentada definição preliminar, para fins de melhor entendimento da matéria, é imprescindível tomar consciência de que as infrações podem ser subdivididas segundo dois campos: (i) objetivo e (ii) subjetivo. O critério classificatório é a referência legal à participação subjetiva do agente na descrição hipotética do fato antecedente da norma penal tributária.

No primeiro, o legislador prescreve a conduta infratora que dá ensejo à responsabilização do agente com independência de sua intenção no ato, bastando que ocorra, e se prove, o resultado descrito no enunciado normativo. No âmbito probatório, não é preciso apurar a vontade do infrator, mas tão somente a ocorrência do fato resultante da conduta descrito hipoteticamente pela norma, qualquer que seja sua intenção. É objeto de prova aqui tão só o resultado da conduta, e não a

---

11. CARVALHO, Paulo de Barros. *Curso de direito tributário*. 22. ed. São Paulo: Saraiva, 2010. p. 585.

vontade do sujeito. Já no segundo caso, o das infrações subjetivas, os elementos dolo ou culpa, em quaisquer de suas modalidades (negligência, imprudência ou imperícia), são imprescindíveis na compostura típica da norma sancionatória. Para fins de caracterização do ilícito, é relevante que fique comprovado o ânimo do devedor em desvirtuar a lei, elemento indispensável para a constituição do ilícito.

No domínio das violações de direito no campo tributário, a regra geral é da responsabilidade objetiva. E não poderia ser diferente, visto que por ela a produção probatória se acha muito mais fácil. Contudo, a prevalência do caráter objetivo das ilicitudes em âmbito dos tributos não quer significar inexistência ou mesmo impossibilidade de cominar infrações de ordem subjetiva no âmbito dos tributos, como o faz a legislação do IPI nas figuras da sonegação, fraude e conluio. Ainda que não recomendáveis, fato é que elas existem no campo dos tributos, motivo pelo qual empreenderemos exame pormenorizado desses acontecimentos jurídicos. E a existência dessas duas figuras distintas no universo das ilicitudes fiscais nos obriga a proceder à análise em apartado de todas delas, reforçando nosso pensamento na segunda, a qual vem gerando maiores controvérsias.

3.6.1. Presunção e infrações objetivas

As infrações objetivas, como vimos, são aquelas que caracterizam em seu antecedente enunciado hipotético de fato que, entre seus critérios, não se inclui dolo ou culpa. Logo, a hipótese *infração objetiva* delimita o resultado de conduta infratora, qualquer que seja a intenção do agente. A subtração dos elementos *dolo* e *culpa* é justamente aquilo que atribui a qualidade objetiva a esse ilícito, obtendo como efeito prático imediato facilidades no campo das provas na identificação do fato. É o caso do não pagamento de tributo. Não se sabe o que levou o sujeito passivo a não pagar a exação, e para o direito isso não interessa. Contudo, ocorrido o resultado *não pagamento*, deve ser a penalidade ou sanção. Basta a comprovação do fato negativo para se dar por satisfeito o antecedente da norma sancionatória e, por decorrência implicacional, da relação jurídica sancionatória. A caracterização e prova do fato nesse domínio sucedem tal qual aqueloutra da hipótese tributária. Não há segredos. Ocorrido o evento, apresentadas as provas dos elementos escolhidos pela hipótese para fins de constituir o fato, produzidos o perfeito enquadramento e subsunção do fato à norma, pronto, assim se faz o fato e se dá a incidência da proposição normativa. A partir de tais pensamentos, no campo das presunções, veremos que tudo o que se aplica à hipótese tributária é também aplicável às infrações objetivas.

No âmbito da presunção hipotética de ilicitude, introduzida pelo legislador, a legalidade da matéria ganha reforço segundo exegese do enunciado do inciso XXXIX do art. 5º da CF/88: "não há crime sem lei anterior que o defina, nem pena sem prévia cominação legal". Assim, não bastassem os preceitos 5º, II, e 150, I, também da CF/88, sendo fato ilícito, compondo a norma (penal) tributária, o inciso XXXIX do art. 5º reivindica importância à matéria, garantindo o procedimento de lei na introdução desses enunciados jurídicos e sua necessária previsão na forma de tipo. Somente ao texto legal cabe instituir infrações. Logo, as presunções podem dispor sobre o fato jurídico da infração objetiva, como um todo, ou qualquer um de seus elementos, de forma específica, mas em um ou outro caso há de vir necessariamente prevista hipoteticamente em lei.

Mas, ainda que o legislador seja o *poeta do direito*, por imposição sistêmica, essa introdução de enunciados jurídicos não pode se dar de qualquer jeito. Na construção do tipo penal tributário, é imprescindível ao legislador sejam observados, mais ainda, os limites de sua atividade criativa, de modo que mantenha vivo o vínculo essencial entre fatos presuntivos e fato jurídico da infração objetiva e a *ratio legis* comum aos fatos. Ademais, preservem-se os conceitos de direito privado (art. 110 do CTN) e, quando for o caso, a tecnia de certas matérias, por exemplo, nas situações que envolvem computação ou tecnologia de modo geral. Por fim, no âmbito de tais limitações, as hipóteses presuntivas podem prescrever multas pelo descumprimento de deveres, porém, em face da orientação do princípio do não confisco, tais sanções pecuniárias "não podem, como tal, ultrapassar o valor do principal".[12]

No âmbito da presunção de fato, postas pelo aplicador, mesmo no campo das infrações objetivas, é inadmissível presumir ilicitude de fatos sem lei que a fundamente. Tal assertiva toma por base a exegese do inciso XXXIX do art. 5º da CF/88, acima apresentado, o qual confere à disciplina regime jurídico diferenciado aos do fato jurídico tributário em sentido estrito. A juridicidade positiva ou negativa nos enunciados presuntivos modifica o regime jurídico admitido em cada um. Segundo este critério, no primeiro, o direito autoriza o uso de presunções pelo aplicador e, no segundo, o veda.

É inconstitucional toda forma presuntiva produzida pelo aplicador do direito com o intuito de constituir ilicitude. É por esta razão que presunções do tipo *hominis* ou factuais, como preferimos chamá-las neste trabalho, são vedadas no campo das ilicitudes tributárias. Ademais, também como decorrência do inciso supracitado, cumpre dizer, no mesmo sentido, que é proibido ao aplicador interpretar analógica ou extensivamente o fato ilícito alegado para fins de imposição de multas e outras penalidades tributárias. Os conceitos postos na lei que caracterizam os ilícitos devem ser interpretados de forma restritiva, além do que o Fisco deve seguir sempre exegese mais benéfica ao contribuinte. Esta é uma consequência direta do postulado *in dubio pro reu*, também caracterizado pelo texto do inciso XL do art. 5º da CF/88.[13]

---

12. STF, Tribunal Pleno, ADI 551/RJ, Rel. Min. Ilmar Galvão, j. 24.10.2002, voto do Min. Marco Aurélio, p. 47.

13. "Art. 5º da CF/88.
[...]
XL – a lei penal não retroagirá, salvo para beneficiar o réu."

3.6.2. Presunção e infrações subjetivas

Agora, no domínio das infrações subjetivas, a introdução dos elementos dolo ou culpa trazem um tom mais grave ao estudo e uma complexidade que se vê às nossas voltas no dia a dia. São consideradas subjetivas todas aquelas condutas negativas que, para serem constituídas juridicamente, prescindem da prova do elemento dolo ou culpa. São estes dois últimos que preenchem tais infrações de seu caráter subjetivo. É preciso conjecturar sobre as intenções do agente, sobre as motivações que o levaram a produzir determinado ato ou conduta. E é nessa incursão ao pensamento do sujeito producente da conduta que se encontra toda a dificuldade do tema. Como caracterizar algo essencialmente intrassubjetivo no direito, da ordem dos sentimentos e das percepções ideológicas das coisas do mundo por um indivíduo? Essa tarefa do exegeta é o grande desafio do direito: como sistematizar na forma de norma – que ocorre sempre de modo intersubjetivo – algo que, sendo pensamento ou volição, pode ou não se exteriorizar em atos comunicacionais? E, mesmo quando externada, pode se apresentar nas mais variadas formas? Desde já, e sem nem mesmo tocar sobre o tópico das presunções, o problema já é instaurado. Vejamos, pois, como pensar o tema.

No âmbito da legislação tributária, a infração subjetiva comparece disciplinada pela Lei 4.502/64, sendo caracterizada por três modos segundo o número de agentes envolvidos na ação e o objetivo pretendido com ela: (i) se apenas um sujeito age ou omite dolosamente, para fins de impedir ou retardar o conhecimento por parte da autoridade fazendária dos fatores compositivos do tributo, estamos diante de hipótese de *sonegação*, tal como determina o art. 71 da aludida Lei;[14] (ii) se somente um

---

14. "Art. 71. Sonegação é tôda ação ou omissão dolosa tendente a impedir ou retardar, total ou parcialmente, o conhecimento por parte da autoridade fazendária:
I – da ocorrência do fato gerador da obrigação tributária principal, sua natureza ou circunstâncias materiais;
II – das condições pessoais de contribuinte, suscetíveis de afetar a obrigação tributária principal ou o crédito tributário correspondente."

agente age ou omite dolosamente com o intuito de impedir ou retardar, total ou parcialmente, a ocorrência do fato gerador da obrigação tributária principal, ou a excluir ou modificar as suas características essenciais de modo a reduzir o montante do imposto devido a evitar ou diferir seu pagamento, dá-se hipótese de *fraude*, tal como determina o art. 72 da referida Lei;[15] (iii) se mais de um sujeito age ou omite dolosamente para fins de impedir ou retardar o conhecimento por parte da autoridade fazendária dos fatores compositivos do tributo ou impedir ou retardar, total ou parcialmente, a ocorrência do fato gerador da obrigação tributária principal, sucede o *conluio*, como disciplina o preceito do art. 73 da Lei.[16] Portanto, o dolo é elemento compositivo da sonegação, da fraude e do conluio, as três infrações subjetivas de direito tributário. Para caracterizar tais ilicitudes é cogente que fique comprovada a existência do fato doloso. É justamente no confronto entre a exigência de prova desse elemento subjetivo e a técnica das presunções que se dá o embate entre esses institutos e se apresenta a seguinte indagação: é possível presumir fato doloso? É o que elucidaremos adiante.

No campo da ilicitude, já asseveramos, não há como iniciar qualquer ponderação sem citar a máxima maior que se encontra disciplinada no inciso XXXIX do art. 5º da CF/88. O legislador é, pois, quem cria o direito, introduzindo, na forma de proposições gerais e abstratas, novos tipos infracionais. E os introduz mediante veículo introdutor habilitado pelo ordenamento para isso: o texto legal. Nessa linha, é perfeitamente possível à lei cominar ilegalidades tributárias subjetivas de forma presuntiva, desde que não o faça nos elementos dolo e

---

15. "Art. 72. Fraude é tôda ação ou omissão dolosa tendente a impedir ou retardar, total ou parcialmente, a ocorrência do fato gerador da obrigação tributária principal, ou a excluir ou modificar as suas características essenciais, de modo a reduzir o montante do impôsto devido a evitar ou diferir o seu pagamento."

16. "Art. 73. Conluio é o ajuste doloso entre duas ou mais pessoas naturais ou jurídicas, visando qualquer dos efeitos referidos nos arts. 71 e 72."

culpa que compõem a infração. Dessa maneira, nem mesmo o legislador, no domínio das infrações subjetivas, poderá presumir o fato integralmente, limitando-se, por imposição do próprio sistema, àqueles critérios que conformam o antecedente da norma, mas que não tocam justamente naquilo que confere subjetividade à infração. Daí a razão de Paulo de Barros Carvalho asseverar: "O dolo e a culpa não se presumem, provam-se".[17]

Para alcançar tal conclusão o autor supracitado sustenta que as presunções não devem ter admissibilidade no que tange às infrações subjetivas. Não entendemos assim. Cremos oportuno asseverar que elas têm admissibilidade sim, mas de forma restritiva, segundo os cânones dos arts. 5º, II, XXXIX e XL, e 150, I, da CF/88. Elucidemos que, assim como todo tributo tem sua regra-matriz, toda forma dolosa de ação do sujeito que gere efeitos fiscais deve ter igualmente sua regra-matriz, identificando a materialidade da conduta – verbo, complemento e subjetividade –, seu tempo e seu espaço, no antecedente, e relação jurídica sancionatória em seu consequente.[18] A condição subjetiva do antecedente da norma é o lugar por excelência do dolo, o ponto que qualifica a infração como subjetiva, atributo que oferece à matéria regime jurídico penal-tributário próprio.

Contudo, não é qualquer dolo que deve dar ensejo à infração e consequente penalidade. É um dolo específico, particular pelo simples fato de que a vontade em enfoque deve pressupor a consciência do agente de que a conduta produzida é ilícita, contra o sistema, e mesmo assim prossegue na produção de seus atos.

E, na conformação do tipo, o dolo deve estar determinado por critérios precisos, porém o legislador não o pode fazer de

---

17. CARVALHO, Paulo de Barros. *Curso de direito tributário.* 22. ed. São Paulo: Saraiva, 2010. p. 590.

18. Sobre a caracterização da regra-matriz de incidência da norma penal tributária veja estudo de CARVALHO, Aurora Tomazini de. *Direito penal tributário* (uma análise lógica, semântica e jurisprudencial). São Paulo: Quartier Latin, 2009.

maneira presumida. É preciso que o elemento intersubjetivo escolhido pelo legislador para caracterizar a vontade dolosa, essencialmente intrassubjetiva, esteja no núcleo do âmbito conceitual da conduta infracional, de modo que não existam dúvidas quanto às motivações ilícitas do ato. Eis o motivo pelo qual o direito deve exigir do legislador – como imposição que dá ensejo a inconstitucionalidade uma vez inobservada – tipificação precisa, o que inclui o uso do bom português, de palavras técnicas quando a matéria assim o determinar, observância das imposições práticas do fato, entre outros. Ademais, o contraditório e a ampla defesa no âmbito das infrações subjetivas devem estar largamente garantidos, de modo que sejam dados os meios e as oportunidades a todos de demonstrar suas razões e suas motivações. Relembremos a advertência presente no início deste item quanto à qualidade casuística que a disciplina reclama, o que deve se entender não somente como uma característica desse tipo infracional, mas como um alerta quanto à necessidade de garantir ainda mais o devido processo legal em sua mais ampla acepção.

Tipificando o fato em lei, ainda que presumidamente alguns itens, salvo dolo e culpa, cumpre-se com a exigência inciso XXXIX do art. 5º da CF/88, ao mesmo tempo em que se garantem limites à discricionariedade dos atos da administração tributária, na exegese do art. 142 do CTN. A presunção hipoteticamente estabelecida em lei é passível de ser aceita como modo de constitutividade de fatos ilícitos subjetivos desde que traga, em seu bojo, descrição pormenorizada dos critérios determinantes do fato presumido e sua relação com o fato jurídico ilícito em sentido estrito e não disponha sobre os elementos *dolo* e *culpa*. Ilicitude pede tipificação do fato, em qualquer domínio do direito; sendo assim, as presunções admitidas na forma da lei no âmbito das infrações tributárias subjetivas não podem refugir a esta regra fundamental. Somente quando assim o prescrever, as garantias constitucionais de nosso sistema jurídico se fazem observar e a presunção da ilicitude se admite no ordenamento jurídico.

Entretanto, pelas discussões que se acompanham atualmente no CARF não basta a tipificação. É preciso existir a *boa tipificação*, o que implica conceitos precisos e delimitativos do fato. Não traz nenhum proveito prescrever genericamente[19] a hipótese, como se vê no texto dos arts. 71 a 73 da Lei 4.502/64 ou mesmo nos arts. 166, VI, e 187 do CC/02. É fundamental que no bojo dos enunciados que busquem determinar a ilicitude existam critérios aptos a identificar a conduta ilícita ou o fato típico da ilicitude,[20] capazes de orientar as condutas dos usuários do direito, sejam eles os intérpretes autênticos, que irão formalizar a conduta típica em linguagem das provas, sejam eles também os agentes producentes de tais condutas, que passarão a ter consciência segura de que aquela atitude é lícita ou ilícita. A não observância desse ditame resulta na insegurança jurídica que vemos hoje na matéria e prejudica a boa

---

19. O que não significa de modo abstrato, dado que toda hipótese é abstrata pela sua própria natureza conceitual. Da mesma forma, lembremos também que o sentido de genérico dissocia-se do significado da palavra "geral". E não poderia deixar de ser assim, pois toda lei introduz hipótese de fato geral.

20. Isso foi o que reclamou o redator designado nos autos do processo 18471.000214/2005-18, Gustavo Liam Haddad, ao Conselho de Contribuintes quando proferiu a seguinte opinião: "Muitas vezes a partir das mesmas premissas teóricas e de circunstâncias fáticas muito assemelhadas tem-se alcançado resultados completamente díspares – ou se considera legítima a atuação do contribuinte por caracterizar elisão fiscal, mantendo-se o tratamento fiscal menos oneroso, ou se considera sua conduta como ilícita, desconsiderando-se seus efeitos e lançando-se a diferença de imposto com a multa qualificada por evidente intuito de fraude, para alguns de inexorável aplicação sempre que caracterizada a simulação, gerando insegurança na atuação dos contribuintes e da administração fiscal.

[...] é mister que este Conselho, como órgão de julgamento dotado de quadros técnicos e de alguma forma orientador da conduta da administração e dos contribuintes, se esforce no sentido de procurar estabelecer parâmetros ou *standards* para a apreciação das questões relativas à elisão fiscal de modo a reduzir a níveis toleráveis o grau de subjetivismo que por certo sempre existirá no enfrentamento do tema" (Ministério da Fazenda, Conselho Administrativo de Recursos Fiscais, 4ª Câmara, Processo 18471.000214/2005-18, Acórdão 104-21729, Rel. Rycardo Henrique Magalhães de Oliveira, Sessão 26.07.2006, voto Conselheiro Gustavo Liam Haddad, p. 40).

aplicação do direito, como, ademais, a garantia dos direitos fundamentais dos contribuintes.

Sem previsão precisa, cada intérprete vê ao seu jeito a conduta dolosa, aplicando o direito de modo discricionário e desigualitário, ainda que com fundamento em lei, porém texto legal insuficiente para dar substrato preciso que a matéria reivindica. A previsão genérica do tipo equivale à ausência de previsão, habilitando o Fisco a prescrever normas individuais e concretas de forma presumida. Sem tal conformação tipológica, as infrações subjetivas se tornam mais susceptíveis à casuística que aqueloutras objetivas, desfigurando a própria tonicidade grave dada pelo direito à temática, deformando a sua sistematização jurídica e dando aos intérpretes autênticos poderes demasiadamente amplos que vão de encontro com o mandamento constitucional. Nega-se com isso a máxima de direito penal tributário que se está contida no inciso **XXXIX** do art. 5º da CF/88, voltando à estaca zero no plano da positivação do direito. Que benefício traz vedar ao aplicador a presunção no caso em concreto para, em seguida, receber em troca previsão hipotética em lei insuficiente para dar disciplina eficaz à matéria, retornando ao mesmo ponto de partida? A determinação hipotética genérica equivale à ausência de norma. E essa circularidade entre necessidade de norma e insuficiência da norma é o que confere ao tema as dificuldades práticas que vemos hoje nesse domínio.

Na positivação do direito tributário, conforme se depreende da exegese do aludido art. 142 do CTN, compete privativamente à autoridade administrativa constituir o crédito tributário pelo lançamento. Este é assumido pelo direito como o procedimento administrativo tendente a *verificar a ocorrência do fato gerador da obrigação correspondente*, determinar a matéria tributável, calcular o montante do tributo devido, identificar o sujeito passivo e, *sendo o caso, propor a aplicação da penalidade cabível*, aplicando-se-lhe juros de mora ou *arbitrando-se a dívida quando o montante do tributo dependa de apuração*. Em face do preceito supramencionado, não somente cabe ao Fisco o ônus da prova do fato tributário, como também, sendo o caso, da conduta ilícita. E não poderia ser diferente, pois quem alega algo deve provar o fato alegado, ainda mais quando este se encontre no campo da ilicitude.

O direito tributário penal pede que o fato seja inequívoco para fins de aplicar as penas cabíveis ao contribuinte, como interpretação decorrente da leitura em conjunto dos incisos II e XXXIX do art. 5º da CF/88. Não basta à Fazenda simplesmente lançar afirmações sobre a condição dolosa do ato do particular sem alicerce em provas. Para descaracterizar o negócio jurídico privado sob a alegação de configurar *sonegação, fraude* ou *conluio* e gerar efeitos fiscais, o ente público deve comprovar a existência de que o ato do sujeito passivo é doloso, conforme se depreende da ementa do Conselho de Contribuintes abaixo:

> *Decadência. Inexistência de dolo, fraude ou simulação. Lançamento por homologação.* Inexistindo dolo, fraude ou simulação, o prazo decadencial, no caso do IRPF, deve ser apurado conforme as regras estabelecidas no artigo 150, parágrafo 4º, do CTN. Somente quando há dolo, fraude ou simulação, a hipótese é a do artigo 173, I, do mesmo diploma legal.
>
> *Descaracterização de transação declarada pelo contribuinte. Necessidade de prova.* **Para que sejam tidas como ilícitas as transações regularmente declaradas pelo Contribuinte, a Fiscalização deve comprovar os fatos que alega como motivo para a respectiva descaracterização**[21] (grifos nossos).

Muito bem. Para poder autuar, o Fisco deve comprovar a ilicitude conforme estabelecido pela lei, na forma tipificada. No campo das infrações subjetivas, o poder público, além do dever da prova da existência das materialidades do fato, tem como objeto primordial para fins de descaracterização do ato

---

21. Ministério da Fazenda, Conselho Administrativo de Recursos Fiscais, 2ª Câmara, Processo 10166.004777/2003-65, Acórdão 102-47521, Rel. Alexandre Andrade Lima da Fonte Filho, Sessão 26.04.2006.

do contribuinte a prova do *elemento subjetivo que integra o fato típico*, tal como o CARF em voto abaixo:

> Entendo que a fiscalização não trouxe para os autos, de maneira inequívoca, o elemento subjetivo que integra o fato típico que autoriza a qualificação da multa. Inexistindo prova inequívoca [...] deve ser a multa reduzida para o percentual normal de lançamento de ofício, afastando-se de pleno a exigência da multa qualificada imposta sob o argumento de fraude à Fazenda Pública.[22]

Como se depreende do texto acima apresentado, por imposição prática é imprescindível hipótese jurídica para fins de orientar a própria positivação da norma penal tributária. Sonegação, fraude e conluio são infrações subjetivas que devem estar tipificadas em lei, podendo a presunção atuar em qualquer elemento do fato, salvo na alteração do *dolo* e da *culpa*. É vedado ao legislador tipificar tais critérios subjetivos presuntivamente. A lei deve cominar preceito que mais detalhadamente descreva o objeto *dolo* ou *culpa*, em uma proximidade conceptual tamanha que se afaste do domínio presuntivo. Por outro lado, uma vez tipificado o fato ilícito em lei, ao aplicador cabe tão só subsumir o fato provado em linguagem competente à norma. Nada mais, nada além disso.

No plano factual, é comum ser a prova do dolo de difícil consecução. E não poderia ser diferente, pois a conduta dolosa quer justamente resguardar a *real* situação, para *fazer parecer* outra e, com isso, gerar efeitos os mais diversos no âmbito jurídico. Logo, a prova torna-se um problema de ordem pragmática, devendo-se desmascarar ou desvendar o *parecer* para revelar o *ser*, tudo isso nas formas admitidas em direito, i. e., vedada a produção de prova ilícita, conforme prescreve o art. 5º, LVI, da CF/88.[23]

---

22. Ministério da Fazenda, Conselho Administrativo de Recursos Fiscais, 2ª Câmara, Processo 10166.004777/2003-65, Acórdão 102-47521, Rel. Alexandre Andrade Lima da Fonte Filho, Sessão 26.04.2006.

23. "São inadmissíveis, no processo, as provas obtidas por meios ilícitos."

No universo tributário, o parágrafo único do art. 116 do CTN pretendeu preceituar uma regra antielisiva, porém o fez genericamente, motivo que causou o alvoroço que se deu quando da edição da LC 104/01. Lembremos que sem tipificação expressa em lei descabe ao Fisco alegar ilicitude, pois, no domínio das infrações, é imprescindível o tipo.

A descaracterização pelo Fisco dos atos dos particulares, em verdade, tem buscado guarida no direito privado, o qual já apresenta uma tradição sobre o assunto, referindo-se a duas velhas conhecidas desse domínio: *fraude à lei*, disposta no art. 166, VI, do CC/02,[24] e *abuso de direito*, em seus arts. 166, VI, e 187, CC/02.[25] Inexistindo prescrição expressa na lei tributária, com base no art. 110 do CTN, têm-se admitido como ponto de partida para a exegese da autoridade coatora tais preceitos de direito privado, na maneira como os artigos supramencionados dispõem a matéria. Na sede de ter um fundamento legal, cumprindo os ditames dos incisos II e XXXIX do art. 5º da CF/88, admitem-se os enunciados dos arts. 166, VI, e 187 CC/02.

Temos por certo que a legislação civil é demasiadamente genérica, abrindo campo muito extenso à discricionariedade do Fisco. Não há segurança jurídica inexistindo tipificação legal, e precisa, dos ilícitos. É vedado à Fazenda autuar o contribuinte sem respaldo na lei. A legalidade reclamada pelo direito penal tributário pede sejam positivados, critério a critério, pelo Poder Legislativo os elementos compositivos do fato.

---

24. "Art. 167. É nulo o negócio jurídico simulado, mas subsistirá o que se dissimulou, se válido for na substância e na forma.
§ 1º Haverá simulação nos negócios jurídicos quando:
I – aparentarem conferir ou transmitir direitos a pessoas diversas daquelas às quais realmente se conferem, ou transmitem;
II – contiverem declaração, confissão, condição ou cláusula não verdadeira;
III – os instrumentos particulares forem antedatados, ou pós-datados."
25. "Art. 187. Também comete ato ilícito o titular de um direito que, ao exercê-lo, excede manifestamente os limites impostos pelo seu fim econômico ou social, pela boa-fé ou pelos bons costumes."

Somente por meio da tipificação é que se torna possível a exigência de fundamental comprovação pelo Poder Executivo da inadequação jurídica dos atos do sujeito passivo. Nessa toada, o tipo é o pressuposto necessário no campo da aplicabilidade prática das ilicitudes.

3.6.2.1. Presunção e prova do fato doloso

Nesse tocante, há quem entenda pela possibilidade de comprovação típica das hipóteses genericamente trazidas pelos enunciados dos arts. 166, VI, e 187 do CC/02, tal como o faz o Conselheiro Gustavo Lian Haddad para o caso de *abuso de direito*:

> Exemplificando, a figura do abuso de direito pode restar caracterizada quando a fiscalização demonstra que o contribuinte se utiliza de determinado instituto de direito privado de maneira que, no âmbito do próprio direito privado, seja desproporcional, excessiva em relação às características daquele instituto.[26]

Pondere-se que as condições de desproporcionalidade e excessividade citadas no acórdão acima são demasiadamente subjetivas para se dar por satisfeito o tipo e se fazer incidir norma sancionatória, o que resulta em não saber ao certo o que e como se deve provar. Desse modo, a rigor, cremos atualmente não ser seguro tomar tais institutos de direito civil como aptos a, sozinhos, performar conduta ilícita e fazer constituir a infração. Ou se tem tipo ilícito preceituado em lei e se faz subsunção do fato à norma, ou se não o tem e inexiste infração ou tampouco penalidades.

Agora, tal exegese não é a que tem sido consolidada nas recentes decisões do CARF. Ainda que se entenda insuficientes

---

26. Ministério da Fazenda, Conselho Administrativo de Recursos Fiscais, 4ª Câmara, Processo 18471.000214/2005-18, Acórdão 104-21729, Rel. Rycardo Henrique Magalhães de Oliveira, Sessão 26.07.2006, voto vencedor Conselheiro Gustavo Lian Haddad, p. 42.

os preceitos dos arts. 166, VI, e 187 do CC/02, é imprescindível enunciar nesse tópico o que vem sendo admitido como prova do dolo, ainda que tais enunciados nada mais sejam do que presunções. A ausência do tipo é o que dá essa condição presuntiva a estes enunciados, trazendo à tona a ideia de que inexiste o perfeito enquadramento do fato à norma tanto reclamado pelo Texto Supremo.

Observando-se como tem sido admitida a disciplina, é oportuno firmar que vários são os elementos intersubjetivos autorizados como passíveis de caracterizar, juridicamente, o fator volitivo que identifica a conduta dolosa e, logo, aptos a performarem a subsunção necessária do fato ilícito na forma de tipo. Citemos alguns exemplos:

(i) quando ficarem comprovados que os atos praticados tinham objetivos diversos daqueles que lhes são próprios, ideia também conhecida como *atos sem motivação negocial*;

(ii) falta de escrituração contábil hábil para comprovar origem e saídas de recursos, na forma da lei, observando-se que para alcançar tal conclusão é imprescindível sejam garantidos o direito ao devido processo e, logo, oportunidade para a apresentação de contraprova;

(iii) quando fica comprovado que a declaração de transferência de direitos a uma dada pessoa é falsa ou tinha aparência de conferir ou transmitir direitos a pessoas diversas daquelas às quais realmente se conferem, ou transmitem;

(iv) quando fica comprovado que os atos contêm declaração, confissão, condição ou cláusula falsa por meio de apresentação de todos os meios de provas que demonstrem o contrário;[27]

---

27. Exemplificando: "A fiscalização e a decisão de primeira instância entenderam que o conjunto de operações relatado acima releva uma sequência de falsas declarações de vontade, com o propósito de dissimular a ocorrência de

(v) quando fica comprovado que o lugar declarado para a prática dos atos mencionados não é real, identificando-se o verdadeiro local da realização do negócio jurídico ou de produção dos efeitos do ato;

(vi) quando o procedimento produzido não encontrar amparo na legislação vigente;[28]

(vii) desnexo de causalidade entre o intuito do ato negocial e a subtração de imposto dele decorrente.[29]

Outros ainda podem caracterizar a existência da ilicitude, mas, por si sós, são tomados por incapazes de provar a ilicitude

---

fato gerador consistente da distribuição de dividendos por SIL ao Recorrente, no montante total de USD 4,600,000" (Ministério da Fazenda, Conselho Administrativo de Recursos Fiscais, 4ª Câmara, Processo 18471.000214/2005-18, Acórdão 104-21729, Rel. Rycardo Henrique Magalhães de Oliveira, Sessão 26.07.2006, voto vencedor Conselheiro Gustavo Lian Haddad, p. 46).

28. Ainda segundo a Relatora Adriana Gomes Rêgo Galvão, em seu brilhante voto proferido nos autos do processo 16327.003259/2002-30: "E não se diga que se trata de negócio jurídico lícito sob o ponto de vista da regulamentação do Banco Central do Brasil, pois, como já dito anteriormente, o procedimento adotado pelo recorrente, ao contrário do que entendeu a decisão recorrida, não encontra amparo, sequer na Circular Bacen n. 2.535/95" (Ministério da Fazenda, Conselho Administrativo de Recursos Fiscais, 1ª Câmara, Processo 16327.003259/2002-30, Acórdão 201-77788, Rel. Adriana Gomes Rêgo Galvão, Sessão 11.08.2004).

29. Vide ementa do Conselho de Contribuintes:

"[...] *Simulação. Substância dos atos*. Não se verifica a simulação quando os atos praticados são lícitos e sua exteriorização revela coerência com os institutos de direito privado adotados, assumindo o contribuinte as consequências e ônus das formas jurídicas por ele escolhidas, ainda que motivado pelo objetivo de economia de imposto.

Simulação. Nexo de causalidade. A caracterização da simulação demanda demonstração de nexo de causalidade entre o intuito simulatório e a subtração de imposto dele decorrente.

Simulação. Efeitos da desconsideração. O lançamento, na hipótese de simulação relativa, deve considerar a realidade subjacente em todos os seus aspectos, com adequada consideração do sujeito passivo que praticou os atos que a conformam" (Ministério da Fazenda, 1º Conselho de Contribuintes, 4ª Câmara, Processo 18471.000214/2005-18, Acórdão 104-21729, Rel. Pedro Paulo Barbosa Pereira, Sessão 26.07.2006).

do fato. São mais afastados semanticamente do núcleo significativo *simulação, fraude* ou *conluio*, o que é sentido em planos de tipificação ou probatórios como critérios mais fracos na construção do enunciado factual. Por isso mesmo, é imperativo que compareçam em conjunto com outros elementos para ganhar força constitutiva jurídica de hipótese ou fatos ilícitos. Citemos alguns deles:

(a) vínculo de dependência entre as partes envolvidas na operação;

(b) existência de agentes outros na consecução da operação, além daqueles contratualmente estabelecidos;[30]

(c) produção de atos jurídicos num intervalo de tempo inequivocadamente fora do padrão normal, ainda que variável, daquele tipo de negócio;

(d) incoerência entre os propósitos negociais produzidos e o objeto social da empresa (descrito em seu contrato social).[31]

---

30. Sobre o assunto, vide julgado do Acórdão 106-14.720 do Conselho de Contribuintes: "Porém, entendo que no caso em exame, a verificação fiscal foi bastante consistente e logrou demonstrar que, de fato, o contrato firmado entre a Rádio e Televisão Taroba Ltda. e a empresa Paulo Danilo Baptista Martins e Cia. Ltda. (da qual o Recorrente é titular) é um contrato firmado entre esta rede de televisão e o Recorrente – pessoa física" (Ministério da Fazenda, Conselho Administrativo de Recursos Fiscais, 6ª Câmara, Processo 10935.002991/2003-29, Acórdão 106-14.720, Rel. Maria Helena Cotta Cardozo, Sessão 16.06.2005).

31. Conforme Relatora Adriana Gomes Rêgo Galvão do Conselho de Contribuintes: "o Banco e [nome da empresa] agiram dolosamente, de forma que o primeiro fosse beneficiado pelo recebimento de tarifas e o segundo deixasse de suportar o ônus da CPMF e para isso agiram de modo a obter o amparo de um negócio jurídico indireto, permutando cheques dos clientes da [nome da empresa] por títulos de créditos (cheques administrativos e ordem de pagamento) e de modo algum poder-se-ia aceitar a utilização de formas jurídicas anormais, que não constituem um objetivo negocial em si mesmas, que ofendem aos princípios da isonomia e da capacidade contributiva" (Ministério da Fazenda, Conselho Administrativo de Recursos Fiscais, 1ª Câmara, Processo 16327.003259/2002-30, Acórdão 201-77788, Rel. Adriana Gomes Rêgo Galvão, Sessão 11.08.2004).

E poderíamos apontar ainda tantas outras hipóteses que ora exteriorizam mais, ora menos, a presença do dolo na produção dos atos. É preciso entender que as ações humanas são motivadas pela construção ideológica do indivíduo que, uma vez tomada a decisão pelo agente no caso em concreto, a exterioriza por meio de produção de atos. É interagindo com outros sujeitos, mediante linguagem, que o ser humano demonstra sua intencionalidade, caracterizando-a em termos intersubjetivos. Por isso mesmo que, para fins de assinalar a conduta dolosa, é preciso olhar justamente para esses atos e fatos e deles perceber e convencer-se da preexistência do dolo. Estes atos acima enumerados são tomados atualmente como critérios aptos a por si sós comprovar a existência do dolo. Para lançar, o Fisco toma uma ou mais dessas hipóteses e constitui no Auto de Infração e Imposição de Multas – AIIM (i) o fato tributário e (ii) o fato ilícito. Para tanto, prova a existência de uma ou mais dessas situações que se nos apresentam como fatos presuntivos e vincula-os ao fato jurídico da ilicitude em sentido estrito, fazendo presumir a infração a partir dessas condutas. Nesses termos, "provado o dolo" pela Administração Pública, mediante a comprovação desses atos contrários aos padrões de direito privado, tem-se entendido que a infração se dá perfeitamente aplicada, como se observa do Acórdão 201-77788 abaixo colacionado:

> [...] *CPMF. Hipótese de incidência.*
>
> A utilização de conta de depósitos vinculados de titularidade da instituição financeira, para crédito de valores dos clientes desta e o posterior pagamento de obrigações destes, por sua conta e ordem, com os recursos nela depositados, caracteriza hipótese de incidência da CPMF, nos termos do inciso III do art. 2º da Lei n. 9.311/96.
>
> Multa qualificada.
>
> Havendo a instituição financeira e sua cliente agido em conluio para evitar o conhecimento da autoridade fazendária da ocorrência do fato gerador, excluindo e modificando-lhe, ainda, suas características essenciais, de modo a evitar o pagamento do tributo, utilizando-se, para tanto, de um sistema de conta corrente paralela que embutia o nome da

cliente nas operações, evidencia-se o intuito doloso de fraude, condição necessária à exasperação da penalidade.
Recurso negado.[32]

Na ausência de tipificação legal de determinadas infrações ou tipo genericamente estabelecido em lei, algumas das hipóteses acima elucidadas são admitidas como passíveis de ser tomadas como elemento de prova do dolo, e não mais como presunção, ainda que se reconheça haver sempre um *quantum* de presumido em qualquer um desses casos. Logo, nos itens (i) a (vii), tem-se autorizado que tais situações provem, e não presumem, a existência do dolo. O exemplo típico é a falta de escrituração contábil hábil que, por si só, já é um ilícito. Tal infração, por deixar ausente contraprova ao fato alegado pelo Fisco, enseja, por sua vez, a constituição de outro fato ilícito, qual seja *fraude* ou *simulação*, daí por que se diz comprovado o enunciado factual dessas ilicitudes. A condição retórica do procedimento ou processo jurídico, nesse sentido, elucida: a quem alega cabe a prova. Inexistente contraprova produzida pelo contribuinte que rebata o enunciado probatório constituído pelo Fisco, vence este que é fato provado. Estamos plenamente no campo da retórica em que vence aquele que convence, ou, ainda, constitui o seu fato aquele que persuadir o intérprete autêntico de sua existência.

De notar que, por mais que reclamemos tipificação por lei de todas as hipóteses de infrações, afastando o uso de presunções no campo das ilicitudes, a complexidade da realidade social, apresentando-se sempre em formas poliédricas, trará inevitavelmente um *algo de presunção* à disciplina. Os limites do tipo e a atuação dos fatores presuntivos no campo das ilicitudes não significam desnecessidade de tipificação ou ausência de prova, mas tão somente a consciência, mais uma vez, de que

---

32. Ministério da Fazenda, Conselho Administrativo de Recursos Fiscais, 1ª Câmara, Processo 16327.003259/2002-30, Acórdão 201-77788, Rel. Adriana Gomes Rêgo Galvão, Sessão 11.08.2004.

as presunções no domínio das ilicitudes são tema controvertido e demasiadamente casuístico. A multiplicidade dos aspectos do universo social apresenta a matéria de forma tópica, porém cumpre a nós, cientistas do direito, em nome da segurança jurídica, tirá-la da sua concretude para transportá-la ao âmbito abstrato da tipificação.

Em face da particularidade do tema, tomemos uma das ocorrências acima citadas – inexistência de motivação do ato negocial – para reiterar mais uma vez nosso entendimento quanto à matéria no âmbito das presunções. Para fins de autuar o contribuinte, o Fisco deve comprovar que o ato negocial não tinha a motivação que lhe é própria, o que, por si só, deturpa o sentido jurídico do ato. É na existência desse *sem-sentido jurídico* com fulcro em garantir, na forma, um *parecer verdadeiro* para atingir, na substância, um objetivo outro, ainda que a forma seja em lei admitida, que se localiza o dolo. Logo, não é qualquer dolo que está em jogo, mas aquele específico em que o sujeito passivo tinha consciência de que estava desvirtuando o sistema jurídico, de que estava desfigurando o negócio jurídico para caracterizá-lo em outro mais benéfico. Não constitui hipótese de dolo a simples vontade de economizar tributo. Isso não é vedado em lei, não vai de encontro com o ordenamento jurídico. Restam ao *dolo específico* tão só aquelas condutas que, ao quererem economizar tributo, desfiguram o negócio jurídico conscientes da ilicitude de seus atos. Os meios utilizados aqui são ilícitos, ainda que os fins, isoladamente considerados, sejam lícitos. Todavia, quando for preciso empregar meios ilícitos para fins de alcançar fins lícitos, tais finalidades, da mesma forma em que são desfigurados os negócios jurídicos, é também descaracterizada a licitude dos fins. Fins que só podem ser alcançados por meios ilícitos, não podem ser lícitos!

Provado o despropósito negocial, ainda sobre fatores que se apresentam com um *quantum* de presuntivos, o fato tributário pode ser determinado por meio de arbitramento, que, reiteramos, não é presunção, nem muito menos sanção; e o outro fato ilícito, e ensejador de multas e juros, é dado por alegado. O procedimento administrativo fiscal garante ao contribuinte o direito de propor ação contra esse ato nos 30 dias seguintes ao ato notificatório, rediscutindo a materialidade do fato ilícito no ambiente do processo. O particular, insurgindo-se e provando a inexistência do fato alegado pelo Fisco, faz dessa ilicitude algo improcedente. Não comprovando em linguagem competente a ausência de dolo e decorrido o prazo de decadência e prescrição, dá-se por definitivamente constituída a ilicitude.

Diante do exposto, firma-se que, na constituição do fato doloso, presunção e prova se aproximam de modo muito tênue, e tudo isso se deve à ausência de tipificação precisa. Com fundamento de validade genérico, o aplicador não sabe ao certo o que se deve provar. Por outro lado, tem consciência de que o que está autorizado a fazer é tão só aquilo que está na lei, conforme disposição dos incisos II e XXXIX do art. 5º da CF/88. Com a diretriz da legalidade forçando-o a estar no plano legal, o exegeta busca tipificação nos enunciados dos arts. 166, VI, e 187 do CC/02 e competência no parágrafo único do art. 116 do CTN. No processo de positivação, produz prova, sob os limites do art. 5º, LVI, da CF/88 e, não havendo critérios seguros para positivar a norma, dá tonicidade maior à presunção do fato, admitindo-a como prova. Eis a proximidade conceitual inerente às duas matérias.

3.6.2.2. Presunção, prova e intenção simulatória

A título de encerramento, cumpre elucidar ainda o liame existente entre presunção, prova e intenção simulatória, buscando conciliar tais conceitos no âmbito do material jurídico que temos positivado hoje.

Simulação é todo ato humano que pretende *parecer-ser* algo que, sabe-se, não o é, mas gera efeitos nos outros *como se o fosse*. Em outras palavras, é a *declaração enganosa*, que quer instaurar o engano justamente para obter as consequências diversas daquilo que o ato é em verdade.

Nunca foi do direito tributário nacional a pretensão em dispor sobre os atos simulatórios. Esta incumbência permanecia disciplinada em âmbito do direito privado, ainda que se as utilizassem no plano das questões de domínio público como o tributário. O Código Civil, já nos idos de 1916, determinava em lei sobre *simulação* em seu art. 102. Com a edição do Novo Código, em 2002, o preceito se encontra assim positivado:

> Art. 167. É nulo o negócio jurídico simulado, mas subsistirá o que se dissimulou, se válido for na substância e na forma.
>
> § 1º Haverá simulação nos negócios jurídicos quando:
>
> I – aparentarem conferir ou transmitir direitos a pessoas diversas daquelas às quais realmente se conferem, ou transmitem;
>
> II – contiverem declaração, confissão, condição ou cláusula não verdadeira;
>
> III – os instrumentos particulares forem antedatados, ou pós-datados.

José Carlos Moreira Alves busca objetivar os requisitos inerentes a todas essas formas simulatórias, propondo uma regra geral dos elementos necessários para se caracterizar uma simulação:

> Três são os requisitos da simulação. Para que haja simulação é preciso, primeiramente, que **exista divergência entre a vontade interna e a vontade manifestada**. [...] Em segundo lugar é preciso que **um acordo simulatório** ocorra entre as partes, havendo, portanto, necessidade de um acordo. Consequentemente, ambas as partes sabem exatamente o que estão fazendo. Finalmente, esse negócio simulado há **de ter por objeto enganar terceiros estranhos a esse ato simulado**[33] (grifos nossos).

---

33. MOREIRA ALVES, José Carlos. As figuras correlatas da elisão fiscal. *Fórum de Direito Tributário*, Belo Horizonte: Ed. Fórum, v. 1, n. 1, jan.-fev. 2003.

No intuito de racionalizar a matéria, também o Conselheiro Gustavo Lian Haddad subdivide o tema em três exames: (i) da substância dos atos; (ii) do nexo de causalidade entre o intuito simulatório e o resultado fiscal; e (iii) os efeitos jurídicos da desconsideração, conforme trecho abaixo:

> Em matéria fiscal parece haver três aspectos envolvidos na adequada caracterização dos atos simulados pela fiscalização e desconstituição de seus efeitos. Utilizarei referidos elementos como baliza para o exame dos atos envolvidos na presente autuação. a) **Substância dos atos**: deve haver demonstração de que os atos praticados sejam substancialmente irreais, não verdadeiros; b) **Nexo de causalidade**: deve haver demonstração do nexo de causalidade entre o intuito simulatório e o resultado fiscal mais vantajoso por ele visado; c) **Efeitos da desconsideração**: como resultado da caracterização da simulação deve-se desconsiderar o efeito tributário da realidade inexistente que ela pretendeu criar (no caso da simulação absoluta) ou deve-se considerar os efeitos tributários dos atos que a simulação pretendeu esconder (no caso da simulação relativa) [...][34] (grifos nossos).

Quanto à substância dos atos praticados, o referido julgador administrativo ressalta o problema da carga de subjetivismo que envolve a matéria, justamente porque é ali que se dá o *intuito simulatório*. Vejamos em suas palavras:

> O aspecto relativo à substância dos atos praticados é o que envolve maior carga de subjetivismo, já que tem relação direta com a aferição da existência de uma declaração não verdadeira ou de uma divergência entre a vontade real e a declarada.
>
> Como não há forma de adentrar à psique de quem praticou os atos para aferir com exatidão a existência de tal divergência,

---

34. Ministério da Fazenda, Conselho Administrativo de Recursos Fiscais, 4ª Câmara, Processo 18471.000214/2005-18, Acórdão 104-21729, Rel. Rycardo Henrique Magalhães de Oliveira, Sessão 26.07.2006, voto vencedor Conselheiro Gustavo Lian Haddad, p. 47-48.

> mister se faz examinar a exteriorização dos atos para verificar se houve coerência entre as formas de direito privado adotadas e aquilo que efetivamente se praticou e se as partes assumiram todas as consequências e ônus, de toda sorte (jurídico, fiscais, operacionais, negociais, etc.) da forma jurídica adotada.
>
> **Não se cuida, com isso, de tributar o ato segundo o resultado econômico por ele perpetrado, nos moldes da teoria da interpretação econômica incompatível com o princípio da legalidade**, eis que o contribuinte tem o direito de, dentre duas ou mais alternativas juridicamente viáveis para atingir determinado objetivo econômico ou de outra natureza, adotar aquela que seja menos onerosa do ponto de vista fiscal.[35]

O alerta do ilustre Conselheiro revela bem a concepção positivista adotada neste trabalho. A simulação não se apresenta juridicamente e se faz ilícita no campo dos tributos porque produz uma economia fiscal. Os efeitos econômicos são de outra ordem, outra língua, outra realidade, não a jurídica, de modo que não se podem adotar tais consequências para fins de regulação de conduta. Nesse sentido é que o exegeta autêntico do direito deve voltar suas atenções aos critérios normativos utilizados pela ordem posta, cumprindo com as premissas axiológicas positivadas nos incisos II e XXXIX do art. 5º da CF/88.

A divergência entre a vontade real e a declarada se acha juridicamente relevante quando infringir a lei, tal como preceitua o art. 166, VI, CC/02, ou quando houver abuso de direito, ao modo do art. 187 CC/02, ou ainda quando violar a função social da empresa, conceito doutrinário. A teoria do propósito negocial quer manter vivos esses postulados, mostrando que a realidade não deve ser *parecida* com aquela em lei admitida; mas deve sê-lo plenamente e na forma do texto legal, diploma

---

[35]. Ministério da Fazenda, Conselho Administrativo de Recursos Fiscais, 4ª Câmara, Processo 18471.000214/2005-18, Acórdão 104-21729, Rel. Rycardo Henrique Magalhães de Oliveira, Sessão 26.07.2006, voto vencedor Conselheiro Gustavo Lian Haddad, p. 48.

este que existe para ser aplicado em sua plenitude.

Nesse passo, importante desmascarar esse parecer e identificar os critérios racionais que possam revelar o *ser* do negócio praticado. Entre os elementos passíveis de caracterizar a simulação, muitos permanecem a traçar fatores que estão submersos ao subjetivismo da matéria, conforme se observa em decisão do Conselho abaixo:

> É esse fato que evidencia a intenção simulatória dos atos praticados. Demonstra-se a simulação a partir de uma análise do caso concreto, pela apreciação crítica dos fatos; pela identificação, a partir da análise dos fatos, da presença dos requisitos acima referidos: o descompasso entre a vontade interna e a vontade manifestada, o intuito de enganar e o conluio, pela demonstração de que há uma desconformidade entre a vontade interna e a vontade manifestada, forjada conscientemente com o propósito específico de produzir o engano.[36]

Falar em *intuito, intenção de enganar, vontade, sentimento*, tudo isso para o direito é irrelevante quando tomados em sua acepção de origem, i. e., como concepção intrassubjetiva. Na intersubjetividade constitutiva do sistema jurídico, esses estados psíquicos deverão estar na forma de atos, exteriorizados por uma ação humana ou um conjunto delas aptas a identificar esse sentimento. Por isso mesmo, não alcançando o psíquico da pessoa humana, ao caracterizarmos uma vontade em direito estaremos sempre presumindo aquilo que provavelmente o agente pensou, sentiu, achou, pela própria probabilidade de o ser em face das recorrências de situações similares.

Tendo isso em vista, retomamos dois critérios que consideramos pertinentes à caracterização do ato simulatório: (i) substância do negócio jurídico e (ii) nexo de causalidade entre

---

36. Ministério da Fazenda, Conselho Administrativo de Recursos Fiscais, 4ª Câmara, Processo 18471.000214/2005-18, Acórdão 104-21729, Rel. Rycardo Henrique Magalhães de Oliveira, Sessão 26.07.2006, voto vencido, p. 31.

o intuito simulatório e seu resultado fiscal. Com tais elementos em mãos, confrontaremo-los com as lições de Arruda Alvim, para quem as presunções para traçar realidade jurídica deveriam ser (i) graves; (ii) precisas e (iii) convergentes.

A gravidade da presunção de ato simulatório se mostra na relação entre a vontade presumidamente real do ato (fato desconhecido) e o negócio produzido (fato conhecido), e é tal que a existência deste estabelece, por indução necessária, a conclusão daqueloutro. O *genus comum* entre tais enunciados factuais é o que traduz em termos racionais essa *indução necessária*. A verossimilhança entre o negócio produzido e o negócio simulado é o que identifica a simulação. E isso se verá revelado pelo nexo de causalidade entre o suposto intuito simulatório e o objetivo de subtração de tributo dele decorrente; pela relação de causa e efeito entre o suposto pacto ou intuito simulatório e a supressão ilegal de imposto, etc.

As induções obtidas a partir do negócio jurídico, tal qual apresentado nos autos (fato conhecido) e resultantes da gravidade das provas admitidas em juízo, tendem a individualizar, direta e particularmente, o fato simulado, ainda desconhecido e contestado. A precisão das provas se obtém mediante a observância de uma série de fatores que levam o intérprete ao convencimento da presunção de ocorrência de ato simulatório, tal qual a prova de duração efêmera do contrato, em face do direito privado e das ocorrências usuais no mercado; incoerência entre as formas de direito privado adotadas e aquilo que efetivamente se praticou e se as partes assumiram todas as consequências; a assunção apenas em parte das consequências que decorrem dos negócios típicos (formalmente) produzidos, etc.

Por fim, a convergência é ocorrente quando todas as provas sejam concordantes para um único sentido interpretativo, denotando uma origem comum ao conjunto dos fatos provados, e desarmonia entre estes e os institutos de direito privado. É quando se revela uma sequência de falsas declarações ou falsidade dos atos produzidos, manifestando incoerência da realidade exteriorizada com os fatos jurídicos.

Por diversos meios de prova em direito admitidas, a gravidade, a precisão e a convergência das provas no processo devem estar presentes para se constituir o ilícito tributário, revelando a inexistência da realidade (simulação absoluta) ou a simulação de que não existe uma realidade efetivamente existente (simulação relativa ou dissimulação).

3.6.3. Presunções no campo da ilicitude

Em resumo, temos por certo que, diferentemente das ficções, as presunções são admissíveis para prescrever ilicitudes no campo dos tributos. Entretanto, cabe somente ao legislador positivar a regra presuntiva mediante determinação do tipo factual na forma hipotética. Fá-lo livremente no campo das infrações objetivas. Nas subjetivas, por sua vez, não pode a lei presumir *dolo* ou *culpa*, mas apenas outros elementos compositivos do fato. E mesmo assim tal preceito só é válido quando for garantido o direito do devido processo legal, ampla defesa e contraditório. Ao aplicador, todavia, não se permite presumir no caso em concreto. Sem lei anterior, identificando os critérios da hipótese presuntiva, inexiste crime por presunção; sem prévia cominação legal de pena, inexiste sanção presuntiva. O aplicador para o ordenamento é inapto em criar novas obrigações ou novos direitos, principalmente quando estiver no domínio das ilicitudes. Logo, presunção factual ou *hominis* é inadmitida no plano dos ilícitos, sejam os objetivos ou subjetivos, e as pertinentes ao domínio dos tributos, inclusive.

Capítulo 4
PROCESSO DE POSITIVAÇÃO DAS PRESUNÇÕES

Na fenomenologia da incidência tributária, a ocorrência do evento por si só é insuficiente para fazer positivar a norma. Eis a falácia da expressão "incidência automática e infalível". Sendo linguagem, o direito põe estruturas enunciativas para conferirem a ela sentido deôntico. Em outras palavras, é necessária a linguagem competente, como vimos afirmando ao longo de todo este trabalho. E é no momento da positivação da norma, seja ela individual e concreta ou geral e abstrata, que o direito se verá realizando-se. O processo de positivação é justamente a análise da atividade de criação do universo jurídico, em que o homem, por meio do enunciado, constrói novas realidades relevantes para a ordem posta. Positivação é a observância do ordenamento em sua dinâmica, examinando-o no decorrer dos tempos ou dos atos que retratam essa sucessividade do positivar das normas.

Sopesadas as presunções em face do sistema, como formulação normativa, e na qualidade de enunciado factual, cabe agora proceder ao exame de tudo o que foi dito anteriormente na dinâmica do direito. Vem a ponto o instante para apresentar o processo de positivação das presunções. Tomando como ponto de partida a classificação segundo o tipo de enunciado presuntivo em seu ingresso no sistema jurídico, é que meditaremos em seguida sobre duas dinâmicas das presunções: (a) a positivação da presunção hipotética ou de enunciado presuntivo abstrato; e (b) a positivação da presunção factual ou de enunciado presuntivo concreto.

4.1. Positivação da presunção hipotética ou do enunciado presuntivo abstrato

No processo enunciativo da presunção que ingressa no direito na forma hipotética, vemos o legislador como sujeito emissor da mensagem jurídica. Este, para fins de positivar a regra da presunção, deve, num primeiro passo, ter competência legislativa para fazer-se autoridade competente e enunciar a norma. Mas isso não é só. Para que a hipótese geral e abstrata da presunção seja válida, não basta a competência do sujeito enunciador, mas é preciso que também seja produzido procedimento competente, delimitado conforme os próprios conteúdos introduzidos. Se matéria de lei complementar, o procedimento deverá ser aprovação do novo texto das duas casas, duas vezes e por maioria absoluta, de acordo com os arts. 59 e 69 da CF/88. Inexistindo exigência constitucional de procedimento desta envergadura, caberá à autoridade competente enunciar a regra presuntiva no modo comum das leis ordinárias.

No processo de positivação, enquanto fatos presuntivos e probabilidade (fato presumido) comparecem como enunciação-enunciada no veículo introdutor da regra presuntiva, fato provável ou presunção hipotética, por sua vez, apresentam-se na forma de enunciado-enunciado, na própria norma introduzida ou, ainda, como consequente da regra introdutora. A norma presuntiva geral e abstrata é justamente a proposição jurídica que institui a relação entre a hipótese presuntiva positivada e aqueloutra antecedente da regra-matriz de incidência.

Com estas modulações, dá-se relevância jurídica ao raciocínio presuntivo como um todo, sem deixar de distinguir a função normativa em que cada parte do processo metodológico presuntivo assume no direito. Dito de outro modo, assim esmiuçando a atividade enunciativa da norma hipotética da presunção, localiza-se a regra que prescreve o tipo presuntivo geral e abstrato, conferindo, ao mesmo tempo, a relevância dos fatos presuntivos e presumindo para a ordem posta. Logo, o processo presuntivo é considerado em sua inteireza, ainda que subdividido em várias partes e com funções distintas no ordenamento. Entretanto, frise-se, está todo ele dentro da ordem jurídica, devendo, pois, ser integralmente considerado para fins de uma análise científica rigorosa.

Como providência epistemológica de bom alcance e em face da complexidade do tema, cumpre elucidar o processo enunciativo da presunção geral e abstrata em termos diagramáticos, localizando e distinguindo cada uma das partes do método presuntivo acima, elucidando-as no plano do desenho que segue:

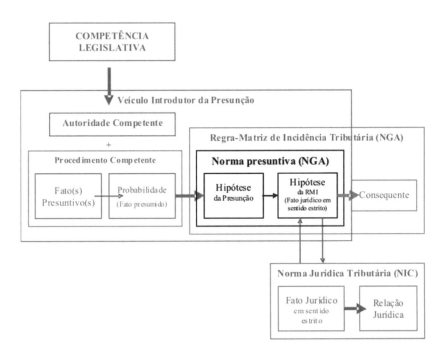

4.2. Positivação da presunção factual ou do enunciado presuntivo concreto

Quando surpreendemos o processo de positivação das normas, verificamos que, no direito, nenhum fato entra no campo jurídico sem previsão hipotética legal. Aliás, este não é senão o ditame decorrente do princípio da legalidade, da tipicidade, tão bem reavivado no domínio tributário. Ora, com o suporte neste pensamento inicial, sabemos que fato nenhum, e as presunções individuais e concretas incluem-se nisso, ingressa no sistema sem uma previsão hipotética que lhe sirva de fundamento de validade (material). Para a norma individual e concreta, este fundamento se apresenta justamente na previsão geral e abstrata, regra de superior hierarquia e que confere competência jurídica ao aplicador do direito em fazer a introdução do enunciado factual no sistema e, assim, regular condutas socialmente localizadas.

As presunções factuais ou, também chamadas de enunciados presuntivos concretos, são normas que encontram já na ordem jurídica uma hipótese. E esta hipótese não é uma previsão presuntiva per si, mas uma regulação ordinária do direito. A presunção só aparecerá na construção do enunciado factual antecedente da norma individual e concreta. Dito de outro modo, a hipótese da norma superior à regra jurídica individual e concreta não lhe é específica, mas se a aplica em face de argumento *a simili*, i. e., mediante analogia. Cabe ao aplicador do direito fazer a introdução desses tipos presuntivos com base na competência que lhe é conferida pelas normas gerais inclusivas (fundamento de validade formal) permeadas no ordenamento. Aliás, tais tipos presuntivos são introduzidos sempre pelos aplicadores do direito, não se cogitando aqui da figura do legislador como emissor de enunciado presuntivo individual e concreto.

E como agente competente para enunciar tais formas presuntivas poderão figurar os representantes do Poder Judiciário, com base na competência que lhe é dada pelo art. 126

do CPC; do Poder Executivo, que, em âmbito tributário, toma como fundamento de validade o enunciado do art. 108 do CTN para positivar a norma presuntiva; e, por fim, o setor privado, segundo permissivo (fraco) disposto no art. 4º da LICC. Não incluímos o Poder Legislativo, uma vez que a ele caberá enunciar norma presuntiva geral e abstrata, e não, como no caso, as de caráter concreto.[1] Assim, competirá tanto ao Judiciário, Executivo ou aos particulares a capacidade de positivar presunção no caso em concreto, introduzindo enunciado presuntivo concreto, mediante assimilação de conceitos por argumento *a simili* ou analogia. Os preceitos acima citados figuram todos como normas competenciais ou regras gerais inclusivas, enunciados que buscam conferir a todos os problemas jurídicos respostas também juridicizadas.

Voltemos nossas atenções às atividades exegéticas do aplicador do direito para observar como se dá a associação entre fato presumido e fato jurídico em sentido estrito, antecedente da norma individual e concreta que institui a relação tributária. No processo enunciativo do aplicador do direito, a presunção do fato comparece como verdadeiro argumento *a simili*. Mas tal relação entre enunciados factuais, para ser válida no direito, não poderá ocorrer de qualquer maneira. Haverá de manter entre os fatos relacionados similitude ou semelhança forte o suficiente para justificar e validar o vínculo jurídico entre eles.

Supomos demonstrado há muito que todos os signos podem ser associados uns aos outros com base em características comuns. Acontece que algumas delas podem apresentar-se como essenciais ao objeto, enquanto outras, como elementos de ordens secundárias, terciárias ou de níveis outros mais distantes. Num argumento *a simili*, para que o nexo associativo

---

[1]. Cumpre observar que isso não significa que o Legislativo não possua competência para legislar na forma concreta. Pode fazê-lo, como já o fez, mas são ocorrências de caráter excepcional que não justificam sua consideração no plano deste estudo.

tenha relevância jurídica é fundamental que entre os enunciados relacionados exista um *genus* comum essencial e não secundário (ou de quaisquer outras ordens mais afastadas). Além disso, para fins tributários, cabe ainda reforçar que o argumento de similitude, ou melhor, o caráter tomado como objeto da relação, deve ter relevância não só jurídica, mas importância no específico subdomínio em que é aplicado. Para produzir efeitos no campo dos tributos, a semelhança deverá ter caráter jurídico-tributário, da mesma forma que deverá ter estima jurídico-penal para gerar consequências em âmbito penal, e assim em todos os ramos do direito. Cabe ao aplicador, na relação, verificar se o argumento de similitude empregado para associar dois fatos entre si tem a *ratio legis* do domínio do direito tributário necessária para fazer frente a direitos e deveres no domínio da imposição, arrecadação e fiscalização dos tributos. A relevância jurídica, tão só, não tem condão suficiente para gerar tributo, nem quaisquer outras obrigações prestacionais tributárias. Há que ter proeminência em campo tributário inclusive.

Posto isto, cumpre dizer que o enunciado presuntivo concreto ingressa no sistema na forma de veículo introdutor em que, em seu antecedente, descreve processo enunciativo que identifica autoridade e procedimento competente. Como ressaltamos, é a norma inclusiva que localiza e confere competência ao agente emissor da norma. O procedimento competente, por sua vez, será aquele previsto pela ordem jurídica para cada tipo de agente emissor de norma: se juiz, o ambiente é o processo judicial, vindo a norma presuntiva prescrita numa sentença; se executivo, auto de infração, ou lançamento de ofício, numa decisão monocrática, etc.; se particular, declaração ou dever instrumental, etc. De uma forma ou de outra, é no procedimento competente que encontraremos a associação feita pelo aplicador do direito entre fatos presuntivos, presumido e jurídico em sentido amplo. O conjunto desse vínculo é o que constitui o antecedente da norma presuntiva, obtido como resultado, em seu consequente, o fato jurídico em sentido estrito, antecedente, por sua vez, da norma individual e concreta de imposição de tributos.

Eis que, em razão mais uma vez da complexidade do tema, iremos nos socorrer do plano abaixo para o completo entendimento da matéria:

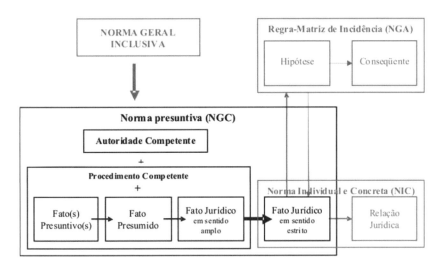

No confronto dessas explanações e dos esquemas apresentados, queremos deixar evidente que presunção hipotética e presunção factual, a despeito de terem algo de similar, são institutos jurídicos diferenciados entre si, devendo ser resguardadas as diferenças como providência epistemológica de bom alcance.

Capítulo 5
PRESUNÇÕES E A CONSTITUIÇÃO DA REPÚBLICA DE 1988

Sabemos que o direito é uno e indissociável. Inexiste norma jurídica que não pressuponha, semântico ou sintaticamente, o ordenamento como um todo. As unidades de significação perdem sua completude de sentido quando não observadas segundo os ditames gerais e sistêmicos que se encontram plantados, de uma forma ou de outra, no Texto Constitucional. É na Carta Maior que, de fato, se acham os princípios organizadores do ordenamento jurídico. Eis a razão pela qual, para se estabelecer o vínculo entre a norma presuntiva e outras normas, é preciso iniciar o estudo no plano da Constituição. Está nela a base que sustenta o axioma da hierarquia do direito, bordando as relações de coordenação e subordinação entre as estruturas normativas, segundo um ponto em comum – a norma fundamental –, categoria da Ciência do Direito que atribui legitimidade ao Texto Magno e lhe confere papel fundante do próprio sistema. Portanto, o estudo das presunções ora proposto pede uma incursão no Texto Magno.

5.1. Os princípios no subsistema constitucional tributário

No subsolo do direito constitucional tributário brasileiro, encontraremos ora regras de competência, rigidamente discriminadas, ora princípios tributários, veiculando valores, ambos com o fim de orientar a tributação. Princípios são normas de forte carga axiológica, porém são enunciados prescritivos, ideia decorrente do dogma de que, no direito, tudo é norma. Falar em ordenamento jurídico é dizer de conjunto de regras válidas, reguladoras de condutas, isto é, são enunciados com relevância jurídica e produzem efeitos normativos. Posto isto, os princípios são normas que se diferenciam das outras estruturas normativas por apresentarem acentuada conotação axiológica.[1]

São prescrições impregnadas de valor que decorrem de uma escolha por parte daquele que põe a lei, de uma opção axiológica de quem legisla ou de quem aplica o direito. Sendo o enunciado normativo sempre construído pelo intérprete, é na figura deles – *princípios* – que se tem o foco projetor dos valores que a sociedade quer ver implantados. Agora, sabendo-se que os valores não estão no objeto, mas são sempre atribuídos por alguém àquele, é o homem – destinador ou destinatário da norma – que conferirá esses valores à coisa, no mesmo passo em que será ele também o sujeito que construirá a norma. Eis o ser humano atuando como núcleo convergente do processo de comunicação, foco ejetor e receptor da mensagem, lugar por excelência da construção do sentido do universo jurídico.

Convém recordar que o subsistema constitucional tributário é formado por princípios de caráter geral, aqueles que se

---

1. Sobre princípios, e reforçando a assertiva *supra*, vale recordar o pensamento de J. J. Canotilho: "A constitucionalização dos princípios fundamentais tem um relevante significado jurídico. Por um lado, eles assumem força normativo-constitucional, dada a superação definitiva da ideia de Constituição como simples 'complexo de diretiva políticas' e uma vez rejeitada a ideia de que as normas e princípios constitucionais são meramente programáticos, sem qualquer vinculatividade imediata.

Consequentemente, toda a constituição é direito, toda ela é 'lei' positiva e todos os princípios nela consagrados possuem alcance jurídico e compartilham da normatividade própria da Lei Fundamental" (grifos nossos). (CANOTILHO, J. J. Gomes; MOREIRA, Vital. *Fundamentos da Constituição*. Coimbra: Coimbra Editora, 1991. p. 73.

irradiam por todo o sistema jurídico, o tributário inclusive, e outros específicos do domínio de imposição, arrecadação e fiscalização de tributos. No primeiro caso, encontraremos prescrições como certeza do direito, segurança jurídica, justiça, igualdade, legalidade, irretroatividade, devido processo, ampla defesa, autonomia dos municípios, entre outros; no segundo, normas que se dirigem especificamente ao âmbito tributário: estrita legalidade, tipicidade, anterioridade, irretroatividade da tributação, etc. Todos esses princípios organizam a atividade interpretativa da lei, elucidando os valores que devem ser buscados pelo direito e por todas as suas unidades, as presunções inclusive a cada ato normativo expedido.

Justamente nessa atividade interpretativa do legislador e/ou aplicador do direito é que os valores são assumidos no processo decisório como expressão da cultura, em termos sociais, e da ideologia, sob a óptica individual. Nenhuma questão de direito enseja um só valor. Haverá sempre uma confluência de conteúdos axiológicos que serão sopesados e dispostos segundo uma gradação hierárquica conforme as convicções do intérprete. Certamente por afirmações semelhantes é que Karl Larenz tanto insiste não existir "uma ordem hierárquica de todos os bens e valores jurídicos em que possa ler-se o resultado como numa tabela".[2] Na solução do caso em concreto, ao exegeta cabe conferir a cada princípio sua relevância e força vinculativa, sem contudo deixar de observar o peso que lhe é dado pelo próprio direito positivo numa visão sistêmica. Toda posição, qualquer que seja, terá um valor que o convalide, buscando seu fundamento em determinado princípio, "de sorte que diversas soluções e decisões, em diversos casos, podem ser alcançadas, umas privilegiando a decisividade de certo princípio, outras a recusando", como bem ressaltou Eros Grau.[3]

---

2. LARENZ, Karl. *Metodologia da ciência do direito*. 2. ed. Lisboa: Fundação Calouste Gulbenkian, 1989. p. 233.

3. GRAU, Eros Roberto. *A ordem econômica na Constituição de 1988* (interpretação e crítica). São Paulo: RT, 1990. p. 116.

Nessa medida, qualquer opção do exegeta pedirá que ele escolha, entre os diferentes valores admissíveis na questão em tela, aquele que, em seu ponto de vista, melhor soluciona a contenda de interesses em juízo. Assim, "quando se entrecruzam vários princípios, quem há de resolver o conflito deve levar em conta o peso relativo de cada um dele",[4] de acordo com os fatos, com suas próprias convicções e com a força vinculante das regras positivadas em face da organização do sistema como um todo.

Adotando pressuposto de que não há direito sem valores, podemos dizer que, nas presunções, encontraremos os princípios disciplinando e limitando o uso de tais técnicas regulatórias, em planos prescritivos gerais e no domínio do direito tributário aplicado. Com sua forte dimensão axiológica, o Texto Maior apresenta a planta fundamental em que todas as situações presuntivas devem estar embasadas. Estão nela, Carta Magna, a forma de adequação e a possibilidade desses institutos perante as garantias e valores constitucionalmente defendidos. Na mesma craveira, já nos alertava Paulo de Barros Carvalho:

> [...] independentemente de se tratar de presunção absoluta ou de ficções, é fundamental, em todas essas situações recorrentes em direito tributário, identificar a correta adequação destes institutos aos princípios fundamentais da ampla defesa, da impugnabilidade dos atos administrativos do fisco, da reserva legal, da capacidade contributiva e da progressividade, como formas de garantir os valores constitucionalmente defendidos na Carta Magna.[5]

A norma presuntiva, como previsão que atinge as relações inter-humanas, é guiada, em nível de superestrutura, por estes

---

4. GRAU, Eros Roberto. *A ordem econômica na Constituição de 1988* (interpretação e crítica). São Paulo: RT, 1990., p. 110.
5. CARVALHO, Paulo de Barros. *Direito tributário, linguagem e método*. 3. ed. São Paulo: Noeses, 2009. p. 927-928.

princípios, gerais e tributários, indicadores de que o momento do presente estudo pede análise, um a um, dos princípios fundamentais tangentes à matéria, para fins de demonstrar, ao final, as imposições permissivas e limitativas que advêm deles em face das técnicas de presunção, tanto para o aplicador quanto, e principalmente, para o legislador tributário. Este é nosso próximo passo.

5.2. Presunções e o princípio da certeza do direito

Certeza do direito é expressão que pode designar três situações concretas diversas: direito adquirido, ato jurídico perfeito e coisa julgada. Sua ideia é veiculada no enunciado do inciso XXXVI do art. 5º da CF/88.[6] O objetivo de tal preceito, vê-se claramente, é consolidar no tempo e em termos individuais e concretos a ordem posta, atribuindo a determinados enunciados *certeza jurídica* para fins de estabilização das condutas no universo do direito.

A noção de *certeza*, em termos linguísticos, aparece como uma modalidade do "crer", ou seja, de crença pelo destinatário na verdade do discurso enunciado pelo enunciador. No plano jurídico, é a expectativa de direitos que o sistema cria em seus jurisdicionados para fins de instaurar a estabilidade e eficácia de suas ordens e de sua estrutura. A verdade do dito nada mais é que um efeito de sentido produzido pelo discurso. Inseridas na ideia de certeza, desse modo, estão as ilusões da *confiança* pelo destinatário do dizer verdadeiro do enunciador (relação entre enunciador e destinatário) e da *crença* na verdade de seu discurso (relação entre destinatário e conteúdo do discurso).[7] Portanto,

---

6. "Art. 5º da CF/88.

[...]

XXXVI – a lei não prejudicará o direito adquirido, o ato jurídico perfeito e a coisa julgada."

7. Nas palavras de Diana Luz Pessoa de Barros: "O contrato de veridicção determina as condições para o discurso ser considerado verdadeiro, falso,

justifica-se a estreita vinculação entre confiança e crença, conceitos inerentes à noção de *certeza* a partir dos quais torna-se possível falar na *certeza de algo*. Com base nesse liame, vem à tona a assertiva segunda a qual "a confiança entre os homens fundamenta a confiança nas palavras deles sobre as coisas e o mundo e, finalmente, a confiança ou a crença nas coisas e no mundo".[8]

No direito constitucional, este vínculo entre confiança e crença é estabelecido pelo enunciado do inciso XXXVI do art. 5º da CF/88. A *certeza jurídica* surge aqui como *confiança* no sistema e *crença* nos dizeres da ordem posta, esteja ele na forma de direito adquirido, ato jurídico perfeito ou mesmo coisa julgada. O juridicamente certo é aquele que perdura no tempo, estabilizando as pretensões e mantendo a constância dos enunciados prescritivos na forma e no conteúdo.

Um dos modos de alcançar essa *confiança* no sistema e *crença* nos dizeres da ordem está no direito adquirido, ato jurídico perfeito e coisa julgada.[9] Além dessas hipóteses, pode-se

---

mentiroso ou secreto, ou seja, estabelece os parâmetros, a partir dos quais o enunciatário pode reconhecer as marcas da veridicção que, como um dispositivo veridictório, permeiam o discurso. A interpretação depende, assim, da aceitação do contrato fiduciário e, se há dúvida, da persuasão dos enunciados, para que o enunciatário encontre as marcas de veridicção do discurso e as compare com seus conhecimentos e convicções, decorrentes de outros contratos de veridicção, e creia, isto é, assuma as posições cognitivas formuladas pelo enunciador" (*Teoria do discurso:* fundamentos semióticos. 3. ed. São Paulo: Humanitas, 2002. p. 94).

8. Idem, ibidem, p. 37.

9. Sobre coisa julgada vale relembrar as valiosas lições de Lourival Vilanova: "Os efeitos do fato jurídico, na coisa julgada, são efeitos processuais: esgotamento do direito de agir do autor, impedimento de o órgão judicante julgar a mesma relação jurídica, sujeição do sujeito passivo e impedimento do exercício do direito de contradição. O ato processual é uma relação jurídica e dentro dela ocorre aquela eficácia. Mas tal eficácia dota a relação jurídica material de certeza, torna-a insusceptível de contestação. A relação material podia ser improcedente em seus fundamentos, sem obstar o exercício do direito de ação, o que mostra o caráter abstrato e autônomo desse direito subjetivo processual" (*Causalidade e relação no direito.* 4. ed. São Paulo: RT, 2000. p. 208).

mencionar também a noção de tipo, muito presente no âmbito penal e tributário delimitando e selecionando características específicas, e que devem ser provadas para a constituição do fato jurídico. Cite-se também a precisão dos vocábulos da lei ou a fixação dos sentidos pelos Tribunais Superiores, evitando imprecisão, dubiedade e incerteza das palavras usadas nos textos jurídicos. Todos esses são dinâmicas do ordenamento no sentido de instituir *certeza de direito*, esteja ela em nível sistêmico ou em plano normativo puro e simples.

No âmbito das presunções, se de um lado ela traz certeza ali onde não há, instituindo limites objetivos ao aplicador do direito, que não pode presumir senão com base (e fundamento de validade) naquilo prescrito pela regra presuntiva, de outro, é ela mesma mecanismo que traz incertezas, pois, partindo da premissa de que o *ato/fato é possível*, enuncia elementos descritivos de outros atos que lhe estão próximos mas que não são representativos do ato/fato propriamente dito. No âmbito da certeza, as presunções apresentam-se, portanto, com esse caráter dúbio: afirmando e negando, num só tempo, a *certeza do direito*.

Entre os efeitos positivos das regras presuntivas, reafirmando o princípio do inciso XXXVI do art. 5º da CF/88, está o de introduzir certeza ali onde não houver e o faz mediante a neutralidade inerente à técnica de tipificação (modelo estrutural). Paulo de Barros Carvalho, em seu excelente *Direito tributário, linguagem e método*, elucida essa função institutiva de certeza jurídica das presunções, distinguindo e delimitando as diferenças de efeitos nas situações de presunções absolutas ou ficções e nas de presunções *juris tantum*:

> [...] entendo ser certo que o uso de valorações presuntivas pela lei se justifica, pois trata de **introduzir certeza ali onde a medição direta da base real implica sérias dificuldades**, aumentando a pressão fiscal indireta sobre o contribuinte. Por outro lado, a determinação da base mediante as presunções absolutas ou ficções trazem consigo nota positiva de sua **neutralidade**. Já as presunções *juris tantum* apresentam

função técnica de fortalecer a posição do Fisco, evitando o encargo deste em provar diretamente a realidade dos fatos, ao mesmo tempo em que trasladam esse encargo para o próprio sujeito passivo obrigado[10] (grifos nossos).

No plano negativo, isto é, observados os aspectos controvertidos no uso das presunções, citemos que, no direito tributário, ou em qualquer subdomínio do jurídico que seja embasado fortemente em noções de *tipo* ou *tipologia*, alguns exemplos de regras presuntivas são rechaçados ora por dizerem sobre aspectos estruturantes do fato que dá causa à incidência tributária, sem guardar o vínculo de similitude essencial e necessário, ora por utilizarem-se de conceitos imprecisos, dúbios ou incertos. Convém ressaltar que os dois prejuízos normativos podem se manifestar cumulados, justificando a separação temática apenas para fins epistemológicos.

Na primeira hipótese, percebe-se que a noção de tipo ou tipologia no direito tributário requer maior rigor na escolha dos elementos que compõem o enunciado factual, tanto em termos abstratos, pelo legislador, quanto em planos concretos, pelo aplicador. Cabe ao legislador manter-se fiel à materialidade tributária prevista na Constituição ao descrever os elementos que a caracterizam e, para melhor corresponder a este ditame, não deve presumir aspectos estruturantes do tipo tributário com base em presunções que não se encontram no âmbito conceitual daquele. Presumir é técnica de exceção, o que implica que não convém criar hipóteses presuntivas que refogem às características essenciais de um tipo, fundamentando nelas a exação. A presunção, pura e simples, não deve ser utilizada como forma para tributação. Deve comparecer como método excepcional que não diz diretamente da concepção do tipo, em seu todo considerado, mas a algum elemento de segundo plano que nele está.

---

10. CARVALHO, Paulo de Barros. *Direito tributário, linguagem e método*. 3. ed. São Paulo: Noeses, 2009. p. 927-928.

TEORIA E PRÁTICA DAS PRESUNÇÕES NO DIREITO TRIBUTÁRIO

As presunções podem e devem ajudar a compor o tipo factual, mas não devem, elas mesmas, ser fundamento legal específico para criar um fato X, segundo materialidade Y e compositivo de um tipo Z. Assim procedendo, a incerteza seria geral, pois a materialidade ou a tipologia tributária em si mesma considerada seriam desnecessárias, uma vez que o legislador teria carta branca para, mediante presunção, recriá-las reformulando *os aspectos estruturantes da norma de incidência tributária*. Tenhamos isto em vista para compreender a citação abaixo do Professor Paulo de Barros Carvalho:

> Nesse subdomínio do jurídico, **não convém que a presunção mantenha atinência intrínseca com os aspectos estruturados da norma de incidência tributária**. Há apenas de referir-se a elementos (situações/fatos) que possam conduzir à tipificação da figura impositiva. Se considerarmos os valores máximos acolhidos pelo Texto Constitucional, principalmente em termos de tributação – *segurança* e *certeza* – que sustentam os cânones da legalidade e da tipicidade, torna-se extremamente problemático captar a figura da presunção, **sempre pronta a suscitar imprecisão, dubiedade e incerteza**[11] (grifos nossos).

Imprecisão, dubiedade e incerteza confrontam-se com a ordem do inciso XXXVI do art. 5º da CF/88. Como dar certeza de direito quando as presunções em âmbito tributário ensejam imprecisão, dubiedade e incerteza? Sabe-se muito bem que toda palavra tem um *quantum* de vaguidade e ambiguidade, toleráveis enquanto for possível apontar um só significado ao vocábulo mediante contextualização do enunciado presuntivo. Nas presunções, a regra é a mesma. Apresentam-se *certas* e, portanto, *precisas* as proposições presuntivas que trazem palavras que suscitem uma e tão somente uma acepção mediante sua colocação no contexto do específico subdomínio em que

---

11. CARVALHO, Paulo de Barros. *Direito tributário, linguagem e método*. 3. ed. São Paulo: Noeses, 2009. p. 956.

se insere e é usada. Pelo fato de as estruturas presuntivas não coincidirem com o próprio fato típico, mais ainda o sentido dos vocábulos que as compõem deve ser o mais preciso possível, não dando margem a tergiversações pelo Fisco que possam trazer ocorrências geradoras de insegurança ao contribuinte. Sobre o assunto também já se manifestara a 7ª Câmara do 1º Conselho de Contribuintes, dizendo que "as presunções legais não podem ser utilizadas sem que os fatos indutores estejam livres de dúvida".[12]

Dito isso, podemos concluir que, no campo das imposições tributárias e na relação entre presunções e princípio da certeza do direito, afora os permissivos expressamente previstos na Constituição Federal, como ocorre com o § 7º do art. 150 da CF/88 incluído pela Emenda Constitucional 3/93, "na ausência de certeza quanto aos fatos, o tributo não pode ser exigido",[13] conforme se depreende dos valores da *segurança* e *certeza* e dos limites objetivos que realizam tais cânones, como os princípios da legalidade e da tipicidade.

O Fisco não pode impor, de um lado, ou exigir do contribuinte que constitua, de outro, fato jurídico tributário com base unicamente em presunção para fins arrecadatórios. Inexistindo qualquer certeza sobre a efetiva concretização do fato, nada há que ser cobrado. Interessante é a menção de Marçal Justen Filho ao assunto:

> Tal como prevê a futura ocorrência de um fato imponível incerto, o fisco também "estima um preço a ser praticado. Inexiste qualquer certeza sobre a efetiva concretização do futuro fato imponível. Mas também não há qualquer dado acerca do preço que será praticado. O fisco impõe, como

---

12. Ministério da Fazenda, 1º Conselho de Contribuintes, 7ª Câmara, Processo 10850.002284/2003-72, Acórdão 107-08.282, Rel. Luiz Martins Valero, Sessão 19.10.2005, p. 14.

13. MELLO, Gustavo Miguez de. Presunções no direito tributário. In: MARTINS, Ives Gandra da Silva (Coord.). *Presunções no direito tributário*. São Paulo: Resenha Tributária, 1984. p. 124.

necessário, um preço que pode ou não ser praticado [...] isso, se, algum dia, vier a ocorrer o fato imponível". *Tudo isso se configura como uma enorme ficção normativa. Não há "fato gerador", não há base de cálculo, não há "riqueza".* Embora seja pacífica a inexistência de fato signo-presuntivo de riqueza, a lei tributária pretende falsificar sua existência e impor aos sujeitos passivos o dever de pagar o tributo. Não é facultado ao Estado criar, de modo arbitrário, uma base imponível para efeito tributário, distinta daquela realmente praticada.[14]

Na linha do professor citado, a lei tributária não tem competência para *falsificar* a existência de fatos jurídicos, que são desprovidos, de um lado, de suporte físico, e, de outro, de fundamento legal de validade. Muito menos tem poder para, a partir desse fato incerto, impor aos sujeitos passivos o dever de pagar o tributo. Se assim o permitisse, seria melhor pôr de lado, de uma vez por todas, o Texto da Constituição, deixando apartadas também as garantias asseguradas pela Carta Magna em benefício dos contribuintes.

Entendemos, de modo um pouco diverso do jurista supracitado, que é possível tributar, como forma excepcional, por meio de presunção, porém só o pode fazer quando resguardado, por lei, e na prática, o direito de restituição dos valores pagos indevidamente ou a maior e de petição para fins de assegurar o devido processo nessas técnicas peculiares de tributação.

5.3. Presunções e segurança jurídica

No ordenamento normativo, a segurança jurídica comparece como uma das vigas mestras do Estado de Direito. É um valor que se vê realizado por outros princípios, do tipo limites-objetivos, tal como da legalidade, irretroatividade, anterioridade, entre outros. Foi em nome da segurança jurídica que

---

14. JUSTEN FILHO, Marçal. Princípios constitucionais tributários. *Caderno de Pesquisas Tributárias*, São Paulo, Resenha Tributária, n. 18.

surgiram determinados institutos, tais como direito adquirido, ato jurídico perfeito e coisa julgada. Muitos a confundem com o próprio princípio da certeza jurídica acima explicitado, pois ambos buscam instituir previsibilidade de direito e deveres e imprimir certeza nas relações jurídicas. A segurança jurídica tem por objetivo trazer a estabilidade no campo do social por meio de normas e, com isso, agir de forma objetiva e legítima na regulação das condutas.

No campo das presunções, verificaremos duas imposições do princípio da segurança. A primeira volta-se à presunção geral e abstrata, também conhecida como *legal* e que traz em seu bojo a caracterização de um tipo. Determina em termos abstratos o fato relevante apresentando os elementos de destaque que devem comparecer no ato de aplicação da norma, em termos individuais e concretos. Quanto mais específica e determinada for a regra presuntiva, mais previsíveis serão os atos jurídicos dela decorrentes e, por consequência, mais segurança haverá na positivação da norma. Com isso, os intérpretes do sistema posto, que fazem surgir novos direitos e deveres na aplicação das proposições de direito, são em certo grau tolhidos de seu poder criativo, devendo submissão não somente aos procedimentos institucionalizados, como também aos próprios conceitos em lei positivados.

Isso não quer dar imutabilidade no tempo à norma ou congelar o direito. Mesmo com o apoio da tipologia dos fatos presuntivos é perfeitamente possível observar mudanças no conteúdo da presunção: pela variedade de acepções das palavras utilizadas na constituição do tipo; pela mutabilidade do sentido desses termos ao longo da história; pela própria variação da ideologia de quem interpreta, etc. O que queremos dizer é tão somente que o exegeta da norma presuntiva não só pode, como deve, considerar essas modificações semânticas dos critérios que compõem o tipo presuntivo, mas deles não pode sair. Isto é, não se reduz à literalidade do texto, mas nela deve permanecer. Roberto Dromi, em excelente passagem, já evidenciava a presença dessas imposições no campo administrativo:

Isso não significa que a segurança jurídica tente congelar o direito, nem equivale a que o direito não possa mudar. Este valor só procura manter incólumes os procedimentos institucionalizados (legislativo, executivo e judiciário) pelos quais as leis são ditadas, regulamentadas, e avaliadas ao aplicá-las ao caso concreto. A segurança aceita a modificação da normativa em nome do progresso e da mudança, mas é incompatível com a frivolidade das mudanças carentes de lógica e de finalidade razoável. Não é possível tampouco que se ditem leis que entrem em colisão com o resto do ordenamento, ou que tenham efeitos retroativos.[15]

Em face do princípio da segurança jurídica, a presunção abstrata comparece como modo de previsibilidade e certeza das relações jurídicas, uma vez que, no sentido de dar um fechamento ao sistema, permite compor a solução do caso em concreto, colocando-se objetivamente como previsão de tipo em lei estabelecido. Desse modo, permite ao exegeta fazer releituras dos conceitos positivados no texto da lei sem que dele possa extrapolar.

A segunda imposição do princípio da segurança jurídica sobre as presunções toma agora por objeto de análise a presunção concreta ou também conhecida como *humana* ou mesmo comum. São as normas presuntivas que já ingressam no ordenamento em termos individuais e concretos mediante ato do aplicador do direito. O problema aqui diz respeito muito mais à atividade exegética ela mesma do que às presunções propriamente ditas.

Como em todo ato de aplicação do direito, cabe ao intérprete a boa adequação do caso em concreto ao tipo abstrato. E o faz mediante exegese dos conceitos em lei estabelecidos e das provas produzidas em linguagem competente. A subsunção do fato à norma é a atividade ora em análise e é o momento em

---

15. DROMI, Roberto. *Sistema jurídico e valores administrativos*. Porto Alegre: Fabris, 2007. p. 207.

que o grande desafio se volta à interpretação do conceito e seus limites semânticos. É o exegeta que, em última instância, dará esses contornos demarcatórios, conferindo alcance ao texto, e o faz partindo da interpretação literal até o sentido imposto pelo sistema, mediante exegese sistemática.

Em breve comentário, sabe-se bem que toda palavra tem um *quantum* de ambiguidade e vaguidade. Não há como fugir disso, tendo em vista que é reflexo da própria limitação da linguagem. Tais *vícios* da palavra, se assim se pode chamar, são causas de uma zona de penumbra semântica em que conceitos se esbarram, embaralham-se. No ato de aplicação do direito, isto se mostra com a problematização enfrentada pelo intérprete, devendo constituir o fato jurídico em linguagem das provas em direito admitidas, subsumindo-o a uma hipótese. Esta é proposição que traz conceitos abstratos e juntos instituem o enunciado de fato.

Na positivação das presunções concretas, o processo é o mesmo, com a dificuldade de que para encontrar a previsão em lei o exegeta deve enfrentar essa zona de penumbra do conceito geral e abstrato. Não há simplificação do processo, mas, sim, a busca por uma resposta jurídica dentro do sistema, mantendo-se o procedimento na forma como a lei previamente admite. Ao subsumir a norma presuntiva a alguma hipótese legal positivada, o aplicador do direito não pode fazê-lo de qualquer modo: o realiza com base na lei e em face das imposições do sistema.

Em termos formais, o exegeta deve submissão aos procedimentos em direito positivados, o que não significa nas presunções, portanto, em dispensa de prova pelo Fisco e/ou na inadmissão de provas ou contraprovas pelo contribuinte. No plano do conteúdo, o aplicador da norma presuntiva deve interpretar o texto, da literalidade ao sistema, sem contudo sair dele, como insistimos.[16] O plano da literalidade deve ser o ponto

---

16. Buscando fazer cumprir o princípio da segurança jurídica em face da instabilidade semântica dos conceitos, o Min. Marco Aurélio de Mello (*RTJ* 156/673)

de partida e de chegada do intérprete. Este deve determinar se o fato enquadra-se dentro da zona de penumbra do conceito abstrato e o faz partindo da literalidade do texto para, em seguida, moldá-los segundo as imposições do sistema mediante interpretação sistemática. Encontrando hipótese para fazer a subsunção do fato presuntivo, deve ainda o intérprete, no processo dialético de positivação da norma, verificar se, para tanto, não houve desnaturação da essência do enunciado factual para o enquadramento, o que, em caso positivo, contaminaria o ato de ilegalidade. Em nome da harmonia do sistema, não pode o Fisco modificar a compostura do fato para enquadrá-lo numa hipótese, e, ao final, fazer prevalecer a arrecadação. A presunção submete-se ao princípio da segurança jurídica, e nas de tipo concretas ou *humanas* pede previsibilidade normativa prévia ao ato de aplicação do direito.

As presunções não podem se tornar "mecanismo que simplifiquem o modelo de incidência, dispensem provas pelo Fisco ou, virtualmente, não acolham provas do contribuinte".[17] O que há é, sim, novo tipo jurídico, instituído com base e dentro da materialidade constitucionalmente prevista, esteja ele em termos abstratos ou concretos, positivado mediante procedimentos legalmente previstos.

Com estes torneios, pretendemos deixar claro que não deve o *interesse ou conveniência da arrecadação* se colocar

---

já se manifestará no seguinte sentido: "a flexibilidade de conceitos, o câmbio do sentido destes, conforme os interesses em jogo, implicam insegurança incompatível com o objetivo da própria Carta que, realmente, é um corpo político, mas o é ante os parâmetros que encerra e estes não são imunes ao real sentido dos vocábulos, especialmente os de contornos jurídicos. Logo, não merece agasalho o ato de dizer-se da colocação, em plano secundário, de conceitos consagrados, buscando-se homenagear, sem limites técnicos, o sentido político das normas constitucionais".

17. AMARO, Luciano. Uso de las presunciones en derecho tributario. Relatório Nacional do Brasil apresentado nas XII Jornadas Latino-Americanas de Direito Tributário em Bogotá, 1985. *Memória das Jornadas*, ICDT/ILADT, v.1; *Resenha Tributária*, Seção 1.3, n. 36, São Paulo: Resenha Tributária, 1985. p. 752.

sobre o valor da segurança e da certeza jurídica no campo das presunções. Deverá, sim, proceder a uma inversão dessas ideias: fazendo prevalecer a segurança jurídica sem, contudo, deixar de preservar o interesse público, tanto no sentido das presunções trabalharem em benefício da eficiência e comodidade administrativa quanto ao modo de defenderem as garantias constitucionais do contribuinte. O que não pode é admitir por interesse público mero propósito arrecadatório, deixando entre parênteses os direitos e garantias individuais do sujeito passivo da relação tributária e as próprias finalidades extrafiscais pelas quais foram criadas as presunções: reprimir sonegação. Somente assim se poderá falar em segurança jurídica e, consequentemente, na previsibilidade e estabilidade das relações normativas.

5.4. Presunções e limites ao poder de tributar

No campo dos tributos, o constituinte originário se deu ao grande trabalho de determinar as competências legislativas dos entes tributantes.[18] E não poderia deixar de ser, pois o tema das competências legislativas é essencialmente constitucional, como sempre nos lembra Paulo de Barros Carvalho.[19] A competência da Administração Pública obtém eficácia plena no âmbito constitucional. Cabe somente à Constituição outorgar poder para os entes tributantes legislar. Tal assertiva significa, em outras palavras, que não pode o legislador infraconstitucional

---

18. Paulo de Barros Carvalho define competência dizendo: "A competência tributária, em síntese, é uma das parcelas entre as prerrogativas legiferantes de que são portadoras as pessoas políticas, consubstanciada na possibilidade de legislar para a produção de normas jurídicas sobre tributos" (*Curso de direito tributário*. 22. ed. São Paulo: Saraiva. 2010. p. 267).

19. São suas palavras: "O tema das competências legislativas, entre elas o da competência tributária, é, eminentemente, constitucional. Uma vez cristalizada a limitação do poder legiferante, pelo seu legítimo agente (o constituinte), a matéria se dá por pronta e acabada, carecendo de sentido sua reabertura em nível infraconstitucional" (Idem, ibidem, p. 281).

extrapolar os limites competenciais instituídos pela Carta Maior, e a técnica das presunções se inclui nessas vedações.

A regra da competência deve ser construída mediante o cálculo normativo de três normas: (i) as regras de afirmação de competência; (ii) as de negação de competência ou imunidades;[20] e (iii) as de delimitação de competência em caso de conflito de materialidades ou também chamadas de normas gerais de direito tributário. Nos impostos, o Texto Maior identificou as materialidades uma a uma mediante conceitos específicos. Nas taxas e contribuições de melhoria, a competência não é discriminada, mas dá-se àquele ente que preste serviço específico e divisível e/ou atue com poder de polícia; ou faça obra pública que favoreça o bem particular. No domínio tributário, as limitações ao poder de tributar são os grandes limites objetivos tanto para o legislador, na produção do texto de lei, quanto ao aplicador, na positivação da norma. Adotando pressuposto de que competência é o fundamento de validade de qualquer exação, podemos dizer que não há tributo, tanto em termos gerais e abstratos quanto individuais e concretos, sem que se tenha regra constitucional autorizando sua imposição. Logo, o poder de tributar é o ponto de partida de qualquer análise tributária, as presunções inclusive.

Como imposição das regras competenciais, a norma presuntiva geral e abstrata deve trazer os elementos essenciais para a caracterização do fato, identificando-os na esfera de suas materialidades constitucionalmente estabelecidas. Ou seja, o legislador não pode por meio de presunção criar ou trazer novos fatos a uma hipótese extrapolando o conceito trazido na materialidade da Carta Magna. Logo, a definição dos critérios presuntivos instituí-

---

20. Sobre imunidades, Paulo de Barros Carvalho já se manifestara: "[...] a imunidade não exclui nem suprime competências tributárias, uma vez que estas representam o resultado de uma conjunção de normas constitucionais, entre elas, as de imunidade tributária. A competência para legislar, quando surge, já vem com as demarcações que os preceitos da Constituição fixaram" (*Curso de direito tributário*. 22. ed. São Paulo: Saraiva. 2010, p. 225).

dos pelo legislador para fins de determinação da regra-matriz de incidência não pode ultrapassar o conceito constitucionalmente posto na delimitação das competências. Dito ainda de outro modo, no plano infraconstitucional, "a liberdade legislativa não pode ultrapassar os limites lógicos que a regra-matriz comporta".[21]

Ora, se assim não se o entendesse, cairia por terra todo o trabalho do constituinte em dispor, item a item, os conceitos que definem a competência legislativa de cada ente tributante. As normas presuntivas não podem ter o condão de criar novos direitos e deveres, confrontantes com aqueles do Texto Maior e da vontade política trazido no corpo da Constituição. Não sobeja lembrar as palavras de Alberto Xavier que já entendia as presunções (e ficções) como "normas dispositivas de direito material que criam novos fatos geradores ou novas bases de cálculo – fictos ou presumidos – os quais tomam as vezes e o lugar dos fatos indiciados ou objeto de ficção".[22] Admitir que a presunção *tome as vezes* da hipótese jurídica, contrariando a vontade do constituinte, é autorizar que se desvirtue a própria Carta Magna, assim como o sistema jurídico tributário como um todo. Seria possibilitar a instituição de tributos por meios indiretos, tributando com base, única e exclusivamente, em normas presuntivas, desvinculadas, conceptualmente, às materialidades constitucionais. É a conclusão de Luciano Amaro:

> Em suma, aquilo que o legislador não puder fazer *diretamente* (por que não esteja na sua esfera de competência ou porque fira o preceito de norma superior), ele igualmente não pode fazer, *de modo indireto*, mediante utilização (que, nessas circunstâncias, se revelará artificiosa) das presunções ou ficções.[23]

---

21. CARVALHO, Paulo de Barros. Base de cálculo como fato jurídico e a taxa de classificação de produtos vegetais. *Revista Dialética de Direito Tributário*, São Paulo: Escrituras, n. 37, p. 133, out. 1998.

22. XAVIER, Alberto. *Do lançamento no direito tributário brasileiro*. São Paulo: Resenha Tributária, 1977. p. 112.

23. AMARO, Luciano. *Direito tributário brasileiro*. 14. ed. São Paulo: Saraiva, 2008. p. 275.

As limitações ao poder de tributar comparecem no sistema jurídico como forma de "fixar os parâmetros de atuosidade legiferante das três unidades políticas".[24] Deverá ser observada no campo das presunções tanto pelo legislador como pelo aplicador. Este último, ao se ver diante de hipótese presuntiva no ato da aplicação, em termos individuais e concretos, na modalidade *presunção de fato ou humana*, deverá adstringir-se às regras competenciais, não sendo possível que, mediante analogia ou interpretação extensiva, se afaste da materialidade constitucional, instituindo fato novo. Tal atitude importaria em *ampliação* inconstitucional da esfera da competência mediante alteração do conteúdo da materialidade do fato ou do alcance dos conceitos, constitucionais ou legalmente previstos. É também o pensamento de Luciano Amaro, para quem:

> Não são apenas nos *conceitos de direito privado* que a lei tributária não pode modificar, quando tais conceitos tenham sido empregados na definição da competência. Nenhum conceito (quer de direito privado, quer de direito público, quer seja conceito jurídico, quer seja conceito extraído do léxico) empregado na fórmula que delineia cada esfera de competência pode ser modificado pela *lei tributária*, para o efeito de *ampliar* essa esfera de competência.[25]

Parece-nos perfeitamente justificada e coerente a adoção das limitações ao poder de tributar como verdadeiros limites-objetivos à técnica das presunções tanto em âmbito legislativo quanto em planos executivos. Nem legislador nem aplicador do direito podem ultrapassar as materialidades minuciosamente descritas na Constituição. Assim procedendo, fará irromper tributação indevida, além de provocar corrupção no sistema tributário como um todo.

---

24. CARVALHO, Paulo de Barros. *Curso de direito tributário*. 22. ed. São Paulo: Saraiva. 2010. p. 225.

25. AMARO, Luciano. *Direito tributário brasileiro*. 14. ed. São Paulo: Saraiva, 2008. p. 103.

5.5. Presunções e legalidade ou tipicidade estrita tributária

O princípio da legalidade encontra-se como diretriz geral do sistema jurídico. Vem logo nas primeiras páginas da Carta Magna, art. 5º, II, dizendo: "ninguém será obrigado a fazer ou deixar de fazer alguma coisa senão em virtude de lei". O constituinte, preocupado em fazer prevalecer esse cânone, repete-o ao longo do Texto Maior sob diferentes formas. No âmbito tributário, o ditame da legalidade comparece no art. 150, I, vedando-se à União, aos Estados, ao Distrito Federal e aos Municípios exigir ou aumentar tributo sem lei que o estabeleça. No nível infraconstitucional, a diretriz é ainda relembrada no art. 97 do CTN.[26]

A legalidade, pois, é pressuposto do sistema jurídico; afinal é a lei o lugar por excelência da constituição da realidade jurídica. Eis a razão de Paulo de Barros Carvalho dizer ser o legislador o poeta do direito.[27] É nela que iremos encontrar os critérios para a correta incidência da norma no universo social.

---

26. "Art. 97 do CTN. Somente a lei pode estabelecer:

I – a instituição de tributos, ou a sua extinção;

II – a majoração de tributos, ou sua redução, ressalvado o disposto nos artigos 21, 26, 39, 57 e 65;

III – a definição do fato gerador da obrigação tributária principal, ressalvado o disposto no inciso I do § 3º do artigo 52, e do seu sujeito passivo;

IV – a fixação de alíquota do tributo e da sua base de cálculo, ressalvado o disposto nos artigos 21, 26, 39, 57 e 65;

V – a cominação de penalidades para as ações ou omissões contrárias a seus dispositivos, ou para outras infrações nela definidas;

VI – as hipóteses de exclusão, suspensão e extinção de créditos tributários, ou de dispensa ou redução de penalidades.

§ 1º Equipara-se à majoração do tributo a modificação da sua base de cálculo, que importe em torná-lo mais oneroso.

§ 2º Não constitui majoração de tributo, para os fins do disposto no inciso II deste artigo, a atualização do valor monetário da respectiva base de cálculo."

27. HARET, Florence; CARNEIRO, Jerson. *Vilém Flusser e juristas*: comemoração dos 25 anos do grupo de estudos Paulo de Barros Carvalho. São Paulo: Noeses, 2009.

O princípio da legalidade pode ser analisado sob a óptica material ou sob a perspectiva formal. No primeiro caso, o exame busca a adequação formal, ou seja, verifica se o veículo introdutor foi enunciado pela autoridade e pelo procedimento competentes. Logo, o objeto do averiguar é a enunciação-enunciada da norma. Na segunda hipótese, conjectura-se se o princípio foi cumprido no plano semântico, isto é, se o conteúdo da norma afina-se com perfeição aos cânones normativos. As atenções aqui vão para a norma introduzida ou para o enunciado-enunciado, de onde se localiza o regular da conduta ela mesma. Vale acrescentar que o ditame da legalidade é garantia que se volta contra o legislador e contra o aplicador.

No tocante à legalidade material voltada para o legislador, e na esfera tributária, entende-se-a como a imposição de que todos os critérios da regra-matriz de incidência devem estar determinados na lei. Assim, deve o enunciado geral e abstrato determinar de modo taxativo (*numerus clausus*) as ocorrências tributáveis, esgotando na norma os dados necessários à identificação do fato jurídico antecedente e/ou consequente. Com isso, não se admitem à autoridade poderes extras para, num segundo momento e em termos discricionários, determinar se alguém deverá ou não pagar tributo em face de uma dada situação.

As presunções postas em lei na forma de norma geral e abstrata subordinam-se a esse ditame. Ainda que positivada na forma de presunção, apresentando-se como norma de sentido deôntico incompleto, a ocorrência típica que, vinculada ao fato jurídico em sentido estrito ensejando tributação, é também preceito constitutivo de tipo jurídico, suscitando, da mesma forma como qualquer outro tipo, a necessidade de trazer todos os elementos que o caracterizam em sua integridade no exato momento de sua positivação. Em outras palavras, as hipóteses presuntivas devem insurgir-se no instante mesmo da publicação da lei que institui elementos suficientes que caracterizem presumidamente uma ação, num dado tempo e espaço, e, ademais, o vínculo que esta mantém com o tipo tributário ou o fato jurídico em sentido estrito. Eis as condições mínimas da presunção hipotética na oportunidade da expedição da regra pelo legislador. Faltando um desses critérios, a norma deverá ser considerada insuficiente para ensejar tributo, devendo ser declarada inconstitucional por descumprimento do princípio da legalidade material pelo legislador.

Se tentarmos outro trajeto para imaginar no âmbito das presunções, disso decorrerá, outrossim, que o legislador que esquecer um desses elementos e quiser prescrevê-lo num momento subsequente assim não poderá proceder, tendo em vista que a legalidade deve estar completa no exato momento da edição da lei que instituiu a presunção. É por este motivo que a diretriz da legalidade é também entendida em âmbito tributário como o princípio da *estrita legalidade* ou ainda da *tipicidade estrita ou cerrada* integralmente assumido no campo das presunções.

Nessa esteira e a título de remate, a tipicidade cerrada comparece como garantia da Carta Maior que encerra uma série de limitações tanto ao legislador, no momento da criação do tributo em lei, quanto ao aplicador do direito, quando positiva a norma presuntiva no caso em concreto. Ao positivar a regra jurídica, cabe ao legislador promover verdadeira dessubjetivação dos critérios adotados, buscando formulações em lei que sejam precisas e determinadas, que possibilitem aplicação uniforme e coerente da norma posta. Evidente que a própria natureza ambígua e vaga das palavras prejudica esta tarefa. Contudo, a utilização de conceitos determinados, previsão objetiva, precisão nos sentidos adotados, observância e manutenção das acepções da palavra já utilizadas naquele subdomínio do ordenamento, boa redação da lei, uso do bom português, interpretação sistemática; tudo isso contribui para a melhor dinâmica do direito, como bem assevera Alberto Xavier:

> O princípio da determinação ou da tipicidade cerrada (o *Grundsatz der Bestimmtheit* de que fala Friedrich) exige que os elementos integrantes do tipo sejam de tal modo precisos e determinados na sua formulação legal que o órgão de

aplicação do direito **não possa traduzir critérios subjetivos de apreciação na sua aplicação concreta**. Por outras palavras: exige a utilização de **conceitos determinados**, entendendo-se por estes (e tendo em vista a indeterminação imanente a todo o conceito) aqueles que não afetam a segurança jurídica dos cidadãos, isto é, a sua capacidade de **previsão objetiva dos seus direitos e deveres tributários**[28] (grifos nossos).

Nesse momento, cumpre fazer uma última digressão quanto à legalidade material do legislador na temática das presunções. É intuitivo crer que todo critério é redutor de complexidade. Logo, sua previsão em termos subjetivos, usando-se conceitos demasiadamente amplo, atípicos para o linguajar técnico da lei, inaplicáveis como forma objetiva de se prescrever, em vez de produzir facilitação ou efeito de objetividade ao discurso jurídico, revela, outrossim, abertura semântica que vai de encontro à sistemática do direito tributário no momento mesmo de sua aplicação. E a assertiva se agrava em âmbito presuntivo, dado que tais técnicas de regulação se apresentam excepcionais, e, muitas vezes, com maior caráter subjetivo. Corolário inevitável da aplicação desse princípio, a ordem positiva é *posta* para dar a conhecer a todos os seus direitos e deveres. A previsão deve ser clara e de fácil cognição por todos a ponto de o direito enunciar, presumindo, que "ninguém se escusa de cumprir a lei, alegando que não a conhece" (art. 3º da LICC). Conhecer a lei é também saber os limites de seus direitos e obrigações. Não pode o texto legal abrir espaços para que, no momento da aplicação, existam surpresas e prejuízos a quem de direito. No âmbito de suas igualdades, ainda que de forma presuntiva, os casos devem ser tratados de maneira equânime. Essa é garantia de todos perante o sistema jurídico. E o tipo funciona nessa toada, determinando, de modo objetivo, os elementos juridicamente relevantes a fim de que não sobre muito mais espaço para o

---

28. XAVIER, Alberto. *Tipicidade da tributação, simulação e norma antielisiva*. São Paulo: Dialética, 2001. p. 19.

desvirtuamento da regra ao se expedirem as normas individuais e concretas pelos aplicadores do direito.

A maneira mais restritiva de positivar os tipos é a forma taxativa, determinando mais detalhadamente os casos de incidência em lei, tornando-se a norma geral e abstrata ainda mais rente ao plano da facticidade jurídica. Vejamos o que diz Tercio Sampaio: "A tipicidade cerrada é perceptível quando, ao exemplificar os casos de incidência, a norma os limita taxativamente, ou seja, são aqueles e apenas aqueles".[29]

Assim, o preceito taxativo é o que melhor se ajusta às formulações de ordem presuntiva, reduzindo a quase zero a atuação imaginativa do aplicador do direito.

Ainda quanto à legalidade material, o aplicador no ato de positivação da norma deve verificar que todos os critérios da regra-matriz se encontram realizados no enunciado factual. Faltando qualquer um dos aspectos essenciais ao tipo, inexistirá exação a ser cobrada. A subsunção do fato à norma deve ser completa, razão pela qual aqui também, para o aplicador, a legalidade é mais do que mera previsão em lei, é total submissão da norma individual e concreta ao tipo da lei e, portanto, é *tipicidade estrita*. Vejamos o que expõe Ruy Barbosa Nogueira:

> [...] não basta apenas a existência da norma de lei descritiva do fato, mas é preciso que além da norma *in abstracto* e prévia, o fato previsto ocorra com todos os elementos descritos na lei e possa ser demonstrado essa vinculação ou juridicamente por meio do ato de subsunção do fato à lei ou sua subjunção pela norma tipificadora.[30]

A legalidade material, voltada ao aplicador do direito, é previsão que inibe subterfúgios interpretativos que possam

---

29. FERRAZ JR., Tercio Sampaio. *Introdução ao estudo do direito*: técnica, decisão, dominação. 3. ed. São Paulo: Atlas, 2001. p. 301.

30. NOGUEIRA, Ruy Barbosa. *Curso de direito tributário*. São Paulo: Saraiva, 1994. p. 113.

criar hipóteses de direitos e deveres onde inexistem. Por este modo, como regra, não deve haver surpresas dadas pelo aplicador na ponência da norma individual e concreta, o que se aplica também às presunções, tanto em âmbito de subsunção do tipo presuntivo hipotético (dito *iuris et de iuris*) quanto na forma de enunciado factual (dito *iuris tantum*). Neste último caso, é o problema da interpretação extensiva ou da analogia, mecanismos que embatem com a noção de tipo tributário e da taxatividade dos tributos e das presunções postas em lei, nas que lá estão auxiliando na conformação de novos fatos à realidade jurídica, atualizando o código. Cabe ao aplicador, por seu turno, resguardar aqueles sentidos e propósitos iniciais da norma para, observando as particularidades do caso em concreto e as imposições de ordem sistêmica, mantê-las em sua integridade, sem trazer critérios subjetivos de apreciação concreta, tal qual firmou Alberto Xavier em citação *supra*.[31] Na mesma linha, o aplicador deve verificar se a finalidade da lei se encontra atingida no caso concreto.

Portanto, deixamos patente que o aplicador deve resguardar o princípio da tipicidade cerrada na positivação da norma individual e concreta. Isto pode se dar de duas formas, mas as imposições do preceito constitucional são as mesmas: verificação objetiva, em linguagem das provas em direito admitidas, da existência de todos os critérios impostos em lei no fato jurídico (em sentido amplo). No primeiro caso, quando posto o tipo presuntivo em lei pelo legislador, o aplicador deverá fazer demonstrar na forma competente (provas) a existência do fato presumido e seu vínculo normativo com o fato jurídico em sentido estrito, este último ensejador do tributo. Em âmbito fiscal, a presunção do fato não exime a Administração Pública do dever de provar o enunciado factual presumindo seu vínculo com o antecedente da norma exacional. No enunciado probatório, deverá estar comprovada a ocorrência da ação

---

31. XAVIER, Alberto. *Tipicidade da tributação, simulação e norma antielisiva*. São Paulo: Dialética, 2001. p. 19.

presumida num dado tempo e espaço. Esta é a consequência inarredável do cânone de que tudo deve estar na lei e nos moldes como previstos por ela. Sobre o assunto vêm a ponto as lições Paulo de Barros Carvalho:

> [...] a presunção da legalidade do proceder administrativo, de modo algum, é extensiva aos fatos tomados em consideração por esses atos, de sorte que **o Poder Público fique na contingência de provar a relação de base da presunção, restando ao contribuinte ainda a possibilidade de infirmar o fato presumido, mediante apresentação da oportuna prova em contrário. Nesta linha é que se afirma ser só a lei o instrumento adequado para estabelecer os elementos constitutivos da obrigação"**[32] (grifos nossos).

Na segunda hipótese, a tipicidade garante a construção do enunciado factual presuntivo pelo aplicador nos limites dos tipos – não presumidos – em direito admitidos. Aqui é o lugar por excelência em que as analogias aparecem como formas ditas *integrativas* do direito, buscando dar respostas *ali onde não houver*. Cremos haver uma série de impropriedades neste modo de dizer, o que justifica a marcação em itálico das expressões. Assumindo o ordenamento como formulação completa e as normas como proposição construída pelo exegeta a partir do texto, o enunciado factual da presunção já nasce no direito como preceito permitido em lei, mas nos limites dos tipos já previstos nela. E o pensamento não poderia ser outro, tendo em vista "o imperativo de que todos os elementos necessários à tributação do caso concreto se contenham e apenas se contenham na lei".[33] A analogia deve ir até onde vai a formulação típica que menos exija variação ou ampliação semântica dos termos em lei adotados. O sentido dos critérios deve permanecer íntegro, na amplitude

---

32. CARVALHO, Paulo de Barros. *Direito tributário, linguagem e método*. 3. ed. São Paulo: Noeses, 2009. p. 907.

33. XAVIER, Alberto. *Os princípios da legalidade e da tipicidade da tributação*. São Paulo: RT, 1978. p. 91-92.

conceptual da palavra, levando-se em consideração, ademais, as particularidades do subdomínio do direito em que a previsão se insere. No subconjunto tributário, não há como fazer cumprir a tipicidade cerrada ou a legalidade material pelo aplicador nos tipos presuntivos factuais (ou *hominis* como usualmente chamados), sem que se observem as imposições dos arts. 108 a 112 do CTN.

O Poder Administrativo está adstrito aos preceitos normativos. Esta é a diretriz ontológica da ordem pública. Não pode tributar fora da lei ou abri-la. No campo fiscal, a imposição é reforçada mais ainda de modo que, não havendo previsão hipotética legal expressa e específica, é vedado ao Fisco o emprego da analogia para resultar na exigência de tributo não previsto em lei, como bem o prescreveu o parágrafo 1º do art. 108 do CTN. Logo, inexistindo previsão expressa criando tributo, não pode o Fisco introduzir presunção do tipo factual por analogia ou, quem assim também o entender, por interpretação extensiva alargando o conceito de lei para fazer incidir a regra-matriz no caso em concreto. Em face do enunciado acima indicado, é clara a prescrição: as presunções do tipo factuais são inadmitidas para fins de exigência de tributo não previsto em lei.

Nesse sentido, ademais, cabe registrar uma última advertência. Na subsunção do fato à norma, cabe ao aplicador observar não os fatores econômicos presentes no ato presuntivo, mas restringir-se aos critérios jurídicos, constitutivos da hipótese antecedente, ainda que presumidos pela lei. Questões de ordem econômica não mais estão em jogo no plano da aplicação do direito. O ordenamento jurídico não toma emprestada a realidade econômica para incidir na ordem social. Constrói sua própria realidade e permanece nela, na autopoiese constitutiva de sua condição de sistema. Na positivação da norma, são apenas os elementos da hipótese os fatores jurídicos necessários para se proceder à incidência da regra presuntiva ou da hipótese legal no enunciado factual, tal como reforça Alfredo Augusto Becker:

O intérprete da lei tributária deverá investigar sua incidência exclusivamente sobre o fato *jurídico* (e desde que revestido daquela *espécie* jurídica preestabelecida pelo legislador) e não sobre a realidade econômica que lhe corresponde ou corresponderia.[34]

Vem a calhar decisão proferida pelo Conselho de Contribuintes ao entender que os fatos alegados devem *estar, necessária e suficientemente, enquadrados no tipo legalmente descrito*:

> *Processual. Multa. Enquadramento. Tipicidade cerrada.* Os fatos acusados como infração deverão estar **necessária e suficientemente enquadrados** no tipo legalmente descrito, sob pena de afronta ao princípio da tipicidade cerrada indispensável para sustentar a pena aplicada. Recurso negado.[35]

Os atributos *necessário* e *suficiente*, a nosso ver, reforçam dois aspectos quanto à tipicidade cerrada em âmbito das presunções factuais, respectivamente: (i) perfeito enquadramento do fato presumido à hipótese legalmente prevista; (ii) sem que se alterem os verdadeiros significados da palavra, levando-se em consideração seu sentido linguageiro, técnico-jurídico e específico do subdomínio do direito adotado, assim como (iii) adequação do fato jurídico em sentido estrito aos fatos presuntivos. Por esse modo, é forçosa a ilação de que inexistem limites interpretativos ou imaginativos expressos ao intérprete no direito em âmbito das presunções factuais. As limitações são presentes e suas imposições se fazem sentidas na forma dos três critérios exegéticos acima enumerados.

No plano formal, o princípio da legalidade surge, efetivamente, naquela exigência de veículo introdutor de norma idôneo, i. e., regra que seja formulada por órgão titular de função legisla-

---

34. BECKER, Alfredo Augusto. *Teoria geral do direito tributário*. 4. ed. São Paulo: Noeses, 2007. p. 537.

35. Ministério da Fazenda, Conselho Administrativo de Recursos Fiscais, 2ª Turma, Proc. 10907.000925/96-43, Recurso: 213631, Acórdão: CSRF/02-01.525, Rel. Rogério Gustavo Dreyer, Sessão: 26/01/2004.

tiva (reserva de lei formal)[36] e mediante o adequado procedimento. Para o legislador, o referido cânone impõe seja observado o tipo normativo correto em face dos conteúdos prescritos. Assim, tendo em vista que a Carta Magna prescreve procedimentos diferentes para conteúdos diversos, cabe ao legislador, no cumprimento da legalidade formal, perceber qual tipo de enunciado foi introduzido e, por decorrência, qual procedimento a ser realizado. O aplicador do direito, por sua vez, para fazer prevalecer a legalidade formal, deve, no ato de positivação da norma jurídica individual e concreta, realizar o procedimento correto, preservando os aspectos intrínsecos[37] e extrínsecos[38] do ato jurídico perfeito.

Damos por assente que, na aplicação do direito, legalidade material e formal andam juntas. É nelas que o ato jurídico individual e concreto, assumido aqui em seu sentido mais amplo de norma introdutora e introduzida, irá buscar seu fundamento de validade. O princípio põe em evidência os limites da atividade do Poder Legislativo na criação das presunções, e do Poder Executivo, na figura da Administração Pública, ao positivá-las no caso em concreto. E, quanto a esta última, relevemos que cabe ao Fisco ter este cânone sempre em vista para legitimar os atos, tal como nos relembrou Alberto Xavier:

> [...] a necessidade de que toda a conduta da Administração tenha o seu fundamento positivo na lei, ou, por outras palavras, que a lei seja o pressuposto necessário e indispensável de toda a atividade administrativa.[39]

---

36. Em face da extrafiscalidade, são exceções ao princípio da legalidade formal II; IE; IPI; e IOF, podendo ter suas alíquotas majoradas e reduzidas pelo Poder Executivo (Decreto presidencial).

37. São elementos intrínsecos ao ato: (i) motivação ou descrição do motivo do ato; (ii) sujeito enunciador ou emissor; (iii) sujeito receptor ou destinatário da norma; (iv) nexo normativo relacional; e (v) conduta prescritiva modalizada pelo relacional.

38. São aspectos extrínsecos ao ato: (a) autoridade ou agente competente; (b) objeto lícito; (c) procedimento previsto em lei; (d) publicidade em sentido lato; (e) motivo do ato; e (f) finalidade ou objetivo.

39. XAVIER, Alberto. *Os princípios da legalidade e da tipicidade da tributação.* São Paulo: RT, 1978. p. 17.

Feitas as considerações necessárias quanto à legalidade das presunções, passemos a analisar as imposições da igualdade.

5.6. Presunções e igualdade

Garantia eficaz para a boa aplicação do sistema tributário nacional, o princípio da igualdade é enunciado no art. 150, II, da CF/88.[40] O ditame reforça a neutralidade do ordenamento jurídico perante seus súditos, que deve ser aplicado a todos de forma equânime e no limite de suas igualdades. Consultemos a síntese proposta por Ruy Barbosa:

> A regra da igualdade não consiste senão em quinhoar desigualmente aos desiguais, na medida em que se desigualam. "Nesta desigualdade social, proporcionada à desigualdade natural, é que se acha a verdadeira lei da igualdade."[41]

A desigualdade, como bem relembrou o jurista, é algo natural das relações humanas. E não poderia ser diferente, pois todos somos distintos uns dos outros, de modo que nossas atitudes, nossas opções, nossos pensamentos, quando exteriorizados em ações, são causas que proporcionam essa diversidade, essa desigualdade. O Estado, em sua função de organizar a sociedade e conter a ordem posta, garante aos indivíduos igualdade instituída em lei. *Convivendo* com as desigualdades natural e social, a igualdade jurídica é regra de direito que prescreve a ideia de equidade de tratamento pela ordem posta. É pois "uma *garantia do indivíduo* e não *do Estado*".[42]

---

40. "Sem prejuízo de outras garantias asseguradas ao contribuinte, é vedado à União, aos Estados, ao Distrito Federal e aos Municípios instituir tratamento desigual entre contribuintes que se encontrem em situação equivalente, proibida qualquer distinção em razão de ocupação profissional ou função por eles exercida, independentemente da denominação jurídica dos rendimentos, títulos ou direitos."

41. BARBOSA, Rui. *Oração aos moços*. São Paulo: Martin Claret, 2003. p. 19.

42. AMARO, Luciano. *Direito tributário brasileiro*. 14. ed. São Paulo: Saraiva, 2008. p. 136.

A referida imposição superior é prescritiva de conduta do legislador e do aplicador, como não poderia deixar de ser. Para o primeiro, o ditame veda que se dê tratamento diferenciado em lei para situações que se apresentem iguais ou equivalentes. Para o segundo, a regra requer aplicação uniforme do direito, proibindo que se diferenciem pessoas, juridicamente iguais, nos casos em concreto para atribuir efeitos normativos diversos a cada qual.

É vedado ao aplicador, ao seu livre-arbítrio, ora submeter os sujeitos a um determinado proceder legal, ora a outro como bem o entender. O princípio da igualdade pede constância, coerência e previsibilidade no modo de positivar as normas. Não cabe ao exegeta autêntico levar o caso em concreto ao solo estéreo do subjetivismo, regulando as condutas conforme seus sentimentos ou sensações. Evidentemente que não há como dessubjetivar a incidência da ordem posta por completo, visto que, ainda que implícito ou em linguajar objetivo, o sujeito sempre estará no texto por ele exarado, com todo o seu subjetivismo. Contudo, sua atuação não é ilimitada. Seus limites encontram-se justamente na letra da lei, como já ponderado várias vezes. Cabe ao intérprete tratar desiguais aos desiguais no limite de suas desigualdades, sem com isso ultrapassar o âmbito legal, constituindo novos direitos e deveres sem fundamento de validade.

Segundo as imposições da legalidade, o fator de discriminação deve atinência aos propósitos do sistema ou da própria lei. Tanto em âmbito legal (legislador) quanto em planos de incidência (aplicador) há sim que proceder à escolha de elemento que mantenha: (i) necessária correlação lógica entre o critério de *discrímen* e a desequiparação pretendida, assim como (ii) faça prevalecer os valores resguardados pela Constituição. É aqui também que se dá a correlação e congruência entre a igualdade e o princípio da razoabilidade, uma vez que "entre o critério de diferenciação escolhido e a medida adotada há uma relação entre uma qualidade e uma medida adotada: uma qualidade não leva à medida, mas é critério intrínseco a ela".[43]

---

43. ÁVILA, Humberto. *Teoria dos princípios*: da definição à aplicação dos princípios jurídicos. São Paulo: Malheiros, 2003. p. 103.

Nesta mesma toada, Celso Antônio Bandeira de Mello nos apresenta os primeiros critérios para atender às garantias constitucionais da igualdade no âmbito das presunções mediante observância do vínculo entre o fator de discriminação e o desequilíbrio pretendido:

> [...] quando existe um vínculo de correlação lógica entre a peculiaridade diferencial acolhida, por residente no objeto, e a desigualdade de tratamento em função dela conferida, desde que tal correlação não seja incompatível com interesses prestigiados na Constituição.[44]

E as condições de constitucionalidade não param aí. Cabe ainda uma terceira imposição: traço diferencial próprio do objeto ou nele residente. Senão vejamos: "inadmissível, perante a isonomia, discriminar pessoas ou situações ou coisas (o que resulta, em última instância, na discriminação de pessoas) mediante traço diferencial que não seja nelas mesmas residente".[45]

Disso decorre a conclusão de que para proceder à distinção entre sujeito de modo constitucionalmente válido são imprescindíveis três condições:

(i) fator de discriminação próprio do objeto ou nele residente;

(ii) necessária correlação lógica entre o critério de *discrímen* e a desequiparação pretendida; e a

(iii) submissão deste aos valores resguardados pela Constituição.

No quadro conceptual das presunções jurídicas, sobreleva observar a presença inarredável deste princípio na exegese dessas três condições, esteja ele voltado ao regular da atividade

---

44. BANDEIRA DE MELLO, Celso Antônio. Imposto sobre a renda: depósitos bancários – Sinais exteriores de riqueza. *Revista de Direito Tributário*, São Paulo, ano 7, n. 23-24, p. 24, jan.-jun. 1983.

45. Idem, ibidem, p. 38.

do legislador, como também ao do aplicador. Tanto em planos abstratos (presunções hipotéticas) como em concretos (presunções factuais), é necessário que no enunciado presuntivo a igualdade seja defendida; concretamente observável quando assumidos esses três critérios acima elucidados.

Interessante discussão envolvendo esse tema, no âmbito das presunções hipotéticas, é a discriminação produzida pelo Fisco no regime de estimativa do ISS. Partimos da premissa segundo a qual a sistemática por estimativa do ISS é uma forma de criação, fiscalização e cobrança de tributo estadual, fundado em presunções do tipo hipotéticas, institutivas de regimes jurídicos diferenciados. A disciplina por estimativa do ISS, de acordo com a legislação vigente, pode ser implementada para determinados seguimentos de prestadores de serviços por discricionariedade do Fisco. Em outras palavras, a Administração Pública atribui regime diferenciado, muitas vezes exonerativos de tributos, a alguns setores de serviços, excluindo os demais, inaptos a usufruir tal benefício fiscal. A diferenciação se dá sem embasamento legal pelo Executivo, ou seja, inexistindo fundamento de validade do ato em lei. Já bem alertou Alberto Xavier que se submetem aos ditames da legalidade "não só o fundamento da conduta da administração, mas também o próprio critério de decisão no caso concreto".[46] Ora, nesta atitude do Fisco, vê-se verdadeira afronta ao ditame da igualdade, pois: (i) o fator de discriminação pelo executivo é aleatório, desconsiderando-se se é próprio do objeto ou nele residente; (ii) inexiste correlação lógica entre o critério de *discrímen* e a desequiparação pretendida; e, por fim, (iii) os valores resguardados pela Constituição não foram observados tal como se depreende da inaplicabilidade do princípio da legalidade na referida situação.

E outros muitos exemplos poderiam ser aqui enunciados tanto no âmbito das presunções produzidas pelo legislador

---

46. XAVIER, Alberto. *Os princípios da legalidade e da tipicidade da tributação.* São Paulo: RT, 1978. p. 37.

quanto pelo aplicador. O importante é firmar que, em toda situação presuntiva, é imprescindível localizar as três condições que confirmam, afirmam ou infirmam a igualdade na norma presuntiva, seja ela geral e abstrata ou ainda geral e concreta.

5.7. Presunções e capacidade contributiva

Decorrência do cânone da igualdade é a diretriz da capacidade contributiva. Preceito que se põe no § 1º do art. 145 da CF/88.[47] O referido princípio é subdividido em duas facetas: uma voltada para a atitude do legislador na escolha de fato signo de riqueza, observando-se o antecedente da norma, sendo também chamada de capacidade contributiva objetiva ou absoluta; outra direcionada ao consequente da proposição jurídica, examinando-se se o aplicador confere tratamento igual às partes na ponência da regra no caso em concreto. Aqui é denominada por capacidade contributiva subjetiva ou relativa. Encontra-se nesta última a assimilação entre o aludido cânone e o princípio da igualdade acima elucidado. Mas a proximidade entre eles ultrapassa o simples fator de tratamento igualitário entre as partes; está também na escolha da discriminação da carga tributária em face da capacidade contributiva do contribuinte. Segundo Regina Helena Costa, é necessário que:

> [...] as discriminações efetuadas pela lei tributária apresentem relação de causalidade entre o discrímen eleito e a distinção procedida em razão dele, o que ocorre na aplicação da capacidade contributiva – maior riqueza, maior carga tributária.[48]

---

47. O § 1º do art. 145 da CF/88 prescreve com a seguinte formulação: "Sempre que possível, os impostos terão caráter pessoal e serão graduados segundo a capacidade econômica do contribuinte, facultado à administração tributária, especialmente para conferir efetividade a esses objetivos, identificar, respeitados os direitos individuais e nos termos da lei, o patrimônio, os rendimentos e as atividades econômicas do contribuinte".

48. COSTA, Regina Helena. *Princípio da capacidade contributiva*. 3. ed. rev. e ampl. São Paulo: Malheiros, 2003. p. 42.

Portanto, o princípio da capacidade contributiva é uma decorrência da igualdade, sem que, contudo, se resuma a ela. Dizendo de outra forma, suplanta-a sem sair dela. Em aprofundado estudo sobre o tema, Fernando Zilvetti a define: "capacidade contributiva é o princípio segundo o qual cada cidadão deve contribuir para as despesas públicas na exata porção de sua capacidade econômica".[49] Com efeito, a capacidade contributiva é garantia constitucional de não ser tributado além de sua possibilidade econômica. Disso decorre que, embora a Carta Maior diga referir-se tão somente a impostos, o preceito do art. 145, § 1º, é aplicável também a outras espécies tributárias como taxas e contribuições de melhorias e especiais. Seria um *sem-sentido* preservar a capacidade contributiva apenas para os impostos. Há que assumi-la em face da ordem fiscal como um todo.

Voltado ao legislador, o cânone requer seja eleito *fato signo de riqueza* para fins fiscais. A referida expressão comporta desde já ideia inerente às presunções: por tais signos de riqueza, admite-se haver renda, e com ela capacidade contributiva. Presumindo com base na probabilidade dessa riqueza exteriorizada em atos, coisas ou situações, o legislador sai construindo em lei os tipos jurídicos ou hipóteses tributárias, referências estas que devem ser, relembremos, *sígnicas de riqueza*. Com tais dizeres, vê-se desde já que a presunção em lei é própria de todos os tipos hipotéticos em lei, está na base de toda previsão legal, instituindo legalmente a probabilidade como verdade ou como fato jurídico ele mesmo.

Quando o texto constitucional prescreve que o legislador deve "graduar um tributo segundo a capacidade econômica do contribuinte", quer dizer que este deverá mensurar pela hipótese ou pelo fato jurídico tributário a possibilidade econômica do contribuinte em colaborar para o erário com o pagamento

---

49. ZILVETI, Fernando Aurélio. *Princípios de direito tributário e a capacidade contributiva*. São Paulo: Quartier Latin, 2004. p. 134.

de tributos. Principalmente nos tributos indiretos, ao escolher/ selecionar os critérios compositivos da hipótese jurídica, o legislador deve guardar atinência aos signos presuntivos de riqueza sobre os quais se projeta. Não pode extrapolar tais referências assumindo elementos de outras ordens com o objetivo unicamente de aumentar a arrecadação. Dito de outro modo, o critério distintivo e constitutivo da hipótese tributária deve ser jurídico, observando-se o sistema positivo ainda que tenha por base elementos econômicos ou contábeis. O que o legislador não pode fazer é simplesmente transportar conceitos de outras ordens sem levar em conta seus sentidos e mecanismos de base, do sistema a que pertencem, assumindo-os no direito de forma deturpada. Firmemos que a palavra tem algo de sagrado e, assim, não deve sofrer conspurcação.

Na tributação da renda pelo IR, é o caso de querer tributar variação cambial, fluxo de caixa, meras movimentações financeiras, entre outros, assumindo todos como renda pelo simples fato de exteriorizarem saldos positivos. Lembremos que *renda* não somente é saldo econômico positivo, como é algo que também deve ser acréscimo patrimonial. Ora, de fato, à primeira vista, saldo positivo em conta transparece signo de riqueza. Juridicamente, porém, a situação deve ser tomada nos moldes da disciplina contábil da renda, e não a alterando para fins fiscais, extrapolando seu sentido de origem. Para o direito, renda deve ser necessariamente saldo econômico positivo que faz agregar patrimônio. Sem o acréscimo no conjunto de bens da pessoa, inexiste renda e a tributação não pode admiti-la enquanto tal. Se assim não fosse, estaríamos permitindo tributação que infrinja capacidade contributiva objetiva ou absoluta do contribuinte. Presume-se o que *poderia ser*, mas não o é. Para além do rigor, em diversas situações, poderíamos dizer que, incidindo tributo em ocorrências que não configuram renda, a lei, em verdade, institui não uma presunção de direito, mas verdadeira ficção jurídica, tributando aquilo que não é desde sempre e que nunca poderia ser. Assim, dependendo do grau de possibilidade concreta do suceder, determinados saldos positivos assumindo em lei como renda poderiam ser ora situações de presunção, ora de ficção. A segunda de tudo inadmissível em face de um ordenamento que preserva capacidade contributiva do contribuinte; a primeira, permitida se o grau de proximidade entre tais conceitos de fato for suficientemente forte para justificar tal situação.

Retornemos desses pensamentos para, em breves comentários, identificar o proceder da presunção no tipo e as vedações trazidas pelo aludido princípio constitucional em sua positivação. A correspondência do tipo, inicialmente presuntivo, é estabelecida pelo legislador observando-se fatores econômicos. A partir deles, estabelece juridicamente relação entre fato econômico – índice ou presuntivo – e fato jurídico – em sentido estrito, enunciando a norma. Os fatos econômicos figuram como fatos presuntivos, enquanto o fato presumido é o próprio enunciado hipotético admitido como signo de riqueza em planos jurídicos. Positivando o raciocínio presuntivo, o legislador institui o tipo, prescrevendo em lei presunção hipotética. Na determinação da hipótese jurídica presumida, cabe a este observar *o que realmente acontece*, na dinâmica das relações humanas e na forma como indicado pelas ordens em que os signos se inserem: se fator econômico, segundo as imposições do sistema econômico; se elemento contábil, conforme observância da ordem contábil. O legislador, como *poeta do direito*, a princípio pode criar a realidade jurídica que quiser. Contudo, em face das garantias constitucionais no campo tributário, deverá fazê-lo em atenção, entre outros princípios, à capacidade contributiva absoluta ou objetiva. Isto quer dizer que os critérios assumidos pela presunção como *signos de riqueza* devem refletir de fato algum enriquecimento econômico efetivo, exteriorizados ou não pela linguagem contábil. Certamente, com isso não queremos dizer que o legislador deve observância à ordem econômica. Pelo contrário, a observa e a assume como referência a título de político do direito, mas nela não permanece ao positivar a norma. Afinal, o ordenamento positivo não serve para coincidir com a realidade econômica, mas nela incidir. Desse modo, as presunções em lei se limitam ao campo da possibilidade, seja social ou econômica, e a partir dela juridicamente prescreve nos limites permitidos pela capacidade contributiva daquele em que ela recai.

Vem a propósito aqui fazer uma última observação no tocante à capacidade contributiva absoluta ou objetiva. As presunções em âmbito hipotético-legal muitas vezes comparecem no direito como formas de facilitar e assegurar a constituição do fato jurídico. Contribuem no direito em âmbito probatório, facilitando as atividades do Fisco em arrecadar e fiscalizar tributos. Sobre o assunto tomemos as lembranças de Alfredo Augusto Becker:

> Em muitíssimos casos, o legislador deliberadamente escolheu como signo (índice ou presunção) de capacidade contributiva um determinado fato jurídico (ato, fato ou situação de fato) de mais fácil e segura identificação e captação que o fato econômico esquivo que normalmente corresponde aquele fato jurídico.[50]

A segurança defendida pelo jurista remete-se à questão puramente probatória. Não é qualquer fato, mas aquele provado. Logo, as presunções não eximem ninguém, o Fisco inclusive, de provar para fins fiscais. Contudo, o tema pode ser debatido sob outro enfoque, antes mesmo da positivação da regra. O problema se encontra na atitude do Fisco em assumir um fato pelo outro, atribuindo efeitos jurídicos deste àquele, tendo em vista a dificuldade probatória do fato jurídico em sentido estrito. Admite um fato pelo outro *como se fossem* iguais. É justamente a essa relação presuntiva entre dois fatos juridicamente distintos que se volta a atenção neste momento.

Ora, se se diz que um fato é entendido *como se fosse* outro, pela simples prescrição já sabemos que mesmo juridicamente, antes da relação presuntiva, os fatos já eram considerados distintos. Sendo distintos desde para o direito, a atribuição dos

---

50. BECKER, Alfredo Augusto. *Teoria geral do direito tributário*. 4. ed. São Paulo: Noeses, 2007. p. 537.

efeitos de um a outro pelo legislador pode muitas vezes onerar o contribuinte, afetando sua capacidade contributiva. É o caso das presunções que dispõem sobre critérios da regra-matriz, alargando, de certo modo, as hipóteses nela incidentes. Tendo em vista o preceito da capacidade contributiva, há que concluir, portanto, que as presunções hipotéticas em âmbito tributário devem ser evitadas para fins de definição dos elementos da regra-matriz de incidência tributária.[51] Ademais, ainda que forem utilizadas para estes fins, deve estar prevista a forma devolução integral, efetiva e eficaz do *quantum* pago a maior em face da formulação hipotética presuntiva de quaisquer dos critérios da regra-matriz de incidência tributária. A inexistência de tal preceito torna a presunção hipotética inconstitucional, com afronta direta ao princípio da capacidade contributiva absoluta ou objetiva.

Ao aplicador, por sua vez, no processo de positivação da norma geral e abstrata no caso em concreto, cabe proceder à exata subsunção do fato presuntivo à norma, fazendo observar a capacidade contributiva relativa ou subjetiva. Deve aplicar a regra mantendo-se o padrão de referência da hipótese, nela permanecendo sempre e por ela mantendo constantes as imposições e consequências jurídicas. É pela previsão hipotética que o aplicador fará irromper a consequência jurídica, devendo a partir desta última conferir tratamento igual às partes que nela se enquadrarem. A capacidade contributiva relativa ou subjetiva requer esta garantia no ato de aplicação da regra jurídica. Não pode o aplicador da regra assumir consequências jurídicas diversas ao seu bel prazer. Está subordinado aos termos da lei, da causalidade jurídica ali fixada. Qualquer tratamento diferenciado expressamente autorizado em lei é causa de inconstitucionalidade da norma individual e concreta expedida pelo Fisco.

---

51. Este também é o pensamento de José Luiz Pérez de Ayla em face das ficções jurídicas. Vide em: *Las ficciones en el derecho tributario*. Madri: Editorial de Derecho Financiero, 1970. p. 201.

5.8. Presunções e o princípio da propriedade e da proibição de tributo com efeito de confisco

A propriedade é instituição formadora da ordem jurídica. Podemos sem medo asseverar que ela foi aquilo que deu causa ao nascimento do Estado e à organização do sistema normativo. O direito à propriedade é direta e indiretamente reiterado ao longo da Carta Maior, e muito mais o é ainda no plano infraconstitucional. Por seu turno, no *caput* do art. 5º[52] é garantido como direito fundamental, encontrando-se entre outros direitos primordiais como à vida, à liberdade, à igualdade, à segurança.

No direito tributário, surge não só na forma de garantia à propriedade do contribuinte, mas como limitação à União, aos Estados, ao Distrito Federal e aos Municípios. O art. 150, IV, da CF/88 veda aos entes fiscais o uso de tributo com efeito de confisco, o que fez insurgir aquilo que se entende por *princípio do não confisco* ou da *proibição de tributo com efeito de confisco*. Muitos o associam não à propriedade diretamente, ainda que a mencionem num comentário ou noutro, mas como decorrência da igualdade ou da própria capacidade contributiva,[53] ou ainda do princípio da razoabilidade ou da

---

52. Também está presente nos seguintes enunciados do Texto Magno:
"Art. 5º
[...]
XXII – é garantido o direito de propriedade;
XXIII – a propriedade atenderá a sua função social".
"Art. 170. A ordem econômica, fundada na valorização do trabalho humano e na livre iniciativa, tem por fim assegurar a todos existência digna, conforme os ditames da justiça social, observados os seguintes princípios:
[...]
II – propriedade privada."
53. "Estamos vendo que é confiscatório o **imposto que, por assim dizer, 'esgota' a riqueza tributária das pessoas**, isto é, que não leva em conta suas capacidades contributivas" (grifos nossos) (CARRAZZA, Roque Antonio. *Curso de direito constitucional tributário*. São Paulo: Malheiros, 1998. p. 70).

proporcionalidade[54] da tributação. Outros, como Ricardo Lobo Torres,[55] chegam a considerá-lo como hipótese de imunidade tributária de patrimônio mínimo necessário à sobrevivência da propriedade privada, o que equivale dizer que o confisco se apresentaria como extinção da propriedade. Reforça a inexistência de critérios objetivos para determinar situação confiscatória, e o autor encontra saída asseverando que a exegese deve se pautar pela razoabilidade da norma, em sua formação e em sua aplicação.

Com essas ponderações, pretendemos deixar evidentes a plurissignificação do termo e sua amplitude aplicativa no âmbito tributário. Tudo pode ser entendido como efeito confiscatório, dependendo dos pontos de partida adotados. Ora, a natureza do referido cânone propicia esta largura semântica. O princípio do não confisco é um valor, indeterminável e indefinível pela sua própria natureza axiológica. Na forma de valor, deve ser assumido tanto pelo legislador quanto pelo aplicador, cabendo a ambos verificar a presença desse cânone segundo as ideias a que ele se remete, como o direito fundamental da propriedade.

Analisemos trecho de Marciano Buffon ao buscar critérios objetivos para determinar o que seja tributação confiscatória:

> [...] deve-se considerar confiscatória toda exigência tributária **que absorva significativamente o patrimônio ou que venha a comprometer o bom funcionamento de pessoas jurídicas**, gravando-as de forma desmedida ou incompatível com suas atividades[56] (grifos nossos).

---

54. "Não precisa haver qualquer disposição expressa a respeito. Infere-se do princípio da igualdade e do seu corolário ora em estudo. **O confisco seria desproporcional à capacidade contributiva**, seria o aniquilamento desta, o que violaria a graduação determinada pela Lei Maior" (LACOMBE, Américo Lourenço Masset. *Princípios constitucionais tributários*. São Paulo: Malheiros, 1996. p. 29).

55. TORRES, Ricardo Lobo. *Curso de direito financeiro e tributário*. Rio de Janeiro: Renovar, 1993. p. 56.

56. BUFFON, Marciano. *O princípio da progressividade tributária na Constituição Federal de 1988*. São Paulo: Memória Jurídica, 2003. p. 80.

Evidentemente que a absorção *significativa* do patrimônio é algo subjetivo, a ser analisado topicamente nos casos apresentados ao direito, assim como o *comprometer do bom funcionamento* de pessoas jurídicas também se enquadra numa assunção do que seja prejuízo à sociedade, dependendo inclusive das experiências empresariais já passadas pelo exegeta, da maturidade intelectual do sujeito, etc. E não poderia ser diferente. O confisco, como valor, é indeterminável, pede um objeto concreto para valorar. Sua definição objetiva ou seus limites no mais das vezes se apresentarão tão só na solução do caso em concreto, e mesmo ass, sendo impossível dele obter regra geral que o determine em termos genéricos.

O Supremo Tribunal Federal, em julgamento de ADI 551/RJ, manifestou-se no sentido de definir que seja não confisco relacionando-o com o direito de propriedade constitucionalmente garantido:

> Ementa: *Ação direta de inconstitucionalidade. §§ 2º e 3º do art. 57 do Ato das Disposições Constitucionais Transitórias da Constituição do Estado do Rio de Janeiro. Fixação de valores mínimos para multas pelo não-recolhimento e sonegação de tributos estaduais. Violação ao inciso IV do art. 150 da Carta da República.* **A desproporção entre o desrespeito à norma tributária e sua consequência jurídica, a multa, evidencia o caráter confiscatório desta, atentando contra o patrimônio do contribuinte**, em contrariedade ao mencionado dispositivo do texto constitucional federal. Ação julgada procedente.[57]

Em voto decisivo e esclarecedor, o Ministro Relator Ilmar Galvão assim o define:

> Ou seja, a atividade fiscal do Estado não pode ser onerosa a ponto de afetar a propriedade do contribuinte, confiscando-a a título de tributação.

---

57. STF, Tribunal Pleno, ADI 551/RJ, Rel. Min. Ilmar Galvão, j. 24.10.2002.

> Tal limitação ao poder de tributar estende-se, também, às multas decorrentes de obrigações tributárias, ainda que não tenham elas natureza de tributo.
>
> [...]
>
> Desse modo, o valor mínimo de duas vezes o valor do tributo como consequência do não-recolhimento apresenta-se desproporcional, atentando contra o patrimônio do contribuinte, em evidente efeito de confisco.
>
> [...]
>
> Recorda-me, no caso, o celebre acórdão do Ministro Aliomar Baleeiro, o primeiro no qual o Tribunal declarou a inconstitucionalidade de um decreto-lei, por não se compreender no âmbito da segurança nacional. Dizia o notável Juiz desta Corte que ele não sabia o que era segurança nacional; certamente sabia o que não era: assim, batom de mulher ou, o que era o caso, locação comercial.
>
> Também não sei a que altura um tributo ou uma multa se torna confiscatório; mas uma multa de duas vezes o valor do tributo, por mero retardamento de sua satisfação, ou de cinco vezes, em caso de sonegação, certamente sei que é confiscatório e desproporcional.[58]

A citação foi extensa, mas suficientemente elucidativa para o que aqui se quer defender no âmbito das presunções.

Firmemos que as presunções enquanto técnicas excepcionais de tributação submetem-se às orientações do referido cânone. E, como já asseverado, a diretriz se volta tanto à atividade legislativa, nas formulações de presunções hipotéticas, quanto ao plano de aplicação das normas, em que se encontram as presunções factuais. Ademais, pondere-se ainda que sua influência no domínio tributário se dá ora no campo dos tributos, em seu sentido estrito, ora no lugar das demais *obrigações tributárias* tomadas em seu sentido amplo, incluindo-se, portanto, deveres instrumentais e sanções fiscais.

---

58. STF, Tribunal Pleno, ADI 551/RJ, Rel. Min. Ilmar Galvão, j. 24.10.2002, voto do Min. Sepúlveda Pertence, p. 46.

Para o legislador, requer-se seja assegurado ao contribuinte a garantia de intributabilidade de parcela mínima necessária à sobrevivência da propriedade privada. Se a este é vedado fazê-lo segundo a técnica legislativa tributária comum na construção da regra-matriz de incidência tributária, muito mais o é no campo das presunções hipotéticas. É vedado ao legislador criar tributo por presunções, sem que garanta efetiva e eficaz restituição do valor presumido a maior, ou, quando comprovada a inocorrência do fato presumido, do valor integral pago indevidamente. A não devolução é causa de inconstitucionalidade, tendo em vista que se cobra tributo sem fundamento de validade, infringindo-se o princípio do não confisco na esfera tributária e, logo, da propriedade no domínio das orientações jurídicas gerais.

É o que acontece no campo da sistemática do ICMS na substituição tributária *para frente*. Cobrando tributo com base em fato gerador presumido, por tal técnica especial de tributação *antecipa-se* o tributo, quando porventura ocorrer o fato em momento posterior, presumindo-se, para tanto, a base de cálculo do ICMS. Institui-se um valor de venda presumido, proporcionando, dessa forma, um *quantum* a título de tributo.

No quadro das restituições, o STF vem decidindo no sentido de inadmitir devolução do valor presumido pago a maior na substituição tributária *para frente*, como se depreende do voto Ministro Marco Aurélio:

> [...] em atendimento ao princípio da segurança jurídica, em razão do fato gerador presumido ser definitivo, e não provisório e, em razão ainda da eficiência arrecadatória e facilidade fiscalizatória, a substituição tributária para frente "não possibilita a devolução do valor pago a maior".[59]

Pedimos vênia ao Ministro Marco Aurélio, jurista de muita lição, para asseverar ser a referida exegese uma afronta ao

---

59. STF, ADIn 2.777/SP, Rel. Min. Cezar Peluso, voto-vista Ministro Nelson Jobim, j. 07.10.2003.

princípio do não confisco e da propriedade (privada). Que segurança jurídica é essa ao se admitir tributação com base em técnica presuntiva sem direito à devida restituição de valor comprovadamente pago a maior ou de forma indevida (quando não ocorrido o fato)? Ainda que a natureza axiológica do não confisco prejudique sua orientação objetiva no plano dos tributos, seu valor é percebido na presente situação, apresentando-a como forma nitidamente prejudicial à ideia de propriedade, razoabilidade da tributação e capacidade contributiva. É inadmissível que se tribute presumindo sem garantir o devido direito à restituição ainda que mediante lei. A inexistência de preceito que assegure tal devolução é fator suficiente para tornar inconstitucional a referida presunção hipotética com base nos arts. 5º, *caput*, e 150, inc. II e IV.

Também o aplicador do direito deve resguardar o aludido cânone no ato de aplicação da norma. As presunções que ingressam no sistema na forma de enunciado factual são inadmissíveis para criar tributo, como já vimos pelo preceito do § 1º do art. 108 do CTN. Na exegese dos critérios da regra-matriz de incidência, caberá ao aplicador sempre limitar a que a exigência tributária, principal ou acessória, *não absorva o patrimônio ou comprometa o bom funcionamento da pessoa jurídica, gravando-as de forma desmedida ou incompatível com suas atividades*. Deve o exegeta ser razoável e aplicar o direito de forma proporcional, preservando as garantias mínimas ao contribuinte constitucionalmente firmadas.

5.9. Presunções e proporcionalidade

O princípio da proporcionalidade não está expresso na Constituição de 1988. É deduzido pela compreensão sistematizada da ordem constitucional, principalmente observados os preceitos dos arts. 1º (Estado Democrático de Direito), 5º, LIV,[60]

---

60. Segundo Gilmar Ferreira Mendes: "a própria jurisprudência do Supremo Tribunal Federal evoluiu para reconhecer que esse princípio tem hoje a sua

da CF/88 (Devido Processo Legal), e as orientações gerais do Preâmbulo (Justiça). É utilizado, precipuamente, para harmonizar valores e princípios, especialmente na ocorrência de tensão entre princípios.

O princípio da proporcionalidade é assumido como conjugação de três orientações: (i) a da pertinência, aptidão ou adequação do meio utilizado para alcançar determinado fim de interesse público; (ii) a da exigibilidade ou necessidade da medida para lograr tal fim; e (iii) a da proporcionalidade *stricto sensu* na escolha do meio específico.[61] Nesta toada, atua de duas formas no plano das presunções: (i) é instrumento de

---

sedes materiae no art. 5º, inciso LIV, da Constituição Federal" (A proporcionalidade na Jurisprudência do Supremo Tribunal Federal. *Repertório IOB de Jurisprudência*, 1ª quinzena, n. 23/24, p. 475-469, dez. 1994 (numeração decrescente)).

61. Sobre o assunto, vejamos a síntese proposta por Marcus Vinícius Buschmann: "[...] a doutrina alemã averiguou a existência de três elementos que formam o conteúdo do princípio da proporcionalidade: a adequação (ou pertinência), a necessidade (ou exigibilidade) e a razoabilidade (ou proporcionalidade em sentido estrito).

A adequação, que trabalha com a realidade empírica, busca conferir **se o meio utilizado tem possibilidades reais de alcançar a finalidade pretendida**.

A necessidade, que também capta a experiência obtida na realidade, pode ser compreendida no sentido de que '**a medida não há de exceder os limites indispensáveis à conservação do fim legítimo que se almeja**, ou uma medida para ser admissível deve ser necessária'.

Assim podemos entender o elemento necessidade como uma mensuração entre os meios a serem utilizados pelo Poder Público e, posteriormente a esta avaliação, como uma escolha pela medida menos gravosa aos interesses individuais.

Por último e não menos importante, temos a razoabilidade ou proporcionalidade em sentido estrito.

Este elemento pode ser entendido como uma análise final da norma em questão, onde os meios e os fins são equacionados e o intérprete avalia se tais meios com suas vantagens e desvantagens, são relacionadas com determinados fins e, outrossim, se esses fins são realmente legítimos." (BUSCHMANN, Marcus Vinícius. A extrafiscalidade, o princípio da proporcionalidade e a ponderação de princípios no comércio exterior. *Revista Tributária e de Finanças Públicas*, ano 9, v. 39, p. 14-5, jul.-ago. 2001).

concretização prática dos valores constitucionais tanto em âmbito presuntivo-abstrato quanto enunciativo concreto; e (ii) é vedação ao arbítrio pelo aplicador ao fazer ingressar enunciado presuntivo factual.

No primeiro caso, a proporcionalidade ingressa no processo administrativo fiscal para coibir a utilização de presunções e ficções que instituam hipótese tributária em lei, as quais violam os princípios constitucionais, como o da capacidade contributiva e não confisco, já elucidados à frente.

Vimos que as presunções hipotéticas apresentam-se como forma de (i) facilitar a arrecadação, (ii) favorecer a tarefa da arrecadação tributária e sua subjacente atividade fiscalizadora, (iii) criar facilidades procedimentais para os agentes públicos, tudo isso no sentido de (iv) simplificar a gestão tributária como um todo. Num primeiro momento, foquemos nossas atenções nestas finalidades para, num instante subsequente, discorrer sobre seus objetivos extrafiscais. Os quatro fins das presunções hipotéticas acima aludidos contribuem, reiteramos, em favor da atividade do Fisco em âmbito tributário. Atuam ali onde houver deficiência probatória, necessidade de adequar a formulação hipotética às problematizações apresentadas pela realidade concreta, auxiliando a Fazenda na gestão dos tributos.

A discussão do vínculo entre meio e fim juridicamente instituídos se dá justamente em face da exegese do princípio da proporcionalidade. Humberto Ávila assim o elucida:

> Com efeito, o postulado da proporcionalidade pressupõe a relação de causalidade entre o efeito de uma ação (meio) e a promoção de um estado de coisa (fim). Adotando-se o meio, promove-se o fim: o meio leva ao fim.[62]

Na formulação da hipótese das presunções, é necessário que o vínculo de causalidade entre o meio presuntivo e o fim

---

62. ÁVILA, Humberto. *Teoria dos princípios*: da definição à aplicação dos princípios jurídicos. São Paulo: Malheiros, 2003. p. 102-103.

ou estado de coisa pretendido com este enunciado esteja de acordo com os valores constitucionais. A mera facilitação da atividade arrecadatória do Fisco não é causa suficiente para admitir sejam empregados enunciados presuntivos na formulação dos critérios da regra-matriz de incidência tributária. A presunção deve ser vedada como fator de construção de enunciado jurídico sem sentido ou em contrassentido à ordem posta, quando fizer prevalecer o meio em detrimento do fim. Deverá ser expulsa do sistema da mesma forma quando pelo método presuntivo agrave-se a situação do contribuinte existindo outros meios para alcançar o mesmo fim sem que incida tal ônus. Ora, se por outras vias se pode atingir o mesmo objetivo, a presunção não deve prevalecer. Cabe ao legislador sempre escolher o meio menos gravoso para chegar ao fim jurídico desejado.

Se no âmbito puramente arrecadatório as presunções são inadmitidas, cumpre então proceder ao estudo sobre seu papel extrafiscal. É muito comum que as presunções no plano hipotético compareçam como formulações em lei com função ou fim extrafiscal. A *ratio legis* extrafiscal pode apresentá-las como mecanismos (a) contra ou em repressão a fraude à lei fiscal, prescritos para desencorajar os comportamentos do particular, tendentes à evasão fiscal, (b) redutores dos custos na aplicação da lei tributária, (c) preservadores do interesse público – enquanto instrumento legal dirigido, quase que invariavelmente, ao objetivo de beneficiar a fazenda pública –, (d) ou mesmo do interesse social, isto é, da segurança das relações sociais, (e) de concessão de benefícios fiscais, e outras tantas finalidades que se queira delinear no sentido de buscar, mediante presunções, objetivo outro que não somente o arrecadatório, como bem já elucidamos no subitem das finalidades das presunções. Como técnica excepcional no campo dos tributos, as presunções devem apresentar finalidade legal não somente arrecadatória que justifique sua existência. Esta *ratio legis* é aquilo que dá sustentação ao vínculo jurídico presuntivo pretendido. Em outras palavras, é a condição jurídica que confere legitimidade ao emprego das presunções (meio) para criar, arrecadar e fiscalizar tributo (fim fiscal) em vista de outros fins que procuram resguardar o perfeito funcionamento do sistema tributário (fim extrafiscal). É esta finalidade última que confere consistência à atividade estritamente fiscal do primeiro.

Sobre o assunto, é novamente em Humberto Ávila, no campo extrafiscal, que buscamos a aplicabilidade da exegese das presunções no direito tributário ao princípio da proporcionalidade. Vejamos:

> Porém, no caso de normas jurídicas tributárias que tenham uma *finalidade extrafiscal e/ou afrontem bens jurídicos protegidos pelo direito de liberdade* (normas que instituem tributos vinculados – taxas, p. ex. – ou que criem deveres acessórios tais como apresentar informações em um prazo determinado, p. ex.), a obediência ao dever de proporcionalidade admite seu caráter trifásico. E isso ocorre, porque **há uma *finalidade objetivamente determinável e estruturante da relação jurídica*, em função da qual a relação meio-fim adquire consistência.** [...] O importante é que o fim, nessas normas que possuem *eficácia formativa do comportamento* **(criadora de obrigações que afetam os direitos de liberdade) e não uma *eficácia meramente impositiva* (criadora de *encargo* tributário desvinculado)**, *serve como estruturador da relação*, a tal ponto que o caráter trifásico do dever de proporcionalidade pode ser utilizado.[63]

O pensamento vem a calhar para a defesa do que se pretende elucidar na presente tese. A presunção hipotética só se admite no sistema constitucional tributário quando o fim da norma que a institui possuir *eficácia formativa do comportamento (criadora de obrigações que afetam os direitos de liberdade), e não eficácia meramente impositiva (criadora de encargo tributário desvinculado)*. A *ratio legis* da lei que presume é a condição estruturante e constitucional da relação jurídica instituída entre fato presumido e fato jurídico em sentido estrito.

---

63. ÁVILA, Humberto. A distinção entre princípios e regras e a redefinição do dever de proporcionalidade. *Revista de Direito Administrativo*, n. 215, p. 177, jan.-mar. 1999.

Sem o caráter extrafiscal, a presunção hipotética para fins tributários deve ser inadmitida.

Ademais, segundo orientação do princípio da proporcionalidade, na positivação do enunciado presuntivo hipotético, é necessário que as presunções tenham possibilidades reais de alcançar determinado fim previsto em lei (adequação). Ainda, ao mesmo tempo, é imprescindível que seja medida orientada a não exceder os limites indispensáveis à conservação da finalidade legítima pretendida (necessidade). Por fim, é fundamental que seja escolhido o meio específico ou o melhor modo para se atingir tal objetivo (proporcionalidade em sentido estrito). A segunda orientação do princípio da proporcionalidade volta-se às presunções que ingressam no sistema na forma de enunciado factual. É vedado o arbítrio pelo aplicador ao fazer ingressar enunciado presuntivo factual para fins tributários.

5.10. Presunções e irretroatividade da lei tributária

O direito é senhor de seu tempo. Cria e recria, à sua forma, sua temporalidade, integrando-a como elemento constitutivo do fato jurídico. Desse modo, o tempo juridicizado se apresenta para os fins prescritivos como característica integrante do suporte factual, como também, muitas vezes, na forma de critério determinante da própria eficácia prescritiva do ato. Logo, sendo algo compositivo da facticidade jurídica, tudo no ordenamento que se refira a fatos encontra-se envolto às imposições prescritivas do tempo juridicizado, as presunções inclusive.

Diferente da sucessividade temporal do universo empírico, que se desloca impreterivelmente para frente, o tempo jurídico não tem essa unidirecionalidade. Não é um dado da experiência como o é para a psicologia, para a sociologia ou mesmo para a história. É sim sucessão lógica que tem por objetivo regular condutas. Visando esse fim, seus efeitos podem ocorrer no passado, presente e futuro, dependendo da forma como foi preceituado ou do tipo de norma que o impõe. Com isso, a causalidade normativa, no tempo, tanto pode ser prevista protraindo-se os efeitos da prescrição como, em retroeficácia, voltando-os para o passado. A direcionalidade do tempo jurídico pode se dar em todos os sentidos e em quaisquer direções, cabendo à norma determiná-lo em face das imposições sistêmicas.

No universo jurídico, a projeção temporal da norma acontece em regra para frente, projetando-se para o futuro os efeitos jurídicos que quer ver impostos. Isto não quer dizer que a retroeficácia não seja possível. É ela sempre admissível, desde que permitida e traçada pelo próprio sistema. Não pode se dar de qualquer forma, deve obediência às sobrenormas que proíbam a retrocessão ou à natureza da relação obrigacional ou dos valores nela inseridos.

Na forma de sobrerregras que regulam os limites da retroeficácia, encontraremos segurança jurídica, anterioridade, direito adquirido, não surpresa, irretroatividade: todos eles preceitos que regulam os limites da manipulação do tempo no direito. Quanto a este último, o art. 5º, XXXVI, da CF/88 preceitua que "a lei não prejudicará o direito adquirido, o ato jurídico perfeito e a coisa julgada", enquanto, de maneira mais restritiva, no capítulo concernente ao sistema tributário, o texto do art. 150, III, da CF/88 veda a cobrança de tributos: "em relação a fatos geradores ocorridos antes do início da vigência da lei que os houver instituído ou aumentado no mesmo exercício financeiro em que haja sido publicada a lei que os instituiu ou aumentou".

Também conhecida como princípio da irretroatividade das normas tributárias, a prescrição se dirige tanto ao legislador, como vedação em ditar regra para tributar fato passado ou majorar tributo já constituído, quanto ao aplicador, que não pode fazer incidir a nova norma sobre fatos pretéritos. Em outras palavras, o limite temporal se volta imediatamente à hipótese, uma vez que impede qualificação jurídica de fatos (i) ocorridos antes do início da vigência da lei que os houver instituído ou aumentado; (ii) sucedidos no mesmo exercício financeiro em que haja sido publicada a lei que os instituiu ou aumentou; e (iii) mediatamente ao consequente tributário, tendo em vista que garante a inalterabilidade do direito adquirido, o ato jurídico perfeito e a coisa julgada, que se situam no consequente da norma.

As presunções, como enunciados constitutivos de hipótese pelo legislador, ou, de fato, pelo aplicador, devem submissão a esta sobrenorma constitucional. E a irretroatividade aplica-se-lhe em diferentes graus, dependendo da natureza da relação obrigacional envolvida. Norma presuntiva que implica criação ou majoração de tributo não pode retroagir para tributar fatos passados. Seus efeitos, em face da exegese constitucional, só podem ocorrer do instante de introdução da nova hipótese em diante, nunca antes. Mesmo que a norma preveja efeitos retroativos, em face do sistema tributário posto no Texto Maior, a norma não deve prevalecer em face das garantias constitucionais contrárias à retroação.

Da mesma forma, presunção que crie novas penalidades ou amplie hipóteses de sanções já existentes. Nesse caso, deve-se ler a irretroatividade em conjunto com o preceito do inciso XXXIX do art. 5º da CF/88: "Não há crime sem lei anterior que o defina, nem pena sem prévia cominação legal". Assim, também aqui não se admite retroação da regra presuntiva. Em quaisquer dos casos, a irretroatividade deve atender à sucessividade dos fatos, sendo necessário que a lei seja anterior a *todo o conjunto de fatos isolados* que compõem o fato jurídico antecedente da relação tributária ou sancionatória.

No plano da facticidade constituída pelos aplicadores do direito, da mesma forma, há que observar tal sobrerregra, inadmitindo sejam alterados fatos já constituídos para fins de enquadrar-lhe em preceito presuntivo novo. No domínio dos enunciados factuais presuntivos, a retroação das normas presuntivas devem ser lidas associando-se os enunciados dos arts. 5º, XXXVI, XXXIX, e 150, III, da CF/88.

Nas presunções introduzidas pelo aplicador, o princípio da irretroatividade é também relembrado pelo enunciado do art. 146 do CTN, que, ao dispor sobre a modificação dos critérios adotados pelo Fisco, impede que isso seja aplicado aos fatos geradores ocorridos posteriormente à introdução dessa nova exegese:

> A modificação introduzida, de ofício ou em consequência de decisão administrativa ou judicial, nos critérios jurídicos adotados pela autoridade administrativa no exercício do lançamento somente pode ser efetivada, em relação a um mesmo sujeito passivo, quanto a fato gerador ocorrido posteriormente à sua introdução.

Conforme enunciado *supra*, a lei não veda ao aplicador a interpretação dos fatos segundo novos critérios jurídicos, mas proíbe que isso seja feito no exercício do lançamento. No âmbito das presunções, esse artigo só pode ser lido em consonância com o princípio da legalidade, de modo que a presunção posta pelo aplicador, introdutória de uma nova exegese e, com isso, de nova incidência – tanto no sentido de tributo que antes não incidia quanto de aumento do valor incidente –, só pode se dar a fatos geradores ocorridos posteriormente à sua introdução e quando positivada em lei, lugar por excelência em que os critérios das hipóteses deverão estar firmados. É o que veremos no caso dos apart-hotéis também conhecidos como *flats*. O posicionamento *supra* tem por base a interpretação do STJ, bem traduzida no REsp 151.718/RJ, pelas palavras da Rel. Min. Eliana Calmon. Voltaremos ao assunto em momento oportuno.

5.11. Presunções e anterioridade da lei tributária

Segundo o art. 150, III, *b*, da CF/88: Sem prejuízo de outras garantias asseguradas ao contribuinte, é vedado à União, aos Estados, ao Distrito Federal e aos Municípios cobrar tributos no mesmo exercício financeiro em que haja sido publicada a lei que os instituiu ou aumenta. A exegese do princípio da anterioridade anual proíbe a cobrança de tributo no mesmo exercício financeiro do ano de publicação da lei que o instituiu ou o alterou. O ano fiscal a que se refere a lei equivale ao ano civil, compreendendo o período entre 1º de janeiro e 31 de dezembro.

Incluído pela Emenda Constitucional 42, em dezembro de 2003, a anterioridade nonagesimal se apresenta como vedação que impede cobrança de tributos antes de decorridos noventa dias da data em que haja sido publicada a lei que os instituiu ou aumentou, observando-se o enunciado cumulativamente com a anterioridade anual. O CTN revigorou o cânone em seu art. 104, prescrevendo-o em face dos impostos sobre o patrimônio ou a renda.

O ordenamento tributário tem por objetivo com tais preceitos proteger o direito do sujeito passivo em se ver exonerado de tributo com efeito de surpresa. As exceções comparecem na contranota com a extrafiscalidade, e se veem enunciadas no parágrafo 1º do art. 150 da CF/88. Portanto, a vedação da anterioridade anual não se aplica aos empréstimos compulsórios para calamidade pública ou para guerra externa; aos impostos de importação, exportação, industrialização e operações financeiras; e, por fim, ao imposto extraordinário de guerra; e a vedação da anterioridade nonagesimal não se aproveita para empréstimos compulsórios para calamidade pública ou para guerra externa; aos impostos sobre a renda, de importação, exportação, operações financeiras; e, por fim, ao imposto extraordinário de guerra, nem à fixação da base de cálculo dos IPTU e IPVA. As exceções acima referidas não querem dizer, contudo, que tais princípios não se submetem aos ditames da irretroatividade. Este, por sua vez, não comporta exceções.

No campo das presunções, a anterioridade anual e a noventena não podem ser lidas e aplicadas a estas formas especiais de constituição do fato sem a observância das matérias por elas mesmas tratadas, e sua disciplina no domínio tributário, aplicando-se-lhes tanto as imposições do art. 150, III, *b* e *c*, da CF/88 quanto a regra do art. 104 do CTN.

Presunção que institua ou majore impostos ou defina novas hipóteses de incidência submete-se ou não às imposições do princípio da anterioridade, anual e nonagesimal, dependendo das matérias por ela positivadas. A relação entre estes princípios e os enunciados presuntivos é diretamente estabelecida em face do tema de que falam. Sendo presunção que diga a respeito da cobrança de tributo sobre a renda, sua eficácia prescritiva depende tão somente da anterioridade anual, dado que esse tributo é hipótese de exceção da anterioridade especial. Nesse sentido, o preceito presuntivo sobre IR não se submete aos ditames da carência trimestral, mas exige-se que a lei que a organiza a presunção sobre o IR, instituindo ou majorando a exação, passe a valer (vigência) tão só no ano subsecutivo ao de sua publicação, independentemente de a referida norma vir antes ou depois do plano orçamentário. Por sua vez, quando preceituarem sobre industrialização, os enunciados presuntivos deverão atender apenas às exigências da EC 42/03, devendo-se cumprir o período de 90 dias para fins de cobrança do IPI presumido, ignorando-se se a vigência ocorrer no mesmo exercício financeiro ou não.

E a regra que se mantém para fins de instituição e majoração de tributo é a mesma aplicável às hipóteses de extinção ou redução de isenções, salvo se a lei dispuser de maneira mais favorável ao contribuinte. Com o mesmo efeito de nova regra de tributação, o revogar da norma isentiva implica que o tributo só pode ser cobrado a partir do exercício seguinte àquele em que a norma legal tenha sido editada, i. e., no primeiro dia do exercício subsequente àquele em que tenha sido publicada. A presunção de norma isentiva pode ser posta apenas pelo legislador.

No domínio das isenções, é vedado ao aplicador presumir outorga de isenção com base em enunciado factual presumido. A exegese do art. 111 do CTN impede ao aplicador o uso de presunções para fins de, mediante analogia, fazer subsumir a norma isentiva em presunção de fato. A matéria isentiva pede tipificação que, no campo das presunções, só pode ser obtida a partir das hipóteses presuntivas postas pelo legislador em lei. Assim sendo, a norma presuntiva geral e abstrata, que institui isenção concedida por prazo certo e em função de determinadas condições e seja referentes a impostos sobre o patrimônio ou a renda, entra em vigor no primeiro dia do exercício seguinte àquele em que ocorra sua publicação, salvo se o texto legal dispuser de maneira mais favorável ao contribuinte, conforme os arts. 104, III, e 178 do CTN.

5.12. Presunções, devido processo legal, ampla defesa e contraditório

Reiteramos por diversas vezes que as presunções dizem sobre conteúdo de fato. Logo, sua presença em âmbito processual é muito intensa a ponto de ser possível afirmar que é lá mesmo o lugar por excelência da constitutividade dos enunciados factuais das presunções.

O devido processo legal garante que ninguém será privado da liberdade ou de seus bens sem o devido processo legal (art. 5º, LIV, da CF/88), o que se dá mediante o contraditório e a ampla defesa, isto é, garantia de meios e recursos para obter o devido resultado (art. 5º, LV, da CF/88). Segundo Arruda Alvim, esses cânones traduzem a seguinte exegese:

> Toda e qualquer pessoa terá direito de acesso ao Poder Judiciário e, portanto, direito de ação, na sua acepção mais ampla, para que o Poder Judiciário – e somente este –, através de uma decisão possivelmente, de eficácia praticamente indestrutível (sentença revestida pela julgada), evite que se consubstancie a lesão afastando a ameaça; diga e aplique o direito, e, eventualmente, o realize (processo de execução).[64]

Para se configurar o devido processo legal no direito tributário é imprescindível seja assegurado o direito de acesso ao Poder Judiciário (contraditório) à parte interessada em se defender em processo. Com garantias mínimas de meios e de resultado, é no processo judicial ou administrativo que teremos o lugar por excelência da construção do fato presumido.

---

64. ARRUDA ALVIM, J. M. *Manual de direito processual civil*. Parte Geral. 10. ed. São Paulo: RT, 2006. v. 1, p. 185.

As normas presuntivas no processo são em regra observadas como (i) mecanismo criador de facilidades procedimentais ou como (ii) prescrição que dá ensejo ao início de processo administrativo tendente ao lançamento. No primeiro sentido, José Artur Lima Gonçalves expõe:

> Sob esta ótica, qualquer que tenha sido o método de raciocínio ou a intenção do órgão legislativo, a norma jurídico-tributária poderá, somente, criar facilidades procedimentais para os agentes públicos encarregados da fiscalização e arrecadação de tributos. E, em qualquer hipótese, ampla possibilidade de defesa no curso de processo regular de apuração da verdade material, com todos os recursos a ela – defesa – inerentes, estará à disposição do particular constrangido.[65]

Temos por certo que o legislador só poderá criar facilidades procedimentais por meio das presunções se assegurados ao contribuinte o contraditório e a ampla defesa. É vedado à técnica presuntiva por si só fazer constituir o fato, sem chamar ao procedimento ou ao processo a parte contrária, que deverá apresentar contraprova em sua defesa. Sem isso, a presunção não se sustenta como enunciado juridicamente válido.

A segunda acepção indicada é mais frequente, sendo assumida inclusive pelo texto das leis. Nesse sentido, também José Artur Lima Gonçalves explana:

> E sugere que essas figuras [presunção absoluta e ficção] sejam admitidas como **ensejo para início de processo administrativo tendente ao lançamento**, no qual, ocorrendo oposição por parte do contribuinte, será instaurado o contraditório (que pressupõe possibilidade de exercício do direito à ampla defesa, com todos os recursos a ela inerentes.[66]

---

65. GONÇALVES, José Artur Lima. *Imposto sobre a renda*. Pressupostos constitucionais. São Paulo: Malheiros, 1997. p. 128.
66. Idem, ibidem, p. 151.

De fato, as presunções hoje são formas que dão causa ao processo administrativo tendente ao lançamento. Este entendimento, todavia, é atual, mas nem sempre foi assim. A título exemplificativo, encontramos hoje no § 3º do art. 11 da Lei 9.311/96 (redação introduzida pela Lei 10.174/01) a consolidação da faculdade dada ao Fisco em, presumindo, dar ensejo a um processo fiscalizatório próprio. Ocorre que, em 1996, a lei vedava expressamente o uso de informações prestadas entre os entes tributantes e entre eles e instituições financeiras para fins de constituir o crédito tributário relativo a outras contribuições ou impostos. Contudo, em 2001, com a chancela do art. 6º da LC 105/01, passou-se a aceitar sua utilização para instaurar procedimento administrativo tendente a verificar a existência de crédito tributário relativo a impostos e contribuições, e para lançamento, no âmbito do procedimento fiscal, do crédito tributário porventura existente. Atualmente, tem sido essa a exegese que prevalece. Todavia, reforcemos, isso não significa que o fato tributário por si só já esteja provado. Dar início ao processo quer dizer que a presunção produzida a partir dos documentos apresentados é inapta para sozinha fazer o fato se insurgir, positivando a relação de tributo. Logo, caberá no curso do processo vasta produção de provas do Fisco e do sujeito passivo para, ao fim e ao cabo, constituir o fato presumido, vinculando ao fato jurídico em sentido estrito e fazendo incidir a norma tributária.

Ademais, cabe lembrar, a *presunção relativa*, assim chamada pela doutrina tradicional, é o lugar por excelência em que se deve aplicar o contraditório. Nela, a parte interessada deve movimentar o processo, requerendo e apresentando provas da ocorrência ou inocorrência do fato presumido em tempo útil. Não se opondo de forma conveniente ao prosseguimento do feito, a relatividade da presunção se torna verdade jurídica do fato, produzindo a partir daí efeitos de direito. O não pronunciamento da parte a favor ou em contrário à presunção equivale à renúncia do direito ao contraditório *in concreto*, o que, em termos de efeito prático, significa a preclusão em rediscutir sobre a verdade instituída pelo enunciado presuntivo.

José Artur Lima Gonçalves ressalta o sentido do contraditório reforçado na figura da presunção relativa:

> Parece não haver maiores dúvidas quanto ao fato de ser a chamada **presunção relativa um expediente normativo tendente a dar ensejo à instauração do contraditório no curso de um processo.** Como elemento ensejador de inicio de processo no curso do qual será desenvolvido o contraditório, assegurando-se o direito de ampla defesa, com todos os recursos a ela inerentes, essa categorização cientifica não oferece maiores dificuldades.
>
> [...]
>
> O tema – das presunções relativas – **adstringe-se ao plano dos fenômenos processuais**, que só nos prendem – aqui – a atenção como pretexto para recordar a **supremacia do contraditório, da ampla defesa, com os recursos a ela inerentes**, e da irrestrita possibilidade de, na hipótese de qualquer abuso ser praticado contra o particular, responsabilização do Estado e/ou seus pressupostos.[67]

É, pois, na figura dessa forma presuntiva que veremos o contraditório na pugência de sua força no processo. Sabemos muito bem que ao juiz é vedado deixar de conduzir o processo sem respeitar o contraditório. Ao sujeito passivo, contudo, existe sim uma faculdade de exercício do contraditório. Cabe a liberdade de exercitá-lo ou não, segundo seu arbítrio e interesses pessoais. Ninguém é obrigado a defender-se, de tal modo que a faculdade de participar do contraditório das presunções é, portanto, direito disponível do contribuinte. Não o fazendo, a presunção relativa adquire força plena na constitutividade da realidade jurídica, tornando-se verdade jurídica em sua excelência. Eis o motivo de chamarmos atenção à supremacia do contraditório e da ampla defesa na figura das presunções, com os recursos a elas inerentes.

No âmbito das presunções sistêmicas a presença desse princípio é também muito sentida. Sabemos que o lançamento

---

67. GONÇALVES, José Artur Lima. *Imposto sobre a renda*. Pressupostos constitucionais. São Paulo: Malheiros, 1997. p. 152.

tributário ingressa no ordenamento com os atributos de legitimidade e de exigibilidade inerentes a todos os atos públicos. Lavrado o ato pela autoridade administrativa competente, caberá ao sujeito se insurgir contra ele, instaurando o processo e nele exercendo o contraditório e a ampla defesa. Suscitado o pronunciamento de órgão controlador da legalidade daquele ato, a presunção sistêmica será reavaliada analisando-se os seus requisitos formais e materiais. Pronunciada a decisão do juiz ou dos órgãos colegiados julgadores, ocorrerá uma redefinição do âmbito da verdade jurídica dos fatos constituídos pela presunção.

Em um ou outro caso, é fundamental que o sujeito passivo observe os prazos e as formas procedimentais para fins de ter resguardados em sua plenitude o direito do contraditório e ampla defesa. Ao Fisco, em processo administrativo, cabe dar oportunidade ao contribuinte de refutar as alegações e provas que lhe foram produzidas contrariamente. Não o fazendo ou não se manifestando em tempo hábil, o fato presumido dá-se por satisfeito e institui-se como verdade jurídica. Nesta toada caminha o Carf. Exemplifiquemos com julgado sobre omissão de receita: "se o contribuinte não logra afastar a apuração do saldo credor de caixa, não obstante as oportunidades que lhe foram deferidas, subsiste incólume a presunção de receitas omitidas em montante equivalente".[68]

Eis que o devido processo legal é parte do procedimento de ingresso da presunção factual no sistema, devendo ser respeitado para fins de atribuir os efeitos constitutivos próprios desses enunciados de fato.

5.13. Presunções e o princípio da unicidade probatória

Vimos que presunções são julgamentos de fato. Enquanto tal, é matéria de ordem probatória. Uma das diretrizes

---

[68]. Ministério da Fazenda, Conselho Administrativo de Recursos Fiscais, 7ª Câmara, Processo 10630.000621/2001-10, Sessão 30.11.2001.

processuais que tangenciam esse enfoque do tema é o princípio da unicidade probatória. O referido preceito se encontra na implicitude do texto. Não há previsão legal expressa, contudo seu sentido é facilmente assumido pelo pensar coerente e de forma sistematizada do direito.

Entende-se por *princípio da unicidade probatória* a concepção segundo a qual é vedado ao intérprete do direito assumir *meia prova* de algo. Ou seja, impede-se que, no ato de aplicação da norma, seja admitida apenas parte do fato, olvidando os outros fatores compositivos daquele mesmo enunciado. O corte subverte a ocorrência factual, produzindo, como efeito, fato distinto daquele originário. Subdividindo a ação em perspectivas facetadas, o sujeito que assim enuncia leva o intérprete autêntico a crer na existência de fato diverso daquele originário, ambos juridicamente relevantes, porém institutivos de causalidades normativas diversas. O corte produz, portanto, novos pontos de vista ou perspectivas parciais do enunciado factual de base, obtendo por consequência a subsunção errônea do fato à norma no caso em concreto.

Sobre o assunto o Conselho de Contribuintes já se manifestou no sentido de inadmitir presunção que não leve em conta o princípio da unicidade probatória. Em análise de indícios para afirmar haver ou não omissão de receita, ao final decidiu: "Não se pode aproveitar 'metade' da prova em desfavor do contribuinte, quando a outra 'metade' lhe é favorável".[69]

O exame de omissão de receita leva em conta fatores contábeis ou econômicos que funcionam como indicativos de que houve renda e, com isso, sua intributabilidade. Ao avaliar a contabilidade do contribuinte para fins de sancioná-lo pela omissão de receita, cabe ao Fisco observar os princípios que regem essa disciplina e que são tomados em consideração para fins de apurar receita.

---

69. Ministério da Fazenda, Conselho Administrativo de Recursos Fiscais, 7ª Câmara, Processo 10630.000621/2001-10, Acórdão 107-07455, Rel. Luiz Martins Valero, Sessão 04.12.2003.

Neste tocante, importa estabelecer o enfoque no *método das partidas dobradas*. Segundo essa diretriz contábil, a cada débito há um correspondente crédito do mesmo valor. A essência desse princípio assim se resume: o registro de qualquer operação contábil implica que a todo débito em uma ou mais contas deve corresponder um crédito que lhe é equivalente, em uma ou mais contas, de forma que a soma dos valores debitados seja sempre igual à soma dos valores creditados.

É com alicerce no *método das partidas dobradas* que o atual CARF julgou improcedente lançamento efetuado pelo Fisco Federal à empresa em face de saldos credores de caixa. Leia-se a ementa:

> *IRPJ e decorrentes. Suprimentos de origem não comprovada.* Os suprimentos de numerários, ainda que feitos pelos sócios via depósitos ou transferências bancárias, que não restarem comprovados em sua origem, autorizam a presunção de omissão no registro de receitas. Não prova a origem a demonstração de capacidade financeira dos supridores. *IRPJ. Saldo credor de caixa.* Na recomposição da conta caixa, para mensuração do saldo credor, pressuposto para a presunção de omissão de receitas, devem ser levados em conta todos os atos que tenham estreita ligação com os eventos impugnados, em consonância com o princípio da unicidade da prova. *IRPJ. Distribuição disfarçada de lucros.* Por se tratar de presunção de auferimento de ganho, a prova de que o bem alienado a pessoa ligada tinha valor de mercado notoriamente superior ao preço praticado tem que restar, objetivamente, robusta.[70]

O Imposto sobre a Renda é tributo em que a contabilidade se faz sentida juridicamente. E não poderia ser diferente, dado que *renda* é conceito próprio da contabilidade ainda que juridicamente prescrito. No caso em tela, verificaremos que o saldo credor de caixa (Fato "A", segundo o conselheiro relator)

---

70. Ministério da Fazenda, Conselho Administrativo de Recursos Fiscais, 7ª Câmara, Processo 10630.000621/2001-10, Acórdão 107-07455, Rel. Luiz Martins Valero, Sessão 04.12.2003.

é fato presumido. A omissão de receita (Fato B), por conseguinte, equivale ao fato jurídico em sentido estrito *auferimento de renda*, configurando antecedente da regra-matriz que, por sua vez, dará ensejo à relação tributária de IR.

O ordenamento disciplina o conceito de omissão de renda no art. 42. da Lei 9.430/96, considerando-a ocorrente quando

> [...] os valores creditados em conta de depósito ou de investimento mantida junto a instituição financeira, em relação aos quais o titular, pessoa física ou jurídica, regularmente intimado, não comprove, mediante documentação hábil e idônea, a origem dos recursos utilizados nessas operações.

Contudo, mais que atribuir o direito ao sujeito passivo em descaracterizar a alegação de omissão de receita feita pelo Fisco, o sistema jurídico pede que, para fins de cobrança de tributo, a Administração Pública comprove o fato jurídico em sentido amplo e, só assim, fazer incidir a regra-matriz do IR. Não há inversão do ônus da prova, e sim a aplicabilidade da regra interpretativa de que *quem alega um fato deve provar o fato alegado*, de modo que, com tais premissas, alcançamos as mesmas conclusões do voto do Conselheiro Luiz Martins Valero:

> Quando se utiliza desta ferramenta legal **a fiscalização está dispensada de fazer a prova da omissão de receitas, fato B, pois é a Lei que presume sua ocorrência, mas jamais está dispensado de provar, por inteiro, a ocorrência do fato A que é o fato indiciário, pressuposto necessário e suficiente.**
>
> Assim, **a ocorrência de saldo credor de caixa**, principalmente o seu valor que será tomado como elemento quantitativo da incidência tributária, **deve restar inconteste; em outras palavras, certo e líquido.**
>
> Não se pode admitir a utilização de presunção na formação da prova do fato índice.[71]

---

71. Ministério da Fazenda, Conselho Administrativo de Recursos Fiscais, 7ª Câmara, Processo 10630.000621/2001-10, Acórdão 107-07455, Rel. Luiz Martins Valero, Sessão 04.12.2003, voto p. 10.

E não poderia ser diferente: a presunção do fato tributário deve ser controlada por critérios claros e objetivos, legalmente positivados, de modo que não incida tributo inexistente ou a maior. O fato presumido, no caso, saldo credor em conta, deve ser inconteste, certo e líquido na mesma medida que a própria dívida exacional.

Ademais, em benefício de uma verdade jurídica coerente, não se pode considerar para fins de caracterizar a omissão de receita e o fato jurídico tributário apenas meia realidade. Se a União admite por fictícias determinadas entradas de suprimentos, fictícia e desconsiderada deve ser a saída destes em conta, não devendo ser computados, pois, para fins de constituição da dívida tributária. O princípio da unicidade, lido em conjunto com o método das contrapartidas dobradas, veda que a prova produzida pelo Fisco seja aceita apenas na parte que lhe interessa a título de tributação sobre a renda. Apresentada prova da omissão de receita por saldo credor, devem-se assumir, do mesmo modo e com igual peso probatório, os valores em débito, independentemente dos efeitos benéficos ou prejudiciais a uma ou outra parte do vínculo tributário. Vide trecho do acórdão do ilustre conselheiro supracitado:

> Se o fisco considera os suprimentos fictícios (a efetiva entrega não foi comprovada) não tem sentido considerar válidas as saídas de caixa, intimamente ligadas aos suprimentos desconsiderados.
>
> **A prova no processo administrativo fiscal está adstrita ao princípio da unicidade. Não se pode aproveitar "metade" da prova em desfavor do contribuinte, quando a outra "metade" lhe é favorável.** Esse procedimento fere ainda o princípio da boa-fé a que se refere a Lei n. 9.784/99 [72] (grifos nossos).

---

72. Ministério da Fazenda, Conselho Administrativo de Recursos Fiscais, 7ª Câmara, Processo 10630.000621/2001-10, Acórdão 107-07455, Rel. Luiz Martins Valero, Sessão 04.12.2003, voto, p. 11.

É indispensável ter em mente que o sistema tributário não trabalha em prol dos entes públicos; funciona em benefício de um Estado de direitos e deveres constitucionalmente estabelecidos, em um sistema tributário que cobra dos seus súditos sem deixar de preservar seus direitos fundamentais. Logo, reiteramos, toda presunção deve vir enunciada em linguagem competente, ou seja, estar conformada nos modos probatórios do fato presumido ou jurídico em sentido amplo, de modo que este deve restar inconteste para fins fiscais. Inocorre inversão do ônus de prova, mas quem alega terá sempre a incumbência de fazer prova daquilo que quer ver constituído, e, ademais, garantir o direito ao contraditório e ampla defesa da parte contrária.

5.14. A relevância das limitações constitucionais na formação das presunções de direito tributário

Diante do exposto, a análise da validade das presunções pede o conhecimento desses limites constitucionais impostos a toda norma que pretende direta ou indiretamente modificar o ordenamento no campo dos tributos. As presunções, assim como qualquer outra norma que altera a estrutura anterior de sistema do universo tributário, devem atinência aos princípios gerais de domínio público e aqueloutros específicos da matéria dos tributos. As regras constitucionais apresentam forte carga axiológica que, mais do que muitos pensam serem elas mera recomendações de valores, conceitos utópicos, são normas que se realizam por meio de limites objetivos, tais como as diretrizes da legalidade, anterioridade, irretroatividade, entre outros. São conceitos de fácil cognição na pragmática das relações jurídicas e jamais podem deixar de ser observados tanto pelo legislador, na criação de novas presunções de caráter hipotético, quanto pelo aplicador, na construção do enunciado factual. Afinal, como bem assevera Celso Antônio Bandeira de Mello:

> Violar um princípio constitucional é muito mais grave que transgredir uma norma. A desatenção ao princípio implica

ofensa não apenas a um específico mandamento obrigatório, mas a todo o sistema de comandos. É a mais grave forma de ilegalidade ou inconstitucionalidade, conforme o escalão do princípio violado, porque representa insurgência contra todo o sistema, subversão de seus valores fundamentais, contumácia irremissível a seu arcabouço lógico e corrosão de sua estrutura mestra.[73]

A validade da presunção, portanto, depende da submissão da norma presuntiva, hipotética ou factual, aos valores fundamentais do sistema. Assim não o fazendo, a presunção viola mais que o preceito constitucional, mas o sistema e os valores lá depositados como um todo.

---

73. BANDEIRA DE MELLO, Celso Antônio. *Atos administrativos e direito dos administrados*. São Paulo: RT, 1981. p. 88.

Capítulo 6
PRESUNÇÃO NA REGRA-MATRIZ DE INCIDÊNCIA

"Regra-matriz de incidência tributária" serve, para a Ciência do Direito, como limite lógico que comporta os dados em que o legislador se acha impelido a observar na construção do fato jurídico e da relação jurídica tributária. É o resíduo formalizado que se obtém quando se desembaraçam as normas jurídicas positivas de seus revestimentos de linguagem natural. Ressalta aquilo que há de constante e homogêneo na norma, motivo pelo qual é o expediente por excelência que, sem desconsiderar o conteúdo, sistematiza a matéria com apoio na forma. Assim o elucida Paulo de Barros Carvalho, fundador, no direito brasileiro, da regra-matriz de incidência tributária e combatente, pela lógica jurídica, das atecnias e incoerências tão presentes no campo dos tributos. Vejamos:

> [...] a regra-matriz, enquanto forma, reúne aquilo que há de constante, de homogêneo, de permanente, de imutável, ao passo que o conteúdo, por outro lado, será sempre algo contingente e acidental, variável e heterogêneo. É bem verdade que a regra-matriz, considerada em sua inteireza existencial, na sua conformação real, ostenta a integração da forma com o conteúdo, elementos que se co-implicam

de modo irremediável: como entidade de existência histórica, localizada em tempo e espaço determinados, a regra-matriz aparecerá permanentemente constituída pela união indissolúvel entre norma e conteúdo.[1]

A regra-matriz de incidência tributária é, pois, uma norma de comportamento, posta no sistema para disciplinar a conduta do sujeito devedor da prestação fiscal, perante o agente pretensor, titular do direito de crédito, ou seja, a relação do Estado com seus súditos, tendo em vista contribuições pecuniárias devidas e pagas a título de tributo. A utilidade dessa regra se encontra justamente na organização, lógica, que se dá mediante o uso dessa estrutura normativa, localizando o núcleo do domínio tributário. É recurso reducente de complexidades, conferindo exatidão metódica ali onde inexistia. Consultemos novamente o pensamento do jurista paulista:

> Tratando-se de expediente intensamente redutor das complexidades do imposto, seu emprego há de ser tópico, servindo para o estudo de situação já consolidada, em que se pode indicar, com segurança, as significações que irão substituir os símbolos das variáveis ou, então, para ensejar uma visão teórica da unidade de percussão jurídica do gravame, uma vez que a regra-matriz é seu mínimo normativo. Nada obstante, será sempre de extrema utilidade e de enorme precisão, possibilitando, logo no primeiro instante, o isolamento do binômio "hi/bc", que nos leva ao reconhecimento da natureza peculiar do tributo.[2]

Entre outras vantagens, citemos o papel saliente da referida norma na conformação dos alicerces para se distinguirem os diferentes tipos de tributo. Além disso, é ela também método

---

1. CARVALHO, Paulo de Barros. Base de cálculo como fato jurídico e a taxa de classificação de produtos vegetais. Revista Dialética de Direito Tributário, São Paulo: Escrituras, n. 37, p. 120-121, out. 1998.
2. CARVALHO, Paulo de Barros. IPI – Comentários sobre as regras gerais de interpretação da Tabela NBM/SH (TIPI/TAB). Revista Dialética de Direito Tributário, São Paulo: Escrituras, n. 12, p. 51, 1998.

racional para averiguar a constitucionalidade da exação na ordem jurídica. É confrontando os critérios da regra-matriz, principalmente o elemento material e a base de cálculo, que se alcança a certeza da constitucionalidade da exação. É um instrumento cognoscitivo poderoso para o direito, configurando parâmetros seguros para a positivação da regra.

Sua relevância é sentida no campo das presunções, como não poderia deixar de ser, de modo que estudar as normas presuntivas em direito tributário sem confrontá-la com a regra-matriz de incidência é deixar um vazio exegético sem precedente, razão pela qual esta será nossa próxima tarefa científica.

Vale dizer que a regra-matriz, como toda norma, é composta por um antecedente, descritivo de um fato, e por um consequente, prescritivo de uma relação jurídica. Os critérios que organizam sua hipótese são: material, composto por um verbo e seu complemento; temporal, localizando a ação num dado momento; e espacial, identificando o local hipotético da ocorrência do fato. No vínculo relacional, encontram-se outras variáveis: subjetiva, orientando o caráter intersubjetivo da relação jurídica, combinando sujeito passivo e ativo; e quantitativa, viabilizando o apurar da obrigação prestacional tributária confrontando base de cálculo e alíquota. Eis, a breve trecho, a composição das variáveis da regra-matriz, elementos estes que nos servirão, daqui para frente, como guia metodológico para proceder ao estudo isolado das presunções em direito tributário em cada um desses fatores.

Nesse instante, um alerta se faz imprescindível. Ainda que a título dogmático queiramos estudar, critério por critério, a presunção na regra-matriz, o esclarecimento deste ou daquele elemento reivindica sempre um corte, de modo que, mesmo que existam influências da presunção em outros critérios, somente aquele que estiver em enfoque será levado em consideração. O empreendimento que requer um corte não significa, portanto, a limitação da norma presuntiva a só aquele elemento estudado. Pelo contrário, é bem verdade que a regra-matriz, com seu intuito simplificador, é iniciativa científica que separa o inseparável. Estuda, isolando, aquilo que só ocorre em conjunto com outros. Desse modo, nos textos adiante, veremos muito exemplos que trazem influências presuntivas não somente naquele critério estudado no item, mas também em vários outros. E a vinculação dos critérios em si mesmos é sentida a todo momento neste capítulo, o que justifica, inclusive, a dificuldade de destacar apenas um deles no fenômeno total do vínculo normativo entre regra-matriz e presunção. Como estudo exegético de bom alcance, tais influências não serão desenvolvidas, diminuindo o estudo em extensão mediante corte e ganhando com isso profundidade de análise. O objetivo agora é menos trazer exemplos de presunção e mais percorrer os principais argumentos elucidados ao longo deste trabalho no caso em concreto. Com ocorrências tributárias das mais variadas, buscaremos ressaltar a instrumentalidade da presente teoria das presunções até agora produzida à prática jurídica. Feitas essas considerações de todo necessárias, passemos adiante.

6.1. Presunção no critério material

O exame da presunção no critério material pede seja analisada toda e qualquer forma presuntiva que atue ora no verbo, ora em seu complemento. Sendo esse o elemento que caracteriza o tipo de ação relevante juridicamente para fins tributários, a incidência da presunção é nele bastante frequente. É o que veremos nos exemplos abaixo que buscam retratar como atua a regra presuntiva no critério material da norma geral e abstrata que institui o tributo.

6.1.1. Lucro presumido

Sabemos que o regime do lucro presumido, implantado em 1943 pelo Decreto-lei 5.844, é facultativo (art. 33 do Decreto-lei 5.844/43)[3] aos contribuintes que se encontram dentro das

---

3. "É facultado às pessoas jurídicas, salvo às sociedades por ações e às por quotas de responsabilidade limitada, optar pela tributação baseada no lucro presumido, segundo a forma estabelecida no art. 40."

limitações legais; *grosso modo*, receita bruta anual igual ou inferior a 9.600.000 UFIRs. A extrafiscalidade da lei é sentida desde já no intuito de fixar patamares limitativos de ingresso de sociedades no regime jurídico especial do lucro presumido pelo movimento bruto anual da empresa. Com isso, estimula-se, ou mesmo viabiliza-se, o crescimento de pequenas empresas no País.

Feita a opção pelo regime do lucro presumido, o fato jurídico *lucro*, que não se confunde com o fato contábil *lucro*, é obtido por presunção estabelecida hipoteticamente em lei.[4] A renda tributada não é toda aquela auferida pela empresa, mas tão somente aquela obtida por percentuais fixos, conforme disposto no art. 15 da Lei 9.249/95,[5] não sendo permitida dedução de qualquer espécie (art. 42 do Decreto-lei 5.844/43)[6] à diferença do lucro real.[7] Os enunciados citados se referem à base de cálculo, motivo pelo qual cremos oportuno deixar claro que, ao falarmos em renda presumida, a condição presuntiva do

---

4. Pensando que o fato presumido é inapto a constituir prova e figurar como antecedente da regra-matriz de incidência tributária está Maria Rita Ferragut, conforme depreendemos do trecho que segue: "Não existe contradição entre admitirmos a utilização das presunções legais, para a instituição de obrigações tributárias, e afastarmos o emprego do fato gerador presumido para esses mesmos fins. Isso porque as presunções podem ser validamente utilizadas quando se constituírem em meio de prova da existência de um acontecimento pretérito, ocorrido em tempo e espaço determinados, não passível de ser comprovado de forma direta. Não são, por outro lado, meio de prova de 'fato futuro', seja porque tal função não é possível (falta-lhe a linguagem objeto, sobre a qual a prova deve recair), seja porque a segurança jurídica e a capacidade contributiva não teriam como ser atendidas" (FERRAGUT, Maria Rita. Responsabilidade tributária e o Código Civil de 2002. São Paulo: Noeses, 2005. p. 65-66).

5. "A base de cálculo do imposto, em cada mês, será determinada mediante a aplicação do percentual de oito por cento sobre a receita bruta auferida mensalmente, observado o disposto nos arts. 30 a 35 da Lei n. 8.981, de 20 de janeiro de 1995."

6. "Do lucro presumido não será permitida dedução de qualquer espécie."

7. Que se calcula pela diferença entre o lucro bruto adições e exclusões (art. 37 do Decreto-lei 5.844/43).

fato jurídico é muito mais especificada pela lei na figura da base de cálculo (compositiva do consequente tributário) que do próprio fato em si mesmo considerado. Reforcemos mais uma vez que a qualidade simplificadora da regra-matriz, isolando os critérios para frisar um ou outro aspecto da norma nuclear tributária, não quer dizer que os elementos são efetivamente separados uns dos outros. Pelo contrário, não há como pensar um sem o outro, de modo que a cisão em critérios é muito mais lógica do que real. Essa observação é de suma importância no exemplo ora estudado, uma vez que não há como conjecturar sobre a condição presumida do fato *lucro*, sem colacionar os textos de lei que dizem sobre a base de cálculo, ainda que não queiramos nos referir a esta, mas àquele. Lembremos com isso as lições de Alfredo Augusto Becker para quem a base de cálculo, com todas suas funções, é o núcleo sígnico da norma tributária.

Realizadas essas considerações propedêuticas, cumpre reiterar que a base de cálculo do imposto sobre a renda das empresas tributadas pelo lucro presumido, em cada trimestre,[8] será determinada mediante a aplicação dos percentuais fixados em lei (art. 15 da Lei 9.249/95) sobre a receita bruta auferida no trimestre,[9] de acordo com a atividade da pessoa jurídica, sendo o resultado acrescido de outras receitas, rendimentos e ganho de capital (art. 25, Lei 9.430/96). O somatório disso tudo é o que dá sentido à expressão *lucro presumido*, complemento que compõe junto ao verbo o critério material. O resultado desse cálculo legalmente estipulado se difere do próprio lucro total contábil alcançado por aquela sociedade, justamente porque o regime do lucro presumido institui sistemática que não se preocupa

---

8. 31 mar., 30 jun., 30 set. e 31 dez.

9. Para fins fiscais, a receita bruta compreende o produto da venda de bens nas operações de conta própria, o preço dos serviços prestados e o resultado auferido nas operações de conta alheia, excluídas as vendas canceladas, as devoluções de vendas, os descontos incondicionais concedidos e os impostos não cumulativos cobrados, destacadamente do comprador ou contratante, e dos quais o vendedor dos bens ou prestador dos serviços seja mero depositário.

com o lucro real, contabilmente estipulado, mas sim com aqueloutro montante determinado, critério a critério, pela lei específica. Portanto, é o próprio texto legal que nos fornecerá a forma de construção do *fato lucro* da empresa para fins fiscais.[10]

A presunção do lucro atua sobre o critério material da regra-matriz, especificamente no complemento deste. Sendo a materialidade do IR *auferir renda e proventos de qualquer natureza*, é justamente essa "renda e proventos de qualquer natureza" que a presunção do lucro presumido há de alterar. Essa presunção é do tipo hipotética, pois é o legislador quem positiva na norma o fato jurídico em sentido amplo, presunção que, associada ao fato jurídico em sentido estrito, faz insurgir a relação entre contribuinte e União Federal. Pisaria no campo da política a discussão quanto aos percentuais positivados na lei. Por isso mesmo deixaremos este tópico de lado. Entretanto, é na própria enunciação-enunciada do veículo introdutor que estarão presentes fatos presuntivos e fato presumido do lucro. Figurará como fato jurídico em sentido amplo do complemento da regra-matriz de incidência o próprio percentual de oito por cento sobre a receita bruta que, junto aos demais enunciados, fará irromper o fato jurídico tributário em sentido estrito e o vínculo da norma do tributo.

Lembremos que não é possível contestar esse valor com a apresentação do lucro apurado pela escritura fiscal no final do ano. As presunções se mostram aqui na figura de percentuais

---

10. Confira redação da Lei 9.430/96 em seu art. 25:
"O lucro presumido será o montante determinado pela soma das seguintes parcelas:
I – o valor resultante da aplicação dos percentuais de que trata o art. 15 da Lei n. 9.249, de 26 de dezembro de 1995, sobre a receita bruta definida pelo art. 31 da Lei n. 8.981, de 20 de janeiro de 1995, auferida no período de apuração de que trata o art. 1º desta Lei;
II – os ganhos de capital, os rendimentos e ganhos líquidos auferidos em aplicações financeiras, as demais receitas e os resultados positivos decorrentes de receitas não abrangidas pelo inciso anterior e demais valores determinados nesta Lei, auferidos naquele mesmo período".

fixos, que serão assumidos como forma (presumida) de quantificação da renda obtida no período, mesmo mediante prova em contrário. Isto é, ainda que leve à Receita Federal livros contábeis (balanço, livro caixa, etc.) demonstrando renda menor naquele período do que aquela prevista em lei, a base de cálculo do IR será aquela legalmente indicada. A opção pelo regime jurídico implica renúncia, ou melhor, impedimento de discussão do fato jurídico e das bases de cálculo previamente estabelecidas em lei. Estamos diante do tipo presuntivo irrevogável ou constitutivo de regime jurídico diferenciado. Agora, afora essas imposições mencionadas, nada impede, contudo, que, em outro momento, em ano-exercício diferente daquele em que foi feita a opção, em face dos acúmulos de gastos dedutíveis pelo lucro real, o contribuinte escolha por outro regime.

E nem se argumente o sujeito passivo de que o fato presumido tenha sido menor do que aquele estipulado em lei ao longo daquele exercício, dando-lhe direito a optar novamente por outro regime. Feita a escolha pelo Regime de Lucro Presumido na forma como prevista pelo art. 26, *caput*, da Lei 9.430/96, dá-se a constituição do fato jurídico presumivelmente, não se cogitando em fazer de outro modo senão daquele previsto pelo direito. Tanto é assim que sua inobservância, na forma como optada, é causa de norma sancionatória e de procedimento de lançamento de ofício, conforme prescrevem os parágrafos 3º e 4º do art. 26 da Lei 9.430/96:

> Art. 26.
>
> [...]
>
> § 3º A pessoa jurídica que houver pago o imposto com base no lucro presumido e que, em relação ao mesmo ano-calendário, **alterar a opção, passando a ser tributada com base no lucro real, ficará sujeita ao pagamento de multa e juros moratórios sobre a diferença de imposto paga a menor.**
>
> § 4º A mudança de opção a que se refere o parágrafo anterior **somente será admitida quando formalizada até a entrega da correspondente declaração de rendimentos e antes de iniciado procedimento de ofício relativo a qualquer dos períodos de apuração do respectivo ano-calendário.**

Vê-se, pois, que a opção pelo regime do lucro presumido impõe ao contribuinte apuração do lucro nos termos da lei, alterando o próprio conceito de *lucro*. É um benefício para aquelas sociedades que têm poucas despesas e, por consequência, não têm deduções significativas na sistemática do lucro real. Está aí a razão extrafiscal desse regime, estimulando toda empresa de pequeno e médio porte no País que aderir ao programa. Feita a escolha, procede-se à espécie de renúncia à forma real de apuração, de maneira que, rigorosamente, não haja impedimento de prova em contrário, mas simples renúncia na adesão ao regime do próprio contribuinte. Trata-se, pois, do caso de presunção hipotética de segundo nível irrevogável ou instituidora de regime jurídico especial.

6.1.2. Imóvel residencial ou imóvel comercial para fins de incidência do IPTU à alíquota de 1,0 % ou 1,5 %, respectivamente

Exemplo excelente que traduz bem a ação da norma presuntiva no complemento do critério material se encontra na identificação da natureza no uso do bem imóvel para fins de incidência, em alíquota variável, do IPTU.

Sabemos que o IPTU recai sobre a propriedade de bem imóvel, porém a tributação é diferenciada dependendo do uso ou destinação dada ao local. De fato, a CF/88 e o CTN não vedam que os Municípios tributem de maneira diferenciada os imóveis da forma como tem acontecido. Em regra, as Prefeituras Municipais têm tributado com alíquotas maiores os imóveis destinados ao comércio e menores àqueloutros residenciais. Igualmente, fá-lo tributando mais os imóveis edificados e menos os terrenos. Neste último caso, diz-se inclusive que o Estado atua com extrafiscalidade para fins de fazer cumprir a função social da propriedade constitucionalmente preceituada.

A despeito de o legislador tentar disciplinar os critérios aptos a identificar o que seja *residencial* e/ou *comercial*, na prática esta qualificação do bem imóvel enfrenta uma série de problemas exegéticos, tendo em vista as peculiaridades em que as ocorrências se apresentam. É o que acontece nas unidades que ora podem cumprir com função comercial, ora com propósito residencial, dependendo da predisposição do agente que lá se encontra: por exemplo, o *apart-hotel*.

Neste caso a Legislação Federal prescreve sobre as locações dos imóveis urbanos e os procedimentos a elas pertinentes pela Lei 8.245/91, na qual está presente o seguinte enunciado:

> Art. 1º A locação de imóvel urbano regula-se pelo disposto nesta lei:
>
> Parágrafo único. Continuam regulados pelo Código Civil e pelas leis especiais:
>
> a) as locações:
>
> [...]
>
> 4. em apart-hotéis, hotéis-residência ou equiparados, assim considerados aqueles que prestam serviços regulares a seus usuários e como tais sejam autorizados a funcionar;
>
> b) o arrendamento mercantil, em qualquer de suas modalidades.

De acordo com a leitura da lei supracitada, o mais conhecido *flat* se acha em diversas modalidades como: (i) apart-hotel; (ii) apart-hotel-residência; e (iii) apart-residência. O enunciado ainda especifica que se autoriza equiparação ao conceito de residência, tornando-o ideia mais abrangente. Isso significa que, para ser residência, o direito não exige todos os critérios típicos de uma residência comum, mas admite, acompanhando a tendência atual, por equiparação, como residência aquelas moradias que, não obstante forneçam serviços típicos hoteleiros, são de uso residencial, ou melhor, nelas existe uma compostura psicológica do sujeito que lá se encontra e que sente aquele local como sua residência. Alguns indicativos objetivos podem confirmar esse juízo, tal qual o recebimento, naquele lugar, de suas contas pessoais, na declaração daquele endereço como domicílio fiscal e assim por diante. Todos estes são fatores exteriores da *percepção* psicológica do sujeito de que aquele local é sua residência. Portanto, o *flat* se caracterizaria nesse caso como residência, e não hotel. No âmbito da administradora, o caráter residencial também é perceptível pela própria forma em que se coloca ou se apresenta ao mercado em termos societários ou mesmo de propaganda.

Afora a Lei 8.245/91, inexiste legislação no âmbito federal que discipline a incidência do IPTU sobre apart-hotel ou sobre unidades do hotel-residência. Por isso mesmo, cabia ao Poder Executivo aplicar a norma do modo em que assume o texto constitucional. Até 1988, a autoridade administrativa adotava critério jurídico que caracterizava o *flat* ora como residência, ora como comercial, fazendo incidir alíquotas próprias de cada hipótese. A presunção feita pelo Fisco de que as unidades de apart-hotel eram utilizadas comercialmente (locação) podia ser afastada pela comprovação de que aquele domínio não fazia parte do *pool de locação* e, por isso mesmo, conforme legislação específica, deveria ter alíquota reduzida. Contudo, depois de 1988, a Fazenda Municipal passou a caracterizar, independentemente de prova, todas as unidades pertencentes ao chamado *flat* de bem imóvel de caráter comercial, atribuindo no âmbito fiscal alíquota de 1,5%. A modificação no entendimento do Fisco, todavia, ocorreu nenhuma alteração na lei e, sendo assim, na ausência de um fundamento legal. Era o aplicador que o fazia, introduzindo de pronto o enunciado de fato presumindo sua condição comercial.

Ora, há muito o CTN já previa tal situação. O enunciado do art. 146 do CTN deixava claro que a mudança no critério adotado pela Administração Pública, gerando crédito tributário, deve atenção aos princípios constitucionais, sendo necessário o respeito à exegese da irretroatividade (fato gerador ocorrido posteriormente à sua introdução) e, com isso, evitando a surpresa da tributação. No tocante às presunções, o art. 146 do CTN não pode ser interpretado sem observância dos preceitos dos arts. 5º, II, e 150, I, da CF/88 e 97 do CTN. Para fins de gerar tributo, a presunção *hominis* é incapaz, em face dos princípios constitucionais, de gerar, por si só, tributaçãonova ou aumento no valor tributável, como é o caso. Reforça este entendimento o § 1º do art. 108 do CTN. Por isso é que se exige do Poder Legislativo a fixação de critérios objetivos em lei que deem fundamento à incidência decorrente de nova interpretação. Antes de texto legal novo permissivo dessa elevação fiscal, essa presunção produzida pelo intérprete é eivada de inconstitucionalidade por desrespeito aos princípios da legalidade e da irretroatividade. O aplicador não pode criar por meio de técnicas presuntivas fato presumido para fins de fazer incidir tributo. Somente a lei pode constituir obrigações tributárias.

Nesta toada, o STJ já decidiu no sentido de que é vedado à Fazenda Pública do Município alterar, *ex officio*, o critério da classificação com reflexo no crédito tributário. Com base nisso, no caso do apart-hotel, a modificação na qualidade do uso que se dá ao bem imóvel (residencial ou não-residencial) para fins de o Fisco Municipal lançar IPTU só pode se dar por força de lei, e não de nova interpretação dada pela autoridade tributária aos textos já vigentes. Em outras palavras, é necessário que a legislação municipal regulamente o assunto por meio de lei, não cabendo ao Poder Executivo presumir o tipo do uso do bem imóvel e fazer incidir tributo. A presunção para fins de incidência do IPTU, nesse caso, deverá ser necessariamente do tipo hipotética, apresentando critérios jurídicos determinados em lei para fins de gerar crédito tributário em benefício da Fazenda. O sistema tributário inadmite presunção de enunciado factual, proferida pelo aplicador, para fins de gerar tributo. Esse entendimento é confirmado, em outras palavras, pelo julgado da Min. Rel. Eliana Calmon, em 15.06.2000 (*DOU* 28.08.2000):

> *Tributário. IPTU. Apart-hotel: classificação.*
>
> 1. Inexistência de legislação no âmbito federal que discipline a incidência do IPTU sobre apart-hotel ou sobre unidades do hotel-residência.

2. Ilegalidade da mudança de critério classificatório, sem legislação específica, por mero arbítrio da Administração, mormente quando aumenta a carga tributária.

3. Recurso não conhecido.[11]

No voto da Ministra Relatora, oportuno mencionar alguns de seus argumentos:

> Temos como certo um lançamento não revisto, não alterado, como bem esclareceu o recorrente, mas uma mudança de critério jurídico pela autoridade encarregada de lançar, o que levou à supressão das unidades dos hotéis residenciais do conceito de imóvel residencial, ou seja, tais unidades foram unilateralmente qualificadas, a partir do exercício de 1988, como sendo comerciais.
>
> [...]
>
> Com efeito, a mudança qualitativa ou quantitativa nos critérios da administração, com reflexo no crédito tributário, está vedada ao administrador.[12]

Pelo exposto, é premente estatuir que somente à lei cabe criar critério jurídico com reflexo no crédito tributário. Logo, no campo das presunções, apenas o legislador está apto a criar, hipoteticamente, tal modificação de entendimento da matéria, enunciando em lei, elemento por elemento, o fato típico. O sistema constitucional, em face dos preceitos dos arts. 5º, II, 150, I, veda ao aplicador presumir para fins de criar tributo.

Hoje, no Município de São Paulo, a Secretaria Municipal de Finanças da Prefeitura atualizou sua Consolidação da Legislação Tributária (CLT) Municipal mediante aprovação do Decreto 49.704, de 3 de julho de 2008 (*DOU* 04.07.2008). Segundo a própria norma, o referido Diploma é instrumento indispensável para a consulta dos munícipes e lugar por excelência para o entendimento da legislação tributária do Município paulistano.

---

11. STJ, 2ª Turma, REsp 151718/RJ, Rel. Min. Eliana Calmon, DJ 28.08.2000.
12. Idem.

De acordo com a aludida CLT, o Imposto Predial incide sobre a propriedade, o domínio útil ou a posse de bem imóvel construído, localizado na zona urbana do Município de São Paulo ("IPTU"). O cálculo do imposto é prescrito na seção II do referido Diploma, do qual retiramos o enunciado dos arts. 7º e 9º, que assim dispõem sobre a matéria:

> Art. 7º O imposto calcula-se à razão de 1,0 % sobre o valor venal do imóvel, **para imóveis utilizados exclusiva ou predominantemente como residência** (art. 7º da Lei n. 6.989, de 29/12/66, com a redação da Lei n. 13.250, de 27/12/01).
>
> Parágrafo único. Para os efeitos de enquadramento na alíquota estabelecida no caput deste artigo, bem como nas faixas de desconto ou acréscimo de alíquotas previstas no artigo 8º, **considera-se de uso residencial a vaga de garagem não pertencente a estacionamento comercial, localizada em prédio utilizado exclusiva ou predominantemente como residência** (parágrafo único do art. 7º da Lei n. 6.989, de 29/12/66, com a redação dada pelo art. 6º da Lei n. 13.698 de 24/12/03) (grifos nossos).
>
> Art. 9º O imposto calcula-se à razão de 1,5% sobre o valor venal do imóvel, para imóveis construídos com utilização diversa da referida no artigo 7º (art. 8º da Lei n. 6.989 de 29/12/66, com a redação da Lei n. 13.250 de 27/12/01)

O enunciado presuntivo se acha justamente nessa qualificação do uso do bem imóvel (residencial ou comercial) que, dependendo desse entendimento, será tributado diferentemente já em fase de construção do bem imóvel ou durante o período de sua utilização. Na mesma linha do que vimos argumentando, não cabe ao Fisco presumir e lançar tributo sem que se dê oportunidade ao contribuinte de se manifestar para afirmar, confirmar ou infirmar o caráter, residencial ou comercial, atribuído no lançamento ao seu bem imóvel.

6.2. Presunção no critério espacial

O "critério espacial" é aquele que se encontra no antecedente da norma jurídica como elemento identificador do fato jurídico, qualificando o espaço em que o verbo da hipótese tributária se dá. Muitas vezes, mas nem sempre, confunde-se com a "vigência territorial da lei", apesar de esta indicar mais que um critério compositivo da hipótese, a força impositiva da lei no território, i. e., o âmbito territorial de *eficácia* da norma.[13] Na identificação do espaço das ocorrências relevantes para o direito tributário, veremos também o legislador assumindo postura de *poeta* do direito, determinando, conforme as imposições da própria materialidade, os espaços de cada ocorrência. Daí por que muitas vezes presume o lugar da situação fáctica, diferentemente do âmbito de competência do ente tributante, contornando as dificuldades que determinados verbos apresentam no caso em concreto. Portanto, adiante trataremos dos limites constitucionais dados a estes contornos de espaço admitido pela presunção e exemplificaremos esse tópico com as discussões que envolvem (i) a entrada simbólica de mercadorias no estabelecimento; e (ii) a caracterização legal de *operação interna* para fins de incidência do ICMS. Consideraremos também o quanto a alteração do critério espacial repercute na própria constituição do fato jurídico. E não poderia ser diferente quando imaginamos que inexiste ação nenhuma sem um dado espaço físico (e um instante determinado).

6.2.1. Entrada simbólica de mercadoria no estabelecimento

O exame acurado da materialidade do ICMS-Circulação de mercadoria permite ao exegeta afirmar sobre a inexigibilidade, pela legislação desse imposto, da movimentação física das mercadorias ao prescrever sobre a figura presuntiva ora

---

13. Segundo o Professor Aires Fernandino Barreto: "A evitação da pluralidade de incidência se dá porque a Constituição, pelo prestígio de critério territorial, circunscreve o perímetro da eficácia das leis ao território de cada um dos entes que receberam idêntica competência tributária. É o critério do situs, que consiste em limitar a irradiação da eficácia da lei ao território do ente considerado (Estado-membro, Distrito Federal, Município)" (ISS na constituição e na lei. São Paulo: Dialética, 2005. p. 258).

em análise. No processo criativo do direito, o ordenamento vai determinando o sentido em que as palavras devem ser assumidas. A materialidade do ICMS pressupõe a ocorrência de "operações de circulação de mercadorias". A ordem posta identifica essa situação como "transferência de sua titularidade", tornando a mera circulação dos bens elemento insuficiente para a configuração do núcleo material do ICMS e elevando, por seu turno, a "transferência de sua titularidade", como requisito essencial à incidência do referido tributo.

A disciplina da entrada simbólica de mercadorias, i. e., sem que dê entrada fisicamente no estabelecimento de origem se encontra na LC 87/96. Prescrevendo sobre o imposto dos Estados e do Distrito Federal sobre operações relativas à circulação de mercadorias e sobre prestações de serviços de transporte interestadual e intermunicipal e de comunicação, a aludida Lei, também conhecida por Kandir, dispõe em seu art. 20 o seguinte:

> Art. 20. Para a compensação a que se refere o artigo anterior, é assegurado ao sujeito passivo o direito de creditar-se do imposto anteriormente cobrado em operações de que tenha resultado a **entrada de mercadoria, real ou simbólica**, no estabelecimento, inclusive a destinada ao seu uso ou consumo ou ao ativo permanente, ou o recebimento de serviços de transporte interestadual e intermunicipal ou de comunicação (grifos nossos).

No plano da legislação estadual, verificamos que o regulamento deixa mais evidente essa dicotomia real/simbólica da entrada ou saída da mercadoria de seus estabelecimentos de origem. Citemos a título exemplificativo o RICMS de Tocantins, positivado na letra do Decreto 462/97:

> Art. 118. Os estabelecimentos, excetuados os produtores agropecuários, emitirão nota fiscal modelo 1 ou 1-A:
>
> I – sempre que promoverem a saída de mercadorias;
>
> II – na transmissão de propriedade de mercadorias **quando estas não devam transitar pelo estabelecimento transmitente**;

III – sempre que, no estabelecimento, entrarem bens ou mercadorias, **real ou simbolicamente**, nas hipóteses do art. 133 deste regulamento (grifos nossos).

Assim como este, outros tantos exemplos poderiam ser aqui apresentados, tais como aqueles enunciados no Decreto Paulista 33.118/91, que institui o RICMS no Estado de São Paulo, em seus arts. 2º, § 1º, I; 112, III; 127, I; 130, II; 289, I; e 384. É despiciendo afirmar que o ordenamento jurídico vigente reconhece e autoriza a movimentação simbólica de mercadorias para fins de determinar a incidência do ICMS. Tanto é assim que a leva em consideração para caracterizar a circulação jurídica da mercadoria e o dever do contribuinte de emitir as notas fiscais, como podemos relevar do enunciado do art. 118 do RICMS de Tocantins.

A entrada simbólica de mercadoria no estabelecimento identifica o raciocínio presuntivo do legislador que, sabendo da dificuldade de provar toda e qualquer circulação de mercadoria, presume simbolicamente a entrada pela simples transmissão contratual do bem, assumindo o lugar do estabelecimento transmitente como elemento útil para demarcar o lugar da incidência. Lá presumindo a transferência de propriedade da mercadoria e de lá dando-se a saída para o estabelecimento comprador, o legislador prevê a ocorrência do fato jurídico e o lugar da incidência do ICMS.

O raciocínio presuntivo positivado pelo legislador na figura da entrada simbólica tem como valor prático evitar que os contribuintes exerçam suas atividades operacionais sem extraordinários custos de transporte. Assim, a transmissão de propriedade de mercadoria se equipara, presuntivamente, à saída, ainda quando o referido bem não transitar pelo estabelecimento do transmitente, deixa nítida a irrelevância da movimentação corpórea do bem comercializado. A hipótese equiparativa aqui é do tipo presuntivo, uma vez que se encontra dentro do campo do possível. É perfeitamente imaginável que a mercadoria saia daquele estabelecimento, ainda que isso represente custos adicionais ao contribuinte. Estando dentro do campo da possibilidade fáctica, não é ficção, e sim forma presuntiva de prescrever conduta. Este, contudo, não é um posicionamento consolidado, como podemos observar da afirmação de Roque Antonio Carrazza:

> [...] empresa 'A' importou mercadoria do exterior e ela está sendo liberada pela Alfândega (ou se encontra depositada, em seu nome, em armazém geral). Vende a mercadoria à empresa 'B', que vai buscá-la diretamente na repartição aduaneira (ou, na outra hipótese, no armazém geral). Como já percebemos, a mercadoria nem entra, nem sai fisicamente da empresa 'A'. Esta empresa, no entanto, tendo praticado a operação mercantil, deverá pagar o ICMS. Por quê? **Porque, por ficção legal, considera-se que a mercadoria importada entrou no estabelecimento de 'A' e depois dele saiu (após consumada a venda para 'B')**[14] (grifos nossos).

Queremos reforçar que a entrada simbólica de mercadoria no estabelecimento para fins de tributação de ICMS não é uma ficção, mas uma presunção, pois, independentemente de ocorrer ou não no universo empírico, o fato é que ela *pode* ocorrer, assim como não é nem conduta necessária (contrassentido deôntico) nem muito menos impossível (sem-sentido deôntico) para a ordem jurídica.

É juridicamente irrelevante, portanto, a circulação física da mercadoria para incidência do ICMS. Sua ausência não impede que se realizem negócios jurídicos concernentes àquele bem, com transferência da titularidade e consequente incidência do ICMS. A saída física não passa de uma forma exterior do fato em que se apresenta a operação jurídica realizada. Por tais razões, dado que é prescindível a circulação física para fins jurídicos, comprovado o trânsito simbólico, torna-se irrelevante saber dos locais por onde se realiza a passagem física dos bens.

---

14. CARRAZZA, Roque Antonio. ICMS. 3. ed. São Paulo: Malheiros, 1997. p. 78-79.

6.2.2. Presunção de operação interna no ICMS

Outro exemplo interessante de presunção no critério espacial, ensejando um certo sentido sancionatório à presunção, está previsto no parágrafo 4º do art. 36 do RICMS/SP.[15] Diz o dispositivo: "Presume-se interna a operação caso o contribuinte não comprove a saída da mercadoria do território paulista com destino a outro Estado ou a sua efetiva exportação".

A construção normativa imediata a que se chega na leitura do enunciado *supra* traduzir-se-ia da seguinte forma: "Dada a não comprovação pelo contribuinte da saída da mercadoria do território paulista mediante apresentação de nota fiscal idônea, presume-se interna a operação". Estamos diante de norma substantiva que fundamenta a competência da autoridade administrativa em proceder à lavratura de auto de infração com base em alíquota interna, e não mais em interestadual. O antecedente da norma presuntiva seria o não cumprimento de dever instrumental, conduta ilícita, e que tem por consequência a presunção. Logo, o fato presuntivo tem dois efeitos jurídicos: é consequente da norma sancionatória, efeito imediato, e é antecedente da nova regra-matriz estruturada com base na presunção, efeito mediato. Imaginemos o seguinte processo de positivação:

> Norma de dever instrumental: "O contribuinte deve comprovar a saída da mercadoria do território paulista mediante apresentação de nota fiscal idônea".
>
> Norma presuntiva: "Dada a não comprovação pelo contribuinte da saída da mercadoria do território paulista mediante apresentação de nota fiscal idônea, presume-se interna a operação".
>
> Regra-matriz: "Dada a circulação de mercadoria presumidamente interna no Estado de São Paulo, o contribuinte deve pagar ICMS com base em alíquota interna".

---

15. Decreto 45.490, de 30.11.2000 (Regulamento do ICMS do Estado de São Paulo – RICMS/SP).

Em outras palavras, não comprovada, pelo contribuinte, a saída da mercadoria do território paulista, *supõe-se* a falta de recolhimento do ICMS decorrente de operações de saídas interestaduais de mercadorias (norma presuntiva), presumindo-se interna a operação, e cobrando, mediante lançamento de ofício, a diferença do ICMS entre a alíquota interestadual *aplicada* e a alíquota interna *aplicável*.[16] De acordo com Fabio Soares de Melo, a presunção do Fisco recai sobre alegação de que: "(i) a pessoa jurídica destinatária das mercadorias jamais teria recebido referidos bens, ou de que (ii) a pessoa jurídica destinatária das mercadorias se revela como 'inidônea'[...]".[17]

Vê-se, pois, nesse exemplo, que a presunção do § 4º do art. 36 do RICMS/SP é do tipo hipotético, pois estabelecida em lei e admite, ou pressupõe, prova em contrário mediante apresentação de nota fiscal idônea. O fato presuntivo da operação interna tem dois efeitos jurídicos: é consequente da norma sancionatória, efeito imediato, e antecedente da nova regra-matriz estruturada com base na presunção, efeito mediato. Portanto, podemos admitir, nesse caso, o sentido sancionatório da presunção.

6.3. Presunção no critério temporal

Tempo é algo que suscita uma série de reflexões filosóficas. Não se pode dizer haver consenso quanto ao sentido do *tempo*. O que se sabe é que a temporalização está em tudo. O próprio entendimento de um objeto, qualquer que seja, exige sua

---

16. "Não tem sido novidade para uma imensa gama de contribuintes paulistas a lavratura de Autos de Infração e Imposição de Multa (AIIMs), em virtude da suposta falta de recolhimento do ICMS decorrente de operações de saídas interestaduais de mercadorias, a destinatário diverso do indicado no documento fiscal. Nestes casos, a fiscalização tributária tem exigido a diferença do ICMS entre a alíquota interestadual aplicada e a alíquota interna aplicável sob a presunção de que a operação tenha sido realizada internamente (MELO, Fábio Soares de. ICMS. Operações interestaduais de venda de mercadorias. Cláusula free on board (FOB). Responsabilidade. Decisões administrativas e judiciais. ICMS: questões fundamentais. São Paulo: MP, 2006. p. 33).

17. Idem, ibidem. p. 33.

identificação no tempo e no espaço. Agora, se o tempo está em tudo, o que ele é "realmente"? Existem duas formas de se aproximar desse conceito: falar sobre o *ser do tempo* ou da *medida do tempo*. O primeiro como estado do tempo (seu ser); o segundo como o tempo percebido em modificação, na dinâmica dos processos naturais, em medição (sua medida).

No direito, o tempo é modalizado para fins de prescrever condutas. Nesse viés, o direito é *senhor dos seus tempos*. Tal sistema brinca com a linha do tempo, identificando o momento de constituição do objeto (hipótese ou fato) segundo suas pretensões regulatórias. Trabalha com as três qualificações do presente: como unidade prescritiva para o futuro, nas normas gerais e abstratas; e individuais e abstratas; ou como enunciados descritivos do passado, nas normas individuais e concretas, ou gerais e concretas; tendo, tanto em um quanto em outro, o referencial presente, tempo da enunciação, momento do ato de fala da norma em linguagem competente.

Na composição do antecedente da regra-matriz de incidência, o tempo é um dos componentes que ajudam a conformar o fato. Afinal, não há ação que não seja localizada num dado momento e espaço. É até difícil imaginar ocorrências atemporais no plano da facticidade, como também é complicado pensar em um fato jurídico sem imaginá-lo acontecido num determinado instante. É por isso que muitas vezes, ao enunciar sobre as presunções no critério temporal, iremos também apresentar suas nuances sentidas no próprio fato, pois o enunciado factual é indissociável de seu tempo. Logo, presumir o tempo, em última medida, é presumir também o fato. Dito isso, passemos a enunciar sobre dois exemplos muito interessantes e com efeitos no campo dos tributos: ITCMD e o tempo da morte e a tributação de IR e CSLL em face do debate sobre o momento de disponibilização do lucro auferido no exterior.

6.3.1. ITCMD e o tempo da morte

Na CF/67, o ITCMD surgiu como "imposto sobre transmissão a qualquer título, de bens imóveis, por natureza e acessão física e de direitos reais sobre imóveis exceto os de garantia, bem como sobre a cessão de direito à sua aquisição", na conformidade com o enunciado do art. 23, I, da CF/67. O Texto Maior de 1988 redimensionou a exação, atribuindo aos Estados e Municípios a competência para instituir o imposto *causa mortis* e doação de quaisquer bens e direitos, conforme se depreende do art. 24 do Texto Maior.[18]

No campo da materialidade do referido tributo, a Constituição disciplinou, em seu § 1º, sobre as diferentes situações que ensejam incidência, estabelecendo que:

> 1) relativamente a bens imóveis e respectivos direitos, compete ao Estado da situação do bem, ou ao Distrito Federal (Inciso I);
>
> 2) relativamente a bens móveis, títulos e créditos, compete ao Estado onde se processar o inventário ou arrolamento, ou tiver domicílio o doador, ou ao Distrito Federal (Inciso II);
>
> 3) terá competência para sua instituição regulada por lei complementar (Inciso III);
>
> a) se o doador tiver domicílio ou residência no exterior;
>
> b) se o *de cujus* possuía bens, era residente ou domiciliado ou teve o seu inventário processado no exterior.

Em resumo, da materialidade do tributo é possível dizer, genericamente, existirem duas hipóteses: (i) doação; e (ii) morte, que, por sua vez, podem ensejar a transferência ora de (a) bem móvel e/ou direitos, ora de (b) bem imóvel. O fator que localiza o tipo de *ação* no fato traduz influência direta no tempo em que ele ocorre. E a determinação desse instante é de suma importância na fixação da lei aplicável[19] e do termo

---

18. Art. 155, I, da CF/88.
19. Sobre o assunto, vide enunciado da Súmula 112 do STF: "O imposto de transmissão 'causa mortis' é devido pela alíquota vigente ao tempo da abertura da sucessão".

a quo em que se conta a incidência dos juros de mora, multa e correção monetária.

Por isso mesmo, interessante discussão que envolve o tema consiste na determinação do critério temporal do ITCMD. E a indicação desse tempo preciso de sua realização vem disciplinada nas mais variadas formas, sendo colhido, como regra geral, o *instante da transmissão por morte ou da doação* dos bens e direitos. Todavia, o transmitir pode ocorrer nos formatos mais diversos, exigindo uma multiplicidade de linguagens, de atos e de atividades; e todos podem ser assumidos pelo legislador como critério pontual para a localização do tempo do fato.

Vejamos alguns textos legais. O Estado da Bahia, por exemplo, fixa o momento da transmissão *causa mortis* e da doação como seu critério temporal.[20] No Estado de São Paulo, a norma ratifica esse tempo, esmiuçando as peculiaridades de algumas hipóteses.[21] A lei gaúcha, no mesmo sentido,

---

20. Lei 4.826, de 27 de janeiro de 1989:
"Art. 1º O Imposto sobre transmissão 'causa mortis' e doação de quaisquer bens ou direitos tem como fato gerador a transmissão 'causa mortis' e a doação, a qualquer título de:
I – propriedade ou domínio útil de bem imóvel por natureza ou acessão física, nos termos da Lei civil;
II – direitos reais sobre imóveis;
III – bens móveis, direitos, títulos e créditos".
21. Lei 10.705, de 28 de dezembro de 2000:
"Art. 2º O imposto incide sobre a transmissão de qualquer bem ou direito havido:
I – por sucessão legítima ou testamentária, inclusive a sucessão provisória;
II – por doação.
§ 1º Nas transmissões referidas neste artigo, ocorrem tantos fatos geradores distintos quantos forem os herdeiros, legatários ou donatários.
§ 2º Compreende-se no inciso I deste artigo a transmissão de bem ou direito por qualquer título sucessório, inclusive o fideicomisso.
§ 3º A legítima dos herdeiros, ainda que gravada, e a doação com encargo sujeitam-se ao imposto como se não o fossem.
§ 4º No caso de aparecimento do ausente, fica assegurada a restituição do imposto recolhido pela sucessão provisória.

descreve delimitando taxativamente o momento da transmissão ou doação de suas hipóteses.[22] Os planos legais supracitados são unânimes em assinalar o instante da transmissão por morte ou doação como critério temporal, mas muitos deles voltam-se a determinações presuntivas do fator temporal da hipótese.

---

§ 5º Estão compreendidos na incidência do imposto os bens que, na divisão de patrimônio comum, na partilha ou adjudicação, forem atribuídos a um dos cônjuges, a um dos conviventes, ou a qualquer herdeiro, acima da respectiva meação ou quinhão".

"Art. 4º O imposto é devido nas hipóteses abaixo especificadas, sempre que o doador residir ou tiver domicílio no exterior, e, no caso de morte, se o 'de cujus' possuía bens, era residente ou teve seu inventário processado fora do país:

I – sendo corpóreo o bem transmitido:

a) quando se encontrar no território do Estado;

b) quando se encontrar no exterior e o herdeiro, legatário ou donatário tiver domicílio neste Estado;

II – sendo incorpóreo o bem transmitido:

a) quando o ato de sua transferência ou liquidação ocorrer neste Estado;

b) quando o ato referido na alínea anterior ocorrer no exterior e o herdeiro, legatário ou donatário tiver domicílio neste Estado."

22. Ibidem.

"Art. 4º Ocorre o fato gerador:

I – na transmissão 'causa mortis':

a) na data da abertura da sucessão legítima ou testamentária, mesmo nos casos de sucessão provisória e na instituição de fideicomisso e de usufruto;

b) na data da morte do fiduciário, na substituição de fideicomisso;

c) na data da ocorrência do fato jurídico, nos casos não previstos nas alíneas 'a' e 'b';

II – na transmissão por doação:

a) na data da instituição do usufruto convencional;

b) na data em que ocorrer o fato ou ato jurídico determinante da consolidação da propriedade, tal como nas hipóteses de extinção dos direitos do usufruto, de uso, de habitação e de servidões;

c) na data da partilha de bem por antecipação da legítima;

d) na data da morte de um dos usufrutuários, no caso de usufruto simultâneo em que tenha sido estipulado o direito de acrescer ao usufrutuário sobrevivente;

e) na data da formalização do ato ou do negócio jurídico, nos casos não previstos nas alíneas 'a' e 'd'."

É bem verdade que o momento de transmissão do bem na doação depende do tipo de objeto que está sendo transferido. Se bem móvel, a lei faz incidir a exação no momento da transferência de propriedade (ou tradição) da coisa, ou melhor, de sua entrega ao adquirente, na forma como admitida na legislação civil.[23] Se bem imóvel, a situação fáctica ocorre no registro do título junto ao Cartório de Imóveis, tendo em vista o disposto no art. 1.245 do CC/02.[24] É de ponderar que o ordenamento poderia ter considerado outros tantos momentos possíveis, como o tempo de tradição das chaves, a lavratura da escritura pública de doação de bem imóvel, ou de quaisquer outros períodos que fazem parte desse procedimento de transferência por doação. Na prática, observa-se que os Cartórios têm cobrado o imposto desde a *lavratura da escritura de doação*, tendo em vista a responsabilidade solidária dos atos praticados que lhes recai, na forma como prevista pelo art. 134 do CTN.

Na transmissão por morte, o tema ganha maior complexidade pelos próprios modos variados em que a morte pode se apresentar empírica e juridicamente; e é nesse lugar que as presunções adquirem conteúdo de técnica legislativa. Já vimos que o direito autoriza ao legislador instituir qualquer instante que se encontra no ínterim, que vai da morte à partilha dos bens. Para entender a matéria, é imperioso buscar as normas de direito civil que organizam essa específica situação da vida.

Dentro da noção de *momento de transmissão por morte* é possível considerar ajustados critérios como o instante (i) da própria morte; (ii) de seu registro; (iii) da declaração de ausência produzida pelo juiz; (iv) da abertura da sucessão legítima ou testamentária; (v) do inventário; (vi) da avaliação dos bens

---

23. Art. 1.267 do CC/02: "A propriedade das coisas não se transfere pelos negócios jurídicos antes da tradição".
24. É o texto: "Transfere-se entre vivos a propriedade mediante o registro do título translativo no Registro de Imóveis".

incluídos na herança; etc. A lei nomeia genericamente o momento da ocorrência da morte, dizendo que o instante da transmissão coincide com aqueloutro da morte.

Ora, falar em *instante da morte* é conjecturar sobre a *certeza* de sua ocorrência. A quem compete dizer que alguém morreu? Seria ao perito ou ao Instituto Médico Legal? Essa declaração/constatação é juridicamente válida para entender que a morte ocorreu? Yoshiaki Ichihara problematiza o assunto assim enunciando:

> Mesmo quando a transmissão por doação for um bem imóvel, no momento da lavratura da escritura de doação e, considerando-se que o proprietário do imóvel é aquele que tem o título registrado no Cartório de Registro de Imóveis competente, o entendimento é de que só naquele momento ocorre transmissão. **Todavia a outra tese é defensável considerando o falecimento como momento da transmissão, já que esta ocorre instantaneamente com a morte, aparecendo a regularização, como o inventário, registro, etc., apenas como formalidades exigidas pela lei.** Estas colocações relacionadas com o momento da transmissão tem relevância capital, pois fixa a lei aplicável, além do *termo a quo* da incidência dos juros de mora, multa e correção monetária. No caso de bens móveis a transmissão ocorre com a tradição, muitas vezes difícil de comprovar o momento exato.[25]

O desafio da matéria comparece no sentido de que é fundamental dissociar o *tempo no fato* – aquele da morte – do *tempo do fato* – aquele de sua regularização, conforme dispõe o autor supracitado. O fato-morte juridicamente admitido no campo dos tributos como tempo da ação relevante para fins de incidência do ITCMD toma o *tempo no fato,* descrição temporal que se remete ao instante do suceder da morte empiricamente

---

25. ICHIHARA, Yoshiaki. Imposto sobre transmissão "causa mortis" e doação, de quaisquer bens ou direitos – ITCMD. Revista de Direito Tributário, São Paulo: Malheiros, n. 85, p. 374, 2001.

pensada ou imaginada na forma de simulacro. Assim, independentemente de quando se deu a linguagem competente – declaração da transmissão (tempo do fato) –, o direito assumiu o tempo no fato, devendo o exegeta localizar o instante da morte, ainda que presumidamente, para fins de incidência do ITCMD.

Alguns casos, contudo, dificultam o entendimento da matéria. É o que se vê com a *morte presumida*. Considera-se terminada a personalidade jurídica da pessoa humana com *a própria morte* ou presumindo-se esta, quanto aos ausentes, nos casos em que a lei autoriza a abertura de sucessão definitiva, conforme disposição do art. 6º do CC/02. A sucessão definitiva é prescrita nos arts. 37 a 39 do CC/02, dizendo considerarem-se dez anos a partir de passada em julgado a sentença que concede a abertura da sucessão provisória[26] (art. 37) ou provando-se que o ausente conta com oitenta anos de idade, e que de cinco datam as últimas notícias dele (art. 38). A morte presumida pode ainda ser declarada, sem decretação de ausência (art. 7º do CC/02):

> I – se for **extremamente provável a morte** de quem estava em perigo de vida;
>
> II – se alguém, desaparecido em campanha ou feito prisioneiro, não for encontrado **até dois anos após o término da guerra** (grifos nossos).

Nessa última hipótese, o parágrafo único do aludido artigo se encarrega de dar maior peso de segurança jurídica ao juízo de presunção, determinando que a declaração da morte presumidamente poderá ser requerida depois de esgotadas as buscas e averiguações, devendo a sentença fixar a data provável do falecimento.

---

26. A sucessão provisória, por sua vez, assim é prescrita em termos temporais: "Art. 26. Decorrido um ano da arrecadação dos bens do ausente, ou, se ele deixou representante ou procurador, em se passando três anos, poderão os interessados requerer que se declare a ausência e se abra provisoriamente a sucessão".

A demarcação – presumida – do tempo da morte do ausente pelo direito civil parte do pressuposto de probabilidade. Logo, passados dez anos das últimas notícias da pessoa, como regra geral;[27] cinco anos, quando o agente for maior de 80 anos, parte do pressuposto de que o sujeito não vive mais; dois anos, quando o desaparecido for envolvido em política ou mantido prisioneiro; ou sem prazo, quando for extremamente provável sua morte; tais pessoas, provavelmente mortas, são declaradas enquanto tal juridicamente, fazendo incidir, por decorrência, o tributo. Essa regra temporal de direito civil gera enormes influências no domínio dos tributos, principalmente no campo do ITCMD.

Os tribunais já decidiram no sentido de que "é legítima a incidência do imposto de transmissão 'causa mortis' no inventário por morte presumida", como podemos depreender da Súmula 331 do STF. De fato, no campo dos direitos civis, "o inventário e partilha se processam pela presunção de que a ausente não vive mais. A sucessão tem, no caso, caráter definitivo".[28]

Relevemos que a presunção do tempo da morte presumida é relativa. Entretanto, só pode ser desfeita com uma nova declaração judicial que retira do sistema sentença declaratória de ausência ou de morte presumida (art. 9º, IV, do CC/02). Uma vez determinada pelo juiz sua existência jurídica, cabe ao Estado devolver os valores pagos a título de ITCMD, na conformidade com o art. 165 do CTN, assim como dos juros de mora e das penalidades pecuniárias, como se depreende do art. 167 do CTN.

---

27. No CC/16, o prazo era de 20 anos, conforme se depreende de exegese do art. 10 em conjunto com o art. 481:

"Art. 10. A existência da pessoa natural termina com a morte. Presume-se esta, quanto aos ausentes, nos casos dos arts. 481 e 482. (Redação dada pelo Decreto do Poder Legislativo nº 3.725, de 15.1.1919.)"

"Art. 481. Vinte anos depois de passada em julgado a sentença que concede a abertura da sucessão provisória, poderão os interessados requerer a definitiva e o levantamento das cauções prestadas. (Redação dada pela Lei n. 2.437, de 7.3.1955.)."

28. STF, 2ª Turma, AI 27.955/ES, DJ 30.12.1962.

6.3.2. Presunção do momento de disponibilização do lucro auferido no exterior

A hipótese de disponibilização dos lucros, rendimentos e/ou ganhos de capital auferido no exterior por empresa brasileira é de suma importância neste item e é tema atual.

Muitas sociedades nacionais investem seu dinheiro na compra de ações e participações de empresas estrangeiras. A matéria foi disciplinada pela Lei 9.249/95, que, além de inovar o sistema trazendo hipótese de tributação sobre a renda fora do âmbito competencial da União, passou a adotar o regime da universalidade para as pessoas físicas, que doravante estavam submetidas ao princípio da territorialidade.

Rememoremos que, antes da referida alteração legislativa de 1995, em matéria de imposto de renda das pessoas jurídicas, vigorava no Brasil o "princípio da territorialidade", segundo o qual somente os lucros e rendimentos auferidos no território nacional eram tributados. A territorialidade era cânone norteador da tributação de IR, achando-se disciplinada no art. 337 do Regulamento do Imposto de Renda – RIR/94.[29] Com a edição da Lei 9.249/95, vigorando a partir de 1º de janeiro de 1996, passou-se a cumprir o "princípio da universalidade", que acrescentou ao critério de conexão *território* o elemento *pessoal*, buscando com isso abarcar as rendas produzidas pelos particulares brasileiros fora do País. A diretriz da universalidade reproduz a noção americana do *worldwide income taxation*.

Antes da alteração da Lei 9.249/95, prevalecia o "método de equivalência patrimonial", autorizando às empresas nacionais excluir do lucro real o resultado positivo dos investimentos relevantes em controladas e coligadas e adicionar o resultado positivo à base de cálculo do imposto. Essa sistemática se dava como necessidade de se produzirem ajustes contábeis ao investimento no exterior, refletindo a variação patrimonial da

---

29. Regulamento aprovado pelo Decreto 1.041, de 11 de janeiro de 1994.

coligada ou controlada, pelo simples fato de que a própria lei aceita o fato de, contabilmente, tais resultados (lucro ou prejuízo) não serem considerados lucro ou prejuízo auferido pela investidora e, sendo assim, deveriam ser entendidos nesse formato também pelo direito.

O exame do critério temporal escolhido pela Lei 9.249/95 faz reingressarmos na contenda sobre os limites semânticos do conceito de *renda* ou *lucro* auferidos no exterior, contornos significativos estes que determinam a fronteira que delimita até onde o legislador está autorizado a ir para fins de prescrever a incidência do IR. Eis o critério tempo influenciando e determinando os contornos do próprio critério material. De fato, com a assunção da universalidade, o citado Diploma Legal fere frontalmente o disposto no art. 153, III, da CF/88 e no art. 43 do CTN, que deu lugar ao conceito infraconstitucional de renda. E esse embate conceitual gera reflexos diretos no âmbito das competências tributárias, o que torna ainda mais discutível a constitucionalidade dessa norma.

É bem verdade que no Texto Maior inexiste definição expressa dos termos acima aludidos, porém, mediante análise sistematizada e conciliadora das demais ideias lá existentes, é possível assumir a renda por *acréscimo patrimonial*, i. e., *o resultado que se obtém do confronto entre patrimônio antes e depois em face de um referencial de tempo e dos bens de uma dada sociedade*. É pois o saldo final das entradas (receitas e rendimentos) menos as saídas (despesas) em determinado período.[30] Como decorrência dessa ideia, vê se que o tempo é fator de extrema relevância para a própria conceituação do fato. Se renda é um somatório algébrico calculado no ínterim de um momento a outro, ambos arbitrariamente escolhidos,

---

30. Para Ricardo Mariz de Oliveira: "O lucro, ou o prejuízo, que é a versão ou resultado negativo do lucro, é a somatória algébrica da totalidade dos fatores positivos e negativos que afetam um patrimônio em determinado período de tempo" (Fundamentos do Imposto de Renda. São Paulo: Quartier Latin, 2008. p. 110).

não há como pensá-lo sem conjecturá-lo num dado lapso temporal. Portanto, mais do que nunca o fator *tempo* é constitutivo do objeto, de tal modo que não há como conceber a noção de renda sem o percurso dos acréscimos auferidos nesse período de tempo. A pergunta subsequente é: quando se dá essa equação de bens e direitos no ordenamento brasileiro para fins de IR? Quais entradas são juridicamente relevantes para o sistema jurídico nacional? Em que momento ocorre essa entrada legalmente considerada? E tais conceitos foram assumidos pelo enunciado do art. 25 da Lei 9.249/95?

A Lei 9.249/95, ao prescrever em seu art. 25 que se considerará disponibilizado o lucro no instante da distribuição dos dividendos na empresa exterior, modifica o conceito jurídico já existente, desnaturando-o pelo fator temporal, para fins de antecipar a tributação sobre valores que ainda nem se sabe quando serão renda ou lucro efetivamente, ou mesmo se o serão efetivamente na hipótese de não serem repassados aos agentes no Brasil. Deslocando, pois, o fator temporal da hipótese distribuição de dividendos, torna, presumidamente, o fato futuro em fato presente, admitindo-o por renda disponível. Ao deslocar o instante do auferimento da renda, passa a tributar com base em presunção.

Assim, antes mesmo de o contribuinte receber ou saber se receberá esse lucro do exterior, o Fisco o transforma em hipótese de IR, presumindo, e passa a tributar. Presume que o sujeito passivo o receberá futuramente e, assim o fazendo, antecipa ou, mais, tributa indevidamente, no caso de inexistência do fato jurídico, sob o argumento de haver *possível acréscimo patrimonial*. Vejamos como isso comparece no esquema presuntivo apresentado ao longo deste trabalho. Em planos hipotéticos, o legislador assim raciocinaria para fins de positivar a presunção do fato:

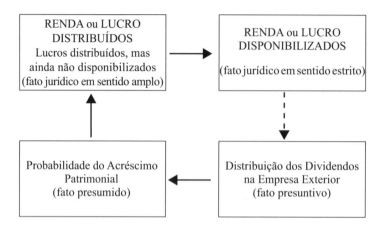

Logo, antes mesmo de falar em qualquer disponibilidade, a Fazenda tributa substituindo a hipótese "renda disponível" em "renda distribuída", ou melhor, "renda passível de futura disponibilidade". Onera o contribuinte, pois, em momento em que nem se cogita ainda de auferimento de renda, e muito menos de sua disponibilidade jurídica ou econômica. Não houve acréscimo patrimonial. Contabilmente, existe um saldo positivo, contudo sabemos muito bem que nem todo saldo positivo no balanço da empresa constitui renda. Nessa linha, não sendo renda, descabe inclusive entrar na discussão quanto à disponibilidade desse valor, se jurídica ou econômica, e estabelecer um limite conceitual com base nesses critérios. Em verdade, não havendo renda, torna-se despropositado qualquer debate que a pressuponha, como é o caso da natureza de sua disponibilidade (contábil, econômica ou jurídica).

Mas mesmo que se entenda haver renda, lembremos que a sua tributação não considera a disponibilidade jurídica, pura e simples, mas a econômica, que pressupõe aquela.[31] Tributar

---

31. Sebastião Reis resume, em poucas palavras, o posicionamento doutrinário predominante: "a disponibilidade 'econômica' inclui a 'jurídica' mas a recíproca não é verdadeira" (Conceito constitucional de renda e proventos de qualquer natureza. Revista de Direito Tributário, São Paulo: Malheiros, n. 39, p. 150).

a *possibilidade de acréscimo patrimonial* é fazer incidir a norma tributária sobre fato futuro e incerto, ora tributando antecipadamente, na hipótese de efetiva ocorrência futura, ora tributando indevidamente, caso tal valor não seja repassado à sociedade brasileira.

Com tais modulações, o disposto no art. 25 da Lei 9.249/95 é presunção instituída hipoteticamente pelo legislador. E o raciocínio presuntivo toma como ponto de partida a distribuição dos dividendos na empresa exterior, este se apresentando como fato presuntivo. Dessas ocorrências concretas generaliza, instituindo a probabilidade do acréscimo patrimonial, que figura, por sua vez, como fato presumido. No plano normativo, a probabilidade se coloca como hipótese jurídica em sentido amplo, constituindo o signo: *renda ou lucro distribuídos*; repisemos, distribuídos, mas ainda não disponibilizados. Associado à hipótese da regra-matriz de incidência, renda disponibilizada é o fato que dá ensejo à relação tributária.

A presunção, ao associar um fato a outro, demonstra que tais enunciados factuais em vinculação normativa não são o mesmo signo, o que justifica a própria existência da norma presuntiva no processo de positivação. Não havendo o fato jurídico em sentido estrito propriamente dito, associa-se este a outro, atribuindo a este último os efeitos daquele. Contudo, são conceitos factuais distintos que não podem dar ensejo à tributação nova, extrapolando os limites dados às competências conferidas pela Constituição à matéria. Por essa linha, uma coisa é a hipótese da presunção – *renda ou lucro distribuídos* –, outra é aquela da regra-matriz – *renda ou lucro disponibilizados*, esta hipótese jurídica em sentido estrito, antecedente da regra-matriz de incidência tributária.

A alteração do fato se dá justamente em face da modificação do critério temporal ali assumido. Cumpre, pois, elaborar um segundo esquema de modo a reforçar a mudança temporal nele admitida, apresentando-se da seguinte forma:

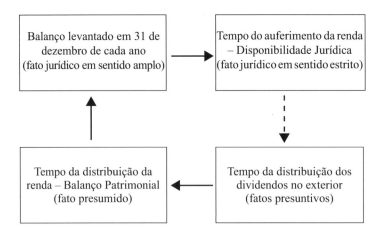

Nesse caso, os exageros fiscais são latentes. Há uma incongruência entre o fato jurídico em sentido estrito e os fatos presuntivos assumidos, o que tem como causa a diferença dos instantes assumidos pelo legislador. É nessa divergência temporal e, logo, factual que se confirma a improcedência, por inconstitucionalidade, dessa exação trazida no enunciado do art. 25 da Lei 9.249/95. Sem nem ainda receber efetivamente o lucro auferido no exterior, não se poderia falar em disponibilidade econômica ou mesmo jurídica de renda no Brasil. Relevemos que o princípio da territorialidade dimensiona os limites da competência da Fazenda Nacional e sua jurisdição ainda que com a atuação de algumas regras excepcionais de universalidade. Não pode a lei brasileira tributar fato fora do País. É preciso que ele aconteça em território brasileiro para que se dê a incidência tributária, e aí sim, somente neste instante, dizer sobre *renda, lucro* e *disponibilidade* tanto jurídica quanto econômica. Sem renda ou lucro no Brasil não se pode presumir a disponibilidade.

A alteração conceitual de *renda* previsto no Texto Magno e, subsidiariamente, no art. 43 do CTN, produzida pela Lei 9.249/95 para abarcar hipótese fora de sua competência, é preceito inconstitucional. Presume possível ocorrência de acréscimo patrimonial para frente, a fim de, em seguida, antecipar, com base na presunção, o tempo do fato ou criar, ficticiamente, o próprio fato. Tributa pois fato incerto, uma vez que não se sabe ainda se a disponibilização efetivamente ocorrerá e se o será nos valores declarados. Além disso, nem bem se sabe se esses bônus distribuídos serão trazidos para o território do País. Portanto, o preceito do art. 25 da Lei 9.249/95, mediante alteração do critério temporal, modifica a competência da União, trazendo contornos novos ao poder legislativo tributário da União. Só por isso se tornaria preceito inconstitucional. Mas imaginemos ainda se se admitisse o seu conteúdo, tal norma não resistiria a um exame de constitucionalidade também na forma, visto que, tratando-se de matéria de competência, só poderia ter sido positivada validamente mediante lei complementar, de acordo com exigência do art. 146 da CF/88. Nessa toada, o art. 25 da Lei 9.249/95 não resistiria nem à legalidade material, tampouco à formal.

Ainda, nem se alegue que a LC 104/01 a convalidou, pois o direito positivo brasileiro não admite tal sistemática: "ou bem a lei surge no cenário jurídico em harmonia com a Constituição Federal, ou com ela conflita, e aí afigura-se írrita, não sendo possível o aproveitamento, considerado texto constitucional posterior e que, portanto, à época não existia".[32]

Reforçando o pensamento, em caso análogo sobre provisões para créditos de liquidação duvidosa, Paulo de Barros Carvalho se manifestou pela inconformidade com a letra do art. 43 da Lei 8.981/95, figurando tributação sobre valores que não integram o conceito de "renda":

> As importâncias das provisões para créditos de liquidação duvidosa, enquanto estiverem provisionadas, permanecerão jurídica e economicamente insusceptíveis de disposição e, nessas condições, tais valores não podem integrar o conceito de "renda". Pretender, por exemplo, como o art. 43 da Lei n. 8.981/95, que o montante provisionado componha a base

---

32. STF, Tribunal Pleno, RExt 357.950-9/RS, voto Min. Marco Aurélio, p. 8, DJ 15.08.2006.

de cálculo do IRPJ e da CSL, significa fazer incidir o imposto sobre o que não é "renda", transformando-lhe a feição, tributando não o acréscimo patrimonial, produto do trabalho, do capital ou da conjugação de ambos, que deve resultar da somatória das grandezas positivas e negativas, mas mera aparência de acréscimo patrimonial, gerando descompasso entre a regra-matriz e o resultado do cumprimento dos deveres instrumentais ou formais. Tributar-se-ia, sim, o patrimônio do contribuinte, procedimento que afronta a competência esboçada no plano constitucional e desenvolvida na mensagem do artigo 43 do Código Tributário Nacional.[33]

A opinião acima foi esposada também pelo Supremo em caso semelhante em que se discutia o critério temporal na incidência do imposto de renda retido na fonte sobre o lucro líquido (ILL) auferido por acionistas. Da mesma forma que o art. 25 da Lei 9.249/95, o art. 35 da Lei 7.713/88 modificou o instante da apuração da renda do contribuinte para o do balanço do lucro líquido da empresa. O tribunal pleno, em julgamento de RE 172058/SC, declarou inconstitucional tal exoneração.[34]

Por tudo isso é que o art. 25 da Lei 9.249/95 é de todo e ao todo inconstitucional ao permitir tributação dos lucros auferidos no exterior no momento de sua origem com base em presunção de que o lucro venha para o território brasileiro. No plano semântico, a aludida norma presuntiva, alterando o critério temporal do fato, viola claramente o conceito de renda e/ou lucro instituídos pelos arts. 153, III, da CF/88 e 43 do CTN, de modo que não pode prevalecer no sistema. Ademais, infringe também os limites do poder de tributar do Fisco Federal estabelecidos na Constituição, bem com o princípio da legalidade, agindo negativamente na própria segurança jurídica tão reclamada pelo ordenamento nacional.

---

33. CARVALHO, Paulo de Barros. Direito tributário, linguagem e método. 3. ed. São Paulo: Noeses, 2009. p. 675-676.
34. STF, Tribunal Pleno, RE 172058/SC, Rel. Min. Marco Aurélio, j. 30.06.1995, DJ 13.10.1995, p. 34282.

Vale mencionar por fim que, mesmo diante de todas essas inconstitucionalidades supramencionadas, a Administração Pública continua positivando essa norma viciada, fazendo prevalecer a todo custo a referida antecipação ou incidência indevida de IR sobre lucros ainda não disponibilizados. E o vemos fazer isso também pelo enunciado da Instrução Normativa SRF 38/96. A aludida Instrução Normativa, no ano seguinte à publicação da Lei 9.249/95, previu novas hipóteses, não disciplinadas pela referida Lei Ordinária, procurando dar sustentação constitucional à incidência tributária sobre os lucros auferidos no exterior. É sabido por todos que nenhuma instrução normativa tem o condão de criar novos direitos ou novas obrigações em direito tributário, motivo pelo qual tal norma já nasceu viciada no conteúdo e na forma.

Também o fez a Lei 9.532/97 ao impor logo em seu primeiro artigo a adição ao lucro líquido dos lucros auferidos no exterior, por intermédio de filiais, sucursais, controladas ou coligadas, para determinação do lucro real correspondente ao balanço levantado no dia 31 de dezembro do ano-calendário em que tiverem sido disponibilizados para a pessoa jurídica domiciliada no Brasil. E mais, a Lei 9.959/00 adicionou ao § 1º do art. 1º da Lei 9.532/97 duas novas hipóteses de disponibilização dos lucros.[35]

Em 10 de janeiro de 2001, sobreveio a Lei Complementar 104, que alterou diversos dispositivos do CTN, entre os quais o art. 43, assim prescrevendo:

>Art. 1º
>
>[...]

---

35. São elas:

"c) na hipótese de contratação de operações de mútuo, se a mutuante, coligada ou controlada, possuir lucros ou reservas de lucros;

d) na hipótese de adiantamento de recursos, efetuado pela coligada ou controlada, por conta de venda futura, cuja liquidação, pela remessa do bem ou serviço vendido, ocorra em prazo superior ao ciclo de produção do bem ou serviço".

§ 2º Na hipótese de receita ou de rendimento oriundos do exterior, a lei estabelecerá as condições e o momento em que se dará sua disponibilidade, para fins de incidência do imposto referido neste artigo.

Com o supracitado enunciado, o legislador pretendeu dar fundamento de validade àqueles Diplomas, autorizando expressamente o legislador ordinário a estabelecer em que momento e em que condições ocorrerá a disponibilidade dos rendimentos auferidos no exterior para fins de tributação em matéria de imposto de renda. Diante disso, é de concluir que, antes da LC 104/01, nenhuma das leis ordinárias supracitadas poderia ter disciplinado a matéria da forma como o fizeram, sendo, portanto, inconstitucionais.

No panorama histórico legislativo da disciplina, é imprescindível mencionar a respeito da Medida Provisória 1.858-6/99, hoje vigorando no texto da Medida Provisória 2.158-35/01. A referida norma, com vigência a partir de 27 de setembro de 1999, instituiu a incidência também da CSLL nos rendimentos, ganhos de capital e lucros auferidos no exterior. Em 24 de agosto de 2001, sobreveio a Medida Provisória 2.158-35/01 dispondo, em seu art. 74,[36] o tempo em que se consideram disponibilizados os lucros auferidos no exterior por coligada ou controlada, qual seja a data do balanço no qual tiverem sido apurados. Para fins de adaptação da regra aos fatos já em curso, prescreve ainda que os lucros apurados até 31 de dezembro de 2001 serão considerados disponibilizados em 31 de dezembro de 2002, independentemente de serem efetivamente distribuídos ou não.

---

36. Confira texto da lei: "Art. 74. Para fim de determinação da base de cálculo do imposto de renda e da CSLL, nos termos do art. 25 da Lei n. 9.249, de 26 de dezembro de 1995, e do art. 21 desta Medida Provisória, os lucros auferidos por controlada ou coligada no exterior serão considerados disponibilizados para a controladora ou coligada no Brasil na data do balanço no qual tiverem sido apurados, na forma do regulamento" (grifos nossos).

De fato, a identificação do instante de aquisição da renda pode se dar no direito em momentos distintos. Sabemos ainda que, na tributação do IR, o direito pode optar por diferentes *tempos do fato* desde que se mantenha nos limites do princípio da territorialidade. A exegese desse cânone pede que seja tributada apenas a renda que estiver em âmbito nacional, pois foi o critério território escolhido para essa tributação. Ainda, ao sistema jurídico cabe seguir uma ordem prescritiva que esteja dentro das possibilidades fáticas que a hipótese enseja. Se a materialidade constitucionalmente positivada é a renda ou o lucro, é imprescindível que a União se limite a tributar *renda* ou *lucro* nos âmbitos dos sentidos das palavras; e nada mais diferente disso. A tributação excedente sobre esse conceito é tributo indevido. Logo, a exação incidente no instante da data do auferimento dos lucros pela empresa controlada, e não de sua disponibilização para a sociedade brasileira, antecipa o tempo do fato e tributo sobre fato jurídico ainda nem ocorrido e que pode nem vir a acontecer.

Recentemente, o ordenamento prescreveu de modo a aceitar por disponibilizado o lucro quando ainda estiver no exterior, sob o argumento de que a distribuição de lucro no exterior já configura uma renda à empresa. É de observar, portanto, que a MP 2.158-35/01 reaviva os debates realizados quando da edição da Lei 9.249/95. Questiona se o legislador tem o poder de tributar IR e CSLL sobre algo que não representa efetivo acréscimo patrimonial, ou melhor, não está dentro do âmbito conceitual de renda ou lucro, mas que, por presunção de configurar, futuramente, *renda* ou *lucro*, dá por satisfeita a previsão fática desde já, i. e., desde sua distribuição no exterior. É despiciendo dizer que o aludido juízo presuntivo afronta o conceito de *renda*, previsto nos arts. 153, III, da CF/88 e 43 do CTN, bem como aqueloutro de *lucro* determinado no texto do art. 195 da CF/88.

Ressaltamos que, ao exemplo do julgado do RE 172058/SC, no tocante aos termos do art. 35 da Lei 7.713/88, é de entender também aqui inexistir fato gerador do imposto de renda enquanto o lucro não for efetivamente distribuído para o sócio ou acionista. Dessa maneira, diante de um tal resultado positivo para o contribuinte em situação que se assemelha quase que por tudo àqueloutra referente ao art. 25 da Lei 9.249/95, asseveramos com convicção que o contribuinte tem fortes argumentos para declarar inconstitucional o preceito da MP 2.158-35/01. A preocupação da necessidade de se insurgir contra tais textos se justifica em face de novas normas expedidas, reiterando os termos da exigência e, com isso, buscando, com a repetição, fazer da regra viciada preceito constitucional.

Dentre estes preceitos inovadores está a Instrução Normativa 213/02. Dispondo sobre a tributação de lucros, rendimentos e ganhos de capital auferidos no exterior pelas pessoas jurídicas domiciliadas no País, a SRF editou a aludida IN buscando consolidar a supracitada forma exonerativa que antecipa, presumidamente, a ocorrência do fato objeto de tributação por IR e CSLL. Revogando a IN 38/96, a IN/SRF 213/02 prevê, em seu art. 7º,[37] a incidência de tributo sobre os resultados

---

37. "Art. 7º A contrapartida do ajuste do valor do investimento no exterior em filial, sucursal, controlada ou coligada, avaliado pelo método da equivalência patrimonial, conforme estabelece a legislação comercial e fiscal brasileira, deverá ser registrada para apuração do lucro contábil da pessoa jurídica no Brasil.

§ 1º Os valores relativos ao resultado positivo da equivalência patrimonial, não tributados no transcorrer do ano-calendário, deverão ser considerados no balanço levantado em 31 de dezembro do ano-calendário para fins de determinação do lucro real e da base de cálculo da CSLL.

§ 2º Os resultados negativos decorrentes da aplicação do método da equivalência patrimonial deverão ser adicionados para fins de determinação do lucro real trimestral ou anual e da base de cálculo da CSLL, inclusive no levantamento dos balanços de suspensão e/ou redução do imposto de renda e da CSLL.

§ 3º Observado o disposto no § 1º deste artigo, a pessoa jurídica:

I – que estiver no regime de apuração trimestral, poderá excluir o valor correspondente ao resultado positivo da equivalência patrimonial no 1º, 2º e 3º trimestres para fins de determinação do lucro real e da base de cálculo da CSLL;

II – que optar pelo regime de tributação anual não deverá considerar o resultado positivo da equivalência patrimonial para fins de determinação do imposto de renda e da CSLL apurados sobre a base de cálculo estimada;

positivos de equivalência patrimonial em investimentos no exterior. Ou seja, apura o lucro real e a base de cálculo da CSLL em montante ainda não disponibilizado à empresa brasileira. E o mais preocupante, com o enunciado do art. 7º da IN/SRF 213/02, a eventual variação cambial de investimentos no exterior passou a ter natureza de receita tributável como decorrência dessa antecipação. Confira:

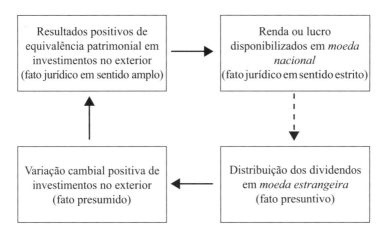

Com a ajuda do presente esquema perceberemos que, enquanto o fato jurídico em sentido estrito se dá em termos pecuniários, segundo os valores em moeda nacional, os fatos presuntivos tomam como ponto de partida os valores em moeda estrangeira. A diferença monetária é o que dá ensejo ao fato presumido *variação cambial positiva*, traduzido em planos hipotéticos pelo legislador como *resultados positivos de equivalência patrimonial em investimentos no exterior* (fato jurídico em sentido amplo). A distância entre este último conceito e aqueloutra hipótese jurídica em sentido estrito é de tal forma acentuada que inviabiliza a assunção deste em prol daquele

---

III – optante pelo regime de tributação anual que levantar balanço e/ou balancete de suspensão e/ou redução poderá excluir o resultado positivo da equivalência patrimonial para fins de determinação do imposto de renda e da CSLL."

em termos tributários. Não há similitude essencial entre essas ideias. Conformam semelhanças secundárias: ambos são saldos positivos no balanço da empresa. Entretanto, tal característica secundária não tem o condão de autorizar ao legislador a configurar ambos os casos como hipótese de renda ou lucro, conceito nuclear que confere fundamento de validade à tributação a título de IR ou CSLL, respectivamente.

E o que foi dito acima quanto ao fato é observado principalmente em face da modificação assumida pelo critério temporal, modificando o *tempo no fato*. Para fins de determinação do lucro real e da base de cálculo da CSLL, deverá ser considerado o tempo prescrito no enunciado do parágrafo 1º do art. 7º da IN/SRF 213/02, qual seja o do balanço levantado em 31 de dezembro do ano-calendário. Este é o instante assumido pelo fato jurídico em sentido amplo, que é diferente daquele que, logicamente, se encontra na materialidade de auferir renda ou lucro constitucionalmente estabelecida pelo art. 153, III, da CF/88. É o que podemos relevar pelo quadro abaixo:

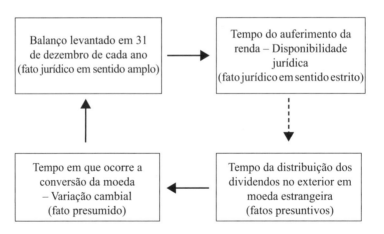

Ademais, o teor do preceito do art. 7º da IN/SRF 213/02 vai ao encontro do § 6º do art. 25 da Lei 9.249/95, que prescreve expressamente não dever o resultado positivo de equivalência patrimonial ser objeto de tributação. Do mesmo modo como afirmado para a tributação de renda e lucro não disponibilizados, na forma de regra geral, a tributação da equivalência patrimonial positiva é viciada de inconstitucionalidades, uma vez que tributa mero ajuste contábil do investimento decorrente da variação positiva do patrimônio líquido da controlada ou coligada. Variação positiva não é lucro auferido pela investidora e, portanto, não pode ser admitida pelo legislador como hipótese de IR e CSLL.

Conforme se depreende da Ação Direta de Inconstitucionalidade (ADIN) 2.588/DF, movida pela Confederação Nacional da Indústria (CNI), existem fortes indicativos, pelo voto da Ministra Ellen Gracie, de que o STF admite um certo abrandamento na tributação dos lucros de coligadas no exterior. De maneira diversa da situação de lucros gerados pelas controladas, que ficam disponíveis para a matriz no Brasil, os lucros de coligadas somente podem ser apurados quando da remessa ao País, o que reforçaria não constituírem renda ou lucro disponíveis quando ainda não remetidos ao território nacional.

Diante do exposto, é de concluir que não pode a União tributar algo que não representa efetivo acréscimo patrimonial. Nessa toada, também é-lhe vedado alterar o critério temporal para fins de antecipar o tempo de um fato que presumidamente se entende que vá ocorrer. Logo, é proibido admitir por critério temporal o instante da data do auferimento dos lucros pela empresa controlada, e não de sua disponibilização para a sociedade brasileira. O Texto Maior não aceita por disponibilizado o lucro quando este ainda estiver no exterior. Sob a orientação do princípio da territorialidade, somente renda ou lucro no Brasil, i. e., no tempo em que ingressar no território nacional, é que pode ser objeto de tributação e, mesmo assim, devendo-se observar o conceito jurídico de renda e lucro. É fundamental que todo e qualquer raciocínio presuntivo do legislador esteja de acordo com os limites do poder de tributar constitucionalmente aceitos. Pensar diferente é ir de encontro da rígida discriminação competencial da Carta Maior e dos valores lá reafirmados.

6.4. Presunção no critério subjetivo

O critério subjetivo é o lugar sintático do consequente da regra-matriz em que se localizam, na relação jurídico-tributária instaurada, as pessoas que compõem o polo ativo, sujeito credor, e o polo passivo, sujeito devedor, ambos vinculados ao objeto desse liame: o valor do tributo. Tendo em vista que as maiores discussões se encontram no âmbito da sujeição passiva, é nela que iremos focar o estudo ora proposto. Nessa esteira, percorreremos, neste tópico, a temática das presunções na sujeição passiva na regra-matriz de incidência, identificando quem está habilitado a compor o critério subjetivo de devedor na norma exacional e os limites constitucionais para se presumir um sujeito devedor na relação tributária. Veremos também como se dá, nos casos presuntivos, em seu mais largo sentido, o cálculo das estruturas normativas da presunção e da regra-matriz, ambas compondo o enunciado tributário *sujeito passivo*. Partindo do exame dos fundamentos gerais da sujeição passiva tributária alcançaremos a figura da presunção no critério subjetivo-passivo da regra-matriz.

6.4.1. Equiparação dos estabelecimentos comerciais atacadistas, ou adquirentes de produtos importados, a industrial pela legislação do IPI

No conflito entre presunção e critério subjetivo da regra-matriz, a hipótese de equiparação dos estabelecimentos comerciais atacadistas ou adquirentes de produtos importados, a industrial pela legislação do IPI é excelente exemplo. No presente caso, presumidamente, admite-se[38] equiparação de uma pessoa a outra, *substituindo-a* no processo de positivação da norma tributária. A presunção, portanto, atua aqui diretamente no critério subjetivo da regra-matriz de incidência do IPI, modificando o conceito de industrial para integrar na relação tributária sujeito passivo diverso daquele que produziu o fato.

---

38. Modal deôntico "P" – permitido.

Industrial é pessoa que procede ao "conjunto de atividades econômicas que têm por fim a manipulação e exploração de matérias-primas e fontes energéticas, bem como a transformação de produtos semi-acabados em bens de produção ou de consumo".[39] Nem estabelecimentos comerciais atacadistas, nem mesmo adquirentes de produtos importados estão no âmbito semântico da palavra industrial. A extensão do termo a estas duas hipóteses acima enunciadas desnatura o conceito de industrial e vai de encontro à ordem jurídica posta. *Atacadistas*, em sentido próprio, é quem "compra em grandes quantidades os artigos de sua especialidade e os revende igualmente por lotes aos comerciantes do varejo".[40] Na definição da palavra, em nenhum momento se fala em *manipulação e exploração de matérias-primas e fontes energéticas* ou mesmo *transformação de produtos semiacabados*. Pelo contrário, os atacadistas nada modificam o produto comprado. O ganho da atividade está na mera revenda dos artigos em pequenas quantidades. A ressalva alcança também os *adquirentes de produtos importados*, que podem tanto ser atacadistas quanto comerciantes de varejo, mas, da mesma forma, em regra, nada modificam a mercadoria.

Agora, se nenhuma relação tem industrial com estabelecimentos comerciais atacadistas e adquirentes de produtos importados, a não ser que estes compram produto daquele para posterior revenda, qual a razão desse alargamento semântico da lei? Muitos explicaram a norma tendo em vista a necessidade de aumento de arrecadação; outros vão entendê-la como regra antielisiva, sentido este mais usado; outros ainda, reforçarem sua finalidade extrafiscal. De fato, com a referida equiparação, o Fisco cobra o imposto (IPI) sobre o preço comercializado do produto após a adição de valor pelo comerciante. Evita, pois, que entre as partes se proceda à subvalorização

---

39. HOUAISS, Antônio; VILLAR, Mauro de Salles. Dicionário Houaiss da língua portuguesa. Rio de Janeiro: Objetiva, 2001. p. 1609.

40. Idem, ibidem, p. 329.

dos valores nas operações com produtos industrializados, exercendo controle fiscalizatório mediante comparação do que venha a ser cobrado em cada operação. É, pois, verdadeira equiparação com intuito antielisivo. A norma presuntiva, além dos efeitos propriamente fiscais (arrecadatórios), tem também função extrafiscal de combater práticas evasivas.

Sobre o assunto, porém, devemos fazer importante ressalva. A presunção, como previsão legal estendida, independentemente de seus efeitos benéficos – fiscais ou extrafiscais –, jamais pode alterar, mediante equiparação, o campo da competência tributária estabelecido pela Carta Magna, principalmente quando pela modificação do conceito ocorre ampliação do poder tributário do ente público. O conceito de industrial está na base do enunciado do inciso IV do art. 153 da CF/88: Compete à União instituir impostos sobre produtos industrializados. Em face da rigidez na discriminação das competências e dos direitos fundamentais dos contribuintes no Texto Maior, é vedado ao legislador modificar o conceito de industrial, incluindo atacadistas e adquirentes revendedores de produtos importados, para fins de arrecadar tributo. Vê-se claramente que a competência do Fisco Federal aumenta para além dos limites constitucionalmente estabelecidos. A desnaturação do termo, em face de uma interpretação sistemática do direito tributário, não pode prevalecer, devendo-se declarar inconstitucional a referida equiparação.

Sobre o assunto, a propósito, encaixa-se perfeitamente o entendimento de Luciano Amaro:

> O que se veda à lei tributária é a modificação de conceitos que tenham sido utilizados por lei superior para a *definição da competência tributária*, se da modificação puder resultar *ampliação* da competência. Por isso, se a regra que outorga competência tributária (e, portanto, dá os contornos do campo sobre o qual é exercitável a competência) autoriza a tributação de *imóvel*, não pode o legislador tributário equiparar *móveis* a *imóveis*, para efeitos fiscais, **sob pena de ampliar, ilegitimamente sua esfera de competência**. Já

numa hipótese em que seja permitido ao legislador tributar, v. g., o ganho na venda de bens, nenhuma discussão de legitimidade haveria, caso, por exemplo, o legislador tributasse *imóveis* e declarasse equiparados a imóveis (para fins de tributação dos respectivos ganhos) os bens *móveis* com tais ou quais características (por exemplo, de valor superior a determinada cifra).

[...] O dispositivo permite duas ilações: a) em regra, não é vedado à *lei tributária* modificar institutos, conceitos e formas do direito privado; b) a exceção diz respeito aos conceitos que tenham sido utilizados por lei superior para a *definição da competência*.[41]

No caso em análise, a regra presuntiva que equipara industrial a atacadistas e adquirentes de produtos importados é clara e ilegitimamente ampliativa da esfera de competência federal. Industrialização e revenda não têm o mesmo substrato semântico, ainda que apresentem similitudes secundárias. São conceitos dissociados na medida em que são materialidades que tomam por base ações completamente distintas e em nada relacionadas, senão o produto industrializado que, para um, é fruto – fim – de sua atividade industrial, e outro, é matéria – meio – para se alcançar o fim – a revenda e o seu co-respectivo lucro.

Dito de outro modo, apesar das semelhanças de segunda ordem, por trabalharem industrial, atacadista e adquirente de produtos importados com produtos industrializados, são atividades essencialmente distintas, diversas nas suas qualidades primárias, não podendo ser objeto de equiparação, pela via presuntiva, uma a outra. Tal formulação normativa, por assumir como critério de semelhança características secundárias, nada mais é do que uma ficção tributária, instituto este usado pelo legislador para fins de constituir outras hipóteses exonerativas.

---

41. AMARO, Luciano. Direito tributário brasileiro. 14. ed. São Paulo: Saraiva, 2008. p. 101.

A vedação à norma presuntiva se dá em face da arrecadação. Sua função extrafiscal é perfeitamente válida, desde que não se proceda à mudança no campo competencial e tribute fatos fora da abrangência de seu poder tributário. Para atender as pretensões extrafiscais da norma, seria perfeitamente possível admitir situação em que o Fisco estabeleça regra de substituição ou responsabilidade, imputando a terceiro a incumbência de reter e pagar o tributo, tal como ocorre no imposto sobre a renda retido na fonte. Logo, a função antielisiva pode dar-se muito bem como regra que institua dever instrumental ou norma sancionatória administrativa, de substituição ou responsabilidade, para fins de controle e fiscalização. Tais regras, não alterando o campo competencial, podem perfeitamente ser estabelecidas e, indo além, até funcionar melhor do que a solução equiparativa acima elucidada para os fins de evitar a atividade evasiva do sujeito passivo. Eis que a norma presuntiva enquanto previsão legal estendida tem limitações claramente determinadas pelo sistema constitucional, não podendo o legislador ordinário modificar, de forma discricionária, estes conceitos, mesmo em face dos benefícios extrafiscais por ela causados. Na possibilidade de atingir os fins por meios menos danosos ao contribuinte, deve prevalecer este em detrimento daquele.

6.4.2. Substituição tributária "para frente"

A substituição tributária "para frente" é regime jurídico até hoje discutido enquanto forma de exceção de se tributar uma cadeia produtiva. É meio eficaz e muito prático criado pelo sistema tributário atual em prol da Administração Pública, pois, num só tempo, faz tributar, arrecadar e fiscalizar o tributo, amarrando todos os sujeitos da cadeia produtiva entre si, numa sequência de presunções que garantem os ingressos de receitas tributárias nos cofres públicos e fazem cumprir, em regra, com as funções extrafiscais em direito admitidas.

Na tributação do ICMS, a substituição "para frente", enquanto regime introduzido por meio de Emenda Constitucional 3, em 17 de março de 1993, disposto no Texto Maior no parágrafo 7º ao art. 150, tem três grandes efeitos jurídicos na regra-matriz de incidência, modificando os critérios temporal (antecipando a ocorrência do fato jurídico do ICMS), subjetivo (fazendo ingressar a relação a figura do substituto) e quantitativo (convencionando em termos arbitrários a base de cálculo da exação).[42] Foquemos nossas atenções na figura do sujeito da norma, visto que é o tema em debate nesse instante.

Substituto tributário é a pessoa escolhida pelo legislador para figurar desde já na relação jurídica tributária, mesmo sem vínculo direto com o contribuinte, conquanto o tenha com o fato tributado. A relação entre substituído e substituto se justifica, pois pela união de ambos os sujeitos com o fato tributado, ainda que indiretamente, tal como já firmou Min. Carlos Velloso em 1998: "Essa terceira pessoa, que é posta, pela lei, no lugar do contribuinte, deve estar, entretanto, vinculada ao fato gerador da respectiva obrigação (CTN, art. 128)".[43]

Para Rubens Gomes, esse tipo de responsabilidade indireta:

> [...] ocorre quando em virtude de uma disposição expressa de lei a obrigação tributária surge desde logo contra uma pessoa diferente daquela que esteja em relação econômica com o ato, o fato ou negócio tributado. Neste caso é a própria lei que substitui o sujeito passivo direto por outro indireto.[44]

Pois bem, em face de um preceito normativo legal, acontecido e relatado em linguagem competente – o fato jurídico

---

42. ÁVILA, Humberto. Imposto sobre a Circulação de Mercadorias – ICMS. Substituição Tributária. Base de cálculo. Pauta fiscal. Preço máximo ao consumidor. Diferença constante entre o preço usualmente praticado e o preço constante da pauta ou o preço máximo ao consumidor sugerido pelo fabricante. Exame de constitucionalidade. Revista Dialética de Direito Tributário, São Paulo: Dialética, n. 123, p. 123, dez. 2005.
43. STF, Tribunal Pleno, RExt 213.396-5/SP, DJ 29.04.1998, voto vista, Min. Carlos Velloso, p. 413.
44. SOUSA, Rubens Gomes de. Compêndio de legislação tributária. 3. ed. Rio de Janeiro: Financeiras, 1960. p. 71-72.

tributário –, e instituída a regra-matriz cujo consequente estabelece relação entre Fisco e "contribuinte", surge, no mesmo instante, vínculo entre o Fisco e um terceiro, não titular da situação tributada, mas que, em face de estar associado à ocorrência prevista pela lei, assume o papel de sujeito passivo ou devedor por força do dispositivo legal. A partir daí, dá-se o cálculo proposicional entre a regra-matriz e a norma da responsabilidade substitutiva, cujo resultado é a colocação do agente terceiro no lugar do substituído na obrigação principal. Ou seja, a regra-matriz já nasce alterada pela força prescritiva da norma da substituição, inexistindo propriamente permuta ou substituição de sujeitos no polo passivo da relação tributária, mas cálculo entre proposições jurídicas.

Com base nesses pensamentos, pretendemos deixar evidente que é vedado ao legislador infraconstitucional fazer assumir na figura de sujeito passivo de obrigação tributária em sentido estrito alguém não vinculado ao fato jurídico tributário, em qualquer uma das hipóteses de responsabilidade, aquelas, nas palavras de Rubens Gomes, por *transferência* e, aqueloutra, ora estudada, entendida por *substituição*. Em verdade, está no fato jurídico o índice ou signo de riqueza objeto da tributação, sem o que não se poderia medir a capacidade contributiva do sujeito passivo, imposição esta da Carta Maior no plano tributário. Logo, a responsabilidade pelo crédito tributário depositada numa terceira pessoa só se faz constitucional quando o terceiro for vinculado ao fato típico tão somente – substituição – ou a este e ao contribuinte também – responsável em sentido estrito. Sendo sujeito estranho ao fato típico, a regra, tanto na forma de substituição quanto na de transferência, é viciada no altiplano do Texto Maior, não podendo prevalecer em face da exigência do § 1º do art. 145.

Feitas essas considerações iniciais, voltemos nossas atenções às especificidades do regime da substituição tributária "para frente". Observou-se que, com as alterações produzidas pela EC 3 de 1993, ficou autorizada a sistemática de supor a ocorrência de determinado evento, que haverá de realizar-se no futuro, justificando exigência presente com base nesse fato presumido. O substituto responsável, na forma como previsto pelo inciso II do art. 121 do CTN, não é vinculado diretamente ao fato-tipo que deu nascimento à relação jurídica tributária ou àqueloutra de dever instrumental. É sim ao substituído. O fator que os unem é a própria *mercadoria*, complemento do verbo que compõe o critério material da regra-matriz do ICMS, ou, em outros termos, a cadeia produtiva do produto.

Inegável que a substituição tributária "para frente" é mecanismo eficiente da Administração Pública para arrecadar, fazendo integrar na relação tributária outro sujeito mais apto a efetivar a norma exacional. O substituto, em face da probabilidade da ocorrência futura da situação fáctica que dá ensejo ao ICMS, fica obrigado desde já a reter o valor do tributo. Cobra-se daquele pelo valor presumido do ICMS em operação seguinte, instituindo aquilo que se entende por *base de cálculo presumida*. Eis a presunção atingindo e reorganizando mais de um critério da regra-matriz de incidência tributária em um só tempo.

Para esquematizar a matéria, tomemos o exemplo identificando suas peculiaridades. Imaginemos que um fabricante de automóvel ("montadora") – "A" – recolha o ICMS. A lei determina que o sujeito "A" pague não só pela venda ao distribuidor ("concessionária") – "B", mas também pela comercialização do carro do distribuidor ao consumidor – "C". Na relação entre A e B, não há substituição; dá-se a incidência nos padrões normais. É na relação entre B e C que ocorre a substituição, "A" é instituído para figurar no lugar de "B" no vínculo entre B e C. Encontraremos o problema na medida em que o evento ainda não tenha ocorrido, sendo possível que até mesmo nem venha a ocorrer. Em representação gráfica, se apresentaria da seguinte forma:

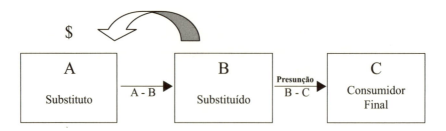

Baseados no desenho *supra*, resta claro exigir o recolhimento do ICMS pelo fabricante "A" do valor devido na relação A e B e, em substituição ao distribuidor "B", na relação B e C, antes mesmo da efetiva ocorrência da situação fáctica, enquanto evento (i), antecipando-se o momento da incidência tributária de B para C (ii); e, com isso, sem saber o *quantum* exato (preço) da venda da própria mercadoria da concessionária ao consumidor final (iii). Assim sendo, modificam-se três critérios da regra-matriz de incidência tributária "B-C": material, temporal e quantitativo. M face dos benefícios arrecadatorios e fiscalizatórios para a Administração Pública, esta prática foi consolidada, e declarada constitucional, no RExt 213.396-5/SP (*DJ* 29.04.1998), tendo como fundamento de validade o enunciado do parágrafo 7º do art. 150 da CF/88.

6.5. Presunção no critério quantitativo

No quadro conceptual da relação jurídica, sobreleva observar que a base de cálculo é elemento indispensável da norma tributária em sentido estrito, cumprindo três funções imprescindíveis, como bem o explicou Paulo de Barros Carvalho:

> Partindo de tais considerações, concluo serem três as funções da base de cálculo: a) função mensuradora, por competir-lhe medir as proporções reais do fato; b) função objetiva, em virtude de compor a específica determinação do débito; e c) função comparativa, por confirmar, infirmar ou afirmar o correto elemento material do antecedente normativo.[45]

---

45. CARVALHO, Paulo de Barros. Direito tributário, linguagem e método. 3. ed. São Paulo: Noeses, 2009. p. 399.

Aliás, não seria demasia asseverar que, no direito tributário, o tributo é definido pela confluência entre o critério material do fato – verbo e predicado – e a base de cálculo do consequente, o que se depreende do § 2º, art. 145, CF/88. Ou seja, a base de cálculo confirma, afirma ou infirma o critério material, sendo preponderante para a definição do tributo e de sua espécie. Sua importância é tamanha na conformação do fato tributário que, ao acaso de conflito entre base de cálculo e critério material, prevalecerá aquela em detrimento desta. Nesse momento é na base de cálculo e na alíquota que iremos ressentir e ressaltar com maior força os efeitos da presunção no critério quantitativo da regra-matriz de incidência. E o faremos exemplificando com a base de cálculo do preço de transferência e com a alíquota do valor venal do imóvel na planta genérica do IPTU. Vejamos.

6.5.1. Preço de transferência

Sabe-se bem que nas *transações de mercado*, assim entendidas como negócios jurídicos entre firmas não relacionadas, compradores e vendedores procuram elevar ao máximo seus resultados, o que quer dizer, em outras palavras, que buscam obter lucro no acordo às custas de um ou de outro. Ao revés, nas *transações intercompanhias*, i. e., entre sociedades direta ou indiretamente vinculadas uma às outras,[46] não se procura

---

46. Nos moldes da Lei 9.430/96, em seu art. 23:

"[...] será considerada vinculada à pessoa jurídica domiciliada no Brasil:

I – a matriz desta, quando domiciliada no exterior;

II – a sua filial ou sucursal, domiciliada no exterior;

III – a pessoa física ou jurídica, residente ou domiciliada no exterior, cuja participação societária no seu capital social a caracterize como sua controladora ou coligada, na forma definida nos §§ 1º e 2º do art. 243 da Lei n. 6.404, de 15 de dezembro de 1976;

IV – a pessoa jurídica domiciliada no exterior que seja caracterizada como sua controlada ou coligada, na forma definida nos §§ 1º e 2º do art. 243 da Lei n. 6.404, de 15 de dezembro de 1976;

tirar vantagens mercadológicas na forma como comumente se dá no mercado, pois o lucro de uma é também benefício que atinge a contabilidade da outra. Assim, o valor estipulado na compra e venda desse tipo de transação é meramente aspecto contábil.

Foi observando essa disparidade e as possíveis manipulações desses valores, para fins de transferir bens e direitos umas às outras sem tributação, que o legislador entendeu oportuno criar mecanismos jurídicos que impeçam esse desvirtuamento do sistema mercantil na forma de prejuízos fiscais. Assim, surge no cenário mundial política de fixação de preços nas relações internas de empresas interdependentes.

O primeiro passo nesse sentido se deu com a convenção modelo da OCDE.[47] Nos relatórios de 1979 e 1995, a referida

---

V – a pessoa jurídica domiciliada no exterior, quando esta e a empresa domiciliada no Brasil estiverem sob controle societário ou administrativo comum ou quando pelo menos dez por cento do capital social de cada uma pertencer a uma mesma pessoa física ou jurídica;

VI – a pessoa física ou jurídica, residente ou domiciliada no exterior, que, em conjunto com a pessoa jurídica domiciliada no Brasil, tiver participação societária no capital social de uma terceira pessoa jurídica, cuja soma as caracterizem como controladoras ou coligadas desta, na forma definida nos §§ 1º e 2º do art. 243 da Lei n. 6.404, de 15 de dezembro de 1976;

VII – a pessoa física ou jurídica, residente ou domiciliada no exterior, que seja sua associada, na forma de consórcio ou condomínio, conforme definido na legislação brasileira, em qualquer empreendimento;

VIII – a pessoa física residente no exterior que for parente ou afim até o terceiro grau, cônjuge ou companheiro de qualquer de seus diretores ou de seu sócio ou acionista controlador em participação direta ou indireta;

IX – a pessoa física ou jurídica, residente ou domiciliada no exterior, que goze de exclusividade, como seu agente, distribuidor ou concessionário, para a compra e venda de bens, serviços ou direitos;

X – a pessoa física ou jurídica, residente ou domiciliada no exterior, em relação à qual a pessoa jurídica domiciliada no Brasil goze de exclusividade, como agente, distribuidora ou concessionária, para a compra e venda de bens, serviços ou direitos".

47. O art. 9º da referida convenção modelo da OCDE estabelece o que segue: "Artigo 9º – Empresas associadas

organização mundial defendeu a necessidade de métodos internacionais de demarcação de preço, orientados segundo um princípio por ela denominado *arm's length*. Segundo seu entendimento, a aludida diretriz assim se apresenta e, por tais motivos, faz-se necessária:

> As condições são estabelecidas ou impostas entre as duas empresas, nas suas relações comerciais ou financeiras que diferem daquelas que seriam estabelecidas entre empresas independentes, assim todo lucro que seria, por essas condições, acumulado por uma dessas empresas, mas, por decorrência dessas mesmas condições, não o foram, podem ser incluídos em seus lucros e consequentemente tributados.[48]

Na linha desse pensamento, a orientação extrafiscal e antievasiva já se coloca como motivo do uso de tal técnica presuntiva. É, portanto, a *ratio legis* que guia a positivação dessa norma e aquilo que justifica a adoção de um tal mecanismo artificial.

Nos moldes da convenção modelo da OCDE, o preço de transferência foi dividido segundo dois tipos de ativos transacionáveis: (i) bens tangíveis, como mercadorias, serviços, etc.;

---

1. Quando

a) uma empresa de um Estado Contratante participa, direta ou indiretamente, da direção, controle ou capital de uma empresa do outro Estado Contratante, ou quando as mesmas pessoas participam, direta ou indiretamente, da direção, controle ou capital de uma empresa do outro Estado Contratante e em ambos os casos condições sejam acordadas ou impostas de forma diversa daquelas que teriam sido pactuadas entre empresas independentes, os lucros que, sem tais condições, teriam sido obtidos por uma das empresas, mas que não o foram em razão dessas condições, podem ser incluídos nos lucros dessa empresa e tributados nessa conformidade.

48. Tradução livre. No texto original assim se encontra: "conditions are made or imposed between the two enterprises in their commercial or financial relations which differ from those which would be made between independent enterprises, than any profits which would, but for those conditions, have accrued to one of the enterprises, but, by reason of those condition, have no so accrued, may be include in the profits of that enterprises and taxed accordingly".

685

(ii) bens intangíveis, assim entendidos, patentes, marcas, direitos de propriedade artística e comercial e propriedade intelectual (*know-how* e segredos comerciais). Segundo Luis Eduardo Schoueri, "é no campo dos bens intangíveis que se encontra de modo mais sensível o acerto da afirmação de que nem sempre é possível a aplicação dos métodos sugeridos para a apropriação de um preço *arm's length*. [...]".[49]

No quadro conceptual da matéria, preço *arm's length* ou preço de transferência é a política legislativa de determinação artificial de valores nas relações internas de empresas interdependentes e tem o intuito de evitar transações evasivas. Segundo Paulo Ayres Barreto, em aprofundado estudo sobre o tema, a evasão – e a transferência ilícita de valores entre sociedades – ocorre quando:

> [...] uma empresa, por hipótese, aqui domiciliada, exporta produto à pessoa jurídica por ela controlada, domiciliada em paraíso fiscal, por valor inferior àquele que a mesma empresa pactuaria se estivesse contratando com uma parte não vinculada.[50]

Portanto, o preço de transferência pretende fixar em lei critérios aptos a determinar as tarifas a serem cobradas entre empresas relacionadas, como companhias multinacionais, nas transações entre vários membros de seu grupo, buscando com isso evitar política *inter corporis* evasiva. Como norma de controle, prescreve diferentes métodos de apuração de preço, valores estes que, uma vez obtidos na forma da lei, estarão aptos a funcionar como base de cálculo presumida para fins de tributação de IR. Di-lo Paulo de Barros Carvalho:

> O preço de transferência é exatamente a forma encontrada para, verificando-se ter sido efetuada a transação entre

---

49. SCHOUERI, Luís Eduardo. Preços de transferência no Direito Tributário Brasileiro. São Paulo: Dialética, 1999. p. 142.

50. BARRETO, Paulo Ayres. Imposto sobre a renda e preços de transferência. São Paulo: Dialética, 2001. p. 98.

> partes vinculadas, mediante a fixação de preço diverso do de mercado, substituir o preço maculado pela influência das partes por aquele independente do vínculo, impedindo, com isso, a distribuição disfarçada de lucros e, assim, permitindo aferir-se o real montante da renda auferida, sujeita à tributação em consonância com o princípio "arm's length".[51]

O preço de transferência foi introduzido na ordem jurídica brasileira pela Lei 9.430/96. No Projeto do aludido Diploma Legal, na linha da convenção da OCDE, fica clara a assunção do propósito antielisivo da norma, tal como se depreende do item 12 abaixo transcrito:

> 12. As normas contidas nos artigos 18 a 24 representam significativo avanço da legislação nacional face ao ingente processo de globalização experimentado pelas economias contemporâneas. No caso específico, em conformidade com regras adotadas nos países integrantes da OCDE, são propostas normas que possibilitam o controle dos denominados "preços de transferência", de forma a evitar a prática lesiva aos interesses nacionais, de transferência de recursos para o Exterior, mediante a manipulação dos preços pactuados nas importações ou exportações de bens, serviços ou direitos, em operações com pessoas vinculadas, residentes ou domiciliadas no Exterior.

Logo, *buscar evitar práticas evasivas* é a *ratio legis* que deve estar presente em todos os atos individuais e concretos que tomem a referida Lei como base. A evasão se apresenta na forma de contrato internacional que, na venda, estipula valor menor do que *aquilo que ordinariamente acontece* no mercado. Ao assim proceder na transação, a empresa vendedora obtém menor receita e, portanto, menor lucro e, com isso, paga menos

---

51. CARVALHO, Paulo de Barros. Preços de transferência no direito tributário brasileiro. In: PEIXOTO, Marcelo Magalhães; FERNANDES, Edison Carlos (Coord.). Tributação, justiça e liberdade. Curitiba: Juruá, 2005. p. 547-548.

imposto. A diminuição do preço de venda gera economia tributária direta para a empresa vendedora e, indiretamente, para o grupo societário como um todo (à empresa compradora inclusive). O caráter de *economia de tributo* dessa prática foi já elucidado por Alberto Xavier:

> Outra estratégia de planejamento fiscal tem por objetivo concentrar a maior parte possível dos lucros do conjunto das unidades localizadas nos territórios de mais baixo imposto. E fá-lo manipulando a política de preços que vigora nas relações internas do grupo – os preços de transferência –, inflacionando os custos de aquisição e deflacionando os preços de alienação nos territórios de alta tributação e procedendo a política inversa nos países de baixa fiscalidade. Verifica-se, assim, a figura da **transferência indireta de lucros (*transfer pricing*)**, a qual pressupõe uma divergência entre o preço efetivamente estipulado e o preço "justo", "normal" ou "objetivo" – o preço de plena concorrência –, entendendo-se por este o que seria fixado entre empresas independentes, atuando em circunstancias análogas (*arm's length price*) (a chamada cláusula *dealing at arm's length*)[52] (grifos nossos).

Tomando-se isso em conta surge o preço de transferência como norma que institui presunção com intuito antievasivo. É norma de controle das práticas mercadológicas internacionais entre sociedades de mesmo grupo, e que geram efeitos no campo dos tributos.

O método do preço de transferência pretende determinar em lei critérios aptos a fixar, presumindo, o preço justo da transação, ou melhor, o valor razoável pela transferência de bens, direitos ou coisas entre empresas, independentemente de serem elas de um mesmo grupo societário ou completamente distintas. Atinge, pois, o critério quantitativo da regra-matriz de incidência dos impostos envolvidos, modificando o valor do tributo que lhe serve de base de cálculo.

---

52. XAVIER, Alberto. Direito tributário internacional. Coimbra: Almedina, 1997. p. 317-318.

O preço de transferência se acha disposto nos arts. 18 a 24 da Lei 9.430/96 e, recentemente, no art. 9º da Medida Provisória 478/09. Tais enunciados estabelecem critérios de apuração do valor parâmetro. Pela Lei de 96, são três ao todo: (i) método dos preços independentes comparados – PIC (art. 18, I);[53] (ii) método do preço de revenda menos lucro – PRL (art. 18, II)[54]; e (iii) método do custo de produção mais lucro – CPL (art. 18, III).[55] A aludida Medida Provisória 478/09, entre outras alterações, substituiu o método preço de revenda menos o lucro (PRL) pelo método preço de venda menos o lucro (PVL), conforme art. 9º, III, da referida MP.[56]

---

53. "definido como a média aritmética dos preços de bens, serviços ou direitos, idênticos ou similares, apurados no mercado brasileiro ou de outros países, em operações de compra e venda, em condições de pagamento semelhantes".

54. "definido como a média aritmética dos preços de revenda dos bens ou direitos, diminuídos:

a) dos descontos incondicionais concedidos;

b) dos impostos e contribuições incidentes sobre as vendas;

c) das comissões e corretagens pagas;

d) da margem de lucro de: (Redação dada pela Lei n. 9.959, de 2000.)

1. sessenta por cento, calculada sobre o preço de revenda após deduzidos os valores referidos nas alíneas anteriores e do valor agregado no País, na hipótese de bens importados aplicados à produção; (Incluído pela Lei n. 9.959, de 2000.)

2. vinte por cento, calculada sobre o preço de revenda, nas demais hipóteses. (Incluído pela Lei n. 9.959, de 2000.)"

55. "definido como o custo médio de produção de bens, serviços ou direitos, idênticos ou similares, no país onde tiverem sido originariamente produzidos, acrescido dos impostos e taxas cobrados pelo referido país na exportação e de margem de lucro de vinte por cento, calculada sobre o custo apurado."

56. "definido como a média aritmética ponderada dos preços de venda no País dos bens, direitos ou serviços importados e calculado conforme a metodologia a seguir:

a) preço líquido de venda: a média aritmética ponderada dos preços de venda do bem, direito ou serviço produzido, diminuídos dos descontos incondicionais concedidos, dos impostos e contribuições sobre as vendas e das comissões e corretagens pagas;

b) percentual de participação dos bens, direitos ou serviços importados no custo total do bem, direito ou serviço vendido: a relação percentual entre o

No primeiro, toma por base média aritmética de produtos idênticos e similares. O problema reside em saber o que é, em termos legais, essa condição de identidade e similaridade. Presume-se nessa modalidade com base em critérios subjetivos, inaptos para trazer fonte segura de determinabilidade dos valores. O emprego desses termos vazios de sentido jurídico torna a aplicabilidade desse método algo muito controvertido. Isto reforça a necessidade de fazer prevalecer o devido processo legal, permitindo ao contribuinte prova em contrário, e, por consequência, reforçando a observância dos limites de sua capacidade contributiva, na medida em que se impede tributação aleatória, com base em valores que podem superar o preço *real* da transação.

No segundo método, revogado agora pela MP 478/09, a lei identifica a média aritmética dos preços de revenda dos bens ou direitos diminuídos de um *quantum* na forma como prescrito nos seus subitens. Nessa oportunidade, a norma prescreve presunção da margem de lucro da empresa (item d), segundo percentuais fixos. Aqui, volta-se à discussão da legalidade de impor à empresa a obtenção de lucro. As *pautas mínimas de lucro* muitas vezes podem violar as diretrizes da legalidade, capacidade contributiva, igualdade, entre outros.

---

custo médio ponderado do bem, direito ou serviço importado e o custo total médio ponderado do bem, direito ou serviço vendido, calculado em conformidade com a planilha de custos da empresa;

c) participação dos bens, direitos ou serviços importados no preço de venda do bem, direito ou serviço vendido: aplicação do percentual de participação do bem, direito ou serviço importado no custo total, apurada conforme a alínea 'b', sobre o preço líquido de venda calculado de acordo com a alínea 'a';

d) margem de lucro: a aplicação do percentual de trinta e cinco por cento sobre a participação do bem, direito ou serviço importado no preço de venda do bem, direito ou serviço vendido, calculado de acordo com a alínea 'c';

e) preço parâmetro: a diferença entre o valor da participação do bem, direito ou serviço importado no preço de venda do bem, direito ou serviço vendido, calculado conforme a alínea 'c', e a 'margem de lucro', calculada de acordo com a alínea 'd'."

No entanto, esse método não mais se encontra em vigor. Foi substituído por outro que lhe é muito similar. O novo método PVL introduzido pela Medida Provisória 478/09 se define pela média aritmética ponderada dos preços de venda no País dos bens, direitos ou serviços importados. De acordo com a alínea d desse inciso, a margem de lucro continua sendo fixa e é estabelecida em 35%, sendo tão só computados os preços de venda obtidos pela pessoa jurídica importadora do bem, direito ou serviço, exclusivamente, em operações com empresas não vinculadas, efetivadas no período de apuração. Cumpre ressaltar ainda, como alteração relevante para fins presuntivos, que a MP 478/09 conferiu, em seu art. 10, competência ao Ministro de Estado da Fazenda para fixar margens de lucro diferentes por setor ou ramo de atividade econômica para fins de apuração dos preços parâmetros relativos aos métodos de apuração.[57] Assim, a nova norma estabelece o Ministro de Estado da Fazenda como agente competente para observar os fatos presuntivos e deles extrair a regra de probabilidade, fixando, com isso, as margens de lucros.

Por fim, na última modalidade de determinação da base de cálculo do tributo, apura-se o valor médio de produção de bens, serviços ou direitos, idênticos ou similares. Não somente temos aqui o desafio da ambiguidade e vagueza das palavras *idêntico* e *similar*, como também o problema de informação dos custos de produção do exportador, o que nem sempre é possível.

Firmemos que, a fim de a presunção hipotética se fazer constitucional, é necessário que esteja de acordo com os princípios estabelecidos na Carta Magna. Sendo adotada como técnica que institui regime jurídico especial, também entendida como *presunção absoluta*, é fundamental que seja assegurado

---

57. É o termo da MP: "Art. 19-A. O Ministro de Estado da Fazenda poderá fixar margens de lucro diferentes por setor ou ramo de atividade econômica para fins de apuração dos preços parâmetros relativos aos métodos de que tratam os arts. 18 e 19".

direito de opção de escolha pelo contribuinte do melhor método aplicável ao seu caso em concreto. A opção, lembremos, é o que legitima a própria presunção institutiva de regime jurídico especial, nos moldes defendidos pelo sistema preceituado no Texto Maior. Inocorrendo a opção, inviável se torna o assumir dos métodos presuntivos em termos *absolutos*.

Aliás, no tocante a essa questão, uma ressalva se faz imprescindível. A facultatividade do método presuntivo é garantia de que está na origem do tratado da OCDE. Em 1995, publicando as OCDE *Transfer Princing Guidelines*, a referida entidade internacional deixou claro que é sempre possível aplicar mais de uma técnica de cálculo numa transação entre empresas. A escolha de uma delas é inevitável, determinando esse órgão internacional inclusive pela desnecessidade de prova ou de justificativa de opção feita, tanto pelo Fisco quanto pelo contribuinte.[58] E a conclusão não poderia ser outra: o melhor método aplicável é aquele que mais se ajusta às imposições *daquilo que realmente acontece*.

Nessa toada, pelo caminho oposto, inexistindo direito de escolha dado ao contribuinte, torna-se plenamente defensável a presunção produzida pelo legislador ou pelo Fisco em face do princípio do devido processo legal, ampla defesa e contraditório. A exegese desses ditames no campo das presunções implica sua possível discordância em termos processuais. Sendo-lhe negada a opção pelos métodos jurídicos em lei prescritos, é

---

58. É o que se depreende do trecho que se segue da Convenção: "1.68. [...] No one method is suitable in every possible situation and the applicability of any particular method need not be disproved.

1.69. The arm's length principle does not require the application of more than one method, and in fact undue reliance on such an approach could create a significant burden for taxpayers. Thus, this Report does not require either the tax examiner or taxpayer to perform analyses under more than one method. While in some cases the choice of a method may not be straightforward and more than one method may be initially considered, generally it will be possible to select one method that is apt to provide the best estimation of an arm's length price".

fundamental que seja garantido ao contribuinte o direito de contestar caso não esteja de acordo com o preço médio informado pelo Fisco. Cumpre com isso reiterar que lei que institui presunção com efeitos *absolutos* sem dar o direito à opção pelo contribuinte é instrumento legal ilegítimo que vai de encontro às garantias constitucionais.

Ademais, pondere-se ainda que os dados fornecidos entre nações, i. e., publicações ou relatórios oficiais do governo do país do comprador ou vendedor ou declaração da autoridade fiscal desse mesmo país, devem ser previamente publicados a fim de serem cumpridos. Não se pode exigir o implemento de norma antes que o Estado a torne pública pelas vias próprias. Inexistindo publicação dos preços médios colhidos pelo governo à época dos fatos, é vedado à Administração Fazendária exigir sua execução pelo contribuinte como decorrência imediata do cânone da legalidade e da não surpresa em âmbito tributário.

Por fim, quanto à capacidade contributiva, cumpre ainda dizer que não pode o enunciado presuntivo ultrapassar valor real do que realmente ocorre. Comprovadas a licitude dos atos e a inexistência de fins evasivos, é vedado à União fazer prevalecer preço presumido comprovadamente superior ao valor efetivo praticado. Deixamos patente que a técnica presuntiva é forma de exceção para tributar, contudo, inexistindo opção prévia do contribuinte para se enquadrar em determinado regime jurídico, não pode prevalecer a presunção àquilo que realmente acontece ou ocorreu no plano da realidade empírica. A diferença é tributo indevido, é exação sem fundamento de validade. Logo, a presunção jamais pode se afastar do preço real da transação. Isso implica também a exegese, segundo a qual há que adotar sempre o melhor método presuntivo para a situação concreta.

Em outras palavras, a lei, ao dispor as três técnicas presuntivas, não as coloca em ordem de preferência ou cronograma a ser percorrido pelo aplicador do direito ao presumir no caso em concreto. O método aplicável é qualquer um deles, mas sempre aquele que melhor traduzir o preço médio ou mais aproximado ao da operação praticada. O vínculo existente entre preço presumido (ou, no caso, de transferência) e preço efetivo (ou *real*) há de manter-se sempre vivo como orientação última ou também originária, que confere fechamento ao raciocínio presuntivo e o justifica como um todo. A presunção constitucionalmente admitida é aquela que estabelece as relações entre os fatos nela estabelecidos, tornando-os um sistema lógico, fechado e acabado. Sua redução ao inacabado torna o último termo inexplicável.

Para fins didáticos, pensemos no novelo das presunções como apresentado na parte geral, aplicando-o ao caso em análise. No quadro das relações entre os enunciados factuais constitutivos do raciocínio presuntivo, encontraremos, no primeiro nível, fatos presuntivos que, por indução, levam ao fato presumido. Na forma de presunção hipotética, é a lei que identifica os critérios constitutivos tanto dos fatos presuntivos, juridicamente relevantes, e do fato presumido, resultado daqueles. É o que se dá no item *Apuração dos Preços Médios* da Seção V da Lei 9.430/96. Figura como fato presumido o que a referida norma identifica como *custos e preços médios a que se referem os arts. 18 e 19*. Tais valores são obtidos tomando-se por base os fatos presuntivos indicados pelos incisos do art. 21 da Lei 9.430/96,[59] observadas as exigências dos pará-

---

59. "Art. 21. Os custos e preços médios a que se referem os arts. 18 e 19 deverão ser apurados com base em:

I – publicações ou relatórios oficiais do governo do país do comprador ou vendedor ou declaração da autoridade fiscal desse mesmo país, quando com ele o Brasil mantiver acordo para evitar a bitributação ou para intercâmbio de informações;

II – pesquisas efetuadas por empresa ou instituição de notório conhecimento técnico ou publicações técnicas, em que se especifiquem o setor, o período, as empresas pesquisadas e a margem encontrada, bem como identifiquem, por empresa, os dados coletados e trabalhados.

§ 1º As publicações, as pesquisas e os relatórios oficiais a que se refere este artigo somente serão admitidos como prova se houverem sido realizados

grafos 1º ao 3º. Dos valores de preços de mercado daquele tipo transacional indicado nas (i) publicações ou relatórios oficiais do governo do país do comprador ou vendedor ou na (ii) declaração da autoridade fiscal desse mesmo país, quando com ele o Brasil mantiver acordo para evitar a bitributação ou para intercâmbio de informações ou mesmos nas (iii) pesquisas efetuadas por empresa ou instituição de notório conhecimento técnico ou publicações técnicas, chega-se ao preço médio de mercado. Esse valor, na forma de base de cálculo presumida, fará irromper o fato jurídico em sentido amplo, ou melhor, a base de cálculo em sentido amplo. Esse critério quantitativo, por sua vez, associado por vínculo deôntico ao fato jurídico em sentido estrito, é o que fará irromper a relação tributária. Eis abaixo quadro explicativo:

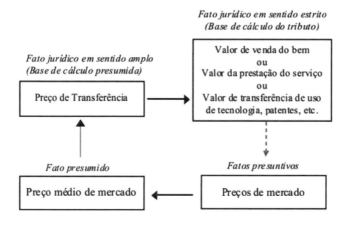

---

com observância de métodos de avaliação internacionalmente adotados e se referirem a período contemporâneo com o de apuração da base de cálculo do imposto de renda da empresa brasileira.

§ 2º Admitir-se-ão margens de lucro diversas das estabelecidas nos arts. 18 e 19, desde que o contribuinte as comprove, com base em publicações, pesquisas ou relatórios elaborados de conformidade com o disposto neste artigo.

§ 3º As publicações técnicas, as pesquisas e os relatórios a que se refere este artigo poderão ser desqualificados mediante ato do Secretário da Receita Federal, quando considerados inidôneos ou inconsistentes."

É premente a exigência da relação conceitual primária entre fato jurídico em sentido estrito e os fatos presuntivos, vínculo este que autentica o raciocínio da presunção, fincando-a nas bases *daquilo que realmente acontece*. Essa é a grande diferença entre presunção e ficção, uma vez que, nesta última, a ligação com o real é despicienda.

6.5.2. Valor venal do imóvel na planta genérica

Sabemos que o fato antecedente do IPTU é a propriedade, o domínio útil ou a posse de bem imóvel por natureza ou por acessão física, como definido na lei civil,[60] localizado na zona urbana do Município,[61] como bem o prescreve o art. 32 do CTN. A base de cálculo, dimensionando e quantificando o fato, toma por critério o *valor venal* do imóvel que, em tese, corresponde ao preço de venda à vista do bem.[62] Agora, não havendo efetiva

---

60. Art. 79, CC/02. "São bens imóveis o solo e tudo quanto se lhe incorporar natural ou artificialmente."
61. "Art. 32. [...]
§ 1º Para os efeitos deste imposto, entende-se como zona urbana a definida em lei municipal; observado o requisito mínimo da existência de melhoramentos indicados em pelo menos 2 (dois) dos incisos seguintes, construídos ou mantidos pelo Poder Público:
I – meio-fio ou calçamento, com canalização de águas pluviais;
II – abastecimento de água;
III – sistema de esgotos sanitários;
IV – rede de iluminação pública, com ou sem posteamento para distribuição domiciliar;
V – escola primária ou posto de saúde a uma distância máxima de 3 (três) quilômetros do imóvel considerado.
2º A lei municipal pode considerar urbanas as áreas urbanizáveis, ou de expansão urbana, constantes de loteamentos aprovados pelos órgãos competentes, destinados à habitação, à indústria ou ao comércio, mesmo que localizados fora das zonas definidas nos termos do parágrafo anterior."
62. Hugo de Brito Machado reforça o sentido "à vista" da matéria: "valor venal é aquele que o bem alcançaria se fosse posto à venda, em condições normais. O preço, neste caso, deve ser o correspondente a uma venda à vista,

venda, considerada esta apenas em termos imaginativos para tê-la como ponto de partida, como alcançar esse valor? Vê-se desde o início, pois, o importante papel das presunções nesta matéria. Somente mediante essa técnica presuntiva é que se torna praticável a incidência do IPTU. Cabe, portanto, à repartição competente, mediante lei,[63] apurar e determinar o valor venal dos imóveis. Tal feito, contudo, deverá observar os princípios formadores do sistema constitucional tributário e a vinculação da atividade administrativa aos limites legais.

Hoje, a elaboração da Planta Fiscal do IPTU é regulada pela NBR-14.653-2 (Avaliação de Imóveis Urbanos da ABNT – Associação Brasileira de Normas Técnicas) e pela Norma Básica para Perícias de Engenharia e Avaliação de Imóveis Urbanos do Instituto Brasileiro de Avaliações e Perícias de Engenharia (IBAPE). Os valores venais apurados são aproximados ao preço real, pois a avaliação em massa, além de ser extremamente complexa em face da pluralidade dos critérios adotados, nunca dará o real preço de venda do imóvel. É, pois, conceito do campo do possível, por isso mesmo é presunção e não ficção, porém não é *real*. Por tal motivo é que a PGV é norma presuntiva, que estatui valor, que poderia vir a ser, mas não o é. Determina um *quantum* – fato conhecido – para substituir o preço real de venda – fato desconhecido – na posição sintática de base de cálculo na regra-matriz de incidência do IPTU. Tem em vista o preço *provável*, e, não havendo outra forma de determinação, apura o valor com base nessa probabilidade. Portanto, nesse caso, tomamos verdadeiramente a

---

vale dizer, sem incluir qualquer encargo relativo a financiamento" (Curso de direito tributário. 28. ed. São Paulo: Malheiros, 2007. p. 413).

63. Lembrando sempre que o veículo normativo apto para a fixação da base de cálculo do IPTU é sempre a lei, em sentido estrito, inadmitindo-se por outros meios a ela substancialmente inferior como decretos legislativos e, muito menos, como instrumentos normativos secundários, como decretos regulamentares, instruções normativas, circulares, portarias, entre outros, conforme orienta a Súmula 160 do STJ: "É defeso ao Município atualizar o IPTU, mediante Decreto, em percentual superior ao índice oficial da correção monetária".

presunção como técnica para apurar o tributo, ressaltando pois a praticabilidade, em termos arrecadatórios, de seu uso. O sentido aqui não é propriamente da ordem lógica ou sintática, tampouco do campo semântico. Aponta para a função prática do método presuntivo no domínio dos tributos, anotando seu papel crucial na pragmática do IPTU.

A função prática da norma presuntiva no âmbito do IPTU, de todo útil para a autoridade municipal, não significa que ela pode presumir acriteriosamente, sem delimitações de direito. Claro está que a base de cálculo estipulada em pauta não pode ultrapassar o valor real de venda do imóvel, superestimando o bem. Assim, comprovado excesso de exação pelo contribuinte, cabe ao Fisco restitui-lo da diferença entre o valor fixado a maior em pauta e o preço efetivo do imóvel. A base de cálculo pautada nas pesquisas da ABNT e do IBAPE deverá ser sempre igual ou inferior àquela que *realmente acontece,* nunca o contrário. O excedente é tributação fictícia, e não presumida, pois parte daquilo que não é para arrecadar. Esse valor pago a maior é, pois, ficção, logo, é tributo inconstitucional e indevido.

Ainda aqui vale uma observação final. A referida presunção é relativa, admitindo sempre prova em contrário, como bem assegura o art. 148 do CTN.[64] O princípio da praticabilidade arrecadatória não deve nunca sobrepor-se aos direitos fundamentais do contribuinte, constitucionalmente protegidos.[65] O direito à prova em contrário é garantia constitucional, podendo e devendo ser exercido a qualquer tempo.

---

64. Art. 148 do CTN. "[...], ressalvada, em caso de contestação, avaliação contraditória, administrativa ou judicial."

65. Na mesma linha, cumpre trazer excelente passagem de Regina Helena Costa sobre o assunto: "Se a lei deve ser necessariamente genérica, para abarcar um sem-número de situações concretas – o que não se discute – , também não se pode afastar a possibilidade de, excepcionalmente, não ser a lei aplicável, dadas as peculiaridades do caso em concreto. Noutro dizer, a praticabilidade gerada pela presunção de capacidade contributiva não pode conduzir à observação pacífica da consumação da injustiça no caso em concreto. Não confirmada a presunção no caso específico, cumpre ao Judiciário declarar a invalidade da exação." (COSTA, Regina Helena. Praticabilidade e justiça tributária. São Paulo: Malheiros, 2007, p. 324.)

PARTE III
PRAGMÁTICA DA PRESUNÇÃO NO DIREITO TRIBUTÁRIO

Pragmático é o ponto de vista que examina a relação dos signos com os homens, com os usos que estes lhes dão no campo social. É pois uma análise da vida do signo no seio da dinâmica social. Segundo a semioticista da USP, Diana Luz de Barros, "A pragmática tem como objeto de estudo as relações sociais do homem na e pela linguagem, ou melhor, as relações que se estabelecem entre enunciador e enunciatário".[1] Considera, pois, não somente os sentidos do enunciado, as formas em que se apresentam, como pressupostos a essa dinâmica, mas o faz principalmente tendo em vista os modos com que os homens os percebem e põem em prática. A interpretação encontra suas linhas iniciais na pragmática, lá se deparando com o ferramental necessário para delimitar as condições subjetivas do uso da linguagem. No fenômeno comunicativo, confere maior enfoque para a perfeita compreensão da mensagem ao código e ao contexto.

É de conhecimento de todos que a linguagem jurídica é constitutiva de uma realidade. Narra fatos, descreve situações

---

1. BARROS, Diana Luz Pessoa de. *Teoria do discurso*: fundamentos semióticos. 3. ed. São Paulo: Humanitas, 2002. p. 98.

e coisas, e com isso prescreve. A norma é composta de um lado por um descritor, em uma linguagem com pretensões descritivas; e de outro lado por um prescritor, de onde se retira o preceito regulador de condutas. Se pensarmos na Teoria da Linguagem para localizar as funções exercidas por todos esses enunciados, num estudo que pretende ressaltar os usos que são dados a eles, i. e., para quais fins ou propósitos, iremos nos deparar com a concomitância da função descritiva e prescritiva em toda regra jurídica, afinal em todo ato comunicativo, no direito inclusive, haverá sempre mais de uma dessas funções sendo exercida. Ainda, se nos perguntarmos qual dessas posturas pragmáticas seria a mais relevante para o ordenamento jurídico, a resposta será uma só: a prescritiva evidentemente, afinal a ordem posta existe para incidir no mundo social: descreve para prescrever. A mensagem do fato, antecedente da norma, existe como comunicação de caráter prático, orientada à conduta humana na implementação dos valores juridicizados.

E essa função prática do direito, existente em todo enunciado de fato normativamente constituído, é ainda mais sentida nas presunções. Enunciados constituídos a partir *daquilo que normalmente acontece*, a regularidade dos fenômenos ônticos se sente a partir da observância das conexões feitas pelo homem entre coisas, entre ações, entre pessoas... É na pragmática das relações dos indivíduos entre si que se vai dando forma às regras das presunções para o direito. Nasce como norma social consuetudinária para, ao ser positivada, fazer-se prescrição jurídica. Somente quando incorporada ao ordenamento como norma, a estrutura do social da *probabilidade sentida* se transforma em prescrição. O enunciado do provável, do verossímil, é o mesmo, mas sua função pragmática se altera: gera não só efeitos no campo do social, como também no domínio jurídico. Portanto, segundo o ponto de vista das categorias de linguagem, as presunções comparecem na ordem posta enquanto linguagem prescritiva em função fabuladora. Sob este molde, não se preocupa em descrever algo, mas em constituir signo apto a cumprir com funções comunicacionais específicas naquele determinado sistema. Os enunciados de fato presumido não cogitam da verdade empírica, correspondendo a uma realidade sociologicamente localizada, e sim de seus juízos axiológicos, que é o próprio conteúdo que lhe confere substrato. A regra da presunção é posta com o *valor prático* de dar solução jurídica àqueles fenômenos empíricos de difícil prova, segundo os métodos tradicionais em direito admitidos e, por meio disso, garantir eficácia à arrecadação, controle aos atos evasivos dos sujeitos passivos e redução de custos na aplicação da lei tributária. Como atividade de certificação do código, objetiva instituir a certeza, a previsibilidade e, com isso, a própria prescritividade do direito, antecipando as dúvidas do destinatário, elucidando a comunicação que se trava entre eles por meios auxiliares de constituição do fato jurídico.

O esboço pragmático das presunções implica assumir um desenvolvimento histórico da realidade viva do direito tributário, mediante observância dos usos dessas técnicas de constituição de fatos jurídicos antes, agora e conforme suas tendências percebidas nos decisórios dos tribunais. Com base nesse inventário histórico e aplicando as formulações desenvolvidas no estudo em comento, busca-se a racionalização da matéria, identificando recorrências e critérios objetivos para averiguar os vícios nas presunções em direito tributário, orientando a quem de direito o melhor método para o controle desses atos normativos viciados.

Dito de outro modo, como ponderação final, mediante o olhar prático das presunções, pretende-se sistematizar a matéria, elucidando que em todas as presunções jurídicas tributárias haverá de ter: (i) um repertório finito de signos constitutivos deste tipo enunciativo; (ii) regra de arranjos normativos que governam essas figuras, tanto no plano constitucional quanto no plano infraconstitucional; (iii) independentemente do tipo de regra presuntiva e do fato jurídico que o sistema a ela permite produzir. Delimitando este território, no campo das práticas espontâneas presuntivas ou daqueloutras planificadas, estes conceitos e categorias passam a nos fornecer um instrumento para uma leitura crítica do uso das presunções na concretude das ocorrências no direito e, em especial, no domínio tributário.

Capítulo 1

ELEMENTOS COMPOSITIVOS DAS PRESUNÇÕES NO DOMÍNIO TRIBUTÁRIO

Vimos que presunção é julgamento sobre fatos. Funciona no direito como técnica para a constituição de fato jurídico quando, pelos métodos probatórios tradicionais, for de difícil consecução. Mediante nexo de similitude, atribui efeitos normativos de um fato a outro, prescrevendo condutas sem, contudo, deixar de exigir linguagem competente para tanto. Independentemente de seu tipo enunciativo, toda presunção em direito tributário é composta pelos seguintes elementos: (i) nexo entre fatos baseado em características essenciais; (ii) conceito relativo ao real; (iii) *ratio legis* de direito tributário. Analisemos um a um.

1.1. Nexo entre fatos baseado em características de semelhanças essenciais

Falamos por diversas vezes que as presunções têm por pressuposto a igualdade essencial e a desigualdade secundária entre os enunciados factuais que põe em relação. O *genus* comum, e essencial, dos fatos traduz o que seja a indução necessária entre os enunciados factuais presentes em todas presunções. Cabe, portanto, determinar agora o que sejam essas características essenciais e aqueloutras secundárias para que o exegeta saiba se localizar diante das situações concretas que se lhe são apresentadas.

Essência é a razão de ser objeto ou, no modo platônico, o *ser verdadeiro* da coisa. Tudo o que é da essência de algo, frise-se, deve estar em tudo aquilo que ele abarca. É seu mínimo que lhe dá particularidade em detrimento das outras coisas do mundo. É o que o torna singular e diferente de tudo o que está a sua volta. A essência traça os limites entre o objeto e o mundo, localizando-o em face dos outros. Logo, sempre que dois objetos se identificarem por essas características que o particularizam perante o mundo, são eles *semelhantes* entre si. Aquilo que há de mais básico ao objeto, sua ideia central ou ainda suas propriedades universais são da ordem da essência e caracterizam a natureza própria de seu ser.

Em outras palavras, diz-se essencial o que é próprio da coisa, característica apta a revelar que determinado objeto pertence a específico conjunto objetal. Exemplificando: só se considera por *livro* aquilo que se apresenta apto a veicular informação (i) com transferência de conhecimento suficiente sobre o tema proposto,[1] (ii) composto por "conjunto de lâminas de qualquer material, em formato de folha"[2] (iii). Evidentemente, que a definição assim tenta ser a mais abrangente para abarcar os diversos tipos de livro – de pano, de papel, digital, etc. – como a mais restritiva para excluir os casos limítrofes – como as revistas, os gibis, os álbuns, etc. *Essência* é, pois, a razão de ser objeto ou, no modo platônico, o *ser verdadeiro* da coisa. As características secundárias, aproveitando-nos do exemplo proposto, seriam, entre outras formas, o caráter mais corrente com que aparecem os livros tal como papel, mas que não dizem com aquilo que é o mais básico do objeto, a ideia

---

[1]. Diz-se que "o livro é a publicação com mais de 48 páginas, além da capa" (HOUAISS, Antônio; VILLAR, Mauro de Salles. *Dicionário Houaiss da língua portuguesa*. Rio de Janeiro: Objetiva, 2001. p. 1774).

[2]. Idem, ibidem, p. 1774.

central ou as propriedades universais que caracterizam a natureza própria da coisa, seu ser.

Na base, enquanto raciocínio indutivo, as presunções vinculam dois enunciados de fato segundo seu liame que varia conforme gravidade, precisão ou concordância ao modo de Arruda Alvim.[3] Ao assim afirmar, o nexo entre os enunciados não pode ser qualquer um, devendo guardar relação de proximidade necessária. Todas essas expressões que buscam salientar a proximidade entre os conceitos relacionados pela presunção querem pôr em sobressalto o pressuposto da igualdade essencial na formulação da norma presuntiva. O *genus comum* dos fatos é justamente aquilo que identifica a relação essencial entre eles. Eis o motivo segundo o qual é fundamental existir entre os enunciados factuais postos em proximidade o *genus comum* em direito admitido. A expressão em itálico, equivalente à própria condição de similitude essencial entre os fatos, quer significar não só identificação linguística desses conceitos, mas também, e, principalmente, paridade no significado jurídico a eles cominado pelo sistema posto. Relação essencial em direito admitida é *genus comum juridicizado*. E a comprovação desse estreitamento conceptual se traduz em que do fato jurídico em sentido estrito aos fatos presuntivos ocorra indução necessária.

Sendo assim, a relação de essencialidade se verifica no confronto entre fatos presuntivos e fato jurídico em sentido estrito. Dito de outro modo, o vínculo estreito entre tais enunciados comparece nessa dialética conceptual. Dos fatos conhecidos (presuntivos), por conotação deve-se extrair o fato jurídico em sentido estrito. Naqueles se identificam as propriedades necessárias e suficientes do fato jurídico para pertencer àquele grupo. E o argumento contrário reafirma a regra: do fato jurídico em sentido estrito devem-se denotar os fatos presuntivos. Assim se apresenta latente a verossimilhança de

---

3. ARRUDA ALVIM, J. M. *Manual de direito processual civil*. 3. ed. São Paulo: RT, 1986. v. 2, p. 400.

primeira ordem, pressuposto ela mesmo da condição presuntiva da norma e de sua validade no sistema.

A essencialidade também pode ser notada na exegese dicotômica indução/dedução. Em verdade, sabemos que os fatos presuntivos não fazem prova concludente da ocorrência do fato jurídico, mas, seguramente, nos fornecem algumas provas ou alguns indicativos que nos levam a crer no sucesso do fato jurídico, segundo o grau de verossimilhança ou probabilidade. Assim, dos fatos presuntivos deve-se induzir a ideia do fato jurídico em sentido estrito. De modo oposto, a regra comparece na forma de dedução, de maneira que do fato jurídico *stricto sensu* devem-se deduzir os fatos presuntivos.

Representando em termos gráficos, a relação essencial se encontraria da seguinte forma:

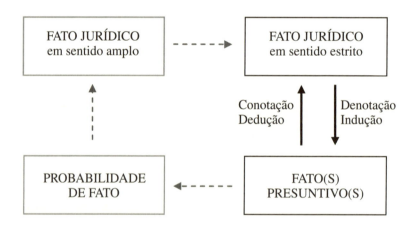

Assim, o nexo entre fatos baseados em características de semelhança essencial compareceu pelo vínculo de similitude entre fato jurídico em sentido estrito e fatos presuntivos, que se traduz, em termos lógicos, pela denotação e indução necessária daqueles em face destes e, por oposição, pela conotação e dedução deste em face daqueles.

Uma lembrança final vem a ponto. Existem diferentes níveis relacionais que o direito pode atribuir a duas coisas, a dois objetos, a dois fatos: um, mais estreito, toma por base comparativa elemento essencial; outro, menos intenso, assume por critério características secundárias. Aquele releva "aquilo que é o mais básico, o mais central, a mais importante característica de um ser ou de algo, que lhe confere uma identidade, um caráter distintivo",[4] como acabamos de ver; este, secundário, por exclusão, tudo o que não pertença ao primário ou essencial. Experimentemos dizer agora sobre as características secundárias do objeto para reforçar justamente o sentido essencial que encerramos neste item.

1.1.1. Características secundárias e sua inaplicabilidade para fins presuntivos

A subdivisão entre características principais ou essenciais e secundárias depende da percepção do objeto pelo homem, segundo seus padrões cognoscitivos pessoais – ou melhor, ideológicos – e culturais. Todo objeto pode ser subdividido em tantos elementos quantos forem possíveis ao homem percebê-los e comunicá-los em linguagem. De acordo com aquilo que se nos afigura, é perfeitamente possível, e recomendável, cindir o objeto, organizando-o em nossas mentes. O corte separa naquele as partes compositivas de seu ser (de sua essência) daquelas presentes nele, mas que não são suficientes ou relevantes em si mesmas para qualificá-lo e classificá-lo perante outros seres do mundo. Estas últimas são assumidas, na teoria das classes e dos conjuntos, como *diferença específica*. São elas informações que nem sempre estão presentes em todos os seres de um determinado conjunto, mas que na determinação do objeto acrescentam-se às qualidades do gênero, tornando-o específico, peculiar, em face das demais unidades compositivas daquele mesmo grupo.

---

[4]. Assim, define-se *essência* in HOUAISS, Antônio; VILLAR, Mauro de Salles. *Dicionário Houaiss da língua portuguesa*. Rio de Janeiro: Objetiva, 2001. p. 1242.

Assim sendo, não prestam a caracterizar a classe enquanto agrupamento de um tipo de objeto essencialmente igual.

A assunção dessas características para fins prescritivos, como já observado, é própria das ficções, que, negando a realidade empírica, determina algo *como se fosse* outro, existente tão só como realidade inventada pelo ordenamento jurídico. A despeito de todo objeto constituir-se de elementos que os fazem únicos perante o gênero, tais critérios são inaplicáveis às presunções como elemento conectivo de um enunciado e outro. A validade das presunções pressupõe sejam constituídas associações entre fatos mediante vínculo essencial ou primário entre eles. Da mesma forma, pede sejam fatos de possível ocorrência, ou, dito de outro modo, conceito relativo ao real.

1.2. Conceito relativo ao real

Presunção é juízo de fato. Toma por base *aquilo que normalmente acontece* para deles constituir uma *probabilidade* de ocorrência e juridicizá-la na forma de direito. Prescrevendo o provável, torna-o certeza ou verdade jurídica, enunciado apto para desencadear regulação de condutas. Portanto, é norma que institui, no ordenamento, a existência (também entendida por validade) de um fato conhecido, porém provável, mediante outro fato já conhecido em linguagem das provas pelo direito. A probabilidade é seu fundamento racional. Fundamentada na constância das ocorrências dos fenômenos empíricos, a presunção tem em sua base raciocínio indutivo, de modo que toda presunção atua no campo do possível e, assim sendo, é conceito relativo ao real.

A observância de uma generalidade empírica, indutivamente obtida, é a premissa do raciocínio presuntivo do tipo factual ou *hominis* (antecedente), e a conclusão nada mais é do que a própria constituição do enunciado generalizante de fato (consequente). Da mesma forma, nas presunções hipoteticamente formuladas, o legislador, observando a constância das ocorrências no mundo fenomênico, induz regra de probabilidade, constituindo hipótese de fato provável que, vinculada deonticamente ao fato jurídico em sentido estrito, enseja o nascimento da relação tributária almejada. Enquanto na primeira o raciocínio indutivo tem como sujeito da enunciação o legislador e o procedimento é a própria forma de positivação da norma geral e abstrata na lei, em sentido amplo, na segunda, a indução é resultado do pensamento do aplicador do direito, que, na ausência de regra jurídica expressa aplicável ao caso em concreto e havendo o poder-dever de decidir o problema jurídico, forma da lei, o exegeta deverá, verificados os fatos 'F1', 'F2', 'F3', 'F4' ou o que ordinariamente acontece, pela verossimilhança ou probabilidade, inferir a ocorrência do fato 'F5'. Num caso ou no outro, a referibilidade ao real está sempre na base do raciocínio de qualquer tipo presuntivo. E a realidade se coloca não somente no campo do possível, mas no domínio da possibilidade recorrente ou frequente.

1.3. *Ratio legis* de direito tributário

Vimos repisando que toda presunção associa fatos com *genus* comum e essencial. Justamente esta qualidade de similitude de primeiro grau, se assim podemos dizê-lo, autoriza a própria assunção de uma *ratio legis* única para ambos os casos. No campo das presunções que ingressam no sistema na forma de fato, esta essência comum é razão suficiente para se proceder, e conferir competência ao aplicador do direito, à interpretação analógica de um enunciado fático, atribuindo a este – fato presuntivo – hipótese que lhe fundamente e efeitos jurídicos próprios (ainda que tendo por causa fato diverso). Com supedâneo em semelhança essencial e necessária, independentemente das diferenças secundárias entre a classe da hipótese e o fato, admite-se extensão analógica ao exegeta do direito e, desta, deduz-se a *ratio legis* comum dos dois fatos.

Ademais, sabemos que todo fim é um valor em si mesmo considerado. Ou, ainda, o valor nada mais é que o fim em seu mais alto grau de abstração. Uma vez positivada uma finalidade na lei, este valor originariamente do universo social ganha relevância jurídica, passando a ter sentido de direito, fim este perseguido pelo ordenamento *per si*. Assim, toda norma tem seu fim juridicizado que lhe confere sua razão de ser dentro do sistema normativo.

As presunções são exceções, justificam-se apenas e tão somente em face dos fins juridicamente previstos e que autorizam o uso dessas técnicas excepcionais de direito. Nenhuma presunção é criada pelo direito sem que se volte à realização de um fim. Assim é a necessidade de que meio e fim, no âmbito das presunções, devem dialogar entre si, como também devem restringir-se ao campo do sistema jurídico, e, mais ainda, ao âmbito do direito material que quer gerar efeitos. Ao relacionar meio e fim em face das presunções tributárias, tanto os meios quanto os fins devem trazer em si sentido deôntico tributário, isto é, devem pertencer ao sistema jurídico como *meios* admitidos pelo ordenamento e *fim* concernente aos direitos e deveres de direito tributário submetidos aos valores constitucionais.

Enquanto objeto cultural, o direito e a norma presuntiva constituem-se na forma de valor na medida em que existem para perseguir determinadas finalidades que a sociedade quer ver implantadas. Como acontece em todos os tipos normativos, o valor estabelecido como fim na lei institutiva de presunção torna-se valor jurídico, critério compositivo da norma, razão de ser da própria presunção.

O ato presuntivo individual e concreto que deixar de observar a *ratio legis* da lei que presume, desconfirmando na situação concreta o critério teleológico da presunção, hipoteticamente positivado pelo legislador, é enunciado eivado de ilegalidade, não podendo permanecer na ordem posta. Do mesmo modo, quando a presunção ingressa no sistema pelo aplicador na forma de fato. Não pode o fato presumido ou fato jurídico em sentido amplo assumir as consequências jurídicas de outra estrutura fática sem uma razão de ser no sistema, sem que este modo peculiar de positivar a regra esteja sob o respaldo de um valor discutido e escolhido pelas Casas Legislativas como agente político e implementado como fim da regra da presunção. Eis o papel das exposições de motivos da lei que, mais do que marcas do contexto histórico na positivação da lei, é o esqueleto axiológico a que está adstrita a presunção. Lá estão os arcabouços históricos, racionais, finalísticos e sociopolíticos perseguidos pelo legislador no instante mesmo da ponência da norma presuntiva e a diretriz teleológica para a qual o intérprete deve observância. A orientação teleológica e axiológica da regra presuntiva deve ser sempre tomada como ponto de partida do intérprete no momento mesmo da introdução do enunciado jurídico no sistema.

Portanto, toda decisão judiciária constitutiva de direitos e deveres com base em presunção deve fazer constarem, em termos expressos, e ainda que de modo conciso, os fundamentos de fato e de direito que motivaram o juiz a presumir no caso em concreto. A motivação dos atos que instituem as presunções pelo aplicador se encontra como fundamento de fato e lugar por excelência que se confirma ou infirma o valor prático inerente a toda forma presuntiva.

Capítulo 2

LIMITES AO EMPREGO DE PRESUNÇÕES

O direito há de prescrever a forma e o *modus ponen* da norma presuntiva, obtendo com isso a homogeneidade sintática, semântica e pragmática com que as presunções se revelam para ele. Ora, isso nada mais é do que estabelecer limites para instituir e aplicar o cânone da segurança jurídica nas presunções, preservando a estabilidade e previsibilidade da forma e do conteúdo presuntivo requeridas pela ordem posta, e certeza do resultado que elas ensejam.

Enquanto regra jurídica, quaisquer que sejam os tipos de enunciados presuntivos, é fundamental que as presunções se enquadrem no âmbito dos cânones gerais do sistema jurídico e, segundo seu campo de atuação, na conformidade das orientações específicas do subconjunto em que se inserem: "Certo que o Estado-de-Direito está submetido ao ordenamento. Que todos os atos de poder são susceptíveis de apreciação judiciária",[1] e as presunções, ainda que sejam técnicas excepcionais não refogem a esta regra.

---

1. VILANOVA, Lourival. Proteção jurisdicional dos direitos numa sociedade em desenvolvimento. *Escritos jurídicos e filosóficos*. São Paulo: Noeses, 2005. v. 2, p. 488.

Nessa linha, as presunções, antes de atingirem seu fim imediato para que foram instituídas, devem submissão aos cânones do Texto Maior, afinal é lá onde se encontra planta fundamental do direito positivo, lugar por excelência em que as diretrizes últimas do sistema se acham. É o aviso de José Artur Lima Gonçalves:

> A necessária praticabilidade pode operacionalizar ou justificar tantas facilidades quantas queira – no trato da dinâmica da aplicação das normas jurídicas –, sem, no entanto, pretender sobrepor-se às exigências constitucionais maiores, atinentes ao consentimento, legalidade, tipicidade, ampla defesa etc.[2]

Os limites ao emprego de presunções se localizam antes de tudo no patamar da Constituição. A norma presuntiva que viola um princípio constitucional tem vício muito mais grave do que aqueloutra que deixa de observar a legislação inferior, afinal os princípios são as diretrizes maiores da ordem jurídica. Mas não somente o plano da Carta Maior limita a atuação presuntiva do legislador e do aplicador, mas, também, como não poderia deixar de ser, tudo aquilo que se encontra na lei, no patamar infraconstitucional. É imprescindível no campo da pragmática das presunções fixar limites formais e materiais em que elas estão contidas, tanto no nível da Carta Maior quanto naqueloutro da Lei. São esses limites que iremos apresentar nos próximos itens, subdividindo-os no tocante aos agentes que se utilizam da figura das presunções no direito tributário e da matéria limitada.

2.1. Limites formais *versus* limites materiais

Vimos no processo enunciativo das presunções que é possível cindi-las enquanto enunciação, enunciação-enunciada

---

2. GONÇALVES, José Artur Lima. *Imposto sobre a renda*. Pressupostos constitucionais. São Paulo: Malheiros, 1997. p. 163.

e enunciado-enunciado. Esta separação se apresenta oportuna, tendo em vista que é instrumento útil a demonstrar aquilo, nos enunciados presuntivos, que se denota enquanto forma enunciativa e aquiloutro que se manifesta como conteúdo enunciativo, ainda que essa dissociação seja feita apenas em termos científicos, dado que não há forma sem conteúdo, nem conteúdo sem forma. E essas fronteiras são imprescindíveis no estudo dos limites formais e materiais do tema.

No plano formal, voltaremos nossas atenções ao processo enunciativo, como atividade que se mostra no texto, enunciado que se remete à enunciação e nos permitirá, ainda que de maneira abstrata, recuperar esse tempo do ato de fala que introduz a norma presuntiva no sistema. Analisa-se o ajustamento do veículo introdutor da presunção ao ordenamento jurídico. Os limites materiais, por seu turno, comparecem como vedações no campo do conteúdo da norma ou ato presuntivo. Examina-se o enunciado-enunciado ou a própria mensagem positivada em face das outras normas da ordem posta.

Nas presunções hipotéticas, o estudo do cumprimento dos limites formais da norma ultrapassa a proposição presuntiva per si, devendo-se observar o inter-relacionamento dela com seu veículo introdutor. É verificação internormativa. Lembremos que a norma presuntiva hipotética é proposição introduzida, mensagem legislada, consequente da própria norma geral e concreta introdutora. Nesta medida, a enunciação-enunciada comparece como antecedente da norma introdutora, tendo por consequência a inserção do tipo presuntivo hipoteticamente considerado na lei. Na ordem posta, enquanto os limites formais da presunção hipotética são observáveis em seu veículo introdutor, principalmente no antecedente dessa regra, os materiais, por seu turno, dão-se pela análise da norma introduzida, a presunção posta em lei como preceito regulador de condutas. Isto não quer dizer que os limites formais desse tipo presuntivo estão apenas no antecedente da norma introdutora, afinal é justamente em seu consequente, ou melhor, na averiguação do teor do preceito prescritivo, que se sabe se autoridade e procedimento presente na atividade enunciativa da lei foram competentes para enunciar aquele tipo de conteúdo normado. Logo, os direitos e deveres envolvidos (na norma introduzida) são limitações à própria forma enunciativa da presunção, de seu veículo introdutor. Ademais, cumpre não somente conjectura sobre os limites formais do veículo introdutor da norma presuntiva, como aqueloutros materiais na própria proposição hipotética. Aqui, ajusta-se a norma às imposições sistêmicas de coordenação e subordinação.

Nas presunções inseridas pelo aplicador no caso em concreto, também conhecidas como *humanas* ou factuais, como preferimos chamá-las, limites formais e materiais são concebidos em uma só norma, tendo em vista que tais enunciados concretos atuam como verdadeiros meios de prova no processo enunciativo de fato. Desse modo, a presunção factual é ela mesma veículo introdutor ou norma introdutora, enquanto o fato é o enunciado introduzido. Compõe-se de um antecedente, referindo-se a uma autoridade e procedimento competente, e de um consequente, instituindo o fato jurídico em sentido amplo. No primeiro enunciado, a verificação diz com os limites formais; no segundo, com aqueloutros materiais. Assim, diferentemente da norma presuntiva hipotética, na presunção factual, o exame desses limites se restringe a uma só norma, sendo, portanto, intranormativo.

2.2. Limitações ao legislador para presumir

É difícil encontrar trabalhos que traçam limites objetivos ao legislador. Dá-se a impressão de que a ele tudo pode, como se as orientações constitucionais se voltassem ao legislador como ordens genéricas, quem sabe até menos prescritivas e mais como meras instruções para a boa prática do direito. Ora, sabemos que não é bem assim. A despeito de ser árduo identificar fronteiras bem demarcadas para a atividade legislativa, é fundamental que isso seja feito, uma vez que a atecnia e a aleatoriedade que se tem observado nos últimos tempos nos textos das leis são causas que dão ensejo ao excedente processual nos tribunais noticiado diariamente. É preciso considerar o problema pela raiz. Não somente estabelecer as vedações ao aplicador da Lei, mas, numa atitude apriorística e de salvaguarda, limitar o momento mesmo da edificação da lei. Isto é o mínimo que podemos exigir de nossas Casas Legislativas. Nesse intuito, este trabalho pretende identificar item a item os limites materiais e formais estabelecidos pelo sistema jurídico brasileiro às presunções instituídas no direito tributário pelo legislador.

2.2.1. Limites materiais ao legislador para presumir

No campo dos limites materiais para presumir ao legislador, verificaremos os principais fatores que tem o condão de delimitar a matéria por ele tratada na edificação da hipótese presumida por lei. E o veremos de forma pormenorizada, segundo a enumeração e as explanações que se seguem:

1) Cláusulas pétreas (art. 60, § 4º, da CF)

Como não poderia deixar de ser, as cláusulas pétreas comparecem como a primeira fronteira com que se depara o legislador na formulação das presunções em lei. Se as matérias do art. 60, § 4º, da CF/88 não podem ser objeto de deliberação por emenda constitucional, muito menos o poderia pela lei e segundo a técnica presuntiva de hipóteses. Desse modo, é inconstitucional toda presunção que tratar, e afrontar, direta ou indiretamente, sobre a forma federativa de Estado; o voto direto, secreto, universal e periódico; a separação dos Poderes; e os direitos e garantias individuais.

2) Competência tributária (arts. 153, 155 e 156 da CF/88)

As materialidades postas no texto da Constituição fixam, em termos conceptuais, a competência tributária. Toda presunção que resultar mudança nas materialidades competenciais estabelecidas na Carta Maior, por desnaturação de seus conceitos, não pode subsistir a um sistema tributário como o brasileiro, que tem no Texto Magno delimitação rígida do campo de atuação de cada ente tributante. Há de manter viva a exegese segunda a qual não se pode alterar o campo competencial utilizando-se de subterfúgios como os preceitos presuntivos, ainda que pela lei.

Revelemos que a técnica presuntiva, independentemente de seus efeitos benéficos – fiscais ou extrafiscais –, jamais pode alterar, mediante equiparação, o campo da competência tributária estabelecido pelo diploma Supremo, principalmente quando pela modificação do conceito ocorrer ampliação do poder tributário do ente público. Ainda que tenha função extrafiscal importante, à regra presuntiva é vedado proceder à alteração no campo competencial e tributar fatos fora da abrangência do poder tributário estabelecido pelo constituinte originário àquele ente do Executivo. A norma presuntiva enquanto previsão legal estendida tem limitações muito bem definidas pelo sistema constitucional, não podendo o legislador ordinário modificar discricionariamente esses conceitos, mesmo em face de benefícios extrafiscais. Partindo de dados particulares (fatos, experienciais, enunciados empíricos) para deles retirar, por meio de operações cognitivas generalizadoras, leis ou conceitos mais gerais, as proposições indutivas nunca serão válidas ou inválidas, mas sim melhores ou piores, tendo em vista os critérios adotados pelo ordenamento. E essa avaliação no campo das presunções tem como ponto de partida os preceitos constitucionais que conformam as materialidades das competências legislativas tributárias, estando elas submetidas de todo e ao todo a essas matérias.

3) Princípio da tipicidade (arts. 5º, II, 150, I e § 2º do art. 145 da CF/88)

Ainda que todos os princípios estabelecidos na Constituição disciplinem direta ou indiretamente sobre presunções, cumpre ressaltar apenas aqueles que nos dão alicerces seguros para delimitar a atividade legislativa a fim de criar presunções no direito tributário brasileiro. Como já observamos no capítulo

5 da Parte II (Presunções e a Constituição da República de 1988), muitos outros princípios atuam sobre as presunções de modo geral, porém, como o momento exegético nos pede limites objetivos a essa atividade, é por oportuno pensarmos apenas naqueles que nos dão esse substrato teórico, como a ordem da tipicidade, preceito prescrito nos arts. 5º, II, 150, I, e § 2º do art. 145 da CF/88.

No campo dos tributos, cabe ao legislador definir de modo taxativo (*numerus clausus*) as condutas reguladas, tanto no fato-antecedente, enunciado que deve ser suficiente para desencadear o prescritor, quanto no fato-consequente da norma tributária, relação jurídica necessária, uma vez ocorrido (relatado em linguagem competente) o descritor. O ordenamento tributário é regido pelo princípio da tipicidade cerrada, que beneficia o direito da propriedade do contribuinte (art. 5º, XXII, da CF/88), a regulação da discricionariedade da atividade do Poder Executivo no plano dos tributos (art. 142 CTN), vedando o efeito surpresa na tributação e a atitude confiscatória da Fazenda (art. 150, VI, da CF/88). A presunção, sendo objeto do preceituar do legislador e gerando efeitos no domínio das exações, não refoge a esta regra.

Em nome da tipicidade reclamada pelo sistema tributário, é preciso que no bojo das hipóteses que busquem determinar a presunção em lei existam critérios aptos a identificar a conduta presumida ou o fato típico da presunção. Assim como todo tributo tem sua regra-matriz, toda forma presumida de ação do sujeito, que gere efeitos fiscais, deve ter do mesmo modo sua norma padrão, identificando-se verbo, complemento, tempo, espaço, objeto de direitos e deveres e sujeitos producentes dessa atividade, assim como o vínculo entre este fato presumido (conhecido) e aquele jurídico em sentido estrito (desconhecido), ensejador da relação tributária *stricto sensu*.

Igualmente no campo das ilicitudes. Cremos possível à lei cominar ilegalidades tributárias de forma presuntiva. Entretanto, não o pode fazer genericamente, como se vê no texto dos arts. 71 a 73 da Lei 4.502/64, como bem asseveramos no capítulo oportuno. A tipicidade do ilícito tributário, em forma presumida, é exigência do inciso **XXXIX** do art. 5º da CF/88, assim como, mais concretamente, do art. 142 do CTN. Eis que a presunção hipoteticamente estabelecida em lei é passível de ser aceita como modo de constitutividade de fatos ilícitos, desde que traga, em seu bojo, descrição pormenorizada dos critérios determinantes do fato presumido e sua relação com o fato jurídico ilícito em sentido estrito.

Tributo e ilicitude pedem tipificação do fato como ordem lógico-pragmática do sistema. Sem tipificação cerrada, dá-se ao aplicador poderes que constitucionalmente não os tem. Tanto o tributo quanto a ilicitude prescindem de lei, e, ao assim exigir, o ordenamento preceitua que cabe somente ao legislador dizer o que é tributo, o que é ilícito e culminar as relações jurídicas respectivas a cada um desses fatos. Não há tributo sem lei, sem tipo; inexiste ilicitude sem preceito legal, sem tipificação cerrada. Por isso mesmo que a ausência de critérios determinantes da hipótese em lei, quando inexistentes ou mesmo quando genéricos, não significa autorização ao aplicador para, presumindo, criar novos tributos e novas ilicitudes. Simplesmente, nesse caso não há subsunção do fato à norma, pois inexiste hipótese legal para atribuir fundamento de validade àquele enunciado construído pelo intérprete autêntico. Nessa linha, veda-se também ao aplicador por analogia ou interpretação extensiva fazer de um fato irrelevante juridicamente enunciado novo no sistema por abarcado presumidamente em hipótese legal. Como bem pontua o CTN nesse tocante, "o emprego da analogia não poderá resultar na exigência de tributo não previsto em lei" (art. 108, § 1º), o que se estende, de todo e ao todo, em face do preceito constitucional do inciso **XXXIX** do art. 5º da CF/88, às infrações tributárias. Sendo assim, as presunções admitidas na forma da lei, constitutivas de hipóteses de tributo ou infração tributária, não podem refugir a essa regra fundamental. Somente com tal limitação, pressuposto inafastável do ordenamento jurídico, é que se fazem observar as garantias constitucionais de nosso sistema.

4) Princípio do devido processo legal, contraditório e ampla defesa (art. 5º LIV, LV, da CF/88)

Como decorrência do devido processo legal, a lei tributária que instituir norma presuntiva sem admitir direito de opção prévio ao sujeito passivo, oferecendo-o, desde já, as condições e os termos do regime jurídico especial em que está se submetendo, deve, em contrapartida, prever o direito ao devido processo legal pelo agente particular. Não havendo opção prévia ao contribuinte no ingresso do regime especial instituído pela presunção, o direito à prova garantido pela lei é o fator que consolida a condição constitucional dessa previsão abstrata de fato presumido. Ou se dá direito de opção ao sujeito passivo antes de seu ingresso no regime instituído pela presunção, atribuindo-se efeitos absolutos ao enunciado presuntivo desde o início; ou não se o dá e, em contranota, garante-se o devido processo legal, lugar por excelência para discutir a procedência do fato constituído pelo Fisco. A inexistência de opção cumulada com a falta de garantia do devido processo legal torna a presunção instituída pelo legislador inconstitucional desde já, como lei que afronta diretamente os cânones do devido processo legal, do contraditório e da ampla defesa, preceituados no art. 5º, LIV e LV, da CF/88.

5) Demais princípios constitucionais

Vimos que a norma presuntiva que viola um princípio constitucional tem vício muito mais grave do que aqueloutra que deixa de observar a legislação inferior. Na análise dos limites materiais ao legislador, todos os demais princípios constitucionais devem ser levados em consideração, uma vez que a Carta Maior é a planta fundamental do sistema tributário. Não nos cabe aqui repetir tudo o que já foi dito no Capítulo 5, da Parte II; cumpre apenas ressaltar, ainda que brevemente, que deverão ser levados em conta no texto legal os princípios-valores da igualdade, da propriedade ou da proibição do confisco, da proporcionalidade; e os princípios limites-objetivos da irretroatividade, da anterioridade – anual e/ou nonagesimal, dependendo da matéria; da capacidade contributiva (objetiva), entre outros já mencionados ao longo deste trabalho. Em prol da síntese, deixaremos apenas tais citações, reservando a pesquisa e os comentários pertinentes para os capítulos que deles trataram.

6) Princípio da reciprocidade dos efeitos

O texto legal, ao presumir hipoteticamente um fato, faz insurgir no plano dos tributos realidade jurídica. Uma vez construída tal situação, há que admitir reciprocidade dos efeitos desse enunciado factual, de modo que o legislador não pode beneficiar em termos legais apenas a Administração Pública. Deve prescrever de modo a performar o princípio da igualdade e da isonomia entre Fisco e particulares também na lei, constituindo realidade jurídica que não beneficia ninguém, além do próprio sistema prescritivo. Assim, a presunção não se acha no ordenamento para fins de subverter os valores reais da operação e fazer aumentar a arrecadação dos cofres públicos. Fá-lo de modo a realizar os valores superiores da ordem posta, regulando técnica excepcional de tributação para o fim de evitar atitudes evasivas do contribuinte em benefício da construção de uma ordem justa. Contudo, é preciso ter sempre presente que esse valor pragmático inerente a todas as formas presuntivas não quer dizer um cheque em branco para o legislador no campo dos tributos.

7) Domínio dos fatos possíveis

De modo diverso das ficções, as formas presuntivas tomam por base fatos da realidade, para, observando-se a constância de seus sucederes, fazer regra de direito que traduz, em termos hipotéticos, a ocorrência fática. Lembremos que toda presunção encerra uma noção substitutiva, originária de um juízo indutivo antecipado e provisório, criado por meio de um efeito de espelhamento e identificação entre uma coisa e outra, produto de uma interação específica de significados heterogêneos. Fixa suas bases no real, nas experiências empiricamente verificáveis, admitindo um fato por outro, como se fossem um só ou o mesmo, para deles dar mesmo tratamento jurídico. Por esse motivo, a ausência dessa referibilidade à realidade transmuta a presunção em modo ficcional de prescrição de conduta e, assim ocorrendo, faz incidir naquele todo o regime jurídico atribuído a essa figura. E, sendo ficção, a norma é inaplicável no campo dos tributos, mesmo posta em lei pelo legislador. Também o é inadmissível para culminar em tipo infracional.

Mesmo na forma de presunção, é vedado ao legislador estipular técnicas presuntivas de quantificação do tributo que façam superar o valor efetivo da operação tributada. Ao se embasar em fatos que se apresentam semelhantes e deles indutivamente obter regra de probabilidade que institua presunção hipotética, o legislador deve se limitar a fixar modos de quantificação que resultem ou no valor efetivo da operação ou em quantia menor, mas não mais que o preço efetivo que aquelas situações são capazes de gerar. A delimitação das técnicas presuntivas que o legislador põe em lei para determinar o *quantum* devido, presumidamente, jamais pode resultar em valores maiores que os praticados, como imposição dos princípios do não confisco, da legalidade e do enriquecimento sem causa. Exemplificando: ultrapassado o limite do preço de mercado, a imposição tributária, ainda que subsumida pela lei, é ilegítima e deve ser revogada como norma inconstitucional por violar os princípios da legalidade, não confisco e segurança jurídica. É constitucionalmente vedado cobrar tributo aquém do valor devido, devendo limitar-se à real proporção do fato. A confirmação de que a presunção ocorre no domínio dos fatos possíveis se dá na análise do vínculo essencial entre fatos presuntivos e fato jurídico em sentido estrito.

8) *Genus* comum ou vínculo essencial entre fatos presuntivos e fato jurídico em sentido estrito

A despeito de inexistir necessidade ontológica de efetiva ocorrência do evento descrito, vale destacar a relevância confirmatória da validade do processo intelectivo das presunções como um todo na relação entre fato jurídico (desconhecido) e fatos presuntivos (conhecidos). Nesse ponto, é preciso dizer enfaticamente que o enunciado do fato jurídico deve manter-se tangente no corpo semântico do(s) fato(s) conhecido(s), isto é, o sentido principal ou de essência destes deve encontrar correspondência necessária ao daquele, conquanto mantenham entre si diferenças secundárias. Esta correspondência significativa há de levar em nota as significações jurídicas, e não aqueloutras de diferentes ordens cognitivas que nada têm a ver com o universo do direito (respeitado o sentido mínimo natural às coisas). Sem incorrer no mau vezo da repetição, cumpre repisar a máxima de que a ordem positiva, em sua formação autopoiética, só conhece sua realidade. Não toma emprestado significações de outros universos, mas o constrói ao seu modo, em linguagem deôntico-prescritiva. Em abono desse matiz, o(s) fato(s) conhecido(s) que está(ão) em relação confirmadora do fato jurídico não pode(m) pertencer a outro campo cognitivo que não seja o jurídico e, ainda, do específico domínio do direito a que se refere. Ora, o(s) fato(s) conhecido(s) é(são) *conhecido(s)* pelo direito e, assim sendo, só pode(m) construir outros enunciados factuais jurídicos.

9) Tecnia na escolha das palavras que positivam o tipo presuntivo

Na procura da melhor forma de positivação da regra presuntiva, cabe ao legislador buscar enunciados de fatos que guardem entre si relação de similitude de primeira ordem, apresentar semelhanças próprias do objeto ou caracterizadoras da essência do objeto. É esse vínculo intenso entre eles que justifica o desencadear relacional próprio das presunções. Nesse sentido, cumpre ao legislador manter forte este liame de similitude conceptual entre os fatos presuntivos e fato jurídico em sentido estrito, de modo que tais entidades sugiram um mesmo objeto ou uma mesma classe de objetos. Nesse tocante, a tecnicidade das palavras escolhidas é fundamental: quanto menor for a amplitude semântica dos enunciados hipotéticos trazidos para caracterizar fatos presuntivos e fato jurídico em sentido estrito, menor será o campo dos objetos possíveis por eles abarcados, o que gera maior precisão à própria regra presuntiva posta ela mesma. A exatidão dos termos configura a certeza e a segurança jurídica na positivação da norma. As presunções tanto mais e melhor prescrevem um fato quanto menor número de fatos diferentes indicar. É imprescindível para tanto que se faça prevalecer o rigor semântico no uso das palavras, respeitando seus sentidos de origem, tanto da língua portuguesa quanto das especificidades jurídicas da matéria disciplinada.

10) *Ratio legis* comum aos fatos e em direito tributário

As presunções, relembremos, são mecanismos excepcionais em domínio tributário, e, ao serem assumidas pelo direito para fins fiscais, devem ser juridicamente justificadas (valor-fim). Nessa toada é incontornável a necessidade de, ao prescrever qualquer presunção em lei, em norma geral e abstrata, o legislador motivar seu uso no corpo daquela, sobressaltando, com isso, o valor, na forma de fim, por ela perseguido. O fim (valor) deve vir enunciado no corpo da lei, justificando-se e ao mesmo tempo prescrevendo a necessária observância daquele fim em todo ato presuntivo com base na lei enunciada.

A finalidade extrafiscal das presunções comporta no plano de sua estruturação a exigência de limitar-se a vincular fatos com idêntico valor sintático e semântico-pragmático para o direito. Por isso mesmo, só podem ser associados pelo legislador fato presumido e fato jurídico em sentido estrito que tenham a mesma *ratio legis*, i. e., que o fim proposto pelo ordenamento seja comum ou idêntico aos dois enunciados factuais. Ademais, para atuar no plano tributário, essa *ratio legis comum* deve abranger-se, em ambos os casos, à relevância idêntica desses fatos ao domínio exacional. Atribuídos de mesmo peso constitutivo de realidade tributária, a ratio legis *comum aos fatos e de direito tributário* pede que ambos os enunciados tenham ou alcancem o mesmo fim em direito tributário. Assim, a estipulação legal do fato presumido e do fato jurídico em sentido estrito deve tanger o campo dos tributos, conformando valores que motivam e justificam sua atuação no âmbito tributário.

11) Conceitos de direito privado (art. 110 do CTN)

Sabemos que o legislador é o poeta do direito. É ele quem traz fatos e conceitos novos para o ordenamento, positivando-os na forma de lei. Contudo, cremos que a despeito de o senso jurídico não se incluir por inteiro naquilo que se entende, socialmente, por *bom senso*, há um tanto de sentido natural das coisas que deve ser preservado pelo legislador, principalmente diante de determinações como a do art. 110 do CTN. Como imposição de norma geral em direito tributário, a lei tangente, direta ou indiretamente, a tributos não pode alterar a definição, o conteúdo e o alcance de institutos, conceitos e formas de direito privado para definir ou limitar competências tributárias.

12) Vedações materiais específicas do subdomínio do direito tributário (art. 111 do CTN)

No campo dos tributos, conforme se depreende do art. 111 do CTN, determinadas matérias não se presumem. Desse modo, é vedado ao legislador equiparar, ainda que sob a forma presuntiva e em lei, situações tangentes aos seguintes temas: I – suspensão ou exclusão do crédito tributário; II – outorga de isenção; e III – dispensa do cumprimento de obrigações tributárias acessórias.

2.2.1.1. *Genus comum aos fatos e ratio legis semelhantes em direito tributário*

Na forma de vínculo de similitude, as presunções devem trazer semelhança essencial para o direito, ou seja, nexo associativo com relevância jurídica e não mero critério ao sabor dos interesses do legislador. A *ratio legis*, como o próprio nome indica, é a razão que se encontra no texto legal, a causa que a lei estabelece como sobressalente em termos jurídicos, devendo-se buscar tanto os motivos quantos os efeitos desse *genus* comum nos enunciados do direito positivo sempre nele, e nunca fora dele. Na mesma linha, encontra-se Tercio Sampaio Ferraz Jr. ao dizer sobre a analogia no processo de positivação da norma:

> O uso da analogia no direito funda-se no princípio geral de que, para os mesmos casos, deve haver a mesma razão dispositiva. Segue daí que possíveis semelhanças devem ser apontadas tendo em vista razões e efeitos jurídicos e não meras semelhanças ditadas por critérios quaisquer.[3]

O *genus* comum aos fatos, portanto, não é qualquer um. Somente aquele juridicamente relevante, seguindo modelos semânticos estabelecidos pelo próprio direito posto, é significado apto a fazer associar um fato a outro, atribuindo àquele efeitos jurídicos deste. Por isso mesmo que se tomam em nota razões e efeitos jurídicos, e não meras similitudes de ordens diversas. A *ratio legis*, portanto, deve guardar conexão com o subdomínio em que a regra se insere e onde quer ver implementados os direitos. Se no campo dos tributos, deve-se buscar elemento de conexão relevante para o direito tributário; se de direito civil, argumento civilista, e assim por diante. Dessa forma, as presunções em direito tributário devem trazer na lei nexo associativo com relevância jurídica e tributária. Pode até ser idêntica ou parecida com os critérios assumidos em outros domínios do conhecimento ou ainda do próprio direito, afinal de contas, não devemos nos esquecer que a ordem posta é una e indecomponível. A ressalva pede apenas que o elemento de semelhança apresentado como critério que estabelece, por presunção, o liame entre um fato e outro esteja ele mesmo associado ao subsistema em que produz efeitos. Causa – motivação – e consequência – efeitos – da presunção tributária devem se conectar e se restringir no domínio tributário para dar por perfeitamente conformada a condição necessária

---

3. FERRAZ JR., Tercio Sampaio. Equiparação – CTN, art. 51. *Cadernos de Direito Tributário e Finanças Públicas*, São Paulo: RT, ano 7, n. 28, p. 109-114, jul.-set. 1999.

de *genus* comum entre os fatos e *ratio legis* semelhante em direito tributário.

2.2.2. Limites formais ao legislador para presumir

No plano dos limites formais ao legislador, observaremos que é o conteúdo da norma presuntiva introduzida que fixará os modos formais aptos a introduzir no ordenamento tais previsões. Logo, o conteúdo da presunção, expedido neste ou naquele enunciado normativo, irá determinar a quem de direito cabe positivar a norma de acordo com a forma enunciativa escolhida pelo legislador. Em outras palavras, a enunciação da regra presuntiva, como fonte do direito propriamente dita, só será considerada válida quando produzida por autoridade e procedimento competente em face das exigências do próprio sistema. Registra-se, contudo, que o controle da constitucionalidade ou legalidade do ato enunciativo pode acontecer tanto durante a apreciação do anteprojeto pelas Casas Legislativas – e, em caso negativo, a enunciação nem vir a ser conhecida para o direito e o enunciado se realizar apenas na forma de protopresunção – quanto, uma vez aprovada a lei, em qualquer outro momento no decorrer da existência da norma no sistema, devendo-se aí produzir nova linguagem, novo processo enunciativo, para expulsar aquele enunciado presuntivo, prescritivo e viciado do sistema.

Determinadas matérias só admitem o procedimento *lei complementar*, de modo que toda presunção posta em lei que enunciar sobre:

(i) conflitos de competência (art. 146, I e II, da CF/88),

(ii) empréstimos compulsórios (art. 148 da CF/88);

(iii) exercício de poder residual da União quanto a impostos e contribuições para a seguridade social (arts. 154, I, e 195, § 4º, da CF/88);

(iv) impostos sobre grandes fortunas (art. 153, VII, da CF/88);

(v) requisitos para usufruto de imunidades sobre patrimônio, renda ou serviços dos partidos políticos, inclusive suas fundações, das entidades sindicais dos trabalhadores, das instituições de educação e de assistência social, sem fins lucrativos (art. 150, VI, c, da CF/88).

Deve vir aprovada pelas duas casas e por maioria qualificada. As outras matérias não pedem tal grau de especificidade regulatória, de tal maneira que poderão vir a ser enunciadas por procedimento ordinário. Nessa linha, este item faz relembrar as exigências de legalidade específica que alguns temas reivindicam. Logo, antes mesmo de constatar se a presunção deve ser enunciada por lei complementar ou ordinária, gerando obrigações para o sujeito passivo no campo dos tributos, deve-se verificar se ela está prevista na letra da lei. O princípio da legalidade comandado pelos arts. 5º, II, e 150, I, da CF/88 pede tal observância de forma que é na lei o lugar por excelência em que o direito fixa direitos e deveres tributários.

Além desses padrões formais estabelecidos ao veículo introdutor da presunção hipotética, cumpre mencionar haver ainda dois tópicos que, por se apresentarem objetivamente como direitos necessários à boa implementação da norma presuntiva, são assumidos por critérios formais ou formas prescritivas necessárias para a boa implementação da regra presuntiva. São eles: (i) direito à restituição dos valores pagos indevidamente ou pago a maior e o (ii) direito de petição em consonância com o contraditório e ampla defesa.

2.2.2.1. *Direito à restituição*

A técnica da presunção, ao criar facilidades procedimentais no plano das provas, muitas vezes antecipa no domínio dos tributos a incidência da norma, tributando fato a ocorrer. É em face dessa antecipação que se torna imprescindível à lei prescrever um direito que lhe faça contrapartida, qual seja a restituição devida na inocorrência do fato ou acontecimento sob outras formas que não aquela prevista. O direito à restituição é o preço pago pela lei ao positivar regra com efeitos práticos de tributação de fato futuro que, justamente por estar para acontecer, é incerto. A incerteza do fato, ainda que de ocorrência possível, nos leva necessariamente à imprescindibilidade do direito à restituição do Fisco ao contribuinte.

O direito à restituição é garantia constitucionalmente prevista no § 7º do art. 150 do referido Diploma.[4] O aludido preceito foi introduzido no sistema pela EC 3, em 1993. Entretanto, o direito à restituição já existia em planos infralegais, desde 1966, tal como se depreende do enunciado do art. 165, I, do CTN.[5]

No campo das presunções, a matéria deste item ganha maior relevância tendo em vista que toda forma presuntiva de tributação deve garantir ao contribuinte o direito à restituição, (i) caso não ocorra o fato jurídico antecipado ou (ii) aconteça de forma diferente, gerando valores indevidamente pagos a maior a título de tributo. A presunção é apenas produzida para efeito de viabilidade prática da incidência tributária. Mas, em verdade, o que ocorre com ela é verdadeira hipótese de antecipação. Inocorrente o fato ou acontecida diferentemente do previsto na lei, nas duas hipóteses, ressalte-se, tem o contribuinte pleno direito à restituição do valor indevidamente pago ou da diferença do *quantum* pago a maior. Bem se vê que, caso não se efetive o fato gerador presumido, parcial ou totalmente,

---

4. "Art. 150 da CF/88.
[...]
§ 7º [...] assegurada a imediata e preferencial restituição da quantia paga, caso não se realize o fato gerador presumido."

5. "Art. 165. O sujeito passivo tem direito, independentemente de prévio protesto, à restituição total ou parcial do tributo, seja qual for a modalidade de seu pagamento, ressalvado o disposto no § 4º do art. 162, nos seguintes casos:

I – cobrança ou pagamento espontâneo de tributo indevido ou maior que o devido em face da legislação tributária aplicável, ou da natureza ou circunstancias materiais do fato gerador efetivamente ocorrido."

é direito subjetivo do contribuinte, positivado no Texto Magno, de se ver restituído dos valores pagos indevidamente na forma de tributo, sendo improcedente qualquer Diploma Legal ou interpretação que se insurja contra essa prerrogativa.

Entender o contrário implica ofender, entre outras coisas, (a) o princípio do não confisco,[6] uma vez que cobra além das possibilidades fácticas; (b) da capacidade contributiva, tributando mais do que aquele sujeito está apto a colaborar com o Estado; (c) à propriedade privada, atingindo pela via da tributação bens e direitos fora do campo da incidência dos tributos; (d) à livre concorrência, uma vez que a imposição em preços fictícios acaba por limitar os agentes econômicos, restringindo suas atividades, extrapolando o campo de intervenção constitucionalmente admitido na forma do art. 173 da CF; (e) rompendo com a rígida discriminação de competência tributária, tendo em vista que tributa outras coisas que não somente aquelas incluídas em suas materialidades;[7] (f) prejudicando a máxima da tipologia tributária, e fazendo incidir tributo em hipóteses fora do âmbito do tipo propriamente dito. Ainda, nos tributos IR, ICMS, PIS e Cofins, acometimento (g) ao princípio da não cumulatividade.[8]

E, ainda hoje, o assunto envolve as questões sobre a constitucionalidade do regime de substituição tributária para frente na cadeia de incidência do ICMS. As discussões a respeito desse tema vão além dos problemas sobre ICMS, mas insurgem contra a própria contenda do uso das presunções em âmbito tributário. Pensemos, num primeiro momento, sobre o assunto no campo desse tributo do estado para, em seguida, assumir tais comentários a título geral no domínio das presunções.

---

6. "Art. 150. Sem prejuízo de outras garantias asseguradas ao contribuinte, é vedado à União, aos Estados, ao Distrito Federal e aos Municípios: [...] IV – utilizar tributo com efeito de confisco."

7. Sobre o assunto, veja também excelente julgado no STF do Rel. Min. Cordeiro Guerra em RE 78.577/SP (*RTJ* 77/907-908).

8. Art. 155, II, § 2º, da CF/88.

Em 1º de novembro de 1996, entrou em vigor a Lei Complementar 87/96, disciplinando em seus arts. 5º a 10 o chamado *regime da substituição tributária*. No enunciado de seu art. 10[9] prescreveu sobre o direito do contribuinte à restituição devida pelo Fisco sobre o valor do tributo pago a maior ou *quantum* pago com base em fato gerador presumido que não se realizou. Em 21 de março de 1997, foi editado o Convênio ICMS 13, que, ao harmonizar o "procedimento referente a aplicação do § 7º, artigo 150, da Constituição Federal e do artigo 10 da Lei Complementar nº 87/96, de 13.09.96", estabeleceu, em sua cláusula segunda, a proibição de

> [...] restituição ou cobrança complementar o ICMS quando a operação ou prestação subsequente à cobrança do imposto, sob a modalidade da substituição tributária, realizar com valor inferior ou superior àquele estabelecido com base no artigo 8º da Lei Complementar 87, de 13 de setembro de 1996.[10]

---

9. "Art. 10 É assegurado ao contribuinte substituído o direito à restituição do valor do imposto pago por força da substituição tributária, correspondente ao fato gerador presumido que não se realizar.

§ 1º Formulado o pedido de restituição e não havendo deliberação no prazo de noventa dias, o contribuinte substituído poderá se creditar, em sua escrita fiscal, do valor do objeto do pedido, devidamente atualizado segundo os mesmos critérios aplicáveis ao tributo.

§ 2º Na hipótese do parágrafo anterior, sobrevindo decisão contrária irrecorrível, o contribuinte substituído, no prazo de quinze dias da respectiva notificação, procederá ao estorno dos créditos lançados, também devidamente atualizados, com o pagamento dos acréscimos legais cabíveis."

10. "Convênio

Cláusula primeira – A restituição do ICMS, quando cobrado sob a modalidade da substituição tributária, se efetivará quando não ocorrer operação ou prestação subsequente à cobrança do mencionado imposto, ou forem as mesmas não tributadas ou não alcançadas pela substituição tributária.

Cláusula segunda – Não caberá a restituição ou cobrança complementar o ICMS quando a operação ou prestação subsequente à cobrança do imposto, sob a modalidade da substituição tributária, realizar com valor inferior ou superior àquele estabelecido com base no artigo 8º da Lei Complementar 87, de 13 de setembro de 1996.

No ICMS, o direito à restituição é uma garantia constitucionalmente assegurada ao contribuinte substituído na forma do § 7º do art. 150 do Texto Maior. Assim, sempre que a base real for inferior à base presumida, o contribuinte tem o direito subjetivo de reaver o valor pago, mas não devido, de ICMS. E essa hipótese pode se dar em duas situações: 1ª) quando inocorrido o fato presumido (art. 150, § 7º, da CF), ou 2ª) quando cobrado tributo a maior, em situações em que a base de cálculo presumida superar a efetivada na operação seguinte (art. 165 do CTN c/c o art. 10, § 1º, da LC 87/96). Com isso, reforçamos a tipicidade cerrada tributária e garantimos a capacidade contributiva do sujeito passivo e seu direito de propriedade. Esse também é o pensamento de Roque Antonio Carrazza:

> [...] impõe que o tributo só seja exigido quando se realiza, no mundo fenomênico, o pressuposto de fato a cuja ocorrência a lei vincula o nascimento da obrigação tributária...
>
> [...]
>
> Ora, o contribuinte tem o direito de pagar exatamente o montante de ICMS devido pela ocorrência do fato imponível deste tributo. Não podemos aceitar (pelo menos não perante o nosso ordenamento constitucional) que alguém possa ser compelido a recolher aos cofres públicos quantia aproximada daquela que seria devida quando ou se implementada a operação mercantil. Esta prática fere igualmente o princípio da tipicidade da tributação.[11]

Garantindo a restituição na hipótese de inocorrência do fato ou, do mesmo modo, na de cobrança a maior, traçamos limites aos usos de presunção no direito tributário. Nas palavras de Aroldo Gomes de Mattos:

Cláusula terceira – Este Convênio entra em vigor na data de sua publicação no Diário Oficial da União."

11. CARRAZZA, Roque Antonio. *ICMS*. 9. ed. São Paulo: Malheiros, 2002. p. 236-237.

Com isso, retorna-se à premissa constitucional, desvendada pela lei complementar, no sentido de que a base de cálculo do fato gerador do ICMS, seja qual for o regime, é o valor da operação, acabando, dessa forma, com a farra fiscal de superestimá-la com a finalidade de cobrar além do que lhe é permitido.[12]

E, nas relações de ICMS, o direito à restituição, contemplado no § 7º do art. 150 da CF, deve ser admitido tanto em sua forma tradicional em âmbito de repetição de indébito[13] quanto em seu modo de garantia à compensação.[14] Dessa maneira, é

---

12. MATTOS, Aroldo Gomes de. ICMS: substituição tributária 'para frente'. Fato gerador e base de cálculo presumidos. Restituição do eventual imposto arrecadado a maior. In: ROCHA, Valdir de Oliveira. *Grandes questões atuais do direito tributário*. São Paulo: Dialética, 2003. v. 7, p. 24-46.

13. A devolução do valor pago indevidamente pelo particular pode se dar na forma de repetição de indébito ou compensação. Na primeira hipótese, de repetição do indébito, a devolução, pelo Fisco, dos valores recolhidos indevidamente pelo contribuinte por conta da presunção só pode ocorrer após o reconhecimento judicial de que o pagamento foi indevido. É a sentença judicial ou administrativa que reconhecerá no bojo do processo o direito à quantia do indevido. O sujeito que comprove haver assumido o referido encargo, tal como preceitua o art. 166 do CTN, em prazo de cinco, contados da extinção do crédito, para ingressar com ação repetitória ou o prazo de dois, contados da decisão administrativa que o indeferiu para ação anulatória.

14. A restituição na forma de compensação se faz na forma preceituada pelos arts. 156, II, 170 e 170-A do CTN. Para cumprir as condições necessárias à compensação, é preciso haver a) *reciprocidade* das obrigações; b) *liquidez* das dívidas; c) *exigibilidade* das prestações; e d) *fungibilidade* das coisas devidas. Em regra, a compensação só se dá entre tributos da mesma espécie, ou, no mínimo, de mesma destinação constitucional (Vide TRF3, AC 3095535-1/95, Rel. Des. Anna Maria Pimentel, *DJU*, Seção II, 15.10.1997, p. 85584) ou, ainda, administrados pelo mesmo ente administrativo.

A compensação extingue o crédito na forma da lei. Ela pode ocorrer de ofício, promovida pela Fazenda antes de proceder à restituição, conforme seus procedimentos internos; ou pelo próprio contribuinte, seguindo o procedimento de cada tipo exacional. Esta última forma se dá em face de todos os tributos e contribuições administrados pela Secretaria da Receita Federal (atual RFB), inclusive em processo de restituição. Para tributos e contribuições de espécie diferentes, mediante prévio requerimento do contribuinte e aceite da Fazenda ("Pedido de Compensação").

acobertado pela Carta Maior o direito ao substituído de postular a restituição ou compensação de valores pagos a maior. Vejamos também em Clélio Chiesa:

> Portanto, não vislumbramos a possibilidade de se instituir validamente a tributação sobre "fatos geradores presumidos" sem que seja assegurado ao contribuinte o direito de restituição de valores pagos a maior, pois tal regra é inerente à própria estrutura da tributação antecipada. Vale dizer, não há autorização constitucional para se instituir a tributação sobre "fatos geradores presumidos" sem o correlato direito de restituição na hipótese de haver diferença entre a base presumida e a base real.
>
> Nessa linha de raciocínio, é a própria Constituição que outorga ao substituído o direito de postular a restituição ou compensação de valores pagos a maior na hipótese da operação subsequente ser realizada por valor inferior ao que foi presumido.[15]

Não há como conceber um sistema de arrecadação baseado em presunções que não somente constrói o fato antes de sua efetiva ocorrência, como, com isso, antecipa seu pagamento, sem garantir de modo efetivo e eficaz a restituição desses valores nas duas hipóteses a serem corrigidas. Antecipação/restituição são entre si indissociáveis em nosso sistema jurídico tributário, na forma como estabelecido pela EC 3/93 e, logo, com a inserção do § 7º do art. 150 da CF.

A cláusula "assegurada a imediata e preferencial restituição" do Texto Maior requer que só se presuma no direito tributário brasileiro quando esta garantia esteja firmada na

---

O prazo de extinção pode variar conforme as disposições específicas da própria lei. Exemplo disso é a Lei 9.430/96, que só considera extinto o crédito *após a análise do pedido de compensação*. Também a Lei 10.637/02, que a admite por satisfeita tão só *a partir da entrega da Declaração de Compensação*.

15. CHIESA, Clélio. ICMS. A denominada substituição tributária para frente. *Cadernos de Direito Tributário e Finanças Públicas*, São Paulo: RT, v. 29, p. 66-68, 1999.

prática. De tal modo que podemos perfeitamente asseverar não haver autorização para tributar com base em "fatos presumidos" ou "base de cálculo presumidas" se não houver previsão de que sejam restituídos os valores indevidamente pagos tanto na inexistência do fato jurídico quanto na sua existência de modo diverso daquele juridicamente admitido. A diretriz da restituição integra o próprio cálculo normativo da tributação com base em presunções. Só se pode presumir no campo dos tributos quando o fizer de modo a não ferir direitos subjetivos do contribuinte. A ausência de previsão ou efetiva observância do direito de restituição se insurge plenamente contra esta diretriz.

Com a restituição, garantimos, ainda que num momento subsequente, que o preço presumido corresponda verdadeiramente ao valor da operação e, com isso, à realidade de mercado. Como exemplifica Sacha Calmon Navarro Coêlho: "O que não pode ocorrer sem correção é estimar uma margem de lucro de 60% sobre o preço de fábrica, quando, em verdade, as margens não ultrapassam 20% ou 30%, dependendo do mercado".[16] Não pode a administração suplantar, em nome da praticabilidade de suas atividades fiscalizatórias e arrecadatórias, as garantias individuais do contribuinte.

Mas a opinião supradefendida não é a linha interpretativa que o Supremo tem admitido em suas decisões. Em julgado de 22.11.2002, defendeu o referido Tribunal a definitividade do fato presumido, *status* de constituição que, na óptica dos Ministros, autoriza a não restituibilidade das diferenças existentes entre os valores pagos a maior. Para o Pleno:

> O fato gerador presumido, por isso mesmo, não é provisório, mas definitivo, não dando ensejo a restituição ou complementação do imposto pago, senão, no primeiro caso, na hipótese de sua não-realização final.

---

16. COÊLHO, Sacha Calmon Navarro. *Curso de Direito Tributário Brasileiro*. 4. ed. Rio de Janeiro: Forense, 1999. p. 33.

Admitir o contrário valeria por despojar-se o instituto das vantagens que determinaram a sua concepção e adoção, como a redução, a um só tempo, da máquina-fiscal e da evasão fiscal a dimensões mínimas, propiciando, portanto, maior comodidade, economia, eficiência e celeridade às atividades de tributação e arrecadação.[17]

Na oportunidade, o Tribunal assentou o caráter definitivo do fato gerador presumido, de modo a não dar ensejo à restituição ou à complementação do imposto pago, exceto, para os fins de restituição, na hipótese de não ocorrência do fato gerador. Na cobrança do ICMS com base no valor da mercadoria apurado em pauta fiscal por presunção, temos por certo que há ofensa ao princípio da legalidade tributária.

O fato gerador presumido ser considerado definitivo, a nosso ver, rompe com a lógica do sistema jurídico tributário e da competência que se atribui ao legislador em tributar com base em presunção, porém somente o fazendo validamente em face da garantia da restituição. É inadmissível ver que a eficiência arrecadatória e a facilidade da fiscalização estão sendo colocadas como valores superiores (a) ao não confisco; (b) à capacidade contributiva; (c) à propriedade privada, (d) à livre concorrência; (e) à rígida discriminação de competência tributária, (f) à tipologia tributária, sem contar (g) no princípio da não cumulatividade nos tributos que são cobrados de acordo com tal sistemática.

Consideramos que as presunções em direito tributário só serão admitidas quando for preservado o direito subjetivo de o sujeito passivo se ver garantido de receber os valores pagos indevidamente a título de inocorrência efetiva do fato jurídico ou de valor pago a maior. E essa devolução do valor pago indevidamente pelo particular deve se dar tanto na forma de repetição de indébito quanto na de compensação. Na primeira

---

17. STF, Tribunal Pleno, ADI 1.851-4/AL, Rel. Min. Ilmar Galvão, *DJ* 22.11.2002, p. 55.

hipótese, de repetição do indébito, a devolução, pelo Fisco, dos valores recolhidos indevidamente pelo contribuinte por conta da presunção só pode ocorrer após o reconhecimento judicial de que o pagamento foi indevido. É a sentença judicial ou administrativa que reconhecerá no bojo do processo o direito à quantia do indevido. O sujeito que comprove haver assumido o referido encargo, tal como preceitua o art. 166 do CTN, tem prazo de cinco anos, contados da extinção do crédito, para ingressar com ação repetitória ou o prazo de dois anos, contados da decisão administrativa que o indeferiu para ação anulatória.

2.2.2.2. Direito de petição

Por outro lado, não basta haver direito à restituição se não for garantido aquele respectivo de petição, este como meio apto a viabilizar os valores do não confisco, da capacidade contributiva e da segurança jurídica de modo geral. Logo, o direito de petição é decorrência prática da garantia do direito à restituição. Segundo o art. 166 do CTN:

> A restituição de tributos que comportem, por sua natureza, transferência do respectivo encargo financeiro somente será feita a quem prove haver assumido o referido encargo, ou, no caso de tê-lo transferido a terceiro, estar por este expressamente autorizado a recebê-la.

O dispositivo *supra* determina a legitimidade ativa para requerer compensação ou repetição de tributo pago indevidamente. Inclui-se nas hipóteses de pagamento indevido aquela produzida por agente particular que paga ao Estado quantia a maior ou indevida em face de enunciado presumido. A presunção, quando der causa a tributo indevido, além de dever ter seu valor restituído pelo Fisco ao sujeito, deve preservar a garantia de ele discutir tais valores e ter meios hábeis para pedir essa restituição. Não basta assegurar o direito de restituir sem aqueloutro de petição, que lhe dá substrato de linguagem. Sem o direito de petição, a restituição se torna inócua, vazia de prescritividade. O agente passivo deve ter salvaguardado não somente o direito de pedir os valores indevidos, como também aqueloutro de discutir a quantia a ser paga pelo Fisco.

Nos tributos sujeitos à não cumulatividade, a legitimidade ativa para requerer compensação ou repetição de tributo pago indevidamente é a mesma do ente que recebeu os valores na operação anterior ou subsequente, conforme o caso. Nesses termos, legitimidade ativa será aquela que compõe o critério subjetivo da regra-matriz de tributação tanto na substituição (para trás, convencional e para frente) quanto na responsabilidade, na sucessão e na solidariedade.

> Até a Lei Complementar nº 87, de 1996, o "substituído" não tinha qualquer relação jurídica com o sujeito ativo da obrigação tributária; depois dela, sem embargo de que não participe da relação tributária; o "substituído" está legitimado a requerer a repetição do indébito do ICMS pago a maior na chamada "substituição tributária para frente" (art. 150, § 7º c/c o art. 10, § 1º, da Lei Complementar nº 87, de 1996) [...].[18]

Feitas as considerações no plano da formulação legislativa das presunções, cumpre agora proceder à análise em apartado das limitações ao aplicador.

2.3. Limitações ao aplicador para presumir

Dentro da concepção de aplicador do direito cumpre distinguir dois sujeitos: (i) aqueles representativos do Estado tal qual a Administração Pública, o juiz, etc.; e (ii) os entes particulares. A distinção entre tais pessoas é de suma relevância para fins de determinar sob qual regime jurídico eles se encontram:

---

18. Recurso ordinário provido em parte no ac. un. da 2ª T. do STJ, RMS 9.380-MS, Rel. Min. Ari Pargendler, j. 20.10.1998, Recorrentes: Comércio e Representações Pinto Costa Ltda. e outros; Recorrido: Estado do Rio Grande do Sul, *DJU*-e-1 1º.03.1999, p. 281. *Repertório IOB de Jurisprudência*, n. 08/99, p. 241.

no primeiro caso, regime de direito público; no segundo, de direito privado. E a assertiva pede seja ressaltada a lembrança de Lourival Vilanova:

> Não é apenas o tipo de sistema jurídico, em cujo interior o poder jurisdicional está inserto, que marca a amplitude de sua atuação. Depende do subsistema, parte do sistema total (o ordenamento jurídico).[19]

O regime de direito público rege-se pelo princípio ontológico segundo o qual são *proibidas todas as ações que não estejam expressamente permitidas em lei*. Tal cânone impõe *vedação fraca* aos agentes do Estado no uso das presunções, de modo que o aplicador submetido aos ditames de direito público não pode presumir sem que esteja salvaguardado por enunciado de lei. Desse modo, o princípio ontológico do direito público impede o uso das presunções pelo poder administrativo para criar direitos e deveres novos quando estas não vierem expressamente em lei. Afinal, "os processos de que se vale (a analogia, os princípios gerais do direito etc.) não o levam a ir *além* do direito escrito, ou *contra* a disposição normativa existente".[20]

Ademais, como já vimos, a presunção de legitimidade do lançamento nada tem a ver com a desnecessidade de provar o fato jurídico tributário e fazer cumprir os termos da lei. Pelo contrário, cabe à autoridade fiscal motivar seus atos, apresentando todos os meios de provas aptos e necessários para a constituição do fato antecedente da norma exacional. Feito isso, a ela também incumbe demonstrar a necessária adequação do fato e da relação jurídica instaurada aos padrões definidos na norma geral e abstrata.

---

19. VILANOVA, Lourival. Proteção jurisdicional dos direitos numa sociedade em desenvolvimento. *Escritos jurídicos e filosóficos*. São Paulo: Noeses, 2005. v. 2, p. 474.

20. Idem, ibidem, p. 482.

O aplicador, enquanto sujeito particular, se submete, por seu turno, às conjunturas de direito privado, regidas pelo princípio ontológico segundo o qual a ele tudo cabe proceder, desde que esteja no campo da licitude, i. e., vedado apenas que atue de forma ilícita. Como permissões fracas, o princípio ontológico do direito privado admite, na falta de regulação expressa, a assunção pelos agentes privados da forma que lhe é mais conveniente, juridicamente admitida, ainda que por técnica presuntiva, e desde que, é claro, não cai na esfera da ilicitude. Tem, portanto, todo o campo dos comportamentos *possíveis* e *lícitos* para se colocar perante o caso e presumir juridicamente. Inexistindo previsão legal expressa que regule o caso de modo diverso, é-lhe permitido presumir.

Os princípios ontológicos configuram o ponto de partida para toda e qualquer exegese que se queira ter quanto às limitações ao aplicador para presumir. É preciso a cada caso verificar quem figura como intérprete autêntico e de lá determinar o regime jurídico em que tais limites se performam.

2.3.1. Limites materiais ao aplicador para presumir

Dentro de uma análise intranormativa, os limites materiais ao aplicador para presumir se voltam o exame do consequente do veículo introdutor do enunciado presuntivo factual. Verifica a procedência do conteúdo do fato jurídico em sentido amplo, averiguando sua admissibilidade em face das diretrizes semânticas do sistema jurídico-tributário nacional. Volta-se à observação do enunciado-enunciado introduzido, observando sua pertinencialidade em face das garantias constitucionais e legais impostas pela ordem. Vejamos algumas delas:

1) Cláusulas pétreas (art. 60, § 4º, da CF)

Mais que submetido aos termos da lei, o aplicador, quem quer que seja, deve observância aos ditames do § 4º do art. 60 da CF/88. Sendo assim, os atos individuais e concretos expedidos por eles devem cada qual fazer preservar as cláusulas pétreas, não podendo, de forma direta ou indireta, ir contra os ditames que dizem respeito à forma federativa de Estado; ao voto direto, secreto, universal e periódico; à separação dos Poderes; e aos direitos e garantias individuais.

2) Princípios ontológicos de direito público e de direito privado

Quando o aplicador do direito for agente representante do Estado, as presunções apenas são permitidas quando determinadas em lei. O princípio ontológico de direito público funciona como *vedação fraca* à Fazenda no uso das presunções no campo dos tributos.

Já no domínio dos particulares o princípio ontológico de direito privado atua como *permissões fracas* aos contribuintes na utilização das presunções, consentidas, em regra, em todos os casos, exceto naqueles expressamente desautorizados por lei, tal como nas matérias trazidas no enunciado do art. 111 do CTN. Não é dado à autoridade competente, esteja ela na figura juiz ou Fisco, o poder de colegislar, criando, a seu bel prazer, tributo. "Participando, ele não se põe como colegislador, em relação de paridade com o legislador ordinário, ou sobrepondo o ponto de vista *de lege ferenda* ao *de lege lata*."[21] No campo das presunções isso vem à tona como forma de reafirmar o princípio da legalidade e da tipicidade cerrada de modo que a lei é a garantia que os contribuintes têm em face das imposições tributárias. Somente com a letra da lei "é possível prever a probabilidade objetiva da conduta dos juízes e tribunais, justamente porque existem normas que estatuem o dever-ser da conduta dos agentes encarregados de dirimir os conflitos de interesses".[22]

3) Impossibilidade de cobrança de tributo em face de modificação no posicionamento interpretativo

---

21. VILANOVA, Lourival. Proteção jurisdicional dos direitos numa sociedade em desenvolvimento. *Escritos jurídicos e filosóficos*. São Paulo: Noeses, 2005. v. 2, p. 474.

22. Idem, ibidem, p. 472.

O sistema tributário inadmite presunção de enunciado factual, proferida pelo aplicador, para fins de gerar tributo. E não poderia ser diferente, pois o enunciado do art. 146 do CTN veda ao aplicador presumir no caso em concreto, para fazer incidir a exação. A modificação introduzida, de ofício ou em consequência de decisão administrativa ou judicial, nos critérios jurídicos adotados pela autoridade administrativa no exercício do lançamento é causa que invalida o lançamento produzido, pois, ao expedir enunciado presuntivo factual, a autoridade fazendária extrapola suas competências tributárias, pegando o contribuinte de surpresa. Por força do princípio do não confisco e dos valores da segurança jurídica e justiça, esse modo de presumir no direito tributário, gerando tributo pela exegese do aplicador, é constitucionalmente proibido.

4) Texto da norma ou costume juridicizado e não costume socialmente aceito

Como decorrência das conclusões anteriores, cumpre reforçar que não se admite cobrança de tributo pela Fazenda Pública com base em costumes (sociais). A Administração não pode cobrar tributo mediante prática reiterada. Lançamento tributário é ato vinculado e deve ter embasamento em lei em toda a sua extensão, descrevendo não somente o procedimento de cobrança administrativa, mas também, e principalmente, todos os critérios da regra-matriz de incidência da exação. Esse é o motivo de verificar que o limite material do Fisco em presumir se encontra no texto da norma. Desse modo, nas presunções introduzidas pelo aplicador do Poder Executivo ou Judiciário, o costume socialmente considerado não é fato suficiente para dar causa a exação tributária. Só ingressa quando autorizado por lei. Os valores isonomia e equidade devem, portanto, orientar o aplicador no momento em que presume segundo os costumes. Lembrando: o que o sistema tributário permite é, sim, que os costumes sejam usados como hipótese de exclusão de punibilidade, em face da regra *in dubio pro reo*, trazida no Texto Supremo.

5) Sentido próprio das palavras

Vimos, e reiteramos, que a presunção tanto mais e melhor prescreve um fato quanto menor o número de fatos diferentes indicar. O rigor semântico no uso das palavras é exigência que se volta tanto ao legislador quanto ao aplicador do direito. É imprescindível que o exegeta que põe a norma individual e concreta poupe os sentidos de origem dos vocábulos em lei utilizados, tanto aquele próprio da língua portuguesa quanto aqueloutro que lhe determina as especificidades jurídicas da matéria disciplinada. É fundamental que o exegeta empreenda o método de restringir ao menor número de fatos diferentes que a regra presuntiva possa indicar. Somente aquelas que, sem subterfúgios interpretativos, possam ser associadas tranquilamente umas às outras que poderiam ser enquadradas como aptas a esta ou aquela presunção. Por precisão terminológica, frise-se, são essenciais as características reconhecidamente próprias do objeto ou aquelas indicadas em lei, nada além disso. A presunção, independentemente de seus efeitos benéficos – fiscais ou extrafiscais –, jamais pode alterar, mediante equiparação, o campo da competência tributária estabelecido pela Carta Magna pela modificação do conceito.

6) Sendo matéria técnica, não cabe ao juiz, sozinho, decidir; deve produzir instrução técnica

A norma presuntiva requer que o conhecimento e a competência para esse fim não devam ultrapassar o domínio do comum, conforme ressalva o art. 335 do CPC. Contudo, quando a prova do fato depender de conhecimento técnico ou científico, não se admite a aplicabilidade da presunção de fato pelo aplicador, como bem ordena o art. 145 do CPC. Nesse caso, é necessário que se apresente perito e se formule a devida perícia técnica exigida pela matéria.

7) Bom senso de acordo com o senso jurídico

Sabemos que o direito não é bom senso, mas senso jurídico. Todavia, o senso jurídico, por imposições da lógica e da retórica, não pode ultrapassar determinadas barreiras, devendo encontrar-se nos limites do senso comum admitido ao senso jurídico. Não pode o aplicador simplesmente sair criando novas acepções, novos conceitos e a eles atribuindo efeitos jurídicos dos mais diversos. Toda palavra tem seu sentido próprio, tem seu campo de abrangência. Regiões de imprecisão são resolvidas pelo significado contextual do termo. Todas estas são imposições de ordem lógica e da retórica.

No campo dos tributos, a instituição e/ou aumento da exação inadmite extensão analógica produzida pelo legislador como bem anunciar o § 1º do art. 108 do CTN. O que, no máximo, se defende é sim ser possível aplicar interpretação extensiva a essas matérias em que a tipicidade é o princípio informador, mas não na linha de que a extensão autoriza criar novo sentido ao termo. O "novo", no caso, é a própria atualização da palavra ou, na melhor das hipóteses, a paridade de um conceito a outro, tendo em vista a semelhança de elementos essenciais entre eles. Na falta dessa conexão de similitude entre os enunciados factuais, a presunção produzida pelo intérprete deve ser inadmitida.

8) Prevalência do senso jurídico em face dos outros sentidos do termo

A prevalência do senso jurídico em face dos outros sentidos do termo é critério que retoma a forma autopoiética do direito e requer que, ao positivar a regra, o aplicador da norma releve as condições de direito apresentadas naquela situação. Ainda que existam outros sentidos, de outras disciplinas, àquela ocorrência, para fins jurídicos, o único sentido admitido é aquele positivado na lei. O alerta é importante, principalmente no campo dos tributos e, em especial, das presunções tributárias, visto que, cada vez mais, a Fazenda é vista atuando com base em face do senso econômico dos negócios, tal como ocorreu em julgado recente do antigo Conselho de Contribuintes, em Acórdão 104-20524.[23] Em um sistema que preza a legalidade

---

23. O seguinte trecho do acórdão cai como uma luva para explicar nossa preocupação: "E foi exatamente o que ocorreu com os negócios jurídicos

e, mais, a tipificação *jurídica* dos fatos, não é possível admitir presunção, com base em critérios econômicos, para fins de prescrever obrigações tributárias. A norma ou o fato presuntivos para ter validade no sistema de direito devem se restringir ao domínio do senso jurídico, em nada tomando emprestado elementos ou critérios de outras ciências.

9) Campo dos fatos possíveis e realizados

Característica inevitável de toda presunção é sua natureza empírica, que toma como ponto de partida a frequência dos fenômenos da realidade. Ao referir-se ao real, a norma presuntiva traz à tona a necessidade de que todo enunciado de presunção introduzido pelo aplicador do direito esteja no campo dos fatos possíveis.

Assim, tal qual nas ocorrências de pautas fiscais, a lei que imputa à autoridade administrativa a averiguação do preço usualmente praticado no mercado, ou melhor, média ponderada dos preços geralmente assumidos nos negócios interpartes, é também limitação da própria presunção, ou melhor, o teto da pauta fiscal. A incumbência de "levantar esses valores por amostragem ou através de informações e outros elementos fornecidos por entidades representativas dos respectivos setores" é do ente fiscal que deverá sempre revelar seus modos e critérios de apuração, publicando-os previamente para conhecimento e controle do contribuinte.

10) Inaplicabilidade de "presunções emprestadas"

A presunção emprestada processual é admitida pelo direito tributário apenas como forma auxiliar de constituição do

---

praticados entre as partes, pois, a forma jurídica revelada, apesar de perfeita e válida sob o aspecto do Direito Civil e Comercial, não condiz com a realidade econômica do fato gerador efetivamente ocorrido, havendo uma discrepância entre elas, o que demonstra o intuito da contribuinte de tão somente evitar a incidência da tributação por ocasião do resgate das ações" (Ministério da Fazenda, Conselho de Recursos Fiscais, 4ª Câmara, Processo 11080.013323/99-22, Acórdão 104-20524, Rel. Remis Almeida Estol, Sessão 16.03.2005, p. 24).

fato. Por si só, não prova o fato jurídico em sentido estrito, tampouco o fato presumido. Ajuda no convencimento da autoridade competente, mas não deve sozinha ser assumido como verdade do fato.

Já a presunção emprestada material é inadmitida de pleno pelo direito tributário. Traduzindo raciocínio presuntivo de terceiro nível, toma como ponto de partida âmbito conceitual diferente daquele quer ver regulada a conduta. Ultrapassa o segundo nível objetal das presunções, para formar um terceiro, extrapolando o campo de abrangência dos fatos presuntivos assumidos e encontrando fato jurídico em sentido estrito conceitualmente dissociado daqueles. Isso não quer dizer que sejam inutilizáveis ou imprestáveis em termos probatórios, mas significa sim que ao aplicador é vedado assumi-las isoladamente para fazer prova do fato jurídico em sentido estrito conceitualmente diverso daqueloutros presuntivos.

Para fins de avaliar o peso probatório dessa figura jurídica, é imprescindível que o aplicador verifique o grau de relação que se estabelece entre fatos: presuntivos, presumido e jurídico em sentido estrito. Diante de tal exame, o sistema jurídico permite, sim, a atribuição de efeitos probantes àqueles, variáveis de acordo com a distância conceitual entre esses objetos. É o vínculo de similitude essencial ou de semelhança primária entre fato X e fato Y que dará limites à atribuição de consequências probantes desse raciocínio presuntivo no procedimento administrativo ou processo judicial, verificando-se as imposições de cada novo contexto jurídico em que é enunciada. Mas esses efeitos nunca poderão ser absolutos, enquanto forma de prova, pois na presunção emprestada material os fatos presuntivos não fazem referência ao mesmo âmbito conceitual dos fatos jurídicos em sentido estrito.

11) Consonância entre o *genus* comum dos fatos e os efeitos idênticos deles no campo dos tributos

Na falta do genus comum – desses dados essenciais semelhantes – entre os fatos envolvidos no raciocínio presuntivo não se pode aproveitar a interpretação extensiva, aplicando-se-lhe o argumento em contrário. Ou se está no conceito, e, por conta disso, segue-se a regra prescrita em lei; ou não se está e, desse modo, inexiste hipótese subsumível, uma vez ausente a norma jurídica, sendo tal realidade irrelevante para o universo jurídico.

12) *Ratio legis* semelhante

Tendo o aplicador poder de livre apreciação probatória para constituir o fato não provado ('F5'), por intermédio de raciocínio fundante indutivo, e vínculo deôntico dedutivo, institui a ocorrência do fato 'F5'. A conjectura e as relações entre as ocorrências fáticas produzidas pelo aplicador fazem parte da linguagem competente em direito admitida, estando nelas o próprio modo de constituição do fato. Portanto, o direito exige do aplicador, principalmente pela natureza indutiva desses casos presuntivos, os motivos que lhe formaram o convencimento (art. 131 do CPC), devendo as decisões estar fundamentadas, ainda que de modo conciso (art. 164 do CPC). Em toda decisão judiciária devem constar, em termos expressos, os fundamentos de fato e de direito que motivaram o juiz a concluir nesse ou naquele sentido. A motivação dos atos que instituem as presunções se encontra como fundamentos de fato. São elas presunções de fato, meio de prova, linguagem competente para inserir em seu consequente nova unidade deôntica de sentido factual no sistema. A motivação do ato do juiz, portanto, é o próprio raciocínio presuntivo. Constitui ela mesma a inferência indutiva das presunções humanas. E a conclusão se aplica a todos os demais aplicadores do direito, como Poder Executivo e setor privado.

13) Observância da *ratio legis* da lei no ato jurídico

As presunções são exceções, justificam-se apenas e tão somente em face dos fins juridicamente previstos e que autorizam o uso dessas técnicas excepcionais de direito. O ato presuntivo individual e concreto que deixar de olhar para esse critério teleológico da presunção legal é enunciado eivado de ilegalidade, não podendo permanecer na ordem posta. Quando o fim das presunções é estabelecido em lei, isto é, o legislador identifica o motivo pelo qual a presunção legal foi admitida pelo sistema jurídico, este fim há de ser observado em todos os atos que aplicam o referido preceito presuntivo.

14) Os valores presumidos não podem ultrapassar o valor real da operação

Trabalhando no campo do possível, as presunções da base de cálculo estimada não podem ultrapassar o valor real da operação ou mesmo o preço de mercado, quantia que funcionam como teto máximo à média estimada. Cabe ao sujeito comprovar esse excedente e requerer a devida restituição.

15) Perfeita subsunção do fato à norma

Como decorrência de tudo isso, encontramos a imposição dada ao aplicador do direito em fazer subsumir perfeitamente o fato à norma, como decorrência dos princípios da legalidade e da tipicidade cerrada inerente ao direito tributário. Não pode o aplicador *querer fazer* a todo custo subsunção que não existe. Os limites são dados pela própria materialidade do fato positivado em termos gerais. Se o dado-de-fato não foi previsto normativamente, descabe falar em qualquer incidência. É o que leciona Lourival Vilanova:

> [o dado-de-fato foi previsto normativamente]. Se não o foi, nem por norma expressa, nem por norma que o próprio ordenamento contém implicitamente, ou diz quem deve preencher o vazio normativo, então o dado-de-fato não existe juridicamente. Será uma questão de Política do Direito a de fazer regra nova para contemplar o fato juridicamente inexistente, trazendo-o para *dentro* do ordenamento jurídico.[24]

---

24. VILANOVA, Lourival. Proteção jurisdicional dos direitos numa sociedade em desenvolvimento. *Escritos jurídicos e filosóficos*. São Paulo: Noeses, 2005. v. 2, p. 463.

Nesse sentido, os limites do tipo são os limites da própria atividade do aplicador do direito, que não é colegislador, mas, ao contrário, deve submissão aos ditames da lei. A subsunção do fato à norma se performa na linha da legalidade e tipicidade cerrada. O texto legal é o limite aos recursos imaginativos do aplicador. De acordo com tais cânones constitucionais, o ordenamento veda a discricionariedade e requer submissão do ato jurídico expedido pelo Estado, esteja ele na figura do juiz ou Fisco, à lei. Toda solução jurídica está no sistema prescritivo, ou seja, encontra suas regras dentro da linguagem prescritiva de conduta.

16) Uso dos corretos meios de prova em direito admitidos

Como premissa da perfeita subsunção do fato à norma, deve o aplicador buscar os meios de prova hábeis para a comprovação da existência dos fatos. Não se quer que ele, intérprete, se utilize de técnicas científico-naturais de observação e experimentação. O direito institui sua linguagem competente, único modo de nele operacionalizar os fatos e torná-los juridicamente relevantes.[25]

17) Fazer preservar o direito de restituição e de petição ao sujeito particular

A administração pública pode presumir a ocorrência do fato desde que seja garantido efetivo e integral ressarcimento dos valores pagos a maior. Os atributos "efetivo e integral" reforçam a ideia de que o ressarcimento deve ser feito de forma dinâmica, diligente e eficaz. É vedado ao Fisco proceder à

---

25. Em Lourival Vilanova se lhes propiciará ensejo de ler o seguinte trecho: "Qualificar fatos importa em buscar as regras que os tornam juridicamente relevantes: os meios de prova da existência dos fatos são os normativamente prefixados, não as técnicas científico-naturais de observação e experimentação, que só valem na medida em que as normas as admitem; constatar um fato jurídico é verificar se o suporte fáctico concreto contém as notas necessárias e suficientes desenhadas no suporte fáctico abstrato. Isto quer em direito substantivo, quer em direito adjetivo (processual)" (*Escritos jurídicos e filosóficos*. São Paulo: Noeses, 2005. v. 2, p. 494).

devolução: que, pelo destempo, onere o contribuinte; que, pela complexidade da sistemática, iniba o sujeito passivo a solicitar o *quantum* indevidamente pago; que, pelas exigências procedimentais, torne-se inviável ao particular a devolução.

Havendo valores pagos a maior, à Fazenda cabe restituir o contribuinte pela diferença entre o preço estimado e o efetivo. A base de cálculo estimada deverá ser sempre igual ou inferior àquele, nunca o contrário. E, quando o Poder Público, mesmo assim, cobrar a maior, deverá restituir a diferença, como abaixo transcrito. É de observar que o direito ao ressarcimento deve ser efetivo e integral, isto é, fácil, prático, incondicionado e absoluto.

18) Vedações de presunção em determinadas matérias de direito tributário

É vedada a equiparação, ainda que sob a forma presuntiva, em matéria sobre: I – suspensão ou exclusão do crédito tributário; II – outorga de isenção; e III – dispensa do cumprimento de obrigações tributárias acessórias.

2.3.2. Limites formais ao aplicador para presumir

Os limites formais ao aplicador para presumir se voltam à observância do consequente da norma presuntiva, dado que é lá que se enquadra a matéria regulada, fonte das exigências formais do processo enunciativo.

Sabemos que o reconstruir da ilusão do processo enunciativo é feito pela capturação dos dêiticos subjetivos, temporais e espaciais, que se acham no antecedente da norma geral e concreta introdutora do enunciado de fato da presunção. É pela perspectiva dessas figuras topológicas que iremos aprender as condições formais de constitutividade do fato presumido, verificando se foi enunciado por autoridade e procedimento competente.

Tendo o aplicador poder de livre apreciação probatória para constituir o fato jurídico em sentido estrito, por intermédio de raciocínio fundante indutivo, e vínculo deôntico dedutivo, institui a ocorrência do fato mediante sua presunção. O enunciado presuntivo ingressa no sistema como meio de prova. Assim, a conjectura e as relações entre as ocorrências fáticas produzidas pelo aplicador fazem parte da linguagem competente em direito admitida, estando nelas o próprio modo de constituição do fato. Portanto, o direito exige do aplicador, principalmente pela natureza indutiva destes casos presuntivos que dão suporte ao enunciado presumido, os motivos que lhe formaram o convencimento (art. 131 do CPC), devendo as decisões estar fundamentadas (art. 164 do CPC). O princípio da persuasão racional do juiz confirmado pelos arts. 131, 165 e 458, II, do CPC pede motivação do ato decisório, justificativa essa que configura o próprio raciocínio presuntivo. E o dever de motivação na linha do prescrito ao juiz é de todo e ao todo admissível aos demais aplicadores do direito, como o Poder Executivo e o setor privado.

2.3.2.1. *Necessária prova pelo Fisco dos requisitos expressos objetivamente na norma processualística fiscal*

Ao presumir em ato individual e concreto, na forma de lançamento, o Fisco tem o dever de provar o fato alegado. A afirmação não somente leva em nota a regra geral da retórica de que *quem alega deve provar*, como também a condição de ato administrativo vinculado à lei dada ao lançamento. A legalidade é princípio norteador da atividade da Fazenda que atua na forma e nos limites dispostos no texto legal. A interpretação teleológica da Constituição impõe ao Fisco a necessária prova dos requisitos expressos objetivamente na norma processualística fiscal, tendo em vista os enunciados dos arts. 5º, II, XXXIX, XL, e 150, I, da CF/88. Cumpre reforçar que a administração não detém o ônus da prova, mas o dever de provar.

E nem se alegue que a presunção de legitimidade do ato administrativo é fator que inverte o ônus da prova. A presunção de legitimidade nada inverte, competindo à autoridade administrativa, mesmo quando existam presunções legais, apresentar provas do fato. Em outras palavras, a legitimidade presumida do ato administrativo não exime o Fisco do dever de comprovar a ocorrência do fato jurídico na forma da lei. É pressuposto necessário no processo de positivação da norma tributária, em nada alterando o ônus da prova.

Ao aplicador se volta o comando de dever de encontrar e constituir em linguagem competente – provas em direito admitidas – todos os critérios que necessariamente compõem o enunciado deôntico completo da regra matriz de incidência para fins de regular a conduta. Nessa linha, nas matérias em que o ordenamento tributário expressamente requer forma tabular de regulação, veda-se analogia, incompatível com a taxatividade e determinação dos tipos tributários, admitindo-se, todavia, interpretação extensiva, que, por sua vez, trabalha sob argumento em contrário.

Retratando a procedência das assertivas acima, o Acórdão 101-95.365 do CARF, julgado em 26.01.2006, reforça:

> *IRPJ. Custos. Despesas operacionais e encargos. Ágio na aquisição de debêntures. Dedutibilidade.* O Ato Administrativo de Lançamento **requer seja produzida a prova da ocorrência de fato que, inequivocamente, se subsuma à hipótese descrita pela norma jurídica**. A fundamentação da glosa de custos ou despesas operacionais realizadas e contabilmente apropriadas pelo sujeito passivo, há de ser acompanhada de **elemento probatório, produzido pela Fiscalização, de que os gastos suportados não são necessários à atividade da empresa ou à manutenção da fonte produtora dos rendimentos**. O ágio pago na aquisição de debêntures, satisfeitas as condições legalmente estabelecidas, **por se tratar de despesa necessária é dedutível para efeito de se determinar o lucro real**.[26]

É dever do Fisco produzir prova inequívoca de ocorrência do fato que, por sua vez, deve subsumir perfeitamente à hipótese legal.

---

26. Ministério da Fazenda, Conselho de Recursos Administrativos Fiscais, 1ª Câmara, Processo 10166.000239/2004-82, Acórdão 101-95365, Rel. Sandra Maria Faroni, Sessão 26.01.2006.

Capítulo 3
PRESUNÇÃO INVÁLIDA E ATO PRESUNTIVO VICIADO

As considerações sobre os limites formais e materiais ao legislador e ao aplicador do direito no campo das presunções conformam o ponto de partida para a análise que aqui se segue. É imprescindível que se saiba quando e onde ocorre uma presunção inválida ou um ato presuntivo inválido para fins de proceder à sua devida expulsão do sistema.

Portanto, e em resumo, são inválidas todas as presunções inseridas pelo legislador que deixem de cumprir com os requisitos formais exigidos pela matéria pelo Texto Maior e com os requisitos materiais acima descritos, afrontando: 1) cláusulas pétreas (art. 60, § 4º, da CF); 2) competências legislativas tributárias (arts. 153, 155 e 156 da CF/88); 3) princípios tributários, ressaltando o princípio da tipicidade (arts. 5º, II, 150, I e § 2º do 145 da CF/88), do devido processo legal, contraditório e ampla defesa (art. 5º, LIV, LV, da CF/88); 4) conceitos de direito privado (art. 110 do CTN); 5) as vedações materiais específicas do subdomínio do direito tributário (art. 111 do CTN); 6) o princípio da reciprocidade dos efeitos; 7) a sua natureza indutiva das presunções, deixando com isso de regular fatos possíveis e prováveis; 8) o vínculo essencial entre fatos presuntivos e fato jurídico em sentido estrito; e inaplicando 9) o *genus* comum aos fatos e a *ratio legis* de direito tributário.

Quanto ao aplicador, do mesmo modo, os requisitos formais são ditados conforme a matéria introduzida no consequente da norma presuntiva. É na dêixis da enunciação-enunciada que verificaremos se o fato presumido foi enunciado por autoridade e procedimento competente. No plano dos conteúdos, é imprescindível que o aplicador resguarde em cada um de seus atos: 1) os valores positivados nas cláusulas pétreas (art. 60, § 4º, da CF); 2) o direito à prova; 3) estar no campo dos fatos possíveis; 4) necessária intersubjetividade inerente às ações reguladas pelo direito; 5) a aplicabilidade unida e exclusivamente de presunção direta e não de terceiro nível ou emprestada em seus atos; 6) os limites estabelecidos no texto da norma; 7) o sentido próprio das palavras; 8) o *genus* comum e a consonância ao *genus* comum dos fatos e aos efeitos idênticos deles no campo dos tributos; 9) a *ratio legis* semelhante entre os enunciados factuais; 10) o direito à restituição; 11) as vedações específicas de determinadas matérias em direito tributário.

A ausência de observância desses elementos, tanto pelo legislador quanto pelo aplicador, envolve ato abusivo de poder, refugindo-se dos propósitos do Estado na esfera de seus direitos, tal como pondera Lourival Vilanova:

> O abuso do poder (que se dá na concentração de funções num órgão) é, dentro do esquema liberal, indébita intervenção do Estado na esfera dos direitos: é o ato administrativo que lesa o direito de propriedade, é medida de polícia desvestida dos pressupostos que autorizam a restrição mínima ao exercício dos direitos de propriedade, de liberdade, é o ato do Legislativo que contravém a superlegalidade constitucional.[1]

Por isso mesmo, a presunção inválida e o ato presuntivo viciado, como forma abusiva de poder, deverão ser expulsos

---

1. VILANOVA, Lourival. Proteção jurisdicional dos direitos numa sociedade em desenvolvimento. *Escritos jurídicos e filosóficos*. São Paulo: Noeses, 2005. v. 2, p. 476.

pelo sistema, uma vez que refogem ao esquema liberal de um Estado fundado na democracia de direitos.

Todos os planos acima traçados para o legislador e aplicador do direito configuram uma estratégia segura para se analisar as vicissitudes do ato presuntivo; e, conscientes desses vícios, proceder ao itinerário competente para sua expulsão. Presunção viciada é ato normativo com vícios no direito, com abuso de poder, o que pode gerar efeitos de nulidade ou anulabilidade dependendo da matéria e da forma enunciativa usada. Para conjecturar todas as condições de vícios jurídicos no ato presuntivo, cumpre proceder a uma pequena incursão na teoria dos atos jurídicos para alcançar, com plenitude de exame, o ato normativo presuntivo viciado e as técnicas de correção do sistema.

3.1. Teoria dos atos jurídicos: elementos e pressupostos do ato normativo

Sabemos que *ato jurídico* é concepção que porta em si a ideia de norma. No direito, traduz-se por exercício efetivo, em planos individuais e concretos, da faculdade de agir juridicamente. Ou seja, articulando as formas do direito, o intérprete, guarnecido pela capacidade de produzir norma que lhe atribui a ordem positiva, constitui o fato mediante linguagem das provas, instaurando o antecedente do enunciado normativo individual e concreto, e, por meio do vínculo deôntico, formalizando o consequente prescritivo de conduta.

Paulo de Barros Carvalho, em paralelismo entre os universos jurídicos e linguísticos, entende *não haver texto sem contexto*.[2] As premissas levadas em conta nesta frase observa a unidade do direito positivo, que, por meio de regras de subordinação e coordenação, constrói o significado sistêmico

---

2. CARVALHO, Paulo de Barros. *Direito tributário*: fundamentos jurídicos da incidência. 8. ed. São Paulo: Saraiva, 2010. p. 37.

presente em cada um dos elementos constitutivos do todo. Norma é significação que, sob um ponto de vista, é texto, unidade, mas só atinge sua completude de sentido quando semanticamente contextualizada no sistema.[3] Tais ponderações fornecem amparo à problemática da figura do vício do ato jurídico tributário, conferindo substrato para elucidar o sentido da norma controvertida não apenas como fenômeno isolado, mas como parte de um todo.[4] A expressão "vício" é adotada, aqui, como defeito grave em um ou mais elementos ou pressupostos constitutivos da norma, que torna o ato jurídico de certa forma inadequado para os fins ou funções jurídicas, o que, vale dizer, nem por isso o torna *nato* inválido.[5] Tal definição vem enaltecer a ideia acima exposta, impulsionando o exegeta ao trato da matéria sempre sob dois pontos de vista indissociáveis: norma introduzida e norma introdutora.

Como o resultado do processo de enunciação normativa pode ensejar *ato jurídico*, torna-se necessário analisar essa figura normativa em matéria tributária sob dois enfoques. Como *norma introduzida* ou enunciado normativo, o ato será constituído por diversos elementos que lhe dão forma – significante – e conteúdo – significação. No plano do conteúdo, estão as partes integrantes de sua substância ou, em outras palavras, os *elementos* do ato jurídico: (i) motivação ou descrição do motivo do ato; (ii) sujeito enunciador ou emissor da ordem jurídica (direito ou dever); (iii) sujeito receptor ou destinatário da ordem jurídica (direito ou dever); (iv) nexo normativo relacional do enunciado deôntico; e (v) conduta prescritiva modalizada pelo vínculo implicacional. Por outro lado, como conjunto sistemático indissociável, a regra introdutora aparecerá recuperada na

---

3. Sobre o assunto ver: CARVALHO, Paulo de Barros. *Curso de direito tributário*. 22. ed. São Paulo: Saraiva, 2010. p. 35.

4. CANARIS, Claus-Wilhelm. *Pensamento sistemático e conceito de sistema na ciência do direito*. Introdução e tradução de A. Menezes Cordeiro. 2. ed. São Paulo: Fundação Calouste Gulbenkian, 1996. p. 156.

5. Figura esta que, no nosso entender, não existe para o direito: ou ele nasce válido ou, simplesmente, não nasce.

implicitude do texto, observada enquanto enunciação. Sob esta perspectiva, ao se deparar com as inter-relações de subordinação e coordenação, a análise jurídico-contextual passará a ser o momento em que se constrói a estrutura de sentido completa da norma jurídica. Entre os requisitos extrínsecos, caracterizadores da enunciação, expressos ainda que em forma de simulacro no veículo introdutor do *ato jurídico*, estão as noções de (a) autoridade ou agente competente; (b) objeto lícito; (c) procedimento previsto em lei; (d) publicidade em sentido lato; (e) motivo do ato; e (f) finalidade ou objetivo. São esses os *pressupostos* do ato jurídico normativo.

3.2. Ato nulo e ato anulável: técnicas de invalidação das normas jurídicas

Quando um de seus elementos estiver viciado, o ato jurídico é deonticamente inadequado ou, em outras palavras, a norma é válida, pois pertinente ao sistema normativo, mas não se enquadra nos padrões lógico-jurídicos do direito positivo. O ordenamento pede, mas não impõe, sua expulsão. Nesse sentido, o ato (produto) nasce defeituoso, mas existe para a ordem posta como norma até que ele seja expulso pelos próprios mecanismos do direito posto. Torna-se apenas anulável, tendo em vista erro formal: na motivação, no sujeito enunciador, no sujeito receptor, no nexo normativo relacional da norma ou, por fim, na conduta modalizada pelo relacional.

Por outro lado, quando há vício em um dos pressupostos jurídicos da norma (problema internormativo), ou seja, no procedimento (processo), o ato é tido como norma inválida, susceptível, nesse caso, de nulidade por erro material. Nessa linha, qualquer vício no tocante à autoridade ou agente competente, ao objeto, ao procedimento previsto em lei, à publicidade do ato ou à finalidade do ato, é, em si, causa de nulidade daquele. Quando retirado do ordenamento, mostrar-se-á para o direito como ato que nunca existiu, pois o sistema, ele mesmo, eliminará, com efeitos retroativos, as marcas deixadas por esta figura no domínio jurídico. Deixará de ser considerado como ato válido, quando não mais produzir efeitos e, nesta medida, será tido por inexistente no sistema normativo a partir de então.

Com base nessas ponderações, antes mesmo de identificarmos as naturezas dos vícios e seus efeitos normativos, citemos, concisamente, outros aspectos dessa sutil distinção concernente aos vícios do ato jurídico em nulos ou anuláveis. Firmemos que este tema nos remete, de pronto, à noção de *validade das normas*, a qual, por consequência, exige do intérprete a verificação da pertinência destes signos prescritivos no sistema jurídico, segundo concepção de Paulo de Barros Carvalho.

Vale a lembrança de que a teoria tradicional, na madrugada das décadas, sustentou, e ainda alguns autores sustentam, que ato nulo é aquele fora do sistema. No entanto, tal afirmativa cairia em solo estéril diante da indagação: se este ato normativo não integra o ordenamento, como poderia produzir efeitos jurídicos? Em abono à coerência constitutiva da Ciência Jurídica, advém daí a necessidade, a todo sistema científico que se pretende rigoroso, de estabelecer premissas e um método racional de aproximação cognoscitiva para sustentar o sentido da formulação científica da teoria proposta. É o que nos autoriza dizer, oferecidas as palavras introdutórias nos itens acima deste trabalho, que outra não poderia ser a resposta: ou o ato normativo integra a lógica jurídica e produz efeitos em razão disso; ou não pertence ao sistema e para o direito não existe. Nessa segunda hipótese, esse ato passa a ser mero ato fora do direito, de onde se tiram apenas efeitos de ordem social. A este respeito confira entendimento de Eurico de Santi:

> Os atos anuláveis e nulos são **atos administrativos válidos passíveis de invalidação** em sentido estrito. Com efeito, neste sentido, nulidade e anulação são espécies do gênero invalidação do ato-norma administrativo. São "técnicas de eliminação" de normas-jurídicas, individuais e concretas, inquinadas de invalidade[6] (grifos nossos).

---

6. SANTI, Eurico Marcos Diniz de. *Lançamento tributário*. 2. ed. São Paulo: Max Limonad, 2001. p. 113-114.

Portanto, damos por assente que tanto o ato nulo quanto o ato anulável integram a ordem normativa como signos prescritivos de condutas, pois ambos constituem realidades jurídicas. Ambos são normas válidas e, neste sentido, pertinentes ao sistema jurídico. Em suma, traduzem predicados da norma jurídica, inserida pelo ato normativo. São fundados sob dois critérios comuns que os qualificam como atributo de norma: (i) os efeitos jurídicos e (ii) os fatos jurídicos. Em (i), nos atos nulos, dá-se a nulidade; conquanto nos atos anuláveis, o efeito é o da anulabilidade do ato normativo. No tocante ao critério (ii), nulo é aquele que apresenta vício no pressuposto (requisitos procedimentais) que constitui a norma jurídica; por sua vez, anulável diz respeito àquele ato viciado no elemento (preceitos que constituem a estrutura da norma).

Outra forma de identificar os vícios do ato é na classificação pelo tipo de erro produzido. A doutrina encontra dois tipos de erros: aqueles ditos de fato e aqueloutro de direito. Segundo Paulo de Barros Carvalho: "Ambos são desajustes de linguagem: *internos*, no erro de fato; *externos*, no erro de direito".[7]

3.3. Erro de fato

Voltemos nossas atenções ao primeiro caso. Diz-se haver *erro de fato* quando a norma apresentar vício ou defeito interno. É problema atinente à manipulação dos arranjos linguísticos empregados na composição dos enunciados factuais e é tangente à temática das provas. Di-lo Paulo de Barros Carvalho:

> [...] o "erro de fato" diria respeito à utilização inadequada das técnicas linguísticas de certificação dos eventos, isto é, dos modos cabíveis de relatar-se juridicamente um acontecimento do mundo real. Seria um problema relativo às provas.[8]

---

7. CARVALHO, Paulo de Barros. *Direito tributário*: fundamentos jurídicos da incidência. 8. ed. São Paulo: Saraiva, 2010. p. 152.

8. CARVALHO, Paulo de Barros. *Direito tributário*: fundamentos jurídicos da incidência. 8. ed. São Paulo: Saraiva, 2010. p. 151.

É pois vício interno da norma, problema que se origina pela inobservância do procedimento correto ou dos modos cabíveis para a constituição pelo aplicador de determinado fato jurídico no direito ao positivar a regra. O aludido enunciado produzido pelo intérprete autêntico já vem no formato de norma individual e concreta, ou, em termos probatórios, como meio de prova. Enquanto tal, tem como antecedente a enunciação-enunciada do procedimento produzido para fins de inserir, em seu consequente, o próprio fato jurídico. É, portanto, vício interno, pois se restringe às vicissitudes de uma só norma, ou melhor, à regra que faz ingressar o enunciado de fato no sistema. Por isso que o erro de fato é vício formal, ou seja, corrupção na forma escolhida pelo direito para fazer ingressar os enunciados de fato novos no sistema mediante linguagem competente.

3.3.1. Erro de fato na presunção

No tema das presunções, o erro de fato comparece essencialmente como vício do ato do aplicador. Portanto, pode vir ora como problema na constituição da presunção do tipo comum, ora como má manipulação da linguagem jurídica na construção do fato a ser subsumido à hipótese presuntiva exarada pelo legislador. Nesse último caso, temos o processo de positivação ordinário, que se dá do mesmo modo para todos os fatos jurídicos de direito. Assim, interessa-nos aqui estudar as peculiaridades da presunção comum, que ingressa no sistema como enunciado factual concreto pelo ato do aplicador.

Vimos que erro de fato é problema probatório, vício tangente ao meio de prova empregado, prejudicando a norma individual e concreta exatamente por esta conter fato jurídico viciado. As presunções factuais, como meios de prova, da mesma forma, podem apresentar erro no antecedente, i. e., no enunciado que descreve o procedimento probatório presuntivo, ou em seu consequente, naqueloutra frase prescritiva que identifica o conteúdo de fato presumido. *Erro de fato formal*, naquele, e *erro de fato material*, neste, podem ser encontrados em toda formulação concreta do direito, o que nos leva a colocar o enfoque, no presente estudo, na presunção comum, modo presuntivo que se distingue das outras formas de presumir por ter o papel específico de introduzir fato concreto (presumido) no ordenamento.

Logo, para se afirmar haver erro de fato na presunção comum, é preciso verificar a questão em âmbito da forma/procedimento e na esfera do conteúdo/resultado.

No primeiro caso, o vício se dá no procedimento enunciativo da norma individual e concreta presuntiva pelo aplicador do direito. Aqui, deve-se avaliar se foram observados os requisitos extrínsecos do ato, ou melhor dizendo, os seus pressupostos. Rememoremos: (a) ser autoridade ou agente competente; (b) referir-se a objeto lícito; (c) constituído mediante procedimento previsto em lei; (d) dando-se publicidade – em sentido lato – ao ato; (e) ser motivo do ato juridicamente lícito e relevante; e (f) presentes a finalidade ou objetivo legalmente previsto. Dessa forma, inexistente um desses requisitos, ocorre erro de fato formal, devendo a norma presuntiva individual e concreta ser declarada nula e expulsa pelo sistema mediante procedimento competente.

Segundo o art. 173, II, do CTN, a contagem do prazo de decadência se reinicia na data em que se tornar definitiva a decisão que houver anulado, por vício formal, o lançamento anteriormente efetuado. Esse erro formal deve ser lido como *de fato*. É erro no procedimento adotado, vício no veículo introdutor. Só o erro de fato formal autoriza a revisão do lançamento.

Na segunda hipótese, a discussão se volta ao conteúdo do ato normativo da presunção, requerendo para a validade do ato estejam devidamente caracterizados os seus *elementos*: (i) motivação ou descrição do motivo do ato; (ii) sujeito enunciador ou emissor da ordem jurídica (direito ou dever); (iii) sujeito receptor ou destinatário da ordem jurídica (direito ou dever); (iv) nexo normativo relacional do enunciado deôntico; e (v) conduta prescritiva modalizada pelo vínculo implicacional.

Ausente um desses critérios, o ato presuntivo individual e concreto apresenta-se eivado de erro de fato material.

Paulo de Barros Carvalho elucida a questão apresentando alguns exemplos que nos auxiliam no momento da análise:

> O ato administrativo de lançamento será declarado nulo, de pleno direito, se o motivo nele inscrito – a ocorrência de fato jurídico tributário, por exemplo – inexistiu. Nulo será, também, na hipótese de ser indicado sujeito passivo diferente daquele que deve integrar a obrigação tributária. Igualmente nulo o lançamento de IR (pessoa física), lavrado antes do termo final do prazo legalmente estabelecido para que o contribuinte apresente sua declaração de rendimentos e de bens.[9]

Posto isto, igualmente, o ato presuntivo produzido pelo Fisco, quando eivado de vício em um de seus elementos, é incorrigível, não se podendo falar em modificação de critérios formais. É nulo e deve ser declarado como tal, expulso do sistema com efeitos *ex tunc*, i. e., como se nunca tivesse existido.

É o caso de erro de fato material quando se procede ao lançamento em sujeito passivo diverso daquele que está vinculado diretamente ao fato tributário. O erro de identificação do sujeito passivo da obrigação tributária é causa que dá ensejo à nulidade do lançamento:

> *IRPJ. Erro de identificação do sujeito passivo da obrigação tributária.* O erro de identificação do sujeito passivo representa vício insanável, quanto à existência do ato administrativo de lançamento. *Lançamentos decorrentes. CSLL.* A solução dada ao litígio principal, relativo ao Imposto de Renda Pessoa Jurídica aplica-se, no que couber, ao lançamento decorrente, quando não houver fatos ou argumentos novos a ensejar conclusão diversa.[10]

---

9. CARVALHO, Paulo de Barros. *Curso de direito tributário.* 22. ed. São Paulo: Saraiva, 2010. p. 489.

10. Ministério da Fazenda, Conselho de Recursos Administrativos Fiscais, 1ª Câmara, Processo 11080.007081/2002-12, Acórdão 20 – n. 101-95018, Rel. Carlos Eduardo Peroba Ângelo, Sessão 15.06.2005.

Demoremo-nos, porém, neste último ponto. Sabemos que a presunção comparece no direito para fins de facilitar a produção probatória e a consequente construção do fato jurídico quando o for de difícil consecução pelos mecanismos usuais. Logo, pretendendo sempre dar resposta jurídica a todos os casos que lhe são apresentados, a ordem posta assume um fato por outro, admitindo a este os efeitos jurídicos daquele. Institui a *verdade* de um fato tendo em vista outro enunciado factual.

Todavia, quando a prova do fato jurídico em sentido estrito passa a poder ser feita sem o alicerce dos mecanismos das presunções, devem prevalecer os meios probatórios ordinários em detrimento do raciocínio presuntivo. No entanto, não decaído o direito ou prescrita a ação, deve-se fazer prevalecer o resultado daquela em face desta. Dito de outro modo, havendo tempo e procedimento hábil para fazer prova do fato jurídico em sentido estrito mediante os mecanismos usualmente utilizados para a atividade probatória daquele enunciado factual, o resultado deste há de imperar em face do das presunções, principalmente quando aquele negar este. É o que o Superior Tribunal de Justiça reforça: "Não pode prevalecer a verdade fictícia quando maculada pela verdade real e incontestável, calcada em prova de robusta certeza, como o é o exame genético pelo método DNA".[11]

3.4. Erro de direito

Erro de direito diz respeito a vício na subsunção do fato à norma, i. e., problema no perfeito enquadramento do enunciado factual concreto à hipótese jurídica. Segundo Paulo de Barros Carvalho: "o erro de direito é distorção entre o enunciado protocolar da norma individual e concreta e a universalidade enunciativa da norma geral e abstrata".[12] É assunto

---

11. STJ, 3ª Turma, REsp 878954/RS, Min. Nancy Andrighi, *DJ* 28.05.2007, p. 339.
12. CARVALHO, Paulo de Barros. *Direito tributário*: fundamentos jurídicos da incidência. 8. ed. São Paulo: Saraiva, 2010. p. 152.

concernente às relações hierárquicas entre as normas de onde o fato tira seu fundamento de validade em antecedente jurídico a ele inaplicável. Por esse motivo, é dito erro internormativo, envolvendo o relacionamento entre norma superior, fundante, e norma inferior, fundada.

Ocorre no ato de aplicação do direito, momento em que o aplicador se verá na incumbência de realizar o correto ajuste entre os enunciados concretos e aqueloutros abstratos. O erro de direito é entendido corriqueiramente como a interpretação jurídica imprópria ou a adequação normativa inadequada dos fatos.

A matéria de subsunção, no campo do direito tributário, deve ser positivada com maior rigor, ressaltando os valores da estrita legalidade e da tipicidade constitucionalmente previstos.

3.4.1. Erro de direito na presunção

O erro de direito é vício que pode suceder com os enunciados presuntivos do tipo hipotéticos, observando o sentido descendente do processo de positivação, ou com as presunções factuais, analisado o caminho inverso e ascendente da realização do direito. No primeiro, requer seja examinada a existência de todos os requisitos prescritos em termos presuntivos na hipótese da lei; enquanto no segundo, promove-se avaliação oposta, verificando a presença das características relevantes do fato na norma. Tanto em um quanto em outro dá-se o processo empírico-dialético de positivação do direito que, partindo-se do fato, deriva-se à formulação hipotética, para, em seguida, retornar à previsão factual, positivando a norma. Nessa medida, o erro de direito pode ser entendido como acontecimento tanto nas presunções hipotéticas (dita *legais*) quanto nas de fato (*hominis*).

Propriamente, porém, entendemos ser pertinente falar apenas em erro de direito ou de subsunção quando estamos diante de um processo de positivação, motivo pelo qual cremos que erro de direito pressupõe fato. Sendo assim, no campo das presunções, esse problema se mostra mais particular. Não deixaremos de tecer alguns comentários sobre o processo de subsunção da hipótese presuntiva aos fatos, porém as assertivas produzidas sobre o tema nada ressaltam as identidades próprias das presunções, sublinhando tão só os problemas inerentes a todo e qualquer processo de positivação. A presunção posta hipoteticamente em lei nada mais é do que um tipo, e, sendo assim, em tudo e por tudo coincide com o processo normal de regulação jurídica de condutas.

Foquemos então no processo de subsunção do fato presumidamente trazido pelo aplicador às hipóteses da lei. O fato jurídico em sentido amplo construído pelo aplicador é enunciado factual que não tem propriamente uma hipótese expressa e individualmente posta no texto legal. A produção de fatos presumidos pelo exegeta autêntico pede que ele faça a subsunção da melhor forma possível com base em processo lógico que pode levar o nome de analogia, interpretação extensiva, equiparação, entre tantos outros apelidos. Observe-se que cabe ao intérprete, com fundamento nas normas que lhe dão competência (CTN, art. 108 – Poder Executivo; CPC, art. 126 – Poder Judiciário; LICC, art. 4º – Setor privado), buscar a melhor hipótese para o caso em concreto. Não há previsão legal expressa sobre o caso, no sentido de que inexiste lei específica que regule o assunto. É preciso que o exegeta se esforce para dar solução jurídica ao enunciado de fato. E com a ajuda de técnicas interpretativas auxiliares, por presunção, a lei lhe confere resposta de direito para a ocorrência presumida.

Logo, ao falarmos em *erro de direito* no âmbito das presunções *hominis* ou factuais, como preferimos, estamos dizendo sobre esse processo intelectivo que, estabelecendo semelhanças entre fatos e hipóteses, fazem a subsunção do fato jurídico em sentido amplo à hipótese tributária. Desse modo, o vício de direito se encontra muito mais como erro no estabelecimento dessa similitude entre tais enunciados do que como erro de subsunção propriamente. Este último, em verdade, é decorrência daquele primeiro, razão pela qual é naquele que iremos reforçar a existência do erro de direito nas presunções postas pelo aplicador (factuais ou humanas).

Para fins de subsunção do fato presumido às hipóteses tributárias positivadas em lei, é imprescindível ao exegeta verificar se entre hipótese e fato existem semelhanças de ordem primária, i. e., que dizem respeito ao núcleo semântico do objeto. Portanto, reforçamos a necessidade de que para admitir no âmbito tributário a perfeita subsunção do fato presumido à hipótese posta na lei, é fundamental que o exegeta verifique se todas as características essenciais e necessárias do tipo tributário, e não somente uma ou duas, todas, reiteramos, estejam presentes no enunciado factual presumido. Faltando uma delas, a subsunção se dá por inadmitida; ocorre erro de direito, inviabilizando a incidência da regra tributária no fato presumido.

Ademais, cumpre ressaltar ainda que as características essenciais do tipo, aquilo que o particulariza, não poderão ser criadas pelo intérprete para fins de subsumir o fato *de qualquer jeito* à norma posta em lei. Essencialidade é tão somente aquela existente nos conceitos normalmente aceitos pelo direito, conforme imposições de seus campos específicos, como podemos depreender da exegese do art. 110 do CTN. Logo, é erro de direito também aquela positivação do enunciado factual presumido que, modificando a própria natureza conceptual do fato ou da hipótese, faz incidir a norma em uma subsunção viciada justamente porque descaracteriza hipótese e fato.

Esses pensamentos vêm a calhar no momento mesmo em que consideramos que muitas vezes o sentido de semelhança ou essencialidade varia conforme o tempo, a cultura jurídica, o domínio do direito estudado, a ideologia do sujeito enunciador, etc. E a problematização se intensifica quando imaginamos esses desafios interpretativos em combinação com o texto do art. 146 do CTN.[13] "Modificação introduzida nos critérios

---

13. "Art. 146 do CTN. A modificação introduzida, de ofício ou em conseqüência de decisão administrativa ou judicial, **nos critérios jurídicos adotados pela autoridade administrativa** no exercício do lançamento **somente pode ser**

jurídicos adotados pela autoridade administrativa", conforme o enunciado citado do Código Tributário, nada mais é do que nova interpretação dada pelo Fisco dos elementos que compõem o tipo, modificando-o por consequência. Resultado disso: maiores desafios no âmbito da subsunção do fato à norma e no estabelecimento da certeza do direito pelo setor privado. A demarcação do tipo depende desses critérios tanto em planos expressionais (na forma) como de significação (no conteúdo). A referência do art. 146 do CTN implica que a identificação do tipo é alterada em face de novo significado dado aos seus termos, e essa nova exegese equivale dizer, à implementação de um novo tipo. Eis o motivo pelo qual a aludida modificação deve respeitar o princípio da irretroatividade.

As imposições do art. 146 do CTN vão surtir efeitos no plano das presunções factuais, pois é bem verdade que a exegese do fato presumido deve observância a esses novos critérios interpretativos. Contudo, ressalta-se, somente os fatos presumidos que se colocarem a partir dessas modificações é que sentirão os efeitos jurídicos dessa nova regra. A exigência desses critérios introduzidos em fatos presumidos anteriores à sua inserção enseja erro de direito, e isso poderá ocorrer tanto no âmbito das presunções de fato quanto das hipotéticas, dependendo do enunciado envolvido.

A alteração desses critérios têm resultado revisões do lançamento pela autoridade. Porém, no tocante, não há como conceber o art. 146 do CTN isolado do preceito do art. 100 do CTN.[14]

---

efetivada, em relação a um mesmo sujeito passivo, **quanto a fato gerador ocorrido posteriormente à sua introdução**" (grifos nossos).

14. "Art. 100 do CTN. São normas complementares das leis, dos tratados e das convenções internacionais e dos decretos:

I – os atos normativos expedidos pelas autoridades administrativas;

II – as decisões dos órgãos singulares ou coletivos de jurisdição administrativa, a que a lei atribua eficácia normativa;

III – as práticas reiteradamente observadas pelas autoridades administrativas;

IV – os convênios que entre si celebrem a União, os Estados, o Distrito Federal e os Municípios."

A modificação do ato jurídico tributário pelo Fisco há de observar necessariamente o princípio da irretroatividade constitucional. A imposição da irretroatividade é garantida pela ideia da proteção da confiança legítima. Não pode o Fisco, por meio exegético, modificar critérios para fins de abarcar todos os fatos e dele gerar imposição de tributos. A atividade administrativa, reforcemos, deve atinência plena ao produto legislativo, não podendo sair dele. Em outras palavras, deve interpretar além do texto, mas sem abandonar o âmbito da lei. Assim, estamos na linha do Professor Ricardo Lobo Torres:

> A autoridade administrativa, depois de efetivado o lançamento, **não pode alterá-lo, de ofício, sob o argumento de que a interpretação jurídica adotada não era a correta, a melhor ou a mais justa**. Nem mesmo se os Tribunais Superiores do País firmarem orientação jurisprudencial em sentido diverso daquela que prevaleceu no lançamento, com o que se teria robustecido a convicção da presença de erro de direito, poderá o agente fazendário modificar o ato para agravar a situação dos contribuintes[15] (grifos nossos).

E a presente exegese se coaduna com a jurisprudência do Conselho Administrativo de Recurso Fiscais, a qual já consolidou a Súmula 227/TRF no sentido de que "a mudança de critério jurídico adotado pelo fisco não autoriza a revisão do lançamento".

Esse entendimento não é novidade, uma vez que, em outras ocasiões, em 2007, o Superior Tribunal de Justiça já se manifestou de que erro de direito – de subsunção – não é causa que dê ensejo à revisão do lançamento, tal como depreendemos da decisão abaixo:

> Se a autoridade teve acesso à mercadoria importada, examinando sua qualidade, quantidade, marca, modelo e outros

---

15. TORRES, Ricardo Lobo. Anulação de incentivos fiscais – efeitos no tempo. *Revista Dialética de Direito Tributário*, São Paulo, n. 121, p. 127, out. 2005.

atributos, ratificando os termos da declaração de importação preenchida pelo contribuinte, não lhe cabe ulterior impugnação ou revisão do lançamento por alegação qualquer equívoco.[16]

Nesse sentido, descabe à autoridade fazendária ulterior impugnação ou revisão do lançamento por alegação qualquer equívoco, razão pela qual, por erro de direito, o ato administrativo deve ser dado por nulo e expulso do sistema. Com tais modulações, havendo erro de fato ou erro de direito, os enunciados presuntivos viciados devem ser controlados e expulsos do sistema jurídico pela linguagem competente.

---

16. STJ, 2ª Turma, AgRG no REsp 478.389/PR, Rel. Min. Humberto Martins, set. 2007.

Capítulo 4
TÉCNICAS JURÍDICAS DE CONTROLE DE ATOS NORMATIVOS VICIADOS

Captar o fenômeno do direito é compreendê-lo como sistema autopoiético que, tanto para o ingresso quanto para a modificação ou expulsão de qualquer uma de suas unidades componentes, será necessário recorrer a um processo e, por meio dele, alcançar um produto, ambos prescritos, passo a passo, em lei. Processo e produto normativos são construções que o ordenamento cria mediante a enunciação de notas gerais e abstratas. Tudo está na lei e mesmo em hipóteses de lacuna. A resposta deve ser tirada do Texto Legal, observando-se os cânones principiológicos que regem o específico subdomínio do direito e que se manifesta nas diferentes controvérsias que podem surgir.

Falar em anulação ou revogação do ato nulo ou do ato anulável ou "convalidação" do ato anulável é dissertar sobre técnicas jurídicas próprias para se determinar coerência normativa e controle da legalidade das normas expedidas na esfera do direito. Enquanto no primeiro caso dá-se a eliminação do ato, no segundo, haverá sua adequação à homogeneidade das normas jurídicas, tudo segundo uma forma, um procedimento e uma tipicidade de fato e consequência jurídica que estão presentes nos textos normativos. A subsunção do fato à norma nada mais é do que o traduzir do fato em planos concretos para os termos abstratos; da delimitação das individualidades fáticas ao seu sentido geral. A tipicidade, inerente a todo enquadramento normativo, seja ele para criar, para modificar ou para expulsar normas, planta suas raízes neste fenômeno, exigindo exata adequação do fato à hipótese normativa. Sem subsunção do evento descrito à hipótese normativa, não há incidência e, consequentemente, inexiste introdução, modificação ou expulsão de novo enunciado no sistema.

4.1. Revogação da norma presuntiva geral e abstrata

Revogação é termo genérico que indica o cessar da produção de efeitos pela norma jurídica. Ou seja, ao revogar-se uma norma, retira-se sua validade e corta-se sua vigência. O corte pode ser feito em termos gerais e abstratos, atacando a lei propriamente dita, ou em termos individuais e concretos, atingindo o ato jurídico ele mesmo. No primeiro caso, utiliza-se mais o termo revogação para aludir ao movimento de expulsão da norma geral e abstrata; na segunda hipótese, nomeia-se o ato individual e concreto de desconstituição do fato presuntivo ou, até mesmo, de desconsideração do ato, o que veremos mais adiante. Voltemos nossas atenções, portanto, somente ao mecanismo de expulsão de norma geral e abstrata presuntiva, deixando para o subcapítulo apropriado a questão do expulsar do ato presuntivo individual e concreto.

Na primeira hipótese, isto é, atingindo-se a lei, a revogação pode se dar em três modos, produzindo-se o corte da norma presuntiva de três maneiras diferentes:

(i) no *veículo introdutor*, mediante disposições do tipo: "fica revogada a lei X". Esse caso revogatório é chamado de *ab-rogação* ou revogação expressa total;

(ii) nos *enunciados normativos específicos*, determinando que "fica revogado o artigo Y da lei X", deixando intactos os demais dispositivos constantes do documento legal. Aqui, diz-se haver revogação parcial, também denominada derrogação ou revogação expressa parcial;

(iii) nas *disposições derrogatórias genéricas*, não citados os enunciados que pretendem derrogar. Essas cláusulas podem adotar formulações do tipo "ficam revogadas todas as disposições que se oponham ao disposto na presente lei", ou, mais comumente, "revogam-se as disposições em contrário". São referidas como "revogação por incompatibilidade" ou mesmo revogação tácita.[1]

Outra classificação muito frequente no campo das revogações toma por critério a formulação do enunciado revogatório. Com base nisso, é subdividida, em regra, em dois tipos, conforme seu enunciado se apresenta de forma (a) tácita ou (b) expressa. No primeiro caso, é revogação dita *com conflito de normas*. Ocorre quando, diante da ausência de indicação do dispositivo ou lei revogada, persiste o choque entre as duas legislações vigentes. No segundo, é conhecida como revogação sem conflito de normas.

4.1.1. Haveria revogação tácita da norma presuntiva?

Dentro das concepções interpretativas de Paulo de Barros Carvalho e observando-se o fenômeno da norma presuntiva geral e abstrata no sistema, a revogação tácita ocorre no lugar das significações, entendendo-se aqui, portanto, tanto nos enunciados, isoladamente considerados (Plano S_2), quanto no nível das formulações normativas, ou seja, no momento da formação do juízo hipotético-condicional (Plano S_3), ou, ainda, mediante interpretação sistêmica, no lugar das relações de

---

1. Sobre o assunto ver excelente explanação do Professor emérito e titular da USP e da PUC/SP, Paulo de Barros Carvalho, em seu *Direito tributário, linguagem e método*. 3. ed. São Paulo: Noeses, 2009. p. 435-438.

coordenação e subordinação das regras jurídicas (Plano S_4).[2] Em qualquer um desses níveis a revogação tácita é assumida enquanto tal quando ocorre *conflito de normas*, isto é, no momento em que a formulação normativa institutiva da presunção estiver *incompatível* com outra norma no campo dos significados.

No caso da *revogação tácita de regras presuntivas*, a solução deste conflito de normas, não estando na formulação expressa da lei, mas na existência de conteúdo incompatível entre si, será dada por *metarregras* voltadas para o próprio sistema, indicando resposta jurídica para as antinomias que ocorram no ordenamento. Tais sobrenormas determinaram como o enunciado presuntivo perderá sua *vigência* e, num momento posterior, como será excluído do sistema, tornando-se proposição inválida. É o que acontece com as regras do art. 2º da LICC, que apontam três critérios jurídico-interpretativos:

- *lex posterior derogat priori* (critério cronológico);
- *lex superior derogat inferiori* (critério hierárquico);
- *lex specialis derogat generalis* (critério da especialidade).

O mesmo artigo, em seu § 2º, dirá que lei nova que vier a contemplar disposição geral ou especial, a par das já existentes, *não revogará nem alterará* a lei anterior. Se o novo texto legal apenas estabelecer disposições especiais ou gerais (plano S_2, S_3 e S_4), sem conflitar com a antiga (expressamente), *não a revogará*. É o caso de compatibilidade do enunciado presuntivo com as demais normas no sistema, não encontrando-se aqui incompatibilidades semânticas. E essa exegese também está presente no enunciado da Lei Complementar 95/98, alterado pela Lei Complementar 107/01: "Art. 9º A cláusula de revogação deverá enumerar, expressamente, as leis ou as disposições legais revogadas".

---

2. Sob os quatro planos interpretativos do percurso gerador de sentido ver: CARVALHO, Paulo de Barros. *Direito tributário*: fundamentos jurídicos da incidência. 8. ed. São Paulo: Saraiva, 2010. p. 116-119.

É a partir desse texto jurídico que o fenômeno da revogação expressa deve ser sobressaltado como único e competente para revogar, isto é, expulsar de uma assentada a norma presuntiva viciada do ordenamento.

4.1.2. Necessidade de revogação expressa da norma presuntiva

Revogação expressa é dita *revogação sem conflito* (semântico) *de normas*, ou seja, atinge diretamente um ou alguns enunciados, vindo na seguinte formulação: "fica revogado o artigo X da lei Y" ou "revoga-se a lei Y". Nessa medida, atua desde já no plano da literalidade textual (S_1). É possível asseverar que somente a *ab-rogação*, ou melhor dizendo, a revogação total expressa de uma norma presuntiva viciada, é veículo próprio para expulsar do sistema proposição jurídica incompatível com os valores jurídicos. Este também é o pensamento de Paulo de Barros Carvalho: "Uma regra, enquanto não ab-rogada por outra, continua pertencente ao sistema e, como tal, reveste-se de validade".[3] Sobre o assunto, veja também as lições de Lourival Vilanova que reforçam a ideia, elucidando:

> O só fato da contradição não anula ambas as normas. Nem a lei de não-contradição, que é lei lógica e não norma jurídica, indicará qual das duas normas contradizentes prevalece. É necessária a norma que indique como resolver antinomia: anulando ambas ou mantendo uma delas.[4]

Sendo assim, não havendo revogação expressa da norma presuntiva viciada, o intérprete deve, num primeiro momento, empreender análise que toma como fundamento normativo as metarregras ou os princípios exegéticos da *lex posterior derogat priori*, *lex superior derogat inferiori* e *lex specialis derogat*

---

[3] CARVALHO, Paulo de Barros. *Direito tributário, linguagem e método*. 3. ed. São Paulo: Noeses, 2009. p. 435-440.

[4] VILANOVA, Lourival. *Estruturas lógicas e o sistema de direito positivo*. São Paulo: Noeses, 2005. p. 192

generalis. É com base nele que o enunciador da norma viciada deve, de antemão, decidir quanto à força vinculante de determinada norma presuntiva para este ou aquele caso, determinando, inclusive, como ela perde sua vigência e é excluída do ordenamento. Observa-se que, não havendo formulação em lei expressa e específica para a solução do caso, deve o exegeta empreender novo percurso gerador de sentido normativo para eliminar as contradições no processo decisório e verificar a aplicabilidade da norma presuntiva geral e abstrata em determinado caso em concreto. Mas isso já nos traz ao campo da incidência, que será objeto de exame num momento posterior.

4.1.3. Por um critério para a solução de antinomias reais da norma presuntiva

Existem três metarregras que ajudam a solucionar *conflitos de normas*. Agora, nem sempre esses três critérios são suficientes para dar coerência ao sistema diante de casos de antinomias (i) entre normas presuntivas; ou (ii) da regra que institui a presunção e outras proposições jurídicas. E isto pode acontecer ora porque no caso não se aplica nenhum dos princípios extralógicos, ora pelo fato de que se aplica mais de uma dessas regras ao mesmo caso. É o que Norberto Bobbio chama de *antinomia real*.[5] Diante dessas situações, e na temática das normas presuntivas gerais e abstratas, haveria um outro tipo de solução de contradições para conflitos tangentes à presunção no sistema? Haveria um quarto critério?

Bem, muitas são as teorias que buscam arrogar um *quarto* critério interpretativo para dissolver o problema das contradições, em caso de antinomia real ou de segundo nível. Uma delas traz a ideia de *interpretação mais favorável*. Aqui, entende-se

---

5. Segundo o jurista italiano, as antinomias reais "são aquelas em que o intérprete é abandonado a si mesmo ou pela ausência de um critério ou por conflito entre os critérios dados" (BOBBIO, Norberto. *Teoria geral do direito*. São Paulo: Martins Fontes, 2008. p. 238).

que, havendo incompatibilidade entre normas, deve-se priorizar a regra menos gravosa. A questão subsequente é: menos gravosa para quem? De fato e sob um olhar acrítico, o pensamento parece até trazer boa solução para o caso em concreto, contudo sabemos que o direito subjetivo que se atribui a um tem sempre seu contrassentido em um dever-jurídico dado a outrem. Logo, sem saber a quem a ordem jurídica quer dar preferibilidade, ou não estando claro o valor que se quer ver defendido, o referido cânone é ambíguo, sendo insuficiente para a solução da incompatibilidade entre normas.

Há ainda que aditar, no caso das presunções, que são elas mecanismos excepcionais que têm por objetivo fazer prevalecerem determinados fins extrafiscais, como preservar a integridade da ordem tributária, inibindo atos evasivos, simulados; garantir eficácia à arrecadação; e reduzir custos no cumprimento da lei. Nessa mesma toada, há que considerar também os benefícios fiscais eles mesmos sustentados pelos mais variados mecanismos presuntivos e que também têm por objeto garantir o interesse público: disciplinar o procedimento de construção de fatos jurídicos; suprir deficiências probatórias; etc. Com tais considerações, parece haver sempre uma prevalência do Fisco perante o contribuinte em matéria de presunção.

Por outro lado, o sistema constitucional reforça uma série de garantias individuais que militam contra a arrecadação confiscatória. São eles: legalidade, tipicidade, proibição de confisco, irretroatividade, anterioridade, não surpresa, entre tantos outros que podemos citar. Os princípios se apresentam na ordem tributária como uma salvaguarda dada ao contribuinte contra toda atividade do Fisco que extrapole a ideia de interesse público, ruindo com o sistema jurídico tributário. São normas-de-normas ou sobrerregras que, sendo de forte valor axiológico, favorecem o contribuinte. Por meio deles, é possível sustentar a ideia de prevalência do direito do contribuinte perante o da Fazenda em matéria de presunção. Logo, veja-se que, de uma maneira ou de outra, a matéria não é tão simples assim, nem sempre claro a quem o sistema quer beneficiar.

Outrossim, a exegese da *interpretação mais favorável* não pode ser jamais assumida como sempre em prol do Fisco ou sempre em benefício do contribuinte.

Também entendido como um quarto princípio interpretativo, dando consistência ao ordenamento jurídico, está a *lei lógica da não contradição*. Antes de considerá-la como apta a solucionar as incoerências intrassistêmicas, vale dizer, aquelas entre normas de uma mesma ordem, acrescentem-se algumas considerações. Sabemos que a lógica se apresenta como linguagem que pretende apreciar, numa ordem isoladamente considerada, apenas as relações entre os elementos entre si, colocando em segundo plano a análise dos conteúdos normativos propriamente ditos. É linguagem de sobrenível, que suplanta inclusive o plano da linguagem da ciência, que é também seu objeto. Um dos esquemas mais elucidativos desse postulado se encontra no quadrado lógico que, tomando um enunciado como referente, aponta e localiza seu contrário, seus subalternos, seus contraditórios e seus subcontrários. A partir daí, relaciona-os dando nomes aos vínculos entre eles existentes.[6]

É bem verdade que a lei lógica da não contradição é bastante elucidativa para encontrar as imperfeições no relacionamento lógico entre as normas presuntivas entre si ou entre elas e outras regras do ordenamento. Há que ponderar, contudo, que o referido cânone, embora muito útil para o intérprete autêntico para entender e construir a proposição normativa mais adequada, ele mesmo não é norma, o que implica que não é prescritivo. Dessa forma, atua tão somente como método auxiliar para a compreensão do direito em seu aspecto lógico, nada mais. A lembrança é também levantada por Lourival Vilanova que postula:

---

6. Veja em Norberto Bobbio excelente resumo: "Entre dois contrários diz-se que há relação de *incompatibilidade*; entre dois contraditórios, de *alternativa*; entre dois subcontrários, de *disjunção;* entre o subordinante e o subordinado, de *implicação*" (*Teoria geral do direito*. São Paulo: Martins Fontes, 2008. p. 167).

> Como *lei* lógica, mostrando a incompossibilidade de normas reciprocamente contraditórias, não é *norma*. É forma apofântica, descritiva ou declarativa, teorética: não prescritiva. Por isso, ainda que fale acerca de enunciados sem valor veritativo, ela mesma, como lei lógica, é verdadeira, na modalidade do *necessariamente* verdadeiro.[7]

E, sob essas avaliações, continua:

> O só fato da contradição não anula ambas as normas. Nem a lei de não-contradição, que é lei lógica e não norma jurídica, indicará qual das duas normas contradizentes prevalece. É necessária a norma que indique como resolver antinomia: anulando ambas ou mantendo uma delas.[8]

Em tão excelsa companhia, verifica-se que nessa hipótese também inexiste um quarto critério interpretativo na solução de antinomias em matéria de presunção. Não sendo norma e, portanto, nada prescrevendo, é algo que pode ou não ser acatado pelo exegeta do direito, mas a ele não é imposto.

Por fim, e ainda no intuito de encontrar uma saída para as hipóteses de antinomias reais no tocante à norma presuntiva, há os defensores da *interpretação sistemática*. Bem se vê que o direito é uno e indecomponível. É todo ele formado por normas jurídicas, que funcionam como unidades que o compõem e, ao mesmo tempo, formam o todo de sentido, i. e., o sistema ele mesmo. Cada uma das regras está ligada a outras mediante vínculos de coordenação e subordinação, num entrelaçamento constitutivo da forma hierárquica do ser sistema do direito. Cientificamente sabemos que as proposições normativas fundam uma totalidade ordenada de sentido, trazendo na implicitude do texto todo o contexto jurídico no qual se insere. Não há como pensar numa regra sem que se proceda

---

7. VILANOVA, Lourival. *Estruturas lógicas e o sistema de direito positivo*. São Paulo: Noeses, 2005. p. 192.
8. Idem. *Causalidade e relação no direito*. 4. ed. São Paulo: RT, 2001. p. 212.

ao percurso pelo ordenamento como um todo, dele retirando sua própria significação de direito e que a ele está umbilicalmente vinculada. Alguns vão chamar a isso de "espírito do sistema". Paulo de Barros Carvalho, reforçando o caráter unitário e sistematizado do direito, por sua vez ressalta a prevalência da interpretação sistemática do direito em face dos outros métodos interpretativos, tal como o lógico, literal, histórico e teleológico.[9]

No corpo dessa temática, frequentam aqui muitas situações em que, pela via da interpretação sistemática, alcança-se sentido que pode vir de encontro àquilo que resultaria de uma interpretação meramente literal. São esses os casos que nos interessam na temática das presunções, pois voltamos por meio deles ao problema das antinomias reais da norma presuntiva no sistema e suas possíveis soluções. Ora, é intuitivo crer que, não sendo possível dar uma resposta a incompatibilidades entre normas presuntivas ou entre a presunção e outros preceitos normativos pelos critérios explícitos no ordenamento, tal como se dá pelo art. 2º da LICC, uma excelente saída é a famigerada *interpretação sistemática*, que autoriza ao intérprete do direito encontrar outras exegeses, que não aquelas explícitas nas referidas regras extralógicas; tudo isso sem contudo sair do direito. Com estas modulações, a interpretação sistemática apresenta *critérios jurídicos* de solução de incompatibilidades implícitos no texto, mas que são construídos pelo enunciador que os coloca às claras pelo enunciador a partir do texto e em sintonia com o contexto em que é arqui-

---

9. "Atingindo esse ponto, não é difícil distribuir as citadas técnicas de interpretação pelas três plataformas da investigação linguística. Os métodos literal e lógico estão no plano sintático, enquanto o histórico e o teleológico influem tanto no nível semântico quanto no pragmático. O critério sistemático da interpretação envolve os três planos e é, por isso mesmo, exaustivo da linguagem do direito. Isoladamente, só o último (sistemático) tem condições de prevalecer, exatamente porque ante-supõe os anteriores. É, assim, considerado o método por excelência" (CARVALHO, Paulo de Barros. *Direito tributário, linguagem e método*. 3. ed. São Paulo: Noeses, 2009. p. 201).

tetado. Logo, é o método por excelência de solução de incompatibilidades reais com a norma presuntiva.

Para além do rigor, vale ainda fazer pequena ressalva. Transportando-se essas últimas ponderações para o quadro do estudo da interpretação jurídica e do percurso gerador de sentido, breves investigações revelarão que a exegese sistemática é subjacente à atitude de edificar o sentido da norma, até porque, nas palavras de Paulo de Barros Carvalho, *não há texto sem contexto*. Desse modo, firmemos que a interpretação sistemática não significa um quarto critério no solucionar das antinomias, mas simplesmente o método por excelência de interpretação da norma presuntiva e do direito como um todo.

4.2. Anulação do fato presumido: conceitos gerais

Tópico de profunda relevância para a teoria dos vícios do ato, o instituto da anulação, no direito, produz o efeito jurídico de *desaparecimento do ato individual e concreto* no sistema normativo posto, supressão esta que, em sua maioria das vezes, não se dá de imediato. Ressaltamos que já nos manifestamos sobre assunto em artigo sobre Planejamento tributário e a desconsideração do negócio jurídico,[10] dizendo que, à diferença da desconsideração do ato jurídico negocial que só produz este efeito em planos estritamente tributários, a anulação retira o ato do sistema como um todo, não mais produzindo efeitos para fatos futuros, podendo haver modulação de efeitos para o passado conforme decisão do Poder Judiciário.[11]

O étimo *anulação*, todavia, não se confunde com *revogação*. Lembremos que revogar é palavra que se assenta melhor

---

10. HARET, Florence. Planejamento tributário e desconsideração do negócio jurídico: análise do parágrafo único do art. 116 do CTN à luz do direito positivo. *Revista de Direito Tributário*, São Paulo: Malheiros, n. 99, p. 137-152, 2007.

11. A este respeito, ver disposições do art. 27 da Lei 9.868/99 e art. 11 da Lei 9.882/99 que levantaram uma série de debates quanto à modulação dos efeitos em decisão de (in)constitucionalidade.

à atividade de retirada da norma geral e abstrata do sistema. Logo, ainda que usada para se referir ao processo de expulsão do ato individual, não estamos em sua melhor acepção aqui. Ademais, não sobreja repisar que, ao tratar o domínio das imposições tributárias, estamos na maioria das vezes diante de atividade vinculada, e não discricionária. Revogar um ato é retirá-lo do sistema em razão de conveniência ou oportunidade pela autoridade administrativa. Por outro lado, a anulação, verdadeiro retrato de atividade vinculada, não poderia estar motivada por argumentos de conveniência ou oportunidade, muito menos por razões extrajurídicas. Anular é o verbo por excelência segundo o qual o Fisco tem a competência de reconhecer a ilegalidade de um ato, trazendo à tona o efeito de sua expulsão total do sistema jurídico por meio de procedimento previsto em lei. E a assertiva é aplicável aos casos de fatos presuntivos viciados que, por ilegalidade do ato, ora por descumprimento de deveres probatórios (erro de fato), ora por incorreta subsunção do fato à norma (erro de direito), deverão ser expulsos do sistema segundo procedimento anulatório específico. Não compete à autoridade da Fazenda fazê-lo mediante conveniência ou oportunidade. Fá-lo em face da ilegalidade do ato.

A calibração da realidade jurídica dos atos normativos, conforme exposto, deve ater-se à regra de direito admitida, e esta se encontra ligada estritamente à teoria das provas. A toque ligeiro poderemos enunciar as seguintes situações:

> (i) ato viciado em um dos elementos da norma[12] por falta de prova no exato momento exigido pelo direito ou em qualquer elemento intrínseco da norma, é ato nulo, cabendo a quem de direito se ver prejudicado, calibrá-la no sistema;

---

12. Rememoremos. São *elementos* ou requisitos intrínsecos do ato jurídico: (i) motivação ou descrição do motivo do ato; (ii) sujeito enunciador ou emissor da norma; (iii) sujeito receptor ou destinatário da norma; (iv) nexo normativo relacional da norma; e (v) conduta prescritiva modalizada pelo relacional.

(ii) ato viciado em um dos pressupostos da norma,[13] observadas as regras procedimentais na constituição da regra jurídica, é ato anulável, sujeito à expulsão sistemática pelo ordenamento jurídico.

O ajuste do ato viciado anulável se dá pela constituição de uma nova linguagem jurídica que ora expulsa do sistema a regra viciada, sem inserir outra que a substitua, ora sobrepõe normas jurídicas, constituindo proposição para o caso em concreto.

Partindo da premissa de que somente são *convalidados* os atos jurídicos presuntivos anuláveis, a nulidade, por sua vez, apresenta-se como vício em um dos pressupostos jurídicos da norma (problema internormativo), e, não admitindo convalidação, só poderá ser expulsa do sistema. No direito tributário, a convalidação da norma presuntiva surge com uma série de limitações. *Convalidar* é o procedimento produtor de normas que visa o suprimento da invalidade de um ato com efeitos retroativos, isto é, é a inserção de nova proposição jurídica no ordenamento que tem por objetivo invalidar a regra viciada, aproveitando-se dos efeitos desta e fazendo deles seus. Há que reconhecer, nesse caso, a existência de dois processos: (i) um, de positivação; e (ii) outro, de expulsão/convalidação de normas no sistema. Ambos pressupõem a produção em linguagem competente – linguagem das provas –, único meio para introduzir, alterar ou excluir direitos.

O caráter convalidável da norma presuntiva, no entanto, depende diretamente do tipo de vício presente no ato. Havendo vício formal, em um dos pressupostos do ato, este é convalidável. Eis os casos, em matéria tributária, dos *erros de fatos formais* tão presentes nos autos de infração ou nos lançamentos e lugar também em que se deve observar a existência de

---

13. São pressupostos ou requisitos extrínsecos da norma: (a) autoridade ou agente competente; (b) objeto lícito; (c) procedimento previsto em lei; (d) publicidade em sentido lato; (e) motivo do ato; e (f) finalidade ou objetivo. São eles os *pressupostos* do ato jurídico normativo.

possíveis vícios do Fisco no processo de produção de determinadas presunções no caso em concreto. Por sua vez, quando o vício integrar os elementos da norma, prejudicando a sistemática lógico-normativa da regra jurídica, inadmissível sua convalidação. Forte exemplo desse primeiro caso seriam os erros de motivo no lançamento, em que, mediante vínculo de imputação, constitui-se relação tributária com base em fato jurídico que nunca existiu, tal como em presunção do fato ou fato jurídico presumido que nunca se realiza. Em resumo, erro ou vício formal entende-se por aquele que se faz presente no *ato* normativo, mas é sanável pelas regras de direito admitidas. No erro material, por sua vez, o vício integra o conteúdo da norma individual e concreta, o que o torna insanável.

É oportuno lembrar, desde logo, que, no domínio das imposições tributárias, o ato jurídico do Fisco de constituição do fato presuntivo (ou de qualquer outro fato) é ato vinculado aos termos da lei. Pode vir a se apresentar sob diversas denominações, entre as quais, citemos: lançamento de ofício, lançamento por declaração, homologação, auto de infração e imposição de multas, desconsideração do negócio jurídico, entre outros. Por outro lado, em diversas hipóteses, caberá ao contribuinte produzir provas e, em linguagem competente, constituindo o fato jurídico. Aqui também encontraremos vários títulos como: lançamento por declaração; deveres instrumentais; obrigações acessórias, etc. Independentemente do nome que se dê, uma coisa há de comum nessas situações: são todos atos que têm por finalidade a determinação do fato jurídico em termos individuais e concretos. E, sendo relacionada à constituição da realidade jurídica, é o lugar onde encontraremos as presunções, em seu mais alto grau de concretização, momento este, portanto, que deverá ser pormenorizadamente estudado. E é mediante exame desse processo produtivo de linguagem jurídica, num procedimento de positivação da norma que verificaremos se ocorre erro de direito. Como já observado, o erro de direito é vício no enquadramento legal do fato; é erro insanável, de tal modo que é ato nulo. A autoridade fazendária não pode querer convalidar lançamento em que procedeu de forma incorreta a subsuncai do fato à norma. O ato é incorrigível, não se admitindo seja reformulado sob novas bases exegéticas.

Uma vez constituído de forma válida o enunciado do fato, dá-se automática e infalivelmente a relação jurídica, consequente da norma individual e concreta. Este é o efeito normativo do fato, que, ligado mediante vínculo implicacional ao seu consequente, faz insurgir a relação jurídica produzindo direitos e deveres. Logo, ocorrido o fato, dá-se a relação jurídica. Todavia, muitas vezes, por erro de fato ou de direito, quer-se anular o fato. Ora, bem se vê que a desconstituição do fato não ocorre sem linguagem competente. Há que praticar novo procedimento para expulsar o ato individual e concreto. É esta atividade que, entre outros efeitos jurídicos, fará a expulsão da norma individual e concreta no sistema. Animados pelo propósito de examinar como isso ocorre no campo das presunções, façamos a subdivisão da análise sob dois enfoques e segundo os sujeitos que pretendem a desconstituição do fato presuntivo. Iniciemos com o procedimento do Fisco para em seguida fazer alguns comentários acerca daqueloutro produzido pelo contribuinte.

4.2.1. Desconstituição do fato presumido pelo Fisco

Em linha de princípio, tanto no lançamento quanto na "desconsideração do negócio jurídico", estamos diante de atividade vinculada, e não discricionária. Aliás, revele-se, outrossim, que, ao desconsiderar, necessariamente a autoridade administrativa deverá lançar de ofício tributo que entende devido, acrescido de multas e correções monetárias. A este ponto é que se infere a diferença entre o instituto em análise e a figura da revogação. O rigor metodológico, nesse aspecto, é imprescindível. Não se poderia entender que desconsiderar negócio jurídico fosse hipótese de revogação, dado que o efeito daquela, em planos tributários, não se dá em razão de conveniência ou oportunidade pela autoridade administrativa, mas, sim, por entender os atos legalmente qualificados, porém ilícitos, em planos arrecadatórios.

A desconsideração, verdadeiro retrato de atividade vinculada, não poderia ultrapassar a competência rígida que lhe é imputada por lei, anulando negócios privados em vista de argumentos extrajurídicos ou mesmo motivada pela conveniência ou oportunidade da desconsideração do ato para fins fiscais (como se depreenderia de um verdadeiro ato revogatório em âmbito tributário). Anular é o único verbo compatível pelo qual a Administração reconhece a ilegalidade do ato para efeitos de tributação. Descabe, portanto, no ato de desconsideração, na forma como prevista no parágrafo único do art. 116 do CTN, aludir a quaisquer critérios de conveniência ou oportunidade, como se revogação fosse.

Enquanto na anulação se dá efeito de expulsão total do ato no sistema jurídico por meio de procedimento previsto em lei, a desconsideração o repele parcialmente, circunscrevendo seus efeitos anulatórios a um determinado subdomínio, o tributário. Está aí a similaridade entre esses institutos. Tanto em um quanto em outro deverá haver previsão legal permissiva que denota os fatos típicos, o procedimento e os prazos que circunscreve a matéria; sempre submetidos aos ditames do devido processo legal. Posto isto, *invalidação ou anulação de ato/fato presuntivo por motivo de ilegalidade* em planos restritivos tributários equivale, simetricamente, à expressão *desconsideração do negócio jurídico*.

Com essas anotações, apresentamos alguns exemplos significativos da presença da desconsideração de ato negocial em planos privados. No Código Civil de 2002, o parágrafo único do art. 45 prescreve competência à autoridade em anular a constituição das pessoas jurídicas de direito privado, por defeito do ato respectivo; na mesma linha, o parágrafo único do art. 48 daquele mesmo Diploma, que prescreve o direito de anular decisões constitutivas de pessoa jurídica, quando violarem lei ou estatuto, ou forem eivadas de erro, dolo, simulação ou fraude. Ainda no direito das empresas, no título dos negócios jurídicos, mais especificamente dos seus defeitos, citem-se, concisamente, o art. 171 do CC/02, acerca das hipóteses de anulação de ato jurídico viciado,[14] e o art. 178 do CC/02,[15] ao determinar os diferentes motivos que ensejam sua anulação. Sempre na referida lei, releva-se a disposição do § 4º do art. 1.078 do CC/02 ao tratar do direito de anular o ato de aprovar, sem reserva, o balanço patrimonial e o resultado econômico. Ainda no domínio privado, as hipóteses anulatórias do nome empresarial, quando constituído com violação de lei ou contrato, asseguradas pelo art. 116 do CC/02.

Sem perder de vista essas notas preliminares, mas deixando-as de lado para fins científicos, verifica-se que o debate quanto à figura da desconsideração jurídica do ato do particular pelo Fisco veio à tona em janeiro de 2001 quando, por influência de direito comparado, surgiu no sistema jurídico tributário brasileiro o instituto da "norma antielisiva". Introduziu-se o enunciado do parágrafo único do art. 116 do CTN, que assim dispõe:

> A autoridade administrativa poderá desconsiderar atos ou negócios jurídicos praticados com a finalidade de dissimular a ocorrência do fato gerador do tributo ou a natureza dos elementos constitutivos da obrigação tributária, observados os procedimentos a serem estabelecidos em lei ordinária.

Dentre as regras antievasivas adotadas pelo legislador da Lei Complementar 104/01, ele optou estabelecer como critério determinante para delimitar conceptualmente a atividade de desconsideração do negócio jurídico a *finalidade da elisão*.

---

14. Por incapacidade relativa do agente ou por vício resultante de erro, dolo, coação, estado de perigo, lesão ou fraude contra credores.

15. "É de quatro anos o prazo de decadência para pleitear-se a anulação do negócio jurídico, contado:

I – no caso de coação, do dia em que ela cessar;

II – no de erro, dolo, fraude contra credores, estado de perigo ou lesão, do dia em que se realizou o negócio jurídico;

III – no de atos de incapazes, do dia em que cessar a incapacidade."

Buscando amparo nos dicionários, a palavra "finalidade" é definida como a *intenção ou motivação para a realização ou existência (de algo); objetivo, propósito, fim*. Vê-se, em um só tempo, a *finalidade* caracterizada por fundamentos intranormativos do ato – como motivação – por requisitos extrínsecos daquele mesmo – tal qual finalidade ou objetivo – e, por último, por elementos fora do sistema normativo – ao assumir a *intenção* como conteúdo constitutivo deste conceito.

Ora, foi justamente nessa terceira perspectiva que se anela a preferência dos Tribunais, buscando guarida na *intenção do ato* para desconsiderar ato ou negócio jurídico. Fala-se em "querer declarado", "o ser e o não-ser da intenção do contribuinte", "intentio factis" e "intentio juris", "intenção de evitar a aplicação do regime tributário mais oneroso", "negócios falsos e mentirosos", "divergência da vontade real e a vontade declarada", e tantas outras que servem de exemplo ao apego à estrutura volitiva – o querer por detrás do dever – que precede a norma.

No plano das presunções, veremos o parágrafo único buscando criar hipótese jurídica presuntiva com base em critério extrajurídico: intenção de economizar tributo no ato. Ora, as atividades costumeiras das empresas comerciais com o fim de pagar menos impostos são tomadas em conta como fatos presuntivos. Por indução, fala-se em prática comercial evasiva ou evasão fiscal propriamente dita. Esta, por sua vez, encontra-se relacionada com os atos evasivos de forma a representar a regra geral do que *geralmente* acontece, instituindo a probabilidade evasiva como fato hipotético presumido. Este, por raciocínio dedutivo do legislador ou aplicador, leva à instituição do fato evasivo que, uma vez relacionado ao fato jurídico ilícito em sentido estrito, faz recair no sujeito que economizou tributo regra tributária sancionatória. O fato evasivo, nessa ocasião, figurará como fato provável, fazendo deste fato jurídico ilícito. Em representação gráfica, a hipótese presuntiva em planos de planejamento fiscal ficaria representada da seguinte forma:

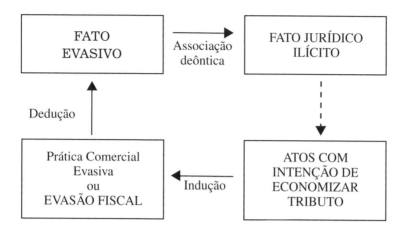

A esse respeito, tenhamos que, no domínio do direito, não há como conceber a ideia *intenção* como critério delimitador da juridicidade – licitude ou ilicitude – de um ato jurídico posto pelo particular e, por meio dela, desconsiderar o ato do particular. A palavra, embora traga com ela aquele ar venerando das objetividades, não corresponde, exatamente, a critério apto para significar juridicamente. Reforcemos que entre os fatos presuntivos e fato jurídico em sentido estrito não há como conceber correlação de enunciados de ordens diferentes: este, do domínio jurídico; aquele, do psicológico. A correlação semântica entre estes signos, para fins prescritivos, há de estar jungida no campo do direito, sendo inadmissível que se tomem emprestados fatos outros, não cognoscíveis ao ordenamento jurídico justamente porque estão fora dele. Ora, o direito só conhece aquilo que está na forma de estrutura proposicional deôntica, composta por um antecedente e um consequente. Nada existe no campo prescritivo da ordem posta que não seja norma, ou melhor, que não esteja na forma de regra jurídica. Este é o caso da presunção do elemento volitivo considerado pela norma antievasiva.

Firmemos que o direito inadmite presunção *extrassistêmica* especialmente no campo dos ilícitos. Pensar de outra forma seria abalar as estruturas constitucionais, rompendo com a própria noção sistêmica da ordem tributária. Nessa atitude, jogam-se para o alto a repartição constitucional, os princípios de direitos fundamentais do contribuinte como segurança jurídica, certeza de direito, liberdade, legalidade, bem como outorga à Administração Pública carta branca para qualificar, à sua maneira, a vontade do particular ao produzir determinado negócio jurídico, e, a partir dela, construir a ilicitude como bem entender. Autorizar isso é negar todo o esforço legislativo produzido pelas Casas Legislativas até hoje.

A propósito, vale asseverar, ainda que a breve trecho, que planejamento tributário, em essência, é um dado pré-jurídico, mas a expressão vem sendo utilizada, muitas vezes, como norma individual e concreta resultante de atividade negocial produzida pelos particulares. Nesse sentido, é retomada, vezes sem conta, na expressão *elisão fiscal*. Relevando a plasticidade do conceito *planejamento* no trato com a matéria, tenhamos que é, reconhecidamente, atividade psicofísica do contribuinte em projetar, cronologicamente para frente, protótipos de norma tributária que tenha por objetivo economia fiscal. Nessa medida, tem o intérprete total direito em planejar seus negócios da forma que mais lhe aprouver, estando constrito aos ditames constitucionais da segurança jurídica, legalidade em matéria tributária, tipicidade e devido processo legal apenas e tão somente quando verter o resultado dessa atividade em norma jurídica válida no sistema. Ao amoldar o *planejamento tributário*, em oposição ao conceito acima descrito, tal qual *elisão fiscal* vem sendo assumida, aquele e esta serão tidos por ato válido e lícito para todos os efeitos no ordenamento brasileiro.

Justamente para atender às estipulações dessa índole é que *finalidade da elisão*, apontada na exposição de motivos da LC 114/01 como critério propulsor à atividade administrativa para desconsiderar o negócio, mediante presunção da ilicitude, não poderá ser entendida como elemento volitivo do ato para fins de servir como parâmetro na apreciação de questões relativas a esse instituto. Assim entendendo, estar-se-ia a caminho da corrupção do princípio da legalidade pelo subjetivismo da volição que não é próprio do direito posto. Finalidade, ao ser considerada pelo direito positivo, desgarra-se do subjetivismo que lhe é elementar para se tornar *inter-relação*, e, nesse ponto, deixa de ser *intenção* para se encontrar como norma de direito posto. Porta em si noções de valor superior de sistema, que exige, no ato elisivo, adequação (i) à segurança jurídica; (ii) à estrita legalidade do fato à norma; e (iii) à tipicidade, motivo pelo qual o pensamento presuntivo acima descrito é inapto para fazer anular ato juridicamente perfeito sob a pretensa intenção de economizar tributo por vias ilícitas. Nesse ponto, é preciso dizer enfaticamente que está na linha diretiva da Constituição Federal a estrutura de fundo de cada ato administrativo componente desse procedimento.

Quanto aos limites objetivos da competência administrativa em desconsiderar o negócio jurídico, verificou-se haver uma dupla proibição: (i) os ditames supremos da Constituição; e (ii) a norma prescrita no art. 110 do CTN. É pela leitura em conjunto desses preceitos que se tornam efetivos os limites competenciais para desconsiderar o ato negocial produzido pelos particulares para fins fiscalizatórios, ficando negado, o poder legiferante que extrapole sua capacidade, por motivos de conveniência e adequação. Por esse modo, o desconsiderar negócio jurídico está intimamente relacionado à figura da anulação no direito positivo. É, portanto, atividade vinculada nos estritos termos da lei. Ao desconsiderar o negócio jurídico, a autoridade administrativa está limitada a tornar nulo o ato negocial somente no universo do subdomínio tributário, ou seja, para fins fiscalizatórios; porém, a despeito da extensão dos efeitos em direito admitido para a anulação e para a desconsideração, eles têm o mesmo resultado: o desaparecimento do ato no universo jurídico determinado.

É vedado à autoridade pública desconsiderar negócio jurídico sob fundamentos extralegais, presumindo a ilicitude do ato, com base em fato(s) presuntivo(s) de índoles outras que não jurídicas, tal qual os argumentos de cunho econômico – economia fiscal – ou mesmo psicológicos – a verdadeira vontade do ato. O fato típico ilícito (fato em sentido estrito), apto a conferir capacidade à autoridade administrativa para anulação do negócio jurídico, em planos estritamente tributários, é constituído por três critérios que devem estar objetivamente relatados em lei e descritos no ato de desconsiderar o negócio jurídico: (i) fato normativo típico ilícito; (ii) dolo do contribuinte na elaboração do negócio jurídico; e (iii) finalidade jurídica ilícita no ato.

O fato normativo típico ilícito por sua natureza penal tributária e sua condição de tipo tabular impede o uso de presunções no ato individual e concreto pela Fazenda. A ilicitude deverá sempre ser observada na forma estrita, taxativa, não sendo admissível aplicar a ela extensão por via de pensamento analógico. Da mesma forma, o dolo do contribuinte na elaboração do negócio jurídico não pode ser objeto de presunção. *Dolo não se presume; prova-se sempre e sem exceção*. É o direito, pelo modo tabular, que indicará as composturas concretas do dolo em cada situação, inadmitindo, com fundamento nas garantias constitucionais, a presunção do dolo e de sua correspectiva ilicitude para fins de aplicar penalidade em ilícito que, em realidade, não ocorreu. Por último, finalidade ou motivação jurídica ilícita no ato é também preceito tabular que deve ser taxativamente disposto de forma a não alargar amplitude de norma sancionatória além dos domínios da verdadeira ilicitude.

Por todo o exposto, a caracterização de quaisquer desses elementos por meio presuntivo, para o fim de incumbir a conduta ilícita a agente que procedeu a atos negociais em busca de uma economia fiscal, é inaceitável em um sistema de garantias constitucionais como o nosso. A ilicitude, o dolo e a intenção de fraudar dependem da comprovação efetiva das notas apontadas por lei – prova cabal –, inadmitindo portanto que se presuma a ilicitude do fato com base em elemento intencional ou psicológico desconhecido pelo direito. É, pois, vedado à autoridade administrativa presumir ou provar por meio de "indícios" (que nada mais é que uma não prova) o dolo com o objetivo de constituir a ilicitude do negócio privado. Nesse caso, vale asseverar que a imposição do Texto Maior impede o uso de presunção na conjuntura do parágrafo único, de modo que o ato administrativo que tenha por fundamento este preceito e que vise desconsiderar ato jurídico é norma que deve ser expulsa do sistema, pois descumpre dispositivo fundamental da ordem tributária. Em apertada síntese, vê-se que é somente dentro desses limites que será possível assumir a viabilidade prática da regra contida no parágrafo único do art. 116 do CTN perante nosso sistema constitucional brasileiro.

4.2.2. Pedido de anulação do fato presumido pelo contribuinte

A contrapartida do ato de desconsideração do fato presuntivo pelo contribuinte é o pedido de anulação do fato presuntivo constituído pelo Fisco. E o sujeito passivo pode fazê-lo mediante processo administrativo ou judicial.

No âmbito administrativo, relevemos que, enquanto a fase do procedimento é marcadamente fiscalizatória e apuratória, e tem por resultado o lançamento propriamente dito, o processo administrativo fiscal se insurge somente após o nascimento do crédito tributário, seu pressuposto necessário, mediante resistência do contribuinte à pretensão do Fisco. A revisão pelo executivo de seus atos se dá em face de *recursos administrativos*, que, conforme disposição do art. 151, III, do CTN, é nome genérico que identifica todos os meios que os administrados podem utilizar para provocar o reexame do ato praticado pela Administração Pública. No gênero, incluem-se: (i) *impugnação administrativa*,[16] que ocorre em primeira instância, quando o contribuinte se insurge contra uma autuação. Há quem chame este recurso de *defesa* ou *reclamação administrativa*,[17] justamente pelo

---

16. A expressão é geralmente usada no plano federal. É o que se depreende do enunciado do art. 14 do Decreto 70.235, de 6 de março de 1972, que dispõe sobre o processo administrativo fiscal, e dá outras providências: "A impugnação da exigência instaura a fase litigiosa do procedimento".
17. O termo encontra-se mais usado em plano estadual, tal como ocorre na legislação do Estado de São Paulo, ou mesmo em âmbito municipal.

fato de que é aqui que o sujeito passivo *reclama* seu direito ou *se defende* do lançamento ou do ato de aplicação da penalidade, tempestivamente apresentada, provocando o exame da legalidade do ato; (ii) *recurso* voluntário, apresentado em segunda instância ao novo CARF, que substituiu o antigo Conselho de Contribuintes; (iii) *recurso* ordinário, também de segunda instância, mas interpelado no Tribunal de Impostos e Taxas (TIT) contra decisão administrativa de primeira instância; (iv) *recurso especial* com hipótese de específicas de cabimento na Lei Federal e Estadual; (v) *pedido de retificação de julgado*, sentido estrito da palavra, toda forma de oposição a atos administrativos específicos no curso do processo administrativo, consistentes em decisões proferidas pela Administração, indicando o *pedido de reexame e modificação da decisão*. Todos têm em comum a discussão da legalidade do ato administrativo. No presente estudo, não nos interessa analisar como se procede a cada um desses recursos administrativos, mas voltar nossas atenções às regras gerais do processo e seus efeitos jurídicos em face do ato presuntivo impugnado.

Entendendo-se por *jurisdição* a atividade estatal destinada à solução de conflitos, em oposição à autotutela, admite-se que, mediante processo administrativo, o Executivo pode exercer, atipicamente, função jurisdicional. É lá que irá regular conflitos de interesses patrimoniais entre Estado e cidadão.

Ao impugnar o ato presuntivo do Fisco mediante recurso administrativo, o contribuinte obterá efeitos *devolutivo* e *suspensivo* da matéria: *devolutivo*, uma vez que a matéria impugnada/recorrida será reapreciada pelo Poder Executivo; e *suspensivo*, porque, nos termos do art. 151, III, do CTN, fica suspensa a exigibilidade do crédito tributário.

O processo, como todo procedimento jurisdicional, deve observar o fundamento do devido processo legal, conforme previsto no art. 5º, LV, da CF, assegurando o contraditório e a ampla defesa, com os meios e recursos a ela inerentes. Entre outros efeitos, essa jurisdicionalização há de fazer prevalecer: (i) garantia do duplo grau; (ii) princípio do contraditório como meio de exercício do direito de ampla defesa; e (iii) princípio do efeito vinculante para a Administração das decisões finais nele proferidas.

Ao impugnar o fato presuntivo, lembremos que o contribuinte, nos termos da redação atual do art. 16, § 4º, do Decreto 70.235/72,[18] que disciplina o processo administrativo tributário federal, deverá apresentar o(s) documento(s) que faça(m) prova de que aquele fato inexiste ou existe sob outras formas. Esta é também a redação do preceito veiculado pelo art. 20 da Lei 10.941/01,[19] que disciplina o processo administrativo do Estado de São Paulo, prescrevendo que devem ser cabalmente demonstradas essas situações excepcionais (§ 1º) para a desconstituição do fato jurídico presuntivo ou presumido.

O contribuinte também tem a opção de se insurgir contra o ato jurídico presuntivo do Fisco em âmbito judicial, fazendo-o mediante: (i) impetração de mandado de segurança repressivo ou (ii) ação anulatória de relação jurídica.[20] São as vias

---

18. "[...] a prova documental será apresentada na impugnação, precluindo o direito de o impugnante fazê-lo em outro momento processual, a menos que: a) fique demonstrada a impossibilidade de sua apresentação oportuna, por motivo de força maior; b) refira-se a fato ou a direito superveniente; c) destine-se a contrapor fatos ou razões posteriormente trazidos aos autos."

19. "[...] as provas deverão ser apresentadas juntamente com o auto de infração e com a defesa, salvo por motivo de força maior ou ocorrência de fato superveniente."

20. Quanto à ação de anulação de relação jurídica, aproveitemos as lições de Júlio Mariz de Oliveira: "[...] meio de provocação do Poder Judiciário, a ser proposto pelos interessados contribuintes ou terceiros em face da Fazenda Pública ou de entidades parafiscais com vistas a desconstituir o lançamento ou os créditos constituídos nos termos do art. 150 do CTN, sejam decorrentes de obrigação tributária ou de descumprimento de deveres instrumentais tributários ou provenientes de penalidades advindas de normas secundárias tributárias ou, ainda, na hipótese de decisão administrativa denegatória de restituição nos termos do art. 169 do CTN. O provimento jurisdicional desta ação possui, pois, conteúdo constitutivo negativo ou meramente constitutivo, na hipótese especial do art. 169 do CTN" (Ação anulatória de débito fiscal. In:

judiciais que, em regra, propiciam que o contribuinte demonstre a ilegalidade do ato por presunção viciada por erro de fato ou de direito.

Sabemos que o juiz de direito não pode corrigir o lançamento, convalidando-o. Poderá apenas anulá-lo. A anulação pode ter como causa erro de fato ou erro de direito. Na primeira hipótese, o ato jurídico presuntivo terá defeito interno, isto é, trará prova inapta para certificar o fato jurídico que dá ensejo à relação tributária. A utilização inadequada das técnicas linguísticas de certificação dos eventos é causa de defeito na motivação do ato ou na descrição do motivo do ato. Na hipótese de ser expedido ato de lançamento ou de aplicação de penalidade sem que os fatos jurídicos relatados encontrem suporte na linguagem das provas, referido ato estará maculado na *motivação*, um dos elementos intrínsecos ao ato administrativo, sendo vício na norma individual e concreta insusceptível de saneamento, devendo o juiz, portanto, expulsá-la do sistema. Também não há que falar em convalidação pela apresentação de prova em momento posterior. A norma individual e concreta deverá nascer perfeita em vista de todos os seus elementos intrínsecos. Erros atinentes à manipulação dos arranjos linguísticos empregados na composição dos enunciados do fato antecedente da regra-matriz de incidência não podem ser "corrigidos" pelo contribuinte ou "convalidados" pelo Fisco. Da mesma forma, os erros na correta adequação do fato à norma. Cabe ao juiz de direito declarar tal expulsão mediante o procedimento previsto em lei.

CONRADO, Paulo César (Coord.). *Processo tributário analítico*. São Paulo: Dialética, 2003. p. 76-77). Entre outros efeitos da ação anulatória, vale destacar ainda aqueles indicados por Paulo César Conrado: "as anulatórias de debito fiscal podem conter, ademais dessa sua particular eficácia, um típico 'projeto declaratório': julgando-a procedente, o Estado-juiz não apenas feriria a norma individual e concreta já produzida, mas também proibiria o Estado-fisco, em condições fácticas e normativas idênticas, de novas autuações" (Idem, ibidem. p. 232).

4.3. Processo decisório do Poder Judiciário em face de conflito da norma presuntiva e outras regras do sistema

Antinomia é o nome que se dá ao fenômeno no direito de existência de duas normas que, em seu conteúdo, são conflitantes entre si. Como sistema prescritivo de condutas, o ordenamento as admite, tanto é assim que nele mesmo há regras para dirimir os conflitos antinômicos tais como a do art. 2º da LICC, como já observado anteriormente. Ocorre entre normas, em todos os seus diferentes tipos.

Ao falarmos dos critérios que fundamentam a solução de antinomias, lembremos que são eles sempre *normas de estrutura*, isto é, proposições que não prescrevem diretamente as condutas sociais, mas, ao contrário, falam da forma de regulação das próprias prescrições, como um verdadeiro enunciado gramatical. Nelas iremos encontrar previsões como as que determinam:

(i) os órgãos do sistema;

(ii) os expedientes formais necessários para que se editem normas jurídicas válidas no ordenamento;

(iii) o modo pelo qual são elas alteradas e desconstituídas; e

(iv) a forma de combinação dos vocábulos e das expressões para produzirmos enunciados, isto é, fórmulas oracionais com sentido.

No processo da formulação normativa, em termos individuais e concretos, encontramos o lugar em que os conflitos antinômicos se apresentam e devem ser decididos, ainda que estejamos diante de antinomias reais. Aqui, não há escapatória: o direito deve dar resposta ao problema, independentemente de previsão expressa ou não. Todos aqueles que portam o título de autoridade competente devem dar solução aos casos apresentados, de tal maneira que "[...] o juiz, o legislador, o intérprete que não é órgão de Estado, *devem suprimir* a *contradição* entre normas do mesmo sistema positivo".[21] E a solução de incompatibilidade pode ocorrer com a eliminação de ambas as normas entre si, em casos de proposições contraditórias; ou a escolha de um só dos enunciados normativos, em situações de regras contrárias. Ainda, quando inexistir norma ou lei extralógica para dar-lhes saída jurídica, caberá a eles também encontrar solução com fundamento *no sistema*, ou melhor, na interpretação sistemática. É o que lhe impõe o direito ao Poder Privado (art. 4º, LICC), ao Poder Judiciário (art. 126, CPC) e ao Poder Executivo (art. 108, CTN). E não poderia ser diferente, pois "validade/não-validade são valores-de-enunciados (ou proposições) entre os quais não pode haver conflito contraditório".[22]

A figura surge, efetivamente, naquela situação em que a retórica prevalece acima de tudo, lugar em que de um lado se admite a tese; de outro, a antítese, e dá-se, ao fim, a síntese de tudo pela autoridade competente: o processo, esteja ele em âmbito administrativo ou judicial. É no processo, pois, que encontramos o lugar do *contraditório*. E, se tomarmos esta última palavra em seu sentido lógico, verificaremos que é o lugar onde ocorre a decisão, pois, reiteramos, normas são "*contraditórias* quando não podem ser ambas verdadeiras nem ambas falsas".[23] O nome, portanto, é excelente para expressar o momento exegético do direito no processo: é o instante da decisão jurídica, lugar em que o intérprete autêntico declarará a verdade de uma e somente uma das proposições a ele apresentadas. E o faz decidindo.

Sabemos que o processo decisório efunde sua influência por todas as províncias do direito positivo. Na verdade, mais que isso, transparece em todos os atos dos seres humanos. Estamos a todo momento decidindo. O processo decisório,

---

21. VILANOVA, Lourival. *Estruturas lógicas e o sistema de direito positivo*. São Paulo: Noeses, 2005. p. 182.
22. Idem, ibidem, p. 187.
23. BOBBIO, Norberto. *Teoria geral do direito*. São Paulo: Martins Fontes, 2008. p. 166.

contudo, é algo intrassubjetivo. Dá-se na forma de convencimento interior, em que aquele que interpreta a lei se posiciona perante o caso em concreto, tendo em vista suas sensações e seus sentimentos em face da percepção que se lhe apresenta em seu íntimo de uma dada situação. Somente mediante ato de fala é que a decisão sai da esfera do subjetivismo e torna-se objetivada. É nessa última que adquire caráter intersubjetivo, condição própria de todos os atos do direito. Aliás, na ordem jurídica, não há nada que não seja intersubjetivo, pois o ordenamento regula condutas entre pessoas e não se confunde com a moral, que é o âmbito próprio das concepções intrassubjetivas.

Feitas essas considerações, parece-nos perfeitamente justificada e coerente a adoção de processo administrativo ou judiciário como o lugar do contraditório e, logo, do ato de fala que exterioriza a decisão jurídica da autoridade competente, instituindo resposta jurídica para as situações conflituosas que dão causa à lide. E é na interpretação, como já vimos, que o exegeta encontrará soluções aos problemas da ordem jurídica, até porque, nos dizeres de Norberto Bobbio, "um dos objetivos da interpretação jurídica era também o de eliminar as antinomias".[24]

Vimos que nos casos de antinomias aparentes a regra extralógica do art. 2º da LICC é suficiente para apresentar boa solução ao caso, aplicando-se-lhe ora (i) critério da cronologia, ora da (ii) hierarquia, ora da (iii) especialidade da matéria. No entanto, na hipótese de inaplicabilidade desses critérios ou aplicabilidade de dois desses cânones, como resolver o caso? E, se direitos e garantias individuais estiverem em jogo, qual solução dar ao problema? E, ainda, vale acrescentar outra problemática que tange à questão dos direitos sociais em planos tributários e que deve ser respondida ao final. Muitos autores, partindo da diferenciação entre regras e princípios, dizem de

---

24. BOBBIO, Norberto. *Teoria geral do direito*. São Paulo: Martins Fontes, 2008. p. 228.

pronto que no conflito entre, de um lado, uma regra e, de outro, um princípio, considerando hipótese de inaplicabilidade do art. 2º da LICC, há que prevalecer o princípio, pois ele é de superior hierarquia em comparação à regra: preserva-se um valor e não uma mera prescrição.

Não sobeja repisar que a homogeneidade sintática das normas e a estrutura hierarquizada do direito são cânones que servem para nos dar segurança no lidar com o direito. Regras e princípios são normas e, como tal, têm a mesma composição sintática (antecedente e consequente ligados por um vínculo deôntico). O valor semântico do princípio de fato eleva-o ao patamar de norma de superior hierarquia. Contudo, o exegeta há que ter em mente que as regras buscam fundamento em outros princípios. Servem como verdadeiros limites objetivos que realizam os valores que lhe serviram de fundamento de validade. Tudo isso para dizer que são também valores, conquanto aparentes tão só na implicitude de seus textos. Portanto, no conflito entre regras e princípios não há que fazer prevalecer de pronto o princípio em detrimento da regra. Ao intérprete pede-se que encontre o princípio que fundamentou aquela regra e a partir daí fazer a ponderação entre os valores envolvidos na causa, optando ao final por um em face do outro. Logo, a questão da solução antinômica neste caso não diz respeito a regra e princípios, mas a valores, devendo o exegeta, mediante interpretação sistêmica, revelar aquele que deve prevalecer por imposição do direito como um todo.

Em breve comentário, cravemos, em conclusão, que, em quaisquer situações de conflitos entre normas presuntivas entre si ou regra de presunção e qualquer outro enunciado jurídico, o direito haverá de dar solução por decorrência dos dispositivos dos arts. 4º da LICC, 126 do CPC e, no específico ramo do direito tributário, do art. 108 do CTN. O critério adotado nessa tarefa exegética do aplicador deverá ser sempre *de direito*, e nunca fora dele. Nas antinomias aparentes envolvendo normas presuntivas, o problema é facilmente dirimido pelas imposições de ordem extralógica apresentadas pelo art. 2º da

LICC. Nas hipóteses de antinomias reais, por sua vez, o exegeta há de tomar nota que, de um modo ou de outro, conflitos jurídicos envolvem sempre embate de valores. Com isso, o intérprete deve, mediante método sistemático de análise do direito, reconhecer qual o valor defendido pela proposição presuntiva e aqueloutro na norma que lhe é contraditória ou contrária e, diante de exame sistemático, verificar qual deles deve prevalecer.

Relevemos que as presunções são mecanismos excepcionais em domínio tributário, e, ao serem assumidas pelo direito para fins fiscais, devem ter seu fim ou sua finalidade juridicamente justificadas (valor-fim). O fim da norma presuntiva é o próprio valor por ela perseguido, como pudemos observar no Capítulo 6 da Parte I deste trabalho. A diretriz axiológica envolvida na prescrição da regra presuntiva exige, por isso mesmo, rígido controle, avaliando se aquele valor-fim se encontra não somente no ato ponente da presunção, observando-se se o fim colimado na norma se afina à perfeição com a própria finalidade do sistema como um todo, mas também em todos os atos que se sirvam daquela como seu fundamento de validade. E esse vetor valorativo pode ser expresso sob as mais variadas formas, como (i) evitar evasão fiscal; (ii) diminuir os gastos públicos na tarefa de fiscalização; (iii) preservar a estabilidade do sistema; (iv) garantir eficácia à arrecadação; etc. Cada qual, dependendo do caso em concreto, fará ressaltar um ou outro valor, tais como justiça, igualdade, certeza do direito, entre outros. Isto não quer dizer que apenas este ou aquele conteúdo axiológico esteja no ato. Pelo contrário. Os valores nunca se manifestam isoladamente, podendo apontar para mais de um cânone superior. Entretanto, haverá sempre um valor predominante, estando neste, portanto, o aspecto axiológico que o exegeta deve levar em consideração nesse embate normativo.

No confronto entre regras presuntivas contrárias ou contraditórias entre si ou entre elas e outras normas de direito é imprescindível que seja localizado esse valor proeminente da norma presuntiva e daqueloutra que lhe é conflitante e, a partir dessa primeira análise, realizado o encontro entre os conteúdos axiológicos em jogo, a decisão jurídica fará irromper aquele que lhe será superior na situação apresentada. A hierarquia entre os valores é dada, portanto, pelo exegeta que, avaliando o peso desses enunciados superiores em planos sistêmicos, fará a opção por um ou outro, organizando a estrutura escalonar desses conteúdos. Não há pois normas vencedoras, a presunção "ganhando" espaço no direito em detrimento de outro enunciado, o que há é, sim, o arranjo desses cânones superiores, segundo a exegese sistêmica.

Transportando-se isto para o quadro dos direitos sociais tributários, frise-se que garantias individuais estarão sempre em jogo, e que a solução do problema pede ao exegeta a opção pelo valor que, em sua concepção, melhor reflete a *cultura* do direito tributário envolvido. A *interpretação sistemática*, nesse ponto, vem confirmar ser o modelo por excelência de interpretação da ordem prescritiva e que, nesses específicos casos, comparece como a forma inevitável para se buscar a solução *jurídica* do problema da presunção em face dos direitos sociais tributários envolvidos.

Eis, neste breve trabalho, a tentativa de delinear os problemas interpretativos no direito, apontando os diferentes casos conflituosos no aplicar das normas presuntivas e suas soluções. Aqui buscou-se racionalizar o processo interpretativo e decisório desses embates normativos que envolvem presunções, elucidando, por métodos exegéticos consistentes, as diversas formas de dar resposta jurídica aos problemas trazidos nos processos administrativos e/ou judiciários.

Conclusões

1. Para a Filosofia clássica, a presunção, associada à metáfora, é uma noção substitutiva, originária de um juízo antecipado e provisório, criado mediante um efeito de espelhamento e identificação entre uma coisa e outra, e produto de uma interação específica de significados heterogêneos, garantindo assim uma nova organização conceitual. Com isso, a Filosofia clássica define de forma puramente nominal.

2. Numa definição lógica, a Nova Retórica ou Teoria da Linguagem, apoiada na ideia filosófica de presunção, vai assumi-la como conceito relativo ao real, que se dá por uma espécie de acordo universal, com sistema de alcance que pode se apresentar mais restritivo (os fatos) ou mais geral (as verdades), uma vez que está sujeito a ser reforçada em termos argumentativos e tendo em vista a adesão do auditório (*páthos*).

3. Como atitude de aprofundamento às concepções trazidas da Teoria Geral da Linguagem, a semiótica vai ressaltar a condição comunicacional de toda figura presuntiva e, sendo assim, podendo ser cindida, ainda que em planos puramente epistemológicos, em enunciação, enunciação-enunciada, enunciado-enunciado, sujeito enunciativo, efeitos de ação, de tempo, de espaço e, por que não, de realidade.

4. Buscando definir a presunção segundo o papel que desempenha no sistema jurídico, a Teoria Geral do Direito a identificou como enunciados jurídico-prescritivos que têm sempre

um *quantum* de indutivo, tendo em vista que é um juízo dependente da experiência, fixa suas bases no real, admitindo um fato por outro, *como se fossem* um só, ou os mesmos.

5. No direito público, tais enunciados de fato só serão permitidos quando expressamente autorizados em lei. Em termos presuntivos, isto quer dizer que as presunções factuais são proibidas exceto aquelas legalmente permitidas. Em outros termos, os princípios ontológicos do direito público impõem ao Estado Nacional vedação fraca no uso das presunções.

6. No direito privado, as presunções buscam, de forma imediata, a facilitação da prova, e, de modo mediato, solução equitativa de problemas ou a certeza de determinadas relações jurídicas. Enquanto permissões fracas, o princípio ontológico do direito privado admite, na falta de regulação expressa, que os agentes privados assumam juridicamente melhor posicionamento perante a situação, desde que, é claro, não caia na esfera da ilicitude. Tem, portanto, todo o campo dos comportamentos *possíveis* e *não ilícitos* para se colocar perante o caso.

7. Na concepção linguística do direito, jamais pode se dizer haver extração de um enunciado – fato desconhecido ou consequência provável – de outro – fato conhecido. É o exegeta que, na sua tarefa hermenêutica, construirá a proposição normativa estabelecendo a causalidade jurídica entre eles, nos limites da sua competência e na forma prescrita em lei. Assim, toda presunção é norma que põe em relação dois enunciados, estabelecendo correlação lógica – e jurídica – entre eles, o que nada mais significa do que firmar a causalidade prescritiva da mesma.

8. A despeito da plurissignificação inerente à palavra, que, como vimos, apresenta 89 sentidos possíveis, a presunção é norma jurídica, seja ela assumida em seu sentido deôntico completo, ou como enunciado antecedente ou consequente.

9. Todos os significados da presunção são admissíveis. Contudo, pede-se que, para fins de prescrição, o exegeta não misture conceitos de ordens diversas, admitindo-os como sinônimos. E a vedação se dá em dois sentidos: tanto quando se estabelece

relação entre o jurídico e o não jurídico como quando entre dois ou mais segmentos diferentes de um mesmo universo prescritivo.

10. As acepções da palavra "presunção" no direito tributário são tantas quantas forem as premissas adotadas; são tantas quantos forem os pontos de vista assumidos, razão pela qual não se busca no momento dizer se esta ou aquela definição é correta, mas, sim, ao final, reforçar sua utilidade ou aplicabilidade em um trabalho que toma por base a teoria da linguagem.

11. Somente as presunções humanas podem ser assumidas como meios de prova, isto é, normas legais que dispõem sobre a forma de ingresso da prova ou veículo introdutores da prova de fato juridicamente relevante. As presunções descritas hipoteticamente em lei, por seu turno, são da ordem substantiva, prova *per si*, ou, em outros termos, conteúdo (constitutivo do fato) da prova.

12. A norma presuntiva pode vir sob três formas enunciativas: (i) como preceito que prescreve o meio; (ii) como regra que identifica o fim; ou ainda (iii) como lugar enunciativo em que se estabelece a associação jurídica entre meio e fim. As presunções são regras técnicas ou enunciados jurídicos que estabelecem o procedimento (meio) que viabiliza o alcance dos fins perseguidos pelo direito: regular condutas, garantir eficácia à arrecadação, evitar evasão fiscal, entre outros.

13. As presunções são exceções, admitem-se-nas apenas em face dos fins juridicamente previstos e que justificam seu uso. O ato presuntivo individual e concreto que deixar de olhar para este critério teleológico da presunção legal é enunciado eivado de ilegalidade, não podendo permanecer na ordem posta.

14. Na forma de raciocínio jurídico dedutivo, as presunções são linguagem competente e constroem o fato (síntese) a despeito de serem fundadas em premissas pouco seguras (i) ou com base na mera probabilidade (ii). Nesta acepção, são verdadeiros entimemas, isto é, deduções silogísticas ou silogismo truncado, mas que, uma vez inseridos nos sistemas, são fortes o suficiente para objetivar uma dada ocorrência factual.

15. As presunções são processos lógicos, mas, para o ordenamento, apenas são assumidas quando discursivizadas em linguagem, quando emitido pela autoridade competente enunciado em que de um fato conhecido se infere fato desconhecido. O texto enunciado é ele mesmo o produto do processo. Um não é sem o outro; este pressupõe aquele e vice-versa. A dicotomia processo/produto nos repreende a pensar um sem o outro. Não há processo sem produto, nem produto sem processo.

16. É preciso ponderar o instituto segundo dois distintos momentos comunicacionais: um que acontece em âmbito social (processo-enunciativo-factual), como ocorre entre as partes no processo judicial, e outro em âmbito jurídico (processo-enunciativo-normativo), quando ditado por autoridade competente, seja ela do Poder Executivo-administrativo, Judiciário, Legislativo ou, até mesmo, do campo privado, quando assim o disser a lei. Está no relacionamento entre estes dois universos que se constituem o amplo contexto das presunções.

17. A presunção fora do direito ou protopresunção é uma estrutura peculiar do mundo social, que ainda não integrou o sistema normativo como unidade jurídica de significação, mas tem pretensão ou potencial de ingressar nele. Faltam-lhe os requisitos de norma, que só quando transpor a parede que separa esses mundos, do ser ao dever-ser, os adquirirá. Não são atos normativos, mas atos sociais de comunicação factual.

18. A presunção *dentro do direito* ou enunciado presuntivo normativo é unidade jurídica de significação, pertinente ao sistema normativo. Para tanto, exige que o sujeito enunciativo seja autoridade competente para positivar a proposição jurídica.

19. A linguagem prescritiva, ao empregar o método presuntivo para regular condutas, utiliza sua linguagem em duas funções: (i) função fabuladora, quando exercida pelo legislador em momento enunciativo de criação normativa; e (ii) função metalinguística, quando praticada pelo aplicador do direito no processo em momento de articulação dos enunciados prescritivos.

20. Não há como definir presunção, sem interconectar três conceitos: ato, procedimento e norma. Portanto, inexiste ato presuntivo sem um procedimento específico que o estabeleça, como também não há nem ato e procedimento de presunção, sem norma que a prescreva.

21. No âmbito da teoria da linguagem, a presunção será observada segundo seus momentos enunciativos. O processo enunciativo das presunções, enquanto enunciação, é ato social que se encontra fora do direito. Só adquire relevância jurídica quando ingressar, por meio de norma, em linguagem competente. Por isso mesmo é que a presunção não está na decisão, mas, sim, no ato de fala que a verbaliza em linguagem competente.

22. Entre a norma que institui as presunções legais e sua enunciação-enunciada se dá relação internormativa: a primeira, norma presuntiva substantiva (introduzida); a segunda, regra procedimental e veículo introdutor da presunção. Já nas de caráter humana a enunciação-enunciada aparece como antecedente constituinte do próprio enunciado presuntivo. Sua análise intranormativa mantém correlação imediata com o enunciado-enunciado.

23. A presunção legal é a norma que institui no ordenamento a existência (validade) de um fato desconhecido ('F') mediante outro fato conhecido ('A') ou ocorrências outras – condições ('X'), ('Y') e ('Z') – que levam a crer no acontecimento do fato ('F') em um dado tempo e espaço. Diferentemente, nas *hominis*, o juiz decide de acordo com suas convicções, estabelecendo o próprio modo e os critérios que acomodam sua convicção de ocorrência do fato. O fato presumido introduzido é a própria conclusão do raciocínio indutivo produzido pelo aplicador do direito, modo de positivação este que se constrói embasado sobre premissas que proporcionam não prova convincente da verdade de sua existência, mas algumas provas ou alguns indicativos de que aquela realidade de fato é possível e existente.

24. Presunção como pressuposto é elemento que forma a completude do ordenamento jurídico. É ato ilocucional, ordem prescritiva de conduta. Institui a impossibilidade de discussão

direta da condição de validez daquela previsão legal, instaurando a cumplicidade fundamental entre legislador e jurisdicionado. As presunções sistêmicas podem ser assumidas como pressupostos de direito.

25. Presunção como suposto é a admissão por hipótese de algo. É aquilo que subsiste per si ou que está na substância, aquilo por debaixo ou posto no lugar do outro. A presunção suposta não é o sobreposto nem o posto, mas aquilo que está debaixo do posto, ou melhor, posto no lugar do outro.

26. Presunção como subentendido é aquilo "que se entende, mas que não foi expresso" ou "aquilo que se pensa ou se deduz, mas que não foi dito ou escrito". São assumidas como intenções do dito. É ato perlocucionário. É o que ocorre nas presunções introduzidas em termos factuais pelo aplicador. Nessas hipóteses, cabe à autoridade competente, em suas razões, justificar (retórica) a opção por esta ou aquela decisão adotada, sob pena de ela não ser considerada válida – existente/aceita – no direito, e, mesmo assim, garantir o contraditório e a ampla defesa.

27. O enunciado jurídico institutivo da presunção hipotética tem por premissa a generalidade empírica, isto é, um 'Fa', alguns 'Fa', a relação de causalidade empírica entre um 'Fa' e um 'Fb' ou qualquer outra associação que se faça em termos extrajurídicos. Logo, as premissas se encontram fora do direito. A conclusão, por sua vez, é juízo que poderá vir a ser jurídica ou não, dependendo de ser enunciada em linguagem competente, ou seja, pela autoridade e procedimento prescrito em lei.

28. Na distinção entre presunção legal e humana, enquanto na primeira o raciocínio indutivo tem como sujeito da enunciação o legislador e o procedimento é a própria forma de positivação da norma geral e abstrata na lei (em sentido amplo); na segunda, a indução é resultado do pensamento do aplicador do direito, que, na ausência de regra jurídica expressa aplicável ao caso em concreto, e havendo o poder-dever de decidir o problema jurídico, forma da lei, o exegeta deverá, verificados os fatos 'F1', 'F2', 'F3', 'F4' ou o que ordinariamente acontece,

pela verossimilhança ou probabilidade, inferir a ocorrência do fato 'F5'. Num caso ou no outro, o pensamento indutivo está sempre na base do raciocínio de qualquer tipo presuntivo.

29. O raciocínio indutivo, positivado pelo legislador, uma vez construído na forma de norma jurídica, é fundamento aceito como ponto de partida para o pensar dedutivo do processo de positivação. Enquanto aquele, indução, é fonte do direito, isto é, estabelecendo diálogo entre o não jurídico e o jurídico, este, dedução, é fruto da própria autopoiese do ordenamento, mantendo-se estritamente nos domínios jurídicos, isto é, articulando-se somente mediante estruturas de seu universo. É um processo de positivação ordinário, que se dá tal qual os outros.

30. Tanto presunção quanto fato jurídico em sentido estrito são signos deônticos, isto é, com relevância para fins de regular condutas. Em sua composição sígnica, todavia, referem-se a objetos diferentes, motivo pelo qual não podem ser postos como sinônimos, ainda que, no processo de positivação, se encontrem em relação. O fato jurídico em sentido estrito é objeto imediato que tem o evento como seu objeto dinâmico. Na presunção, por seu turno, o fato presumido é objeto imediato, enquanto o fato presuntivo figura como seu objeto dinâmico.

31. Na qualidade de signo que é, a presunção apresenta essas três características: representando um fato (fato jurídico em sentido amplo como significado), faz surgir na mente do intérprete a noção daquele fato (significação), externando-se mediante um documento escrito (suporte físico).

32. Pauta fiscal não é sanção, e sim mecanismo presuntivo excepcional de apuração da base de cálculo de tributo. Não está no sistema para fins de subverter os valores reais da operação.

33. Arbitramento em si mesmo considerado não é presunção nem sanção; é mera forma de apuração do valor a título de tributo.

34. Nos preços sugeridos por fabricantes e/ou industriais, modo presuntivo de regulação do critério quantitativo da regra-matriz, os valores sugeridos e os preços atribuídos à operação

futura devem ter relação de existencialidade necessária, isto é, uma condição que leva a crer de forma precisa e quase certa sobre a existência do fato futuro do modo como preceituado.

35. Estimativa é forma presuntiva de positivar a base de cálculo de determinado tributo. Não é sanção, mas forma de apurar a base de cálculo, segundo uma técnica instituída em determinado regime jurídico de exceção. E é excepcional tendo em vista que todo regime de estimativa requer motivação fáctica que faça exigência desta forma de apuração. Só é admitido quando, por decorrência da hipótese jurídica escolhida pelo legislador e por conta de imposições pragmáticas, não for viável fazer apuração das informações necessárias para a determinação da base de cálculo do tributo. A base de cálculo estimada não pode ultrapassar o valor real da operação ou mesmo o preço de mercado, *quanta* que funcionam como teto máximo à média estimada.

36. A Fazenda Pública presume ocorrência de fato jurídico incerta e futura, predeterminando o valor a ser recolhido por estimativa. Efetivado o fato, o contribuinte deverá, ao final do período em lei estabelecido, apurar os valores efetivos pagos nas operações que realizou. A Administração pode presumir a ocorrência do fato desde que seja garantido efetivo e integral ressarcimento dos valores pagos a maior, isto é, sendo fácil, prática, incondicionada e absoluta sua devolução.

37. Na presunção, inexiste verdadeira substituição, no sentido de que se tira um fato para colocar outro em seu lugar. A substituição aqui só pode ser assumida como relação de cunho implicacional entre fatos. Nessa acepção, é vínculo existente entre fato jurídico em sentido estrito e fato jurídico em sentido amplo (ou fato presumido).

38. Toda prova encerra numa presunção de veracidade de outro fato, sendo sempre indireta e indiciária. As regras presuntivas, nas suas duas formas, não dispensam a prova, mas deslocam o objeto da prova para a comprovação de seus próprios critérios compositivos. No campo dos tributos, o Fisco

não pode presumir sem fazer prova do fato presumido ele mesmo. A presunção não dispensa a prova. Enquanto linguagem competente, a prova é sempre indispensável no âmbito factual, o que inclui os fatos presumidos inclusive.

39. Presunção é procedimento lógico-dedutivo que o direito autoriza para a formação, em linguagem competente, de fato jurídico, fazendo-o mediante associação deste a um outro fato, este sim objeto da prova nos autos. Logo, é ela prova, ou melhor, conteúdo de prova (ou enunciado introduzido de prova), tal como se dá nas presunções postas pelo legislador; ou meio de prova, i.e., veículo introdutor de enunciado de fato, como ocorre nas presunções instituídas pelo aplicador. Por outro lado, os conceitos de indício e de presunção se relacionam na medida em que, sendo linguagem, tais enunciados, quaisquer que sejam seus nomes, não tocam o objeto, apresentando-se ambos somente de forma indiciária, em seu sentido semiótico de signo, índice de um conceito maior que é o próprio fato social.

40. Nas presunções, a probabilidade é seu fundamento racional. Comporta dois campos: (i) uma decisão da ordem emocional e (ii) um julgamento de probabilidade do domínio da lógica. As presunções se apoiam na lógica para se firmarem como verdadeiras. A inserção da probabilidade se dá apenas enquanto enunciação-enunciada ou marcas deixadas no discurso que permitem reproduzir em termos intelectivos o processo enunciativo e as motivações que o levaram à presunção do fato.

41. Presunção e ficção são técnicas prescritivas que têm por objetivo modificar a realidade diretamente conhecida. Sendo verossimilhança o fundamento da presunção, é possível se insurgir contra o preceito presuntivo alegando desvinculação da norma que a institui àquilo que realmente acontece, declarando-o improcedente.

42. Equiparação é norma de direito material que atua no enunciado antecedente, permitindo ao exegeta associar fatos distintos, mas que, a despeito de diferenças, guardam entre si similaridades que podem ser de ordem primária, configurando

presunção, ou secundária, performando ficção. Desse modo, equiparar pode ser tanto presunção quanto ficção. As hipóteses ficcionais de equiparação são proibidas em âmbito fiscal. No campo presuntivo, só são vedadas as hipóteses de equiparação que resultarem no modificar das materialidades competenciais na CF/88. É vedado equiparar, ainda que sob a forma presuntiva, em matéria sobre: I – suspensão ou exclusão do crédito tributário; II – outorga de isenção; e III – dispensa do cumprimento de obrigações tributárias acessórias.

43. As presunções determinam os órgãos do sistema aptos a presumir (enunciador competente) e os expedientes formais necessários para que editem, alterem ou desconstituem normas jurídicas válidas no ordenamento (procedimento competente). É norma que autoriza *substituição* de um fato conhecido por outro desconhecido, fazendo-o mediante critério similitude, juridicamente escolhido, que funcionará como razão suficiente para estabelecer a semelhança e relação (de causa e de efeitos) entre dois fatos. A analogia é, pois, meio interpretativo próprio das presunções, uma vez que tem por fundamento *argumentum a simili* juridicamente posto. Diferentemente da extensão analógica, a interpretação extensiva, em seu sentido estrito, não é aplicável às presunções para fins de produzir os efeitos próprios da presunção, quais sejam tomar um fato pelo outro em vista de critério de semelhança. Se assim não o fosse, o simples admitir da interpretação extensiva seria uma autolimitação ao próprio presumir. Em outras palavras, a presunção é norma jurídica que requer trabalhar com argumento *a simili*, por meio de inclusão de classe. Em termos de tipificação, requer a forma-de-construção necessariamente, modos tipológicos que permitem esse mecanismo de substituição de um fato (F') pelo outro (F'') mediante critério de semelhança essencial. Logo, ao presumir, estamos no domínio da regra geral inclusiva, sempre, não se lhe aplicando a exclusiva.

44. O costume não ingressa no direito desordenadamente. Insere-se mediante regra que o prevê como parte integrante da ordem. É na figura do aplicador do direito, na forma das

presunções humanas, que as regras sociais deixam de ser costume fora do direito para constarem como normas consuetudinárias de conteúdo jurídico. No sistema brasileiro, há formulação mista de heterointegração. Os enunciados do art. 4º LICC e 126 do CPC estabelecem dispositivo geral de internalização das práticas consuetudinárias prescrevendo, na implicitude do texto, que *o costume vige em todas as matérias não reguladas pela lei*. Contudo, determinados domínios comportam exceções. A vedação de cobrança de tributo sem lei que o respalde, informando expressamente todos os critérios que compõem o fato jurídico e a relação entre Fisco e contribuinte, é princípio informador do ordenamento fiscal. O que o sistema tributário permite é, sim, que os costumes sejam usados como hipótese de exclusão de punibilidade, em face da regra *in dubio pro reo*, trazida no Texto Supremo. A Administração não pode cobrar tributo mediante prática reiterada.

45. A norma presuntiva requer que o conhecimento e a competência para este fim não ultrapassem o domínio das possibilidades e dos acontecimentos comuns, conforme ressalva o art. 335 do CPC. Quando a prova do fato depender de conhecimento técnico, é vedada a presunção de fato pelo aplicador, como bem ordena o art. 145 do CPC.

46. As presunções, como todo enunciado de linguagem, pedem uma decisão e um julgamento de probabilidade. Na ordem posta, todavia, mais que isso, requerem ato de fala especiais, também conhecidos no campo jurídico como normas. Aqueles raciocínios dedutivos, levando a concluir que um fato aconteceu no ordenamento, somente passará a ter validade jurídica quando enunciados na forma de norma, i.e., com aparência de regra de direito.

47. A ontologia da presunção a toma como seu objeto. Observa-a como norma, unidade de sentido deôntico completo que compõe o ordenamento. É ela mesmo, pois, objeto cultural, observado pelo sistema jurídico mediante ato de compreensão, e segundo o método empírico-dialético. Já ao falar em objeto da presunção estuda-se a direção constitutiva desses tipos

normativos. O raciocínio presuntivo se volta ao fim de constituir o fato jurídico em sentido amplo para, em seguida, estabelecer liame deste com o enunciado factual antecedente da norma prescritiva e imputar àquele os efeitos jurídicos deste. A cronologia apresentada, a despeito da aparente sucessividade, é de caráter lógico, e não cronológico.

48. A presunção institui a verdade lógico-jurídica. Por este termo, deve-se entender, portanto, aquela que mantém um mínimo de correspondência com o universo empírico, apta a gerar consenso entre os sujeitos de direito, para fins de se tornar útil o suficiente para regular condutas e alterar a realidade social. Sua condição poliédrica, contudo, pede seja dada maior vigilância ao caráter lógico do enunciado normativo que a institui, pois assim finca a condição de verdade do fato em critérios objetivos de delimitação.

49. Em sentido lógico, o valor da presunção é *status* de pertinencialidade da norma no sistema: regra válida ou inválida. Em planos semânticos, é o sentido de fato possível constituído em face de uma dada realidade cultural, axiologizada segundo os valores de uma coletividade historicamente localizada ou exteriorização de certas preferências ou certos conteúdos em face da ideologia daquele que interpreta. E, por último, no campo pragmático, o valor é sua função, assumida enquanto meio, e a finalidade da norma presuntiva, tomada ao modo de fim em si mesmo considerado, isto é, motivo, em senso imediato ou mediato, que justifica a prescrição da conduta. As presunções são sempre mecanismos de exceção, colocados no direito por questões de ordem essencialmente pragmática.

50. Na qualidade de validação condicional, cumpre às presunções: tipificar os elementos substanciais do suposto de fato; suprir deficiências probatórias; reduzir os elementos essenciais que na realidade se prestam inexatos ou incompreensíveis; criar facilidades procedimentais para os agentes públicos encarregados da fiscalização e arrecadação de tributos; evitar a investigação exaustiva do caso isolado; simplificar arrecadação; e favorecer a tarefa de arrecadação tributária e sua subjacente

atividade fiscalizadora. Ao tipificar, presumindo, os elementos substanciais do suposto de fato que dá causa à relação tributária, o legislador supre os requisitos de forma necessários para que se dê o ingresso, mediante subsunção do fato à norma (tipo legal), dos enunciados factuais.

51. É vedado às presunções reduzir, eliminar ou evitar os critérios imprescindíveis e/ou essenciais para a caracterização do fato jurídico tributário, sob pena de, com isso, criar excesso de exação, enriquecimento sem causa, violação à propriedade, efeitos confiscatórios, etc. Também, ao criar facilitações ao ente público na constituição do fato jurídico tributário, cumpre-se respeitar o princípio da isonomia, bem como do contraditório, da ampla defesa e do devido processo legal, garantindo ao contribuinte o direito de se manifestar, impugnar e discutir sobre o que lhe é cobrado ou como lhe está sendo cobrado. Ademais, se for o caso, garantir o direito à restituição dos valores pagos antecipadamente.

52. O valor-meio (ou função) das presunções no direito tributário pode ser observado tanto no conteúdo, enquanto disciplina de direito material, quanto na forma, como matéria tangente ao domínio processual. Como valor-meio de direito material, as presunções funcionariam com o objetivo de: disciplinar o procedimento de construção de fatos jurídicos; tipificar os elementos substanciais do suposto do fato; reduzir os elementos essenciais que, na realidade, se apresentam inexatos ou inapreensíveis para o direito; conferir a determinado fato uma específica natureza jurídica; atribuir a um fato efeito jurídico próprio e/ou diverso do que em regra lhe seria conferido. No campo processual, apresentar-se-ia como modo de: (a) suprir deficiências probatórias; (b) evitar a investigação exaustiva do caso isolado; (c) dispensar a colheita de provas difíceis ou mesmo impossíveis em cada caso concreto ou aquelas que representem ingerência indevida na esfera privada do cidadão; (d) instrumentar e dar início ao procedimento administrativo tendente à apuração de eventual ocorrência de fato imponível e imputação dos respectivos efeitos; (e) diminuir o arbítrio do

juiz quanto ao critério de apreciação das provas; (g) evitar dificuldade excessiva na produção de provas; (f) facilitar ao juiz a decisão das questões de fato; entre outros.

53. Entre os valores-fins das presunções, encontramo-las no sistema para (i) simplificar a arrecadação, (ii) favorecer a tarefa de fiscalização, (iii) simplificar a gestão tributária como um todo; de outro, como mecanismos (a) contra ou em repressão a fraude à lei fiscal, prescritos para desencorajar os comportamentos do particular, tendentes à evasão fiscal, (b) preservadores do interesse público – sem que isso seja lido na forma de benefício integral à Fazenda Pública, mas, sim, como vantagem ao sistema jurídico tributário constitucionalmente estabelecido como um todo –, (d) ou mesmo do interesse social, isto é, da segurança das relações sociais (e) de concessão de benefícios fiscais, e outras tantas finalidades que se queiram delinear no sentido de buscar, mediante presunções, objetivo outro que não somente o arrecadatório.

54. Para o direito, numa concepção positivista, tudo é norma. Ademais, observando o ordenamento como sistema de linguagem, veremos que tudo também é fruto do raciocínio, pois a linguagem, articulada pelo homem, é constitutiva do mundo ele mesmo. Logo, a distinção entre presunção legal e humana com base em ser esta prescrita em lei e aquela, fruto do raciocínio humano, é incorreta.

55. Uma boa classificação pede um e somente um elemento por atitude classificatória. Ao assumir dois critérios distintivos – força probatória e definitividade da realidade jurídica construída –, verificamos haver duas posturas exegéticas num só tempo, razão pela qual há necessidade de reservar instantes hermenêuticos distintos para cada um deles. Assim não se procedendo, perde-se todo o instrumental lógico das classificações, resultando em definições truncadas, sem rigor e descompassadas com um discurso que se pretende sério e científico.

56. A classificação, quanto à relação estrutural com o sistema, acha as presunções na forma de requisito de *performance*, de

efetividade ou de eficacidade das normas jurídicas e do ordenamento como um todo. Foram instituídas na ordem posta por imposições de ordem pragmática, sem as quais o ordenamento seria verdadeiro caos. No direito público encontram-se presentes determinadas regras presuntivas que garantem o bom funcionamento do sistema jurídico. São as chamadas *presunções sistêmicas*. Tais estruturas funcionam para garantir a certeza e a segurança jurídica do ato do executivo ou legislativo, até que, porventura, seja questionada sua validez e, em nome de um sobrevalor – justiça –, seja declarada pelo Judiciário sua expulsão do sistema. Por isso mesmo, funcionam como verdadeiros princípios pragmáticos. Já aquelas que não cumprem tal função serão entendidas por não sistêmicas.

57. Vimos que o raciocínio presuntivo se constitui mediante o entrelaçamento de uma série de enunciados que, cumulativamente, instituem a presunção do fato. Toda presunção requer dois níveis de relacionamento objetal; e todo objeto pode ser repartido em imediato e dinâmico.

58. No primeiro nível presuntivo, dá-se a relação entre fato presumido e fato(s) presuntivo(s). Este figurando como objeto dinâmico daquele, seu objeto imediato. Presume-se sempre numa generalidade organizada mediante raciocínio indutivo. Este primeiro nível associativo, para ser conhecido do direito, deve adquirir um segundo nível que o põe em forma de norma. Essa é a razão de o primeiro nível ser enunciado incompleto pertencente ao universo do social ou mesmo moral. E, sendo linguagem fora do direito, é protopresunção.

59. É no segundo nível objetal que as presunções assumem corpo de proposição jurídica para a ordem normativa. A composição do fato jurídico em sentido amplo depende do liame objetal de primeiro nível. Logo, fatos presuntivos e fato presumido só se tornam juridicamente relevantes quando reduzidos ao enunciado factual em sentido amplo e posto este último em relação com o fato jurídico em sentido estrito.

60. A presunção de terceiro nível é presunção da presunção, isto é, presume-se um fato a partir de uma presunção de outro

fato e a este se associa um novo ou outro fato jurídico em sentido estrito, fazendo recair consequência jurídica diferente daquela que se tinha em segundo nível. Tais enunciados são inaceitáveis para fins de criação de direitos e deveres, principalmente no âmbito dos tributos.

61. Outro critério classificatório toma como ponto de partida o tipo de enunciado normativo da presunção em seu ingresso no ordenamento. Assim procedendo, iremos não somente afirmar o caráter normativo das presunções, como também preservar a forma de sistema da ordem jurídica, como conjunto de normas, todas elas com a mesma estrutura sintática, a despeito de seus conteúdos heterogêneos, e todas enunciadas segundo uma recorrência de procedimentos enunciativos competentes em direito admitidos.

62. As presunções hipotéticas ou de enunciado presuntivo abstrato assinalam um tipo, constituído, ao modo de todos os outros modelos gerais e abstratos, por critérios que selecionam, no universo do social, as características relevantes do fato para o direito. É o legislador que, positivando, estabelece o liame de direito entre a presunção e a hipótese da norma que institui tributos. Não sobeja repisar que, compondo o fato presuntivo, não somente a presunção tem efeitos constitutivos, conferindo certeza ali onde não havia, como também, e em decorrência disso, estabiliza as relações jurídicas, diminuindo o campo de atuação interpretativo e imaginativo do aplicador do direito.

63. Introduzida pelo aplicador do direito, a presunção factual ou de enunciado presuntivo concreto é mecanismo que ajuda a compor o fato jurídico antecedente da norma individual e concreta e seu ingresso se faz no ordenamento na forma de facticidade jurídica de acordo com as imposições tópicas do caso.

64. Uma terceira classificação assume as alterações dos efeitos jurídicos pelos enunciados presuntivos. A presunção irrevogável é utilizada como forma compositiva de regime jurídico especial e só é permitida na ordem tributária quando previsto o direito de opção prévio no ingresso nessa sistemática. Feita a

opção, dá-se instituído o regime jurídico e irrevogáveis as normas produzidas no período em que o regime estiver em vigor.

65. Presunção de validade para a ciência do direito é axioma, proposição evidente sendo expressão do próprio organizar do sistema, enquanto modelo de reconhecimento das normas positivadas pelo sistema prescritivo. É máxima que inaugura a existência da regra no sistema, como algo admitido como pertinente a ele pelo simples fato de nele estar, ser e ter um modo de presença. É condição *a priori* das prescrições, ponto de partida das normas jurídicas.

66. No direito positivado – linguagem em função prescritiva –, ao dizer que a presunção de validade é pressuposta, antecipa-se a própria validade do enunciado prescritivo, sem nenhum questionamento prévio. A norma é admitida como válida até que se prove o contrário. É neste termo que observamos a presunção de validade como juízo antecipado, conjectura do juridicamente válida, que, em razão de sua superficialidade, admite prova que a negue. Nesse ponto, é preciso dizer enfaticamente que sua existência é anterior a qualquer confirmação de autoridade, e, como tal, enquadra-se perfeitamente como pressuposto de validade atribuído pelo sistema prescritivo às suas unidades.

67. Do ponto de vista estático, as presunções pedem sejam assumidas na forma de norma, posta em lei e que têm por efeito jurídico a extensão da consequência normativa de um enunciado factual a outro. Sua condição normativa, contudo, não retira suas qualidades de raciocínio presuntivo.

68. Tanto no domínio da lei quanto no dos atos jurídicos, as presunções aparecem para o ordenamento somente na forma de enunciados introdutórios de hipótese ou fato jurídicos em sentido amplo. Não estão aptas a sozinhas prescrever conduta. É pois enunciado jurídico incompleto. Só quando este, em instante logicamente posterior, for associado ao fato jurídico em sentido estrito é que se faz a completude da proposição jurídica. O fato antecedente da regra-matriz de incidência,

portanto não é o fato presumido. Continua sendo o fato jurídico em sentido estrito.

69. Como norma primária, as presunções podem aparecer como regra substantiva hipotética ou regra sancionatória primária ou sanção administrativa. De fato, toda presunção posta pelo legislador é norma de direito substantivo, pois, mesmo que alterável em outro momento, é constitutiva de fato e de realidade jurídica, signos aptos a fazer desencadear, com a norma jurídica em sentido estrito, o prescritor e, assim sendo, regular ações humanas.

70. No segundo caso, a sanção administrativa, a despeito do emprego do termo, não é sanção em seu sentido processual, envolvendo vínculo entre Estado e Partes. É norma primária que se justapõe a outra norma primária – a regra-matriz –, ambas entrelaçadas, lógica e semanticamente, a específica norma secundária, esta sim a única que prescreve a sanção propriamente dita. Exemplo disso é a regra de responsabilidade.

71. Quanto às normas presuntivas secundárias, existem dois tipos no campo das presunções: como norma técnica ou como sanção.

72. As normas técnicas no direito são verdadeiros imperativos que se dirigem às atividades para a execução dos fins. Seu sentido técnico é tão somente aquele que prioriza o meio. E, nesta linha, as presunções comparecem como modelos do procedimento instituído para a constituição do fato presumido e fazer incidir a norma jurídica em sentido estrito. Eis o sentido didático das regras sobre presunções que, justamente por tais estipulações, comparecem como regra de regra ou norma de estrutura que se volta ao próprio código. O sentido procedimental das presunções é o que lhe confere seu significado operativo, atribuindo-lhe *status* de regra técnica.

73. A presunção como norma sancionatória secundária é perfeitamente possível no ordenamento jurídico brasileiro para dar origem a ilicitudes por meio de presunções postas pelo legislador em lei. Contudo, não basta serem legalmente admitidas.

A ilicitude tributária, presuntivamente criada, prescinde de uma determinação na forma de tipo.

74. Inexistindo o tipo, elas podem ajudar a caracterizar a infração, antecedente da regra secundária, mas nunca ser elas mesmas a pena juridicamente cominada. Uma coisa é a finalidade antievasiva, outra é a ilicitude tributária. Tais institutos não se confundem. A estipulação de uma finalidade especial à norma em âmbito tributário, a título de controle, não significa imposição de penalidades.

75. Ao dissociar os papéis dentro do direito, identificam-se as presunções conforme o objeto imediato de sua prescrição: as normas de estrutura presuntivas fazem parte daquele subconjunto de proposições que estabelecem como outras regras devem ser postas, modificadas ou extintas dentro de certa ordem, atribuindo competência a determinados agentes para substituir ou alargar os conceitos normativos para fins de prescrever conduta. Não são metassistemáticas, mas, em senso oposto, são uma reafirmação do ser sistema de direito.

76. Nessa acepção de regra de estrutura, muitos doutrinadores a assumem como norma de competência ao intérprete autêntico do direito, atributiva de poderes em decidir segundo o que ordinariamente acontece nos casos em que a lei for omissa. Neste trabalho, a despeito de envolverem matéria de competência, as presunções não são assumidas como regras atributivas de poder normativo ao aplicador elas mesmas. Para tanto, temos a norma geral inclusiva. Esta, sim, cumpre o papel de fundamento de validade formal para que o intérprete autêntico prescreva o fato presumido associando-o ao fato jurídico em sentido estrito. Cremos, pois, que a presunção de fato se mostra como veículo introdutor que tem por fundamento de validade (formal) a norma geral inclusiva. A existência de nomes distintos para essas proposições auxilia a localização da unidade de que falamos e a identificação de seus sentidos unitários e suas particularidades deônticas. Logo, ainda que relacionadas em alto grau, é de suma importância separá-las para fins científicos e proceder à análise isolada de cada qual.

77. A despeito de sua incompletude, toda presunção instituída pelo legislador é norma de conduta, que se apresenta como proposição que identifica os critérios jurídicos necessários para construir o fato em linguagem competente nos casos em concreto.

78. No plano geral, o critério conta com a abrangência dos efeitos jurídicos da regulação entre os sujeitos de direito. Só pode ser geral a norma presuntiva geral e abstrata e aqueloutra geral e concreta. No primeiro caso, é introduzida pelo legislador. No segundo, é produzida pelo aplicador, servindo como meio de prova, veículo introdutor de enunciado de fato. E o atributo geral, no mundo das experiências, não tem pretensões universais. Já, no domínio lógico, a generalidade anseia ser totalizante.

79. Propriamente, inexiste norma presuntiva individual e concreta, uma vez que, pelo legislador, a norma só ingressa como proposição individual e concreta e, pelo aplicador, ela somente se insere como veículo introdutor (enunciado geral e concreto) e, no primeiro caso, a regra da presunção posta pelo legislador, apresentando-se como norma geral e abstrata. Outra é a proposição individual e concreta dela decorrente, que nada mais tem de presuntiva. No processo de positivação da norma presuntiva posta pelo legislador, o que ocorre não é o nascimento de uma presunção, mas sim o modo tradicional de subsunção do fato à norma. O raciocínio que toma um fato pelo outro já se sucedeu no momento da enunciação da norma presuntiva. O que acontece nas demais situações é o processo de positivação ele mesmo.

80. Por seu turno, aquele enunciado construído pelo aplicador do direito é meio de prova, i.e., é proposição geral e concreta que faz introduzir em seu consequente o fato presumido. Este é a própria conclusão ou consequência do raciocínio indutivo produzido pelo intérprete autêntico. Não dá ensejo a norma individual e concreta presuntiva, mas, ao máximo, a um enunciado consequente que instaura o fato jurídico em sentido amplo. Seu caráter presuntivo já foi depositado na norma

introdutora do fato presumido, qualidade que é passada à norma individual e concreta institutiva da relação jurídica tributária.

81. Esta é a razão pela qual se atribui o caráter substantivo ou de prova aos enunciados inseridos pelo legislador, afinal somente mediante pensamento dedutivo (subsunção) é que se pode fornecer, em termos jurídicos, desde já, a prova conclusiva da ocorrência do fato para aquele universo. Como contraponto, as presunções emitidas pelo aplicador não são provas concludentes da ocorrência de um determinado evento. Fornecem algumas provas ou indícios suficientes que têm pretensão de provar o sucesso de um fato em face da verossimilhança ou probabilidade que têm com outros que lhe são associados pelo exegeta. A repetição das relações não é verificável na experiência, mas revela uma expectativa de previsibilidade, de probabilidade, de conhecimento prévio ou de certeza de que o evento ocorra ou tenha ocorrido.

82. Dentro de uma concepção positivista do direito, como a que se propõe neste trabalho, a natureza jurídica das presunções é normativa. Eis a razão de assumirmos presunção sempre em seu sentido normativo, ainda que se apresente nas suas múltiplas formas de positivação.

83. Nas presunções, os fatos nunca estão isolados. Sempre se implicam uns aos outros. Logo, a presunção não é fato simples, tampouco é fato jurídico ao sentido estrito da palavra. É metafato, consistindo em um fato (em sentido amplo) que alude a outro fato (fato alegado).

84. Não confundamos, porém, fato jurídico em sentido amplo, que caracteriza a presunção em termos denotativos, com o fato jurídico em sentido estrito. A presunção não está na regra-matriz. É norma que se dirige mediatamente a ela e com ela se relaciona de forma indireta. Igualmente, ambos não são nem dependem do evento ele mesmo para se colocarem juridicamente. Fazem referência a diferentes signos, por isso mesmo são conceitualmente diversos: neste, o fato é o signo

do evento; enquanto naquela, a presunção é signo do próprio fato jurídico tributário.

85. Essa relação de proximidade conceptual entre fatos presuntivos e fato jurídico em sentido estrito é o que distingue, juridicamente, presunção de ficção. Para o raciocínio presuntivo ser válido, é imprescindível que entre estes enunciados factuais se mantenha coerência de sentido, de tal modo que se associem em face de similitudes primárias ou da essência do objeto. Quanto mais o fato jurídico em sentido estrito se afastar dos fatos presuntivos, menor será o seu valor constitutivo de presunção, o que, por outro lado, a tornará cada vez mais próxima da ideia de ficção. A distância conceitual produz esse efeito de irrealidade, de ausência de probabilidade, descaracterizando a presunção enquanto tal e aproximando-a do conceito de ficção. Nas presunções, a permanência forte deste liame entre fatos presuntivos e fato jurídico em sentido estrito é o que dá força constitutiva e de certeza jurídica às estruturas presuntivas, permitindo sejam usadas no domínio do direito tributário inclusive. É o vínculo que confere um fechamento de coerência ao raciocínio presuntivo, admitindo-o a partir daí como enunciados aptos a constituir fatos, verdades e certezas jurídicas.

86. Diferentemente das ficções, as presunções são admissíveis para prescrever ilicitudes no campo dos tributos. Entretanto, cabe somente ao legislador positivar a regra presuntiva mediante determinação do tipo factual na forma hipotética. E, mesmo assim, tal preceito só é válido quando for garantido o direito do devido processo legal, ampla defesa e contraditório.

87. Ao aplicador, todavia, não se permite presumir ilicitude no caso em concreto. Sem lei anterior, identificando os critérios da hipótese presuntiva, inexiste crime por presunção; sem prévia cominação legal de pena, inexiste sanção presuntiva. E a proibição envolve da mesma forma o uso de interpretação analógica. O direito tributário penal pede que o fato seja inequívoco para fins de aplicar as penas cabíveis ao contribuinte, como interpretação decorrente da leitura em conjunto dos

incisos II e **XXXIX** do art. 5º da CF/88. O aplicador para o ordenamento é inapto a criar novas obrigações ou novos direitos, principalmente quando estiver no domínio das ilicitudes. Logo, presunções factuais são inadmitidas no plano dos ilícitos.

88. Simulação é todo ato humano que pretende parecer ser algo que, sabe-se, não o é, mas gera efeitos nos outros como se o fosse. Em outras palavras, é a declaração enganosa, que quer instaurar o engano justamente para obter consequências diversas daquilo que o ato é em verdade. A divergência entre a vontade real e a declarada se acha juridicamente relevante quando infringir a lei, tal como preceitua o art. 166, VI, CC/02, ou quando houver abuso de direito, ao modo do art. 187 CC/02, ou ainda quando desautorizar a função social da empresa, conceito este doutrinário. A teoria do propósito negocial quer manter vivos esses postulados, mostrando que a realidade não deve ser parecida com aquela em lei admitida; mas deve sê-lo efetivamente e na forma da lei, diploma este que existe para ser aplicado em sua plenitude. Dois são os critérios que caracterizam o ato simulatório: (i) substância do negócio jurídico e (ii) nexo de causalidade entre o intuito simulatório e seu resultado fiscal.

89. O Texto Maior apresenta a planta fundamental em que devem estar embasadas todas as situações presuntivas. Estão nela, Carta Magna, a forma de adequação e a possibilidade destes institutos perante as garantias e valores constitucionalmente defendidos.

90. Fatores que instauram a certeza do direito no campo das presunções são a delimitação e a seleção pelo legislador de características precisas, e que devem ser provadas, pelo aplicador, para a constituição do fato jurídico. Cite-se também a precisão dos vocábulos da lei ou a fixação dos sentidos pelos Tribunais Superiores, evitando vaguidades, dubiedades e incertezas das palavras usadas nos textos jurídicos. Todos estes são movimentos no ordenamento no sentido de instituir certeza de direito, esteja ela em nível sistêmico ou em plano normativo individualmente considerado. Se a tipificação da norma

presuntiva, de um lado, traz certeza ali onde não há, instituindo limites objetivos ao aplicador do direito, que não pode presumir senão com base (e fundamento de validade) naquilo prescrito pela regra presuntiva.

91. De outro lado, todavia, é mecanismo que traz incertezas, pois, partindo da premissa de que o ato/fato é possível, enuncia elementos descritivos de outros atos que lhe estão próximos, mas que não são representativos do ato/fato propriamente dito. No âmbito da certeza, as presunções apresentam-se, portanto, com esse caráter dúbio: afirmando e negando, a um só tempo, a certeza do direito.

92. As presunções podem e devem ajudar a compor o tipo factual, mas não devem, *per se*, ser fundamento legal específico para criar um fato X, de acordo com materialidade Y e compositivo de um tipo Z. Assim procedendo, a incerteza seria geral, pois a materialidade ou a tipologia tributária em si mesma considerada seriam desnecessárias, uma vez que o legislador teria carta branca para, mediante presunção, recriá-las reformulando os aspectos estruturantes da norma de incidência tributária.

93. Quanto mais específica e determinada for a regra presuntiva, mais previsíveis serão os atos jurídicos dela decorrentes e, por consequência, mais segurança jurídica haverá na positivação da norma. Com isso, os intérpretes do sistema jurídico, que fazem surgir novos direitos e deveres na aplicação das proposições jurídicas, são em certo grau tolhidos de seu poder criativo, devendo submissão não somente aos procedimentos institucionalizados, como também aos próprios conceitos em lei positivados.

94. Nessa linha, quanto menor for a amplitude semântica dos enunciados dos fatos presuntivos e do fato jurídico em sentido estrito, menor será o campo dos objetos possíveis por eles abarcados, o que gera maior precisão à regra presuntiva posta. As presunções tanto mais e melhor prescrevem um fato quanto menor o número de fatos diferentes indicar. É imprescindível

para tanto que se faça prevalecer o rigor semântico no uso das palavras, respeitando seus sentidos de origem, tanto da língua portuguesa quanto das especificidades jurídicas da matéria disciplinada.

95. É fundamental que o exegeta empreenda o método de restringir ao menor número de fatos diferentes que a regra presuntiva possa indicar. Somente aquelas que, sem subterfúgios interpretativos, possam ser associadas tranquilamente umas às outras que poderiam ser enquadradas como aptas a esta ou aquela presunção. Por precisão terminológica, frise-se, são essenciais as características reconhecidamente próprias do objeto ou aquelas indicadas em lei, nada mais do que isso. Ademais, é este fechamento semântico entre fato jurídico em sentido estrito e fatos presuntivos que forma o liame da norma presuntiva e que a valida para fins prescritivos.

96. Mesmo com o apoio da tipologia dos fatos presuntivos, é perfeitamente possível observar mudanças no conteúdo da presunção: pela variedade de acepções das palavras utilizadas na constituição do tipo; pela mutabilidade do sentido desses termos ao longo da história; pela própria variação da ideologia de quem interpreta. O exegeta da norma presuntiva não só pode, como deve acompanhar essas modificações semânticas dos critérios que compõem o tipo presuntivo, mas deles não pode extrapolar. Isto é, não se reduz à literalidade do texto, mas nela deve permanecer.

97. Não deve o interesse ou conveniência da arrecadação se colocar sobre o valor da segurança e da certeza jurídica no campo das presunções. Deverá, sim, proceder a uma inversão dessas ideias, fazendo prevalecer a segurança jurídica sem, contudo, deixar de preservar o interesse público, tanto no sentido das presunções trabalharem em benefício da eficiência e comodidade administrativa quanto ao modo de defenderem as garantias constitucionais do contribuinte. O que não pode é admitir por interesse público mero propósito arrecadatório, deixando entre parênteses os direitos e garantias individuais do sujeito passivo da relação tributária e as próprias

finalidades extrafiscais pelas quais foram criadas as presunções: reprimir sonegação.

98. Como imposição das regras competenciais, a norma presuntiva geral e abstrata deve trazer os elementos essenciais para a caracterização do fato, identificando-os na esfera de suas materialidades constitucionalmente estabelecidas. Ou seja, o legislador não pode por meio de presunção criar ou trazer novos fatos a uma hipótese extrapolando o conceito trazido na materialidade da Carta Magna.

99. Em termos gerais e concretos, na modalidade presunção de fato ou humana, a norma inclusiva é sobremodalizada pela regra competencial, não sendo possível que, mediante analogia ou interpretação extensiva, o exegeta se afaste da materialidade posta no Texto Maior, instituindo fato novo. Tal atitude importaria em ampliação inconstitucional da esfera da competência mediante alteração do conteúdo da materialidade do fato ou do alcance dos conceitos, constitucional ou legalmente previstos.

100. A legalidade material volta-se para o legislador para o fim de exigir-lhe a positivação em lei de todos os critérios da regra-matriz de incidência, esgotando na norma os dados necessários à identificação do fato jurídico antecedente e consequente. Com isso, não se admitem à autoridade poderes extras para, num segundo momento e em termos discricionários, determinar se alguém deverá ou não pagar tributo em face de uma dada situação. Tal legalidade deve estar completa no exato momento da edição da lei que instituiu a presunção. É por este motivo que a diretriz da legalidade é também entendida em âmbito fiscal como o princípio da estrita legalidade ou ainda da tipicidade estrita ou cerrada, afinal integralmente assumido no campo das presunções. A maneira mais restritiva de positivar os tipos é a forma taxativa. Assim, o preceito taxativo é o que melhor se ajusta às formulações de ordem presuntiva, reduzindo a atuação imaginativa do aplicador do direito.

101. Para o aplicador, a legalidade material comparece como exigência de perfeita subsunção do fato à norma. É previsão

que inibe subterfúgios interpretativos que possam criar hipóteses de direitos e deveres onde inexistem, tal como ocorre na interpretação extensiva ou da analogia, mecanismos que confrontam as noções de tipo tributário e taxatividade dos tributos. É fundamental que no ato de positivação da norma geral e concreta presuntiva seja feita a verificação objetiva, em linguagem das provas em direito admitidas, da existência de todos os critérios impostos em lei no fato jurídico (em sentido amplo). No enunciado probatório, deverá estar comprovada a ocorrência da ação presumida num dado tempo e espaço. Esta é a consequência inarredável do cânone de que tudo deve estar na lei e nos moldes como previstos por ela.

102. Não havendo previsão hipotética legal expressa e específica, é vedado ao Fisco o emprego da analogia para resultar na exigência de tributo não previsto em lei, como bem o prescreveu o parágrafo 1º do art. 108 do CTN. Logo, inexistindo previsão literal criando tributo, não pode o Fisco introduzir presunção do tipo factual por analogia ou, quem assim também o entender, por interpretação extensiva, alargando o conceito de lei para fazer incidir a regra-matriz no caso em concreto. As presunções do tipo factuais são inadmitidas para fins de exigência de tributo não previsto em lei.

103. Na subsunção do fato à norma, cabe ao aplicador observar não os fatores econômicos presentes no ato presuntivo, mas restringir-se aos critérios jurídicos, constitutivos da hipótese normativa, ainda que presumidos pela lei. Questões de ordem econômica não mais estão em jogo no plano da aplicação do direito. O ordenamento jurídico não toma emprestada a realidade econômica para incidir na ordem social.

104. A legalidade formal é exigência de veículo introdutor de norma idôneo. No âmbito do texto constitucional, a Carta Magna prescreve procedimentos diferentes para conteúdos diversos. Cabe ao legislador, no cumprimento da legalidade formal, perceber qual enunciado foi introduzido pela presunção e, por decorrência, verificar qual procedimento a ser realizado.

105. O aplicador do direito, por sua vez, para fazer prevalecer a legalidade formal, deve, no ato de positivação da norma jurídica geral e concreta (presuntiva) individual e concreta (relação jurídica), realizar o procedimento correto, preservando os aspectos intrínsecos e extrínsecos do ato jurídico perfeito.

106. De acordo com o princípio da igualdade, veda-se que se dê tratamento diferenciado em lei para situações que se apresentam iguais ou equivalentes. Da mesma forma, proíbe-se ao aplicador o livre-arbítrio para decidir juridicamente a causa, ora submetendo os sujeitos a um determinado proceder legal, ora a outro, como bem o entender. O princípio da igualdade pede constância e coerência no modo de se positivarem as normas. No domínio das presunções, as desigualdades produzidas por estas normas devem ter presente: (i) a necessária correlação lógica entre o critério de discrímen e a desequiparação pretendida; (ii) traço diferencial próprio do objeto ou nele residente; assim como (iii) faça prevalecer os valores resguardados pela Constituição.

107. A capacidade contributiva é garantia constitucional de não ser tributado além de sua possibilidade econômica. No domínio das presunções, em face do princípio da capacidade contributiva, é vedado ao legislador simplesmente transportar conceitos de outras ordens sem levar em conta seus sentidos e mecanismos de base, do sistema a que pertencem, assumindo-os no direito de forma deturpada. Incidindo tributo em situação fora do campo da materialidade escolhida como signo de riqueza, a lei, em verdade, institui não uma presunção de direito, mas uma ficção jurídica, tributando aquilo que não é desde sempre e que nunca poderia ser.

108. Ainda que a natureza do não confisco prejudique sua orientação objetiva no plano dos tributos, seu sentido axiológico é percebido topicamente, apresentando-se na situação concreta como forma nitidamente prejudicial à ideia de propriedade, razoabilidade da tributação e capacidade contributiva. É inadmissível que se tribute presumindo sem garantir o devido direito à restituição. A inexistência de preceito que

garanta tal devolução é fator suficiente para tornar inconstitucional a referida presunção hipotética.

109. É necessário que o vínculo de causalidade entre o meio presuntivo e o fim esteja de acordo com os valores constitucionais. A mera facilitação da atividade arrecadatória do Fisco não é causa suficiente para admitir sejam empregados enunciados presuntivos na formulação dos critérios da regra-matriz de incidência tributária. A presunção deve ser vedada, como causa de construção de enunciado jurídico sem-sentido ou em contrassentido à ordem posta, quando fizer prevalecer o meio em detrimento do fim. Deverá ser expulsa do sistema da mesma forma quando pelo método presuntivo agrave-se a situação do contribuinte, existindo outros meios para alcançar o mesmo fim sem que aconteça tal ônus. Ora, se por outras vias se pode atingir o mesmo objetivo, a presunção não deve prevalecer. Cabe ao legislador sempre escolher o meio menos gravoso para chegar ao fim jurídico desejado.

110. No plano factual, como imposição do princípio da proporcionalidade, é vedado o arbítrio pelo aplicador ao fazer ingressar enunciado presuntivo factual para fins tributários.

111. A irretroatividade aplica-se à presunção, nos seus dois tipos, em diferentes graus, dependendo da natureza da relação obrigacional envolvida. Pela observação das matérias tratadas pelas presunções e suas disciplinas específicas no domínio tributário, sujeitam-se tanto às imposições do art. 150, III, *b* e *c*, da CF/88 quanto à regra do art. 104 do CTN. Norma presuntiva que implica criação ou majoração de tributo não pode retroagir para tributar fatos passados.

112. No domínio dos enunciados factuais presuntivos, a retroação das normas presuntivas devem ser lidas associando-se os enunciados dos arts. 5º, XXXVI, XXXIX, e 150, III, da CF/88. A lei não veda ao aplicador a interpretação dos fatos segundo novos critérios jurídicos, mas proíbe que isso seja feito no exercício do lançamento. No âmbito das presunções, esse artigo só pode ser lido em consonância com o princípio da legalidade,

de modo que a presunção posta pelo aplicador, introdutória de uma nova exegese e, com isso, de nova forma de incidência, só será válida havendo lei autorizando tal sentido e respeitado o princípio da irretroatividade.

113. O lugar de constitutividade das presunções factuais é o processo, administrativo e judicial. Para que ocorra o sucesso dessa construção presumidamente feita pelo aplicador, é fundamental que o sujeito passivo observe os prazos e as formas procedimentais para fins de resguardar em sua plenitude o direito do contraditório e ampla defesa.

114. O legislador só poderá criar facilidades procedimentais por meio das presunções, se garantidos ao contribuinte o contraditório e a ampla defesa.

115. De fato, as presunções hoje são formas que dão causa ao procedimento administrativo tendente ao lançamento. Todavia, reforcemos, isso não significa que o fato tributário *per se* já esteja provado. Dar início ao procedimento quer dizer que a presunção produzida a partir dos documentos apresentados é inapta para sozinha fazer o fato se insurgir, positivando a relação de tributo. Logo, caberá no curso do processo vasta produção de provas do Fisco e do sujeito passivo para, ao fim e ao cabo, constituir o fato presumido, vinculando ao fato jurídico em sentido estrito e fazendo incidir a norma tributária.

116. Ninguém é obrigado a defender-se, de tal modo que a faculdade de participar do contraditório nas presunções é, portanto, direito disponível do contribuinte. Não o fazendo, a presunção relativa adquire força plena na constitutividade da realidade jurídica, tornando-se verdade jurídica em sua excelência.

117. O princípio da unicidade probatória, encontrando-se na implicitude do texto, é comando voltado ao aplicador no sentido de impedi-lo em assumir apenas meia prova de algo. Lido em conjunto com o método das contrapartidas dobradas, é ditame que veda a assunção de prova produzida pelo Fisco apenas na parte que lhe interessa a título de tributo sobre a renda.

118. Atuando no critério material, em seu complemento, o lucro presumido é regime jurídico especial criado por intermédio de um conjunto de presunções que o sustentam. Feita a opção pelo regime do lucro presumido, o fato jurídico lucro, que não se confunde com o fato contábil lucro, é obtido por presunção estabelecida hipoteticamente em lei. A renda tributada não é toda aquela auferida pela empresa, mas tão somente aquela obtida por percentuais fixos, conforme o disposto no art. 15 da Lei 9.249/95, não sendo permitida dedução de qualquer espécie (art. 42 do Decreto-lei 5.844/43) à diferença do lucro real. Ademais, não é possível contestar esse valor com a apresentação do lucro apurado pela escritura fiscal no fim do ano. A opção pelo regime jurídico implica renúncia, ou melhor, impedimento de discussão do fato jurídico e das bases de cálculo previamente estabelecidas em lei. Estamos diante do tipo presuntivo irrevogável ou constitutivo de regime jurídico diferenciado.

119. O uso que se dá ao bem imóvel (residencial ou não-residencial) para fins de o Fisco municipal lançar IPTU só ocorre por força de lei, e não de nova interpretação conferida pela autoridade tributária. Em outras palavras, é necessário que a legislação municipal regulamente o assunto por meio do texto legal, não cabendo ao Poder Executivo presumir o tipo do uso do bem imóvel e fazer incidir tributo. A presunção para fins de incidência do IPTU, nesse caso, deverá ser necessariamente do tipo hipotética, apresentando critérios jurídicos determinados em lei para fins de gerar crédito tributário em benefício da Fazenda.

120. A LC 87/96 e as respectivas leis estaduais, para fins de tributação do ICMS, presumem simbolicamente a entrada pela simples transmissão contratual do bem, assumindo o lugar do estabelecimento transmitente como elemento útil para demarcar o local da incidência. O raciocínio presuntivo positivado pelo legislador na figura da entrada simbólica tem como valor prático evitar que os contribuintes exerçam suas atividades operacionais sem extraordinários custos de transporte. A Lei deixa nítida a irrelevância da movimentação corpórea do bem comercializado.

121. A presunção do § 4º do art. 36 do RICMS/SP é do tipo hipotética, pois estabelecida abstratamente em lei, e relativa, uma vez que admite – e mais pressupõe – prova em contrário mediante apresentação de nota fiscal idônea. O fato presuntivo da operação interna tem dois efeitos jurídicos: é consequente da norma sancionatória, efeito imediato, e antecedente da nova regra-matriz estruturada com base na presunção, efeito mediato. Portanto, podemos admitir, nesse caso, o sentido sancionatório da presunção.

122. A presunção do tempo da morte presumida é relativa. Entretanto, só pode ser desfeita com uma nova declaração judicial que retira do sistema sentença declaratória de ausência ou de morte presumida (art. 9º, IV, do CC/02). Uma vez determinada pelo juiz sua existência jurídica, cabe ao Estado devolver os valores pagos a título de ITCMD, na conformidade com o art. 165 do CTN, assim como dos juros de mora e das penalidades pecuniárias, como se depreende do art. 167 do CTN.

123. A Lei 9.249/95, ao prescrever em seu art. 25 que se considerará disponibilizado o lucro no instante da distribuição dos dividendos na empresa exterior, modifica o conceito jurídico já existente, desnaturando-o pelo fator temporal, para fins de antecipar a tributação sobre valores que ainda nem se sabe quando serão ou mesmo se o serão efetivamente na hipótese de não serem repassados aos agentes no Brasil. Deslocando, pois, o fator temporal da hipótese distribuição de dividendos, torna, presumidamente, o fato futuro em fato presente, admitindo-o por renda disponível. Ao deslocar o instante do auferimento da renda, passa a tributar com base em presunção.

124. Equiparação dos estabelecimentos comerciais atacadistas, ou adquirentes de produtos importados, a industrial pela legislação do IPI é regra com intuito antielisivo. A norma presuntiva, além dos efeitos propriamente fiscais (arrecadatórios), tem também função extrafiscal de combater práticas evasivas e beneficiar determinadas pessoas que se aproveita dos efeitos positivos da cadeia de não-cumulatividade do IPI. Nesta hipótese, vê-se claramente que a competência do Fisco Federal

aumenta para além dos limites constitucionalmente estabelecidos. A desnaturação do termo, em face de uma interpretação sistemática do direito tributário, não pode prevalecer, devendo se declarar inconstitucional a referida equiparação.

125. O método do preço de transferência pretende determinar em lei critérios aptos a fixar, presumindo, o preço justo da transação, ou melhor, o valor razoável pela transferência de bens, direitos ou coisas entre empresas, independentemente de serem elas de um mesmo grupo societário ou por completo distintas. Atinge, pois, o critério quantitativo da regra-matriz de incidência dos impostos envolvidos, modificando o valor do tributo que lhe serve de base de cálculo. Para que a presunção hipotética se faça constitucional, é necessário que ela esteja de acordo com os princípios estabelecidos na Carta Magna. Sendo adotada como técnica que institui regime jurídico especial, também entendida como presunção absoluta, é imprescindível que seja assegurado direito de opção de escolha pelo contribuinte do melhor método aplicável ao seu caso em concreto. A opção, lembremos, é o que legitima a própria presunção institutiva de regime jurídico especial, nos moldes defendidos pelo sistema preceituado no Texto Maior. Inocorrendo a opção, inviável se torna assumir os métodos presuntivos em termos absolutos.

126. A Planta Fiscal do IPTU é norma presuntiva, que estatui valor, que poderia vir a ser, mas não é. Determina um *quantum* – fato conhecido – para substituir o preço real de venda – fato desconhecido – na posição sintática de base de cálculo na regra-matriz de incidência do IPTU. Tem em vista o preço provável, e não havendo outra forma de determinação, apura o valor com base nessa probabilidade. Assim, nesse caso, tomamos verdadeiramente a presunção como técnica para apurar o tributo, ressaltando pois a praticabilidade, em termos arrecadatórios, de seu uso.

127. A função prática da norma presuntiva no âmbito do IPTU, de todo útil para a autoridade municipal, não significa que ela pode fazer acriteriosamente, sem delimitações de direito. Claro

está que a base de cálculo estipulada em pauta não pode ultrapassar o valor real de venda do imóvel, superestimando o bem. Assim, comprovado pelo contribuinte excesso de exação, cabe ao Fisco restituir ao contribuinte a diferença entre o valor fixado a maior em pauta e o preço efetivo do imóvel. A base de cálculo pautada com base nas pesquisas da ABNT e do IBAPE deverá ser sempre igual ou inferior àquela que realmente acontece, nunca o contrário. O excedente é tributação fictícia, e não presumida, pois parte daquilo que não é para arrecadar. Esse valor pago a maior é, pois, ficção, e logo é tributo inconstitucional e indevido.

128. São elementos compositivos das presunções no domínio tributário: (i) o nexo entre fatos baseado em características essenciais; (ii) o conceito relativo ao real; e (iii) a *ratio legis* de direito tributário.

129. O nexo entre fatos baseado em características de semelhanças essenciais é o pressuposto da igualdade essencial na formulação da norma presuntiva, o que quer significar não só identificação linguística desses conceitos, mas também, e principalmente, paridade no significado jurídico a eles cominado pelos sistema posto. Relação essencial em direito admitida é *genus* comum juridicizado.

130. Dos fatos conhecidos (presuntivos), por conotação deve-se extrair o fato jurídico em sentido estrito. Naqueles se identificam as propriedades necessárias e suficientes do fato jurídico para pertencer àquele grupo. E o argumento contrário reafirma a regra: do fato jurídico em sentido estrito devem-se denotar os fatos presuntivos. Assim se apresenta latente a verossimilhança de primeira ordem, pressuposto ela mesma da condição presuntiva da norma e de sua validade no sistema.

131. A regra comparece na forma de dedução, de modo que do fato jurídico *stricto sensu* devem-se deduzir os fatos presuntivos.

132. Todo objeto pode ser subdividido em tantos elementos quantos forem possíveis ao homem percebê-los e comunicá-los em linguagem. Alguns critérios, todavia, reforçam suas características

essenciais, aquilo que o distingue e o individualiza no mundo, ou aqueloutras secundárias, que dizem sobre aspectos que se encontram nele, mas não têm valor semântico suficiente para lhe dar individualidade.

133. A presunção prescreve sobre o provável, tornando-o certeza ou verdade jurídica. A probabilidade é seu fundamento racional. Fundamentada na constância das ocorrências dos fenômenos empíricos, a presunção tem em sua base raciocínio indutivo, de modo que toda presunção atua no campo do possível e, assim sendo, é conceito relativo ao real. Num caso ou no outro, a referibilidade ao real está sempre como pressuposto do raciocínio de qualquer tipo presuntivo. E a realidade se coloca não somente no campo do possível, mas no domínio da possibilidade recorrente ou frequente.

134. É este *genus* comum (de primeiro grau) que autoriza a própria assunção de uma *ratio legis* única para ambos os casos. Contudo, não pode o fato presumido ou fato jurídico em sentido amplo assumir as consequências jurídicas de outra estrutura fática sem uma razão de ser no sistema, sem que este modo peculiar de positivar a regra esteja sob o respaldo de um valor discutido e escolhido pelas Casas Legislativas como agente político e implementado como fim da regra da presunção.

135. No plano das formulações normativas gerais e abstratas, meio e fim devem dialogar entre si, como também devem restringir-se ao campo do sistema jurídico. Já no campo factual das presunções, contudo, o ato presuntivo individual e concreto que deixar de observar a *ratio legis* da lei que presume, desconfirmando na situação concreta o critério teleológico da presunção, hipoteticamente positivado pelo legislador, é enunciado eivado de ilegalidade, não podendo permanecer na ordem posta.

136. Na presunção legal, os limites formais e materiais ultrapassam a proposição presuntiva, devendo-se examinar norma introdutora (forma da presunção) e norma introduzida (matéria da presunção). É estudo internormativo. Nos enunciados presuntivos factuais, a análise dos dois limites se acha em uma mesma norma. É, portanto, intranormativa.

137. Entre os limites materiais ao legislador para presumir, cremos pertinente mencionar a existência: 1) das cláusulas pétreas (art. 60, § 4º, da CF); 2) das competências tributárias (arts. 153, 155 e 156 da CF/88); 3) do princípio da tipicidade (arts. 5º, II, 150, I e § 2º do 145 da CF/88); 4) do princípio do devido processo legal, contraditório e ampla defesa (art. 5º, LIV, LV, da CF/88); 5) dos demais princípios constitucionais; 6) dos conceitos de direito privado (art. 110 do CTN); 7) das vedações materiais específicas do subdomínio do direito tributário (art. 111 do CTN); 8) do princípio da razoabilidade; 9) do princípio da reciprocidade dos efeitos; 10) das prescrições circunscreverem ao domínio dos fatos possíveis; 11) observarem a necessidade de vínculo essencial entre fatos presuntivos e fato jurídico em sentido estrito; da 12) *ratio legis* comum aos fatos e de direito tributário; e, por fim, 13) da tecnia na escolha das palavras que positivam o tipo presuntivo.

138. Os limites formais ao legislador para presumir são dados pelo conteúdo da norma presuntiva introduzida que fixará os modos formais aptos a introduzir no ordenamento tais previsões. Portanto, determinadas matérias só admitem o procedimento lei complementar, de modo que é inconstitucional toda presunção posta em lei ordinária que enunciar sobre: conflitos de competência (art. 146, I e II, da CF/88); empréstimos compulsórios (art. 148 da CF/88); exercício de poder residual da União quanto a impostos e contribuições para a seguridade social (arts. 154, I e 195, § 4º, da CF/88); impostos sobre grandes fortunas (art. 153, VII, da CF/88); requisitos para usufruto de imunidades sobre patrimônio, renda ou serviços dos partidos políticos, inclusive suas fundações, das entidades sindicais dos trabalhadores, das instituições de educação e de assistência social, sem fins lucrativos (art. 150, VI, c, da CF/88).

139. Para o aplicador, os limites materiais para presumir se acham: 1) nas cláusulas pétreas (art. 60, § 4º, da CF); 2) nos princípios ontológicos de direito público e de direito privado; 3) no texto da norma ou costume juridicizado e não costume socialmente aceito; 4) no sentido próprio das palavras; 5) sendo matéria técnica, na necessidade de produzir instrução

técnica para decidir; 6) no bom senso de acordo com o senso jurídico; 7) na prevalência do senso jurídico em face dos outros sentidos do termo; 8) no campo dos fatos possíveis e realizados; 9) na inaplicabilidade de "presunções emprestadas"; 10) na consonância entre os fatos ao *genus* comum e aos efeitos idênticos deles no campo dos tributos; 11) na *ratio legis* semelhante entre os fatos/hipóteses; 12) na observância da *ratio legis* da lei no ato jurídico; 13) na vedação quantitativa pela qual os valores presumidos não podem ultrapassar o valor real da operação, cabendo ao sujeito passivo direito à prova de excedente; 14) na perfeita subsunção do fato à norma; 15) no uso dos corretos meios de prova em direito admitidos; 16) na necessidade de fazer preservar o direito de restituição e de petição ao sujeito particular; 17) em respeitar as vedações em presumir determinadas matérias de direito tributário; e, por fim, 18) na observância ao impedimento de gerar tributos por meios presuntivos sem resguardo em lei.

140. A expressão "vício" é adotada, aqui, como defeito grave em um ou mais elementos ou pressupostos constitutivos da norma, que torna o ato jurídico de certa forma inadequado para os fins ou funções jurídicas, o que, vale dizer, nem por isso o torna nato inválido.

141. Ato nulo e anulável são fundados sob dois critérios comuns que os qualificam como atributo de norma: (i) os efeitos jurídicos e (ii) os fatos jurídicos. Em (i), nos atos nulos, dá-se a nulidade; conquanto nos atos anuláveis, o efeito é o da anulabilidade do ato normativo. No tocante ao critério (ii), nulo é aquele que apresenta vício no pressuposto (requisitos procedimentais) que constitui a norma jurídica; por sua vez, anulável diz respeito àquele ato viciado no elemento (preceitos que constituem a estrutura da norma).

142. Diz-se haver erro de fato quando a norma apresentar vício ou defeito interno. É problema atinente à manipulação dos arranjos linguísticos empregados na composição dos enunciados factuais e é tangente à temática das provas. É, pois, vício interno da norma, problema que se origina pela inobservância

do procedimento correto ou dos modos cabíveis para a constituição pelo aplicador de determinado fato jurídico no direito ao positivar a regra.

143. No tema das presunções, o erro de fato comparece essencialmente como vício do ato do aplicador. Portanto, pode vir ora como problema na constituição da presunção do tipo comum, ora como má manipulação da linguagem jurídica na construção do fato a ser subsumido à hipótese presuntiva exarada pelo legislador. O ato presuntivo produzido pelo Fisco, quando eivado de vício em um de seus elementos, é incorrigível, não se podendo falar em modificação de critérios formais.

144. Erro de direito diz respeito a vício na subsunção do fato à norma, i.e., problema no perfeito enquadramento do enunciado factual concreto à hipótese jurídica. É assunto que se volta às relações hierárquicas entre as normas das quais o fato tira seu fundamento de validade em antecedente jurídico a ele inaplicável. Por esse motivo, é erro internormativo, envolvendo o relacionamento entre norma superior, fundante, e norma inferior, fundada. Nessa medida, o erro de direito pode acontecer tanto nas presunções hipotéticas (ditas legais) quanto nas de fato (*hominis*).

145. Cabe ao intérprete, com fundamento nas normas que lhe dão competência (CTN, art. 108 – Poder Executivo; CPC, art. 126 – Poder Judiciário; LICC, art. 4º – Setor privado), buscar a melhor hipótese para o caso em concreto. Logo, ao falarmos em erro de direito no âmbito das presunções *hominis* ou factuais, como preferimos, estamos nos referindo a esse processo intelectivo que, estabelecendo semelhanças entre fatos e hipóteses, fazem a subsunção do fato jurídico em sentido amplo à hipótese tributária. Desse modo, o vício de direito se encontra muito mais como erro no estabelecimento dessa similitude entre tais enunciados do que erro de subsunção propriamente. Este último, em verdade, é decorrência daquele primeiro, razão pela qual é naquele que iremos reforçar a existência do erro de direito nas presunções postas pelo aplicador (factuais ou humanas). Para fins de subsunção do fato presumido às hipóteses

tributárias positivadas em lei, é imprescindível ao exegeta que verifique se entre hipótese e fato existem semelhanças de ordem primária, i.e., que dizem respeito sobre o núcleo semântico do objeto.

146. É erro de direito também aquela positivação do enunciado factual presumido que, modificando a própria natureza conceptual do fato ou da hipótese, faz incidir a norma em uma subsunção viciada justamente porque descaracteriza hipótese e fato. Esses pensamentos vêm a calhar quando pensamos que muitas vezes o sentido de semelhança ou essencialidade varia conforme o tempo, a cultura jurídica, o domínio do direito estudado, a ideologia do sujeito enunciador, etc.

147. Ademais, a modificação do ato jurídico tributário pelo Fisco há de observar necessariamente o princípio da irretroatividade constitucional. Não há como conceber o art. 146 do CTN isolado do preceito do art. 100 do CTN. A imposição da irretroatividade é garantida pela ideia da proteção da confiança legítima. Não pode o Fisco, por meio exegético, sair modificando critérios para fins de abarcar todos os fatos e dele gerar imposição de tributos. A atividade administrativa deve atinência plena ao produto legislativo, devendo interpretar o texto sem abandonar o âmbito da lei.

148. A revogação da norma presuntiva geral e abstrata pode se dar em três modos, produzindo-se o corte da norma presuntiva de três maneiras diferentes: ab-rogação ou revogação expressa total (i); derrogação ou revogação expressa parcial (ii); e como ordem de disposições derrogatórias genéricas (iii).

149. Inexiste revogação tácita da norma presuntiva, o que ocorre é atitude interpretativa que escolhe a melhor regra jurídica aplicável ao caso.

150. A ab-rogação ou revogação total expressa de uma norma presuntiva viciada é veículo próprio para expulsar do sistema proposição jurídica incompatível com os valores jurídicos. Sendo assim, não havendo revogação expressa da norma presuntiva viciada, o intérprete deve, num primeiro momento,

empreender análise que toma como fundamento normativo as metarregras ou os princípios exegéticos (art. 2º, LICC) da *lex posterior derogat priori, lex superior derogat inferiori* e *lex specialis derogat generalis*. É com base nele que o enunciador da norma viciada deve, de antemão, decidir quanto à força vinculante de determinada norma presuntiva para este ou aquele caso, determinando, inclusive, como ela perde sua vigência e é excluída do ordenamento. Observa-se que, não havendo formulação em lei expressa e específica para a solução do caso, deve o exegeta empreender novo percurso gerador de sentido normativo para eliminar as contradições no processo decisório e verificar a aplicabilidade da norma presuntiva geral e abstrata em determinado caso em concreto, mas isso já nos traz ao campo da incidência.

151. Erro ou vício formal é aquele que se faz presente no ato normativo, mas é sanável pelas regras de direito admitidas. No erro material, por sua vez, o vício integra o procedimento de constituição da norma individual e concreta.

152. Enquanto na anulação se dá efeito de expulsão total do ato no sistema jurídico por meio de procedimento previsto em lei, a desconsideração o repele parcialmente, circunscrevendo seus efeitos anulatórios a um determinado subdomínio, o tributário. Posto isto, invalidação ou anulação de ato/fato presuntivo por motivo de ilegalidade em planos restritivos tributários equivale, simetricamente, ao termo desconsideração do negócio jurídico.

153. A norma individual e concreta deverá nascer perfeita em vista de todos os seus elementos intrínsecos. Erros atinentes à manipulação dos arranjos linguísticos empregados na composição dos enunciados não podem ser "corrigidos" pelo contribuinte ou "convalidados" pelo Fisco.

154. Em quaisquer situações de conflitos entre normas presuntivas entre si ou regra de presunção e qualquer outro enunciado jurídico, o direito haverá de dar solução por decorrência dos dispositivos dos arts. 4º da LICC, 126 do CPC e, no específico

ramo do direito tributário, do art. 108 do CTN. O critério utilizado nessa tarefa exegética do aplicador deverá ser sempre de direito, e nunca fora dele. Nas antinomias aparentes envolvendo normas presuntivas, o problema é facilmente dirimido pelas imposições de ordem extralógica apresentadas pelo art. 2º da LICC. Nas hipóteses de antinomias reais, por sua vez, o exegeta há de tomar nota que, de um modo ou de outro, conflitos jurídicos envolvem sempre embate de valores. Com isso, o intérprete deve, mediante método sistemático de análise do direito, reconhecer qual o valor defendido pela proposição presuntiva e aqueloutro na norma que lhe é contraditória ou contrária e, diante de exame sistemático, verificar qual deles deve prevalecer.

155. No confronto entre regras contrárias ou contraditórias entre si é imprescindível que seja localizado esse valor proeminente da norma presuntiva e daqueloutra que lhe é conflitante e, a partir dessa primeira análise, seja feito o encontro entre os conteúdos axiológicos em jogo e, na sequencia, a opção por um deles de acordo com o sistema posto. A decisão jurídica fará irromper aquele que lhe será superior naquela situação apresentada. A hierarquia entre os valores é dada, portanto, pelo exegeta que, avaliando o peso desses enunciados superiores em planos sistêmicos, fará a escolha por um ou outro, organizando a estrutura escalonar desses conteúdos. Não há pois normas vencedoras, a presunção "ganhando" espaço no direito em detrimento de outro enunciado, o que há é, sim, o arranjo desses cânones superiores segundo a exegese sistêmica.

Referências bibliográficas

ABBAGNANO, Nicola. *Dicionário de filosofia*. Tradução de Alfredo Bosi. Revisão de Ivone Castilho Benedetti. São Paulo: Martins Fontes, 2007.

ALCHOURRÓN & BULYGIN. *Introducción a la metodologia das ciências jurídicas e sociales*. Buenos Aires: Astrea, 1987.

———. *Análisis Lógico e derecho*. Madrid: Centro de Estudos Constitucionales, 1991.

AMARAL SANTOS, Moacyr. *Primeiras linhas de direito processual civil*. São Paulo: Saraiva, 1995. v. 2.

———. *Prova judiciária no cível e no comercial*. São Paulo: Max Limonad, 1968. v. 5.

AMARO, Luciano. *Direito tributário brasileiro*. 14. ed. São Paulo: Saraiva, 2008. p. 219-220.

———. Uso de las presunciones en derecho tributario. Relatório Nacional do Brasil apresentado nas XII Jornadas Latino-Americanas de Direito Tributário em Bogotá, 1985. *Memória das Jornadas*, ICDT/ILADT, v.1; *Resenha Tributária*, Seção 1.3, n. 36, São Paulo: Resenha Tributária, 1985. p. 752.

ARAÚJO, Clarice Von Oertzen de. *Semiótica do direito*. São Paulo: Quartier Latin, 2005.

ARAZI, Roland. *La prueba en el processo civil*. Teoría e prática. Buenos Aires: La Rocca, 2001.

ARISTÓTELES. *Arte retórica e arte poética*. Tradução de Antônio P. de Carvalho. Rio de Janeiro: Ediouro, 2005.

———. Os três gêneros da retórica. *Retórica*. Lisboa: Imprensa Nacional/Casa da Moeda, 2005.

ARRUDA ALVIM, J.M. *Manual de direito processual civil*. 3. ed. São Paulo: RT, 1986. v. 2.

———. *Manual de direito processual civil*. Parte Geral. 10. ed. São Paulo: RT, 2006. v. 1.

ATALIBA, Geraldo. Fato futuro e tributação, art. 150, § 7º, Constituição Federal 1988, Redação da Emenda Constitucional 3/1993. *Revista do Programa de Pós-graduação em Direito – PUC-SP,* São Paulo: Max Limonad, v. 1, p. 41, 1995.

———. *Hipótese de incidência tributária*. São Paulo: Malheiros, 2004.

———. Lançamento – procedimento regrado. *Estudos e pareceres de direito tributário*. São Paulo: RT, 1978. v. 2.

AUSTIN, J. L. *Quando dizer é fazer*: palavras e ação. Tradução de Danilo Marcondes de Souza. Porto Alegre: Artes Médicas, 1992.

ÁVILA, Humberto. A distinção entre princípios e regras e a redefinição do dever de proporcionalidade. *Revista de Direito Administrativo*, n. 215, p. 177, jan.-mar. 1999.

———. Imposto sobre a Circulação de Mercadorias – ICMS. Substituição Tributária. Base de cálculo. Pauta fiscal. Preço máximo ao consumidor. Diferença constante entre o preço usualmente praticado e o preço constante da pauta ou o preço máximo ao consumidor sugerido pelo fabricante. Exame de constitucionalidade. *Revista Dialética de Direito Tributário*, São Paulo: Dialética, n. 123, p. 123, dez. 2005.

———. Imposto sobre a Prestação de Serviços de Qualquer Natureza. ISS. Normas constitucionais aplicáveis. Precedentes do Supremo Tribunal Federal. Hipótese de incidência, base de cálculo e local da prestação. *Leasing* financeiro: análise da incidência. *Revista Dialética de Direito Tributário*, São Paulo: Dialética, n. 122, p. 120, 2005.

———. *Teoria dos princípios*: da definição à aplicação dos princípios jurídicos. São Paulo: Malheiros, 2003.

BANDEIRA DE MELLO, Celso Antônio. *Atos administrativos e direito dos administrados*. São Paulo: RT, 1981.

———. *Curso de direito administrativo*. 25. ed. São Paulo: Malheiros, 2008.

———. Imposto sobre a renda: depósitos bancários – Sinais exteriores de riqueza. *Revista de Direito Tributário*, São Paulo, ano 7, n. 23-24, p. 24, jan.-jun. 1983.

———. *Natureza e regime jurídico das autarquias*. São Paulo: RT, 1967.

BARBOSA MOREIRA, Jose Carlos. *Temas de Direito Processual*. 3. ed. Rio de Janeiro: Saraiva, 1984.

BARBOSA, Rui. *Oração aos moços*. São Paulo: Martin Claret, 2003.

BARRETO, Aires F. *Base de cálculo, alíquota e princípios constitucionais*. São Paulo: Max Limonad, 1998.

———. *ISS na constituição e na lei*. São Paulo: Dialética, 2005.

———; GIARDINO, Cléber. As presunções no direito tributário. In: MARTINS, Ives Gandra da Silva (Coord.). *Presunções no direito tributário*. São Paulo: Centro de Estudos de Extensão Universitária/resenha Tributária, 1984. p. 197-198. (Caderno de Pesquisas Tributárias, 9.)

BARRETO, Paulo Ayres. *Imposto sobre a renda e preços de transferência*. São Paulo: Dialética, 2001.

———. *Contribuições – Regime Jurídico, Destinação e Controle*. 1. ed. São Paulo: Noeses, 2006. v. 1.

———. *Imunidade Tributária – Limitações Constitucionais ao Poder de Tributar*. 2. ed. São Paulo, 2001. v. 1.

BARROS, Diana Luz Pessoa de. *Teoria do discurso*: fundamentos semióticos. 3. ed. São Paulo: Humanitas, 2002.

BARTHES, Roland. *Elementos de semiologia*. Tradução de Izidoro Blikstein. São Paulo: Cultrix, 1993.

BECKER, Alfredo Augusto. *Teoria geral do direito tributário*. 4. ed. São Paulo: Noeses, 2007.

BEDAQUE, José Roberto dos Santos. Código de Processo Civil interpretado. In: MARCATO, Antonio Carlos (Coord.). *Código de Processo Civil interpretado*. São Paulo: Atlas, 2004. p. 967.

BELTRÁN, Jordi Ferrer. *Prueba y verdad en el derecho*. 2. ed. Madrid: Marcial Pons, 2005.

BENVENISTE, Émile. *Problèmes de linguistique générale II*. Saint-Amand: Tel Gallimard. 1998.

BEVILÁQUA, Clóvis. *Código Civil dos Estados Unidos do Brasil comentado*. Rio de Janeiro: Editora Rio, 1940.

BOBBIO, Norberto. *Contributi ad un dizionario giuridico*. Torino: G. Giapichelli, 1994.

―――――. *Teoria geral do direito*. Tradução de Denise Agostinetti. Revisão de Silvana Cobucci Leite. São Paulo: Martins Fontes, 2008.

BONILHA, Paulo Celso Bergstrom. *Da prova no processo administrativo tributário*. 2. ed. São Paulo: Dialética, 1997.

―――――. IPI e ICM Fundamentos da Técnica Não-Cumulativa. São Paulo: Editora Resenha Tributária Ltda., 1979.

BORGES, José Souto Maior. *Lançamento tributário*. Rio de Janeiro: Forense, 1981.

BUFFON, Marciano. *O princípio da progressividade tributária na Constituição Federal de 1988*. São Paulo: Memória Jurídica, 2003.

BUSCHMANN, Marcus Vinícius. A extrafiscalidade, o princípio da proporcionalidade e a ponderação de princípios no comércio exterior. *Revista Tributária e de Finanças Públicas*, ano 9, v. 39, p. 14, jul.-ago. 2001.

CABRAL, Antonio da Silva. *Processo administrativo fiscal*. São Paulo: Saraiva, 1993.

CALVET, Louis-Jean. *Que sais-je? Les politiques linguistiques*. 1ᵉ éd. Paris: Ed. Presses universitaires de France, 1996.

CANARIS, Claus-Wilhelm. *Pensamento sistemático e conceito de sistema na ciência do direito*. Introdução e tradução de A. Menezes Cordeiro. 2. ed. São Paulo: Fundação Calouste Gulbenkian, 1996.

CANOTILHO, José Joaquim Gomes. *Constituição Dirigente e Vinculação do Legislador*: contributo para a compreensão das normas constitucionais programáticas. 2. ed. Coimbra: Coimbra editora, 2001.

―――. *Fundamentos da Constituição*. Coimbra: Coimbra Editora, 1991.

CARACCIOLO, Ricardo. *El sistema jurídico*: problemas actuales. Madrid: Centro de Estudios Constitucionales, 1998.

CARRAZZA, Roque Antonio. *Curso de direito constitucional tributário*. São Paulo: Malheiros, 1998.

―――. ―――. 18. ed. São Paulo: Malheiros, 2002.

―――. *ICMS*. 3. ed. São Paulo: Malheiros, 1997.

―――. ―――. 9. ed. São Paulo: Malheiros, 2002.

CARTA escrita por Alfredo Augusto Becker a Paulo de Barros Carvalho em 11 de maio de 1976. In: HARET, Florence; CARNEIRO, Jerson. *Vilém Flusser e juristas*: comemoração dos 25 anos do grupo de estudos Paulo de Barros Carvalho. São Paulo: Noeses, 2009. p. XXVI.

CARVALHO, Aurora Tomazini de. *Direito penal tributário* (uma análise lógica, semântica e jurisprudencial). São Paulo: Quartier Latin, 2009.

---------. *Curso de teoria geral do direito* (o constructivismo lógico-semântico). São Paulo: Noeses, 2009.

CARVALHO, Cristiano Rosa. *Ficções jurídicas no direito tributário*. São Paulo: Noeses, 2008.

CARVALHO, Paulo de Barros. *Apostila de Filosofia do Direito I (lógica jurídica)*. Programa de pós-graduação em direito na PUC, p. 27.

---------. Base de cálculo como fato jurídico e a taxa de classificação de produtos vegetais. *Revista Dialética de Direito Tributário*, São Paulo: Escrituras, n. 37, p. 133, out. 1998.

---------. Constituição do fato jurídico tributário. *Revista de Direito Tributário*, São Paulo, n. 92, 2005.

---------. *Curso de direito tributário*. 22. ed. São Paulo: Saraiva, 2010.

---------. IPI – Comentários sobre as regras gerais de interpretação da Tabela NBM/SH (TIPI/TAB). *Revista Dialética de Direito Tributário*, São Paulo: Escrituras, n. 12, p. 48, 1998.

---------. Direito e sua autonomia – O paradoxo da interdisciplinaridade. *Revista de Direito Tributário*, São Paulo: Malheiros, n. 97, p. 13, 2007.

---------. *Direito tributário*: fundamentos jurídicos da incidência. 8. ed. São Paulo: Saraiva, 2010.

---------. *Direito tributário, linguagem e método*. 3. ed. São Paulo: Noeses, 2009.

---------. O direito positivo como sistema homogêneo de enunciados deônticos. *RDT*, ano 12, n. 45, p. 34, jul.-set. 1988.

---------. O ICMS e os "regimes especiais". *Revista Dialética de Direito Tributário*, Rio de Janeiro: Dialética, n. 8, p. 96.

---------. O preâmbulo e a prescritividade constitutiva dos textos jurídicos. *Revista de Direito Tributário*, São Paulo: Malheiros, n. 103, p. 40, 2008.

---------. Preços de transferência no direito tributário brasileiro. In: PEIXOTO, Marcelo Magalhães; FERNANDES,

Edison Carlos (Coord.). *Tributação, justiça e liberdade.* Curitiba: Juruá, 2005. p. 547-548.

---. Prefácio. In: LINS, Robson Maia. *Controle de constitucionalidade da norma.* São Paulo: Quartier Latin, 2005.

---. A prova no procedimento administrativo tributário. *Revista Dialética de Direito Tributário*, Rio de Janeiro: Dialética, n. 34, 1998.

---. Processo administrativo tributário. *Revista dos Tribunais*, São Paulo:RT, n. 9-10, ano III, julho/dezembro, 1979.

---. Compensação dos prejuízos fiscais acumulados do imposto sobre a renda e a inconstitucionalidade da limitação de 30% prescrita na lei n. 8981/95. *Revista de Direito Tributário*, São Paulo: Malheiros, n. 68, s/data.

---. O direito positivo como sistema homogêneo de enunciados deônticos. *Revista de Direito Tributário*, São Paulo, n. 45, ano 12, Julho-setembro de 1988.

---. As Linguagens Jurídicas. in: *Revista de APG-PUC.* São Paulo: APG-PUC/SP; vol. (I) 1; 1992.

CARVALHO SANTOS, J.M. *Código Civil brasileiro interpretado.* 12. ed. Rio de Janeiro: Freitas Bastos, 1984. v. 3.

CHARAUDEAU, Patrick; MAIGNGUENEAU, Dominique. *Dicionário de análise do discurso.* Coord. e Trad. Fabiana Komesu. 2. ed. São Paulo: Contexto, 2006.

CHIESA, Clélio. ICMS. A denominada substituição tributária para frente. *Cadernos de Direito Tributário e Finanças Públicas*, São Paulo: RT, v. 29, p. 66-68, 1999.

CHOMSKY, Noam. *Réflexions sur le langage.* Trad: Judith Milner, Béatrice Vautherin e Pierre Fiala. Paris: Flammarion, 1981.

COÊLHO, Sacha Calmon Navarro. *Curso de Direito Tributário Brasileiro.* 4. ed. Rio de Janeiro: Forense, 1999.

---. *Teoria e prática das multas tributárias*: infrações tributárias e sanções tributárias. 2. ed. Rio de Janeiro: Forense, 1998.

CONFERÊNCIA Nacional dos Bispos do Brasil – Código de Direito Canônico, com notas e comentários do Pe. Jesús Hortal, S.J., Brasília: Edições Loyola, 1983.

CONRADO, Paulo César. *Processo tributário*. São Paulo: Quatier Latin, 2004.

COPI, Irving M. *Introdução à lógica*. Tradução de Álvaro Cabral. 2. ed. São Paulo: Mestre Jou, 1978.

COSSIO, Carlos. *La teoría egológica del derecho y el concepto jurídico de liberdad*. Madrid: Abeledo Perrot, 1964.

COSTA, Alcides Jorge. *Estudos sobre IPI, ICMS e ISS*. 1. ed. São Paulo: Dialetica, 2009. v. 1.

──────. *ICM na Constituição e na Lei Complementar*. 1. ed. São Paulo: Editora Resenha Tributária, 1978. v. 1.

COSTA, Regina Helena. *Princípio da capacidade contributiva*. 3. ed. rev. e ampl. São Paulo: Malheiros, 2003.

DANTAS, San Tiago. *Programa de direito civil*. Parte geral. 4ª tiragem. Rio de Janeiro: Editora Rio, 1979.

DECOTTIGNIES, Roger. *Les presomptions en Droit Prive*. Paris, 1950, n. 9, p. 24-26.

DERZI, Misabel de Abreu Machado. *Direito tributário, direito penal e tipo*. São Paulo: RT, 1988.

DINAMARCO, Cândido Rangel. *Instituições de direito processual civil*. São Paulo: Malheiros, 2004.

DINIZ, Maria Helena. *Compêndio de introdução à ciência do direito*. 8. ed. São Paulo: Saraiva, 1995.

──────. *Dicionário jurídico*. São Paulo: Saraiva, 1998. v. 2.

DISCINI, Norma. *O estilo nos textos*: história em quadrinhos, mídia, literatura. São Paulo: Contexto Acadêmica, 2004.

DONATI, Donato. *Il Problema Delle Lacune Dell Ordinamento Giuridico*. Livraria Società, 1910.

DROMI, Roberto. *Sistema jurídico e valores administrativos*. Porto Alegre: Fabris, 2007.

ECHAVE, Delia Tereza; URQUIJO, Maria Eugenia; GUIBOURG, Ricardo. *Lógica, proposición y norma*. Buenos Aires: Astrea, 1991.

ECO, Humberto. *O signo*. Tradução Maria de Fátima Marinho, Lisboa: Presença, 1990.

ENGISCH, Karl. *Introdução ao pensamento jurídico*. Tradução de João Baptista Machado. 2. ed. Lisboa: Fundação Calouste Gulbenkian, 1964.

FALCÃO, Raimundo Bezerra. *Hermenêutica*. Malheiros, 1997.

──────. *Introdução ao Estudo do Direito*. São Paulo: Atlas, 1991.

FÁLCON, Enrique M. *Tratado de la Prueba*. Buenos Aires: Astrea, 2003.

FERRAGUT, Maria Rita. *Presunções no direito tributário*. São Paulo: Dialética, 2001.

──────. *Responsabilidade tributária e o Código Civil de 2002*. São Paulo: Noeses, 2005

FERRAZ JR., Tercio Sampaio. A relação meio/fim na teoria geral do direito administrativo. *Revista de Direito Público*, São Paulo: RT, ano XV, n. 61, p. 27-33, jan.-mar. 1982.

──────. *Direito constitucional*: liberdade de fumar, privacidade, estado, direitos humanos e outros temas. Barueri: Manole, 2007.

──────. Equiparação – CTN, art. 51. *Cadernos de Direito Tributário e Finanças Públicas*, São Paulo: RT, ano 7, n. 28, p. 109-114, jul.-set. 1999.

──────. *Introdução ao estudo do direito*: técnica, decisão, dominação. 3. ed. São Paulo: Atlas, 2001.

──────. *Teoria da Norma Jurídica*. Rio de Janeiro: Forense, 2003.

FIORIN, José Luiz. *As astúcias da enunciação*: as categorias de pessoa, espaço e tempo. 2. ed. 4ª impressão. São Paulo: Ática, 2005.

——————. Interdisciplinaridade e intertextualidade. In BRAIT, Beth (Org.). *Bakhtin:* outros conceitos-chave. São Paulo: Contexto, 2006.

FLUSSER, Vilém. *Língua e realidade*. 2. ed. São Paulo: Annablume, 2004.

FREITAS, Ney José de. *Ato Administrativo*: presunção de validade e a questão do ônus da prova. Belo Horizonte: Fórum, 2007.

GAMA, Tácio Lacerda. *Competência tributária*. Fundamentos para uma teoria da nulidade. São Paulo: Noeses, 2009.

GARCIA, Othon. *Comunicação em prosa moderna*: aprenda a escrever, aprendendo a pensar. São Paulo: Ed. FGV, 2003.

GOMES, Orlando. *Introdução ao direito civil*. 12. ed. Rio de Janeiro: Forense, 1996.

GOMES, Pinharanda. *Pensamento e movimento*. Porto: Lello e Irmão, 1974.

GONÇALVES, José Artur Lima. *Imposto sobre a renda*. Pressupostos constitucionais. São Paulo: Malheiros, 1997.

GRAU, Eros Roberto. *A ordem econômica na Constituição de 1988* (interpretação e crítica). São Paulo: RT, 1990.

GRECO FILHO, Vicente. *Direito processual civil*. 16. ed. São Paulo: Saraiva, 2003. v. 2.

GUIBOURG, Ricardo; GUIGLIANI, Alejandro & GUARIRONI, Ricardo. *Introducción al Conocimiento Cientifico*. Buenos Aires: Eudeba, 1985.

——————. *Deber y Saber: Apuntes epistemológicos para el análisis del derecho y la moral*. 1. ed. México: Fontamara, 1997.

---------. *El fenómeno normativo*. Buenos Aires: Astrea, 1986.

GUIRAUD, Pierre. *A semântica*. Tradução de Maria Elisa Mascarenhas. São Paulo: Difel, 1980.

HARET, Florence. Planejamento tributário e desconsideração do negócio jurídico: análise do parágrafo único do art. 116 do CTN à luz do direito positivo. *Revista de Direito Tributário*, São Paulo: Malheiros, n. 99, p. 137-152, 2007.

---------; CARNEIRO, Jerson. *Vilém Flusser e juristas*: comemoração dos 25 anos do grupo de estudos Paulo de Barros Carvalho. São Paulo: Noeses, 2009.

HEGENBERG, Leônidas. *Saber de e saber que*: alicerces da racionalidade. Petrópolis: Vozes, 2001.

HOFFMANN, Suzy Gomes. *Prova no direito tributário*. Campinas: Copola, 1999.

---------. Considerações sobre a presunção de legitimidade do lançamento tributário e a sua relação com as provas. In: *Anais da XX Jornadas do Instituto Latinoamericano de Derecho Tributário – ILADT*. Org. Associação Brasileira de Direito Financeiro. Bahia, 2000, p. 1609-1628.

---------. Princípio constitucional da publicidade aplicado no processo administrativo fiscal e garantia constitucional do sigilo de dados. in. *Processo administrativo fiscal*. coord. Rocha, Valdir de Oliveira. São Paulo: Dialética, 2000.

HORVATH, Estevão. *Contribuições de intervenção no domínio econômico*. São Paulo: Dialética, 2009.

---------; OLIVEIRA, Régis Fernandes de ; TAMBASCO, Tereza Cristina C. *Manual de direito financeiro*. 6. ed. São Paulo: Revista dos Tribunais, 2005. v. 1.

---------. *O princípio do não-confisco no direito tributário*. São Paulo: Dialética, 2002.

---------. *Contornos da contribuição de intervenção no domínio econômico na Constituição de 1988*. São Paulo: USP, 2002.

_____. *Lançamento tributário e autolançamento*. São Paulo: Dialética, 1997.

HOUAISS, Antônio; VILLAR, Mauro de Salles. *Dicionário Houaiss da língua portuguesa*. Rio de Janeiro: Objetiva, 2001.

ICHIHARA, Yoshiaki. Imposto sobre transmissão "causa mortis" e doação, de quaisquer bens ou direitos – ITCMD. *Revista de Direito Tributário*, São Paulo: Malheiros, n. 85, p. 374, 2001.

IVO, Gabriel. *Norma jurídica*: produção e controle. São Paulo: Noeses, 2006.

JAKOBSON, Roman. *Linguística e comunicação*. 24. ed. Tradução de Izidoro Blikstein e José Paulo Paes. São Paulo: Cultrix, 2007.

JUSTEN FILHO, Marçal. Princípios constitucionais tributários. *Caderno de Pesquisas Tributárias*, São Paulo, Resenha Tributária, n. 18.

KALINOWSKI, Georges. *Introducción a la lógica jurídica*. Tradução espanhola de Juan A. Casaubon. Buenos Aires: EUDEBA, 1973.

KANT, Immanuel. *Fundamentação da metafísica dos costumes*. São Paulo: Abril, 1973. (Coleção Os Pensadores.)

_____. *Crítica da razão pura*. Tradução de Manuela Pinto dos Santos e Alexandre Fradique Morujão. Lisboa: Calouste Gulbenkian, 1994.

KELSEN, Hans. *Teoria pura do direito*. 5. ed. São Paulo: Martins Fontes, 1997.

_____. *Teoria geral das normas*. Tradução de J. Floriano Duarte. Porto Alegre: Fabris, 1986.

_____. *Teoria geral do direito e do estado*. 3. ed. São Paulo: Martins Fontes, 1998.

KIRKHAM, Richard. *Teorias da verdade*. Tradução de Alessandro Zir. São Leopoldo: Unisinos, 2003.

KRAUSE, Gustavo Bernardo. Prefácio. In *Língua e realidade*. 2. ed. 1ª reimp. São Paulo: Annablume, 2004.

LACOMBE, Américo Lourenço Masset. *Princípios constitucionais tributários*. São Paulo: Malheiros, 1996.

LAFER, Celso. *A ruptura totalitária e a reconstrução dos direitos humanos*: um diálogo com Hannah Arendt. 1988. Tese (Professor titular do Departamento de Filosofia e Teoria Geral do Direito) – Faculdade de Direito da USP, São Paulo.

LARENZ, Karl. *Metodologia da ciência do direito*. 2. ed. Lisboa: Fundação Calouste Gulbenkian, 1989.

LEIBNIZ, Gottfried Wilhelm von. *Da origem primeira das coisas*. Tradução de Carlos Lopes de Mattos. São Paulo: Abril Cultural. 1979. (Coleção Os pensadores.)

———. *Discurso de metafísica*. Tradução de Marilena Chauí. São Paulo: Abril Cultural, 1979. (Coleção Os pensadores.)

LINS, Robson Maia. *Controle de constitucionalidade da norma tributária*. São Paulo: Quartier Latin, 2005.

LOGOS – Enciclopédia Luso-Brasileira de Filosofia. Lisboa/São Paulo: Verbo, 1989. v. 1.

LUNARDELLI, Maria Rita Gradilone. *Lançamento, processo Administrativo e extinção do crédito tributário*: uma aplicação da teoria da comunicação. São Paulo: Quartier, 2010.

MACEDO, José Alberto Oliveira. *ITBI*. Aspectos constitucionais e infraconstitucionais. São Paulo: Quartier, 2010.

MACHADO, Hugo de Brito. *Curso de direito tributário*. 28. ed. São Paulo: Malheiros, 2007.

———. Local da ocorrência do fato gerador do ISS. *Revista Dialética de Direito Tributário*, n. 58, p. 48, jul. 2000.

MAINGUENEAU, Dominique. *Análise de textos de comunicação*. Tradução de Cecília P. de Souza e Silva e Décio Rocha. São Paulo: Corteza, 2001.

MALINVAUD, Phillippe. *Introduction à l'étude du droit*. 9. ed. Paris: Manuels Juris classeur. Groupe LexisNexis. ed. Litec, 2002.

MAYNES, Eduardo Garcia. *Lógica del concepto jurídico*. México: Fondo de Cultura Económica, 1959.

MATTOS, Aroldo Gomes de. ICMS: substituição tributária 'para frente'. Fato gerador e base de cálculo presumidos. Restituição do eventual imposto arrecadado a maior. In: ROCHA, Valdir de Oliveira. *Grandes questões atuais do direito tributário*. São Paulo: Dialética, 2003. v. 7, p. 24-46.

MAXIMILIANO, Carlos. *Hermenêutica e aplicação do direito*. 11. ed. Rio de Janeiro: Forense, 1991.

MELLO, Celso Antonio Bandeira. *Curso de Direito Administrativo*. 4. ed. São Paulo: Malheiros, 1993.

MELLO, Gustavo Miguez de. Presunções no direito tributário. In: MARTINS, Ives Gandra da Silva (Coord.). *Presunções no direito tributário*. São Paulo: Resenha Tributária, 1984. p. 124.

MELO, Fábio Soares de. ICMS. Operações interestaduais de venda de mercadorias. Cláusula *free on board* (FOB). Responsabilidade. Decisões administrativas e judiciais. *ICMS*: questões fundamentais. São Paulo: MP, 2006. p. 33.

MELO, José Eduardo Soares de. *ICMS teoria e prática*. 7. ed. São Paulo: Dialética, 2004.

———. Presunções no direito tributário. In: MARTINS, Ives Gandra da Silva (Coord.). *Caderno de pesquisas tributárias*. São Paulo: Resenha Tributária, 1991. v. 9.

MENDES, Gilmar Ferreira. A proporcionalidade na Jurisprudência do Supremo Tribunal Federal. *Repertório IOB de Jurisprudência*, 1ª quinzena, n. 23/24, p. 475-469, dez. 1994 (numeração decrescente).

MENDES, Sônia Maria Broglia. *A validade jurídica e o giro linguístico*. São Paulo, Noeses, 2007.

MENDONCA, Daniel. *Normas y Sistemas normativos*. Barcelona: Ed. Jurídicas y Sociales S.A., 2005.

———. *Las claves del derecho*. Barcelona: Gedisa, 2000.

MORAES, Alexandre de. *Direitos humanos fundamentais*: teoria geral, comentários aos arts. 1º a 5º da Constituição da República do Brasil, doutrina e jurisprudência. 4. ed. São Paulo: Atlas, 2002.

MOREIRA ALVES, José Carlos. As figuras correlatas da elisão fiscal. *Fórum de Direito Tributário*, Belo Horizonte: Ed. Fórum, v. 1, n. 1, jan.-fev. 2003.

MOUSSALLEM, Tárek Moysés. *Fontes do direito tributário*. 2. ed. São Paulo: Noeses, 2006.

———. *Revogação em matéria tributária*. São Paulo: Noeses, 2005.

NAVARRINE, Susana Camila; ASOREY, Rubén O. *Presunciones y ficciones en el derecho tributario*. Buenos Aires: Depalma, 1985.

NEVES, Marcelo. *Teoria da inconstitucionalidade das leis*. São Paulo: Saraiva, 1988.

NOGUEIRA, Júlia de Menezes. *Imposto sobre a renda na fonte*. São Paulo: Quartier, 2007.

NOGUEIRA, Ruy Barbosa. *Curso de direito tributário*. São Paulo: Saraiva, 1994.

OLIVEIRA, Júlio Mariz de. Ação anulatória de débito fiscal. In: CONRADO, Paulo César (Coord.). *Processo tributário analítico*. São Paulo: Dialética, 2003. p. 76-77.

OLIVEIRA, Ricardo Mariz. *Fundamentos do Imposto de Renda*. São Paulo: Quartier Latin, 2008.

PACHECO, Ângela Maria da Motta. *Ficções tributárias*: identificação e controle. São Paulo: Noeses, 2009.

PAULSEN, Leandro. *Direito tributário*. Constituição e Código Tributário à luz da doutrina e da jurisprudência. 10. ed.

rev. e atual. 3ª tiragem. Porto Alegre: Livraria do Advogado, 2008.

PENTEADO, J.R. Whitaker. *A técnica da comunicação humana*. São Paulo: Pioneira, 2001.

PEIRCE, Charles S. *Semiótica*. Tradução de José Teixeira Coelho Neto. São Paulo: Perspectiva, 1990.

PERELMAN, Chaïm. *Tratado da argumentação*: a nova retórica. Tradução de Maria Ermantina de Almeida Prado Galvão. 2. ed. São Paulo: Martins Fontes, 2005.

PERELMAN, Charles. *Logique Juridique – nouvelle rhétorique*. Paris: Ed. Dalloz. 2.ed. 1999.

PÉREZ DE AYLA, José Luiz. *Las ficciones en el derecho tributario*. Madrid: Editorial de Derecho Financiero, 1970.

PIERCE, Charles Sanders. *Semiótica*. Tradução de José Teixeira Coelho Neto. São Paulo: Perspectiva, 1999.

PIETRO, Maria Sylvia Zanella. *Direito administrativo*. 15. ed. São Paulo: Atlas, 2003.

PONTES DE MIRANDA. *Systema de sciencia positiva do direito*. Rio de Janeiro: Jacintho Ribeiro dos Santos Editor, 1922. v. 2.

――――――. *Tratado de direito privado*. 2. ed. Rio de Janeiro: Borsoi, 1954. Parte Geral, t. III.

――――――. São Paulo: RT, 1983. t. III.

RAVÀ, Adolfo. *Il diritto come norma tecnica*. Padova: Cedam, 1911.

REALE, Miguel. *Introdução à filosofia*. 3. ed. São Paulo: Saraiva, 1994.

――――――. ――――――. 4. ed. 3ª tiragem. São Paulo: Saraiva, 2006.

REIS, Sebastião. Conceito constitucional de renda e proventos de qualquer natureza. *Revista de Direito Tributário*, São Paulo: Malheiros, n. 39, p. 150.

ROBLES, Gregório. *El derecho como texto* (Cuatros estudios de teoria comunicacional del derecho). Madrid: Civitas, 2006.

―――――. *Teoría del derecho* (fundamentos de teoría comunicacional del derecho). Madrid: Civitas, 1998.

ROCHA, Valdir de Oliveira (Coord.). *Grandes questões atuais do direito tributário*. São Paulo: Dialética, 2005. v. 9.

RODRIGUES, Silvio. *Direito civil*. Parte geral. 28. ed. São Paulo: Saraiva, 1998. v. 1.

ROLIM, João Dárcio. As presunções da Lei 9.430/96 e os casos especiais nos preços de transferência. *Tributos e preços de transferência*. São Paulo: Dialética, 1997. p. 48.

ROSS, Alf. *Sobre el derecho y la justicia*. Tradução de Genaro Carrió. Buenos Aires: EUDEBA, 1974.

RORTY, Richard. *Philosophy and the mirror of the nature*. Princeton: Princeton University Press, 1980.

SANTAELLA, Lúcia. *Teoria geral dos signos*. São Paulo: Cortez, 1994.

SANTI, Eurico Marcos Diniz de. *Lançamento tributário*. 2. ed. São Paulo: Max Limonad, 2001.

―――――. *Decadência no Imposto sobre a Renda*. 1. ed. São Paulo: Quartier Latin, 2006.

―――――. *Curso de Direito Tributário e Finanças Públicas – Do fato à norma, da realidade ao conceito jurídico*. 1ª ed. São Paulo: Editora Saraiva, 2007.

SANTOS, Moacyr Amaral. *Prova judiciária no civil e no comercial*. 3.ed. São Paulo: Max Limonad, 1968, v. 5.

SARTRE, Jean-Paul. *Les mots*. Paris. Ed. Gallimart. 1964. collection Folio. nº 607.

SAUSSURE, Ferdinand. *Curso de linguística geral*. 30. ed. São Paulo: Cultrix, 2008.

SAVIGNY, F.C. *Sistema del diritto romano attuale*. Tradução italiana. v. 1, seção 42.

SCAVINO, Dardo. *La filosofia actual*. Pensar sin certezas. Buenos Aires: Paidós, 1999.

SCHERKERKEWITZ, Iso Chaitz. *Presunções e ficções no direito tributário e no direito penal tributário*. Rio de Janeiro: Renovar, 2002.

SCHOUERI, Luís Eduardo. *Preços de transferência no Direito Tributário Brasileiro*. São Paulo: Dialética, 1999.

SEIXAS FILHO, Aurélio Pitanga. A função do lançamento tributário. *Revista de Direito Tributário*, São Paulo, ano 14, n. 53, p. 70, jul.-set. 1990.

SILVA, Renata Elaine. *Decisões em matéria tributária*. São Paulo: Saraiva, 2009.

SOUSA, Rubens Gomes de. *Compêndio de legislação tributária*. 3. ed. Rio de Janeiro: Financeiras, 1960.

─────. Um caso de ficção legal no direito tributário: a pauta de valores como base de cálculo do ICM. *Revista de Direito Público*, São Paulo: RT, n. 11, p. 23, 1970.

THEODORO JR., Humberto. *Curso de direito processual civil*. Rio de Janeiro: Forense, 1998. v. 1.

TOMÉ, Fabiana Del Padre. *A prova no direito tributário*. São Paulo: Noeses, 2005.

TORRES, Ricardo Lobo. Anulação de incentivos fiscais – efeitos no tempo. *Revista Dialética de Direito Tributário*, São Paulo, n. 121, p. 127, out. 2005.

─────. *Curso de direito financeiro e tributário*. Rio de Janeiro: Renovar, 1993.

ULHÔA CANTO, Gilberto de. *Direito tributário aplicado*: pareceres. Rio de Janeiro: Forense, 1992.

─────. Presunções no direito tributário. *Cadernos de Pesquisas Tributárias*, São Paulo: Resenha Tributária, n. 9, p. 5, 1984.

ULLMANN, Stephen. *Semântica: uma introdução à ciência do significado*. Tradução de J. A. Osório Mateus. Lisboa: Fundação Calouste Gulbenkian, 1964.

VIEIRA, Maria Leonor de Leite. *A suspensão da exigibilidade do crédito tributário*. São Paulo: Editora Dialética, 1996.

VILANOVA, Lourival. Analítica do dever-ser. *Escritos jurídicos e filosóficos*. São Paulo: Noeses, 2005. v. 2.

――――. *Causalidade e relação no direito*. 4. ed. São Paulo: RT, 2000.

――――. *Estruturas lógicas e o sistema do direito positivo*. São Paulo: Noeses, 2005.

――――. Proteção jurisdicional dos direitos numa sociedade em desenvolvimento. *Escritos jurídicos e filosóficos*. São Paulo: Noeses, 2005. v. 2.

XAVIER, Alberto. *Direito tributário internacional*. Coimbra: Almedina, 1997.

――――. *Do lançamento do direito tributário brasileiro*. São Paulo: Resenha Tributária, 1977.

――――. *Os princípios da legalidade e da tipicidade da tributação*. São Paulo: RT, 1978.

――――. *Tipicidade da tributação, simulação e norma antielisiva*. São Paulo: Dialética, 2001.

WARAT, Luiz Alberto. *O direito e sua linguagem*. Porto Alegre: Fabris, 1984.

WHITAKER PENTEADO, J.R. *A técnica da Comunicação Humana*. São Paulo: Ed. Pioneira. 2001.

WITTGENSTEIN, Ludwig. *Tractatus lógico-philosophicus*. Tradução de Luis Henrique Lopes dos Santos. São Paulo: EDUSP, 1994.

WRIGHT, Georg Henrik von. *Norma y acción: uma investigação lógica*. Tradução espanhola de Pedro Garcia Ferrero, Madrid: Technos, 1970.

ZILVETI, Fernando Aurélio. *Princípios de direito tributário e a capacidade contributiva*. São Paulo: Quartier Latin, 2004.

ZITELMANN, Ernst. *Lucken im Recht*. Leipzig: Duncker & Humblot, 1903.

Resumo

A matéria das presunções no direito relembra condições da própria gênese do sistema jurídico. Toda linguagem normativa comparece a princípio como raciocínio ou juízo presuntivo simples. No lidar com os casos concretos, primitivamente é o exegeta autêntico que faz introduzir no ordenamento fatos, presumindo ocorrências da realidade empírica. E o sistema jurídico pode optar em regular conduta topologicamente por meio de presunções realizadas pelo aplicador da ordem posta ou pelas Casas Legislativas. Assumidas enquanto normas, as presunções são signos linguísticos, que, com o apoio dos recursos semióticos, podem ser analisados sob três enfoques: sintático; semântico e pragmático. O ângulo sintático requer seja ressaltado o signo segundo sua formação unitária, observando-se sua estrutura fundante e a forma com que se apresenta aos nossos olhos. Sem perder de vista seu caráter uno, examinamo-lo em face das relações mútuas que mantém com outros signos, dentro e fora de seus sistemas de referência. Do ponto de vista semântico, observa-se a relação do signo com o objeto que representa. Acham-se as modulações de seu conteúdo, tendo em vista, de um lado, o objeto que quer ver representado em termos linguísticos e, de outro, o contexto no qual se insere. Indaga-se, portanto, sobre seus significados. Por fim, no campo pragmático, revela os usos linguísticos das presunções em uma dada sociedade, sobressaltando as variações de sentido originárias da dinâmica do sistema. A pragmática do signo o coloca em ação, observando-o no decorrer do tempo. Buscando expor as minúcias das presunções subdividindo a análise nesses três campos do conhecimento é que se pretende, entre outras coisas, eliminar as confusões que envolvem o tema, ressaltando o seu caráter jurídico e negando conjecturas de outras ordens para explicá-las (como as da política do direito, da sociologia ou da psicologia). Quer-se com isso alcançar precisão do termo no sistema jurídico, mediante (i) exigente rigor terminológico; (ii) precisão conceptual; e (iii) no uso de técnica de sistematização inexcedível pautada na dogmática jurídica. Enfim, busca-se imprimir unidade ao instituto das presunções no âmbito fiscal. E todo esse trabalho se o faz revigorando o tema segundo as contribuições da análise filosófica de teoria de linguagem, da semiótica e da Teoria Geral do Direito, com o fim específico de fundamentar uma teoria da ciência positiva das presunções no direito tributário.

Palavras-chave: presunção, prova, norma, fato, linguagem, sintaxe, semântica, pragmática.

Summary

The issue of presumptions in law reminisces the conditions of the legal system's own genesis. All statutory language first appears as reasoning or a simple presumptive judgment. In dealing with individual cases, at first it is the authentic exegete who introduces the facts in the juridical system by presuming occurrences of empirical reality. The legal order can opt to rule topological conducts by assumptions made by the juridical authority or the Legislative Chambers. Taken as juridical norms, the presumptions are linguistic signs that, with the support of semiotic resources, can be analyzed from three perspectives: syntactic, semantic and pragmatic. The syntactic angle requires the emphasis in the signs according to its unity formation by observing its founding structure and the way that it presents itself in our eyes. Without losing sight of this singular characteristic, we examine it in light of the relation it has with other signs, in and out of their system of reference. In the semantic point of view, we observe the relationship of the sign with the object that it represents. We find modulations of its content, observing in one hand, the object that it wants to see represented in linguistic terms and on the other hand, the context in which it operates. We wonder, therefore, about the or its meaning. Finally, the pragmatic domain reveals the linguistic use of presumptions in a given society, highlighting the changes of meanings given by the system's dynamics. The pragmatic of the sign puts it in action observing it over time.

By subdividing the analysis in these three fields of knowledge, the intention is to expose the minutiae of presumptions and to eliminate the confusion around the theme amongst others. This can be achieved by emphasizing its juridical characters of presumptions and refusing conjectures of other orders to explain them (as politics, sociology or psychology). The purpose is to achieve precision of the term in the legal system by (i) demanding rigorous terminology, (ii) conceptual clarity and (iii) use of technical systematization unsurpassed ruled in legal dogmatic. All this work is reinvigorating by contributions of philosophical analysis of language theory, semiotics and the General Theory of law, for the specific purpose of supporting a theory of the presumptions in tax law.

Keywords: presumption, proof, rule, fact, language, syntax, semantics, pragmatics.

Résumé

Le sujet des presomptions dans le droit rappele les conditions de la genèse même du système juridique. Tout language normatif apparaît d'abord comme un raisonnement ou un jugement presomptif simple. Dans les cas individuels, primitivement c'est l'exégète authentique qui introduit dans l'ordre juridique les faits, en supposant l´évènement de la réalité empirique. Et le système juridique peut décider de prescrire topologiquement par les presumptions formulées par l'authorité ou par les Chambres législatives. Conçu comme normes, les présomptions sont des signes linguistiques qui, avec le soutien des ressources sémiotiques, peuvent être analysées sous trois angles: syntaxiques, sémantiques et pragmatiques. Le point de vue syntaxique exige que le signe soit souligné en fonction de sa valeur d'unité, en observant sa structure fondante et le mode qu'il se présente à nos yeux. Sans perdre de vue son caractère unique, on l'examine sous la lumière de leurs relations mutuelles qu'ils maintienent avec d'autres signes, dans et hors de leurs systèmes de référence. Sous le point de vue sémantique, on observe la relation du signe avec l'objet qu'il représente. Les modulations de son contenu son trouvées, dans l'ordre: d'une part, l'objet qui est représenté sur le plan linguistique et, d'autre part, le contexte dans lequel il opère. On se demande, par conséquence, sur leurs significations. Enfin, dans le champs pragmatique, on révèle les usages linguistiques des présomtpions dans une société donnée, en soulignant les changements de sens originaires de la dynamique du système. La pragmatique du signe le met en action, en le montrant au fil du temps. Cherchant à exposer en details les présomptions en sous-divisant l'analyse dans ces trois domaines de la connaissance, on veut, entre autres, éliminer la confusion qui entour le thème, en soulignant son caractère légale et en refusant des conjonctures d'autres ordres pour les expliquer (comme celles de la politique du droit, de la sociologie ou de la psychologie). Avec cette thèse de doctorat, nous voulons, donc, atteindre une précision de l'expression dans le système juridique par (i) l´exigeance terminologique rigoureuse, (ii) la clairté conceptuelle et (iii) l'utilisation de techniques de systématisation inexcédible basée sur la dogmatique juridique. Enfin, nous voulons imprimé une unité aux presomptions dans le domaine fiscal. Et tout ce travail se fait tout en relançant le thème avec les contributions de l'analyse phylosophique de la théorie linguistique, de la sémiotique et de la théorie générale du droit, avec le but spécifique de soutenir une théorie de la science positive des présomptions en droit fiscal.

Mots-clés: hypothèse, preuve, règle, fait, la langue, la syntaxe, sémantique, pragmatique.